筚路蓝缕　以启山林

湖南古代交通史

史前至清末

蒋响元◎著

湖南交通史编辑出版委员会
人民交通出版社股份有限公司
北　京

内 容 提 要

《筚路蓝缕　以启山林——湖南古代交通史（史前至清末）》上溯人类起源、扩散和迁徙，下迄近代交通发轫，从旧石器时代栖息洞庭之野的原始人、潇湘之滨的现代人，新石器时代分布三湘四水的三苗、百濮、扬越等土著，到华夏民族和楚人南下、中原人民南迁、交趾胡人内徙、巴蜀流民寓湘以及"江西填湖广"等客居族群，结合社会变迁和王朝更替，描绘了历代先民"披山通道"、改造自然的艰辛和智慧，讲述了数十万年来湖湘文明演进和交通运输发展的历史进程。

图书在版编目（CIP）数据

筚路蓝缕　以启山林：湖南古代交通史：史前至清末 / 蒋响元著 .—北京：人民交通出版社股份有限公司，2020.8

ISBN 978-7-114-16481-1

Ⅰ.①筚… Ⅱ.①蒋… Ⅲ.①交通运输史—湖南—古代 Ⅳ.① F512.9

中国版本图书馆 CIP 数据核字 (2020) 第 065497 号

审图号：GS（2020）3699 号

书　　名：筚路蓝缕　以启山林——湖南古代交通史（史前至清末）
著 作 者：蒋响元
责任编辑：陈　鹏
责任校对：孙国靖　宋佳时
责任印制：刘高彤
出版发行：人民交通出版社股份有限公司
地　　址：（100011）北京市朝阳区安定门外外馆斜街 3 号
网　　址：http://www.ccpcl.com.cn
销售电话：（010）59757973
总 经 销：人民交通出版社股份有限公司发行部
经　　销：各地新华书店
印　　刷：北京印匠彩色印刷有限公司
开　　本：889 × 1194　1/16
印　　张：33.75
字　　数：916 千
版　　次：2020 年 8 月　第 1 版
印　　次：2020 年 8 月　第 1 次印刷
书　　号：ISBN 978-7-114-16481-1
定　　价：160.00 元

湖南交通史编辑出版委员会
（第一届）

主　　　任：周海兵

副 主 任：赵　平　肖文伟

委　　　员：（按姓氏笔画排列）

邝邹飞　刘金山　陈石祥　陈玉洁

肖文伟　周自荣　周海兵　赵　平

钱俊君　曾　胜　蒋龙平　蒋响元

路卫华

办公室主任：蒋响元

湖南交通史编辑出版委员会
（第二届）

主　　　任：赵　平

副 主 任：肖文伟

委　　　员：（按姓氏笔画排列）

刘金山　任成志　李国强　李建斌

肖文伟　陈石祥　陈玉洁　张　胜

张汉华　周自荣　赵　平　姚利群

钱俊君　曾　胜　蒋龙平　蒋响元

鲁雁飞　谢伯平　路卫华

办公室主任：蒋响元

作者简介

蒋响元，1964年生于湖南零陵，工学学士。曾任中国湖南国际经济技术合作公司总经理秘书、长沙海外经济技术开发公司经理、湖南交通建设造价管理站副站长等职，现任湖南省交通运输厅编志办主任，兼中国公路学会交通史志与文化工作委员会副主任委员、茅以升科技教育基金会中国古桥委员会副主任委员、湖南历史学会常务理事、湖南社会科学院特邀研究员、哈尔滨工业大学研究生校外导师。

完成著作9部，发表论文30余篇，成果涉工程、管理、经济、历史等学科领域。其中，大学期间撰写的调研报告被《工程管理学报》刊载，论文或由人大《复印报刊资料》全文转载，或入选《中国改革全书》，或观点纳为法律条款草案；著作《湖南交通文化遗产》获湖南新闻播报，《湖南古代交通遗存》入选《湖湘文库》。

国内率先提出交通文化遗产保护观点，获湖南省、交通运输部主要领导肯定和新华社、中央电视台等主流媒体传播，倡导并主持完成湖南首次跨部门、全方位交通文化遗产普查，推动了一大批古代交通遗存入选各级文物保护单位。

序

因湖南在中国古代区域文化与交通格局中地位之重要，湖南古代交通史成为既有学术价值又有学术空间的研究主题。蒋响元著《筚路蓝缕　以启山林——湖南古代交通史（史前至清末）》很好地完成了这一学术任务。

自传说时代起，远古交通的历史记忆中多有涉及湖南的信息。炎帝有“连山氏”称号，先秦易学文献有称《连山》或《连山易》者。有学者提出，相关现象与湖南会同“连山”地名有关。这样的意见值得重视。连山似可理解为经历山地交通实践时心理感受的一种记忆。通过“连山”之“连”的字义分析，也可以推进对早期交通的认识[①]。里耶“祠先农”简的发现，为考察炎帝传说的发生和传播，提供了新的重要资料。其意义，是可以与湖南古代交通联系起来的。

秦统一进程中，灭楚之后即进军岭南。《史记·白起王翦列传》：“虏荆王负刍，竟平荆地为郡县。因南征百越之君。”事在灭燕、灭齐之前。可知秦进军南越，是统一战争的主题之一。秦征服南越之地，即置桂林、南海、象郡，使得秦帝国版图在南方超越了楚国原有疆域，岭南自此融汇入中原文化圈中。而中原政权控制的海岸线得以空前延长。秦始皇南海置郡，对于中国海疆史、南海资源开发史和海洋交通史都有非常重要的意义。考察西汉时期开通南洋航路的历史性进步，不能忽略秦始皇时代前期之功。而这一历史进程，是通过湖南地方的军事交通条件实现的。灵渠工程，就是长江与珠江水道沟通这一交通建设奇迹的历史性纪念。

里耶秦简的发现，为全面认识秦代历史文化提供了全新信息。我们看到，秦帝国行政、文化、社会生活等方面的进步，都因交通建设的发展获得了优越条件。而湘西交通形势，完备的交通设施的建构，全面的交通能力的开发，严格的交通管理的推行，使我们破除了以往的成见，获得了前所未知的认识。无论陆路交通还是水路交通，当时洞庭郡都达到了相当高的水准。

“以邮行”的文书传递形式，较早见于睡虎地秦简《语书》：“以次传；别书江陵布，以邮行。”[②]里耶秦简也见多份“以邮行”文书。如“迁陵以邮行洞庭”等。特别值得注意的是，简文出现了“邮人”。

① 《说文·辵部》：“连，负连也。”段玉裁以为“负连”应正之为“负车”。以为“连”即古文“辇”也。段玉裁注：“《周礼·乡师》‘輂辇’，故书‘辇’作‘连’。大郑读为‘辇’。‘巾车连车’，本亦作‘辇车’。”指出“连”与“辇”的关系的，还有高亨《古字通假会典》。

② 睡虎地秦墓竹简整理小组：《睡虎地秦墓竹简》，北京：文物出版社，1978年，第16页。

如“启陵乡夫敢言之：成里典、启陵邮人缺，除士五（伍）成里匄成，［成］为典，匄为邮人”，可见“启陵乡”长官推荐“成里典、启陵邮人”人选之郑重。而三天之后迁陵县丞“昌”回复：“启陵，廿七户已有一典”，否决“今（又）除成为典”的建议，又宣布“尉已除成，匄为启陵邮人。”[①]说明邮人身份的确定，需经严肃的行政程序。从“启陵邮人”称谓看，邮人似乎归属于乡，但是其人选的明确是由县府决定的。迁陵诸邮人以其辛劳，维护着秦帝国的行政制度。他们的脚步，为中国邮驿史的书写保留了深刻印迹。

中国古代邮驿与近现代邮政不同，主要服务于军事政治，而非以服务社会为要务。长沙走马楼吴简出现“邮卒”与“驿兵”身份，体现出邮驿体系的军事化管理形式[②]。

两汉之际，湖南经历的大规模移民运动，也书写了交通史闪光的页面。考察《汉书·地理志》记录的元始二年（2）户口数字和《续汉书·郡国志》记录的永和五年（140）户口数字，两相比照，可以看到江南地区户数增长140.50%，口数增长112.13%，成为引人注目的历史现象。长沙、桂阳及零陵等郡增长尤为突出：长沙郡户数增长488.58%，口数增长349.22%；桂阳郡户数增长380.21%，口数增长220.41%；零陵郡户数增长906.47%，口数增长618.61%。而汉顺帝永和五年（140）全国户口数与汉平帝元始二年（2）相比呈负增长，分别为–20.7%与–17.5%。

仅就战国秦汉时期而言，湖南交通事业发展及其对于社会经济文化进步发生的积极作用，就有许多学术问题值得考察，值得探索，值得说明，值得总结。而蒋响元著《筚路蓝缕　以启山林——湖南古代交通史（史前至清末）》进行了较长时段的研究，视角是全方位的，所论多有认真的分析与深刻的理解，读来深感收益颇多。作者注重文献资料与考古成果结合，也令人钦佩。除交通线路外，驿递网络、津渡关市、舟车舆轿等，均有论说。对于盐道、茶道，以及滇铜、黔铅运道考察，结合交通地理与经济地理，均有有价值的论点发表。各个时段湖南交通地理图的绘制，使得文字论述结合空间坐标更为明朗。若干附表的制作，也有利于读者清晰地了解相关信息并予以对比。

我曾经在《中国交通史研究一百年》一文中写道：

回顾一百年来中国交通史的研究，可以发现在取得丰富成果的同时，仍然有所不足。这主要表现在中国交通史这一学术领域中，至今还没有形成相对集中的研究力量，没有形成可以组织和协调有关研究工作的学术机构和学术组织。就学术成果而言，有的重要时期虽然交通发展多有历史创造，但是还没有研究当时的交通成就的具有相当学术分量的断代交通史专著出版。至今也还没有一部多卷本的中国交通通史问世。而若干专题交通史，如道路史、运河史、港口史、津渡史、关塞史、车辆史、船舶史、交通制度史、交通礼俗史、交通观念史等，或者存在学术空白，或者

① 张春龙，龙京沙：《湘西里耶秦代简牍选释》，《中国历史文物》，2003年第1期。

② 王子今：《走马楼简所见“邮卒”与“驿兵”》，《吴简研究》第1辑，武汉：崇文书局，2004年。

虽然已经有论著发表出版，但是仍然存在可以进一步开拓的相当广阔的学术空间。……

就对于历史上不同区域交通现象的关注而言，曾经有畸轻畸重的情形。日本学界在20世纪前期对于所谓“满洲交通路线”，所谓“辽西交通路线”，所谓“蒙古驿传”，所谓“盛京路程”以及所谓“滇缅道路”等专题较为集中的研究，可能与日本军国主义的扩张战略有一定关系。而中国学者当时对于“边疆交通”研究投注相当多的力量，也是与抗战的背景分不开的。分析各个地区交通史研究进程，可以看到对于西北地区和西南地区的古代交通道路，有诸多学者倾力研究推出的成果。其他地区类同专题的交通史研究似略嫌薄弱。①

应当肯定，《筚路蓝缕　以启山林——湖南古代交通史（史前至清末）》作为一部区域交通史成果，是以省为空间单位进行交通史论述、有特色的学术专著，其研究具有值得赞赏的开拓性意义；对于以往交通史论著的学术超越，也是显而易见的。

谨此祝贺《筚路蓝缕　以启山林——湖南古代交通史（史前至清末）》面世，同时感谢蒋响元先生的学术贡献。

国务院学位委员会学科评议组中国史组成员

中国秦汉史研究会顾问　中国人民大学教授

王子今

2019年6月25日

于北京大有北里

① 王子今：《中国交通史研究一百年》，《历史研究》，2002年第2期。

前　言

交通是人类社会生活的基本要素。马克思、恩格斯在《德意志意识形态》一书中写道："人类之历史，始终是不得不和产业史与交通史关联着，而被研究、被整理。"[①]交通史是自然科学史和社会科学史融合的专门史。某种意义上说，文明演化史就是一部交通发展史。

湖南位于长江中游，地处南北要冲，交通历史源远流长。大约在 70 万年前，"洞庭之野"就有原始人繁衍生息。道县福岩洞人牙化石证明，东亚可能也是世界上最早的现代人出现在湖南，他们在"潇湘之滨"迈出了至关重要的第一步。

新石器时代，是以磨制石器为标志的发展阶段。道县玉蟾岩稻作和制陶、澧县彭头山刻符文字、八十垱环壕、城头山城池以及洪江高庙宗教文化的起源和传播，是湖湘先民对中华文明形成和发展的重要贡献。八十垱环壕发掘也意味着，有考古材料验证的中国最早的人工梁桥出现在澧阳平原，是桥梁技术史上一个划时代事件。

人类早期交通选择，大致遵循"沿河推进，寻隘拓展"原则。中国古代疆域形成、扩大与巩固的过程，也是交通网络建立、扩展和完善的过程。新石器时代中晚期，黄河流域先民向南扩张，华夏部落联盟首领——炎帝、黄帝、虞舜、夏禹，皆有在湘境活动的传说。随着中原文化南渐，沅湘土著族群逐步融入华夏文明体系。

大禹"岷山导江，东别为沱，又东至于澧，过九江，至于东陵"[②]。先秦两汉时期，沱江为荆江别称，洞庭地区水系相汇称为"九江"，东陵即城陵矶。这是史料记载的省境第一项航道整治工程。

1959 年，宁乡炭河里出土铭文"大禾"的人面纹方鼎，与殷墟"上丝禾侯"甲骨文互相印证，表明湘水中下游存在臣服于商的政治实体，堪称有铭为证的湖南行政建制史之序章。

周穆王三十七年（前 940），"伐楚，大起九师，至于九江，比鼋鼍为梁。"[③]鼋鼍为梁，即以扬子鳄皮制作浮囊济渡，系省内舟筏利用的最早文献。周宣王五年（前 823），方叔伐荆，"其车三千"[④]是长江中游首见描述的车战。益阳出土"武王戈"，印证了春秋早期楚武王兵伐洞庭之野、"始开濮地而有之"[⑤]记载。

---

① 马克思、恩格斯：《德意志意识形态》，上海：群益出版社，1949 年，第 63 页。

② 《尚书·禹贡》。

③ 《古本竹书纪年》。

④ 《诗经·采芑》。

⑤ 《史记·楚世家》。

20世纪下半叶以来，望城、宁乡先后发现商周车马器，长沙、湘乡、临澧、澧县、慈利等地楚墓发掘多件车辆遗迹，证实湖湘造车技术与江汉流域同步演进。

公元前537年“楚子以驲至于罗汭”[①]，系省境通驿的最早记录。“朝发轫于苍梧兮”，则是“苍梧之野”道可通车写照。

长沙出土“蜻蜓眼式”琉璃珠，和西亚发现琉璃珠纹饰类似；俄罗斯阿尔泰出土公元前5世纪刺绣纹样，与烈士公园楚墓发掘织品相近。这些发现，是可改变丝绸之路始于汉的传统认知，显示最晚春秋就有一条湘水、长江往来中亚的商道，长沙是丝绸之路重要起点。

2002年，龙山里耶发掘36000余枚秦简，其中包括国内最早的邮传里程记载。1973年，马王堆汉墓出土世界上年代最久的帛绘地图——《地形图》，同出《驻军图》标注“复道”（类似高架桥），反映了潇湘架桥水平。

“就像中国的火药在封建社会的最后阶段帮助摧毁了欧洲封建社会一样，中国的马镫在最初阶段帮助了欧洲封建制度的建立。”[②]马镫和高鞍桥马鞍问世，是马具成熟的重要标志，也是古代军事史、交通史上重大事件。意味深长的是，世界上最早的马镫出现在并非骑乘发源地的长沙晋墓。洪江出土秦汉骑俑，改变了高鞍桥马鞍始于晋代的传统认知，也解释了西汉何以出现横扫匈奴数千里、使其“妇女无颜色”的大将霍去病，东汉末期何以涌现吕布、赵云等一众马上英雄。

受军事、政治等因素影响，湖南交通代有兴废。秦汉时期，南岭道路拓辟、湘桂运河修凿，开创了岭南与中原政治统一和经济文化交流新局面，成为交通史上重大事件，对东亚历史演进也产生了深远影响。至清中期，驿道网络臻于完备，内河航运“水道环通，指顾可航”[③]，最终形成“岭表滇黔，必道湘沅”的古代交通格局。

2014年5月，有关方面启动部门史征编工作，《湖南交通史》研究正式开始。2018年6月，《湖南交通史》第一卷——《筚路蓝缕 以启山林——湖南古代交通史》（史前至清末）完成初稿，2019年1月完成第二稿，4月底完成第三稿。期间实地考察10余个省区市，梳理文献和考古材料数千万字，发表交通史论文20余篇，部分成果为交通运输部主导的《中国水运史》编写组采纳，应邀为哈尔滨工业大学、中南大学、湖南农业大学、广州大学等作相关讲座。其中，《三湘桥话——湖南桥梁的前世今生（前168—2018）》同步上传，三天内网上阅读量突破1.3万次，《中国交通报》《潇湘晨报》和网易新闻等媒体做了专门报道，直接促成2019年度全国古桥学术会议在湖南召开，凸显了人们对“我从哪里来”的浓厚兴趣，取得了较好的传播效果。

本书上溯人类起源、扩散和迁徙，下迄近代交通发轫，从旧石器时代栖息洞庭之野的原始人、潇湘之滨的现代人，新石器时代分布三湘四水的三苗、百濮、扬越、荆蛮等土著，到华夏人和楚人南下、中原人民南迁、交趾胡人内徙、巴蜀流民寓湘以及“江西填湖广”等客居族群，结合社会变迁和王朝更替，描绘了历代先民“披山通道”、改造自然的艰辛和智慧，讲述了数十万年来

① 《左传·昭公五年》。

② （英）李约瑟著：《李约瑟文集》，沈阳：辽宁科学技术出版社，1986年，第242页。

③ （清）光绪三十一年十月二十一日《湖南官报》，转引自《湖南省志·交通志》（1978—2002），北京：人民交通出版社，2014年，第3页。

湖湘文明演进和交通运输发展的历史进程。

《湖南古代交通史》以重大事件为线索，运用传世文献和考古成果，修订或补充了《史记》《水经注》《读史方舆纪要》《湖南省志·地理志》《湖南经济通史·古代卷》《中国行政区划通史·总论》《中国战争史地图集》《中国古代车舆马具》《中国古代航运史》《中国古代道路交通史》等著作的相关表述；探索了人类起源、扩散与迁徙路线，旧石器时代文化传播路线，新石器时代黄河流域族群入湘路线，夏商周及楚人南下路线，濮、庸、巴人南迁及庄蹻王滇路线；阐述了中亚丝绸之路早于春秋、南方丝绸之路不晚于战国且湖南是上述商道重要起点的观点；还原了秦始皇“南至苍梧”的真相，司马迁谓始皇“大怒……伐湘山树”①情形并不存在；考证了以湖南为重要起讫点或过境地的“长沙鳖”贡输、鄂君贩运、秦征百越、汉伐南越、马援克交趾路线，“青铜之路”“陶瓷之路”“茶叶之路”，范成大入桂、黄福使安南、徐霞客游湘、谭宗浚“于滇”以及“衣冠南渡”“江西填湖广”“湖广填四川”线路，军马纲运、楠木贡运、米谷漕运、公私盐运、竹木排运、铜铅官运线路；梳理了道路、舟车、邮驿、港埠发展变迁，以及船帮、萝业兴衰轨迹；制作了清代各县州四至邻境递铺途程详表……尤其是，参考《湖南省志·地理志》《洞庭湖历史变迁地图集》《湖南省地势图》等资料绘制的战国至清各历史时期交通地理图，填补了该学科领域空白。这项交通史研究基本完成后才得以启动的工作，付出了本人大量心血和众多助手的辛勤汗水；标注的山脉、道路、驿站、关塞等元素，丰富了《中国历史地图集》有关内容。可以说，湖南古代交通史就是一幅展示湖湘文明演化进程的壮美画卷，一部反映湖湘先民“筚路蓝缕，以启山林”奋斗历程的绚丽诗篇。

本书编写过程中，得到了湖南省交通运输厅历任领导和同事，尤其肖文伟、刘金山、陈健强、周超、蒋龙平、颜志欣等人的大力支持，交通运输部原部长黄镇东先生、湖南省地方志编委会原主任易介南先生等的多次勉励，著名历史学家、国务院学位委员会学科评议组中国史组成员、中国秦汉史研究会顾问、中国人民大学国学院教授王子今先生欣然为本书作序，王国宇、任国瑞、李跃龙、吴顺东、钟声、肖永明等人提出了宝贵建议，敬海泉教授翻译了前言英文，张智慧、甘德欣、蒋汉光、蒋丽萍、陈先枢、李斌、尹红群、卢卓君、钟进云、奉荣梅、宋建军、黄爱、曹航惠、万紫薇、方芳、吴璨、乔卓俊、杨雄心、刘颖、谢永春、谢春明、唐女、胡蓉蓉、黄雪燕、赵佳宇、王璐瑶、尹子豪、张森一、胡一冰、胡涛等人提供了具体而微的帮助，人民交通出版社股份有限公司张征宇、陈鹏等对书稿进行了细致审阅并反馈作者修订，在此一并表示感谢。

蒋响元

2019 年 8 月 28 日 于长沙年嘉湖畔

① 《史记·秦始皇本纪》。

FOREWORD

Transportation is one of the basic elements of human society life. Marx and Engels wrote that "the history of human society has always been studied with the industrial and traffic history" in the book *German Ideology*. Traffic history is a special interhistory of the natural science history and social science history. In a certain sense, the human history is a history of transportation development.

Hunan is located in the middle reaches of the Yangtze River. It is a vital communications hub with a long history. About 700000 years ago, there were primitive mans living in the Dongting Lake area. The tooth fossils of the Fuyan Cave people in Daoxian County proved that the earliest Modern Humans in the world might live in Hunan Province of China. They took the first crucial step in Xiaoshui Basin.

The Neolithic Age is a development stage with the symbol of grinding stone tools. The Huxiang ancestors made important contributions to the formation and development of Chinese civilization, including the rice cultivation and ceramic production at the Yuchanyan in Daoxian County, the moat of 80-Dang Sites and the ancient city of Cheng tou Mountain in Lixian County, and the origin and dissemination of the religious culture of HongJiangGaoMiao. The excavation of "moat of 80-Dang Sites" means that the earliest artificial beam bridge in China appeared in the Poyang Plain, an epoch-making event in the history of bridge technology, as verified by archaeological material.

The transportation choices of the early human generally follow the principle of "advance along the rivers, and expand over the mountains" . The process of forming, expanding and consolidating the territory of ancient China is also the process of establishing, expanding and improving the transportation network. In the middle and late Neolithic Age, the ancestors of the Yellow River Basin expanded southward, and the leaders of the late tribal alliance of the patriarchal society in China— Emperor Yan, Emperor Huang, Emperor Shun and had legends written in historical documents about their activities in Hunan. As the southward migration of the Central Plain Culture, the native Yuanxiang people gradually integrated into the Chinese civilization system.

The Great Yu "*the dredging of Yangtze River began at Minshan Mountain, eastward reached the Tuojiang River, then further eastward to Lishui River, passing through Jiujiang, and reached Dongling*" . In the Pre-Qin and Han Dynasties, the Tuojiang River was the another name of Jingjiang River. The place where the water system of the Dongting area gather together was called "Jiujiang" , and the DongLing was named Chenglingji. This is the first waterway-regulation project in the Hunan Province area recorded in historical documents.

In 1959, the "square tripod with human faces" was unearthed from the Tanhe River in Ningxiang. There is a inscription "Dahe" on its inner wall, corroborated with the oracle "Shangsihehou" in Yinxu Ruins. It indicates that there existed a "Dahe" Fangguo subordinated to the Shang Dynasty in middle and lower reaches of the Xiangshui River, which was the inscription-verified forward of the history of Hunan's administrative system.

According to ancient books, the King Mu of Zhou Kingdom organized a powerful army and attacked Chu State in 940 BC. "When King Mu's army reached Jiujiang, he arranged the 'Yuantuo' in the river to form a floating bridge." The "Yuantuo" means the swim bladders made by the skin of Chinese alligators. This is the earliest document describing the utilization of the boats to form a bridge in Hunan Province. In the 5th year of King Xuan of Zhou Kingdom (823 BC), Shu Fang attacked Jing State, "he had three thousands of chariots" . It was the first description about the chariot war in the middle reaches of the Yangtze River. The "Wuwang Dagger-axe" unearthed in Yiyang confirms that King Wu of Chu State dispatched troops to fight in Dongting area and occupied Pu area in the early Spring and Autumn (Dynasty Period).

Since the latter half of the 20th century, the chariot horses of the Shang and Zhou Dynasties had been discovered in Wangcheng and Ningxiang Counties, the relics of vehicles had been unearthed from the Chu Tombs in Changsha, Xiangxiang, Linli, Lixian and Cili Counties . These prove that the vehicle technology in the Hunan area was developed synchronously with the Jianghan Basin.

In 537 BC, "*the King of Chu State arrived Luona by post carriage*" , which was the earliest record about the post-traffic in Hunan Province. Starting from Cangwu in the morning proves that the roads in Cangwu area were available for carriages.

The glass beads of "Dragonfly Eye Style" unearthed in Changsha are similar to those found in West Asia. The embroidered patterns of the 5th century BC in the Altai region of Russia are similar to those unearthed from the Chu Tombs at the Martyrs Park. These discoveries can even change the traditional cognition that the Silk Road started from the Han Dynasty. It shows that at latest in the late of Spring and Autumn Period, there was a commercial road connecting Xiangshui, Yangtze River and the Central Asia. Changsha should be an important origin of this Silk Road.

In 2002, the Qin bamboo slips excavated in Liye of Longshan Mountain recorded the earliest postal mileage in China. In 1973, the Dixing Map unearthed from Mawangdui Han Tomb was the longest-preserved silk map in the world. The "Fudao" (similar to viaduct) marked on the Zhujun Map which was unearthed at the same time, reflects the bridge construction technology of Xiaoxiang area.

J.·Needham stated that "*Just like the gunpowder that helpfully destroyed the feudal system in Europe at the final stage, Chinese stirrups helped the establishment of the feudal system in Europe at the initial stage*" in his book *Science and Civilisation in China*. The emergence of the stirrups and the saddles with high pommels is an important symbol of the maturity of horse harnesses. It is also an important event in the history of ancient military affairs and transportation. It is significant that the earliest stirrups in the world appeared in the Jin Tombs in Changsha, while Changsha is not the place where riding originated. The unearthed Qin and Han Dynasties terra-cotta warriors in Hongjiang changed the traditional understanding that the saddles with high pommels began in Jin Dynasty and explained why there appeared plenty of horseback heroes, such as the general Huo Qubing who defeated Hun in thousands of miles in Western Han Dynasty, and general Lv Bu and Zhao Yun in the ate Eastern Han Dynasty.

Influenced by the military and political reasons, Hunan's transportation has experienced prosperity and decline from the progenitor. During the Qin and Han Dynasties, with the opening of Nanling's roads and the construction of Xianggui's canals, it created a new pattern of political unity and cultural exchange between the south of the Five Ridges and the Central Plains. It was a major event in the history of transportation and had a profound impact on the historical evolution of East Asia. By the mid-Qing Dynasty, the post road network was finished. There appeared an inland navigation system, described as "waterway is accessible in all directions and can reach everywhere." Finally, the ancient traffic pattern was formed that "the passway from south of the Five Ridges to Yunnan and Guizhou much pass through the Xiangyuan area".

In May 2014, the relevant departments started the compilation of history, and the research on the transportation history of Hunan officially began. In June 2018, The first draft of the first volume of the History of Hunan Traffic—Enduring Great Hardships in Pioneer Work-The History of Ancient Transportation in Hunan From Pre-histoy to the End of Qing Dynasty was completed. The second and third draft was finished in Janualy and April, 2019. During this period, we visited more than 10 provinces and cities, combed tens of millions of words of from documents and archaeological materials, and published more than 20 papers on traffic history. Some of the results were adopted by *The History of Chinese Water Transport* edited by the Ministry of Transport. I was invited by Harbin Institute of Technology, Central South University, Hunan Agricultural University, Guangzhou University and other academic institutions to give academic lectures. The speech "San Xiang Qiao Hua - the past and present of Hunan bridges (from 168 BC to 2018)" was simultaneously live broadcast online, and the reader exceeded 13,000 in three days. The China Communications News, the Xiaoxiang Morning News, Netease News, and other media made special reports on this speech. The research achivements contribute the 2019 National Academic Conference on Ancient Bridges held in Changsha, Hunan. It highlighted people's strong interest in the topic of "where do I come from" and achieved great communication effects.

This book traces back to the origin, spread and migration of human beings and explores the emergence of modern transportation. It introduces the primitive man who inhabited Dongting in the Paleolithic Age, the modern human on the streamside of Xiaoxiang, the indigenous people of Sanmiao,

Baipu, Yangyue, and Jingman in the Neolithic Age, and then the guest groups, including the southward immigrant of Huaxia people and Chu people, the south ward immigration of Central Plains people, and the inward of Jiaozhihu people, the settle down of refugees from Sichuan, and the people from Jiangxi. Combined with the social and dynasty changing, it depicts the hardships and wisdom of the ancestors when they "Pi Shan Tong Dao" and transformed the nature. It narrates the historical process of Hunan civilization and transportation development for a few hundred thousands of years.

The *History of Ancient Traffic of Hunan* takes the major events as clues, uses the handed-down documents and archaeological achievements, revises or supplements *Shi Ji, Shui Jing Zhu, Du Shi Fang Yu Ji Yao, Hunan Sheng Zhi-Di Li Zhi, Hunan Jing Ji Tong Shi-Gu Dai Juan, Zhong guo Xing Zhen Qu Hua Tong Shi - Zong Lun, Zhong Guo Zhan Zheng Shi Di Tu Ji, Zhong Guo Gu Dai Che Yu Ma Ju, Zhong Guo Gu Dai Hang Yun Shi,* and *Zhong Guo Gu Dai Dao Lu Jiao Tong Shi*. This book explores the origin, diffusion and migration routes of human beings, the cultural transmission routes in Paleolithic Age, the entering Hunan route of ethnic groups of Yellow River Basin in the Neolithic Age, the southward migration routes of Xia, Shang, Zhou and Chu people, the southward migration routes of Pu, Yong, Ba people and the route of Zhuangjiao marching to Yunnan. It clarifies the opinion that the Silk Road in Central Asia was earlier than the Spring and Autumn Period and the Silk Road in South China was no later than the Warring States Ages. The Hunan was the important origin of the above-mentioned commercial roads. It reveals the truth of Qin Shi Huang's "south to Cangwu" and the inexistence of Qin Shi Huang's "angrily cutting down the trees in XiangShan Mountain" recorded by Sima Qian. It textual researches the routes in which Hunan was the important origin or pass station, for example, the tribute line of "Changsha soft-shelled turtle", Ejun commodities transportation, the attack line of Qin army to Baiyue, the route of Han army to Nanyue, and route of general Ma Yuan attacking Jiaozhi, "Bronze Road", "Ceramic Road", "Tea Road", the load of Fan Chengda to Guilin, the trip line of Huangfu to A'nan, the tourist route of Xu Xiake in Hunan, the route of Tan Zongjun to Yunnan, and the "South Migration of literati and officialdom", Huguang migration of Jiangxi people, "Sichuan migrate of Huguang people", the transportation lines of military-horses, Nanmu, rice, grain, salt, bamboo-wood, copper, plumbum, etc. It combs the development and changes of roads, boats, posts and ports, as well as the carriage industry. It makes route tables, indicating the courier stations from the counties to the neighboring border stations in the Qing Dynasty. In particular, based on the 《Hunan Sheng Zhi, Di Li Zhi》, 《Dongtinghu Li Shi Bian Qian Di Tu Ji》, 《Hunan Sheng Di Shi Tu》, it draws the traffic geography maps of various historical periods since the Warring States Ages, filling the gaps in this field. The work, started after the study of transportation history, is the result of hard work by me and many assistants. The marked mountains, roads, stations, and barriers have enriched the relevant content of the "Zhongguo Li Shi Di Tu Ji". This book the *History of Ancient Traffic of Hunan* is a fascinating picture of the evolution of Huxiang civilization, and a magnificent poem reflecting the arduous struggle of the

Huxiang ancestors.

I greatly appriciate the strong supports from the leaders and colleagues of the Department of Transportation of Hunan, in particular Mr. Xiao Wenwei (肖文伟), Liu Jinshan (刘金山), Chen Jianqiang (陈健强), Zhou Chao (周超), Jiang Longping (蒋龙平), Yan Zhixin (颜志欣), and someone else. And the kind encouragement from the former Minister of the Ministry of Transport Mr. Huang Zhendong (黄镇东) and the former director of Hunan Provincial Local Records Editorial Committee Mr. Yi Jienan (易介南), during the preparation of this book. I would like to thank the Professor Wang Zijin (王子今) of the School of Chinese Classics of Renmin University of China for the preface of this book. He is a well-known historian, member of the Chinese History Group of the Disciplinary Review Group of the State Council Academic Degree Committee, and the president of the Chinese Qin and Han Dynasties Research Society. Besides, I am grateful for the valuable suggestions by Wang Guoyu (王国宇), Ren Guorui (任国瑞), Li Yuelong (李跃龙), Wu Shundong (吴顺东), Zhong Sheng (钟声), Xiao Yongming (肖永明), the specific and detailed help from Mr. Zhang Zhiwei (张智慧), Gan Dexin (甘德欣), Jiang Hanguang (蒋汉光), Jiang Liping(蒋丽萍), Chen Xianshu (陈先枢), Li Bin (李斌), Yin Hongqun (尹红群), Lu Zhuojun (卢卓君), Zhong Jinyun (钟进云), Feng Rongmei (奉荣梅), Song Jianjun (宋建军), Huang Ai (黄爱), Cao Hanghui (曹航惠), Wan Ziwei (万紫薇), Fang Fang (方芳), Wu Can (吴璨), Qiao Zhuojun (乔卓俊), Yang Xiongxin (杨雄心), Liu Ying(刘颖), Xie Yongchun(谢永春), Xie Chunming (谢春明), Tang Nv(唐女), Hu Rongrong (胡蓉蓉), Huang Xueyan (黄雪燕), Zhao Jiayu (赵佳宇), Wang Luyao (王璐瑶), Yin Zihao (尹子豪), Zhang Sengyi (张森一), Hu Yibing (胡一冰), and Hu Tao (胡涛), and the carefully review and valuable feedbacks from Zhang Zhengyu (张征宇), Chen Peng (陈鹏), et al. of China Communications Press. Professor Jing Haiquan (敬海泉) translate this foreword to English.

By Xiangyuan Jiang
at Nianjiahu lakeside
on 28th August, 2019

目录

第三章 春秋战国时期的湖南交通

图录

绪论

交通是人类社会生活基本要素之一，与军事、政治、经济、工程、科技等方面密切相关。车轮、帆船、犁是新石器时代影响人类演化进程的三大发明[①]，其中两件涉及交通。马克思、恩格斯在《德意志意识形态》一书中写道：“人类社会历史，始终是不得不和产业史与交通史关联着，而被研究、被整理。”可以说，交通史是自然科学与社会科学交叉融合的专门史，人类文明史就是一部交通发展史。

地理环境是人类栖息地选择的主要依据，地形地貌则决定族群迁徙、文化扩散和传播路线。西部雪山、北部荒漠、东南大海的地理特征，形成东亚大陆相对封闭的区域空间，古代交通险阻，使得中国成为世界上唯一具有连续文明的国度。

湖南地处长江中游，位居东西枢纽、南北要冲，交通地理影响强烈。本书从人类起源及其迁徙路线讲起，上溯旧石器时代“洞庭之野”原始人、“潇湘之滨”现代人，下迄近代交通发轫，包括政治经济、水陆道路、运输工具、邮驿制度等方面的发展变迁。

一、湖湘交通地理

湖南东接江西，南联广东、广西，西邻贵州、重庆，北与湖北毗连，面积211820平方公里。基本地理特征是，西、南、东面武陵山、雪峰山、南岭、幕阜山—罗霄山脉崛起，北边洞庭湖盆沉降，中部丘岗盆地连绵起伏。

第四纪以来，在喜马拉雅运动作用下，青藏高原急剧抬升，形成东亚大陆三级阶梯地貌格局。湖南位处第二、第三级阶梯，亦即云贵高原向江南丘陵、南岭山地向江汉平原过渡地带，表现以间歇性和掀斜性为主的升降运动。南岭北麓盆地上升60—70米，洞庭湖下降为低洼中心，武陵山、雪峰山、幕阜山—罗霄山平行排列，呈三面环山、向东北开口的不对称马蹄形（图0-1）。各大山系溪流交汇，发育出湘、资、沅、澧等水，形成洞庭湖水系。

① （美）斯塔夫里阿诺斯 著：《全球通史：从史前史到21世纪》（上），北京：北京大学出版社，2015年，第48页。

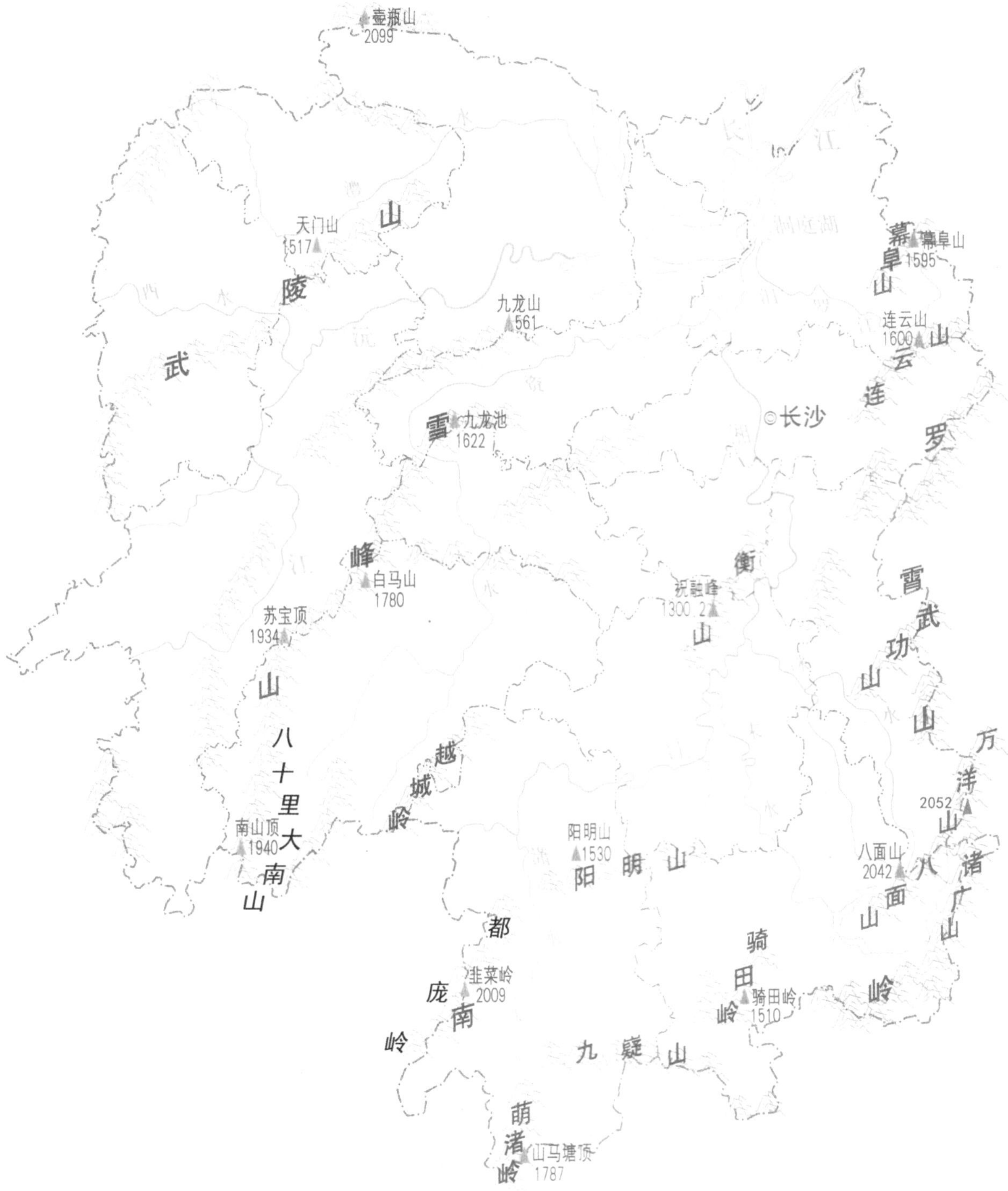

图 0-1　湖南省山脉地形图[①]

武陵山　呈西南—东北走向，纵贯湘西、鄂西南、渝西南、黔东北，为乌江和沅水、清江和澧水的分水岭，主脉则是沅水与澧水的分水岭。武陵山群峰耸立，河谷深切，最高峰凤凰山（贵州江口县境）海拔 2572 米，海拔 2098.7 米的石门壶瓶山被称为湖南屋脊。怀化、芷江、新晃一线㵲水河谷是湘黔孔道，石门、慈利、张家界一线澧水河谷为湘西地区南北干道。

① 黄爱、曹航惠参考湖南省教育科学研究院、星球地图出版社合编《湖南省地方文化常识·地图册·湖南省地形》等资料绘制。

武陵山区是旧石器时代“潕水文化类群”发祥地，新石器时代“无君长总统，各以邑落自聚”[①]的百濮栖息地，三苗、庸人、巴人等族群迁徙地，也是“五溪蛮”所在地、罪臣流放地。

雪峰山 西南起于沅水支流巫水北岸，南与八十里大南山相接，略成弧形蜿蜒向东北伸展，止于洞庭平原，是沅水和资水分水岭，省境东西地理分界线。西南段山势陡峻，主峰苏宝顶海拔1934米；中段安化烟溪、新化琅塘一带海拔仅300—400米，资水在此成直角转折，形成河谷盆地，成为东西孔道；东北段渐为丘陵山地。

雪峰山是新石器时代蚩尤族人迁徙地，“长沙蛮”“梅山峒”“武冈瑶”根据地。

南岭 华南最大山脉和自然地理界线，长江和珠江水系分水岭。呈东西向延伸，省境自西向东分布着八十里大南山、越城岭、都庞岭、九嶷山、阳明山、萌诸岭、骑田岭等山系，海拔2021米的越城岭二宝顶是湘南最高峰。山系之间隘口谷地，形成多条南北孔道。越城岭与海洋山之间的“湘桂走廊”，被称为中国三大地理走廊之一[②]。

幕连九及罗霄山脉 包括幕阜山、连云山、九岭山、武功山、万洋山、八面山、诸广山等山系，是洞庭湖水系和鄱阳湖水系分水岭，海拔2052米的万洋山斗笠顶[③]是湘东最高峰，海拔2042米的八面山次之。各大山系之间的隘口谷地，构成多条东西孔道，唯山岭险阻，开发颇迟。九岭山和武功山之间，赣江支流袁水和湘水支流渌水及其河谷盆地，是湘赣交通主孔道。

湘中 地貌受燕山运动影响，形成西、南、东山地环绕，向北开口的盆地景观。沿湘水及其支流河谷，珠串状散布永兴盆地、衡阳盆地、株洲盆地、湘潭盆地、长沙盆地、茶陵盆地和攸县盆地，衡山（海拔1300米，下同）、大云山（890米）、象形山（819米）等山体高耸其上。绵亘衡阳、株洲、湘潭盆地间的南岳衡山，素称“五岳独秀”。

湘北 主要是长江和湘、资、沅、澧等水汇入的湖积平原，地势平坦。洞庭平原外围高、中部低，构成一个从外围向中心降低的碟形盆地，盆缘有桃花山、太阳山、太浮山等海拔500米左右的山地突起，环湖丘陵海拔250米以下，滨湖岗地低于120米，中部由湖积、江湖冲积、河口三角洲和外湖组成的堆积平原海拔多在25—50米之间。

省境河网纵横，水运资源丰富。除湖区河道外，5公里以上河川共5341条，其中集水面积大于1万平方公里的8条、大于5000平方公里的17条、大于1000平方公里的57条、大于500平方公里的115条、大于100平方公里的594条[④]。湘、资、沅、澧四水，松滋、虎渡、藕池、调弦四口，以及汨罗江、新墙河等中小河流，汇注洞庭，经城陵矶入长江，形成以洞庭湖为中心的辐聚状水系，为内河航运开发与利用提供了优越的自然条件。

湘水 因“与诸水相合”谓之“湘”[⑤]。东源潇水出蓝山野狗岭[⑥]，河源称大桥河，蜿蜒曲折，

---

① 《史记·楚世家》。

② 河西走廊、辽西走廊、湘桂走廊是中国历史上著名的地理通道，其中河西走廊连接内地与西域、辽西走廊连接华北与东北、湘桂走廊连接中原与岭南。

③ 斗笠顶位于又名酃峰、神农峰，位于炎陵县策源乡境内；一说海拔约2115.2米，为湖南第一高峰。

④ 湖南省国土资源厅编著：《洞庭湖历史变迁地图集》，长沙：湖南地图出版社，2011年，第12页。

⑤ （清）吴兆熙、张先抡 撰：光绪《善化县志》，卷四，清光绪三年刻本。

⑥ 2013年5月21日，水利部、交通运输部、国家能源局共同认定，湘江正源在九嶷山三分石下的野狗岭。

流经蓝山、江华、江永、道县、双牌，至零陵萍岛与西源汇合，长354公里。西源出广西兴安近峰岭，河源称上桂河（一称白石河）[①]，汇入海洋河、西波江后始称湘水，至分水塘与漓水有灵渠相通，继东北流，零陵萍岛汇入潇水，长262公里。

湘水流域在地貌上是一个长条形盆地，由南向北呈倾注之势。干流穿行山岭、丘陵和盆地间，经永州、衡阳、株洲、湘潭、长沙，在湘阴濠河口分左右两支，至芦林潭汇流后入洞庭湖，全长948公里，流域面积94721平方公里。

湘水支流呈羽毛状分布，省境右岸支流有宁远河、石期水、白水、舂陵水、耒水、洣水、渌水、浏阳河、捞刀河等，左岸支流有永明河、紫溪河、芦洪江、祁水、蒸水、涓水、涟水、靳江河、沩水等。水系干支河道长10373.5公里，通航水道4791公里。

湘水流域是远古人类栖息地、现代人类发源地之一。20万—15万年前，湘水中下游的攸县网岭镇、株洲三门镇、浏阳永安镇、长沙城区等地就有原始人类活动。12万—8万年前，上游道州盆地孕育了东亚大陆最早的现代人（Modern humans）[②]、最早的制陶工业和稻作农业，潇、湘交汇地发现国内最早的祭祀遗址——零陵黄田铺石棚（约2万年前）。据此推测，现代人类沿湘水河谷迁徙、由南向北扩散。

资水　有赧水、夫夷水两源。赧水旧称都梁水[③]，源出城步青界山主峰黄马界，流经武冈、洞口、隆回，至邵阳双江口与夫夷水汇，始称资水。夫夷水源出广西资源猫儿山，流经新宁、邵阳，至双江口与赧水合。资水流经邵阳、新邵、冷水江、新化、安化、桃江，在益阳甘溪港入洞庭湖，干流长653公里，流域面积28142平方公里。

资水上游形成武冈、邵阳盆地，中游横切雪峰山体，水流湍急，险滩众多，下游地形低缓，河谷开阔。左岸支流有蓼水、平溪河、辰水、大洋江、渠江等，右岸支流有邵水、油溪、洢水、沂溪、志溪河等，干支河道长2582公里，通舟航道1017公里。

资水流域旧石器时代人类活动遗迹，主要分布在中下游地区。武冈四季岩洞穴遗址出土石斧、陶纺轮、骨镞等文物400多件，文化年代与夫夷水畔的新宁白面寨遗址相近，大致为新石器时代晚期。商代中原通岭南的"青铜之路"，即由夫夷水。

沅水　南源龙头江出贵州都匀，北源重安江出贵州麻江，两源在贵州凯里汊河口汇合后称清水江，经台江、剑河、锦屏、天柱，由芷江入省境，至托口合渠水后始称沅水，继经中方、溆浦、辰溪、泸溪、沅陵、桃源、武陵、鼎城，在汉寿入西洞庭目平湖。干流长1033公里，其中湖南省内568公里；流域面积89163平方公里，包括贵州、湖南、重庆、湖北四省、直辖市，湖南占有51066平方公里。

---

① 传统说法，湘江发源于广西壮族自治区灵川县的海洋山（古称海阳山）。《水经注疏》："湘水出零陵始安县阳海山。"清钱邦芑的《湘水考》记："湘水，源出广西桂林府兴安县海阳山，山居灵川、兴安之界上，多奇峰绝壑，泉水之始出也，其流仅可滥觞。"

② 对于此项发现，主要发掘者之一的刘武先生评价道："发现最大的意义，是发现了'fully modern'（完全现代）的现代人，虽然还没有直接触及现代人是否起源于非洲的问题，但结合道县以及这么多年国内化石的发现，一个比较合理的推测是，中国乃至东亚人从当地起源的可能性更大一些。"参见艾江涛：《道县发现：47枚牙齿的故事》，《三联生活周刊》，2015年44期。

③ 城步汉时属都梁县，《水经注》称"资水出零陵都梁县路山……县左右二冈对峙……后汉伐五溪蛮，蛮保此冈，故曰武冈，县即其称焉。"

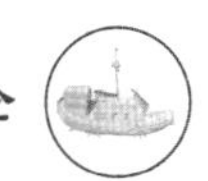

沅水自河源到黔城多高山峻岭，河流深切，㵲水下游是芷江—怀化盆地；黔城至沅陵多丘陵，沿流分布洪江—安江盆地、溆浦盆地、麻阳—沅陵盆地；沅陵以下阶地发育，桃源以下出现较大的河谷平原。沅水左岸为武陵山东南麓，河网发育，支流较长，如㵲水、辰水、武水和酉水等；右岸支流较少，河流也较短，主要有渠水、巫水、溆水和夷望溪等。水系河道长4858.5公里，可通舟筏2155.5公里。

沅水中上游河谷盆地，发现旧石器遗址或地点100多处，称为“㵲水文化类群”。新石器时代孕育的“高庙文化”[①]及其宗教艺术，成为中华早期文明的重要发祥地之一。“高辛氏以女配神犬盘瓠入五溪”[②]和“巴五子居五溪而长”[③]等传说，凸显沅水流域民族成分的多样性。

澧水　南源出永顺龙家寨，中源出桑植八大公山东麓[④]，北源位于桑植杉木界[⑤]，三源在桑植南岔以上会合。沿途接纳溇水、渫水、道水和涔水等支流，至津市入西洞庭七里湖，全长388公里，流域面积18496平方公里。

澧水流域地势为北、西、南三面较高，东部逐步降低。上游崇山峻岭，中游峡谷盆地，下游平缓开阔。干支流大体成不对称的梳状分布，较长支流多位于左岸，右岸断崖陡峭，支流短小。水系河道长1833.5公里，通舟航道827公里。

澧水中下游是湖湘石器时代文化序列最清楚的区域，已查明旧石器遗址200余处，被称为“澧水文化类群”。澧阳平原是城壕、稻作文明起源与传播中心之一，孕育了彭头山、城头山等众多新石器文化。

湖南这种三山合四水，向洞庭湖、长江倾注的山川地貌，使得文化扩张和传播多循南北方向，无论石器时代陶瓷工业、稻作农业、宗教文化传播，古史传说三苗南迁、炎帝南渡、黄帝南征、舜帝南巡，还是夏商周势力南渐、楚人南下、秦汉南征……莫不受山脉、河流走向等因素制约。因此，南北交通的发轫、发展，要早于东西交通。

二、湘境原始人踪迹

人类源于近似人形、能使用简单工具的原初人，是自然选择的产物。“从最宏观的角度看，人类出现是地球发展进程中的第二大转折点。第一大转折点是生命从无机物中脱颖而出。”[⑥] 20世纪60年代，埃塞俄比亚阿法低地发现250万年前石器；1998年，同一地区发现距今580万—520万年古猿化石。2000年，肯尼亚土根山区发现距今约600万年的原初人化石，是已知最早的人种[⑦]。

关于人类起源，学界尚无共识。“非洲起源”论认为，早期人类源于非洲，距今200万—180

① 有观点认为，居住在以沅湘流域和洞庭湖区为中心的高庙文化先民，是当时中国境内最为强盛的族群；并推测高庙文化早期遗存为人文始祖伏羲氏族创造，高庙文化晚期遗存及其后续的大溪文化遗存为炎帝氏族创造；伏羲是炎帝神农氏的直系祖先，高庙文化所在区域是中国上古邦国文明的发源地。参见肖军、黄巍、周圣华：《发掘怀化高庙遗址：“高庙文化”颠覆传统认知》，《湖南日报》，2016年6月16日。

② 《史记·五帝本纪》。

③ 《后汉书·南蛮西南夷列传》。

④ 澧水中源又名绿水河，源出桑植县八大公山东麓，源头在龙山县大安乡翻身村，2013年被认定为澧水主源。以中源为干流起始点，至津市小渡口入洞庭湖，全长407公里。

⑤ 澧水旧以北源（五道水）为主干，《汉书·地理志》称“历山，澧水所出”，杉木界即在栗（历）山坡。

⑥ （美）斯塔夫里阿诺斯 著：《全球通史：从史前史到21世纪》（上），北京大学出版社，2015年，第5页。

⑦ 《中国大百科全书》编委会 编：《中国大百科全书（第二版）》，北京：中国大百科全书出版社，2009年。

万年左右，扩散至亚洲、欧洲、美洲和大洋洲。“多地域起源”论认为，人类在地球上多个地方独自起源、进化。

山西西侯度发现最早的人类用火证据——有切割痕迹的鹿角和动物烧骨，距今约 180 万年。武陵山北麓的建始龙骨洞发掘牙齿化石和石器、骨器，距今 215 万—195 万年，是长江流域最早的原始人。1990 年，河北蔚县发现一件距今约 300 万年的石器，超过了东非发现的石器年限，“无疑为人类起源和中国旧石器文化研究中、从古猿向猿人进化断代过程的中间缺环提供了科学证据”①，是对“非洲起源”论的一次有力挑战。

如果以直立行走为标志，那么人类出现于 700 万—500 万年前，20 万年前进化成早期智人，约 10 万年前进化出晚期智人，即解剖学上的现代人。1929 年发现的北京猿人，约 70 万年前来到周口店、20 万年前离去，属于古猿进化到智人中间环节的原始人类。

根据基因检测结果，现代人约 20 万年前在非洲出现，13 万年前开始向其他大陆迁徙，6 万—4 万年前到达中国南部，并逐步取代当地人类。考古材料则显示，中国境内现代人源于本土早期智人，而不是非洲。道县福岩洞人牙化石（12 万—8 万年前）的发现，印证了东亚人类独立进化观点，提供了最早的现代人在湖南出现的化石证据②。

第四纪（260 万年前至今）以来，灵长目完成了从古猿到现代人类的进化，其他种群也加速发展。保靖洞泡山早更新世（距今 180 万—78 万年）晚期动物化石，有东方剑齿象、嵌齿象、大熊猫、中国貘、长臂猿、猕猴、野猪、猪獾、水牛、熊、鹿、麂等。桂阳上龙泉的晚更新世（距今 12.6 万—1.17 万年）堆积中，有东方剑齿象、大熊猫、中国犀、中国貘等化石；同时出土磨制刻纹骨椎一件，经中国科学院古脊椎动物与古人类研究所鉴定为旧石器时代晚期骨器。茶陵路水、攸县店背溶洞的晚更新世堆积中，有亚洲象、熊、牛、马、猴、鹿、獐、狗、猫、豪猪等化石。这些化石证明，湖南在更新世时期气候湿热，水草丰美，野生动物众多，是远古人类理想的栖息地。

约 70 万年前，大致与北京猿人出现同时，“洞庭之野”开始有人类活动③。这些原始人滨水而居，以石器和棍棒为主要工具，从事渔猎和采集活动，是湖湘大地的最早先民。

由于一块地方能提供的食物有限，原始人一般以 20—50 人为一部落，以血缘关系为纽带，共同生活，共享劳动果实，形成原始社会。“在这些部落中，男人负责狩猎动物、提供肉食，而女人则负责采集营地周围所能发现的一切可供食用的东西：植物块根、浆果、坚果、水果、蔬菜、昆虫、蜥蜴、蛇类、啮齿类动物、贝类，等等。”④为寻找渔猎场地和野果、块茎等食物，他们滨水而行，迁徙河谷盆地或冲积平原，栖息于台地之上、洞穴之中。这一时期，季节性洪水反复冲刷的河岸，是原始人主要道路。

在漫长的旧石器时代，武陵山区古人类发展出两个相对独立的文化类群——“澧水文化类群”

① 汤英俊、陈万勇、陈淳：《河北蔚县上新世旧石器的发现》，《科学通报》，1999 年 19 期。

② 吴秀杰、刘武、杨雄心，等：《中国南方地区最早的现代人》（The earliest unequivocally modern human in southern China），《自然》（Nature），2015 年 10 月 15 日。

③ 湖南省文物考古研究所：《湖南两项考古发掘入围“2016 年度全国十大考古新发现”评选》，《湖南文化遗产网》，2017 年 2 月 24 日。

④ （美）斯塔夫里阿诺斯 著：《全球通史：从史前史到 21 世纪》（上），北京：北京大学出版社，2015 年，第 8 页。

和"潕水文化类群"，南岭北麓的原始人则进化为东亚大陆最早的现代人。这表明，湖南在人类演化进程中一度处于领先地位，现代人类迈出的第一步，极可能就在潇湘之滨。

进入新石器时代，人类逐步由食物采集者演变成食物生产者，出现了原始农业和畜牧业，磨制石器、制陶也是这一时代基本特征。经过漫长探索和实践，人类完成了从葫芦到浮筏、再到舟楫的渡水工具发展演变："燧人氏以匏济水，伏羲氏始乘桴，轩辕氏作舟楫。"[①]借助舟筏，就能浮渡江湖，迁移远方。村落出现，使聚居地到食物采集地、狩猎场，以及不同村落和部落之间的往来道路得以固定，古代交通由此发轫。

三、水陆交通发展

新石器时代，中华民族多元一体的格局大致形成。湖南地区先民制造陶器，营建房屋，发展原始农业和畜牧业，开始氏族公社生活。先后创造道县玉蟾岩、澧县彭头山、八十垱、石门皂市、洪江高庙、长沙大塘、安乡汤家岗、澧县城头山、湘乡岱子坪、泸溪浦市、澧县鸡叫城、华容七星墩、新宁白面寨、靖州斗篷坡等史前文化，以道州盆地较早，澧阳平原居多。其中，玉蟾岩稻作和制陶、彭头山刻符文字、八十垱环壕、城头山和七星墩城池以及高庙宗教艺术等起源、演进和传播，是湖湘先民对中华文明发展的重要贡献。八十垱环壕的发掘还意味着，有考古材料验证、中国最早的人工梁桥出现在澧阳平原，这是桥梁技术史上一个划时代事件。

为渔猎和舟楫之便，初民聚落多位于河流或湖盆阶地，除满足生产生活需要的近程道路外，还存在与其他聚落或部族联系、交换劳动产品的中远程交通。八十垱遗址（距今8500—7500年）揭露的一段鹅卵石路面，证实世界上最早的道路遗迹在湖南[②]。作为湖湘乃至长江中游中心聚落，城头山（距今6500—4600年）通过码头、护城河、人工河道及自然河流组成的水道，与其他部落或族群联系。

考古资料显示，安乡汤家岗印纹白陶源自高庙文化；长沙大塘与澧县丁家岗存在文化关联；新宁白面寨与洞庭地区文化面貌相差较大，与资水上游晓锦文化相似；同样，靖州斗篷坡文化特征与其一岭之隔的柳江流域史前文化相近。从当时的交通条件推测，传播路线以水路为主，由山谷隘口推进。

源于潇湘之滨、盛于洞庭之野，创造稻作、制陶、建筑等文明的原始人，当为三苗九黎部族。他们"最初起于湖湘之滨，渐侵及江淮之间，既而渡河而北"[③]，部分支系迁徙黄河中下游流域，与诸夏争雄，逐鹿中原，这与稻作技术北传的时间和路线也大体相符。

新石器时代中晚期，中国历史进入传说中的"三皇五帝"时代。这些传说，在仰韶、龙山、大溪、石家河等考古文化中多有迹可循。炎黄联盟与蚩尤九黎发生的"涿鹿之战"[④]，是文献记载的、农耕民族和游牧民族首次大决战，也是通过战争实现改朝换代——黄帝替代炎帝为联盟首领的重

---

① （明）罗欣 撰：《物原》，明嘉靖二十四年李宪刻本。

② 裴安平：《澧县发现我国最早聚落围壕与围墙》，《中国文物报》，1994年12月4日；郑若葵 著：《中国古代交通图典》，昆明：云南人民出版社，2007年，第61页。

③ 梁启超 著：《中国上古史》，北京：商务印书馆，2016年，第73页。

④ "涿鹿之战"发生地，史学界有几种观点，除河北怀来外，一说位于河南修武，参见中国人民革命军事博物馆编著《中国战争史地图集》，星球地图出版社，2007年；一说在山西运城，参见柏杨著《中国人史纲》，同心出版社，2005年。2018年6月，笔者实地考察认为，运城盐池附近比较接近史实。

大事件[①]。这场战争促成了炎黄部族融合，奠定了华夏民族的根基，势力范围也大为扩展。

天下有不顺者，黄帝从而征之，平者去之，披山通道，未尝宁居。东至于海，登丸山及岱岳；西至于空桐，登鸡头；南至于江，登熊、湘。[②]

熊山即今安化与新化交界的大熊山，湘山即今洞庭君山。

蚩尤战败被擒杀后，大部族人南迁长江中游，同当地“苗蛮”结合，引发石家河文化（距今4600—4000年）勃兴，诞生了“三苗国”。《名义考》称：“三苗建国在长沙，而所治则江南荆杨也。”

唐尧都城——山西襄汾陶寺遗址（距今4300—3900年）宫殿、王墓、礼器、龙图腾和观象台等的发现，标志着早期国家诞生[③]。大致同时，在黄河支流秃尾河畔，崛起一座规模更大的城——陕西神木石峁城[④]。石峁遗址（距今4300—4000年）发现的良渚玉琮及石家河玉鹰，折射出黄河中上游与长江中下游之间的文化交流，反映了当时的水陆交通情况；发掘石范、铜刀，支持了青铜技术从西亚、中亚传入中国北方，沿黄河进入中原腹地的观点。

尧禅让舜，三苗首领驩兜不服，双方在南阳盆地发生“丹水之战”[⑤]。三苗战败后，尧“放驩兜于崇山，以变南蛮”[⑥]。驩兜族大致由丹水、汉水，经荆襄道越江，溯澧水至崇山一带[⑦]，即今湘西北山区。

经过丹水之战、“舜却苗民”等一系列征伐和威服举措，华夏势力一度扩张至“洞庭之野。”舜晚年“巡狩”江湘，极可能与应对“有苗不服”的军事行动有关。禹继舜位后，对三苗集团进行了较大的打击。考古材料显示，石家河文化晚期，长江中游地区城垣、聚落几乎同时衰落；后石家河文化面貌发生了很大变化，且受龙山文化强烈影响。流传数千年，描述苗族创世、征战、迁徙历程的长篇英雄史诗《亚鲁王》也有反映[⑧]。

---

① 《史记·五帝本纪》：“黄帝者，……与炎帝战于阪泉之野，三战，然后得其志。……与蚩尤战于涿鹿之野，遂禽杀蚩尤。而诸侯咸尊轩辕为天子，代神农氏，是为黄帝。”

② 《史记·五帝本纪》。

③ 陶寺遗址考古队队长、中国社会科学院考古所何努研究员，在《中国国家地理》2017年10期刊发的《“地中天下观”肇始于汾河谷地的陶寺》一文中，归纳了陶寺文化的15个“最早”：（1）建立了中原最早的邦国，即最初的“中国”；（2）“中正”意识形态肇始地；（3）奠定了中国古代王朝“都城—郭城”规划的主流模式；（4）形成了最早的宫室制度，被夏商周三代所继承；（5）最早的“文德治国”理念出现；（6）修筑世界上最早的观象台；（7）最早的通过圭表测日影的天文观测系统；（8）最早将历法作为王权科学软实力；（9）最初的“天下观”形成；（10）最早的汉字出现；（11）出土了中国最古老的礼乐乐器组合和金属乐器；（12）发现了中原地区龙崇拜的主脉源头；（13）发现了世界上已知最早的板瓦；（14）发现了黄河流域最早的红铜铸造礼器群，包括铜盆、铜铃、铜环、铜朔望月小轮、铜蛙，（15）出现了与尧舜传说最为匹配的考古遗址与考古学文化。

④ 有观点认为，石峁遗存属于老虎山文化，石峁人属于传说中的黄帝后裔北狄先民；石峁城的超大规模以及玉器、兽面纹饰等的出现，当为其与陶寺文化碰撞交流的产物（参见韩建业：《石峁人群族属探索》，《文物春秋》，2019年第4期）。另有观点认为，石峁古城是上古西夏都邑（参见张怀通：《谁的石峁：石峁古城系上古西夏都邑》，中国社会科学报，2015年3月第A05版）。

⑤ 尧舜集团与三苗联盟发生在丹水流域（今丹江，陕西南部、河南西部）的一次战争。《吕氏春秋·恃君览》说：“尧战于丹水之浦，以服南蛮。”

⑥ 《史记·五帝本纪》。

⑦ 《辞源》：“崇山在湖南大庸县西南，与天门山相连。相传舜流放欢兜于崇山，即此。”

⑧ 余未人著：《远古英雄亚鲁王》，贵阳：贵州人民出版社，2018年。

尧舜时代，黄河、长江“洪水横流，泛滥于天下”[①]在长江中上游，大禹“岷山导江，东别为沱；又东至于澧，过九江，至于东陵”[②]。先秦时期，沱江为荆江的名称，洞庭地区河网纵横被称“九江”，东陵即今城陵矶[③]。这是湘境最早记录的航道整治工程。

禹分全国为九州（湖南地属荆州），修筑九道，并规定：“九月除道，十月成梁”[④]。制订“五服”制度，即以五百里为一区划，由近及远，分天下为甸服、侯服、绥服、要服、荒服五等。在王畿之地，“百里赋纳总，二百里纳铚，三百里纳秸服，四百里粟，五百里米。”[⑤]该项制度反映，限于交通条件，各地贡纳不得不随途程改变。

根据文献传说推测，最晚尧舜自中原出岭南的线路基本形成，禹夏时湘水河谷已辟有车马大道。

继夏而起的商朝，是中国有同期文字记载历史开端，国家体制趋于完备，文明程度更高。郑州二里岗文化时期，商朝人已越过长江，抵达“洞庭之野”。殷商晚期，湘、资、沅、澧中下游皆为其文化影响范围。

中原与岭南之间的往来交通，洞庭水系是必由之路。从商代青铜器遗存分布来看，资水南源夫夷水可能是由殷人开辟并控制、逾越南岭的“青铜之路”[⑥]。

成汤之时，荆蛮部族一度臣服，后叛商自立。武丁即位后“奋伐荆楚”[⑦]，殷商势力再度南下，沩水流域出现臣服中原的政治实体，开启了湖湘青铜文明。20世纪30年代以来，宁乡、长沙、安化、桃江、石门、临澧、华容、常宁、岳阳、桃源、株洲、醴陵、湘潭、湘乡、衡阳、资兴、芷江、新宁、溆浦、保靖等地相继发现殷商铜器，种类有鼎、鬲、尊、罍、簋、瓿、卣、爵、觚、钺、戈、矛、镞、斧和铙等。其中，虎食人卣、象纹大铜铙、人面纹方鼎、四羊方尊、皿方罍等铸造工艺高超，堪称青铜艺术瑰宝。

周初，封建制、宗法制、礼乐制、井田制相继建立，出现了史上第一个太平盛世——“成康之治”。朝廷设夏官掌车马军政，秋官管道路桥梁，“雨毕而除道，水涸而成梁”[⑧]，形成早期道路管理制度。使者或商旅“凡通达于天下者，必有节，以传辅之”[⑨]。舟车乘用遵循严格的等级规制。

天子造舟，诸侯维舟，大夫方舟，士特舟，庶人乘泭。[⑩]

---

① 《孟子·滕文公章句上》。

② 《尚书·禹贡》。

③ （清）陶澍在《洞庭湖志·〈禹贡〉‘江别为沱至澧过九江至东陵’解》一文中称：“荆州本治江陵，而城陵与夷陵分踞东西，夷陵为楚西陵，则城陵山之为东陵无疑矣。自川江而东，除却洞庭，更无九水同汇一处，可以总名之曰九江，亦更无名山在东岸可以称东陵者。”

④ 《国语·周语中》。

⑤ 《尚书·禹贡》。

⑥ 夫夷水上游与桂江上游漓水以及柳江支流古宜河、洛清江毗邻。由湘水转道资水、溯夫夷水入广西资源，翻越越城岭隘口后，或入漓江、桂江、西江至珠江三角洲和南洋地区；或经洛清江、柳江至桂平，自桂平溯郁江至武鸣、徐闻、合浦和越南等地，顺浔江、西江可抵珠江三角洲。

⑦ 《诗经·商颂·殷武》。

⑧ 《国语·周语》。

⑨ 《周礼·地官》。节是古时由君王或政府颁发的用于水陆交通的凭证。

⑩ 《尔雅·释水》。

孤乘夏篆，卿乘夏缦，大夫乘墨车，士乘栈车，庶人乘役车。[①]

周成王时，在洛阳举行诸侯大会，史称“成周会”。《逸周书·王会》记载了大会盛况及各地贡献，包括“长沙鳖”“越裳白雉”等。上述方物入贡路线，或越长江、溯汉水、入唐白河或淅水，逾伏牛山、下伊洛河抵成周；或由荆南水系，走“荆襄道”北上河洛。

周初的“相”国，可能是南迁殷人与土著越人融合组建的“大禾”方国演变而来。宁乡炭河里西周城址[②]，揭示了湘沩流域存在高度文明的地方政权。根据新出铭文及有关文献，周昭王伐荆和虎方，巡狩南土，在昭山附近落水溺亡，成为继舜之后第二个殒命湘境的中原君王。炭河里城址被毁，相国和虎方消失于历史舞台，与穆王“伐越”有着极大关联。

楚人崛起和猛烈扩张，是先秦时期重大事件。周夷王时，熊渠“兴兵伐庸、杨粤，至于鄂”，开辟“江上楚蛮之地”[③]，控制战略资源——大冶铜矿。公元前704年，熊通自立为武王，“于是始开濮地而有之”[④]。楚共王（前591—前560）时，已“抚有蛮夷，奄征南海，以属诸夏”[⑤]，形成“南海事楚”格局。吴起（前440—前381）变法后，实力更为强大，“遂有洞庭、苍梧”[⑥]。是为湖南郡县设置之始。

楚人南下和楚灭国遗民迁湘，江湘一线交通得到拓展。濮、庸、巴人南迁以及楚人对黔中郡的经营，使湘西北与鄂、渝、黔间道路得以开辟。“楚子以驲至于罗汭”[⑦]，证实“洞庭之野”辟有驿道；“朝发轫于苍梧兮”[⑧]，则是“苍梧之野”路可通车的写照。

作为湖湘政治经济中心和交通枢纽，长沙设有多处官府工场，如铜官、铁官、船官、瓦官、造府、织室、黄金采等，专业生产各主要工矿品[⑨]。国内发现最早的铁凹口锄、钢剑等铁器[⑩]及织锦实物[⑪]，皆出自长沙楚墓。俄罗斯阿尔泰发现公元前5世纪刺绣纹样，与烈士公园楚墓绣品相近[⑫]；德国斯图加特（Stuttgart）一座公元前5世纪墓中，也有中国丝绸出土[⑬]。说明张骞出使西

---

① 《周礼·春官》。

② 炭河里遗址位于宁乡县（今宁乡市）黄材镇寨子村塅溪与沩水交汇的台地上，是已知南方地区最早的西周城址，发现于1963年初，考古工作者曾对此先后进行了五次发掘，证明炭河里遗址为西周时期某一方国的都城所在。

③ 《史记·楚世家》。

④ 《史记·楚世家》。

⑤ 《左传·襄公十三年》。

⑥ 《后汉书·南蛮西南夷传》。2011年版《洞庭湖历史变迁地图集》（第77页）认为，楚洞庭郡治索县（今常德鼎城区东），苍梧郡治青阳（今湘阴青山岛）。

⑦ 《左传·昭公五年》。

⑧ 《离骚》。

⑨ 《水经注》：“湘水又北，左会瓦官水口，湘浦也。又径船官西，湘洲商舟之所至也。”瓦官水口即靳江入湘江口，船官故址在今长沙南湖港。

⑩ （1）参见陈先枢、黄启昌：《长沙经贸史记》，长沙：湖南文艺出版社，1997年；（2）中国目前发现的最古老冶炼铁器，是2009年甘肃省临潭县磨沟寺洼文化墓葬出土的2块铁条，年代为距今3510—3310年。在此之前的最早冶炼铁记录，由1990年出土于河南省三门峡、距今2800年的虢国玉柄铁剑保持。

⑪ （1）熊传新：《楚国的丝织业》，《江汉论坛》，1982年第8期。（2）需要说明的是，中国是世界上最早养蚕织丝的国家。1958年在浙江吴兴钱山漾新石器时代遗址中，发现由家蚕丝织成的丝线和绢片，年代约为公元前2800年。商周时期，丝织技术进一步发展，成书于战国的《穆天子传》提及周穆王西巡时，以“组锦百纯”赐给中亚游牧部落。

⑫ 高至喜：《长沙烈士公园3号木椁墓清理简报》，《文物》，1959年第10期。

⑬ 梁加龙：《从西德出土的中国丝绣品论早期中西交通》，《浙江丝绸工学院学报》，1986年第02期。

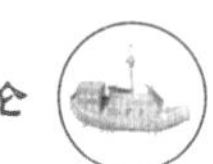

域前数百年，已有一条自湘水之滨经河西走廊通欧亚草原的道路。这些出土材料，改变了丝绸之路始于汉代的传统认知，证实长沙是丝绸之路重要起点。

春秋战国，省境所产铜器、铁器、漆器、丝织、琉璃等制品，以及樟、楠、丹砂、连锡等方物，除贡输郢都外，或顺流东下行销吴越、淮夷，或浮江、汉转输中原、西域，或逾五岭流通百粤、南海，或溯沅、酉贩运巴蜀、夜郎。这些通道，对楚国政治、经济、军事影响颇大："包茅不入"周室①，成为齐桓公伐楚借口；"楚材晋用""买椟还珠"等故事，皆与南北商运有关；"庄蹻王滇"不返，实因秦取楚黔中，截断往来道路。鄂君商船航行湘、资、沅、澧等水，运用了史上最早的船舶编组方式——"屯三舟为舿。"②

公元前230—前221年，嬴政"奋六世之余烈"③，以摧枯拉朽之势，横扫六合，建立秦朝。通过"一法度、衡石、丈尺，车同轨，书同文字"④，奠定了影响深远的大一统基石。为控制广袤疆域，大规模修筑驰道、直道、新道、五尺道等干道，形成以秦都咸阳为中心、辐射全国的交通网络。

秦汉时期，中央王朝对岭南多次用兵，促进了湖南地区交通发展。秦军在五岭筑峤道，凿灵渠，开拓水陆道路，最终"略取陆梁地，为桂林、象郡、南海"⑤，湘水的交通地位更加重要。

西汉元鼎五年（前112），汉武帝"因南方楼船卒二十余万人"⑥，兵分五路伐越。除"夜郎兵下牂柯江"⑦外，其余皆循秦征百越路线。东汉建武十六年（40），交趾征侧、征贰姐妹起事。伏波将军马援自湘入桂，"破交趾，……徙其渠帅三百余口于零陵。"⑧

东汉建武初，桂阳太守卫飒"凿山通道五百余里"⑨，整治湘粤道。建初年间，大司农郑弘"奏开零陵、桂阳峤道"⑩。熹平初，桂阳太守周憬疏浚武水"九泷十八滩"⑪。这些举措，进一步改善了南岭交通。

交通发展促进贩运兴盛。蜀郡所产漆器、蜀布等物远销身毒、大夏诸国，其中一条路线顺岷江下长江，转湘水入灵渠，由岭南通南海。马王堆汉墓出土"成市""成市草（造）"等戳记漆器，即系成都制造。汉时长沙琉璃器和奇石珠增多，估计有一部分系由岭南传入。

湖南位居交通要冲，素为兵家必争之地。三国史上三大战役——官渡之战、赤壁之战、夷陵之战，两战涉及湘境。东汉建安十三年（208）冬，曹操败于赤壁之战，在巴丘湖西自烧余船，"引军从华容道步归"⑫江陵。证明彼时江陵到巴陵有季节性陆路通达。夷陵之战后，东吴着力经营荆湘，

① 《左传·僖公四年》。

② 就是将1艘大船居于中间，两侧各并1条小船，编成1个类似今天的梭形船队。这种方式组合简单，分解容易，适应长江水系宽窄不一的水道航行。

③ 《过秦论》。

④ 《史记·秦始皇本纪》。

⑤ 《史记·秦始皇本纪》。

⑥ 《史记·平准书》。

⑦ 《汉书·武帝纪》。

⑧ 《后汉书·南蛮西南夷列传》。

⑨ 《后汉书·循吏列传》。

⑩ 《后汉书·郑弘传》。

⑪ （清）王闿运、汪敩灏 编：《桂阳直隶州志》，卷八，清同治七年刻本。

⑫ 《三国志·魏武帝纪》。

“各郡之间，道路大开，守望相顾”[①]。

西晋太康元年（280），镇抚零陵、桂阳、衡阳三郡的大将军杜预修浚自汉水南岸杨口（今潜江境）至江陵运河，又于调弦口开凿有史记载的湖南境内第一条人工河渠——华容运河，“内泻长江之险，外通零桂之漕”[②]，形成湖湘漕粮北上的便捷水道。

先秦两汉时期，洞庭地区是一片河网交错、湖沼罗布的泽原，故鄂君舟节不记“逾湖”。《山海经》称“洞庭之山，……是在九江之间。”所谓“九江”，大概包括汇集洞庭湖区的湘、资、沅、澧、油以及长江、虎渡河、汨罗江、新墙河等水。魏晋南北朝时期，江湖关系发生变化，油水北注入江，澧水故道横断，沅水南趋，湘水东切，资水分叉西北，一江四水皆会于湖，形成青草、赤沙两湖为主的巨大水体，“广圆五百余里”[③]。湘州“地所多出”，粮食、茶叶、竹木等由四水入湖，运销江汉、江浙等地，“江湘委输，方船连舳”[④]。

隋凿南北大运河，满足了“将已是全国经济中心的长江流域，同仍是政治中心的北方连接起来的迫切需要”[⑤]。大运河通钱塘江、长江、淮河、黄河、海河，灵渠联长江、珠江，构成覆盖全国大部水系的运道网络，“自是天下利于转输”[⑥]。

唐代地理学家贾耽记述长安通域外七条主要路线，其中“安南通天竺道”和“广州通海夷道”[⑦]取道湘川。随着航海技术进步，海外贸易发展，海上陶瓷之路兴起[⑧]。印尼勿里洞岛海域发现唐代沉船“黑石”号，载有瓷器67000多件，其中长沙窑瓷56500件，占绝大部分。长沙窑瓷成为首款外销的大宗商品，在中国交通史和商业史上占有十分重要地位，潭州也因此而成为“海上陶瓷之路”重要起点。

两宋干线驿路承袭前朝故道，因河湖水患、社会发展、政事变迁，局部线路有所改变。潭、衡、永、桂一线是广南西路、安南及“西南蕃、牂牁诸国”[⑨]往来京师主要线路。梅山道开通后，邵州、新化、安化、益阳间驿道沿资水拓展，潭州、鼎州可由该线趋邵州、永州，通往广南、安南等地。淮盐不继时，湘南百姓常结队赴广东连州等地挑运粤盐，永连、郴连盐道渐次形成。

诚州（治今靖州）通广西融州（治今融水）道路，因涉多方，由荆湖南、北和广西协力修筑，成为湘桂交通西部干道。宋元鼎革之际，蒙古军即循该道逾“镡城之岭”，掠取辰、沅，奔袭潭州。

为便漕运，“崇宁四年（1105）正月，以仓部员外郎沈延嗣提举开修青草、洞庭直河。”[⑩]随着粮食、茶叶、陶瓷等商品化程度提高，潭州成为商货集散地。“北来因鼎粟，南至出渠（灵渠）船。”[⑪]

---

① 湖南省地方志编纂委员会 编：《湖南省志·公路交通志》，长沙：湖南出版社，1996年，第5页。

② 《晋书·杜预传》。

③ 《水经·湘水注》。

④ 《梁书·元帝纪》。

⑤ （美）斯塔夫里阿诺斯 著：《全球通史》，北京：北京大学出版社，2015年，第213页。

⑥ 《通典·漕运》。

⑦ 《新唐书·地理志》。

⑧ 日本学者三上次男先生将中国古代陶瓷外销所经行的海上贸易路线称之为“陶瓷之路”。参见（日）三上次男著，李锡经、高喜美译：《陶瓷之路》，北京：文物出版社，1984年。

⑨ 《续资治通鉴长编·卷五十六》，清文渊阁四库全书本。

⑩ 《宋史·河渠志》。

⑪ （南宋）王阮：《义丰集·代胡仓过圣德惠民诗一首》，宋淳祐三年刻本。

南宋偏安淮水以南，湘赣道成为行都临安往来西南、岭南干道，地位骤升。袁州（今江西宜春）“至潭州界（今醴陵）二百三十里”①，置有秀江、安仁、宣风、湘东、爰直、毛仙等驿②。

唐宋时期，因彝族部落形成的罗氏鬼国据黔，自中庆（今云南昆明）至内地，多由汉时形成的建昌（今四川西昌）道通江。元世祖统一江南后，诏辟滇黔湘道，“通辰、沅、靖州常行站道，以达江陵路。……比之黎雅、乌蒙驿路捷近二千余里。”③由于驿运量大，自城陵矶至镇远一线设二十四处水站，便于“蛮官进贡物货”④，减轻陆路压力。

明初，“命天下府州县修治桥梁道路。”⑤干支驿道以北京、南京和十三布政司治所为中心，成辐射状延伸至各府州县及军事重镇，沟通相邻省区。其中，两京至昆明、桂林、广州道路过境湖南。

湘米北漕为历朝倚重，唐时已有“三秦之人，待此而饱；六军之众，待此而强”⑥之说，明代更是“湖广熟，天下足”⑦。为保漕粮如额如期抵京，朝廷制订了严密的漕粮交兑、运送制度。湖湘漕粮在城陵矶交兑，运船限于十二月开帮、次年九月初一前抵京。为保漕船质量，“湖广运船通改楠木打造。”⑧

清代交通发展到古代社会鼎盛阶段。纵横交错的官马大道与递铺网络，形成以京师北京和各省省会为中心、辐射四方的驿运体系，驿站、铺舍、桥亭、渡口等设施完备，“水道环通，指顾可航”。

“一口通商”政策的施行，对中国古代社会发展、商贸体系变迁及交通运输格局，产生了深远影响。湖南沟通南北、联结东西的枢纽地位凸现。“岭表滇黔，必道湘沅。”⑨湘水流域永州、郴州、衡州、湘潭、长沙、岳州，沅水沿岸洪江、浦市、辰州、常德等城市贸易兴旺，萝业因之兴盛。

随着水运兴旺，航道整治较前朝为多，主要包括凿除碍航礁石、整修纤道、设置航标等。清雍正二年（1724）建成洞庭等伴洲石台，成为长江中游最早的人工航标。雍正七年（1729）浚清水江，“自都匀府起，至楚之黔阳县止，凡一千二十余里”⑩，是古代最大的沅水航道工程。光绪三十三年（1907），岳州海关在洞庭湖沅江口置“白沙塘灯桩”，系长江中游支流首座近代航标。

四、运输工具演变

（一）舟船浮具

“谁谓河广，一苇杭之。”⑪用竹木、芦苇或皮囊等扎成的浮筏，系独木舟出现之前主要渡

---

① （北宋）乐史：《太平寰宇记·江南西道》，清文渊阁四库全书补配古逸丛书景宋本。又据（北宋）王存等撰《元丰九域志》记载，“（袁州）西至本州界二百四十九里。”

② 中国公路交通史编委会 编：《中国古代道路交通史》，北京：人民交通出版社，1994 年，第 308 页。

③ 《永乐大典·经世大典·站赤三》。

④ 《永乐大典·六条政类·镇远至岳州立水站》。

⑤ 《明太祖实录·洪武十七年》。

⑥ 《旧唐书·刘晏传》。

⑦ “湖广熟，天下足”，首见于明代李釜源的《地图综要》内卷：“楚故泽国，耕稔甚饶。一岁再获柴桑，吴越多仰给焉。谚曰‘湖广熟，天下足’。”

⑧ （明）杨宏 撰：《漕运通志》，卷八，明嘉靖七年杨宏刻本。

⑨ （清）王闿运、陈嘉榆 撰：光绪《湘潭县志》，长沙：岳麓书社，2010 年。

⑩ （清）吴振棫 撰：《黔语》，收于罗书勤等 点校：《黔书·续黔书·黔记·黔语》，贵州人民出版社，1992 年，第 333 页。

⑪ 《诗·卫风·河广》。

河工具。周穆王十七年（前960），“鼋鼍为梁……至于九江”[①]，是湖南浮囊济渡的最早记载。

新石器时代出现的石斧、石锛等，为独木舟制造提供了技术条件。浙江跨湖桥出土距今约8000年的独木舟，船侧舷内分布多处黑焦面，印证了“刳木为舟，剡木为楫”[②]。南县涂家台遗址（距今7000年前）发掘长3.2米、宽0.6米类独木舟器物[③]，说明独木舟是当时常用济渡工具。澧县城头山遗址大溪文化堆积层遗存船桨、船艄等木构。由此推测，城头山聚落可能出现“舫”[④]，甚或木板船等。

木板船的出现，是运输史上标志性事件。偃师二里头发现铜锛、凿等金属工具，夏代出现木板船成为可能。殷墟卜辞“戊戌卜，方其凡（帆），”证实商人已掌握风帆技术。

商周以来，斧、凿、锥、锯及矩尺、圆规、准绳、悬锤、水平等工器具运用，促进了农业、手工业发展。流放沅湘的诗人屈原，很多篇章涉及舟楫，侧面反映了战国时期的造船技术水平。

秦汉是中国造船史上重要发展阶段，钉锔加固、拼接榫构等工艺得到推广。长沙伍家岭汉墓出土木船模型（现存中国国家博物馆），船体两侧及首尾甲板上有规则钉眼，说明钉合工艺已然成熟；尾部设梢桨操纵航向，是为舵的前身。秦始皇、汉武帝及汉光武帝在征服岭南的行动中，皆出动楼船，足证湖湘造船工艺之先进。

魏晋南北朝是一个英雄辈出的时代，军事斗争刺激了造船技术进步。“五楼船”“八槽舰”“千里船”“拍舰”“火舫”“水车”“金翅”等舟舰相继创造，其中八槽舰、拍舰、水车、火舫、金翅等舰在湖湘问世。八槽舰系世界上首次采用水密隔舱的舰船，这种设计不仅增强了船舶抗沉性，也提高了船体横向强度和抗扭刚性，是造船技术的重大突破。这一时期，省境或能制造装载万斛的“大艑”[⑤]。

隋唐五代，以大运河为枢纽的水运网络形成，促进了造船业的繁荣，水密隔舱、钉接榫合等造船史上重大发明，亦在此期间推广完善。唐德宗建中年间（780—783），湖南观察使李皋改进车轮战船，推动了车船技术发展。

郑学檬先生认为，“车船以湖南所造最为先进。”[⑥]与帆船依靠风力不同，车船设若干桨轮，依靠脚力驱动。其上建重楼，置拍竿，打击敌舰。车船最初在荆湖一带运用，大概是湖湘人民创造。南宋初，洞庭湖区车船最长达36丈（合今110.6米），能载千余人[⑦]。直到1543年，欧洲才出现车轮船的第一次试验[⑧]。

宋元时期，我国“无论是船体大小、船舶外形和内部机构，还是船上各种设施装置，都已远

---

① 方诗铭、王修龄 撰：《古本竹书纪年辑证》，上海：上海古籍出版社，2005年。

② 《易经·系辞》。

③ 潘茂辉、谈国鸣：《南县涂家台早期新石器时代遗址调查报告》，《湖南考古辑刊》第6集，1994年；杜耘、殷鸿福：《洞庭湖历史时期环境研究》，《地球科学——中国地质大学学报》，2003年第2期。

④ 舫是用两条或三条以上的独木舟并列，用横板连接固定而成，特点是稳定性强、载重量大。

⑤ 《北堂书钞·荆州风土记》：“湘州七郡，大艑所出，皆受万斛。”

⑥ 郑学檬：《技术进步：两宋航运业发展的动力》，《厦门大学学报》（哲学社会科学版），1995年第2期。

⑦ 宋代官尺合今30.72厘米，36丈的车船长达110.6米。

⑧ 席龙飞：《中国对世界造船技术的历史贡献》，《武汉造船》，1999年第5期。

远领先当时世界水平。”[①] 潭州、鼎州、衡州、永州设有官办造船工场[②]。绘图及放样制作广泛应用[③]，造船材料、预算订有详细定额，鼎州所造20丈车船造价为2万贯[④]。

郑和七下西洋，成就了航海史上伟大壮举。集造船技术之大成的郑和宝船，是造船史上所见最大的木板船，所用木材采自湖广、四川，宝船厂集中了包括沅湘在内的各地优秀船匠[⑤]。按“船只须要量度产木、水便地方差人打造”[⑥]规定，岳州、长沙、湘潭、衡州、永州、常德、辰州等府皆设官船厂。永乐十二年（1414）会通河畅通后，京杭大运河成为南北运输主干道，遂“令湖广造浅船二千只，岁于淮安仓支粮，运赴北京”[⑦]。成化十六年（1480），湘潭杨梅州建造“盐舸”，大者长12丈，载重4000石。万历元年（1573）督漕参政潘允端以湖广漕船“深大坚固，二船可抵三船”，建议以此改造别省漕船[⑧]。

随着商贸运输空前繁荣，民间造船业快速发展。由于水系、航道及结构、功能、用材等差异，民船种类繁多、名称各异。清道光时，自仪征向两湖运盐的大型帆船，“皆系楚省有力民人自行制造，……其船大者装至四千四五百引，计重百万余斤。”[⑨] 鸦片战争前后，湖南民船总数近三万只。咸丰二年（1852）太平军取益阳，数日内便获大小民船千余只[⑩]。

咸丰三年（1853）冬，湘军统帅曾国藩在衡阳筷子洲、湘潭杨梅洲设厂，制造战船。次年初，水师舰队初具规模，计有战船361艘（其中拖罟1艘、快蟹40艘、长龙50艘、舢板150艘、辎重炮船120艘）、运输船舶100艘、战炮570门。其后，“江西亦造战船，颇用湖南船制。”[⑪]

（二）车舆马具

“一器而工聚焉者，车为多。”[⑫] 车舆创造，是交通和机械工程史上第一次技术革命。

约公元前4000年，中东地区撒马利亚人发明车轮，中国新石器遗址发现石纺轮、陶纺轮，成为车的直接或间接先驱。黄帝以轩辕为名，或与其创造车辆有关。尧时，车成为天子出行代步工具[⑬]。大禹治水，“陆行乘车，水行乘船。”[⑭] 夏朝设“车正”“牧正”[⑮]，说明车已成重要运输

---

① 刘景华：《郑和以前中国造船技术的历史考察》，《长沙电力学院学报》，1994年01期。

② 席龙飞在《中国造船通史》一书（北京：海洋出版社，2013年，第162—163页），引用日本学者斯波义信著作《宋代商业史》（日文版）考证结论，确定今湖南境内宋时设有潭州、衡州、鼎州、永州四处造船工场。

③ 《宋会要辑稿·食货五〇》：“（绍兴）三年……鼎州画到大军船小样并长阔高卑步数……令江南东、西、荆湖南、北路帅司依样打造。”

④ 《宋会要辑稿·食货五〇》。

⑤ 参见章斌：《湖南洪江古商城：“郑和宝船”造船技术或源于洪江》，红网，2014年6月23日。

⑥ 《大明会典》，卷二百，明万历内府刻本。

⑦ （明）杨宏 撰：《漕运通志》，卷八，明嘉靖七年刻本。

⑧ 《明神宗实录·万历元年》。

⑨ （清）王检心、刘文淇、张安保 撰《道光重修仪征县志·食货志》，清光绪十六年刻本。

⑩ 杨秀清于太平天国甲寅四年（1854）授意部下撰写的《天情道理书》中提到：“如在长沙驻扎日久，则益阳等处江河船户不免为妖魔哄吓，远遁他方，我百万雄师何由得舟楫之便而沿流以破武昌乎？”参见阙子城主编：《益阳地区交通志》，长沙：湖南出版社，1992年，第227页。

⑪ （清）王闿运 撰：《湘军志》，光绪二十八年湖南书局刊本。

⑫ 《考工记》，卷上。

⑬ 《淮南子》，卷九：“尧为天子，大辂不画。”

⑭ 《史记·夏本纪》。

⑮ “车正”管理车旅交通，“牧正”掌管牧马之事。

工具[①]。

夏商之战，汤以“良车七十乘，必死六千人”与桀战于“鸣条（今河南封丘）”[②]。武王克商，以“戎车三百”[③]击溃殷师。方叔伐荆，“其车三千”[④]，是长江中游见于文献的首次车战。

20世纪下半叶，长沙、湘乡、临澧、澧县、慈利等地发掘多件车马器，说明沅湘造车技术与江汉地区同步演进。1971年，长沙浏城桥楚墓出土曲辕明器[⑤]，证实了《考工记·辀人》的相关描述。

马镫和高桥马鞍出现，是马具成熟主要标志，也是交通史、军事史上重要事件。上述器物的最早证据，皆在非骑乘发源地的沅湘流域发现[⑥]。洪江出土青铜骑士俑，足以改变高桥马鞍始于魏晋的传统认知[⑦]。这也解释了西汉何以成就横扫匈奴数千里、使其“妇女无颜色”[⑧]的霍去病，东汉末期何以涌现吕布、马超、赵云等一众马背英雄。

唐代骑乘盛行，车舆利用从载人向货运为主转变。元朝的舆轿利用进一步发展，并列入驿站交通工具编制。明清以来，骑行和舆轿流行于社会各阶层，不仅官员士族交通出入皆乘舆轿，庶民百姓迎亲嫁娶也莫不用轿。从某种意义上说，出行风俗变化，抑制了中国古代机械工程发展和造车技术进步，导致最终被西方先进技术超越。

五、邮驿兴衰

邮驿发轫和发展与军事、政治密切相关。商朝“邦畿千里”，配备信使“逘（zhi支）”，设立“桒隹”“次”“羁”[⑨]，形成史上最早的驿传体系。

《周礼》要求，“凡国野之道，十里有庐，庐有饮食；三十里有宿，宿有路室，路室有委；五十里有市，市有候馆，候馆有积。”[⑩]庐、路室、候馆设在道旁，供差官、信使或军旅途中食宿。使者或商人通行驿道须持符节，“山国用虎节，泽国用龙节。”[⑪]长沙出土东周龙节，证实了周朝符节制度。

秦人订有严格的律法，保证驿传安全迅速。云梦睡虎地出土的《秦律十八种·行书律》规定：“行命书及书署急者，辄行之；不急者，日毕，勿敢留，留者以律论之。”根据传输对象性质、重要程度以及里程长短，有“以邮行”“马驰行”和“轻足行”等多种方式。“以邮行”即由“邮

---

① 国内车的最早实证，是偃师二里头遗址发掘的两道平行车辙。

② 《吕氏春秋·简选》。

③ 《史记·周本纪》。

④ 《诗经·小雅·采芑》。

⑤ 湖南省博物馆：《长沙浏城桥1号墓》，《考古学报》，1972年第1期。

⑥ 湖南省博物馆：《长沙两晋南朝隋墓发掘报告》，《考古学报》，1959年第3期；湖南省文物考古研究所、怀化市博物馆、洪江市文物管理所：《洪江老屋背遗址发掘报告》，收于湖南省文物考古研究所 编：《湖南考古辑刊》第11集，北京：科学出版社，2015年。

⑦ 刘永华 著：《中国古代车舆马具》，北京：清华大学出版社，2013年，第201—203页。

⑧ 出自西汉《匈奴歌》：“失我焉支山，令我妇女无颜色；失我祁连山，使我六畜不蕃息。”

⑨ “桒隹”大抵相当于兵站性质，由朝廷设立，位于干道附近的高丘或山岗；“次”由其所在地区的诸侯或方国设立，与“桒隹”性质相似；“羁”系交通干道旁设立的食宿设施。

⑩ 《周礼·地官》。

⑪ 《周礼·地官》。

人”依次传递，如“迁陵以邮行洞庭”[①]。

《二年律令·行书律》规定：“邮人行书，一日一夜行二百里。”里耶秦简 J1（16）52，是国内已知最早的邮路里程简。

江陵张家山汉简《二年律令》：“十里置一邮。南郡江水以南，至索（荆州刺史部治所，即今汉寿）南水，廿里一邮。”又“长沙丞相书言，长沙地卑湿，不宜马，置缺不备一驷，未有传马，请得买马十，给置传，以为恒。”[②] 证实汉初邮置备马成为定制。

邮传是古代最为快捷的交通形式，常用于传递命令，以便远距离、大规模兵力调遣。东汉建武二十三年（47），进击武陵蛮的刘尚将军被围困，“（宋）均乘传发江夏（今武昌）奔命三千人往救之。”[③] 说明彼时，武昌至沅陵一线置有完善、通畅的邮驿系统。

隋唐邮驿发达。“凡三十里有驿，驿有长，……水驿有舟。”[④] 由杜甫《宿青草湖》[⑤] 可知，水驿利用有严格规定，与陆驿“乘传日四驿，乘驿日六驿”[⑥] 基本相似。驿道里程普遍以堠为标帜。唐元和十年（815），柳宗元赴京途中作《诏追赴都回寄零陵亲故》称，“岸旁古堠应无数，次第行看别路遥。”

宋代邮驿突出特点，是以军卒代民役，再就是建立递铺体系。驿馆接待使者、官员，提供住宿和交通工具；递铺主要传递文书、物资，偏僻处所兼负驿馆功能。绍兴二年（1132），岳飞进剿盘踞道州、贺州一带的曹成，北还时在祁阳大营驿宿营，并题记于驿壁[⑦]。

为快速传送紧急文书，北宋在马递基础上创立了“急脚递”。皇佑元年（1049），广西广源州（今靖西、田东一带）首领侬智高起事。为保障军情传递，“诏马铺以昼夜行四百里，急脚递五百里。”[⑧] 此外，水运便捷地区设有水递铺，递运大宗官物。衡州通判张齐贤因湘江一线水递铺夫“困于邮役”[⑨]，乃奏准减其役之半。

元朝疆域辽阔，驿运发达，“人迹所及，皆置驿传，使驿往来，如行国中。”[⑩] 全国设驿站1500余处，其中湖广173处，包括陆站100处、水站73处[⑪]，湘、沅水道置水站50余处，占了绝大部分。从站船数量分析，湘江水站运输能力与湖广境内长江水站相当[⑫]。

有明一代，南京至沅州、永州、郴州的邮驿线路皆有两条，分别为水驿、马驿或水马驿。万历年间（1573—1620），全国水马驿总计1095处，湖广驿站109处，其中湘境53处[⑬]。驿站设

① 张春龙、龙京沙：《湘西里耶秦代简牍选释》，《中国历史文物》，2003年第1期。

② 《二年律令·津关令》。

③ 《后汉书·宋均传》。

④ 《新唐书·百官志》。

⑤ 杜甫《宿青草湖》：“洞庭犹在目，青草续为名。宿桨依农事，邮签报水程。”

⑥ 《资治通鉴·唐纪》。

⑦ （清）吕恩湛等修《永州府志》，卷三下，清道光八年刊本。

⑧ 《续资治通鉴长编·卷一百六十七》，清文渊阁四库全书本。

⑨ 《宋史·张齐贤传》。

⑩ 《元史·地理志》。

⑪ 《元史·兵志》。

⑫ 据《析津志·天下站名》《永乐大典·六条政类·镇远至岳州立水路》《经世大典·站赤八》等资料。

⑬ 据不完全统计，明代湖南地区先后设驿站90处，详见本书第八章。

施完备，大多拥有田产、生意，如澧州清化驿“有义田四百七十亩”①，衡阳新塘驿“引水养鱼，生意可嘉”②。递铺一般以县前总铺为中心，向四面辐射，形成遍布全国的邮驿网络。

清朝驿递公文根据内容缓急，分日行300里、400里、500里、600里四等；“无驿之区，凡限行公文概由塘、铺尚足飞递”③，铺递程限分日行200里、240里两等，依路况平险定限。光绪时，湖南驿道里程4605里，设驿72处，驿夫1926人、健夫若干，驿马1100匹，递铺1268所，塘（汛）1157所④。

鸦片战争后，轮船、铁路、电报、邮政等新的交通、通信方式进入中国。光绪六年（1880）设“自北洋以至南洋”电报⑤；光绪二十五年（1894）京师设文报总局，各省设分局，湖南邮政由此发轫；光绪三十三年（1907）邮传部设立，驿运业务由各地邮局办理。中华民国元年（1912），湖南交通司呈准都督府裁汰境内驿铺。翌年正式废除驿站制度⑥，兴筑长沙至湘潭军路，存在3000余年的传统驿递走入历史。

余论

纵观人类历史，军事、政治是交通发展的主要推动力量。古代疆域的形成、扩张和巩固，无不依赖交通网络的建立、扩展和完善。

道路是人类生产、生活及对外交流活动产物，文明创造的杰作。湖南交通肇始于70万—50万年前洞庭之野的人类活动，道路网络则发轫于澧水文化类群和潕水文化类群。潇湘稻作、制陶文明北传，北方族系先民南下，南北交通初具雏形；赣鄱文化西进，湘赣岭路渐趋形成；巴盐东输，秦楚争黔中，湘渝道因之开启；织锦贩夜郎、天竺，庄跻王滇，包括湘黔道在内的“南方丝绸之路”得以拓辟。秦汉筑峤道、凿灵渠、浚武水，开创了国家政治统一和经济文化交流新局面，湘江由区域性航道跃升为中原通岭南干道。杨夏水道开通，洞庭湖演变，南北大运河挖凿，湘资沅澧纳入全国水运体系。长沙窑瓷外销，成就晚唐五代海上陶瓷之路的繁荣。宋元明清经营大西南，湘黔、湘桂、湘粤、湘鄂、湘赣道路持续改善，湖南中部枢纽地位随之凸显，最终形成“岭表滇黔，必道湘沅”的古代交通格局。

可以说，湖南古代交通史就是一幅展示湖湘文明演化进程的壮美画卷，一部三湘四水各族先民“筚路蓝缕，以启山林”的奋斗诗篇。

① （明）钟崇文 纂修：隆庆《岳州府志》，卷之十，明隆庆刻本。

② （明）黄福 撰：《奉使安南水程日记》，清说郛边事丛集本。

③ （清）悭硂山馆 编：《湖南疆域驿传总纂》，清光绪十四年刻本。

④ （清）李瀚章等 编纂：《光绪湖南通志·武备志》统计全省驿站61处、递铺1277所、塘（汛）1056所。经笔者核实，修正为驿站72处、递铺1268所、塘（汛）1157所。

⑤ 刘文鹏：《清代驿传体系的近代转型》，《清史研究》，2003年第4期。

⑥ 方裕谨：《清代邮驿制度概述》，《历史档案》，1982年第3期。

第一章　史前时代的湖南交通
（约 70 万年前—前 21 世纪）

交通与人类活动密切相关，与文明进化史一样，史前交通发展脉络留存在考古发掘的文化遗存和口耳相传的神话传说中。

距今 70 万—50 万年前，湖南境内出现人类活动。他们栖息于以森林为主，间布灌丛草地，气候温润，象、犀、鹿、马、虎、熊、猿、猴、猪、牛、羊、大熊猫等动物资源丰富的环境中，逐水而居，以石器和木棒、竹矛为工具，打猎，捕鱼，采集野果和植物块茎。

在原始经济状态下，采集和农耕区域限于聚落周围 5 公里或 1 小时行走半径，狩猎范围通常在离聚落 10 公里或 2 小时路程以内①。省内石器时代遗址或遗迹，除部分山区洞穴外，大多分布在交通相对方便的河流阶地②和低丘平原。

《庄子·盗跖》在描述上古社会生活情景时说："古者禽兽多而人少，于是民皆巢居以避之，昼拾橡栗，暮栖木上。"史前时期，人类社会生产力低下。为获取可觅性食物资源，不得不随时迁徙，寻找适宜栖息地 c。巢居野处或聚居洞穴的远古先民，在从事采集、渔猎等生产活动，或在与其他部落交往、迁徙别处的过程中，形成了最初的交通道路。

第一节　逐水而居的湖南远古先民

澧县横山岗旧石器的出土，将湖南人类活动历史上溯至 70 万年前。道县福岩洞人牙化石的发现，意味着湘水上游可能是现代人类形成与扩散的中心区域。这一发现，为中国境内人类连续进化提供了新证据。

---

① 约翰·宾里弗、李慧冬：《环境、文化及保存状况与聚落形态研究》，《南方文物》，2010 年第 4 期。

② 河流阶地是指河谷两岸形成的阶梯状地貌，高于河滩的最低阶地称为一级阶地，向上依次为二级阶地、三级阶地、四级阶地等。阶地级数越高，地貌发育历史愈久，如长沙地区河流阶地形成的年代大致为：一级阶地距今 5 万—1 万年之间，二级阶地距今 25 万—5 万年之间，三级阶地距今 40 万—25 万年之间，四级阶地距今 73 万—40 万年之间，五级阶地距今 161 万—73 万年之间。

③ 正如马克思在摩尔根《古代社会》一书的《摘要》中所言："当人口增长引起生活资料不足时……移民们便沿着这个村落河流的上游或下游另行建立新村落。"

新石器时代，是以磨制石器为标志的发展阶段。中华民族多元一体格局，大致在这一时期形成。玉蟾岩稻作和制陶、彭头山刻符文字、高庙宗教艺术、八十垱环壕及城头山城池等文明的起源、演进和传播，推动了中华早期文明的形成和发展。

一、早期人类的起源、进化与迁徙路线

人类是自然选择的产物。按考古文化分期，人类最初的历史可分为旧石器时代（距今约400万—1万年）和新石器时代（距今约10000—4000年），统称为史前时代。

人类起源有多种假说和推测，包括非洲说、欧洲说、中亚说、南亚说、多中心说等。较而言，非洲说、多中心说获得更多证据支持。1871年，英国生物学家达尔文在《人类起源与性的选择》一书中首先提出，非洲是人类摇篮。1924年，南非约翰内斯堡以西的汤恩首次发现南方古猿头骨（距今约300万—200万年）。之后，非洲相继发现一系列人类化石，构成一个比较完整的演化体系，支持了达尔文的假设。已知最早的原始人出现在非洲东南部，距今约600万年。早期人类迁徙路线图见图1-1。

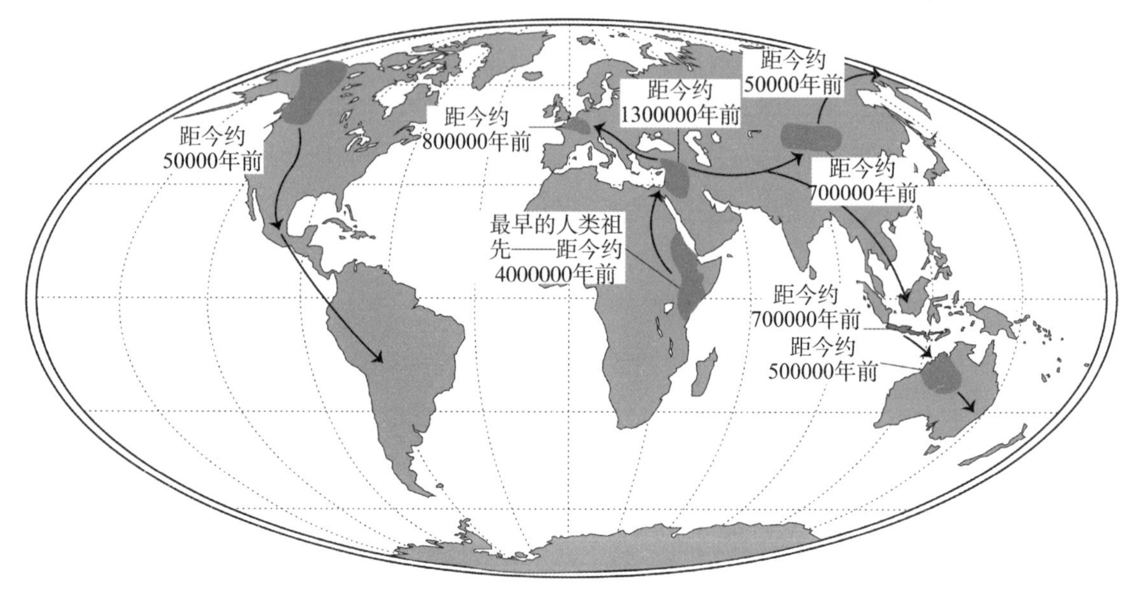

早期人类的迁移

图1-1　早期人类迁徙路线图[①]

长江中上游是中国境内原始人重要发祥地，旧石器时代早期前一阶段开始，一直是生物多样性和文化多样性典型区域。栖息于武陵山北麓的“建始人”距今215万—195万年，三峡地区“巫山人”距今约200万年，与非洲“能人”年代相近。金沙江边的“元谋人”，距今约170万年，一度被认为是国内最早的原始人类。

“建始人”和“巫山人”活动范围，大致包括武陵山北部和三峡地区。随着人类进化以及生态环境变化，古先民从栖息地向外迁徙：向北进入黄河、海河、辽河流域，向东进入长江中下游地区，向西进入西南山区乃至青藏高原，向南进入三湘四水及岭南等地。

旧石器早期后一阶段，北方地区以北京周口店文化（距今约77万年）为代表，从周口店遗址灰

① （美）斯塔夫里阿诺斯 著：《全球通史》（上），北京：北京大学出版社，2015年，第19页。黄爱重绘。

烬成堆、成层分布的遗迹推断，“北京人”已具备掌控火源的能力。南方地区则以黔西观音洞文化为代表，其石器技术传统在中国南方、特别是西南旧石器文化发展中起了重要作用。沅江赤山岛旧石器遗址发现，首次在湖南确认似阿舍利技术[①]风格产品的地层和时代，是长江中游旧石器考古的突破性进展。

旧石器时代中期（距今约 20 万—5 万年），人类由晚期猿人发展到早期智人阶段。这一时期的文化面貌，既保留了早期类型和加工技术，又增加了石器种类和创新工艺。国内旧石器中期遗址散布在北京、辽宁、吉林、内蒙古、河北、河南、山东、山西、陕西、甘肃、安徽、福建、浙江、江苏、江西、湖北、湖南、广东、广西、重庆和贵州等地。山西汾河流域的丁村遗址是这一时期旧石器文化的典型代表，该地出土的大三棱尖状器系国内首次发现，又称“丁村尖状器”[②]。

进入旧石器时代晚期，文化遗址数量大幅增加，不同文化类型之间交流更趋频繁。新疆阿勒泰通天洞[③]、宁夏银川水洞沟[④]、内蒙古锡林郭勒金斯太遗址[⑤]部分石器工艺具有鲜明的欧洲特征，表现为中西旧石器文化的融合。这些发现，为研究欧亚大陆史前人类迁徙、交流、扩散及文化传播等提供了重要线索，说明距离相对遥远的部落之间，存在沟通彼此联系的原始道路。

有观点认为，现代人类 15 万年前起源于东非，大约 5 万年前到达南亚。南亚先民进入中国的路线有三条。一条从缅甸进入云贵高原后，向北发展，约 1 万年前到达黄河中上游，这批汉、藏民族的共同祖先被称为氐羌人；一条东进长江中游，形成三苗族群；另一条经中南半岛北部向东迁移，距今一万多年前进入岭南，形成后来的百越民族[⑥]。

1987 年，美国埃摩里大学（Emory University）的道格拉斯·华莱士（Douglas Wallace）和他的研究小组，根据四大洲（非洲、欧洲、亚洲、大洋洲）700 人血液中的线粒体 DNA 研究结果，排成一个谱系。发现人类线粒体 DNA 与猿类最相似，以在亚洲的频率最高，可见谱系树的根是在亚洲，最后追溯到一个可能生活在中国东南部（也可能在非洲）、约 20 万—15 万年前的妇女[⑦]。

人类演化研究证明，东亚大陆曾同时存在着不同进化阶段的人类。古人类化石在解剖学上的连续性，也支持多地起源、连续进化理论。元谋人上中门齿舌面呈铲形，这一特征在后继的北京人、

① 阿舍利文化是旧石器文化中的一个阶段，距今约 170 万—20 万年，因最早发现于法国亚眠市郊的圣阿舍尔而得名。它的一个集中体现，就是左右对称的石器，多类型组合，例如：手斧、手镐、薄刃斧、砍砸器、大型石刀等。2011—2012 年，陕西洛南盆地发现阿舍利石器组合，距今年代约 25 万年—7.5 万年。

② 丁村遗址的发现与发掘，填补了人类进化史上北京猿人与山顶洞人之间的一项空白；陶寺遗址则全面拥有文明起源形成的要素和标志，是实证 5000 年中华文明史的重要支点和基石。2018 年 6 月，笔者前往山西襄汾，实地考察了丁村（旧石器时代）遗址和陶寺（新石器时代）遗址。

③ 新疆通天洞遗址发现石器时代、铜石并用时代、青铜时代、早期铁器时代的连续地层堆积，出土早期小麦，说明这里可能存在一条欧亚大陆西侧的典型旧石器时代文化——莫斯特文化，以及冶铜、冶铁和小麦种植技术向中国境内传播的通道。参见（1）李政：《新疆发现距今 4 万年前人类文化遗址》，《中国文物报》，2017 年 8 月 22 日第 1 版；（2）新疆文物考古研究所、北京大学考古文博学院：《新疆吉木乃县通天洞遗址》，《考古》，2018 年第 7 期。

④ 袁家荣 著：《湖南旧石器时代文化与玉蟾岩遗址》，长沙：岳麓书社，2013 年，第 70 页。

⑤ 巴依斯古楞：《锡林郭勒盟境内首次发现旧石器时代中期文化遗存》，《内蒙古日报》，2018 年 1 月 5 日第 08 版。

⑥ 李辉：《东亚人的遗传系统初识》，《“国立国父纪念馆”馆刊》（台北），2002 年第 10 期。

⑦ 袁家荣 著：《湖南旧石器时代文化与玉蟾岩遗址》，长沙：岳麓书社，2013 年，第 38—39 页。

丁村人直至东亚现代人中均有体现。道县福岩洞现代人类化石[①]、安徽华龙洞古人类化石[②]相继发现，为中国境内古人类向现代人类演化过渡及迁徙路线研究，提供了重要的实物材料。

二、旧石器文化遗存与栖息地原始道路

20 世纪 80 年代以来，湖南发现旧石器时代遗址（地点）400 多处，多位于沅水中上游、澧水中下游和洞庭湖区河流阶地，两水交汇或水系环绕处。这些特点，与人类生息的基本条件——栖居、取水、渔猎、防御、迁徙密切相关，证明逐水而居是原始人选择栖息地的首要条件。

沅水中上游　包括沅水及其支流㵲水、巫水、渠水、辰水、武水、酉水流域。这里高山与盆地相间，水系纵横，草木繁茂，气候湿润，为人类生息繁衍提供了良好的环境条件。五强溪峡谷将其与下游分隔，形成了与其他区域有别的旧石器文化群，即“㵲水文化类群”[③]（图 1-2）。

图 1-2　㵲水文化类群（30 万—1 万年前）的砍砸器（吴顺东 供图）

1987 年，新晃大桥溪发现湖南第一处旧石器遗址，采集砍砸器、刮削器、尖状器、石片、石核等若干件，距今 10 万—5 万年[④]。其后，沅水中上游陆续发现旧石器遗址、遗迹 150 多处，出土形式多样的砍砸器、刮削器以及少量尖状器，以单边刃砍砸器最为典型，原料为砂岩或石英石砾石，制作方式为单向多次锤击法。

其中，靖州二砾石、会同沙田采集石器属旧石器时代早期，分布于渠水、巫水三级阶地；怀化岩屋滩、麻阳亭子溪、辰溪马鞭田遗址属旧石器时代中期，位于㵲水、辰水、沅水二级阶地；芷江小河口、泸溪岩坪遗址属旧石器时代晚期，见于㵲水、沅水一级阶地。从石器选料、加工工艺和器型分析，沅水中上游旧石器文化特征基本类似，中、晚期一脉相承，不同于澧水流域旧石器。这说明，沅水中上游各部落（聚落）存在一定的社会联系，彼此之间辟有中远程原始道路。

澧水流域　包括澧水干流，以及溇水、渫水、道水和涔水等支流。上游地区河谷狭窄，中游

① 吴秀杰、刘武、杨雄心，等:《中国南方地区最早的现代人》(The earliest unequivocally modern human in southern China),《自然》（Nature），2015 年 10 月 15 日。

② 孙自法：《中国学者在皖发现 30 万年前古人类化石》，《中国新闻网》，2019 年 5 月 2 日。

③ 袁家荣：《略谈湖南旧石器文化的几个问题》，收于中国考古学会 编辑：《中国考古学会第七次年会论文集》，北京：文物出版社，1992 年。

④ 湖南省文物普查办公室：《文物普查简报》第八期，1987 年编印。

盆地串珠状分布，下游为低丘平原。

尖状器是原始人挖掘植物根茎的工具。以大三棱尖状器为代表的澧水流域旧石器文化，被定义为“澧水文化类群”[①]。已发现澧水文化类群遗存约 200 处，中下游地区居多。1987 年，澧县鸡公垱发现旧石器中期大三棱尖状器和石球，与沅水下游同期石器组合一致（均以砍砸器、尖状器、刮削器、石球为基本器类）[②]，也与山西丁村遗址出土同类石器风格相似[③]。澧水、沅水下游虽系不同流域，实际上同属洞庭平原，有着便利的交通条件。其旧石器文化特征与千里之外的丁村石器类同，说明两地存在交通联系与文化交流。

津市虎爪山遗址（距今 50 万—40 万年）位于澧水南岸四级阶地，属于澧水文化类群的代表性遗址。1988—2005 年，陆续发掘旧石器 200 余件，包括砍砸器、尖状器（图 1-3）、切割器、刮削器、薄刃斧、石球、石锤等。这些石器，主要用来狩猎、剥皮、切砍肉食、砸取坚果、挖掘地下食物，说明栖息于此的人类以狩猎、采集为生。

图 1-3　津市虎爪山出土尖状器（湖南省博物馆藏）

1990—1993 年，石门燕儿洞发掘股骨、牙齿、下颌骨等人类化石，距今约 15000 年，被命名为“石门人”。随同出土的还有石器和骨器，以及猕猴、红面猴、豪猪、竹鼠、虎、豹、獾、中国犀、东方剑齿象等动物化石。根据出土材料推测，石门人规模约几十人，生活在气候温暖、林木葱郁的山间河谷。男人外出狩猎，捕到犀牛、剑齿象等大型动物时，部落成员就群体协作，将其解体并运回住处；妇女则在附近山野采集果实、植物根茎。栖息地存在由狩猎和采集线路构成的周边道路，以及与其他聚落联系交流的中远程道路。

洞庭湖区　沅江赤山岛呈南北向长条形丘陵状，将洞庭盆地分为东、西两部分，是中国内陆湖泊中最大岛屿。赤山隆起和西洞庭盆地旧石器地点分布密集，旧石器技术发展具有连续性和阶段性特点。

（1）中更新世早期（距今 70 万—50 万年）：石器多以砾石加工，工具组合有石核砍砸器、石球等，石器技术显示为似奥杜威石器工业特点[④]。

（2）中更新世中晚期（距今 50 万—12 万年）：手斧、手镐等工具开始出现，石器技术为有中国本土特点的似阿舍利工业传统。

赤山岛枫树嘴、虎须山和杨腊丘 3 处遗址，彼此相距不远，文化特征相近，可视为一个由不

① 袁家荣：《略谈湖南旧石器文化的几个问题》，收于中国考古学会 编辑：《中国考古学会第七次年会论文集》，北京：文物出版社，1992 年。

② 席道合：《试论沅水下游旧石器遗存》，《江汉考古》，2002 年第 1 期。

③ 袁家荣：《略谈湖南旧石器文化的几个问题》，收于中国考古学会 编辑：《中国考古学会第七次年会论文集》，北京：文物出版社，1992 年。

④ 奥杜威石器文化是旧石器文化中的早期阶段，距今约 250 万—150 万年，因发现于坦桑尼亚北部的奥杜威法峡谷而得名。奥杜威石器是用熔岩或石英石直接打制成的原始手斧和砍砸器。

同聚落构成、通过道路联系的聚落社会。

（3）晚更新世早中期（距今10万—5万年）：工具组合以中小型刮削器、尖状器、端刮器为主，手斧在个别遗址中延续，石器技术呈现华南特色的石片石器工业早期面貌。

（4）晚更新世晚期（距今4万—1.5万年）：主要以燧石和脉石英的小型石片工具组合为主，石器技术具有典型的小石器工业特点。

上述区域发掘的一系列旧石器遗存，体现了原始人群的栖居特征，为远古人类迁徙、扩散的时间和路线提供了重要材料。其融入、最终完全被来自本土小石器工业取代的过程，支持了中国境内人类"连续进化附带杂交"观点①。

资水流域 上游多丘陵和低矮山岭，中游坡陡流急，河谷狭窄，下游地貌与湘水中下游大致相若。

益阳电厂旧石器遗址位于资水下游三级阶地，采集到三棱尖状器、砍砸器、刮削器、石核、石片，文化时代为旧石器早期。文化面貌与澧水流域旧石器有较多共性，部分特征与潕水类群中的早期遗存相似，说明这批旧石器"与周边旧石器文化，有着密切的时空联系"②。

湘水流域 湘水流域呈马蹄形，由南向北倾斜，东、南、西面山地高峻，中北部丘岗起伏，平原、盆地错落其间。

1991年，浏阳永安发现一处旧石器中期文化遗址，主要包括砍砸器和大尖状器，多采用单面锤击法加工，一次成形。其后，又在长沙张公岭、攸县网岭镇相继发现旧石器遗存，距今约20万年前。

2010—2013年，道县福岩洞遗址位发掘人牙化石（图1-4）47枚，鉴定出大熊猫、剑齿象、亚洲象、犀、虎、牛、猪、鹿等哺乳动物化石。人牙化石年代为12万—8万年前，形态特征与现代人接近，尺寸也在中国人牙齿变异范围③。这些人牙化石，为研究现代人类的形成、发展、迁徙、扩散提供了珍贵实物资料，使中国乃至东亚人从当地起源的可能性变得更大。

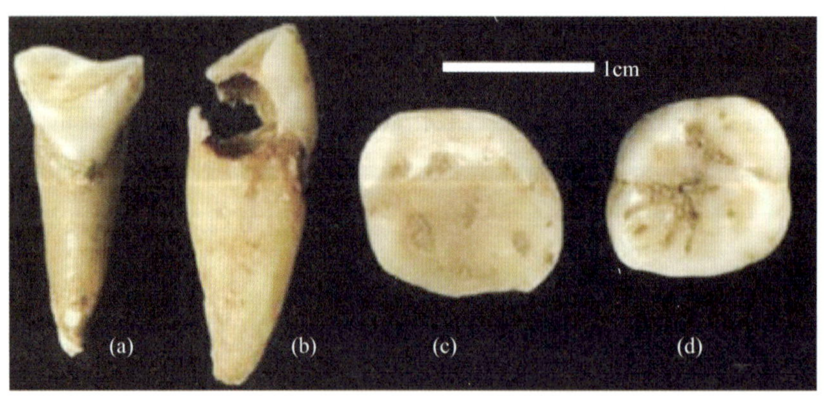

图1-4 道县福岩洞古人类牙齿化石（杨雄心 供图）

1993年以来，道县玉蟾岩遗址出土大量旧石器晚期向新石器早期过渡阶段的文化遗存，包括骨、角、牙、蚌制品，稻谷、稻壳和陶片、石制品。其中，稻谷距今约1.8万—1.4万年，是世界

① 湖南省文物考古研究所：《湖南两项考古发掘入围"2016年度全国十大考古新发现"评选》，湖南文化遗产网，2017年2月24日。

② 储友信、姚旭天：《益阳电厂旧石器地点调查报告》，《湖南考古辑刊》第7集，1999年，第23页。

③ 李意愿、裴树文、同号文、杨雄心、蔡演军、刘武、吴秀杰：《湖南道县后背山福岩洞2011年发掘报告》，《人类学学报》，2013年第2期。

上最早的栽培稻；陶片距今 2.1—1.4 万年，人类制陶史因此提前数千年；骨器有骨铲和骨锥，角器多为角铲，穿孔蚌器用于刮削和切割；石制品包括刮削器、砍砸器、尖状器、石锤，以及亚腰斧形器、锄形器等原始农具，文化面貌与广东封开黄岩洞、阳春独石仔及广西桂林庙岩等岭南洞穴遗址全新世初期石器类同。这说明，彼时人类已初步克服逾越南岭的交通障碍。

陶器和稻作农业出现，是人类文明演化到新石器时代的重要标志。玉蟾岩文化遗存，为研究湘水流域文明发展以及陶器、稻作农业起源和传播，提供了实物材料[①]。有理由相信，“在距今一万至二万年之间的南岭地区，最先出现了先进的磨制石器、陶器及稻作农业，成为我国新石器革命的策源地。”[②]

从以上四个区域出土旧石器的原料、器型分析，同一区域基本类同，不同区域则各有特点，差异十分明显。说明同一区域不同部落之间存在较为密切的文化联系，区域交通网络初具雏形。

对比不同地区旧石器可以看出：澧水文化类群与湘、资中下游、沅水下游、长江中游乃至汾河流域旧石器存在密切关系，大尖状器、石球是共有文化特征；潕水文化类群与西南山区旧石器大体相似，皆以砍砸器为主；相对而言，澧水文化类群与沅水中上游联系不如与江汉、赣鄱流域密切[③]。区域之间交通条件，是构成文化共性或差异的主要因素。据此推测，在旧石器时代早中期，就存在一条自武陵山东北边缘，经江汉平原、南阳盆地，逾伏牛山，入洛阳盆地，继北上汾河谷地的人类迁徙和文化传播路线。

道路是人类生产、生活及对外交流活动产物，文明创造的杰作。湘境人类活动出现在 70 万—50 万年前，这也是湖南交通发展的起点。栖息三湘四水的古先民，使用原始石器和竹木器，从事采集、渔猎，进行交往、交流、迁徙、扩散等社会活动，足迹密集之处，渐成道路。随着活动范围扩大，交通路线随之延伸、拓展。正如孟子所云：“山径之蹊间，介然用之而成路。”[④] 文明演进到旧石器时代晚期，随着征服自然能力不断增强，活动范围更为广阔，不同区域之间联系增多，包括交通工具在内的交通条件亦进一步改善。

三、新石器文化遗址及其交通遗迹

距今 1 万年左右，人类陆续进入新石器时代，生产力水平明显提高，出现了原始农业、手工业和畜牧业。

1955 年，湖南发现第一处新石器文化遗址——株洲烟敦冲遗址[⑤]。到 21 世纪初，湘境已知新石器时代遗址 1000 多处，主要分布于澧水中下游、沅水中上游和湘资中下游。

---

① 亚洲栽培水稻考古遗址年代排序：（1）14000 年前，湖南道县玉蟾岩遗址；（2）9000 年前，湖南澧县彭头山遗址；（3）8700—6500 年前，印度马哈加拉遗址；（4）8000 年前，河南舞阳贾湖遗址；（5）8000—6000 年前，江苏苏州草鞋山遗址；（6）7000 年前，浙江余姚河姆渡遗址；（7）6000—5000 年前，泰国北部能诺他仙人洞遗址；（8）5000 年前，湖北京山屈家岭遗址；（9）5000 年前，河南渑池仰韶遗址；（10）4500 年前，广东曲江石峡遗址。参见陆忠发：《商代卜辞中的禾也指水稻说》，《江西社会科学》，2005 年第 2 期。

② 郭伟民：《南蛮向化还是夷夏相融——考古解开远古湖南的华夏密码》，中国社会科学院考古研究所“2017 年度考古学研究系列学术讲座”第六讲，2017 年 6 月 30 日。

③ 袁家荣 著：《湖南旧石器时代文化与玉蟾岩遗址》，长沙：岳麓书社，2013 年，第 149—163 页。

④ 《孟子·尽心下》。

⑤ 戴亚东：《长沙烟敦冲新石器时代遗址调查简报》，《考古》，1956 年第 5 期。

按考古区分，新石器时代澧水中下游大体包括彭头山文化、皂市下层文化、汤家岗文化、大溪文化、屈家岭文化、石家河文化等时期，沅水中上游、湘水中下游也形成相应的考古学文化类型（表1-1）。

三大区域年代与文化序列表[①] 表1-1

区域 / 文化 / 距今年代	澧水中下游	沅水中上游	湘江中下游
10000—7800	彭头山文化		黄家园类型
7800—7000	皂市下层文化	高庙下层文化	大塘文化
7000—6300	汤家岗文化	松溪口文化	
6300—5500	大溪文化[②]	高庙上层文化	堆子岭文化[③]
5500—4500	屈家岭文化[④]	屈家岭文化	岱子坪一期文化
4500—3900	石家河文化[⑤]	石家河文化	磨山晚期舵上坪类型

彭头山遗址 位于澧县大坪乡，是长江流域最早的新石器文化之一。发现地面式、浅地穴式建筑遗迹，出土磨制石器、燧石器及石质装饰品；陶器以夹炭红褐陶、夹砂红褐陶和泥质红陶为主，器形有深腹罐、双耳高领罐、三足罐、碗、盘、盆、支座等；出土稻壳与谷粒。其与玉蟾岩遗址共同确立了湖南在稻作农业发展过程中的源头地位，也为三苗部族繁衍与迁徙路线研究提供了实物资料。

彭头山遗址出土的棒形石饰（距今约8200年）上有契刻符号⋈，早于河南舞阳贾湖遗址龟甲刻符（距今约7760年）、柄形石饰刻符（距今约7670年）及甘肃天水大地湾遗址一期（距今7800—7300年）陶器刻符。国外最古老的文字，是叙利亚哈拉夫遗址（距今7500—6500年）陶塑女神肩上的刻符✢。可以说，彭头山刻符⋈是世界文字史上第一个字符[⑥]。由于“哈拉夫文化的起源尚不清楚，有人推测是由外来者创造”[⑦]，存在东亚古文字自彭头山、贾湖、大地湾等地发轫、发展，渐次西传至美索不达米亚、哈拉夫地区的可能。

八十垱遗址 位于澧县梦溪镇五福村、涔水左岸阶地，距今8500—7500年。发现地面式、半地穴式、干栏式和台基式建筑遗迹，出土陶器、石器、骨器和炭化稻等遗存。发掘国内最早的城址雏形，以及长江流域最早的环壕和土围。环壕分为三期，规模递次增加，第三期壕沟上宽5.6米，底宽3.2米，深1.7米；土围筑于环壕内侧，残高0.8—0.9米[⑧]。

---

① 郭伟民：《中心与外围：湖南新石器文化进程的区域考察》，《古代文明（辑刊）》第6卷，2007年，第62页。

② 大溪文化因首先发现于重庆巫山大溪遗址而得名，主要分布在长江中游地区。

③ 堆子岭文化是湘江流域新石器文化谱系一个重要的组成部分，以湘潭堆子岭遗址为代表。堆子岭文化以红陶系为主要特征，纹饰复杂，器形以三足器为主，另有圜底器与圈足器。从特征及源流分析，澧水中下游及汉东、皖西南地区的史前文化对其有一定程度的影响。

④ 屈家岭文化因首先发现于湖北京山屈家岭遗址而得名，分布地区以江汉平原为中心，西至三峡，东到武汉一带，北达豫南，南抵洞庭湖区并局部深入到沅水中上游。

⑤ 石家河文化以湖北天门石家河遗址群为代表，主要分布在江汉平原和洞庭湖地区，最北处至黄河南岸的郑洛地区。石家河文化由屈家岭文化演变而来，代表了长江中游地区史前文化发展的最高水平。

⑥ 刘志一：《湖南彭头山刻符考证》，《江西文物》，1991年第3期。

⑦ 本书编委会：《中国大百科全书·考古学》，北京：中国大百科全书出版社，1986年，第155页。

⑧ 赵亚锋：《澧阳平原新石器时代聚落壕沟功用分析》，收于湖南省文物考古研究所 编：《湖南考古辑刊》第10集，长沙：岳麓书社，2014年；陈晓华：《新石器时代中期聚落环壕功能辨析》，收于湖南省文物考古研究所 编：《湖南考古辑刊》第10集，2014年。

环壕、土围与自然河道构成聚落封闭空间，对外交通须跨越壕沟，意味着同期木梁桥出现。遗址发现一段鹅卵石铺砌的阶梯状路面，是世界上保存最早的人工道路。

皂市下层遗址　位于澧水支流渫水河畔。遗址文化堆积分五层，下层距今 7800—7000 年。出土釜、罐、钵、圈足盘、器座、陶饼等陶器，以及石斧、石锛、石镞、尖状器、砍砸器、刮削器等石器。

石斧、石锛的发现，说明当时已有舟楫利用。所出圈足盘，本地无直接源头，却与浙江嵊州小黄山遗址（距今约 9000 年）发掘圈足器类似，为长江中下游之间的文化交流与传播提供了证据。

高庙下层遗址　位于洪江岩里村、沅水北岸台地。下层堆积距今 7800—6800 年。石器包括砍砸器、刮削器以及石网坠、石斧、石锛、石凿等。发现鱼、螺、贝、蚌、鳖、龟以及鹿、猪、麂、牛、熊、貘、象、貘、犀牛等动物骨骸，确认有家猪，没有发现水稻，证明高庙先民以渔猎、采集为主，兼有养殖业。

陶器有釜、罐、盘、钵、碗、杯、簋形器等。印纹白陶圈足盘尤具特色，代表性者纹样包括獠牙兽面纹、凤鸟纹、太阳纹和八角星纹等（图 1-5）。根据时序关系判断，各地白陶上的戳印篦点纹图案，是高庙文化对外传播的产物，洞庭湖区是白陶传播的重要中继站[①]。（图 1-6）

图 1-5　安乡汤家岗出土白陶豆

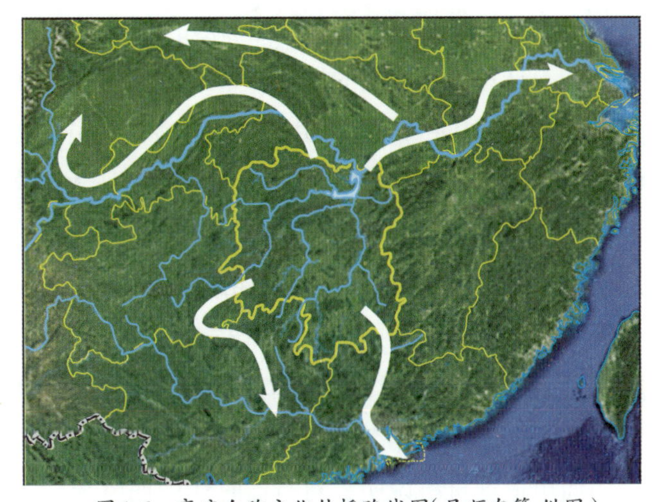

图 1-6　高庙白陶文化传播路线图（吴顺东等 供图）

遗址发掘大型祭祀建筑遗迹，与高庙文化同期的辰溪松溪口和潭坎大地遗址也发现祭祀建筑遗迹，说明祭祀是这一地区社会生活的重要内容。高庙宗教艺术，特别是凤鸟、獠牙兽与八角星等图案，通过水路逐步向洞庭湖区乃至全国各地传播。

大塘遗址　位于长沙南托、湘江右岸一级阶地，距今约 7000 年。出土石器有石斧、石锛、石镰、石凿、石磨棒等；陶器有釜、碗、罐、盆、甑等。从陶器风格看，大塘文化形成和发展受到皂市下层文化、高庙文化、汤家岗文化影响[②]，证明湘水中下游和澧水中下游、沅水中上游、洞庭湖区之间存在交通联系。

城头山遗址　位于澧县城头山村，是国内最早的新石器时代城址、澧阳平原中心聚落（图 1-7）。1991—2013 年，先后进行了 14 次考古发掘，出土象、鹿、牛、猪等 20 余种动物骨骸，稻谷、冬瓜、葫芦等 70 余种植物籽实；发现汤家岗、大溪、屈家岭等不同文化阶

① 贺刚、陈利文：《高庙文化及其对外传播与影响》，《南方文物》，2007 年第 2 期。

② 长沙市文物工作队：《长沙县新石器时代遗址普查简报》，《湖南考古辑刊》第 5 集，1989 年；郭伟民：《中心与外围：湖南新石器文化进程的区域考察》，收于《中华文明探源工程文集》，北京：科学出版社，2009 年。

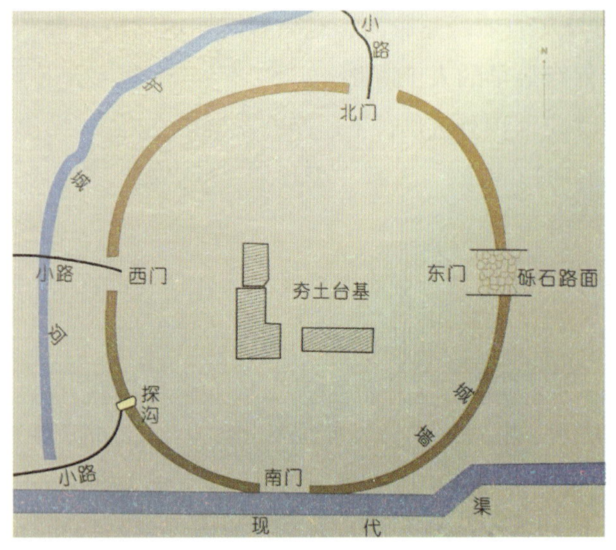

图 1-7　澧县城头山城址平面图（荆州博物馆 绘）

段城垣、房屋建筑、制陶、祭坛以及城壕、道路、桥梁、舟楫等遗迹。

城墙高出城外平地 5—6 米，呈相当规整的圆形，护城河宽 35—50 米。东门铺砌砾石路面，减缓了重载物资运输和密集人群践踏对道路造成的破坏；大溪文化时期壕沟发现木桨、木艄和可能是木板船组成部分、带榫眼的木板遗迹。

城址西、北部护城河开挖时，留有一宽约 17 米原生土埂，其上筑有横贯护城河、宽 6—7 米的通道，通道中间开有通行舟船的沟渠①。由此推测，城头山聚落尚未掌握多跨木梁桥建造技术。

城址东部，正对护城河出水口处，有宽约 25 米的豁口，应是水门。通过水门、护城河、人工河道及自然河流组成的水运网络，沟通城头山城与澹水、澧水乃至长江中游地区其他部落的联系。

日本学者曾计算建造城墙的规模和用工量：耗用劳力约 47 万人 / 日，按每天 200 个成人劳动计算，需要 6—7 年时间②。这证明当时已有能力动员周边聚落人力、物力，共同完成城址建设。有观点认为："早在公元前 4000 年前，长江中游（大溪文化圈）苗族就已有了以湘北澧县为中心的部落联盟。"③ 日本学者更断言："城头山遗址是长江文明最早的都市。"④ 这个观点是对的，大溪文化和屈家岭时期，城头山应系三苗部族都城。

浦市下湾遗址　位于泸溪浦市、沅水左岸一级台地。出土新石器、商、汉、宋等不同时期文化遗存。新石器堆积包括石器、玉器、陶器、骨器等。石器包括砍砸器、刮削器以及石斧、石锛、石镰等，少量石器表现出长江下游风格；玉器有玉璜、玉玦、玉钺，形制与长江下游良渚文化玉器接近⑤。

皂市、浦市遗址材料说明，新石器时代中期以来，随着交通条件改善，长江中、下游地区出现了较为密切的文化联系。约 5000 年前，良渚古国崛起，良渚文化玉器在安徽、江西、湖南、四川、陕西、山西、河南、广东等地皆有发现，影响涵盖黄河、长江、珠江流域。

千家坪遗址　位于桂阳三都村、春陵江上游一级阶地，下层堆积距今约 6000 年，出土石器、骨器、陶器等。陶器以红、白二色为主，白陶纹饰有刻划、篦点及戳印等，纹样有"凤鸟""太阳""兽面"及复杂几何形，文化面貌与高庙、汤家岗、大塘文化颇多相似，反映了这一时期白陶文化南渐路线。

岱子坪一期遗址　位于湘乡龙石河畔，其下层即一期遗存属于屈家岭文化中晚期，上层属于

① 赵亚锋:《澧县城头山遗址城墙与护城河区域的勘探与发掘》，收于湖南省文物考古研究所 编:《2013 湖湘文化考古之旅》，内部印刷，2013 年，第 47 页。

② （日）高桥学、河角龙典：《长江中游澧阳平原的微地形环境与土地开发》，何介钧、安田喜宪 著：《澧县城头山——中日合作澧阳平原环境考古与有关综合研究》，北京：文物出版社，2007 年，第 18—31 页。

③ 中国人民革命军事博物馆 编著：《中国战争史地图集》，北京：星球地图出版社，2007 年，第 11 页。

④ （日）安田喜宪：《长江文明的环境考古学》，收于何介钧、安田喜宪 著：《澧县城头山——中日合作澧阳平原环境考古与有关综合研究》，北京：文物出版社，2007 年，第 13 页。

⑤ 尹检顺：《泸溪下湾遗址考古发掘》，收于湖南省文物考古研究所 编：《2017 湖湘文化考古之旅》，内部印刷，2017 年。

长江中游龙山文化早期。下层堆积发现石器和陶器，石器有石铲、石凿、石斧、石锛；陶器以夹砂褐陶为主，器型有陶鬲、豆、杯、壶、罐、盆、碗、盂、小釜等。

湘乡经涟水向东，溯湘水、渌水通赣鄱、江淮地区，沿湘水达江汉流域，是各种文化交汇之地。岱子坪一期遗存文化面貌与江西樊城堆文化接近，亦与长沙腰塘遗址、岭南石峡文化相似，反映了文化交融导致的多元一体现象。樊城堆文化向西传播，与当地土著文化融合，形成岱子坪一期文化，这条路线已被江西萍乡禁山下遗址的考古材料所证实[①]。

鸡叫城遗址 位于涔水南岸、澧县复兴村，城头山以东 16 公里处，文化时代属屈家岭文化中晚期至石家河文化晚期（图 1-8）。城址大致方形，东西长约 480 米，南北宽约 460 米，总面积约 22 万平方米，比城头山城大一倍以上。城东、北门外约 1 公里处，各筑烽火台 1 座，残高 2—4 米。城墙用黄色黏土夯筑而成，残高 2—3 米，宽约 40—60 米，北门为水门。城外有宽约 40—70 米的护城河，西北两面为人工河，东南两面系自然小河。由水门、护城河，可入涔水、澧水、长江。

图 1-8 澧县鸡叫城遗址平面图（荆州博物馆 绘）

从城址布局、河道规模分析，鸡叫城的交通运输条件优于城头山，或为取代后者成为澧阳平原中心聚落的主因（图 1-9）。

七星墩遗址 位于华容东旭村、人荆湖西南隅的一处河流阶地，因其上分布 7 个 3—5 米高的大土墩得名。文化时代距今 5000—4000 年，总面积约 25 万平方米，是湖南规模最大的新石器时期城址。

城址采用省内仅见的双重城、壕结构。外城残存南墙和东墙南段，南墙长约 380 米，宽 20—40 米；内城大致呈长方形，东西长约 300 米，南北宽约 200 米，城墙宽 10—40 米，东墙和南墙各有一缺口，堆积特征表现为灰色淤土，可能是水门。从探明的部分看，外壕宽约 30—40 米，最深处约 5 米；内壕宽 25—60 米，最深处超过 5 米。内城西部有一长条形红烧土堆积，长约 50 米，厚度 5—20 厘米不等，可能为道路遗迹[②]。

华容大荆湖位处江汉平原、澧阳平原以及湘资流域史前文明交流、融合的要冲，交通地理条件优越，近 60 平方公里范围内发现新石器时期遗址 27 处。七星墩遗址三面环水，西侧和北侧有一条河流自南向北又转向东流过，在北侧中部又转向北经大荆湖流入长江。显然，水运是当时主要的交通运输方式。

---

① 洪猛、王菁：《岱子坪遗址新石器时代遗存的文化归属及相关问题浅析》，《江汉考古》，2015 年第 6 期。

② 王良智：《华容七星墩遗址 2018 年考古调查勘探简介》，湖南考古网，2018 年 6 月 14 日。

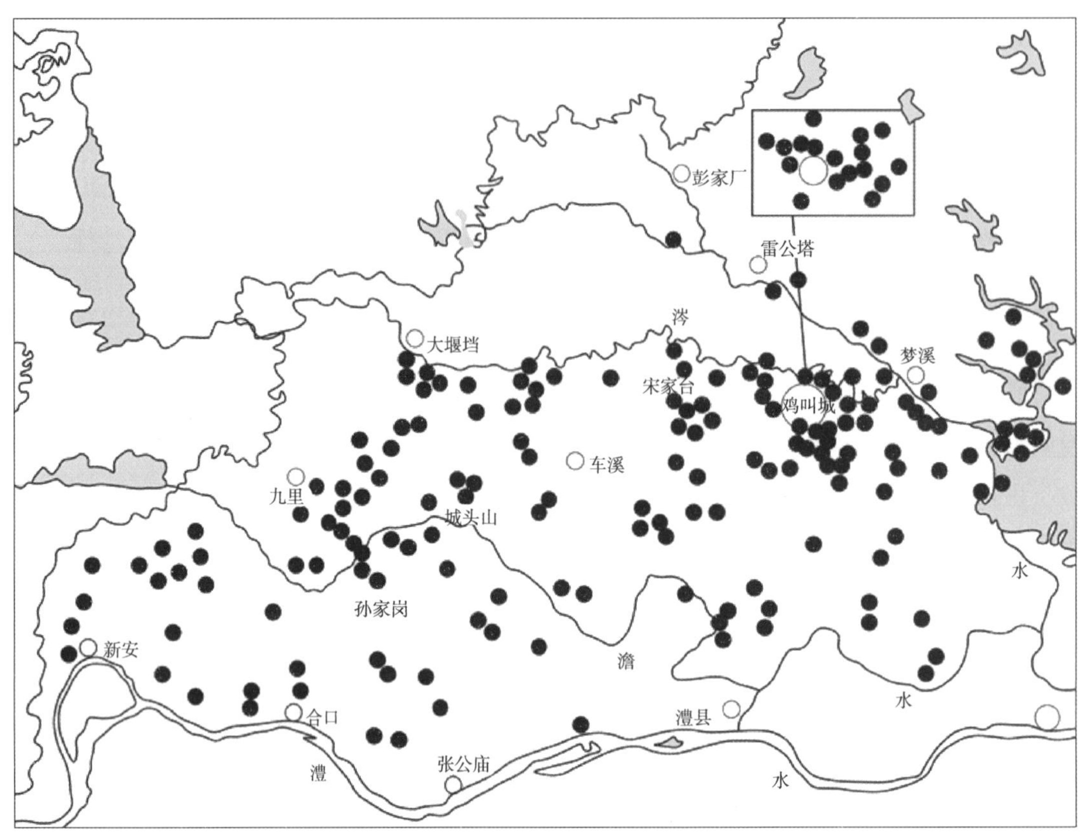

图 1-9　以鸡叫城为中心的澧阳平原聚落分布图[①]

白面寨遗址　位于新宁盆溪村，东距夫夷水约2.5公里。出土陶器、石器、骨器等工器具，鱼类、禽类、兔、鹿、猪、牛等动物骨骸，少量炭化水稻。陶器以夹砂灰陶为主，器形有釜、罐、碗，以及纺轮、器座等；石器均为磨制，有石球、石锛、石斧、石锤、石镞、石铲、石刀、石纺轮等，弓背形石锛和柳叶形石镞较有特色；骨器有骨针、骨镞、骨锛、骨饰品等。

白面寨遗址风格特征与洞庭湖区的文化面貌相差较大，与广西资源晓锦遗址比较接近，文化年代推断为新石器晚期偏早阶段，与晓锦文化二期相当[②]，应是晓锦文化沿夫夷水向下游扩张的结果。

斗篷坡遗址　位于靖州金星村斗篷坡。出土釜、罐、盆、钵、碗、盘、杯、樽等陶器约2000件，磨制石斧、锛、刀、凿、杵、棒等生产工具和石镞、矛、剑等兵器1000余件，玉器数十件，稻谷、柿子、瓜子、板栗等炭化标本若干，年代属于新石器时代晚期至商代。

斗篷坡遗址的文化特征与柳江流域有许多相似之处，反映逾越“镡城之岭”的山隘道路初步形成，对于研究石器时期沅水中上游与柳江、浔江流域的交通联系，提供了实物证据。

四、史前文化传播与交通发展

史前文化交流是思想观念、经验技艺和其他文化载体在不同聚落或部族之间的互动，唯一实现方式就是人群的迁移和交往。

① 图片来自郭伟民 著：《新石器时代澧阳平原与汉东地区的文化和社会》，北京：文物出版社，2010 年。

② 湖南省考古研究所、邵阳市文物管理处：《湖南新宁白面寨新石器时代遗址发掘报告》，收于湖南省文物考古研究所 编：《湖南考古辑刊》第 11 集，北京：科学出版社，2015 年。

新石器时代，澧水中下游是湖湘文化群落的中心区域，也是长江中游文化对外传播的发祥地之一。“彭头山文化最富特色的器座影响了大半个中国，该器物向北可至山东，东至浙江，西至云南，南至两广。”[①] 稍后，沅水中上游孕育出一支强势的文化类群，其以高庙文化为代表，以印纹白陶为标签，对中国史前文化施加了重大影响。

在环壕聚落发展过程中，澧阳平原对中国各地，包括黄河流域和北方地区都曾有过重要影响。就目前的资料而言，国内最早的环壕聚落在澧县八十垱遗址，黄河流域最早的是西安半坡遗址（距今约6000年）。“史前聚落围沟许多特点，在时间上和空间上都存在一种由南向北逐推进演变的历史现象。”[②]

大溪文化早期，澧阳平原出现中国最早的城址——城头山城。大溪文化晚期开始，江汉平原油子岭文化崛起并强力扩张，“文化覆盖面和影响范围不断向周围、特别是向北方扩大，至屈家岭文化时，长江中游的文化势力达到了鼎盛时期。”[③] 长江中游发现大溪至石家河文化时期城址17座[④]，黄河流域最早的古城——郑州西山城址距今约5300—4800年，相当于屈家岭文化时期。有理由相信，黄河流域聚落社会发展进程，要比长江中游晚数百乃至上千年。

文化传播、交流和融合往往伴随着族群冲突、征服和迁徙，现代社会如此，原始社会亦然。城头山遗址油子岭文化墓葬出土石钺20余件，汉水中游、宜城顾家坡油子岭文化墓葬出土石钺177件[⑤]。这些石钺除用于狩猎外，主要用于应对部落之间的冲突。苏秉琦先生认为：“仰韶文化后期同它南方邻境江汉之间的屈家岭文化关系，表现为自南而北的影响要多于自北而南的影响。”[⑥] 河南发现多处屈家岭—石家河早期文化遗存，印证了这一时期长江中游文化北渐的趋势。

新石器时代，内地和岭南之间文化交流进一步增强。湘水上游、广西灌阳五马山遗址发掘出大量石器和陶器，其中泥质陶豆把、陶纺轮源于大溪文化；资水上游、广西资源晓锦大溪文化遗址，出土纺轮、鼎足、罐、釜等陶器[⑦]。这些遗存反映了长江中游文化对当地聚落的影响。南岭地区的河谷山隘，成为长江中游乃至中原文化向岭南、中南半岛辐射传播的通道，纵贯湘境的交通线路已现雏形。

澧水中下游是南方史前文化的重要发祥地，也是湖湘原始社会发育最早、发展最快的区域，聚落形态演进大体经历了环壕聚落、城壕聚落、城壕聚落群三个阶段[⑧]。出现了吊桥、梁桥、舟筏、人工运渠及铺筑道路，基本形成了以城址为中心、连接各聚落（群）的水陆交通网络。

恩格斯指出，在蒙昧时代的低级阶段，人类住在“热带或亚热带森林中，至少是部分地住在树上”；中级阶段便不再“受气候和地域限制了”，他们“沿着河流和海岸”迁徙；进化到高级

① 郭伟民：《南蛮向化还是夷夏相融——考古解开远古湖南的华夏密码》，中国社会科学院考古研究所“2017年度考古学研究系列学术讲座”第六讲，2017年6月30日。

② 裴安平：《中国史前的聚落围沟》，《东南文化》，2004年第6期。

③ 张绪球：《长江中游新石器时代文化概论》，武汉：湖北科学技术出版社，1992年，第220页。

④ 刘辉：《长江中游史前城址的聚落结构与社会形态》，《江汉考古》，2017年第5期。

⑤ 湖南省文物考古研究所 编：《澧县城头山——新石器时代遗址发掘报告》，北京：文物出版社，2007年，第478、594页；贾汉青：《从顾家坡墓地的发掘看史前时代文化交叉地带的部落冲突》，《华夏考古》，2004年第4期。

⑥ 苏秉琦 著：《苏秉琦考古学论述选集》，北京：文物出版社，1984年，第187页。

⑦ 蒋廷瑜：《湘桂走廊考古琐记》，《桂北文化研究》，桂林：广西人民出版社，1999年。

⑧ 郭伟民 著：《新石器时代澧阳平原与汉东地区的文化和社会》，北京：文物出版社，2010年。

阶段，出现了“磨制石器”，而“火与石斧通常已经使人能够制造独木舟”①。

史前时代，先民栖息湘、资、沅、澧及其支流的河谷盆地和洞庭平原。他们沿着河谷出行、迁徙，与其他部落交往、交流，越过山隘向其他地区拓展。随着文明的持续演进，长江中游各聚落社会的文化差异逐渐缩小，彼此之间交流融合明显加快，与中原、岭南及江淮、西南等周边地区的文化联系也日益增多。可以肯定，交通条件的改善，是出现这一现象的重要原因和直接结果。

第二节　黄河流域先民入湘与南北交通雏形

著名历史学家、考古学家徐旭生先生写道：“世界上任何一个民族最初的历史，总是用口耳相传的方法流传下来。在古文献中保存有古代传说，而在当时未能用文字把它直接记录下来的史料，用这种史料所记述的时代，就叫作传说时代。”② 先秦史料少有道路记载，我们可从文献传说和考古成果中窥寻这一时期的交通发展脉络。

新石器时代中晚期，中国历史进入传说时代。根据传说，黄帝以前，有有巢氏、燧人氏、伏羲氏、神农氏诸圣；黄帝之后，颛顼、帝喾、尧、舜相继。这些传说，在仰韶、大溪、屈家岭、石家河、龙山文化遗址中多有迹可循。

炎黄部落对九黎的战争，实际上是游牧民族与农耕民族的角逐，也是黄河文明与长江文明的冲突。尧、舜、禹时期，在华夏联盟持续的追逐征伐下，三苗集团覆亡，部分族人流徙西南山区，如苗族长篇英雄史诗《亚鲁王》就描述了祖先征战、迁徙的相关故事。湖南境内出土材料显示，石家河文化后期，黄河流域龙山文化因素明显增强。平江舵上坪、湘乡岱子坪等遗址，出土陶器陶系、造型、纹饰及制作工艺等，与河南龙山文化器物接近③。这折射出中原文化对南方聚落社会的强烈影响。随着黄河流域先民相继入湘，南北道路出现雏形。

一、涿鹿之战与九黎部族南迁

距今约5000年前，蚩尤为首的九黎部落与炎黄联盟发生冲突，在中国历史上产生了深远影响。

三苗前身九黎，是中国上古传说中的一个氏族部落，发祥于长江中游，后迁徙至环境条件更好的黄河中下游。九黎是当时东亚生产力发展水平最高的部族，最早进入农耕时代。“苗族文化，相当发达，第一发明刑法；第二发明武器；第三发明宗教。后来汉族所用之五刑，兵器及甲胄，而信奉之鬼神教，大抵皆苗所创，而汉族因袭者。”④ 由此可见，在中华文明演化进程中，苗族先民一度处于领先地位。

南阳盆地西连丹水，北通唐白河，东南出汉水，是长江文明和黄河文明交汇、碰撞的地域。南阳盆地史前遗址的考古发掘，印证了江汉黎苗北上争雄的历史事实。邓州八里岗仰韶文化晚期

① 恩格斯 著：《家庭、私有制和国家的起源》，收于《马克思恩格斯选集》第四卷，北京：人民出版社，1972年，第29页。

② 徐旭生 著：《中国古史的传说时代》，桂林：广西师范大学出版社，2003年，第22—23页。

③ 熊传薪：《湖南商周青铜器的发现与研究》，收于湖南省博物馆 编：《湖南出土殷商西周青铜器》，长沙：岳麓书社，2007年，第419页。

④ 王桐龄 著：《中国民族史》，南昌：江西教育出版社，2018年，第6页。

遗址的排房多遭火焚，室内有未及携走的石斧、石凿以及骨器、陶器，上层堆积为屈家岭文化遗存[①]；淅川下王岗同期遗址也有类似现象，仅石斧就发现 147 件，另有石镞、骨镞、石矛、石钺等兵器[②]。显然，这两处仰韶文化聚落毁于突发事件，创造屈家岭文化的黎苗部族，通过战争手段驱逐当地居民，在废墟上建立了自己的聚落。屈家岭文化的影响力一度到达黄河两岸，遗址在河南郸城、禹县、郑州、偃师、渑池、陕县以及山西垣曲都有发现。

炎帝部落和九黎族人，曾经共同生活在黄河中下游。后来，蚩尤与炎帝"争于涿鹿之河"，占有了炎族赖以生息的全部地域，使之"九隅无遗"[③]。炎帝西撤时，又与黄帝发生战争。《史记·五帝本纪》：

轩辕教熊、罴、貔、貅、貙、虎，以与炎帝战于阪泉之野，三战后得其志。

熊、罴、貔、貅、貙、虎，可能为黄帝族收抚的游牧部落。炎帝战败后归顺黄帝，炎、黄两大部落联合，复与蚩尤战于"涿鹿之野"。《太平御览》卷十五引《志林》：

黄帝与蚩尤战于涿鹿之野，蚩尤作大雾，弥三日，军士皆惑。黄帝乃令风后法斗机，作指南车以别四方，遂擒杀蚩尤。

《史记》所记黄帝与炎帝、蚩尤大战的"阪泉之野""涿鹿之野"可能在同一地区。对其地望，多数学者认为，阪泉或涿鹿位于桑干河流域的怀来盆地，今河北涿鹿矾山镇古城村南；一说位于今河南修武西北；另有一说，阪泉在山西运城盐池附近，"涿鹿之战"实为双方争夺食盐资源引起，笔者亦以为然[④]。

炎帝、蚩尤部落皆以牛为图腾，说明他们可能属于同一部族。故《路史·后纪四》称，"蚩尤姜姓，炎帝后裔也。"吕思勉先生则断言，"蚩尤，炎帝，殆即一人；涿鹿、阪泉，亦即一役。"[⑤]

涿鹿之战，是中国历史上一个重大事件。这场战争促成了炎、黄部族融合，奠定了华夏民族根基。蚩尤战败被杀后，部分九黎族人，如迁居"邹、鲁之地"的"善者"，臣服于黄帝，融入华夏集团。大部九黎族人南迁长江中游，同当地部族结合，组成新的部落联盟，时间大致在屈家岭文化（距今约 5300—4600 年）中晚期。

美国人类学家塞维斯在《国家与文明的起源》（Origins of the State and Civilization）中认为，人类社会政治组织经历了四个连续发展阶段，即游群、部落、酋邦、国家[⑥]。屈家岭文化中晚期，长江中游形成四个隔河而治的酋邦：以石家河古城为邦都的汉水以东、澴水以西地区，以城河古

① 张江凯：《河南邓州八里岗遗址发掘简报》，《文物》，1998 年第 9 期。

② 河南省文物研究所等 编：《淅川下王岗》，北京：文物出版社，1989 年；王建华、吴梅、余扶危：《我国新石器时代中期储粮史研究》，《洛阳理工学院学报》（社会科学版），2012 年第 2 期。

③ 《逸周书·尝麦》。

④ 对于涿鹿或阪泉的地望，学界尚有不同意见。范文澜在《中国通史》一书中认为，阪泉在河北境内，许倬云、李学勤、王北辰等学者皆持此说；钱穆在《国史大纲》一书中则提出："阪泉在山西解县盐池上源，相近有蚩尤城、蚩尤村及浊泽，一名涿泽，即涿鹿奕，"张其昀在《中华五千年史》、柏杨在《中国人史纲》中亦持此说；中国人民革命军事博物馆编《中国战争史地图集》（北京：星球地图出版社，2007 年）则认为在河南修武。2018 年 6 月，笔者实地考察山西运城盐池后，认同该地为"阪泉之野"。

⑤ 吕思勉 著：《先秦史》，上海：上海古籍出版社，1982 年，第 58 页。

⑥ E. R. Service, Origins of the State and Civilization, New York: Norton, 1975.

城为邦都的汉水以西、长江以东地区，以鸡叫城为邦都的澧水中下游地区，以叶家庙古城为邦都的澴水以东地区[①]。九黎部族南迁，引发了石家河文化勃兴，上述四个酋邦被整合，诞生了“三苗国”。活动区域与屈家岭文化——石家河文化圈基本吻合：北至南阳盆地、桐柏山、大别山一线，东至幕阜山脉一线，南至“洞庭之野”及沅、澧中游，西至大巴山、巫山一线。石家河是三苗国都，鸡叫城为三苗在长江以南中心聚落。

石家河文化是继屈家岭文化之后发展起来的考古学文化，因发现于天门石河镇而得名。石河镇以北邓家湾遗址发现铜块和炼铜原料孔雀石，标志石家河文化进入铜石并用时代。玉雕是石家河文化一大特色，主要有玉人、玉虎、玉蝉、玉龙、玉凤、玉玦（图 1-10）等小型玉器。

图 1-10　天门石家河出土玉鹰和双人连体头像玉玦[②]

1986 年，石门丁家山遗址出土一件玉人首（图 1-11）。玉人首正面弧凸，头带冠，后插梳形饰，双耳戴环，厚唇长枕，被认为是三苗形象。该件玉器的出土，为石家河文化向澧水流域传播，提供了实物证据。

图 1-11　石门丁家山出土的石家河文化玉人首[③]

---

① 袁建平：《中国早期国家时期的邦国与方国》，《历史研究》，2013 年第 1 期。

② 湖北省文物考古研究所等：《湖北天门石家河遗址 2014—2016 年的勘探与发掘》，《考古》，2017 年第 7 期。

③ 石门县博物馆：《石门发现一件玉人首》，收于湖南省文物考古研究所 编：《湖南考古辑刊》第 8 集，长沙：岳麓书社，2009 年，第 43 页。

苗族奉蚩尤为先祖，九黎南迁在各地苗族的习俗、服饰、古歌传说里多有反映。黔滇苗族服饰绣有黄河花纹，表示其祖先来自老家黄河；湘西苗族服饰的花边、花带上，绣有“骏马飞渡”图像，叫“埋辽里清”，意为“浑水河”，亦即黄河。黔东南《苗族古歌·跋山涉水歌》以很长的篇幅，叙述了苗族南迁的艰难历程。

根据《苗族古歌》推测，九黎族人及后裔的迁徙路线：自“涿鹿之野”南渡黄河，越伏牛山入南阳盆地，沿丹水、唐白河南下，至襄阳附近分成两路：或由荆襄道趋长江北岸，或经随枣走廊抵石家河文化发祥地汉东地区；继循长江、沅水、澧水，迁居西南山区。

二、炎帝、祝融族人迁湘与“厉山国”的建立

《国语·晋语》：“黄帝以姬水成，炎帝以姜水成。”根据古史传说，炎族发祥地在渭水支流姜水[①]，与黄帝部落发祥地岐水相邻[②]，即今陕西岐山、扶风县境。炎帝部落循渭水、黄河，渐次迁徙至黄河中下游。炎帝曾到泰山祭祀天地。《史记·封禅书》：“炎帝封泰山，禅云云。”

涿鹿之战后，黄帝复与炎帝发生战争。炎帝败亡[③]，黄帝被拥戴为华夏联盟领袖[④]。大部炎帝族人融入黄帝部落，另有部分南下。

南下炎帝族人先迁今湖北随县厉乡，生神农柱[⑤]。柱复率族人南迁。炎陵炎帝陵，当为神农柱之墓[⑥]。另传，炎帝族人原栖息长江中游，后迁黄河流域，逐鹿中原失败后，“熊湘江汉之南，犹为炎族割据。”[⑦]

随着炎帝族人进入沅湘，怀化、郴州、衡阳、株洲、长沙以及越南[⑧]等地，留下炎帝的传说或遗迹。传说，炎帝在会同连山发明“连山易”，并在此会见诸侯。又传，炎帝之世，“天降嘉种，神农拾之以教耕作，于其地为禾仓也。后以置县，徇其实曰嘉禾县。”炎帝命赤冀氏作耒耜于郴州耒山。赤冀氏曾作杵臼于春溪（今宁远县境）。《水经注》云，春陵“盖因春溪为名”。始于后唐的安仁“赶分社”祭祀活动，就是纪念炎帝神农氏“尝百草、教化农耕”而流传下来的民间盛会。

相传，炎帝在衡南神农山采药，误尝断肠草而崩。“神农山在城南四十里，上有神农祠。”神农祠在神农山顶，始建于唐贞观十三年（639）。又传，“衡山降元峰，炎帝少女致斋之所。”[⑨]

《列子·汤问》：“楚之南，有炎人之国。”传说，炎帝建“长沙厉山国”[⑩]，宁乡黄材镇栗山（村）

---

① 有观点认为，洪江高庙文化早期遗存为人文始祖伏羲氏族创造，晚期遗存为炎帝氏族创造，伏羲是炎帝神农氏的直系祖先。参见肖军、黄巍、周圣华：《发掘怀化高庙遗址：‘高庙文化’颠覆传统认知》，《湖南日报》，2016年6月16日。

② 《水经注·渭水》：“岐水又东迳姜氏城南，为姜水。”

③ （汉）贾谊《新书·益壤》：“黄帝伐之涿鹿之野，血流漂杵，诛炎帝而兼其地。”

④ 《史记·五帝本纪》：“诸侯咸尊轩辕为天子，代神农氏，是为黄帝。”

⑤ 《国语·鲁语上》：“昔烈山氏之有天下也，其子曰柱，能殖百谷百蔬。”

⑥ 任国瑞：《炎帝神农氏迁湘事迹综考》，《文献与人物》，2015年第5期。

⑦ 蒙文通 著：《古史甄微》，成都：巴蜀书社，1999年，第66页。

⑧ （越）《大越史记全书·外纪》记载，越南民族的始祖泾阳王“讳禄续，神农氏之后也。”参见（越）陶维英 著：《越南古代史》（上册），北京：商务印书馆，1976年，第33、47页。

⑨ （清）王万澍、王国牧 撰：《湖南阳秋》，长沙：岳麓书社，2012年，第417页。

⑩ （清）王万澍、王国牧 撰：《湖南阳秋》，长沙：岳麓书社，2012年，第409页。

为其都城。《荆州记》："神农生于随县厉山，都于长沙，死葬茶乡。"《衡湘传闻》："炎帝都长沙，凡七世，城在湘阴之滨。"① 长沙厉山国，是最早见于古史传说的湖南境内邦国。

《酃县志》载，汉时已有炎帝陵。西汉末年，邑人担心乱兵发掘，将陵墓夷为平地。北宋乾德五年（967），建炎帝庙②。南宋淳祐八年（1248），湖南安抚使奏请朝廷为炎帝陵禁樵牧，设守陵户。自宋以后，历朝祭祀不绝。衡阳府城至酃县（今炎陵）炎帝陵，筑有专门的御祭道。

南宋学者罗泌在撰写《路史》过程中，曾赴茶陵考察炎帝史迹。唐代《元和姓纂》称黄帝封炎帝榆罔支系于露。罗泌注曰："神农之垗在于茶陵，而潞水之乡、潞水之山若诸露之名遍于茶陵、攸邑、潭衡之境，益以是知诸露之始有在其爵土。"并称："（炎帝）崩，葬长沙茶乡之尾，是曰茶陵。"③ 以上说明，南迁炎帝族人某支，曾居茶陵、炎陵一带。炎帝陵墓，或是神农氏后裔为奉祀先祖设置的衣冠冢，或是南迁炎族首领坟墓。

另有观点认为，炎帝部落沿渭河东行，可能分两条路线迁徙：一支沿"武关道"穿越"列山"（秦岭）入南阳盆地，栖息于汉水以东、桐柏山以南一带；一支从函谷东出陕西，抵黄河中下游，涿鹿之战后大部与黄帝部族融合，部分南迁江汉，与当地炎族汇合，继迁徙洞庭以南、湘水以东地区④。炎帝部落大致是经南阳盆地、随枣走廊南迁随州，再沿涢水、汉水、长江入"洞庭之野"，循湘水、耒水河谷抵南岭北麓，或溯沅水进入渠水流域，主要活动于今长沙、株洲、衡阳、郴州、怀化一带（图 1-12）。

祝融，本名重黎，传说为炎帝火师，后尊为火神。从文献记载来看，祝融部落或与炎、黄部落均有亲缘关系⑤。

祝融部落最初在黄河以南、嵩山以东一带活动。新郑古称"有熊"，传说黄帝在此建都。帝喾时代，新郑为祝融氏之国。《左传·昭公十七年》："郑，祝融之墟也。"

大约在炎族迁湘同时，部分祝融族人南迁长江中游，徙居衡山之阳。《衡湘传闻》：

祝融重黎，居于衡阳，今衡阳县西有重江，南有黎江，重江乡有重亭，汉以置重安县。

黄帝因"得祝融而辨于南方"⑥，对祝融加以重用，命为司徒⑦。

1942 年长沙子弹库出土一幅战国时代楚帛书（主体现存放于美国华盛顿弗利尔 - 赛克勒美术馆，局部残片在湖南省博物馆，参见图 1-13）。其内有"炎帝乃命祝融以四神降，奠三天，□思鼓，奠四极……共攻□步，十日四时……"等语，印证了炎帝、祝融和共工（即"共攻"）在古代传说中的关系。

---

① （清）王万澍、王国牧 撰：《湖南阳秋》，长沙：岳麓书社，2012 年，第 417 页。

② 《光绪湖南通志》："衡州府酃县炎帝庙在县西炎帝陵旁，庙在陵侧，宋乾德五年建，六年以祝融配食。"

③ （宋）罗泌 撰：《路史》，卷十二，清文渊阁四库全书本。

④ 宝鸡市社科联 编：《炎帝论》，西安：陕西人民出版社，1996 年。

⑤ 《山海经·海内经》："炎帝之妻，赤水之子听沃，生炎居，炎居生节并，节并生戏器，戏器生祝融，祝融降处于江水，生共工。"《史记·楚世家》："楚之先祖出自颛顼高阳。高阳者，黄帝之孙，昌意之子也。高阳生称，称生卷章，卷章生重黎。重黎也，帝喾高辛居火正，甚有功，能光融天下。帝喾命曰祝融。"

⑥ 《管子·五行》。

⑦ （宋）罗泌 撰：《路史·禅通纪》："祝融为黄帝司徒，徙居江水。"清文渊阁四库全书本。

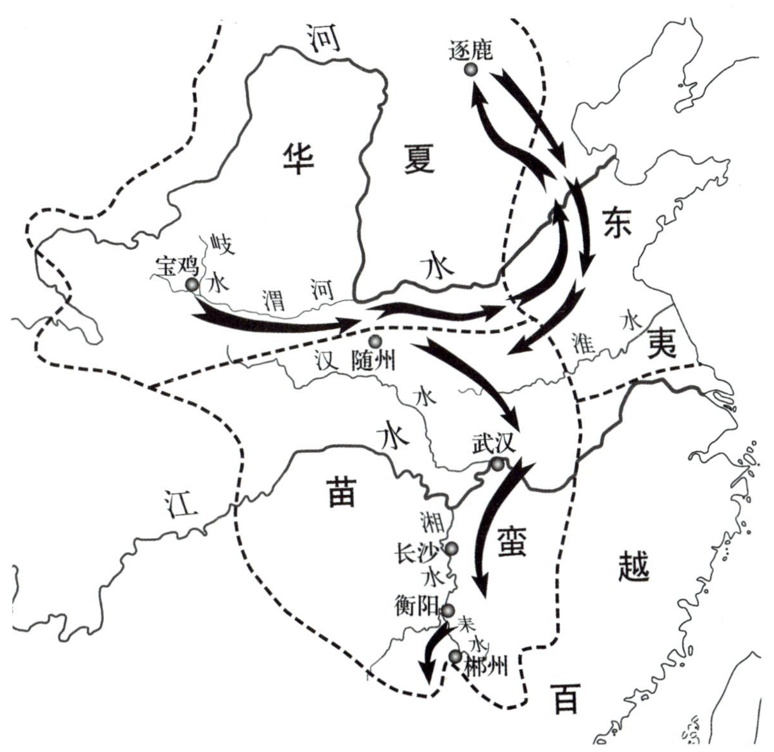

图 1-12 炎帝部族迁徙路线示意图

图 1-13 长沙子弹库出土的楚帛书复原图

祝融部落族人南迁江湘，留下不少传说和遗迹。传说，祝融在衡山创造了保存火种的方法，故黄帝封其为“火正官”。祝融后被奉为火神，与炎帝配[①]。

① 《唐会要·卷二十二》：“天宝六载正月十一日，敕三皇五帝，清武英殿聚珍版众书本。创物垂范，永言殷祀，宜有钦崇。三皇：伏羲，以句芒配；神农，以祝融配；黄帝，以风后、力牧配。”清武英殿聚珍版众书本。

传说，祝融死后葬于衡山。《水经注》：“岣嵝山，为南岳也……南有祝融冢。楚灵王之世，山崩毁其坟，得营丘九头图。”衡山主峰岣嵝峰，又称祝融峰，上有祝融殿，供奉火神。

三、黄帝南征及“胙土长沙”

传说，黄帝建都有熊，公元前2697年为黄帝元年[①]。势力范围东到东海，南至江湘[②]，西抵宁夏，北达蒙古。《史记·五帝本纪》：

天下有不顺者，黄帝从而征之，平者去之，披山通道，未尝宁居。东至于海，登丸山及岱岳；西至于空桐，登鸡头；南至于江，登熊、湘；北逐荤粥，合符釜山。

黄帝“南至于江，登熊、湘”，或因追逐九黎部族，或为征伐南迁炎族[③]。前述长沙厉山国，极可能毁于这次南征。

熊山即今安化与新化交界的大熊山[④]。大熊山有蚩尤屋场、蚩尤谷和春姬峡（传说春姬系蚩尤妻）等地名。1982年，大熊山林场场部筑围墙时挖出一块古碑，其中刻有“黄帝与蚩尤战三月”字样。说明蚩尤部族南迁时，其中一支溯资水而上，流徙山高林密的大熊山区。

湘山地望，一说桃江（原属益阳）县境修山，一说洞庭君山。清同治《益阳县志》：“修山，治西九十里。峻峰如削，卓立资滨，或以即为湘山，黄帝南巡所登。”《史记正义》：“湘山，一名艑山，在岳州巴陵县南十八里。”《湖南风物志》：“洞庭湖君山之上，有轩辕台，传为黄帝铸鼎的地方。”综合文献传说和交通地理，黄帝巡游洞庭君山的可能性更大。

黄帝后来将长沙赏赐其子少昊氏。《史记·五帝本纪》：“黄帝娶西陵氏之女，是为嫘祖，生子曰玄嚣（即少昊氏），降处江水，是为青阳。”青阳为长沙古名[⑤]。《路史》记少昊氏“始于云阳，胙土长沙。”胙，即赏赐。青阳具体位置，可能在沩水上游、宁乡黄材一带[⑥]。《汉书·邹阳传》云“越水长沙，还舟青阳”，意为舟船顺湘水出长沙后，转溯沩水即抵青阳。

四、丹水之战与驩兜部族徙湘

梁启超先生认为，“三苗、九黎，一族两名。”[⑦]九黎南迁后，融合当地族群，组建“三苗”联盟，史称三苗国。明代湖北籍学者周祁撰写的《名义考》认为：“三苗，建国在长沙，而所治则江南荆、

① 中国社会科学院历史研究所 编：《中国历史年表》，北京：中华书局，2014年，第7页。

② 《庄子·天运》：“（黄）帝张咸池之乐于洞庭之野。”

③ 《史记·建元以来侯者年表》载田千秋上书：“父子之怒，自古有之。蚩尤叛父，黄帝渡江。”

④ （宋）祝穆 撰：《方舆胜览·宝庆府》：“昔黄帝登熊山，意其此也。”清文渊阁四库全书本。

⑤ 《通典·州郡》：“长沙，古青阳地。秦始皇时，荆王献青阳以西，即此也。”

⑥ 喻立新：《楚汉青阳今何在》，《长沙大学学报》，2014年第1期。2011年版《洞庭湖历史变迁地图集》（湖南省国土资源厅编著，长沙：湖南地图出版社）第77页，将战国时期的青阳县标在湘阴县北青山岛上，并注明为战国苍梧郡治。

⑦ 梁启超 著：《中国上古史》，北京：商务印书馆，2016年，第73页。

扬也。”（清）蒋廷锡著《尚书地理今释》称：

三苗今湖广武昌岳州二府江西九江府地。《史记正义》曰，吴起云三苗之国左洞庭而又彭蠡，今江州、鄂州、岳州也。

丹水发源于秦岭凤凰山南麓，在荆紫关附近入河南淅川，东南至丹江口入汉水。丹水背倚宛、洛，前窥荆、襄，素为江汉通关中孔道。丹水中下游是南阳盆地，史前文化交汇叠合区域。“丹水之战”可能是三苗向秦岭、伏牛山区扩张，威胁华夏联盟的势力范围而引起。

丹朱，尧帝长子。《尚书·益稷》：“丹朱傲，惟漫游是好，傲虐是作。”帝尧以丹朱“不肖”，封其到偏远的丹水流域[①]。丹朱迁居丹水后，入赘三苗有扈氏首领驩头（又称驩兜、欢兜）家族，故称驩朱。

尧初，三苗曾加入华夏联盟。晋人郭璞在《山海经·海外南经》注为“驩头尧臣”。帝尧禅让虞舜后，驩头不服。唐尧率部溯洛水，越岭至丹水，决战于丹江口一带，三苗最终被逐出这一地区。南阳淅川下王岗遗址自下而上堆积仰韶文化、屈家岭文化与龙山文化遗存，为尧战三苗提供了实物证据。

从山西襄汾陶寺遗址的起始年代、都城规模以及出土文字，结合文献记载推断，陶寺就是尧都遗址[②]。陶寺早期王族墓地与中期王族墓地不在同一区域，表明早中期王族之间没有血缘关系[③]。陶寺遗址考古成果，印证了“尧都平阳（即今临汾）”[④]传说和尧舜禹时君主禅让制度。

丹水之战后，尧采纳舜的建议，分化、瓦解三苗联盟，将驩兜流放崇山，迁其他族人于三危山[⑤]。三危地望，古今学者多认为在今甘肃敦煌一带。《水经注》：“三危山在敦煌县南。”亦有观点认为，三危在“洞庭、彭蠡之间的山地。”[⑥]

至于崇山方位，文献记载较多。唐《通典·州郡》：“汉零阳县地，有澧水，有崇山，即放驩兜之所。”明万历《慈利县志》：“崇山在县西百余里，欢兜墓在崇山，舜放欢兜于此，死后遂葬于山上。”清同治《直隶澧州志》：“崇山绝顶有巨垄，相传为欢兜冢。”据考证，崇山位于张家界西南，山顶连五间村现存驩兜石屋、驩兜屋场、驩兜墓址、驩兜庙址等遗迹。

流放崇山的驩兜及其族人，成为湘西苗族最早的先民。湘西苗族中有一支的庙姓叫“仡欢”，奉驩兜为先祖，应是驩兜的直系后裔。驩兜部族迁徙路线，大致自丹水入汉水，经荆襄通道越长江，溯澧水至崇山一带，即今湘西北山区。湘西苗族史诗《鸺巴鸺玛》描述了驩兜部族迁徙崇山的艰难历程：

① 《太平御览》卷六十三引《尚书逸篇》：“尧子不肖，舜使居丹渊为诸侯，故号曰丹朱。”四部丛刊丛编景宋本。

② 李韵：《尧都从传说走向信史——陶寺遗址考古成果发布》，《光明日报》，2015年06月19日，第01版。

③ 何驽：《“地中天下观”肇始于汾河谷地的陶寺》，《中国国家地理》，2017年第10期。

④ （晋）皇甫谧 撰：《帝王世纪》，卷二，清光绪贵筑杨氏刻训纂堂丛书本。

⑤ 《史记·五帝本纪》：“放欢兜于崇山，以变南蛮；迁三苗于三危，以变西戎。”

⑥ 马少侨：《“窜三苗于三危”新解》，收于胡起望、李廷贵 编：《苗族研究论丛》，贵州民族出版社，1988年，第60—67页。

从澧州澧岘上来，从桃花溪桃花沟上来，从桃花园桃花峒上来……沿着长长的河水上走，顺着高高的大山上迁。穿过抬头望不见天的茫茫森林，冲过七拐八弯的激流险滩。

五、舜“南巡狩”与虞舜族人迁湘

舜姓姚，名重华，来自有虞氏部落，史称虞舜。传说，舜“直而温，宽而栗，刚而毋虐，简而毋傲”，孝敬父母，和睦邻里，“天下明德皆自虞帝始”[①]。

舜继尧成为华夏集团首领后，德威并重，一方面采取军事手段征伐、瓦解，“伐三苗”[②]，“分北三苗”[③]；一方面施行怀柔、感化政策，以德服苗。《韩非子·五蠹》：

当舜之时，有苗不服，禹将伐之。舜曰：“不可，上（尚）德不厚而行武，非道也。”乃修教三年，执干戚舞，有苗乃服。

《淮南子·齐俗训》记载，上古之时，服饰装束因族而异，“三苗髽首，羌人括领，中国冠笄，越人劗鬋。”河南淅川、湖北郧县（今郧阳区）石家河文化遗址发掘出笄，印证了“舜却苗民，更易其俗”[④]的传说。

在与三苗集团长期对峙的背景下，“洞庭之野”以西通巴蜀、东连吴越、北倚江汉、南接衡湘的地理位置，成为南伐三苗的前线、会盟诸侯的舞台。传说，虞舜禅位夏禹的仪式，就是在洞庭之野举行的。“三十有二年，冬，（舜）帝会诸侯于洞庭之野，禅位于夏后禹。”[⑤]

虞舜继位后，将其亲族分封湘水流域，以强化对这一沟通南北的咽喉地区的控制。《史记·五帝本纪》：

舜之践帝位，载天子旗，往朝父瞽叟，夔夔唯谨，如子道。封弟象为诸侯。

象封地有鼻（庳），治今双牌江村镇。《路史·国名纪》：“有庳，象国，今道州。”有庳辖衡山以南、雪峰山以东、罗霄山以西，即湘、资中上游地区。

潇湘之滨古有象庙、象祠[⑥]。道州古有象祠，祀鼻亭神[⑦]。唐元和年间被道州刺史薛伯高捣毁，柳宗元撰《道州毁鼻亭神记》纪其事：

鼻亭神，象祠也。不知何自始立，因而勿除，完而恒新，相传且千岁。元和九年，……撤其屋，

---

① 《史记·五帝本纪》。

② 《战国策·秦策》。

③ 《史记·五帝本纪》。

④ 《吕氏春秋·召类》。

⑤ （清）王万澍、王国牧 撰：《湖南阳秋》，长沙：岳麓书社，2012年，第448页。

⑥ （南朝梁）顾野王 撰《舆地志·卷十四》：“零陵郡应阳县（今东安县境）东有山，上有象庙。”《晋书·地理志》：“泉陵县北部东五里有鼻墟，象所封也。”

⑦ （唐）李泰 主编：《括地志·卷四》：“鼻亭神在营道县北六十里。”北京：中华书局，1989年。

墟其地，沈其主于江。

明天启六年（1626），道州知州李嵊慈重修象庙，民国尚存。

《帝王世纪》说舜“有三妃，元妃娥皇无子，次妃女英生商均，次妃登北氏（一说癸比氏）生二女霄明、烛光。有庶子八人。”商均随舜南巡，舜帝驾崩后留居“苍梧之野”，死葬九疑山①。舜庶子分封长沙、巴陵等地②。

虞舜暮年南巡，史上有不同解释。《韩非子·说疑》认为是“禹逼舜”所致；《淮南子·修务训》称“南征三苗，道死苍梧”；清人郑敦曜的《舜葬苍梧考》则云：“舜亲爱弟，禅禹之后，自携二女以访弟象于有庳也。”《史记·五帝本纪》：“舜……南巡狩，崩于苍梧之野。葬于江南九疑，是为零陵。”“苍梧之野”即九疑山一带，有虞之世“邻三苗之窟。”明代蒋鐄《九嶷山志》，虞舜最后一次南巡，应是征伐反叛的三苗。

先秦时期开始，对舜帝的祭祀行为历代不绝。如，楚灵王“阙石陂汉，以象帝舜”③，秦始皇“行至云梦，望祀虞舜于九疑山”④，汉武帝“南巡狩，至于盛唐（湖北宜昌），望祀虞帝于九疑”⑤。

针对舜帝归葬九嶷的质疑，清人作《舜陵考》：

舜陵本始于《尚书》，详核于《礼记》，杂见于《墨子》《离骚》《史记》诸书，《书·舜典》曰陟方乃死，《礼·祭法》则曰：舜勤众事而野死。《檀弓》又曰：舜葬于苍梧之野。《墨子·节葬下》则曰：舜道死南纪之市。《史记》则曰：舜南巡狩崩于苍梧之野，葬于江南九疑。朱子注《离骚》九疑，亦曰九疑舜所葬。又《通考》《十三经》古注、《汉书》《汉纪》各注，暨《竹书》《山海经》《淮南子》《风俗通》《世纪》《皇览》《舆地考》，俱各往往称舜南巡崩，葬苍梧九疑。盖历三千年无一异辞者。⑥

1972年，长沙马王堆汉墓出土《西汉初期长沙国深平防区图》（图1-14），所绘区域大至为今永州、郴州南部及广西、广东北部，九嶷山中心绘有九根柱状物，旁注“帝舜”二字。2002—2004年，湖南省文物考古研究所在九疑山玉琯岩进行考古发掘，发现秦汉至宋元时期舜帝陵庙遗存，与马王堆帛书地图标注地点相符。

传说舜帝南巡时，经由湖北松滋入湘。鄂、湘、桂等省区皆有与舜帝有关的地名，如虞氏渡、韶山、虞山、舜潭、舜山、舜水、舜岩、舜皇山等。清同治《松滋县志》：

虞氏渡，在县南六十里，世传虞舜南巡过此。

---

① 《山海经·大荒南经》：“苍梧之野，舜与叔均之所葬也。”

② （宋）罗泌 撰《路史·国名纪》：“长沙、巴陵，皆舜子姓之封也。”清文渊阁四库全书本。

③ 《国语·吴语》。

④ 《史记·始皇本纪》。

⑤ 《汉书·武帝纪》。

⑥ （清）罗汝怀 编：《湖南文征》，卷三十二，长沙：岳麓书社，2008年。

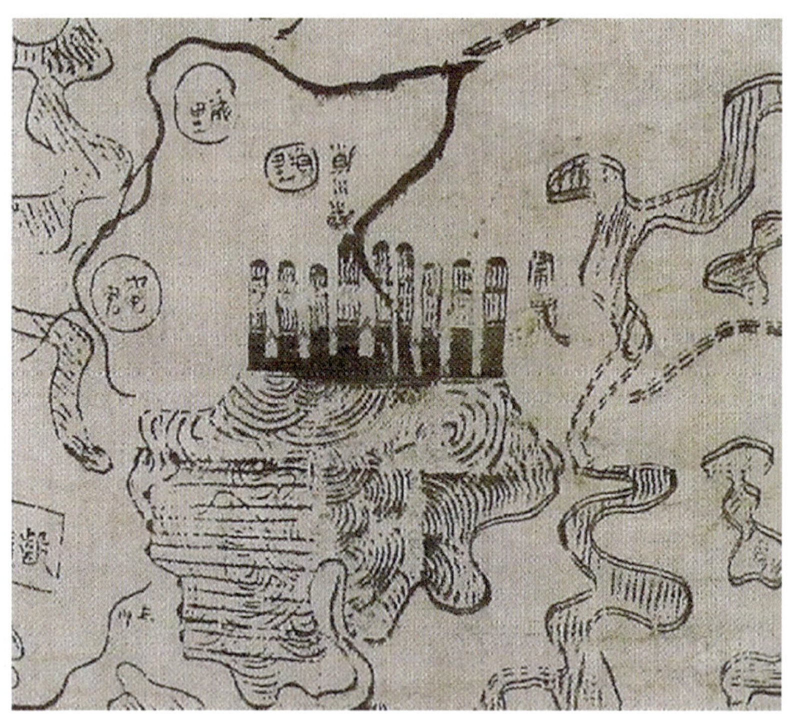

图 1-14　长沙国深平防区图上标注的舜庙位置[①]（湖南省文物局 供图）

清嘉庆《一统志》：

韶山，相传舜南巡时，奏韶乐于此，故名。

宋《太平寰宇记》：

临桂县虞山下有潭，号曰舜潭，言舜南巡游此。

清道光《永州府志》：

东安县有舜山、玉陛源，皆祀有虞氏。东安近九疑，因舜巡狩所经也。

潇湘流域建有多处舜帝庙宇，为舜帝南巡增添了实据。如，宁远舜帝庙、蓝山舜殿、道县虞庙和东安舜庙等[②]。2012 年，零陵黄田铺发现一处舜帝庙遗址。当地传说，舜帝南巡行船受阻，曾宿于此地，后人建庙祭祀[③]。

相传，舜帝曾至九嶷山南麓、楚越要冲南风坳[④]。在南风坳，虞舜以五弦琴伴奏，咏唱《南风歌》：

南风之薰兮，可以解吾民之愠兮；
南风之时兮，可以阜吾民之财兮。

① 舜庙具体位置，参见第四章第二节《马王堆汉墓出土地形图复原图》。

② 吴顺东：《零陵舜帝庙遗址调查发掘》，收于湖南省文物考古研究所 编《2011 湖湘文化考古之旅》，内部印刷，2012 年。《后汉书・郡国志》："营浦县南三里余，有舜南巡宿处，今立庙。"

③ 唐善理等：《零陵区发现一处舜帝庙遗址》，《湖南日报》，2012 年 7 月 5 日。

④ 相传虞舜作《南风歌》的南风坳地望，一说位于山西运城盐池附近的中条山。2018 年 6 月，笔者赴山西实地考察后，认为在运城盐池附近的可能性较大。

根据历史文献、民间传说、考古发掘、庙宇遗迹及传世地名判断，舜晚年应是在湘水上游流域度过的。巡狩路线大致是：自中原出南阳盆地，经荆襄道趋松滋，入湘境后沿湘水河谷南行，经湘桂走廊至桂林，或由湘水转潇水、九嶷河上九嶷。

汉时，司马迁曾赴潇水上游考察，最终确认舜“崩于苍梧之野，葬于江南九嶷。”“舜迹”线状分布，在交通地理上具有合理性。舜帝南巡传说，一定程度上反映了黄河流域先民南下江湘、岭南过程中，探索、开拓南北交通的艰难实践。

舜帝南巡驾崩后，随行宗亲族人不少留居当地①。这些虞舜族人，成为南迁江湘的早期华夏先民。他们和流放澧水上游山区的驩兜族人，对湖湘文明演进起到了积极推动作用。

六、夏禹南征与三苗集团覆亡

梁启超先生认为，“苗之本部在湖湘间者，即舜所欲喻教而禹卒亲征之者也。”②夏禹继位后，对复叛的三苗集团进行了大规模征伐。据《战国策·魏策》，魏武侯称：“河山之险，岂不亦信固哉。”军事家、西河郡守吴起不以为然，认为：“河山之险，不足保也。”并说：“昔者三苗之居，左彭蠡之波，右洞庭之水，文山在其北，而衡山在其南，恃此险也，为政不善，而禹放逐之。”③

战争前夕，三苗国遭遇强烈地震，导致地貌、水文、气象异常，动物不安，人心惶惶。《墨子·非攻》：“昔者三苗大乱，天命殛之，日妖宵出，雨血三朝，龙生于庙，犬哭乎市，夏冰，地坼及泉，五谷变化，民乃大振。”这是中国最早的地震记录。

夏禹抓住战机，出师伐苗④。禹师渡江扫荡，直入三苗腹地。《威宁苗族古史传说》：“敌人乘七十只独木舟，七十对大板船渡江来攻。”华夏文明发展到这一时期，木板船出现为大军渡江作战提供了可能。

禹征三苗的战争十分残酷。三苗部落城堡被摧毁，宗庙被夷为平地，祭祀重器被焚毁，战俘及其子孙沦为奴隶⑤。考古材料显示，石家河文化中期，以（河南洛阳）王湾三期文化为主体的龙山文化向南扩张，取代当地文化，与尧“战三苗”、舜“却三苗”传说吻合。石家河文化晚期，包括澧阳平原在内的长江中游各城垣聚落几乎同时衰落，表明石家河文化遭受了一次猛烈的外来打击。后石家河文化面貌发生了很大变化，并且受到河南龙山文化强烈影响。这一文化面貌的改变与“禹征三苗”，使其“无世在下”的记载相符。

通过这场战争，三苗集团彻底瓦解，“三苗”“有苗”再未见于史籍。

人类早期交通路线选择，基本遵循“沿河推进，寻隘拓展”原则，道路沿峡谷或河岸开辟，

① 舜嫡长子叔均留葬九嶷，东夷同族何侯居宁远、道县，舜裔姚人居洮水之滨（今广西全州，即楚《鄂君启节》之洮邑）。另有早前封于有鼻的舜弟象，以及分封长沙、巴陵、衡山的虞舜庶子等。

② 梁启超 著：《中国上古史》，北京：商务印书馆，2016年，第74页。

③ 西汉初年出版的《韩诗外传》有“当舜之时，有苗不服，其不服者，衡山在南，岐山在北，左洞庭之波，右彭蠡之水”；西汉末年出版的《战国策·魏策》原文为“文山在其南，而衡山在其北”。据此，《战国策》中文山应是岐山，南北二字错倒。岐山在今陕西岐山县境，衡山在今衡山县境。

④ 《墨子·非攻》：“禹亲把天之瑞令，以征有苗，四电诱祇，有神人面鸟身，若瑾以待，搤矢有苗之祥，苗师大乱，后乃遂几（微）。”

⑤ 《国语·周语》：“王无亦鉴于黎苗之王……人夷其宗庙而火焚其彝器，子孙为隶，下夷于民。”

这是人类适应地理环境的必然结果。

湖南地形地貌是东、南、西三面环山，北部洞庭平原。源于南岭的湘水贯穿省境，北注长江，流域多为丘岗盆地。广西兴安岭沟通湘水和漓水，分水岭地势低平，是南岭交通最便捷孔道，史称“湘桂走廊”；宜章折岭连接郴水和武水，分水岭山势险峻，为湘粤要隘。这种地形地貌，直接影响了人类出行和迁徙路线选择，经由湘水河谷的南北道路最先被开拓。

从北方先民入湘路线来看，华夏族系一般沿交通地理环境优越的湘川扩张，主要活动在长衡盆地及湘南丘地；黎苗族系多溯资水、沅水、澧水退匿，流徙上游山区。同南阳盆地一样，交通便利、水草丰茂的洞庭盆地是华夏、黎苗两大集团对峙的前线，也是争夺的焦点。

根据传说，涿鹿之战后退入湘境的九黎族人，溯资水迁徙雪峰山区；三苗被夏禹击败后，或退匿武陵山区，或远徙云贵高原，苗族长篇英雄史诗《亚鲁王》《苗族迁徙歌》描述了这段征战、逃亡之旅。经过数百年繁衍生息，商、周之际，三苗九黎的后裔又逐步发展起来，形成势力强大的“荆楚”“楚蛮”各族群。

先秦文献中，“交趾”“南交”泛指南岭以南地区。《墨子·节用》：“古者尧治天下，南抚交趾。”《尚书·尧典》：“申命羲叔宅南交，平秩南讹。”《吕氏春秋》：“禹东至扶木之地，南至交趾。”在中原先民开拓南土的长期实践中，逐渐形成跨越南岭的五条通道，即越城岭、都庞岭、萌渚岭、骑田岭、大庾岭。故宋人曰：“自秦世有五岭之说，皆指山名之。考之，乃入岭之途五耳，非必山也。”①

根据传说及文献记载判断，最早在黄帝时代，湘境中北部地区或已建有可供车行的道路。至迟尧舜时期，自中原经湖南出岭南的南北道路基本形成：由荆襄通道或随枣走廊南下江汉，越长江入湘境；继溯湘水、逾越城岭下漓水，或由湘水转耒水、越骑田岭下武水，或由湘水转潇水、穿萌渚岭入贺水。其中，中国三大地理走廊之一的“湘桂走廊”，是南北交通主孔道。

第三节　舟筏的起源与演变

人类文明初期，相较于陆路开辟不易，水道利用更为方便，“习于水，勇于泅”②是基本生存技能。以江河为依托、舟筏为工具的水上交通，拓展了活动地域，也提高了运输效率，在人类社会生活中占据重要地位③。

“古者观落叶因以为舟。”④经过漫长探索和实践，人类逐步完成了从葫芦到浮筏、再到舟楫的渡水工具发展阶段：

燧人氏以匏济水，伏羲氏始乘桴，轩辕氏作舟楫⑤。

燧人氏、伏羲氏和轩辕氏都是传说中的上古圣人，燧人氏生活在旧石器时代晚期，伏羲氏生

① （宋）周去非 撰：《岭外代答·地理门》，清文渊阁四库全书本。

② 《列子·说符》。

③ 《墨子·辞过》：“古之名未知为舟车时，重任不移，远道不至，故圣王作为舟车，以便民之事。其为舟车也，全固轻利，可以任重致远，其为用财少，而为利多，是以民乐而利之。”

④ （清）秦嘉谟 辑补：《世本》，清嘉庆刻本。

⑤ （明）罗颀 撰《物原》，明嘉靖二十四年李宪刻本。

活在新石器时代早期，轩辕氏生活在新石器时代中晚期。有理由相信，至迟新石器时代早期，我们的祖先就使用舟筏横渡江河了。

一、葫芦

根据古史传说，人类最先使用的济渡工具是匏（即葫芦，又称腰舟），就是将葫芦系在腰上以提高渡水时的身体浮力。借助葫芦，渔猎或泅渡变得安全顺畅。先秦时期，腰舟济渡的记载上至王公贵族，下至黎民百姓。《易经·泰卦·九二》：

包（同匏）荒，用冯河，不遐遗，朋亡，得尚于中行。

大意为，商王帝乙远征失利以致全军覆没，他只身一人抱着葫芦渡河，返回都城朝歌，得以保住江山社稷。

《诗经·匏有苦叶》描述了少女憧憬恋人系葫芦济河相会的故事：

匏有苦叶，济有深涉。深则厉，浅则揭。有弥济盈，有鷕雉鸣。济盈不濡轨，雉鸣求其牡。雍雍鸣雁，旭日始旦。士如归妻，迨冰未泮。招招舟子，人涉卬否。人涉卬否，卬须我友。

《庄子·逍遥游》有一段庄子和惠子讨论“五石之瓠”用途的对话。惠子谓庄子曰：“魏王贻我大瓠之种，我树之成而实五石。以盛水浆，其坚不能自举也。剖之以为瓢，则瓠落无所容。”庄子对曰：“今子有五石之瓠，何不虑以为大樽，而浮于江湖，而忧其瓠落无所容？”《经典释文》注：“樽如酒器，缚之于身，浮于江湖，可以自渡。”

浙江河姆渡遗址出土7000年前的葫芦，证明葫芦舟利用不晚于新石器时代早期。直到近代，葫芦舟还是黄河之滨常见的济渡工具。1947年8月，河南济源留庄民兵制作“葫芦舟”，为陈赓兵团强渡黄河领航（图1-15），参与渡河的“葫芦舟”收藏于中国革命军事博物馆。

图1-15 留庄民兵乘“葫芦舟”横渡黄河图[①]

葫芦的涉水功能沿用至今。用麻绳和柳条圈将四个葫芦固定，前后两个平行，左右两个略有

① 图片来源于《人民画报》第八期，1948年2月号。

突起，就成了一条葫芦舟。山东长岛渔民常系葫芦下海捞参，云南、海南地区的少数民族尚有系葫芦捕鱼或渡河的传统。

二、浮囊

浮囊又称革囊、鸱夷、浑脱，是游牧民族发明的泅渡工具①。用整张剥下的动物皮，经过加工后再把颈部和三个蹄孔结扎密封，留一个蹄孔作为充气孔道，用时吹鼓系牢，便成浮囊②。

元至元十七年（1280），元世祖忽必烈诏“命都实为招讨使，佩金虎符，往求河源。”③翰林学士潘昂霄根据都实考察成果，撰成《河源志》，对黄河源头地区风土人情，包括交通工具进行了详细的介绍。其中提到，九渡河（今青海果洛黄河段）“水浑浊，土人抱囊乘骑过之，民聚落纠木干象舟得毛革以济，仅容两人。”明代文学家、戏曲家李开先在《塞上曲》描述了浮囊济渡的方便与快捷：“不用轻舟与短棹，浑脱风度只须臾。”

1977 年，浙江河姆渡遗址出土可充气浮水的兽皮，证明浮囊济渡的历史远溯 7000 年前。

《竹书纪年》记载，“周穆王三十七年，伐楚④，大起九师，至于九江，比鼋鼍为梁，遂伐越。”⑤即以扬子鳄制成浮囊，济渡江湘。这是湖南境内浮囊运用的最早文献。

春秋末时，吴王夫差听信谗言，将相国、军事家伍子胥赐死，又将其遗体系以浮囊投入钱塘江⑥。

图 1-16　羊皮浮囊制作的舟筏（泉州海交史博物馆藏）

浮囊携带方便，使用简单，是古代军事家推崇的济渡器材。唐人李筌在其兵书《太白阴经》中将浮囊列为济水具：“浮囊以浑脱羊皮，吹气令满。紧缚其空，缚于肋下，可以流也。”宋代《武经总要》亦云：“浮囊者，以浑脱羊皮吹气令满，系其空，束于腋，以人浮以渡。”《续资治通鉴》：“其济渡之备，军中自有过索、浑脱之类。”

多个浮囊拼组成皮筏，可用于重载货物渡河或长途运输。黄河、长江上游及澜沧江、怒江、雅鲁藏布江流域，至今仍有所见（图 1-16）。

三、筏具

用树干、竹竿、芦苇或皮囊等扎成的浮筏，是独木舟之前的主要渡河工具。筏因其大小和取材不同，在古代有不同名称，如“栰”“桴”“泭”“槎”“箄”等。《尔雅·释地疏》：“桴、

① 《宋史·高昌传》：“茅女涡子族，族临黄河，以羊皮为囊，吹气实之浮于水，或以囊驼牵木筏而渡。”

② 明初学者、曾任巴陵主簿的叶子奇在其《草木子·杂俎》（清乾隆五十一年刻本）介绍浮囊制作：“北人杀小牛，自脊上开一孔，遂旋取去内头骨肉，外皮皆完。”

③ 《元史·地理志六》。

④ 西周初年，楚人尚僻处荆山丹水间，地不过“同”，即方圆不过百里，势力还远远没有达到长江沿岸和“洞庭之野”。因此，周穆王所征伐的“楚”，实为长江中游地区的荆蛮、虎方部落集团。

⑤ 《竹书纪年集证》，卷三十，清嘉庆裛露轩刻本。

⑥ 《战国策·燕策二》：“昔者伍子胥说听乎阖闾，故吴王远迹至于郢。夫差弗是也，赐之鸱夷而浮之江。”

栰，编木为之。大曰栰，小曰桴，乘之渡水。”

筏取材容易，制作简单，行驶平稳，方向可控，适合在水面宽阔的江河、湖泊及沿海航行，动力主要靠水流和人用木桨或竹篙等划水。将树干或竹竿扎成长方形框架，系以葫芦、皮囊等空心物体，可制成重载浮筏。将两筏或三筏并联，不仅载重量加大，运行稳定性也大为增强，可进行大规模水上运输，常用于行军济渡。

春秋五霸之首的齐桓公，南下伐楚后，又“西征攘白狄之地，至于西河，方舟设泭，乘桴济河。”① 系浮筏应用军事的早期文献。

孔子周游列国，因诸侯多不采纳他的主张，曾感慨：“道不行，乘桴浮于海。”② 越王勾践灭吴后，从会稽（今浙江绍兴）迁都琅琊（今山东青岛），图霸中原。为完成这次跨海迁徙，除出动“戈船三百艘”外，还“使楼船卒二千八百人，伐松柏以为桴。”③

战国时期，魏国邺地有为黄河之神河伯娶妇的习俗。嫁与河伯的少女被安置在类似婚床的木筏上，“始浮，行数十里乃没。”④

屈原流放沅湘期间，写下了大量的诗歌作品。其中，《九章·惜往日》有“临沅、湘之玄渊兮，遂自忍而沉流……乘氾泭以下流兮，无舟楫而自备”。（东汉）王逸注云：“乘舟氾船而涉渡也。编竹木曰泭。楚人曰柎，秦人曰筏也。”这里的“泭”，实际上就是用竹木编扎的浮筏。

东汉初年，怒江—澜沧江流域的古哀牢国（都城位于今云南保山）王征讨鹿茤部落。《后汉书·西南夷传·哀牢夷》：“建武二十三年，其王贤栗遣兵乘箄船，南下江汉，击附塞夷鹿茤。鹿茤人弱，为所擒获。”李贤注：“缚竹木为箄，以当船也。”

赤壁之战期间，曹操引军乘竹筏出汉水至大江。《太平御览·舟部》转引《英雄记》：

> 曹操进军至江上，欲从赤壁渡江。无船，作竹排，使部曲乘之。从汉水来下，出大江，驻浦口，未即渡，周瑜又夜密使轻船走舸百艘烧排，操乃夜走。

南朝梁宗懔《荆楚岁时记》载：“汉武帝令张骞使大夏，寻河源，乘槎经月。”这是历史上首次由中央政府组织的黄河源流考察。杜甫《有感五首之一》诗曰“乘槎断消息，无处觅张骞”，即典出于此。

图 1-17　黄河上游地区使用的皮囊筏（泉州海交史博物馆藏）

皮囊筏又称革船，在黄河流域和西南地区使用比较普遍（图 1-17）。

革船应用于军事的记载始于东汉。《后汉书·邓训传》：“邓训乃发湟中（今青海西宁市境）

---

① 《国语·齐语》。
② 《论语·公冶长》。
③ 《越绝书·卷八》。
④ 《史记·西门豹传》。

六千人，令长史任尚将之，缝革为船，置于箄上以渡河，掩击迷唐庐落大豪，多所斩获。”

西南地区革船济渡的记载见于《北史·附国传》：

附国（今四川甘孜州境）有水阔百余丈，并南流。用皮为舟而济。

四、独木舟

独木舟的发明，是交通史上一个划时代事件。考古材料显示，独木舟问世于旧石器时代晚期至新石器时代早期之间，距今 10000 年前后。这一时期，出现了磨制石斧、石锛、锸等生产工具，而“火和石斧通常已经使人能够制造独木舟。”[①] 古人发现，河水中漂浮的、因腐朽形成凹槽或空洞的树段，浮力要大于实心树段[②]。经过不断探索、实践，原始形态的独木舟终于问世。

关于独木舟的创造，古代文献有不少记载。

《易经·系辞》：“伏羲氏刳木为舟，剡木为楫，舟楫之利，以济不通。”

《汉书》：“黄帝作舟以济不通，旁行天下。”

《世本·作篇》曰：“共鼓、货狄作舟。”宋衷注曰：“二人皆黄帝臣也。”

《墨子·非儒》：“巧垂作舟。”传说巧垂是尧帝时期工匠。

《吕氏春秋·勿穷览》：“虞姁作舟。”传说虞姁是舜帝臣子。

《蜀记》：“夏禹欲造独木舟，知梓潼尼阵山上有梓，径一丈二寸，令匠者伐之。”

《束薪发蒙记》：“伯益作舟。”传说伯益是夏禹臣子。

上述文献说明，独木舟不是某位圣人发明，很多部落都有创造。约公元前 9000 年，尼罗河、两河流域已使用原始独木舟。英国、荷兰、瑞士等地，也发现新石器时代独木舟遗迹。

独木舟是用一段树干挖成的小舟。其制作过程如下：选用一段粗大挺直的树干，用石斧或石刀砍削一个长槽，将不准备挖掉的部位涂上湿泥，然后用火烧烤未涂湿泥的部位，待其呈焦炭状后，再用石锛等工具砍凿，如此反复多次，独木终被“刳”成带凹槽的舟具（图 1-18）。

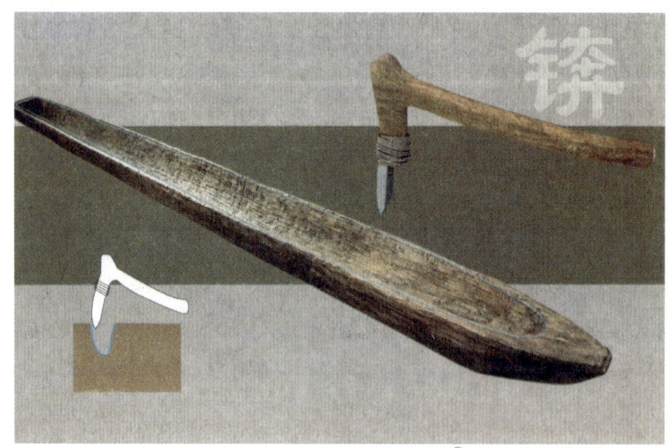

图 1-18　独木舟制作示意图[③]

楠木坚硬耐腐，是上好的建筑、造船、家具用材。湖南楠木制材历史悠久，龙山里耶埋藏秦简的古井圈即楠木制作。武陵山区独木舟，亦多用楠木制作。“以大楠木刳虚其中，棹桡行之。小者长丈五六，大者三丈余。”[④] 宋代《溪蛮丛笑》称，“武陵有雄溪、樠溪、西溪、潕溪、辰溪，悉是蛮夷所居，

---

① 恩格斯 著：《家庭、私有制和国家的起源》，《马克思恩格斯选集》第 4 卷，北京：人民出版社，1972 年，第 29—195 页。

② 《淮南子·说山训》：“古人见窾木（有孔洞的树木）浮而知为舟。”

③ 《良渚古国专辑》，《中华遗产》，2019 年第 6 期。

④ （明）沈瓒 编撰：《五溪蛮图志》，长沙：岳麓书社，2012 年，第 113 页。

故谓五溪蛮。今辰州界者是也。”又称，“蛮地多楠，有极大者，刳以为舟。”[1]

宋淳熙年间（1174—1189），静江（今广西桂林）通判周去非在《岭外代答》中记述：

广西江行小舟，皆刳木为之。有面阔六七尺者，虽全成无罅，免繻袽之劳、钉灰之费，然质厚迟钝，忽遇大风浪则不能翔，多至沉溺，要不若板船，虽善不能为也。钦州竞渡兽舟，亦刳全木为之。

由于独木舟“遇大风浪则不能翔，多至沉溺”，故为后世保存了各历史时期“舟迹”。

荷兰格罗宁根（Groningen）的庇斯（Pesse）地区出土的独木舟，距今约 8300 年，是世界上已知年代最早的独木舟（图 1-19）。

图 1-19 荷兰出土独木舟遗迹[3]

2002 年，浙江跨湖桥遗址发掘距今约 8000—7000 年的独木舟（图 1-20）。该舟用整棵马尾松加工而成，残长约 560 厘米，宽约 52 厘米，舟体平均厚度 2—3 厘米。船头附近及侧舷内有大小不等的黑焦面，应是借助火焦法挖掘船体的证据，印证了“刳木为舟”的传说。这表明，新石器时代早期，长江流域先民已经使用独木舟了。

图 1-20 浙江博物馆展出的跨湖桥独木舟遗迹（陈胜阳 摄影）

2010 年，杭州茅山遗址出土一条约 5000 年前的独木舟。由整段巨木凿成，局部稍有残缺，头尖尾方。全长 735 厘米、最宽 45 厘米、深约 23 厘米，舟沿厚约 2 厘米。

2009 年，河南息县淮河段发现一条距今约 3500 年的独木舟。独木舟长 928 厘米，最宽处 78 厘米，高 60 厘米。舟体由一根圆木剖凿而成，头尾方形，头部凿一方孔，长 13 厘米，宽 10 厘米，保存较为完整。该舟材质为热带母生树种，现江淮地区已经绝迹。

2012 年，息县淮河段又发现两条周代独木舟。其中一条舟长 572 厘米，最宽处 5 厘米，高 40 厘米，头尾方形，头部凿一个方孔，中间腹部顶端凿三个小孔平行排列，底部呈圆形状。2013 年，息县淮河滩地发现第 4 条商周独木舟。该舟残长 668 厘米，舟首宽 66 厘米，舟尾宽 61.5 厘米，残高 40 厘米。

① （明）沈瓒 编撰：《五溪蛮图志》，长沙：岳麓书社，2012 年，第 339 页。

② 辛元欧 著：《中外船史图说》，上海：上海书店出版社，2009 年，第 2 页。

1977年，山东荣成县毛子沟出土一条商周时期的独木舟。舟长390厘米，首宽60厘米，中部宽74厘米，尾部宽70厘米，舱深15厘米。舟身平面近长方形，舟底平整，底纵剖面呈弧形，内置2道横梁，分有3舱。舟前翘后重，舱壁外鼓，设计结构合理，已脱离了独木舟的原始形态。

1958年，江苏武进古庵遗址出土一条春秋时期的独木舟。舟长1100厘米，中部宽90厘米，舟底内宽56厘米，舱深43厘米。舟底内有2道微微突起的横梁，舟的两舷对称凿有若干孔眼。

1976年，广东化州鉴江发生特大洪水，冲出深埋泥沙的独木舟十多条，经中国科学院考古研究所的断代测定，确认为东汉至魏晋间制造。2010年，鉴江出水一条南朝时期的独木舟。该独木舟做工精细、造型美观，长762厘米、宽99厘米、深60厘米。舟身为铁木，质地坚硬，舟型巨大，树龄至少有1000年以上。

广西发现的独木舟多属宋至明代。

1989年，广西钦州大寺镇三门滩村大寺江建桥时，挖出2条独木舟。其中一条长1200厘米，宽100厘米，深30厘米，红椆木材质，舟尾微翘，横断面呈梯形，头端有一处小洞，还有一道横杠，当是系船和置柁之处。2007年，该地又出水一条独木舟。舟两端微翘，扁如鸭嘴形，头部有圆形插孔。舟长920厘米，宽78厘米，头宽25厘米，尾宽35厘米。出水时十分完整，还可乘坐。

1990年，广西钦州黄屋屯镇西显村村民在珠蚌江淘取钛铁时，挖出四条独木舟。一条长732厘米，头尾宽25厘米，深35厘米。舟两端微翘，头端有一圆孔，以备舟靠岸时插桩固定。另一条头端较宽，几呈方形，插孔也是方孔，长823厘米，头尾宽30厘米，深42厘米。

2002年，广西合浦廉州镇村民在南流江下游抽取河沙时，在水下10多米深处发现一条独木舟。舟残长620厘米，宽105厘米。

五、木船桨

木船桨是舟筏的主要推进工具。《世本·作篇》："化狐见鱼尾划水而游，乃剡木为楫以行舟。"有桨就会有船，木船桨的出土，意味着同时期有舟船应用，与独木舟的发现具有同等重要意义。

浙江跨湖桥遗址发掘的木桨是国内最早的，距今约8000年。世界上最早的木桨在英国约克郡（Yorkshire）的西默（Seamer）地区发现，距今约9500年。

1977年，浙江河姆渡文化（前5000—前3300年）遗址出土六柄用整木"剡"成的木桨。其中，雕花木桨残长63厘米，桨面宽12.2厘米，厚2.1厘米。柄部残，呈长方形断面，可容手握。桨柄与桨叶结合处，阴刻有弦纹和斜线纹图案。

同属良渚文化（前3300—前2200年）的浙江湖州钱山漾、杭州水田畈以及江苏吴江梅堰龙南等遗址都曾发现过木船桨。其中，钱山漾遗址出土船桨用青冈木制成，柄长86厘米，翼长96.5、宽19厘米；杭州水田畈出土一柄阔叶桨，桨翼宽度达到26厘米。这样的桨翼有着较宽

迎水面，能获得较大的反推力。

1994年，澧县城头山城壕的大溪文化堆积层发掘出船桨、船艄、燕尾榫板等木构遗迹（图1-21）。由此推测，除独木舟外，城头山聚落可能还有“筏”“舫”等舟具。舫是用两条或三条独木舟并列，用横板连接固定而成，特点是稳定性强、载重量大。这充分表明，至迟6000年前，澧水中下游地区先民已享有舟楫之便了。

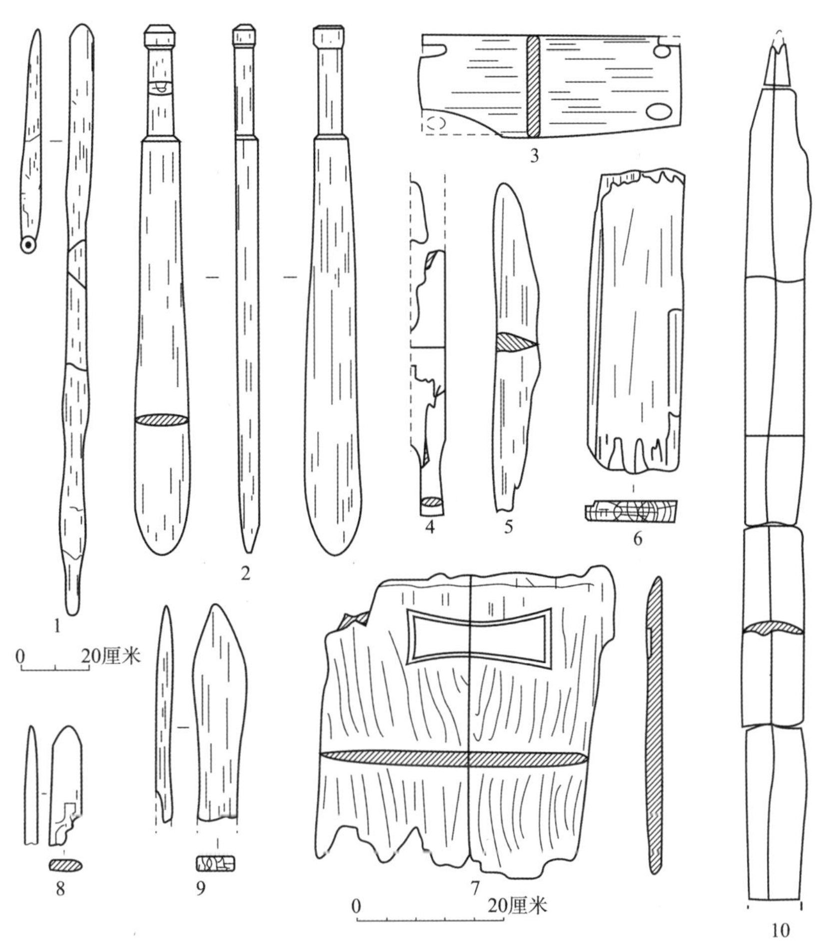

图1-21 城头山遗址发掘的大溪文化木器[①]

1-艄；2-桨；3-凳面；4-刀；5-刀形器；6-板；7-燕尾榫板；8-10-矛

① 何介钧 主编：《澧县城头山——新石器时代遗址发掘报告》，北京：文物出版社，2007年，第487页。

第二章　夏商西周时期的湖南交通
（前21世纪—前771）

“涿鹿之战”后，随着九黎南迁，黄河中下游形成华夏民族雏形——炎黄联盟，在此基础上融合其他臣服或被征服部族，演变为中原诸夏。经过数百年追逐征伐，尤其夏禹的毁灭性打击，三苗彻底丧失逐鹿中原实力。大禹治水成功，夏部落势力显著增强，为夏朝诞生奠定了良好的基础。

公元前2070年禹子启继位①，改变了联盟首领禅让制度，恢复了黄帝王朝初期子继父业传统。夏朝经十三世十六王，至公元前17世纪晚叶汤革夏命，建立商朝。殷商历十七世三十一王，至公元前11世纪中叶武王克商，建立周朝。公元前770年，周平王由镐京（今陕西西安）迁都洛邑（今河南洛阳），历史上据此将周朝分为西周和东周。

夏、商、西周，史称三代，又称半信史时代②，其标志是事实成分大大增加，部分传说陆续得到证实。随着中原文化南传，“荆蛮”“百濮”“扬越”等族群逐步融入华夏文明体系。从考古材料来看，湖南土著既受中原文化影响，又表现出强烈的地域、民族特色。他们对中原王朝叛服无常，军事征伐和入朝贡赋道路拓辟是这一时期交通发展的主要特点。

第一节　衡湘禹迹与夏文化南传路线

古气象学和古生物学研究表明，冰河期末段的一次寒冷期过后，世界范围内出现了一段温暖期，温度升高导致冰川消融、水汽蒸发加强、降雨量增多。在融水和暴雨叠加作用下，人类居住的广袤平原、河谷盆地及低洼地区洪水泛滥。这些特大洪水，给早期先民留下了深刻印象。除中国外，中亚、印度、欧洲及南太平洋等地民族的远古传说中，都伴有洪水记忆。“此诸地者，散在五洲，血统不同，交通无路，而异喙同声，战栗斯祸，其为全地球共罹之灾劫，殆无可疑。”③

① 中国社会科学院历史研究所 编：《中国历史年表》，北京：中华书局，2014年，第7页。

② 柏杨 著：《中国人史纲》（上），北京：同心出版社，2006年，第67页。

③ 梁启超 著：《中国上古史》，北京：商务印书馆，2016年，第76页。

一、夏禹治水的有关传说

逐水而居的原始部落，在应对水患过程中，产生了许多神话传说。相传，“燧人之世，天下多水”[①]，灭绝性洪水频发。从燧人氏到舜时，洪水先后三四次为患。尧舜时期，黄河、长江、淮河流域又爆发特大洪水。《孟子·腾文公章句上》：

当尧之时，天下犹未平，洪水横流，泛滥于天下……尧独忧之。

长江洪水，据说因岷江暴溢和泛滥引起。《郫县蜀从帝新庙碑记》：

昔洚水警尧，天下昏溺，江实为暴。[②]

尧帝任用有崇部落首领崇伯鲧治水。鲧主要用筑堤堵塞之法治水，所谓“鲧窃（天）帝之息壤以堙洪水”[③]。结果此堵彼溢，“九载，绩用弗成”[④]，受到“殛于羽山”处罚[⑤]。鲧子禹被舜举为司空，受命继续主持治水。禹率伯益、后稷，改鲧“围堵障”为“疏顺导滞”，即顺地形疏通壅塞的川流，把洪水引入河道、洼地或湖泊。在长达 13 年的治水过程中，足迹遍及九州，“三过家门而不入”，终于治水成功（图 2-1）。

图 2-1　禹王治水图（局部）[（宋）赵伯驹绘[⑥]]

周恭王时（前 950—前 936），遂国[⑦]君所制遂公盨，铭记了这一影响华夏文明进程的重要事件：

天命禹敷土，随山浚川，乃差地设征，降民监德，乃自作配乡（享）民，成父母。生我王作臣，厥沬唯德，民好明德，寡顾在天下。用厥邵绍好，益干懿德，康亡不懋。孝友，訏明经齐，好祀无(废)。

① 《尸子·卷上》。
② （明）周复俊撰：《全蜀艺文志》，卷三十七记戌，清文渊阁四库全书本。
③ 《山海经·海内经》。
④ 《尚书·虞书·尧典》。
⑤ 《国语·晋语八》。
⑥ 李天鸣著：《中国疆域的变迁》（上册），台北：“国立故宫博物院”，1997 年，第 15 页。
⑦ 遂国为夏朝所封虞舜后裔妫姓子爵国，商周时续封。清雍正年间岳浚所修《山东通志》：“遂，虞舜之后，周时为鲁附庸。《春秋》：‘庄公十三年（前 681）齐人灭遂’；《汉书》：‘济北蛇丘县有遂乡’，在今宁阳县。”

心好德，婚媾亦唯协。天厘用考，神复用祓禄，永御于宁。遂公曰：民唯克用兹德，亡诲（侮）。

图 2-2 遂公盨（北京保利博物馆藏）

铭文开篇记述大禹采用削平山岗、疏导河流等方法治平水患，又根据各方土地条件差异规定不同的贡赋，从而成为万民拥戴的“父母”。随后论述为政以德，并教诲民众怀德行事。遂公盨（图 2-2）的发现，将大禹治水的记载提早了数百年。

2016 年，《科学》杂志刊载的研究成果，佐证了大禹治水传说。新加坡《联合早报》报道：

一组中外考古学者证实，中国黄河距今约 4000 年前发生过一场地球上万年不遇特大洪灾，其规模比一般黄河出现的洪水大超过 500 倍。专家认为，上述发现为流传几千年的“大禹治水”传说与夏朝起源，提供了有力证据。

这则发布在新一期美国《科学》（Science）期刊上的研究发现，特大洪灾的发生时间是公元前 1920 年，地点则可追溯到黄河源头。洪水前曾发生强烈地震，地震引发黄河上游山崩，并在青海积石峡一带筑起一堵高 200 米的天然“大坝”。这阻断了河水去路长达六至九个月，从而形成约 40 层楼高的堰塞湖。

积水最终满溢导致溃堤，进而掀起一场“全新世”时期（即过去的 11300 年间）最大的洪水之一。这对居住在黄河下游 2000 公里的人们而言是场“毁灭性事件”（图 2-3）。

图 2-3 青海循化县喇家遗址发掘大洪水时遇难的孩童骨骸（引自《联合早报》）

学者们认为，该场大洪水的影响程度及时间都符合中国古籍《书经》和《史记》中的记载，与“大禹治水”及夏朝建立的年代相近，并为夏朝的建立与存在提供一项有力证据。

中国专家早前也在 1998 年完成地质调查证实，在距今一万年至 3300 年的商周无文字记载时期，长江流域共发生七次特大洪水。其中，以距今 4000 年时期的一次最大，以此印证大禹治水传说。①

① 《4000 年前特大洪灾被证实“大禹治水”史实获佐证》，《联合早报》，2016 年 8 月 6 日。

传说，禹治理长江洪水时，曾在四川梓潼伐木造舟[①]。借助交通工具，禹治水“陆行乘车，水行乘船，泥行乘撬（图 2-4），山行乘檋。”[②]

图 2-4　江苏武进出土春秋时期独木撬，撬长 11 米，用整段楠木制成（中国国家博物馆藏）

传说，禹先在岷江西北铁豹岭凿山开河，疏导岷江。又开金堂峡，分岷江水入沱江，行一千五百里，经四川泸县注入长江[③]。之后，禹顺流而下长江中游，将荆江洪水经今虎渡河、澧水分流洞庭。“沱、潜既道”，“荆楚与南蛮之民”尽受其利。

《禹贡》：“岷江导江，东别为沱；又东至于澧，过九江，至于东陵。”《山海经·中山经》称，“洞庭之山，……帝之二女居之，是常游于江渊。澧沅之风，交潇湘之渊，是在九江之间。”这是证明《禹贡》“九江”在洞庭湖区的早期文献。

《读史方舆纪要》：“按《禹贡》言：‘九江孔殷’。许慎曰：‘九江，沅、渐、潕、辰、溆、酉、澧、资、湘也’。”[④]笔者认为，所谓“九江”，大概指当时流经洞庭地区的湘、资、沅、澧、油、汨罗江、新墙河以及五都（今虎渡河）、长江等水道。

二、衡湘禹迹

根据文献传说，禹治水、征三苗、巡狩时数次南下，远至苍梧，衡湘间留下诸多遗迹和传说。

南岳衡山　《尚书·禹贡》称禹导水疏河，从“岷山之阳，至于衡山；过九江，至于敷浅原（敷浅原一说为今庐山）”。衡山“禹碑”刻于衡山岣嵝峰，又称“岣嵝碑”。《吴越春秋·越王吴余外传》称：“禹登衡山，梦苍水使者，授金简玉字书，得治水之要，刻石山之高处。”唐代诗人韩愈曾诗咏禹碑：

岣嵝山前神禹碑，字青石赤形朴奇。

① （明）董斯张 撰《广博物志·卷四十》：“夏禹欲造独木船，知梓潼县尼陈山上有梓木，径一丈二寸，令匠者伐之。”清文渊阁四库全书本。

② 《史记·夏本纪》。

③ 罗传栋 主编：《长江航运史》（古代部分），北京：人民交通出版社，1991 年，第 5 页。

④ （清）顾祖禹 撰：《读史方舆纪要》，卷七十五，清稿本。

蝌蚪拳身薤叶披，鸾飘凤泊拿蛟螭。
事严迹秘鬼莫窥，道人独上偶见之。
我来咨嗟涕涟洏，千搜万索何处有？
森森绿树猿猱悲。

南宋嘉定年间，何致将禹碑摹刻于长沙岳麓山，得以流传于世。明末岳麓书院山长吴道行著《禹碑辨》：

考《吴越春秋》，载禹登衡山，梦苍水使者授金简玉字之书，得治水之要，刻石山之高处。此禹碑之所从来久矣。历千百年无传者，道士偶见之，韩文公、刘禹锡索之不得，致形之诗词。宋嘉定壬申（1212），何致游南岳，遇樵者导引至碑所，始摹其文。过长沙，转刻之岳麓山顶，隐藏又三百馀年，至明嘉靖癸巳年（1533），潘太守（镒）搜得之，剔土埽传，朝野始复睹虞夏之书。

图 2-5　长沙岳麓山禹碑（蒋汉光 摄）

禹碑刻有 77 字，字体苍古难辨，有谓蝌蚪文，有谓鸟篆。末行空处有寸楷书“右帝禹制”。明代状元杨慎曾释碑文，释文曰：

承帝曰咨：“翼辅佐卿，洲诸与登，鸟兽之门。参身洪流，而明发尔兴。久旅忘家，宿岳麓庭，智营形折，心罔弗辰，往求平定，华岳泰衡，宗疏事裒，劳余神禋，郁塞昏徙，南渎衍亨。衣制食备，万国其宁。窜舞永奔！”

大意是禹受命治水，奔波于三山五岳之间，疏浚大川河流，最终治平洪水的功绩（图 2-5）。

宋元以来，禹碑被列为中国最早碑刻，名曰“夏禹峋嵝碑”；周穆王“吉日癸巳”石刻（原刻于河北赞皇县坛山）列第二，名曰“周穆王坛山刻石”。衡阳石鼓书院、绍兴禹庙、南京栖霞山、西安碑林，以及开封、成都、昆明、武汉等地，皆摹刻岳麓山禹碑。

先秦时期，帝王巡狩是国之大事。大禹即帝位五年，“巡狩于南岳”[①]。传说，衡山白马峰是大禹祭天之所[②]。

岳麓山　传说大禹疏浚湘水时，曾在岳麓开山凿路，麓山溪水沿禹凿山路流淌，后人称禹迹溪[③]。

① （清）王万澍、王国牧 撰：《湖南阳秋》，长沙：岳麓书社，2012 年，第 454 页。

② （明）刘熙修、何纪 纂：弘治《衡山县志·卷七》：“白马峰，在县治西，《山海经》云，禹巡狩至此，用白马祭天。”明弘治元年修民国十三年铅印本。

③ 《湖南通志》引《岳麓山志》：“禹迹溪，在山口，距大江五里，大禹疏凿开山之径，上有拖船埠。民俗相传为禹王拖船过埠时，所遗留之痕迹。”

华容禹山　传说大禹治水曾登禹山，其与《禹贡》"东别为沱，又东至于澧"的地理背景相符。禹山庙始建于汉惠帝年间（前195—前188），历代均有修缮。清光绪《华容县志》：

邑南三十里有禹山，禹治水登此，唐时山上有寺庙，建筑雄伟，前后三进，中殿供禹王菩萨，有国祭。明清两代以六月六日致祭。

湘潭　湘水与涟水交汇处，有一赤紫色石山突兀屹立江中，称为石嘴垴。《南迁录》载，禹曾沉鼎于石嘴垴下中，以镇水怪。

九嶷山　传说，舜崩于苍梧之野后，"夏后及群臣诸侯来葬帝于何之九嶷山。"[①] 大禹谒舜陵，并南巡苍梧[②]。《衡湘稽古》认为："禹之苍梧也，以谒舜帝之陵。"[③] 可见，舜禹时期，湘水是中原王朝经营湖湘乃至岭南的主要孔道，沿河或已辟车马道路。

三、"经启九道"

大禹以治水为契机，根据山川地理开辟若干通道，为交通发展做出了伟大贡献。禹"命诸侯百姓兴人徒以傅土，行山表木，定高山大川……陆行乘车，水行乘船，泥行乘橇，山行乘檋。左准绳，右规矩，载四时，以开九州，通九道，陂九泽，度九山。"[④]"行山表木"指开辟山区道路。宋人言："山行多迷，刊木以表之，且以通道。"[⑤]

因平地为洪水所淹，夏禹所辟九条道路，皆循山脉穿行，即所谓"随山刊木，奠高山大川。"[⑥] 传说，为开水路，禹曾遣神兽应龙协助；为辟一条险峻的山路，禹化身为熊，做着人力难以企及的工作[⑦]。夏禹正是凭借联通九州的道路网络[⑧]，号令天下。

中国早期地理著作《尚书·禹贡》，描述了天下九州的区域、山脉、河流、土壤、田地、物产、道路、各地部落及其贡赋、贡路等，反映了龙山文化以来逐步形成的人文地理区系。鉴于作者不知黄河改道、亦不知吴王夫差凿邗沟以通江淮之事，应系西周至春秋期间成书[⑨]。周振鹤先生将《禹贡》归纳为三部分："一是九州划分，二是导山导水，三是五服制。"[⑩]

根据《禹贡》，禹辟九道[⑪]分别是：

---

① （清）王万澍、王国牧 撰：《湖南阳秋》，长沙：岳麓书社，2012年，第452页。

② 《后汉书·陈蕃传》："昔禹巡狩苍梧，见市杀人，下车而哭之曰：'万方有罪，在予一人。'故其兴也勃焉。"

③ （清）王万澍、王国牧 撰：《湖南阳秋》，长沙：岳麓书社，2012年，第455页。

④ 《史记·夏本纪》。

⑤ （宋）苏轼 撰：《东坡书传·卷五》，明刻本。

⑥ 《尚书·禹贡》。

⑦ 白寿彝 著：《中国通史纲要》，北京：中国友谊出版公司，2012年，第34页。

⑧ 《诗·大雅·韩奕》有述韩侯自河东晋地乖四驾马车入周之道，称之云："奕奕梁山，维禹甸之，有倬其道。"似此道在夏初已开通。

⑨ 刘起釪：《〈禹贡〉写成年代与九州来源诸问题探讨》，收于唐晓峰 主编：《九州》第三辑，北京：商务印书馆，2003年。

⑩ 周振鹤、李晓杰 著：《中国行政区划通史·总论 先秦卷》，上海：复旦大学出版社，2009年，第198页。

⑪ 《尚书·禹贡》载禹辟九道："导岍及岐，至于荆山，逾于河；壶口、雷首至于太岳；厎柱、析城至于王屋；太行、恒山至于碣石，入于海。西倾、朱圉、鸟鼠至于太华；熊耳、外方、桐柏至于陪尾。导嶓冢，至于荆山；内方，至于大别。岷山之阳，至于衡山，过九江，至于敷浅原。"

一道沿岍山、岐山至荆山，越过黄河；一道自壶口山、雷首山，到达太岳山；一道自砥柱山、析城山至王屋山；一道自太行山、恒山到碣石山，从这里入海。以上四道穿行于渭水以北、潼关以东的黄河北部诸山，其中冀州境内最长且多转折。

一道自西倾山、朱圉山、鸟鼠山至华山；一道自熊耳山、外方山、桐柏山抵陪尾山。以上两道循秦岭、伏牛山脉穿行。

一道自嶓冢山至荆山；一道自内方山至大别山。以上两道穿行于汉水、淮河流域诸山。

一道自岷山、大凉山、乌蒙山、武陵山至衡山，过"洞庭之野"（九江）到庐山（敷浅原）。该道循行于长江中上游流域诸山，衡湘间是其主要路段。

禹通九水①，分别是：

疏导弱水（即中国第二大内陆河——黑河上游支流山丹河，黑河下游称额济纳河）至合黎山（位于河西走廊北部）地区，注入"流沙"（即黑河尾闾的沙漠地域）。

疏通黑水（一说今黑河干流）到达三危山（今甘肃敦煌境内），流入"南海"（即内蒙古额济纳旗北部之居延海）②。

疏导黄河，从积石山开始，经孟门山、龙门山、雷首山到华山北面，后东经砥柱山达孟津，继东与洛水汇合，抵大伾山；转向北经漳水，达大陆泽；然后向北分成九条支流，再汇成一条逆河，流进大海。

从嶓冢山开始疏导漾水（古水名，汉水上游），向东流入汉水；又向东流，成为沧浪水；经过三澨水（又名三参水，自湖北汉川入汉水），在大别山南入长江；东流汇成彭蠡泽（鄱阳湖），再东入海。

从岷江开始疏导长江，长江东流别称沱江；又向东入澧水，穿洞庭，出城陵矶；再向东，流入大海。

疏导沇水（济水别名），东流称为济水，汇入黄河，河水溢出形成荥泽湖；又从定陶北向东流，到达菏泽；又东北流，与汶水合；再向北，东入大海。

从桐柏山开始疏导淮河，向东与泗水、沂水会合，再向东流入海。

从鸟鼠同穴山（又名鸟鼠山，今甘肃渭源县境）开始疏导渭水，向东与沣水汇，再向东与泾水合；又向东经过漆沮水，流入黄河。

从熊耳山开始疏导洛水，向东北，与涧水、瀍水汇；又向东，与伊水合；又向东北，流入黄河。

禹辟九道、通九水的方位和走向，参见《禹贡九州图》（图2-6）。

---

① 《尚书·禹贡》载大禹疏通的九水："导弱水，至于合黎，馀波入于流沙。导黑水，至于三危，入于南海。导河、积石，至于龙门；南至于华阴，东至于底柱，又东至于孟津，东过洛汭，至于大伾；北过降水，至于大陆；又北，播为九河，同为逆河，入于海。嶓冢导漾，东流为汉，又东，为沧浪之水，过三澨，至于大别，南入于江。东，汇泽为彭蠡，东，为北江，入于海。岷山导江，东别为沱，又东至于澧；过九江，至于东陵，东迤北，会于汇；东为中江，入于海。导沇水，东流为济，入于河，溢为荥；东出于陶丘北，又东至于菏，又东北，会于汶，又北，东入于海。导淮自桐柏，东会于泗、沂，东入于海。导渭自鸟鼠同穴，东会于沣，又东会于泾，又东过漆沮，入于河。导洛自熊耳，东北，会于涧、瀍；又东，会于伊，又东北，入于河。"

② 有观点认为，弱水和黑河实际上是指同一河流的不同分支或河段；另有观点认为，弱水即黑河，又可专指黑河上游的主要支流山丹河。参见景爱：《额济纳河下游环境变迁的考察》，收于《中国历史地理论丛》，1994年第1期。

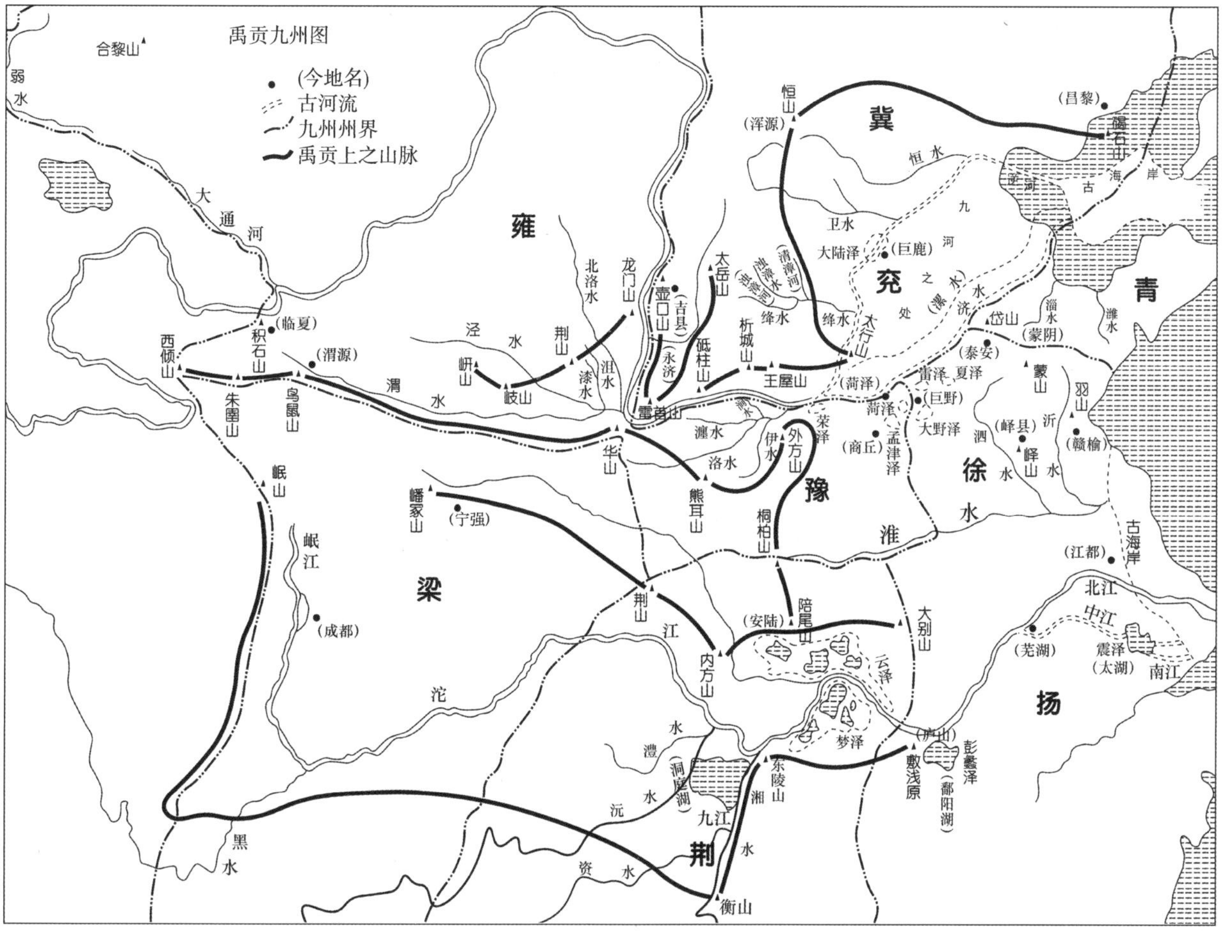

图 2-6　禹贡九州图[①]

大禹“开九州、通九道、陂九泽、度九山”，初步建成联通各地的水陆交通。夏朝建立后，为强化其广袤国土统治秩序，持续拓辟道路，史书上多有这方面记载。如：

《左传·襄公四年》：“芒芒禹迹，画为九州，经启九道。”

《战国策·魏策》：“禹攻三苗，而东夷之民不起。”

《竹书纪年》：“少康即位，方夷来宾。”

禹夏时期，交通干道已实施路面铺筑。山西夏县（禹都）东下冯遗址发掘一条道路，宽 1.2—2 米，厚 0.05 米，用陶片和碎石铺垫[②]。偃师二里头夏都遗址，南北 1500 米，东西 2500 米。发现垂直相交的二纵二横干道四条，道宽约 20 米；支线道路若干条，宽约 5—6 米。除鹅卵石及红烧土铺砌的道路外，还发现一条铺设讲究的石甬路，路面宽 0.35—0.60 米，路面平整，两侧保存有较硬的路肩[③]。

① 原图出自黎东方 著：《中国上古史八论》，台北：中国文化大学华冈出版部，1983 年。蒋响元、黄爱改绘。

② 中国社会科学院考古研究所、中国历史博物馆、山西省文物工作委员会：《山西夏县东下冯龙山文化遗址》，《考古学报》，1983 年第 1 期。

③ 中国科学院考古研究所二里头工作队：《河南偃师二里头遗址三、八区发掘简报》，《考古》，1975 年第 5 期；杨国忠、刘忠伏：《1980 年秋河南偃师二里头遗址发掘简报》，《考古》，1983 年第 3 期。

夏朝制订了史上最早的道路养护制度。此举为后世继承[①]，周代称之为“先王之教”。《国语·周语》引《夏令》曰：“九月除道，十月成梁。”又云：“雨毕而除道，水涸而成梁”，韦昭注：“夏令，夏后氏之令，周所因也。除道所以便行旅，成梁所以便民，使不涉也。”除道即维修道路，成梁即架设桥梁[②]。

四、荆湘贡物及贡道

夏朝作为上古三代开端，所订法规制度为华夏文明发展奠定了良好基础。夏历是中国最早成文的历法，《禹刑》则是史上第一部刑典。

夏启在征伐有扈氏的甘（今陕西鄠邑区西）之战前，作《甘誓》：“用命，赏于祖；弗用命，戮于社，予则孥戮汝。”[③]形成最早的军法。

“古来田赋之制，实始于禹。”[④]分封的诸侯、被征服或承认夏禹盟主地位的部落方国，都要向夏都安邑（山西夏县）朝贡。禹视各地物产确定贡品，根据道路远近，分天下九州为甸、侯、绥、要、荒五个“服”（区域）。

甸服：距夏都五百里以内，即为天子服田役纳谷税、由君主直接管理的地区。百里之内者交带秸秆的谷物，一百里以外至二百里以内纳禾穗，二百里以外至三百里以内纳谷粒，三百里以外至四百里以内纳粗米，四百里以外至五百里以内纳精米。

侯服：距夏都五百至一千里，是夏后氏诸侯领地。五百里至六百里为卿大夫采邑，六、七百里为男爵封地，八百至千里为诸侯国。

绥服：距夏都一千至一千五百里，是夏势力所及的绥靖地区。

要服：距夏都一千五百至二千里，是夏朝须通过结盟或交涉方式施加影响的区域。

荒服：距夏都二千至二千五百里外，为未开化的疆域。

按上述分类，湖南地区大致在绥服和要服之间。根据文献传说，夏文化确曾影响洞庭湖区和湘水流域。

夏都多次迁移，禹都就有多处[⑤]。文献记载夏都有斟鄩、帝丘、斟灌、原邑、老丘、西河等地[⑥]。这些都城近黄河之滨，得舟楫之便，故贡道多沿水路，并形成以夏都为中心、交通九州的水运网络。

《禹贡》对九州地理、土壤、物产、田亩赋税等级、贡品及入贡路线等，都有详尽描述。冀州（河北平原与山西高原）是各州贡道必经之处，入贡路线为“夹右碣石入于河”；兖州（黄

---

① 四川青川郝家坪战国墓出土木牍记载：“九月，大除道及阪险；十月，为桥，修波限，利津梁，鲜草离。非除道之时，而有陷败不可行，辄为之。”见四川省博物馆、青川县文化馆：《青川县出土秦更修田律木牍》，《文物》，1982年第1期。

② （唐）徐坚 撰《初学记·卷七地部下》：“凡桥有木梁、石梁；舟梁——谓浮桥，即诗所谓造舟为梁者也。”宋刻配钞补本。

③ 《尚书·甘誓》。

④ （明）顾炎武 撰：《日知录·卷七》，清乾隆刻本。

⑤ （清）秦嘉漠 辑补：《世本·居篇》：“禹都阳城，又都平阳，或在安邑，或在晋阳。”清嘉庆刻本。

⑥ 1959年，考古工作者在河南偃师二里头，发现了夏文化遗址，因与历史记载的“太康居斟鄩”地望、方位吻合，被确认为夏代王都。1983年，又在偃师发现“汤都西亳”城址，笼罩在夏商王都上空的迷雾逐步揭开，偃师因此成为华夏文明的重要发祥地、中国国都史上一颗璀璨的明珠。

河与济水之间）“浮于济、漯，通于河”；青州（山东半岛）“浮于汶，达于济”；徐州（黄淮平原）“浮于淮、泗，达于河”；扬州（长江下游）“沿于江海，达于淮泗”；荆州（长江中游）“浮于江、沱、潜、汉，逾于洛，至于南河”；豫州（中原地区）“浮于洛，达于河”；梁州（秦岭以南、四川盆地）“浮于潜，逾于沔，入于渭，乱于河”；雍州（关中与陇西）“浮于积石，至于龙门西河，会于渭、汭。”

《禹贡》两处提到潜水：荆州之潜或为今湖北钟祥、潜江境内之汉水河段，或谓早已湮没；梁州之潜或今嘉陵江。

关于荆州，《禹贡》如此描述：

荆及衡阳惟荆州。江、汉朝宗于海，九江孔殷，沱、潜既道，云土、梦作乂。厥土惟涂泥，厥田惟下中，厥赋上下。厥贡羽、毛、齿、革惟金三品，杶、干、栝、柏，砺、砥、砮、丹，惟箘簵、楛。三邦底贡厥名，包匦菁茅，厥篚玄纁玑组。九江纳锡大龟。浮于江、沱、潜、汉，逾于洛，至于南河。

大意是：荆州北据荆山（湖北南漳县境），南及衡山之南。长江、汉水东流入海，多条河流汇集洞庭，沱水、潜水疏通以后，云梦地区已可耕作。那里土壤潮湿，田属下中等，赋税属上下等。贡纳羽毛、齿革和金、银、铜，椿树、柘树、桧树、柏树、粗磨石、细磨石、石矢镞、丹砂和美竹、楛木。三个邦国进贡当地名产，包裹好的菁茅[①]，装筐的玄纁和珠串。洞庭地区进贡大龟[②]。这些贡品经长江、沱水、潜水、汉水，逾岭下洛水，再入黄河。

关于《禹贡》提及的荆州地域，清初地理学家胡渭认为：

以今舆地言之，湖广武昌、汉阳、安陆、荆州、岳州、长沙、衡州、常德、辰州、宝庆、永州十一府，郴、靖二州，施州卫，其襄阳府则唯南漳县，德安府则安陆、云梦、孝感、应城、应山及随州之南境废光化地，黄州府则黄冈、麻城、黄陂、黄安，四川则夔州府之建始，广西则桂林府之全州，皆古荆州域也。[③]

荆湘入贡夏都主要走水路。“浮于江、沱、潜、汉，逾于洛，至于南河”，即自“洞庭之野”渐次进入江、沱、潜、汉四水，经丹水或唐白河至伏牛山南麓，再舍水就陆，翻山转入洛河，至于南河（黄河潼关以东河段古称南河）。

五、夏文化南传路线

根据文献传说，舜帝三十三年禅让禹，禹摄政于安邑。舜崩于“苍梧之野”后，禹在诸侯拥戴下即天子位，国号夏。根据夏商周断代工程成果，自禹子启公元前 2070 年即位至公元前 1600 年汤战胜桀，夏朝共经历十六王，前后约 470 年[④]。

① （唐）李泰 主编：《括地志》：“辰州卢溪县西南三百五十里有包茅山。”北京：中华书局，1980 年，第 240 页。

② 《史记·夏本纪》：“九江入赐大龟。”集解孔安国曰：“尺二寸曰大龟，出於九江水中。龟不常用，赐命而纳之。”

③ （清）胡渭 撰：《禹贡锥指》，卷七，清文渊阁四库全书本。

④ 中国社会科学院历史研究所 编：《中国历史年表》，北京：中华书局，2014 年，第 7—8 页。由于尚未发现与文献记载完全相符的夏代遗址，因此，商代以前是否有发育成熟的夏朝，学界仍有异议。

夏禹依据河流、山脉和海洋的自然分界，分天下为冀、兖、青、徐、扬、荆、豫、梁、雍九州，湖南地属荆州。

夏王朝直接统治区域，大致是东起河济，西到华山，南达伊、洛二水，北抵太行、太岳山麓。《史记·吴起列传》：

昔夏桀之居，左河济，右泰华，伊阙在其南，羊肠在其北。

夏文化影响区域，则遍及中国大部、越南北部。二里头风格的陶礼器向北见于内蒙古赤峰一带，西达黄河上游甘肃、青海地区；玉石礼器牙璋向西及于四川盆地，向南远播湖湘、岭南及越南北部。

有夏一代，都邑多次迁移，早期更是频繁，几乎每代发生。经梳理，夏朝择立的都邑如下[①]：

禹都阳城（今河南登封），又都平阳（今山西临汾，一说晋阳）；

禹子启居夏邑（今河南禹县），又都安邑（今山西夏县）；

启子太康居斟鄩（今河南偃师二里头）；

太康侄相居商丘（今河南睢阳），又居斟灌（今山东观城）；

相子少康邑于纶（今山东济宁），又迁原（今河南济源市原村），后归夏邑（偃师太康故都）；

少康子杼迁老丘（今河南开封，一说陈留县北老丘故城）；

杼子槐至五世孙胤甲居西河（豫西陕东间，一说河南内黄，一说山西夏县东下冯）；

胤甲堂兄弟孔甲田于东阳萯山（偃师首阳山）；

孔甲子皋至三世孙桀居斟鄩（偃师二里头）。

所徙范围，大抵在华山以东，至豫东平原的横长地带内。唯相和少康，在“太康失国”至“少康中兴”那段时间，都邑一度远徙山东境内。

1928年，安阳殷墟发掘，证实了殷商存在。1959年，历史学家、考古学家徐旭生先生在洛阳盆地进行“夏墟”调查时，发现偃师二里头夏都遗址。1960年以来，经对二里头遗址多次发掘，取得系列重要成果。遗址兴盛期为公元前21世纪至公元前16世纪的夏文化阶段，考古界称其为“二里头文化”。遗址发现国内最早的宫殿基址以及平民住址、手工业作坊、墓葬和窖穴等，出土铜器、陶器、玉器、象牙器、骨器、漆器、石器、蚌器等器物。宫城和具有中轴线的建筑基址群规模宏大、方正规矩，探明中国最早的城市主干道路网，大路最宽处达20米，可并行四驾马车。宫殿区道路发现车辙痕迹，将中国车舆应用上推至夏，证明彼时贵族已有驾车出行的传统。

这一时期，中国进入青铜文明早期阶段，初步掌握了冶金与铸造技术。《左传·宣公三年》：“昔夏之方有德也，远方图物，贡金九牧，铸鼎象物，百物而为之备。”偃师二里头发掘青铜器、陶器及宫殿遗址群，探出面积达1万平方米的铸铜遗迹。说明矿产资源、居住环境与交通道路是夏朝择立都邑的重要考量因素（图2-7）。

金属工具出现，促进了社会生产力显著提高。二里头发现作坊区以及绿松石、玉器作坊等遗迹，享誉数千年“夏代有工的玉”，可能就是在这种背景下制作的。农业和手工业进步，为商品生产

① 严耕望：《夏代都居与二里头文化》，《大陆杂志》第61卷第5期，1980年。

和商品交换提供了物质基础。《尚书·益稷》记载，大禹曾提出“懋迁有无化居，烝民乃粒”。“懋”，通“贸”；“化”，通“货”；“居”，“囤积”，意即贩运是不可缺少的民生活动，勉劝人们互通有无，改变各自生存状况。说明禹有意鼓励社会力量，通过改善交通运输条件，实现物货交易。道路修筑养护制度的出台，是夏朝对交通发展的重要贡献。

伊洛河流域地形及古都遗存分布示意图

管子曾说：“凡立国都，非于大山之下，必于广川之上，高毋近旱，而水足用，下毋近水，而沟防省。”伊洛河如勃动的血脉，直接影响了洛阳盆地古代城市的布局、选址和变迁。在考古界有“五都荟洛”之说。图中展示了已被发现的二里头、偃师商城、东周王城、汉魏洛阳故城、隋唐洛阳城遗址。

图 2-7 伊洛河流域地形及古都遗存分布示意图①

唐尧、虞舜、夏禹对三苗持续征伐，华夏势力范围一度扩张湖湘。平江舵上坪、湘乡岱子坪等遗址，出土陶器文化面貌与河南龙山文化器物接近，反映了中原文明在湘水流域的传播。文献传说，“因夏民以代夏政”的后羿“杀巴蛇于洞庭”②。这些材料说明，湖南是虞夏文化影响所及的绥靖、羁縻区域。

夏末商汤伐桀，迫使“夏人作了一次民族大迁徙，大体上说，或南流入越，或北迁为匈奴，或西徙为羌。”③“南流入越”的夏人沿江、湘迁徙，渐次进入湘资流域古越族分布区。

① 陈惊鸿：《伊洛双子河——黄河伸出的臂弯》，《中国国家地理》，2017 年 10 期。

② 《淮南子·本经篇》：“羿断巴蛇于洞庭。”《水经注》：“昔后羿屠巴蛇于洞庭，其骨若如陵，故曰巴陵。”《寻江源记》：“羿屠巴蛇于洞庭，积其骨为陵。”

③ 徐中舒、唐嘉弘：《关于夏代文字的问题》，收于中国先秦史学会 编：《夏史论丛》，济南：齐鲁书社，1985 年，第 126 页。

新出考古材料证实，夏文化的确传播湘境。近些年来，长江流域发现与偃师二里头文化相关的遗存五十余处。石门桅岗墓葬出土玉圭、玉璋及豆柄、鬶足等与二里头文化同类器形无异[①]。其与沅水下游考古发现相联系，可构建洞庭湖区二里头文化晚期至二里冈上层偏晚阶段的考古学文化序列[②]。益阳羊舞岭、桃江许家州等遗址先后出土含有二里头文化因素的陶器、石器[③]。

这些发现，填补了湘境石家河文化晚期与早期商文化之间的空白，为夏文化南传提供了实物资料。可以认为，石家河文化晚期，二里头文化已经渗透到四水中下游地区。

夏文化南传，改变了长江流域各部族发展轨迹和模式，南方地区逐步接触、融入以黄河文明为主体的华夏文明体系。根据二里头文化遗址分布地域推测，夏文化南传湖南的路线有东、西两路：东路经南阳盆地、随枣走廊入鄂东地区，继越长江沿幕阜山西麓、洞庭湖东岸进入湘、资流域；西路自南阳盆地沿汉水南下，循荆襄道至江汉平原西部，再由荆南水系进入澧、沅流域。

第二节　殷商势力入湘与青铜之路

商族以玄鸟为图腾的古老部落。传说，黄帝第五代孙帝喾的次妃简狄吃了玄鸟卵，生下契。契因协助大禹治水有功，被封于商地。商族率先掌握中东人发明、通过欧亚草原传到中国的种植小麦、冶铸铜器和制造战车技术，先后征服周边部落。公元前16世纪，商汤在鸣条之战击败夏桀，建都西亳（今河南偃师）。公元前1384年，商朝迁都于殷（今河南安阳）[④]。

殷商是中国史上第一个有同期文字记载的王朝。从商汤立国，至殷纣自焚，共传十七世、三十一王。殷商王朝“四至”范围：“左东海，右流沙，前交趾，后幽都。”[⑤]从卜辞内容及商文化遗址分布范围推测，殷商势力影响东至海滨、南抵南岭、西南到四川、西至甘肃、北至内蒙古、东北至辽宁的广大地区。

湖南境内发掘的商代遗址，有石门皂市、宝塔，澧县斑竹，岳阳铜鼓山、费家河、对门山，汨罗狮子山，望城高砂脊，宁乡炭河里，益阳羊角，南岳彭家岭，衡阳金山岭，安仁何古山，零陵菱角塘，辰溪潭湾、张家溜，以及泸溪浦市、麻阳兰里、常宁江洲等处。考古材料显示，澧水流域和沅水下游地区，商文化影响最强，但荆蛮和先楚文化因素仍占一定比重；湘水和资水下游地区，商文化影响次之，越人和荆蛮文化因素增多；湘资中上游、沅水中上游地区，商文化影响更弱，越人、荆蛮、濮文化因素分别占据主导地位。

商代前期，商文化就扩张至湘澧下游地区。殷商晚期，四水中下游皆为其势力范围，湘水支

---

① 向桃初：《二里头文化向南方的传播》，《考古》，2011年第10期。

② 盛伟：《洞庭湖区夏商之际遗存的新发现与研究》，《2016首届中国考古学大会论文集》，2016年。

③ 益阳市文物处：《益阳市羊舞岭遗址发掘》，收于湖南省文物考古研究所 编：《湖南考古辑刊》第8集，长沙：岳麓书社，2009年；益阳市文物处：《湖南桃江许家州遗址发掘报告》，收于湖南省文物考古研究所 编：《湖南考古辑刊》第9集，2011年。

④ 李天鸣 著：《中国疆域的变迁》（上册），台北：“国立故宫博物院”，1997年，第16页。

⑤ 《淮南子·泰族训》。

流沩水流域已出现臣服于商的政治实体（图2-8）。

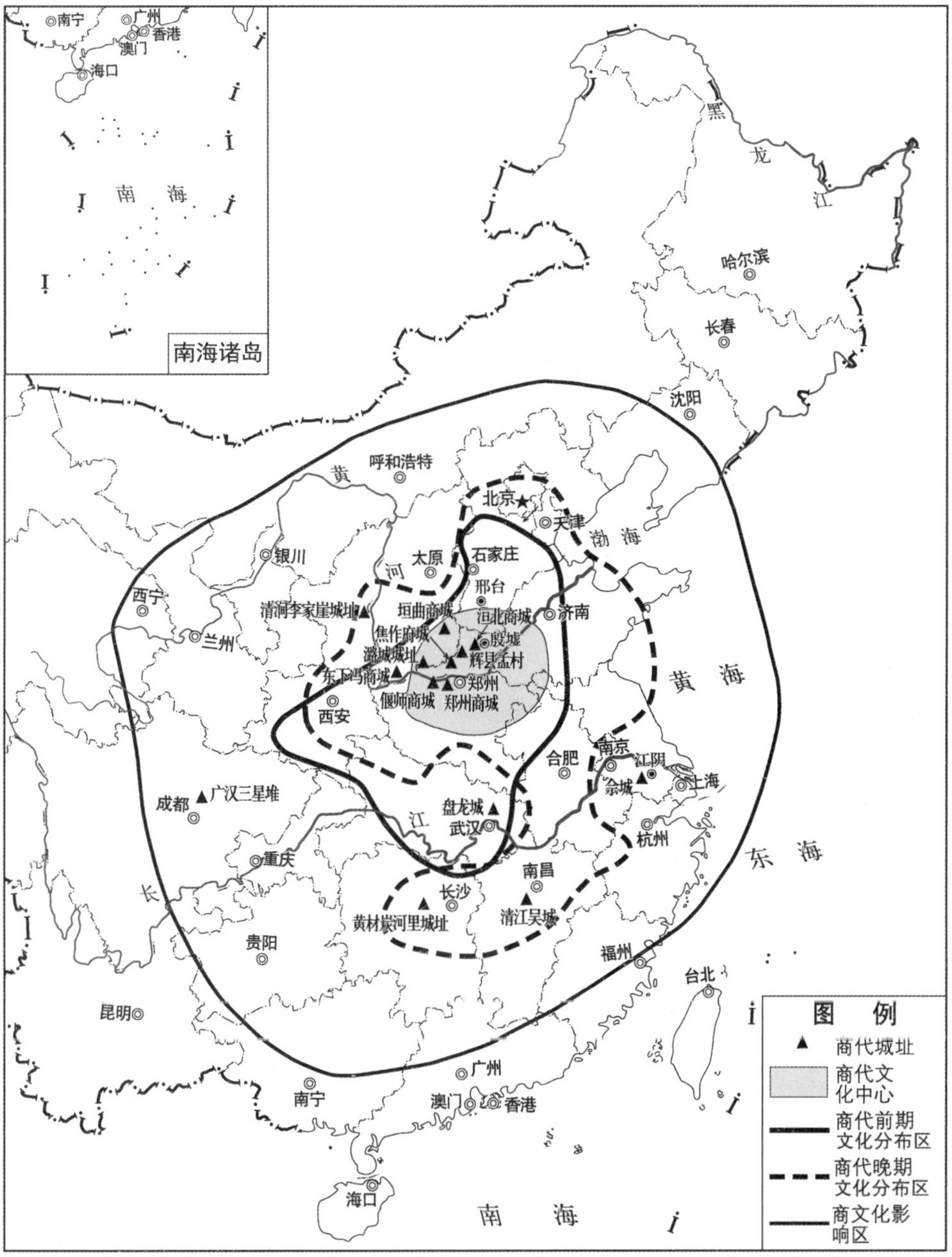

图2-8　商文化分布区与商文化影响区示意图[③]

一、商代交通道路的拓展

汤初置伊尹、仲虺二相辅佐国事，陆续灭掉葛（今河南宁陵）、韦（今河南滑县）、顾（今河南范县）、昆吾（今河南许昌）等部落方国，“十一征而无敌于天下。”[①]兵威所及，诸侯纷纷归附。商汤灭夏前，“诸侯咸叛桀附汤，同日职贡者五百国。”[②]

① 《孟子·滕文公下》。

② （晋）皇甫谧 撰：《帝王世纪》，卷四，清光绪贵筑杨氏刻训纂堂丛书本。

③ 原图出自宋镇豪 著：《夏商社会生活史》，北京：中国社会科学出版社，2005年，第36页。尹子豪等重绘。

部族方国向商王表示臣服，是通过贡纳来体现的。《诗经·商颂》：

维女荆楚，居国南乡。昔有成汤，自彼氐羌，莫敢不来享，莫敢不来王，曰商是常。[①]

来享、来王或征伐、贡献、出入王命，必然伴随道路开辟和通达。成汤立商后，制订《四方献令》，确定各诸侯方国的贡纳类别。《逸周书·王会》：

汤问伊尹曰："诸侯来献，或无马牛之所生，而献远方之物，事实相反，不利。今吾欲因其地势，所有献之，必易得而不贵，其为四方献令。"伊尹受命，於是为四方令曰："臣请正东符娄、仇州、伊虑、沤深、九夷、十蛮、越沤、鬋发、文身，请令以鱼皮之鞞、鰞鲗之酱、鲛瞂、利剑为献。正南瓯、邓、桂国、损子、产里、百濮、九菌，请令以珠玑、玳瑁、象齿、文犀、翠羽、菌鹤、短狗为献。正西昆仑、狗国、鬼亲、枳巳、闟耳、贯胸、雕题、离身、漆齿，请令以丹青、白旄、纰罽、江历、龙角、神龟为献。正北空同、大夏、莎车、姑他、旦略、豹胡、代翟、匈奴、楼烦、月氏、孅犁、其龙、东胡，请令以橐驼、白玉、野马、騊駼、駃騠、良弓为献。"汤曰："善"。

湖南"居国南乡"，属"商之南土"、百濮地区，贡献"珠玑、玳瑁、象齿、文犀、翠羽、菌鹤、短狗"等方物。

商王直接管理区域，称为"天邑商"或"大邑商"，周围是诸侯封国和部族方国。张乃夫先生统计，武丁时期卜辞提到的方国包括：西方 49 个、北方 6 个、东方 15 个、南方 8 个，待考 41 个，共计 119 个[②]。方国之外的某些区域，还存在高度发达、独立于商的青铜文明，如四川盆地的三星堆文明等。

商代前期，或由商人游牧民族本性使然，或因自然灾害或战争威胁所致，都城经常迁徙。"自契（商族始祖）至商汤凡八迁，自汤至盘庚五迁，无定处。"[③]前八迁分别是：

契居蕃（今山东滕州）；

昭明迁砥石（今河北元氏，或山西平陆）；

昭明再迁商丘（今河南商丘）；

相土迁东都（今山东泰山之下）；

相土复迁商丘；

上甲微迁殷（今河南安阳）；

上甲微复迁商丘；

夏桀封（逐）汤至赞茅（今河南武修）；

成汤灭夏后都西亳。

这一时期的迁徙范围，大致在"有夏之居"东北部。自成汤建国至盘庚，"不常厥邑，于今五邦。"[④]

仲丁迁隞（今河南郑州商城，一说河南荥阳）；

河亶甲迁相（今河南安阳，一说河南内黄）；

---

① 《郑笺》释"来享""来王"为"来献""来见"。

② 张乃夫：《从武丁时期的外交论武丁中兴的原因》，《殷都学刊》，2016 年第 2 期。

③ 《史记·殷本纪》。

④ 《尚书·盘庚》。

祖乙迁邢（今河北邢台，一说河南温县）；

南庚迁奄（今山东曲阜，一说河南安阳）；

盘庚迁殷（今河南安阳）。

商都频繁迁徙，促进了道路开辟和水运发展。其中，盘庚之迁在商朝历史上具有划时代意义。盘庚迁殷后[①]，“殷道复兴，诸侯来朝。”[②]殷商后期，武丁迁沬（今河南淇县），建立沬都（行都），是为武丁城[③]。后来，纣王帝辛在武丁城大兴土木，建造巍然壮观的“纣王城”，并因城西朝歌山，改沬都为朝歌。

商王持续对外用兵，或征异族敌国，或伐叛逆方国。武丁征伐的部落方国最多，达81个；祖庚、祖甲时期2个，廪辛、康丁时期17个，武乙、文丁时期28个，帝乙、帝辛时期征伐的方国只有8个[④]。战争成为商王朝与周边方国交流的主要方式之一。这些大规模征伐，推动了相关道路拓辟。农业、畜牧业、手工业进步，商贸活动兴起，也为城市和交通发展提供了必要和可能。

偃师商都规模宏大，道路布局主次相配、纵横交错，主干大道与城门对应，构成棋盘式的交通网络；已发现大路11条，东西向5条、南北向6条；路面一般宽约6米，最宽达10米[⑤]。干道路面坚硬细密，土质纯净，厚达0.5米；路面中间微凸，两边稍低，便于排水。另有与干道相连的斜坡状“马道”，可直登城墙之上，沿城墙外沿筑有宽4.5米的绕城大道[⑥]。

安阳殷墟发现带车辙道路三条：南北方向主干道两条，东西相距约400米，大致平行向南、北延伸；东西方向道路一条，向西与南北方向的道路相遇，形成“丁”字路口，向东与另一条南北方向主干道相交，形成“十”字交叉路口。道路规模高于偃师商都，路面普遍宽10米以上，最宽达20余米。黄土铺筑的路面车辙痕迹明显；砂子、石子和碎陶片铺筑的路面硬度较高，车辙痕迹不明显[⑦]。从道路与夯土建筑的布局判断，商都有着完善的交通规划。

位于赣江中游的樟树吴城，是一处商代中晚期方国都邑遗址，也是长江以南首次发现商代城址。

史书流传的“太伯奔吴”[⑧]，是商末周初发生的一件大事。《吴越春秋·吴太伯世家》：

（太伯、仲雍）知古公欲以国及昌，古公病，二人托名采药于衡山，遂之荆蛮。

有观点认为，吴城就是“太伯奔吴”目的地[⑨]。若据此说，古公之子太伯、仲雍兄弟先奔江湘，到访衡山，再转溯湘水支流渌水，越罗霄山，循袁水、赣江，抵樟树吴城，与当地政治集团（可能是虎方）结合，建立勾吴政权。

---

① 《尚书·盘庚》记载了盘庚动员王室贵族渡河迁殷的三次讲话，其中有“若乘舟，汝弗济，臭厥载。”

② 《史记·殷本纪》。

③ 《史记正义·卷四》：“沬邑，殷王武丁始都之。”

④ 王宇信、杨升南 主编：《甲骨学一百年》，北京：社会科学文献出版社，1999年，第498—499页。

⑤ 史怀秦：《尸乡沟商城遗址》，《中原文物》，1988年第4期。

⑥ 中国社会科学院考古研究所河南第二工作队：《1983年秋季河南偃师商城发掘简报》，《考古》1984年第10期；赵芝荃、徐殿魁：《偃师尸乡沟商城的发现与研究》，收于中国古都学会 编：《中国古都研究》第三辑，杭州：浙江人民出版社，1987年。

⑦ 中国社会科学院考古研究所安阳工作队：《河南安阳市殷墟刘家庄北地2008年发掘简报》，《考古》，2009年第7期。

⑧ 《史记·吴太伯世家》：“吴太伯，太伯弟仲雍，皆周太王之子，而王季历之兄出。季历贤，而有圣子昌，太王欲立季历以传昌，于是太伯、仲雍二人乃奔荆蛮，文身断发，示不同用，以避季历。季历果立，是为王季，而昌为文王。太伯奔荆蛮，自号勾吴。荆蛮义之，从而归之者千余家，立为吴太伯。”

⑨ 彭明瀚：《太伯奔吴新考》，《殷都学刊》，1999年第3期。

吴城遗址揭露面积6000余平方米，清理房基3座、陶窑12座、灰坑和窑穴92个、墓葬20座、水井2口、铸铜遗迹1处、道路1条，出土石器、陶器、原始瓷器、青铜器、玉器、牙雕等1100余件。道路长近100米，宽3—6米，路面材料类似三合土。城墙由墙体和壕沟组成，东南城壕设置水门，便于防御和交通运输[①]。

19世纪末，安阳小屯村一带，常常挖出一些刻有奇异符号的龟甲或骨片，当地人当作“龙骨”卖给药铺。光绪二十五年（1899）某天，古文字专家王懿荣在买回的药材中，不经意发现上面刻有神秘符号。经仔细观察、揣摩，王懿荣推测甲骨上刻符号是一种占卜文字。该项发现，在文史、考古学界引起轰动。随着甲骨大量出土和破译文字增多，确认甲骨符号是商王室为记载所占卜事情刻画的文字，内容包括商王日常生活与国家大事记录，年代自盘庚迁殷至帝辛亡国。

截至1984年，刻字甲骨累计出土154604片，不重复的字约4500个，已破译2000余字，可用的字约1700个[②]。甲骨文上承契刻符号，下启青铜铭文，是中国史上最早成体系的文字[③]。

商人崇敬祖先，迷信鬼神，重视祭祀，热衷问卜。生死疾病、战争胜败、畋猎收获、天气阴晴、出行择时等事，都要用龟甲（以龟腹甲为常见）或兽骨（多为牛肩胛骨）占卜，把相关事项（如占卜时间、占卜者、占问内容、视兆结果、验证情况等）刻在甲骨上，由史官保存（图2-9）。胡厚宣先生统计，甲骨资料中有关人祭的1350片、卜辞1992条；以武丁时期最多，计有甲骨673片、卜辞1006条，祭用9021人，一次最多达500人，另有530条未记人数[④]。

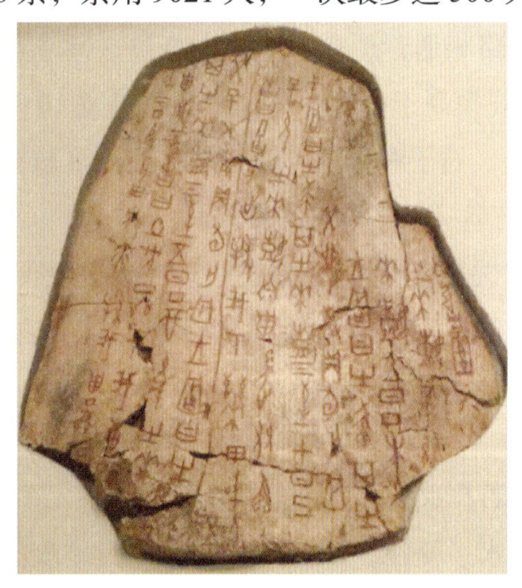

图2-9　国家博物馆展出的武丁时期卜骨（左）及卜甲（右）

① 江西省文物考古研究所、樟树市博物馆 编著：《吴城：1973—2002年考古发掘报告》，北京：科学出版社，2002年；黄水根、周广明：《江西樟树吴城商代遗址西城墙解剖的主要收获》，《南方文物》，2003年第3期。

② 胡厚宣：《八十五年来甲骨文材料之再统计》，《史学月刊》，1984年第5期。另有统计认为，百年来出土甲骨文材料约13万片。参见孙亚冰：《百年来甲骨文材料统计》，《故宫博物院院刊》，2006年第1期。

③ （1）贾湖遗址发现龟甲刻符（距今约7760年）三个、柄形石饰刻符（距今约7670年）四个，都可用古彝文释读。柄形石饰上的四个刻符为直行连续刻写，刘志一先生释为“荒野孤魂”。参见刘志一：《湖南彭头山刻符考证》，《江西文物》，1991年第3期。

（2）良渚文化（距今5300—4500年）刻画符号，可能达到了组词成句的文字发展阶段。浙江余杭南湖遗址采集的夹砂黑皮陶罐上，发现八个按顺序排列的刻画符号，李学勤先生辨识为“朱㫃戔石，网虎石封。”意谓“朱㫃去往石地，在那里用网捕捉老虎。”参见李学勤：《试论余杭南湖良渚文化黑陶罐的刻划符号》，《浙江学刊》，1992年第4期；《良渚纹还是良渚“文”》，《中华遗产·良渚古国专辑》，2019年第6期。

④ 胡厚宣：《中国奴隶社会的人殉和人祭（下篇）》，《文物》，1974年第8期。

随着商代社会发展，军事征伐、方国来宾、出入王命、贡纳、畋猎、农耕或外祭活动频繁，道路在国家治理体系里的作用更趋明显。甲骨文中"行"，本义是道路，后来引申为行走。"行"字在甲骨文中多次出现，凸显道路交通在殷商时期的重要性。如卜辞：

"辛未，卜行，其乎永行，有遘？"（《粹》511）[①]

这是选择行军道路的卜辞，意谓从永道进军，会遭遇敌人吗？

"己丑，王不行自雀？"（《合集》21901）[②]

意谓商王是否取雀道出行。

"行东至河"。（《合集》20610）

意谓大路东至于黄河。

武丁以后，商王大多嗜好狩猎。道路两侧草莱未辟，时有野兽出没，也就成为狩猎场所。如卜辞：

"有兕在行，其左射。"（《合集》24391）

意谓路上遭遇猛兕。

"乙巳，卜出，王行逐。"（《后》30）[③]

意谓商王循大道追猎鹿豕。

"乙巳，卜出，逐六兕，毕。"（《后》10）

意谓商王外出狩猎，结果擒获六头猛兕。

"惟行南麓，擒有狐。"（《甲》703）[④]

意谓大道之南麓狩猎获狐。

商代后期，以商都殷邑为中心，辐射四方的道路基本形成。根据甲骨文记载，商都通往各地的大道有六条：

一是通往淮河中下游，即甲骨文中关于征人方（淮夷）的道路；

二是通往冀东方国孤竹国（今河北卢龙）等地；

三是通往渤海之滨蒲姑国（今山东博兴），该道以水路为主，甲骨文有黄河行舟的记载：

"乙亥卜，行，贞王其寻舟于河，亡灾"（《合集》24609）；

---

① 《粹》，即《殷契粹编》简称（下同），郭沫若主编，北京：科学出版社，1965年。

② 《合集》，即《甲骨文合集》（十三册），郭沫若主编，胡厚宣总编辑，北京：中华书局，1980—1983年。

③ 《后》，即《殷墟书契后编》，罗振玉 主编，北京：中国青年出版社，1999年。

④ 《甲》，即《殷墟文字甲编》，黄作宾 主编，北京：商务印书馆，1948年。

四是南通江、汉、湘、赣流域，即武丁“奋伐荆楚”的路线；

五是沿渭水至周邑丰镐的干道，武王伐商即走此道；

六为逾太行的要衢，商与西北土方、亘方等方国交战，常有战报捷送王都[①]。

这些因征伐开辟的“国道”，为商朝控制“四土”提供了交通之便。

二、桒隹、羁及驿传起源

商王朝出于军事、政治等方面考虑，在大道沿线设立据点“桒隹”“次”“羁”，配备信使“迖（zhi支）”，形成史上最早的驿传制度。为保道路通畅，商王制订了严酷的交通法规。《韩非子·内储说上》：

殷之法，弃灰（垃圾）于公道者断其手。

商朝“邦畿千里”，边远地区传递军情、出入王命、贡纳交通，时有意外发生。甲骨文载有老臣外出死于长途跋涉的事件：

“丙午卜，贞呼师往见右师。王占曰：惟老惟夷途。遣若兹卜，惟其遘。二旬有八日匄，壬申师夕殊死。”（《北美》1）[②]

大意是商王武丁令师前往右师视察，王判断占卜出现两种兆象：一谓师虽年龄高迈，旅途会顺利平安，另一种却谓此卜凶险，结果在26天后的壬申日遇险，当晚就死了[③]。26日旅程，按每日行程30里计，距殷都大致约800里。祖庚祖甲时有片卜辞记载，己亥日下达王命，直到丁亥日传到，前后隔48天，驿传里程超过1400里[④]。

“桒隹”大抵相当于兵站性质，一般设在干道附近的高丘或山岗，《说文》：“隹，隗高也。”“桒”在甲骨文中应指防御木栅墙或土堞一类设施，因设立高处，又称作“桒京”[⑤]。

桒隹设置以数目为序，首站称“桒隹”，第三、四站分别称为“桒三隹”“桒四隹”。如：

“辛已贞，王惟癸未步自桒隹。”（《粹》1034）

“癸亥贞，王惟今日伐，王夕步自桒三隹。”（《安明》2675）[⑥]

“癸亥贞，王其伐卢羊，告自大乙。甲子自上甲告十示又一牛。兹用。在桒四隹。”（《屯南》994）[⑦]

“贞王勿往于桒京。”（《乙》1215）[⑧]

---

① 彭邦炯 著：《商史探微》，重庆：重庆出版社，1988年，第269页。

② 《北美》，即李棪：《北美所见甲骨选粹》，《香港中文大学中国文化研究所学报》第3卷2期，1970年。

③ 史景成先生指出，此片卜辞的“二旬有八日”，是“二旬有六日”的误刻，《甲骨文文集》1165与此同卜，正作“六”；卜日从丙午次日算起，若28日则与壬申日不符（见《加拿大安省皇家博物馆所藏一片大胛骨的刻辞考释》，《中国文字》第46册，1972年）。李学勤先生谓师指中师（见《文物天地》，1992年6期）。

④ 宋镇豪 著：《夏商社会生活史》，北京：中国社会科学出版社，2005年，第292页。

⑤ 《尔雅·释丘》：“绝高为之京，非人为之丘。”

⑥ 《安明》，The Menzies Collection of Shang Dynasty Oracle Bone（即明义士收藏甲骨），（加拿大）许进雄（Hsu Chin-hsiung）多伦多：皇家安大略博物馆 (The Royal Ontario Museum,Toronto,Canada) 1972年、1977年。

⑦ 《屯南》，即《小屯南地甲骨》（五册），中国社会科学院考古所 主编，北京：中华书局，1980—1983年。

⑧ 《乙》，即《殷墟文字乙编》，董作宾 主编，北京：商务印书馆，1948—1953年。

商代还有与“桒隹”性质相似的行旅守所，甲骨文称“次”。“次”与各地诸侯或方国的具体地名相系，如霍次、寒次、韦次、永次、宁次、洛次、屯次、召次、齐次、淮次等。“次”远离商都，可能由其所在的方国设立，委派兵丁管理。据此推测，殷商王朝在中心统治区域干道上设立“桒隹”，诸侯方国则在其管辖范围的大道上设“次”，以保障道路畅通，交通安全。

商朝在干道旁设有食宿设施，供官员及贵族使用，甲骨文称之为“羇”[①]。羇与桒隹一样，也是按数目顺序编次。如：

“贞至羇。”（《甲》1790）
“至二羇。”（《京人》2138）[②]
“弜至三羇。吉。”（《安明》2092）
“贞四羇，祐。”（《甲》199）
“在五羇。”（《合集》28153）

《周礼·地官》：“凡国野之道，十里有庐，庐有饮食；三十里有宿，宿有路室，路室有委；五十里有市，市有候馆，候馆有积。”《汉书·王吉传》：“古者师日行三十里，吉行五十里。”据此推测，羇舍之间距离大致为三十里。

殷商军政人员在中心区域以外出行，由沿途方国提供食宿。

“戍兴伐，郯方食……千方既食，戍乃伐。”（《安明》2106）

意谓临近某方就食后，再行战事。

“食众人于泞。”（《合集》31990）

意谓众人就食于泞地。

武丁王妃妇好，是中国历史上第一位见诸文字的著名女将。妇好出征期间，武丁常卜问：“妇好有信？”“妇好无信？”“信”表示战报，也指信使。

殷商邮传由专人送达。各方消息和信使直诣朝堂。如：

“缶其来见王。”（《殷缀》301）[③]
“先伯来告。”（《乙》192）
“郑夹告。”（《天理》159）[④]
“犬来告有鹿，王往逐。”（《屯南》997）

同样，王朝诏命也由朝臣或信使送达各地。如：

---

① 羇象征系马于栅栏。《周礼·地官》：“以待羇旅，”郑注：“羇旅，过行寄止者。”

② 《京人》，《京都大学人文科学研究所藏甲骨文字》，（日）贝塚茂树、伊藤道治 主编，京都：京都大学人文科学研究所，1959—1960 年。

③ 《殷缀》，即《殷墟文字缀合》，郭若愚、曾毅公、李学勤 主编，北京：科学出版社，1955 年。

④ 《天理》，即《天理大学附属天理参考馆藏品·甲骨文字》，（日）天理大学、天理教道友社 编集，奈良：天理教道友社，1987 年。

"呼雀往于帛。"（《丙编》56 反）[①]

"往西，多尹以王伐。"（《丙编》76）

"贞使人于吴。"（《合集》14474 正）

"贞使人于岳。"（《合集》5520）

"己未贞，王令逕……于西土。"（《屯南》1049）

传递消息的信使，甲骨文中称逕。商王出行时，身边跟随若干逕者，以随时传达王命。如：

"王其田，逕往。"（《甲》3919）

意谓商王去畋猎，有逕随行。

殷商方国部落，亦设逕者，专职驿传。如：

"大使其逕。"（《佚存》940）[②]

是说大这个地方派逕来商都。

"亚旋其陟，逕入。"（《甲》3913）

是指亚旋地方的逕入商都。

"己卯贞，逕来羌，其用于父丁。"（《英藏》2411[③]，《屯南》725 同卜）

可能指某方逕者送致羌奴。

殷商王朝在开通驿传的路段设立逕站，供逕者食宿。如：

"丁未卜，食有在逕。"（《殷缀》57）

逕站性质不同于路守兵站"茱陮"，也不同于过行寄止的"羁"，亦与诸侯方国所设"次"有异，是商朝专为驿传而设[④]。

商代前期，"洞庭之野"就是商文化分布范围，作为中原通岭南要衢、龟甲贡输必经之地，湘境设有"次"及逕站，是有可能的。

三、商汤征荆及商人势力入湘

大禹南征之后，三苗作为政治实体不复存在，作为一个族群仍在长江中游繁衍生息。经过数百年发展，到夏商之交，其后裔中的某些支系强大起来，先秦文献中称之为古越、荆、荆楚、濮人。荆、越、濮族栖息地域，大致与原三苗分布范围相符。

---

① 《丙编》，即《殷墟文字丙编》，张秉权 主编，台北："中央研究院"历史语言研究所影印本，1957—1972 年。

② 《佚存》，即《殷契佚存》，商承祚 辑，南京：金陵大学中国文化研究所，1933 年。

③ 《英藏》，即《英国所藏甲骨集》，李学勤、齐文心、（美）艾兰 编，北京：中华书局影印本，1985—1992 年。

④ 宋镇豪 著：《夏商社会生活史》，北京：中国社会科学出版社，2005 年，第 285—293 页。

夏桀二十一年，“商师征有洛，克之。遂征荆，荆降。”[①]有洛，为黄河支流洛水流域方国[②]。

伊水、洛水以南的熊耳、伏牛诸山，为荆蛮北界。商汤伐有洛后，乘胜越过熊耳、伏牛诸山隘口，沿丹淅水、唐白河南征，一度迫使荆归顺。武汉盘龙城、江陵荆南寺以及岳阳铜鼓山、石门皂市等商代早中期文化聚落，即是在这一历史背景下出现的。

除军事压力外，商汤对南方诸部族兼用怀柔、招抚策略。《吕氏春秋·孟冬纪》载：“汉南之国闻之曰：汤之德及禽兽，四十国归之。”汉南，即汉水以南的广大地区。根据《四方献令》，归附商汤的“汉南之国”包含了“洞庭之野”部族方国。《越绝书·吴内传》：

当是时，荆伯未从也，汤于是乃饰牺牛以事，荆伯乃愧然曰：“失事圣人礼。”乃委其诚心，此谓汤献牛荆之伯也。

青铜器在商代属“国之重器”，“饰牺牛”就是祭祀用的铜牛尊。1977 年 11 月，衡阳市郊出土一件商代铜牛尊，可能是商人祭祀山川时有意掩埋的[③]。

湖南出土和收集的殷商青铜器，有相当部分中原类型或受中原商文化浓重影响的铜器，如鼎、觚、爵、罍、尊、镞等。石门皂市、岳阳铜鼓山等商代遗址材料证实，郑州二里岗时（商代早中期），商朝人势力已越过长江，抵达湘、澧水中下游流域。

商朝人势力南渐路径大致是：自郑州南下，翻越桐柏山和大别山之间隘口，经滠水、澴水河谷抵长江北岸；先在滠水之滨修筑盘龙城，继而向鄂西、江南发展。

盘龙城是商朝人在长江流域的军事政治中心，获取湖北、江西、湖南铜、铅、锡矿等青铜原料的基地[④]。城筑于湖北黄陂澴水下游府河北岸，三面环水，南北长约 290 米，东西宽约 260 米，总面积 75400 平方米。城内依南北中轴线筑有 3 座坐北朝南、前后并列的大型建筑，体现了前朝后寝的宫殿格局。城址布局、宫殿形制、墓葬风俗以及铜、玉、陶器文化面貌，与中原商文化高度一致。城壕距城墙 10 米，南壕宽 11.6 米，北壕宽 12.8 米，深 4.6 米[⑤]。城壕与外部水系组成水运网络，对商人开发长江航运、经营“南土”具有重要战略意义。

盘龙城扼江、汉、湘、赣等水，是长江中游航运枢纽。由府河及其干流滠水、澴水，越桐柏山、大别山隘，经黄淮平原抵商朝统治中心；或由汉水、唐白河，逾伏牛山，下河洛；或溯长江，通往湖湘、江荆乃至巴蜀[⑥]；或顺流而下，进入赣鄱、吴越地区。

---

① 《竹书纪年·卷上》，四部丛刊景明天一阁本。

② 《逸周书·史记解》：“昔者有洛氏宫室无常，池囿广大，工功日进，以后更前，民不得休。农失其时，饥馑无食，成汤伐之，有洛以亡。”

③ 冯玉辉：《湖南衡阳市郊发现商代青铜牺尊》，《文物》，1978 年第 7 期。

④ 关于盘龙城的内涵尚有争议，有观点认为是商朝在南方的一个方国，或为夏朝都城，或为武丁征伐的荆楚王邑，还有观点认为是殷商时期长江文明中心。参见（1）湖南省博物馆 编：《湖南出土殷商西周青铜器》，长沙：岳麓书社，2007 年；（2）郭静云 著：《夏商周——从神话到现实》，上海：上海古籍出版社，2013 年。

⑤ 湖北省博物馆等：《盘龙城一九七四年度田野考古纪要》，《文物》，1976 年第 2 期；武汉市博物馆、湖北省文物考古研究所、黄陂县文物管理所：《1997—1998 年盘龙城发掘简报》，《江汉考古》，1998 年第 3 期；湖北省文物考古研究所 编：《盘龙城——1963—1994 年考古发掘报告》，北京：文物出版社，2001 年。

⑥ 广汉三星堆遗址出土四羊罍上的饕餮纹和安阳殷墟出土青铜器上纹路一致，亦和岳阳、荆州出土青铜器极为相似，证实了这条文化传播路线。参见李思达：《有个性的三星堆文明从何而来》，《国家人文历史》，2019 年 13 期。

荆州荆南寺夏商遗址，出土鬲、鼎、尊、深腹罐等陶器，文化特征与偃师二里头陶器接近；同一时期的大口红陶缸、米粒纹釜、小平底凸肩罐等陶器，则表现出强烈的地方因素[①]。商代遗存的爵、簋、斝、盆等器物，与郑州二里岗和盘龙城发现的同类器物相似，显示荆南寺与中原及鄂东商文化有着紧密联系[②]。

樟树吴城遗址，是商代中期都邑城址、鄱赣流域军事据点和统治中心。遗址规模宏大，内涵丰富，分生活、祭祀、制陶、铸铜等区域，并设水门与外部水系相连[③]。

殷商势力进入湖南地区路线，大致有三条：

（1）自盘龙城溯江，进入湘水中下游。商文化遗址或遗迹，见于岳阳、湘阴、长沙、宁乡、望城、湘乡、常宁等地。

铜鼓山遗址位于岳阳陆城镇，是长江以南最早的盘龙城类型商文化[④]。遗址出土鬲、大口尊、簋、爵、斝、盆、南瓦、大口缸、罐、鼎、釜等商代陶器，铜器有鼎、觚、箭镞、泡、削等。文化遗存分为三期：第一期与二里岗下层相当，第二期定在二里岗上下层之际，第三期下限约为二里岗上层偏晚[⑤]。第一、二期正是商文化强烈扩张时期，这种扩张往往与征伐、掠夺以及占领、殖民有关。

先秦时期，湘水在陆城附近直接入江。铜鼓山扼湘水入江口，“成为盘龙城类型商文化向西推进首当其冲之处。”[⑥]自铜鼓山顺江而下，是南方都邑盘龙城；溯江而上，是另一重要据点荆南寺；溯湘水往南，可入湖湘腹地乃至岭南；往东翻越幕阜山隘，则达赣西北地区。

（2）自荆州荆南寺，沿荆南水系进入澧阳平原及澧、沅流域。商代中、晚期的遗址或遗迹，分布于澧县、石门、张家界、凤凰、麻阳、辰溪、桃源等地。19世纪末，凤凰一次出土青铜器八九十件[⑦]。器物特征受中原商文化影响明显，亦与鄂西商文化有着直接联系[⑧]。

石门皂市商代遗址，位于渫水北岸台地，主要层次相当于二里岗上层。出土铜器有箭镞、鱼钩、簪、锥、凿，另有铜块、铜渣、熔铜炉和附有大块铜渣的陶容器等。石器有石锛、石斧、石凿等。陶器有大口缸、鼎、鬲、斝、爵、尊、簋、盆、碗、假腹豆、罐等，另有陶拍和陶纺轮。部分器物如鼎、分裆鬲、斝、爵、大口缸与二里岗文化面貌高度一致，应是中原直接传入或接受中原器形所致；假腹豆、簋等，二里岗有共见器形，但差别明显，应是本地文化吸收商文化的产物；直口碗形盘、细喇叭形柄豆、花边圈足碗、连裆鬲等，为本地特有器形，应是土著文化产物[⑨]。由此可见，皂市商代遗址是殷商势力南渐过程中产生、受中原商文化强烈影响的一种文化类型。

---

① 张昌平：《夏商时期中原与长江中游地区的文化联系》，《华夏考古》，2006年第3期。

② 王宏：《湖北江陵荆南寺遗址第一、二次发掘简报》，《考古》，1989年第8期。

③ 江西省文物考古研究所、樟树市博物馆 编著：《吴城：1973—2002年考古发掘报告》，北京：科学出版社，2005年。

④ 通过对铜鼓山遗址出土铜器进行金相观察、成分测试与铅同位素分析，表明其与盘龙城、郑州商城铜器在合金技术与矿料来源上具有较高的一致性，铜鼓山作为盘龙城的次级军事据点，铜器或铸铜原料可能直接来自盘龙城。参见马江波、吴晓桐、金正耀、田建花、向桃初：《岳阳商代遗址出土铜器及炉渣的分析研究》，《江汉考古》，2018年第3期。

⑤ 湖南省文物考古研究所等：《岳阳市郊铜鼓山商代遗址与东周墓发掘报告》，《湖南考古辑刊》第5集，1989年。

⑥ 何介钧 著《湖南先秦考古学研究》，长沙：岳麓书社，1996年，第129页。

⑦ 熊传薪：《湖南商周青铜器的发现与研究》，收于湖南省博物馆 编：《湖南出土殷商西周青铜器》，长沙：岳麓书社，2007年。

⑧ 何介钧：《湖南商周时期古文化的分区探索》，收于《湖南考古辑刊》第2集，1984年。

⑨ 湖南省文物考古研究所：《湖南石门皂市商代遗存》，《考古学报》，1992年第2期。

（3）一条自樟树吴城，溯袁水西进，越罗霄山脉隘口，循渌水进入湘水流域[①]。该线路江西境内，分布新余席家山、碾糖山以及萍乡田中古城（江西三座殷商古城之一，另外两座是吴城和新干牛头城）等商代中、晚期文化遗址。湘东浏阳、醴陵、安仁、攸县、株洲等地，发现商代中、晚期文化遗存。浏阳发现商代蛙纹大铙、青铜羊头饰、兽面纹提梁卣，醴陵出土鸟饰镈及国内唯一一件商代铜象尊，安仁何古山遗址上层出土商代晚期谷粒纹铜牌和铜管等饰物，攸县出土铜铙，株洲出土铜铙、铜鼎、铜鸮卣、铜簋等[②]。这些出土铜器，成为吴城商文化向湘水流域传播的实物证据。

四、“青铜之路”——夫夷道的开辟

商代贝币是中国最早的货币，系由天然海贝加工而成。安阳殷墟妇好墓出土海贝近7000枚[③]。夏商周时，贡纳中原王朝的龟、贝、象齿、丹砂、金、铜、锡、革、羽、翡翠等，主要来自南方。

殷墟出土龟甲，不少产自南海，贡纳和商贸流通是卜甲主要来源。商王对贡龟情况极为重视，常占卜南方是否贡纳。如：

“贞，有来自南氏龟？”（《前》4.54.4）[④]
“贞，龟不其南氏？”（《前》4.54.5）
“有来自南氏龟？”（《乙》6670）
“有来自南氏龟。不其氏？”（《丙》621）
“来自南以龟？不其以？”（《合集》7076正）
“贞，龟不其南以。”（《合集》8994）
“贞，不其以龟？”（《合集》8998正）

《说文》：“氏，至也。”“南氏龟”就是南方运来的龟。

商族善于经商，汤革夏命前，商与夏就有贸易往来。汤相伊尹曾用商绣交换夏粟[⑤]。《尚书·酒诰》说殷民“肇牵车牛，远服贾用”。有观点认为，“商贾之名，疑即由殷民而起。”[⑥]

殷商时期，包括先进冶铸技术、青铜器和玉器等商文化传播江湘，远及岭南。1974年，广西武鸣逸岭出土一件商代晚期兽面纹提梁铜卣，以云雷纹为底，盖面和腹部饰浮雕式兽面纹，盖内有一“天”或“子”字阴刻铭文，与宁乡出土铜卣相似。1976年，武鸣在一处个叫“敢猪”的岩洞内发现一件商代晚期铜戈，这种戈见于安阳殷墟。同年，广西兴安收集到一件商末周初“天父乙”铭文提梁卣[⑦]。

《周礼·春官》：“牙璋以起军旅，以治兵守。”广东增城红花林、东莞村头、香港大屿山东湾、

① 有观点认为，盘龙城、新干和宁乡出土的铜器，在文化面貌上有着继承与发展的关系。盘龙城被商王盘庚摧毁后，荆楚文明中心转移赣江流域的吴城。后因武丁“奋伐荆楚”，被迫放弃吴城，转移湘水支流沩水流域。参见傅聚良：《盘龙城、新干和宁乡—商代荆楚青铜文化的三个阶段》，《中原文物》，2004年第1期。

② 湖南省博物馆 编：《湖南出土殷商西周青铜器》，长沙：岳麓书社，2007年。

③ 王宇信、张永山、杨升南：《试论殷墟五号墓的“妇好”》，《考古》，1977年第2期。

④ 《前》，即《殷墟书契 前编》，罗振玉 编，影印本，1913年。

⑤ 《管子·轻重甲》：“伊尹以薄之游女工文绣纂组，一纯得粟百钟于桀之国。”

⑥ 徐中舒：《从古书中推测之殷周民族》，收于徐中舒 著：《徐中舒历史论文选辑》，中华书局，1998年，第29页。

⑦ 蒋廷瑜：《广西出土的商代铜卣》，《大众考古》，2014年第3期。

香港南丫岛大湾、广西那坡感驮岩以及越南冯原、任村等遗址先后出土牙璋，形制与黄河流域发现的夏商时期同类器物相若[①]。裴安平先生认为，“沿海出土的商代牙璋，当属商王遣使执王命所掌信符，并以求龟、求贝为主要使命。”[②]

商文化向岭南传播，南海龟贝运输中原，当以人为载体来实现，交通是实现文化交流、商品交换的决定性条件。胡厚宣先生指出，“殷代之卜龟，盖由南方之长江流域而来，尤以来自南方者为多”，认为“殷代与南方之长江流域或更以南，必已有繁盛之交通。”[③]

从商代青铜器遗迹分布来看（图 2-10），除湘水外，资水南源夫夷水成为中原通岭南的主要孔道。根据交通地理分析，桂东北“苍吾翡翠”当循湘水，桂西南“路人大竹”应沿夫夷水，贡输中原王朝。

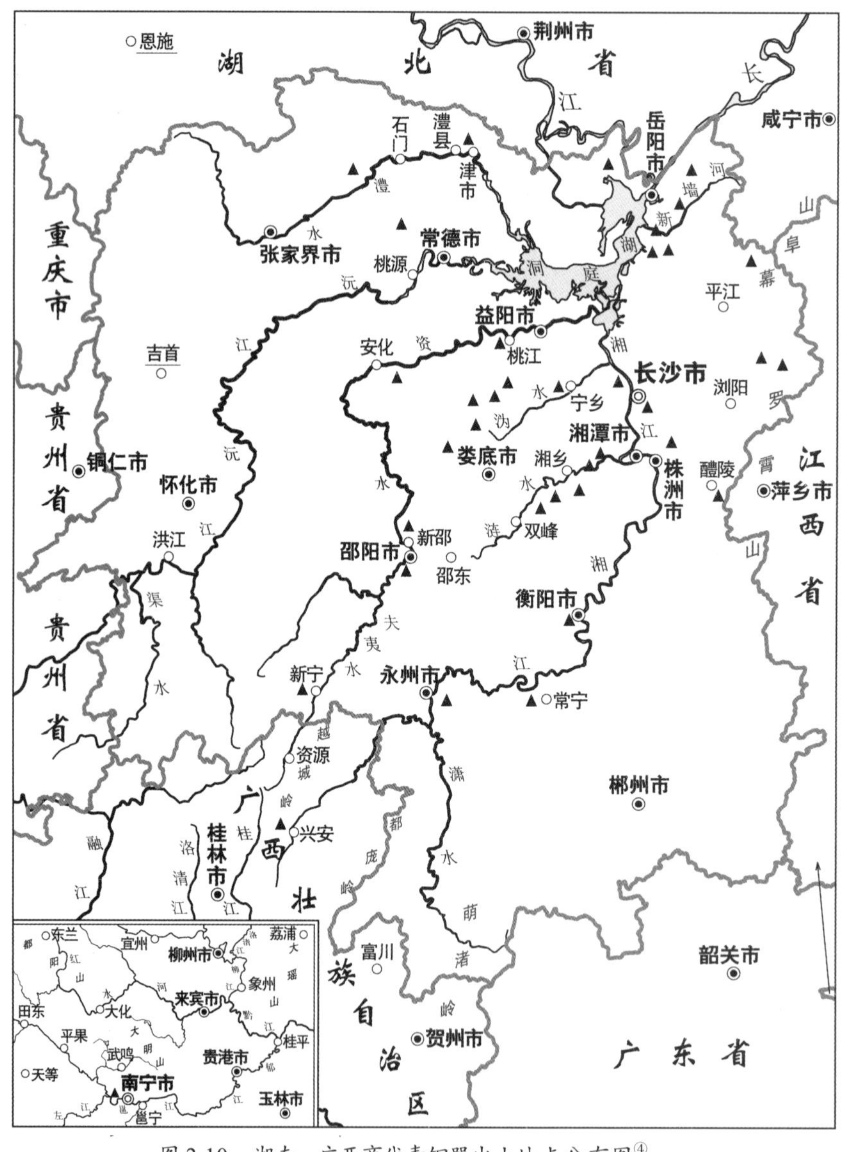

图 2-10　湖南、广西商代青铜器出土地点分布图[④]

① 邓聪：《从〈新干古玉〉谈商时期的玦饰》，《南方文物》，2004 年第 2 期。

② 裴安平：《中国商代“牙璋”南下沿海的路线与意义》，收于香港中文大学中国考古艺术研究中心 编：《南中国及邻近地区古文化研究》，香港：香港中文大学出版社，1994 年，第 69 页。

③ 胡厚宣 著：《甲骨学商史论丛初集（外一种）》，石家庄：河北教育出版社，2002 年，第 487 页。

④ 图片来源于熊建华先生著《湖南商周青铜器研究》（长沙：岳麓书社，2013 年），第 7 页，尹子豪等重绘，有改动。

夫夷水上游与桂江上游漓水以及柳江支流古宜河、洛清江毗邻。由湘水转道资水、夫夷水，逾越城岭，或入漓水、桂江至珠江三角洲和南洋地区；或经洛清江、柳江至桂平，自桂平溯郁江至武鸣、徐闻、合浦和越南等地，顺浔江、西江抵珠江三角洲。

湖南商代青铜器出土地点，主要分布在湘水、沅水及澧水中下游和资水流域，多为窖藏，或与商人好祭祀有关。

湘水中下游是湖南出土商代铜器最多的区域。如岳阳鱼纹尊、兽面纹尊、大铙，华容圆尊，宁乡四羊方尊、人面纹方鼎、兽面纹瓿、铭文卣以及象纹、虎纹和兽面纹大铙，长沙铙、卣、镈、戈，湘潭豕尊，株洲铙、卣、簋，醴陵象尊，衡阳牛尊，常宁方尊等。商人占据常宁，可能与掠取当地铅锡矿有关。

常宁以南，零陵望子岗出土越式商代青铜器，如铜钺、刮刀、铜条等；湘水上游青铜重器，仅在双牌发现一件商代蝉纹鼎[①]。说明沟通湘水上游由越人控制，“经湖南南传的青铜文化之路另有通道。”[②]

沅、澧流域商代青铜器，有桃源皿方罍，石门兽面纹提梁卣、“父乙用享”簋，津市青铜爵、觚等物。

湘水支流沩水、涟水一线，分布多处商周铜器出土点。

沩水流域：宁乡黄材先后出土商代青铜器 200 余件[③]，老粮仓、杏林湾和唐市出土商代铜铙 24 件[④]。

涟水流域：1955 年，湘乡牛形山出土铜爵[⑤]；1964 年，湘乡狗头坝出土兽面纹铙；1968 年，湘乡马龙出土甬钟；1975，湘乡金石出土铜铙；1981 年，双峰金田出土铜鸮卣，内盛玉玦、玉璜[⑥]；1982 年，湘乡金石出土甬钟；1995 年，涟源桥头河出土提梁卣。

资水流域：20 世纪初安化出土两件虎食人卣，分别被法国和日本博物馆收藏[⑦]；1982 年，桃江连河冲出土四马方座铜簋[⑧]；1984 年，新邵出土商代云雷纹铜瓿[⑨]；1985 年，邵东出土西周四虎镈[⑩]；2000 年，益阳赫山出土商代铜铙[⑪]；另外，邵阳祭旗坡出土铭文铜爵[⑫]。

① 湖南省文物考古研究所 编：《坐果山与望子岗——潇湘上游商周遗址发掘报告》，北京：科学出版社，2010 年；湖南省博物馆：《湖南零陵菱角塘古遗址调查与清理》，《考古》，1965 年第 9 期。

② 熊建华 著：《湖南商周青铜器研究》，长沙：岳麓书社，2013 年，第 30 页。

③ 何介钧 著：《湖南先秦考古学研究》，长沙：岳麓书社，1996 年。

④ 童忠良：《论宁乡商铙一脉相承的声乐内涵》，收于湖南省博物馆 编：《湖南出土殷商西周青铜器》，长沙：岳麓书社，2007 年。

⑤ 湖南省博物馆 编：《湖南省博物馆》，北京：文物出版社、东京：讲谈社，1983 年。

⑥ 黄纲正、蔡慕松：《浏阳双峰出土商周青铜器》，收于湖南省博物馆 编：《湖南出土殷商西周青铜器》，长沙：岳麓书社，2007 年。

⑦ 李学勤：《试论虎食人卣》，收于中国古代铜鼓研究学会 编：《南方民族考古》第 1 辑，成都：四川大学出版社，1987 年。

⑧ 陈国安：《湖南桃江县出土四马方座铜簋》，《考古》，1983 年第 9 期。

⑨ 马大明，等：《新邵、浏阳、株洲、资兴出土商周青铜器》，收于湖南省博物馆、湖南省考古学会 编：《湖南考古辑刊》第 3 集，长沙：岳麓书社，1986 年。

⑩ 熊建华：《湖南邵东出土一件西周四虎镈》，《考古与文物》，1991 年第 3 期。

⑪ 潘茂辉，等：《湖南益阳出土商代铜铙》，《文物》，2001 年第 8 期。

⑫ 熊传薪：《湖南商周青铜器研究》，收于湖南省博物馆 编：《湖南出土殷商西周青铜器》，长沙：岳麓书社，2007 年。

1990年，新宁飞仙桥挖出一座墓葬，收集到铜瓠壶，有“鼎”字铭文的铜鼎残片，T字形断面玉环和破损的商代陶瓿各一件，器物具有商文化特征，这是首次在资水上游发现商代墓葬[①]。

由沩水、涟水转资水、夫夷水出岭南，沿途出土的商代青铜器有如颗颗珠子，上述河流如同丝线，将散落的珍珠串联起来[②]。向桃初先生认为，“资水上游及广西兴安、武鸣等地的商式铜器，必是商王朝使者沿途通关过卡所行礼节、馈赠给当地酋首的礼物。”[③]

据此推测，“夫夷道”是由殷人开辟并控制、逾越南岭的“青铜之路”。该道自商代开辟后，成为中原通岭南的又一重要孔道。清代诗人章永康送别赴粤友人，诗曰：

日暮夫夷道，苍茫望远林。
几惊游子意，坐失旅人心。
湘水凉波阔，榕门落叶深。
粤王台畔路，何日计登临？

五、武丁伐荆与商族支系南迁

商初国势强盛，商文化远播江湘。仲丁开始，朝廷“废嫡而更立诸弟子，弟子或争相代立”[④]事件频发，“诸侯莫朝”，史称“九世之乱”[⑤]。盘庚迁殷，衰微趋势得到遏止。武丁时期，国力达到殷商顶峰，史称“武丁中兴”。这一时期，青铜文明高度发达，分铸技术广泛运用，出现了后母戊大方鼎、偶方彝、皿方罍等铸造水平高超的精美铜器，在农业、纺织、医学、天文、建筑、交通以及文字、礼俗、社会生活等方面也取得不小成就。

武丁对外持续用兵，拓展了商朝势力范围，促进了中原和周边部落文化交流和民族融合。其中，对鬼方[⑥]和荆蛮的征伐最为激烈，成为殷商后期的重要历史事件。

成汤之时，长江中游荆等部族一度臣服于商，后在“殷道中衰”时叛商自立[⑦]。武丁即位以后，大征四方。高宗三十二年（前1222），“伐鬼方，次于荆。”[⑧]武丁伐鬼方，进展并不顺利，战

---

① 邵阳市文物管理处：《湖南省新宁县发现商至周初青铜器》，《文物》，1997年第10期。

② 何介钧 著：《湖南先秦考古学研究》，长沙：岳麓书社，1996年。

③ 向桃初：《湖南商代铜器新探》，收于四川大学考古专业 编：《四川大学考古专业创建三十五周年纪念文集》，成都：四川大学出版社，1998年，第169页。

④ 《史记·殷本纪》。

⑤ 商朝中期王室动乱。自仲丁后，王朝中衰，连续发生王位纷争，朝廷动乱，又屡次迁都，诸侯离叛。这一动乱历经仲丁、外壬、河甲、祖乙、祖辛、沃甲、祖丁、南庚、阳甲九王，故名。

⑥ 对于鬼方地望，长期以来有不同的观点。汉、唐学者如孔安国、杨雄、班固、韦昭、范晔、宋衷、干宝、孔颖达、颜师古等人，在他们的经、史注释或著述中，大都把鬼方解释为远方、北方方国，或指西羌。宋、元以降，王质、朱熹、范汇、俞秘、惠栋、毛奇龄、李方湛、张澎、刘心玩等人则另立新说，把鬼方考订在今西南一带。近代以来，这一争议持续发酵，1976年人民出版社的《中国史稿》（郭沫若主编）第一册，把鬼方认定为“今陕北、内蒙古及其以北的辽阔地区”；1980年贵州人民出版社出版的《贵州史专题考·殷周鬼方辩》，认为鬼方位于“今湖南西北边、四川东南边连接贵州大部（除东南部）旁迤桂北、滇东这一区域”。若采西南说，武丁伐鬼方当取道湘西北地区。1988年人民交通出版社的《湖南公路史·第一册》认为，“鬼方，即今贵州之地，武丁的军队自河南进军贵州，湖南当系必经之地，故用兵的第一年，‘王师’还只能‘次于荆’。第三年才胜利地结束战事，而使西部少数民族宾服。”可备一说。

⑦ 《毛诗正义》：“高宗前世，殷道中衰，宫室不修，荆楚背叛。”

⑧ 《竹书纪年·卷上》，四部丛刊景明天一阁本。又《库方氏所藏甲骨卜辞》：“贞王勿乎妇好征伐鬼方。”

事持续三年才结束。“三十四年，克鬼方，氐羌来宾。”[①]

武丁征荆卜辞：

“乙未[卜]，贞：立事[于]南，右比[我]，中比舆（举），左比曾。”（《合集》5504）

“乙未卜，贞：立事[于南]，右比我，[中]比舆（举），左比[曾]。十二月。”（《合集》5512）

“立”，即莅；事，即“国之大事，在祀与戎”[②]的戎事；“比”意为联合、配合。这两条卜辞是说武丁亲率右、中、左三军，在我、举、曾配合下伐荆。“曾”在今湖北枣阳、随县、京山到河南新野一带；“举”在鄂东举水流域；“我”地望不可考，当与曾、举相邻[③]。

《诗经·商颂》对武丁伐荆有生动描述：

挞彼殷武，奋伐荆楚。罙（深）入其阻，裒荆之旅。

根据以上描述，结合荆楚地理，殷商大军翻越伏牛山东麓隘口，直趋南阳盆地和江汉平原伐荆，并深入险峻的武陵山区追击，俘获荆人以归。具体进军路线：沿唐白河、荆襄道抵长江，转溯夷水（清江）、澧水进入湘鄂西。武丁伐荆，殷商军事、政治势力又一次南下江湘，南北交通因此拓辟。

盘龙城废弃于公元前 1200 年左右，即中兴之主武丁之后[④]，或可证盘龙城废弃与武丁征荆有关。另有观点认为，盘龙城衰废或与其交通运输优势丧失，即汉水改道有关[⑤]。

盘龙城废弃后，城中居民一部北归中原，一部南迁湘赣。木板船的使用，为大规模、长距离运输提供了可能。部分殷人溯长江、湘水、沩水，在宁乡黄材、老粮仓及望城高砂脊等地建立据点，偏安湘资流域；另有商族支系则溯舟沅澧。宁乡、湘潭、湘乡、邵阳等地出土铭文“大禾”“戈”“癸”“祖丁”，桃源、石门发现铭文“皿天全作父已尊彝”“父乙用享”等中原商族标志青铜器[⑥]，反映了这段艰难曲折的迁徙历程。武王克商时，可能也有少数殷人迁徙沩水流域。

南迁商族与当地土著融合，建立政治实体，重新归附中原王朝。殷人带来的先进铜器铸造技术和中原文化，开启了湖湘青铜文明。宁乡及其周边出土青铜器超过300件，包括鼎、尊、卣、罍、瓿、觚、盉等礼器，铙、钟等乐器，戈、矛、刀、镞等兵器，軎、辖等车器，铲、臿、斧、凿等生产

① 《竹书纪年·卷上》，四部丛刊景明天一阁本。

② 《左传·成公十三年》。

③ 刘玉堂、尹弘兵：《楚蛮与早期楚文化》，《安徽大学学报》（哲学社会科学版），2010 年第 2 期。

④ 程涛平：《盘龙城始建与废弃年代探讨》，《武汉文博》，2012 年第 1 期。

⑤ 皮明庥：《盘龙城开启了武汉和长江流域城市之源》，收于中共武汉市委宣传部、武汉历史文化名城委员会 编：《武汉城市之根——商代盘龙城与武汉城市发展研讨会论文集》，武汉：武汉出版社，2002 年。

⑥ 熊传薪：《湖南商周青铜器的发现与研究》，收于湖南省博物馆 编：《湖南出土殷商青铜器》，长沙：岳麓书社，2007 年，第 418—419 页。

工具[①]。其中，象尊、牛尊、豕尊、四羊方尊、虎食人卣、人面纹方鼎、象纹大铙等精美铜器（图2-11），更是武汉盘龙城、郑州商城、安阳殷墟、陕西城固、扶风周原、山西石楼、山东滕州、江西新干等殷商铜器密集出土地不见或少见的。

图2-11 宁乡炭河里青铜博物馆收藏的虎食人卣（左）和象尊（右）

1959年，宁乡炭河里出土人面纹方鼎（图2-12），内壁铭文中有“大禾”二字，形制“仿自中原殷墟时期同类器形”，年代“与殷墟妇好墓同时或稍后”[②]。方鼎是商周社会的宗庙重器，诸侯以上贵族才能使用。

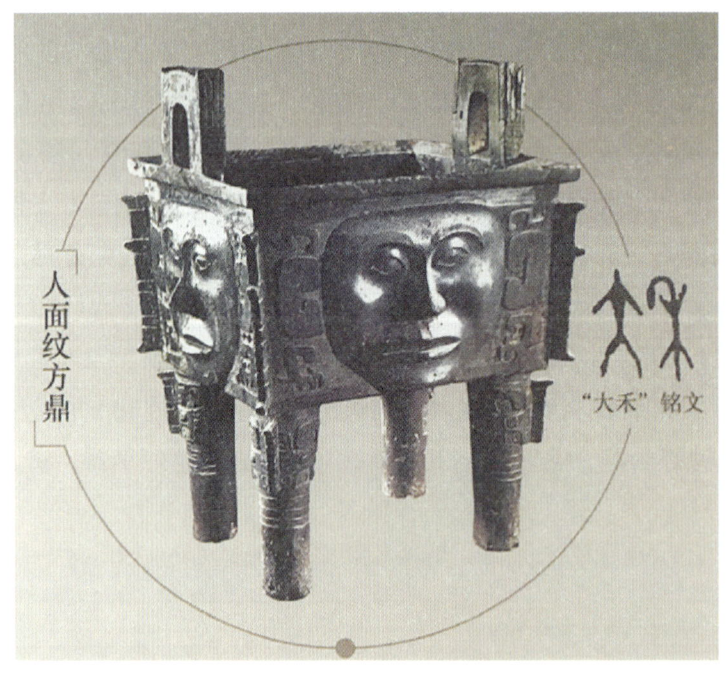

图2-12 大禾人面纹方鼎（湖南省博物馆 藏）

① 对于宁乡青铜文化的起源，学术界尚有不同观点。如，傅聚良先生认为是武丁伐荆之后，由江西新干转移过来。参见傅聚良：《盘龙城、新干和宁乡——商代荆楚青铜文化的三个阶段》，《中原文物》，2004年第1期。向桃初先生则认为是“商末周初，殷遗民包括江汉地区土著居民为周人所迫逃难南下带来和来当地后铸造的。”参见向桃初：《炭河里文化的发现与湖南先秦地方史重建》，《湖南大学学报》（社会科学版），2010年第5期。

② 熊建华 著：《湖南商周青铜器研究》，长沙：岳麓书社，2013年，第53页。

又，殷墟卜辞：

“亥卜，受来禾。”（《粹》887）
“上丝禾侯”（《后》8687）

“禾侯”与“杞侯”“犬侯”等一样，无疑是商王分封的诸侯[①]。卜辞“禾”“禾侯”与方鼎“大禾”铭文互相印证，揭示湘沩流域存在臣服商、盛产水稻的部落方国[②]，“大禾”可能就是方鼎所在国名[③]。黄材盆地黄材河、塅溪、胜溪三水交汇的炭河里是其都邑，湘、沩之交的高砂脊为拱卫都邑的据点。殷商“大禾”方鼎，凸显了湖湘源远流长的稻作历史。

从出土殷商铜器分布来看，大禾方国势力范围可能包括湘水及资水中下游地区。其与西周铭文记载的“相”侯可能一脉相承，是有铭为证的湖南行政建制史上最早篇章。

位于长江中游南岸的大冶铜绿山古铜矿遗址，是国内采掘最早、保存最完整的一处铜矿遗址，也是世界上开采时间最长的矿山之一，采冶活动从夏朝延续到宋末。炭河里商族冶铸青铜器的铜矿可从铜绿山获取，运输路线自大冶湖入长江、湘水、沩水；铅、锡矿采自湘水中上游地区，浮运沩水之滨。

从某种意义上说，殷商时期湖南发生的最重要历史事件，就是商之“南土”居民迁徙湘水流域[④]。殷人带来的政治文化制度、生产技术和青铜冶铸工艺，促进了黄河文明向南传播，推动了湖湘社会发展，与域外地区的交通联系和文化交流也得以加强。

第三节　周楚南征与湘水流域交通发展

传说，周人先祖是黄帝子孙帝喾和元妃姜嫄的儿子姬弃，即农神后稷。夏末，后稷子孙公刘“避桀居豳（今陕西长武、彬县境）”[⑤]。殷商时期，周被封为诸侯[⑥]。

约公元前 1113 年，古公亶父（追谥周太王）为避戎狄滋扰，率周族离开豳地，迁至歧阳周原（今陕西宝鸡）。其孙周文王与武王、周公之母太姒成婚时，“亲迎于渭，造舟为梁”[⑦]，建成世界上第一座大河桥梁，成就交通史上一段佳话。

公元前 1046 年，武王在牧野之战一举灭商，建立周朝，定都镐京（今陕西西安）[⑧]，史称西周。

① 刘森淼：《大禾人面方鼎探索》，收于《湖南出土商代晚期至西周时期青铜器学术研讨会论文集》，2007 年。

② 陆忠发：《商代卜辞中的禾也指水稻说》，《江西社会科学》，2005 年第 2 期。

③ 熊建华先生推测，“禾”是当时湖南地区对部落酋长的称呼，“大禾”即众酋长之首。参见熊建华 著:《湖南商周青铜器研究》，长沙：岳麓书社，2013 年，第 579—580 页。

④ 熊建华 著：《湖南商周青铜器研究》，长沙：岳麓书社，2013 年，第 552 页。

⑤ 《史记・刘敬传》。

⑥ 武丁时卜辞，有“令周侯（《甲》436）”记录。

⑦ 《诗经・大雅・大明》。

⑧ 一些古代文献以及近代出土青铜器铭文主张西周定都洛邑。如，《诗经・大雅・民劳》：“惠此中国，以绥四方；惠此京师，以绥四国”；《汉书・地理志》：“昔周公营洛邑、以为在于土中，诸侯番屏四方，故立京师。”何尊铭文：“唯王初迁宅于成周……唯武王既克大邑商，则廷告于天，曰：余其宅兹中国，自之乂民”；《卿方鼎铭文》：“唯四月，王才成周。丙戌，王在京室，赏贝。才安典卿贝，用作宝尊彝”等等。

公元前771年，幽王被西戎所杀，西周亡。次年，周平王迁都洛邑（今河南洛阳），史称东周。

在殷商政治制度基础上，西周建立了更加强大的王权体系。武王克商后，“封建亲戚，以藩屏周”，将宗亲、功臣分封各地，建立诸侯国。“其兄弟之国十有五人，姬姓之国者四十人。”[①]成王初年，周公姬旦“兼制天下，立七十一国，姬姓独居五十三人焉”[②]。其中，武王诸子封于晋（今山西翼城）、应（今河南平顶山）、韩（今山西河津），周公诸子封于鲁（今山东曲阜）、蒋（今河南固始）、茅（今山东金乡）、凡（今河南辉县）、胙（今河南延津）、祭（今河南郑州）、邢（今河北邢台），召公之子封于燕（今北京），辅助武王灭商的姜尚封于齐。为笼络商人，封纣王之子武庚于商都，殷商贵族微子启封于宋（今河南商丘）。周朝统治区域的土地与人民，都属周王所有，所谓“溥天之下，莫非王土；率土之滨，莫非王臣”[③]。

周朝共有封国四百余、服国八百余[④]。疆域南及长江，北抵燕山，东临大海，西接河西走廊。《左传·昭公九年》载周天子臣詹桓伯使晋曰：

> 自夏以后，稷、魏、骀、芮、岐、毕，吾西土也。及武王克商，蒲姑、商奄，吾东土也；巴、濮、楚、邓，吾南土也；肃慎、燕、亳，吾北土也。

这一时期，湘境地方政权“相”国崛起和覆亡，是湖南先秦史上重大事件，史学界有必要结合新出材料，深入发掘梳理。周人数次南征，在巩固统治的同时，推动了中原文化向南方传播，促进了湖南境内交通发展。

一、“周道”和“国野之道”的修筑

道路交通是强化国家机器的基础，也是统治权力在疆域确立的表现。殷商发达的交通，对周朝建立和巩固起过有力推动作用。《汲冢周书·大聚解》：“武王胜殷，抚国绥民，乃观于殷政。”周公姬旦告之以“辟开修道，五里有郊，十里有井，二十里有舍，远旅来至关，人易资，舍有委。”所谓“观于殷政”，包括效法殷商交通管理制度。

周初，为加强对东土控制，周公主持修建洛邑，命名“成周”。先秦文献及铜器铭文将洛邑通各地干道称为“周道”“周行”。如：

《诗·何草不黄》：“有栈之东，行彼周道。”

《诗·卷耳》：“采采卷耳，不盈顷筐。嗟我怀人，置彼周行。”

《左传·襄公五年》：“周道挺挺，我心扃扃。”

台北故宫博物院收藏的散氏盘记载了周厉王时散、夨两国划定田界的契约，其“封于原道，封于周道”铭文，是关于周道的最早记载。

---

① 《左传·昭公二十八年》。

② 《荀子·儒效》。

③ 《诗经·小雅·北山》。

④ 此处引用笔者2019年3月实地考察获得的中国青铜器博物院（陕西宝鸡）陈列资料。

周道包括自成周向西及西南方、向东、向南、向东南、向北、向东北等干线道路[①]，从而形成以洛邑为中心的交通网络。连接洛邑和镐京的周道又称“王道”，它西起宗周，向北折东经骊山（今陕西临潼区境），沿黄河南岸经郑（今陕西华县），出桃林塞，过焦、北虢（今河南三门峡），东抵洛邑[②]。该道宽阔平直，是中国道路工程史上的重要里程碑。数百年后，《诗·小雅·大东》还称颂“周道如砥，其直如矢”；墨子赞其“王道荡荡，不偏不党；王道平平，不党不偏。其直如矢，其易若底。”[③]

道路是人类文明活化石，具有强烈的继承性。西周干道走向、路段，多与夏商时期一致。如，始辟于夏的“荆襄道”（又称夏路），周代亦然是中原通沅湘、岭南等地的交通要道。

除征伐、贡纳、商贸道路外，国野道路是西周交通规划的突出特色。周王或诸侯所居城邑为“国”，郊外为“野”。道路亦分“国”“野”两个体系，含“国中”“环涂”“野涂”“田野”等类型。

西周城邑分四等：一是天子居住的王城，二是诸侯都邑，三是卿大夫食邑，四是子男世袭城邑。其道路规模、规格与之相应，施行严格的等级制度。《周礼·考工记》详细记载了等级不同的城邑，在用地面积、道路宽度、城门数目、城墙高度等方面的规制。

王城道路规格最高，由“匠人”营建。城内规划有九纵九横的十八条大街，“九经九纬”的街道均宽“九轨”[④]，可并排行驶九辆马车。《周礼·考工记》：“匠人营国，方九里，旁三门，国中九经九纬，经涂九轨。”郑玄注曰：“国中，城内也，经纬谓涂也，经纬之涂皆容方九轨。轨为辙广，乘车六尺六寸，旁加七寸，凡八尺，是谓辙。广九轨积七十二尺，此则涂十二步（每步6尺）也。”

环绕城邑的道路谓之“环涂”。“环涂七轨”，道宽约12.94米。

城邑以外、200里范围以内道路称为“野涂”。“野涂五轨”，道宽约9.24米。

诸侯都邑、卿大夫采邑、和子男城邑的“国中”道宽依次为“七轨”“五轨”“三轨”；环涂、野涂道路等级亦相应降低，依次为“五轨”“三轨”或以下。

1977—1984年，丰京遗址清理出三段道路遗迹，其中一段探明长度200多米，共有三层踩踏面，每层路面均坚实起层，路面宽10—13米，最宽处15米[⑤]，与《考工记》有关记载基本相符。

周王室土地被道路和沟渠分隔成方块，形状像“井”字，称为“井田”。田野道路筑于井田之中，主要分布于京畿地区平原地带，是西周交通体系重要组成部分。《周礼·地官·遂人》：

凡治野，夫间有遂，遂上有径，十夫有沟，沟上有畛，百夫有洫，洫上有涂，千夫有浍，浍上有道，万夫有川，川上有路，以达于畿。

在以遂、沟、洫、浍、川等深广不同沟渠构成的井田体系里，相应筑有径、畛、涂、道、路

① 杨升南：《说“周行”“周道”——西周时期的交通初探》，收于人文杂志编辑部 编：《西周史研究》，北京：人文杂志编辑部，1984年。

② 谭其骧 主编：《中国历史地图集》（第一册），北京：中国地图出版社，1996年，第17—18页。

③ 《墨子·兼爱下》。

④ 周制每尺合今0.231米，每轨八尺约合1.848米，九轨约合16.63米。

⑤ 中国社会科学院考古研究所：《陕西长安沣西客省庄西周夯土基址发掘报告》，《考古》，1987年第8期。

等宽窄不一的道路。其中，“径”宽5尺（周制，下同）合今约1.1米，可走牛马但不能行车；“畛”宽7尺合今约1.6米，可以行驶大车（牛车）；“涂”宽8尺合今约1.848米，可以行驶马车；“道”宽两轨即16尺，可以并列行驶2辆马车；“路”宽三轨即24尺。“路”与“野涂”相连，达于四方。

周成王时，在洛邑举行过一次诸侯大会，显示洛邑已成周朝军事政治中心和交通枢纽①。《逸周书·王会》记载了这次大会盛况，以及各地诸侯和部族方国贡献的珍稀。

其中，沅湘贡品有“卜人丹砂”“长沙鳖”，岭南贡品有“仓吾翡翠”“南人至众（象）”“越裳白雉”等。越裳国位今越南境内，因为道途遥远，语言不通，经过多次辗转翻译敬献白雉②。根据交通地理推测，“越裳白雉”当循辟于商代的“夫夷道”，经湖南北上中原。

上述方国、部族入贡周都洛邑，交通路线均由“洞庭之野”，或越长江、溯汉水、入唐白河、逾伏牛山、循伊洛河，抵达成周；或由荆南水系，走“荆襄道”北上河洛。岭南大象贡输中原，证明湘境道路宽阔顺畅，湘水河谷或建有“两轨”以上车马大道。

二、邮驿、路政、舟车制度的形成

周公姬旦摄政期间，依周人习俗，参酌殷礼，制定典章制度，形成深远影响的“周公之礼”，中华民族由此以礼仪之邦闻名世界。

邮驿、路政、舟车制度亦相应出台。如：

凡国野之道，十里有庐，庐有饮食；三十里有宿，宿有路室，路室有委；五十里有市，市有侯馆，侯馆有积。③

庐、路室、候馆，是设在道旁的站舍，负责接待来往信使、宾客。侯馆规模最大、规格最高，作为朝廷与边境及方国之间联系的纽带，供传达政令、进献贡物以及宾客、军旅食宿之用。

负责庐舍候馆的车马、粮草以及道路管理的官员，被称为“野庐氏”。职责包括：

掌达国道路，至于四畿。比国郊及野之道路、宿息、井、树。若有宾客，则令守涂地之人聚柝之，有相翔者，诛之。凡道路之舟、车毂互者，叙而行之。凡有节者及有爵者至，则为之辟。禁野之横行，径喻者。凡国之大事，比修除道路者，掌凡道禁。邦之大师，则令埽道路。且以几禁行作不时者、不物者。④

---

① 《史记·周本纪》：“天下之中，四方入贡，道里均。”

② （1）《后汉书·南蛮西南夷列传》：“交阯之南有越裳国。周公居摄六年，制礼作乐，天下和平，越裳以三象重译而献白雉，曰：‘道路悠远，山川岨深，音使不通，故重译而朝。’”

（2）《汉书·平帝纪》有越裳献白雉于汉朝的记载，“元始元年春正月，越裳氏重译献白雉一，黑雉二，诏使三公以荐宗庙。”清代傅恒的《历代御批通鉴辑览》（卷一）亦有越裳献巨龟与帝尧的记载。

（3）有越南史学家认为，越裳国可能在古越族栖息范围内，“楚时的越章地”，即今江西南昌地区；另有观点指缅甸就是古时越裳地。参见（越）陶维英 著：《越南古代史》（上册）。北京：商务印书馆，1976年，第60—69页。

③ 《周礼·地官》。

④ 《周礼·秋官》。

使者或商人通行驿道须持有符节（即通行证），分龙、虎、人、符、玺、旌六节。“山国用虎节，泽国用龙节。”[①] 中华民国时期，长沙出土东周龙节，证实了西周符节制度。

道路养护制度初步形成。如，“设国之五沟五涂，而树之林，以为险固。皆有守禁，而达其道路”[②]以及“列树以表道，立鄙食以守路”“雨毕而除道，水涸而成梁”[③]等。

烽火报警、击鼓传声是一种紧急通讯方式。即在边境和通往边境道路上，选择高敞处筑烽火台，专人守望，遇有紧急情况时，通过击鼓、烽火等信号，向京城传递警报。各路诸侯见到烽火或听闻鼓声，要马上出兵御敌。从而在都邑与边境之间建立快捷的预警系统。

据《史记·周本纪》，西周末期，周幽王为博宠妃一笑，多次擅用烽鼓警报，以致失信于诸侯，西周因此亡于西戎入侵，这便是后世流传的“烽火戏诸侯”。不过，“楚地出土的战国时代简册”——清华简证实，司马迁所记幽王“烽火戏诸侯”的情形根本不存在[④]。

湘境最早的烽火通信出现在屈家岭文化时期，澧县鸡叫城尚存烽火台遗迹。清人陶汝鼐在《沩山游记》中描述宁乡黄材寨子山：“危峰拔地突起道旁，前代土人尝据绝顶筑垣，避兵于其上，因以寨名。”寨子山顶有近400平方米的夯土平台遗迹。据推测，此处是用来拱卫炭河里都邑的西周烽火台[⑤]。

周代木板船、马车使用已很普遍，舟车乘用制度亦趋完善。如，“天子造舟，诸侯维舟，大夫方舟，士特舟，庶人乘泭。”[⑥]“造舟”由多船并联，安稳舒适，仅由天子乘坐；“维舟”四船相并，由诸侯乘坐；士大夫乘坐的“方舟”，由两船并联而成；绅士的“特舟”是单船；平民济渡只能乘“泭”，即浮筏。

乘车规定：“孤乘夏篆，卿乘夏缦，大夫乘墨车，士乘栈车，庶人乘役车。”[⑦] 夏篆以五彩雕刻为饰，夏缦彩画为饰，墨车不加文饰，栈车竹木为棚，役车是一种带货箱的车。

1951年，长沙伍家岭203号汉墓出土栈车模型，再现了周代栈车形象。2003年，宁乡黄材出土西周车辖[⑧]，虎头纹，长9.8厘米，宽4厘米（图2-13）。说明中原贵族乘坐的铜饰马车，亦流行于湖湘。

图2-13 宁乡出土西周车辖（宁乡文物局 供图）

---

① 《周礼·地官》。

② 《周礼·夏官》。

③ 《国语·周语》。

④ 《清华大学藏战国竹简》（贰）收录的《系年》记载，周幽王娶西申国女子，生太子宜臼——也就是后来的周平王，“又娶褒人之女，是褒姒，生伯盘。”幽王宠褒姒，改立伯盘为太子，宜臼出逃西申国。幽王怕宜臼回来争夺王位，率师围攻西申。西申遂联合曾人、西戎共同反击周师，幽王和伯盘为西戎所杀。周平王继位的同时，部分诸侯、旧臣“乃立幽王之弟余臣于虢（今陕西宝鸡境内），是携惠王。”周平王二十一年（前750），晋文侯攻杀携惠王，周朝重新统一，史称“文侯勤王”。参见李学勤主编 著：《清华大学藏战国竹简〈系年〉通行释文》，《中国长城博物馆》，2013年第3期；蒋肖斌：《清华简：“打假”千年历史，解密先秦中国》，《中国青年报》，2019年7月12日。

⑤ 李鹏：《宁乡发现西周烽火台？》，《三湘都市报》，2006年9月23日。

⑥ 《尔雅·释水》。

⑦ 《周礼·春官》。

⑧ 车辖是固定车轮与车轴的锲销，插在轴端孔内，使车轮不脱落。

三、湘水流域“相”国的崛起

湘境濮人主要分布沅、澧流域，越人聚居湘、资流域。周文王时，周人势力已及荆湘[①]。周武王十一年（前1046），“大封同姓，建长沙国。”[②]周召公（太保）省南国，参加朝见的诸侯中，就有“相侯”[③]。

湘、资中下游出土晚商青铜器中，部分带有“戈”“再”等氏族铭文，这些铜器可能属于武王克商后南迁的殷人[④]。“相”应是南迁殷人与土著扬越融合组建的大禾方国演变而来，炭河里为其都邑。商末周初，相国在湘水流域崛起，其傲视江南的青铜文明凸显了“南国相”强大实力，成为中原王朝设法笼络的政治实体。

公元前978年，周昭王征虎方前，曾派使臣到长江中游方国巡视、诏告和调遣，以争取支持、壮大声势。同时派出两位重臣出使相地，估计是诏告征伐虎方、昭王南巡等事项。

出土金文记载了周昭王与“相侯”的两次交往。

昭王十八年（前978）十月甲子（初二日）：

王在宗周，令师中眔（暨）静省南国相、设居。（次年）八月初吉庚申至，告于成周。（九）月既望丁丑，王在成周大室，令静曰：“司汝采，司在曾、噩（鄂）师。”（摘自静方鼎铭）

大意是：大臣中与静受命到南方相地视察，修建行宫，静在次年八月回到成周。九月，昭王命静去统率曾、鄂两地军队。

根据上古帝王“五年一巡狩”的传统，昭王南巡目的地可能是南岳衡山，也包括镇抚方国、拓展疆土、威服南迁的殷商遗民。

为进一步笼络、争取相国，昭王十九年（前977）五月，王在“岈”地，令作册折代天子去赏赐相侯土地、铜器及臣民。陕西扶风庄白一号出土青铜器折觥铭文（图2-14）：

唯五月，王在岈，戊子，令作册折贶望土于相侯，锡金锡臣，扬王休，惟王十又九祀，用作父乙尊，其永宝。[⑤]

提到相侯的，还有上海博物馆收藏的铜器殳篡（相侯簋）铭文：

唯二月，乙亥，相侯休于厥臣殳，赐帛（白）金，殳扬侯休，告于文考，用作尊簋，其万年□待□□侯。（《集成》4136）[⑥]

从铭文内容看，殳应为“相侯”之臣。

---

① 李学勤：《太保玉戈与江汉的开发》，收于楚文化研究会 编：《楚文化研究论集》（第二集），武汉：湖北人民出版社，1991年。

② （清）吕履恒 纂修：《宁乡县志》，卷之二，清康熙四十一年刻本。

③ 李学勤：《论西周的南国湘侯》，收于陈建明 主编：《湖南省博物馆馆刊》第5辑，长沙：岳麓书社，2009年。

④ 王恩田：《湖南出土商周铜器与殷人南迁》，收于中国考古学会 编辑：《中国考古学会第七次年会论文集》，北京：文物出版社，1992年。

⑤ 陕西周原考古队：《陕西扶风庄白一号西周青铜器窖藏发掘简报》，《文物》，1978年第3期。

⑥ 《集成》，即《殷周金文集成》，中国社会科学院考古研究所 编，北京：中华书局，2007年。

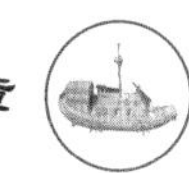

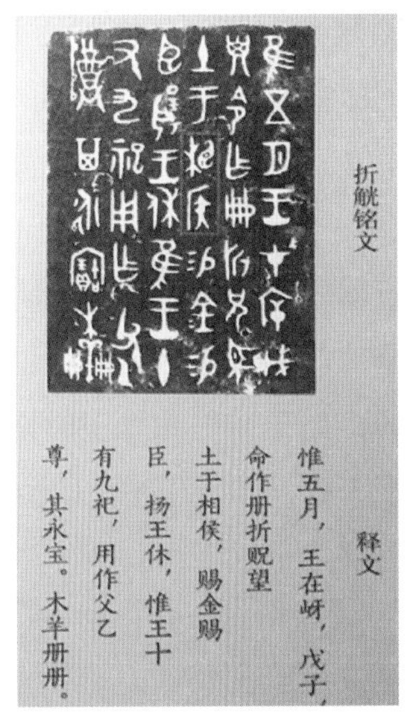

图 2-14　折觥（宝鸡周原博物馆藏[①]，长沙市博物馆绘制铭文）

2001—2005年，湖南省文物考古研究所对炭河里遗址进行了三次发掘，发现并确认了西周城址，包括城墙、壕沟和宫殿基址等遗迹（图 2-15），还出土车辖等多件文物。向桃初先生认为，“炭河里文化的发现，填补了湖南西周时期历史的空白，并为我们对于湖南先秦时期生产技术、社会组织、信仰习俗、贸易交通、人群迁移等多方面问题的研究，提供了丰富的材料。”[②]

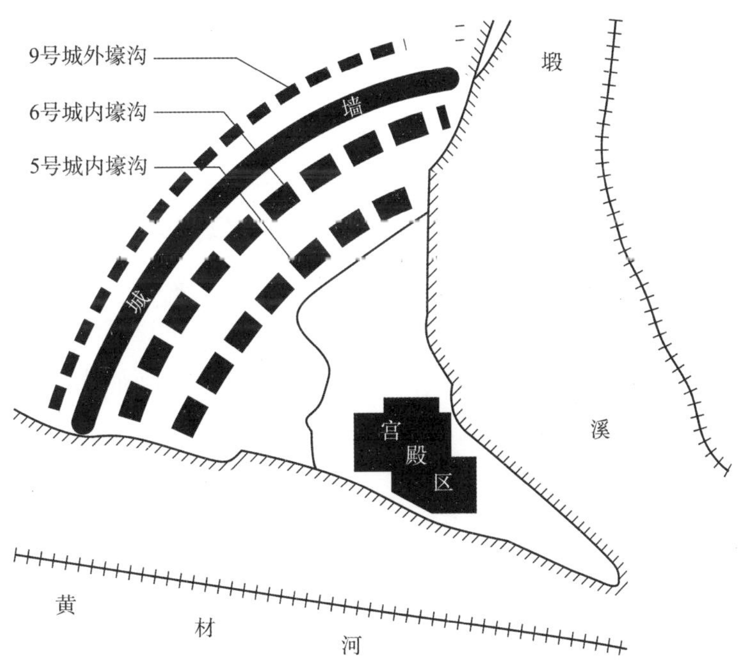

图 2-15　宁乡炭河里古城址平面图（长沙市博物馆绘）

静方鼎、折觥、殳簋等西周铜器铭文和炭河里城址互相印证，揭示商末周初湘境崛起一个青铜文明发达的方国政权，亦即“南国相”，势力范围大致包括湘、资中下游区域。商代车軎、西

① 2019年3月，笔者曾远赴陕西扶风，考察这件见证湖南地方史上重大事件的青铜艺术瑰宝。

② 向桃初：《炭河里文化的发现与湖南先秦地方史重建》，《湖南大学学报》（社会科学版），2010年第5期。

周车辖在望城、宁乡出土，在湖南交通史上意义重大，证明彼时已掌握车辆制造技艺，筑有贵族“乘其四骐，四骐翼翼”[①]的车马大道。

四、周昭王南征

从新石器时代开始到殷商末期，黄河流域气候温暖湿润，资源环境条件优越。公元前10世纪前后，受全球气候变化影响，华北地区气候寒冷而干旱[②]。

气候转冷始于昭王和穆王时期，严重旱灾持续到两周之交。先秦文献记录了这一时期的气候变迁和异常天象。如，“周孝王七年，厉王生，冬大雹，牛马死，江汉俱动（冻）”，厉王“二十二年，大旱”“二十三年，大旱”“二十四年，大旱”“二十五年，大旱”“二十六年，大旱”[③]；幽王二年，“三川竭，岐山崩”。幽王四年，“夏六月，陨霜”[④]。《诗经·大雅·云汉》描述周宣王忧旱灾情形：

旱既太甚，则不可推，兢兢业业，如霆如雷。周余黎民，靡有孑遗。昊天上帝，则不我遗……旱既太甚，涤涤山川。旱魃为虐，如惔如焚。我心惮暑，忧心如熏。群公先正，则不我闻。

邓拓先生称此为“诚旷古未有的第一次大旱。”[⑤]蒙文通先生写道，“（周）厉、宣、幽、平，历一百五十余年，而旱灾与人民之流徙不绝于诗，此国史上一大故也。”[⑥]

昭、穆王时，为强化对温暖湿润的南土经营，获取铜矿资源，贯通铜锡之路，对南方“荆楚”[⑦]“虎方”等部落方国进行了多次征伐。“战争是一种人类交往行为。”[⑧]周朝对南方频繁用兵，客观上促进了南北交流和交通发展。

“荆楚”“扬越”等部族，商末周初曾臣服于周。至西周中叶，荆蛮日益强盛，成为周朝劲敌[⑨]。

虎方，是商周时一个以虎为图腾的著名方国，势力范围大致包括南岭以北、赣水以西、湘水以东、汉水以南地区。这一地区流行虎饰青铜器，当与虎方有千丝万缕关系。虎方以青铜立国，控制着江西瑞昌、湖北大冶等地的铜矿资源。

殷墟卜辞记载，商王武丁曾令“望”和“舆（举）”两族随王师征伐虎方，并告祭先祖大甲、祖乙之事，足见虎方强大实力。

“贞，令望乘眔舆其途虎方？十一月。”

---

① 《诗经·小雅·采芑》。

② 竺可桢：《中国近五千来气候变迁的初步变迁》，《考古学报》，1972年第1期。

③ 《竹书纪年》，卷下，四部丛刊景明天一阁本。

④ 《国语·周语上》。

⑤ 邓云特（邓拓）著：《中国救荒史》，上海：上海书店，1984年，第10页。

⑥ 蒙文通著：《古族甄微》，成都：巴蜀书社，1993年，第50页。

⑦ 有观点认为，周昭王南征的荆楚就是楚国。这一观点是值得商榷的。据《竹书纪年》记载，周穆王十四年，“王帅楚子伐徐戎，克之。”若昭王果真因南征楚国而命丧楚人之手，则周、楚必为生死对头，楚子不可能在穆王十四年参与周师伐徐之役。

⑧ （德）克劳塞维茨著：《战争论》（第一卷），北京：解放军出版社，1964年，第179页。

⑨ 《后汉书·南蛮传》：“其在唐虞曰要服。夏、商之时，渐为边患。逮于周世，当众弥盛。”

"……舆其途虎方，告于大（太）甲，十一月。"

"……其途虎方，告于（中）丁，十一月。"

"……舆其途虎方，告于祖乙，十一月。"（《合集》6667）[①]

"乙未卜贞，立事于南，右比我，中比舆，左比曾？"（《合集》5504）

《诗经·商颂》盛赞武丁"奋伐荆楚"，却只字未提与虎方之战，可能商师征虎方的行动未能成功。

周昭王两次用兵长江中游，分别征伐荆蛮和虎方。

昭王十五年（前 981）九月，昭王"广惩楚荆，惟奂南行"（摘自史墙盘铭）。二十六日，其中一师抵"炎"（庸，今湖北竹山西南）。十六年，"伐楚，涉汉，遇大兕"[②]。自十五年九月出征，到次年八月结束战事，前后将近一年[③]。铭文"俘""俘金""有得"显示，尽管这次征伐并不顺利，还是抓获不少战俘，掠取大量铜器、铜料等战利品。行军路线大概是从洛邑出发，翻越伏牛山，南下江汉流域。

昭王十八年（前 978）十二月，"令南宫伐反虎方"。同时派"中"巡察"南国"、整治道路、设立行宫，为南巡做前期准备[④]。次年五月，昭王"命作册折贶望土于相侯，锡金锡臣。"（摘自折觥铭）又在唐国（今随州西北）接见当地"公族"，以提振士气——"振旅"[⑤]。

昭王伐虎方战事极为惨烈，突如其来的大风昏黑天气，严重影响了陌生环境下作战的周军士气，以致败绩。据《古本竹书纪年·周纪》：

昭王十九年，天大曀（日全食），雉兔皆震，丧六师于汉。

刘次沅先生考证，"天大曀"的具体时间是"公元前 976 年 5 月 31 日 14 时"，地点在"洞庭湖以南"[⑥]。若据此说，昭王丧师之地当在洞庭湖南北。

昭王南征，同期相关诸器多有铭记。

《逨盘》：

用会昭王穆王，盗政四方，扑伐楚荆。[⑦]

---

① 括弧内文字参考《中国历史年表·商王谱系表》补充。参见中国社会科学院历史研究所 编:《中国历史年表》,北京: 中华书局，2014 年，第 8—10 页。

② 《竹书纪年》，卷下，四部丛刊景明天一阁本。

③ 李学勤 著：《文物中的古文明》，北京：商务印书馆，2008 年，第 536 页。

④ 中方鼎铭："唯王令南宫伐反虎方之年，王令中先省南国，贯行、设居。"

⑤ 熊建华 著：《湖南商周青铜器研究》，长沙：岳麓书社，2013 年，第 555—556 页。《中觯铭》："王大省公族于唐，振旅，王赐中马，自厉侯四骑，南宫贶。"

⑥ 中国科学院国家授时中心刘次沅先生认为，"从天文学角度来看，值得强烈关注的只有公元前 1009 年和公元前 976 年两次日全食，这两次都是在洞庭湖以南地区发生日全食或极其接近全食。"在对夏商周断代工程得到的西周年表作微小调整（即将昭王十九年由公元前 977 年调整为公元前 976 年）后，推定"天大曀（日全食）"的具体时间发生在"公元前 976 年 5 月 31 日 14 时""汉水下游至洞庭湖一带可以见到食分 0.94 以上的日食，南部甚至可以见到日全食。"参见刘次沅：《天大睦记录的天文年代分析》，《时间频率学报》，2005 年第 2 期。

⑦ 2003 年 1 月陕西宝鸡杨家村出土逨盘铭文，宝鸡中国青铜器博物院馆藏。

《墙盘》：

宏鲁卲（昭）王，广惩楚荆，唯寏（奂）南行。（《集成》10175）

《□驭簋》：

□驭（御）从王（昭王）南征，伐楚荆，有得。（《集成》3976）

《过伯簋》：

过伯从王伐反荆，俘金。（《集成》3907）

《□簋》：

□从王伐荆，俘。（《集成》3732）

《誃簋》：

唯九月，堆叔从王员征楚荆，在成周。（《集成》3950）

《誃鼎》：

堆叔从王南征，唯归，唯八月，在皕居。（《集成》2615）

《令簋》：

唯王于伐楚伯，在炎。唯九月既死霸丁丑，作册夨令尊俎于王姜，姜赏令贝十朋，臣十家，鬲（奴隶）百人。（《集成》4300）

《中方鼎甲》：

唯王令南宫伐反虎方之年，王令中先省南国，贯行、设居。（《集成》2752）

伐楚荆铭文远多于征虎方，印证昭王伐虎方战事以失败告终。

《古本竹书纪年·周纪》：

昭王末年，夜有五色光贯紫微，其年，王南巡不返。

周昭王殒身地点，有汉水、长江、湘江等说法。

《吕氏春秋·音初》：

昭王亲将征荆，辛余靡长且多力，为王右。还反涉汉，梁败，王及祭公抎于汉中。

“梁败”即浮桥垮塌。若采此说，昭王可能是史上第一个死于交通事故的君王。

《史记·周本纪》：

昭王南巡狩，不返，卒于江上。其卒不赴告，讳之也。

按《太平寰宇记》和《大清一统志》说法，“江上”应指湘江。湘潭附近湘江岸边有“昭山”，山下江中有深潭曰“昭潭”，传说昭王葬身处。晋人《湘中记》载：“昭潭其下无底，湘水最深处也。或谓周昭王南征不返，没于此潭。”清光绪《湖南通志》：

昭山在（湘潭）县东四十里，以昭王南征至此，故名。

2019 年 5 月 1 日，笔者携友溯舟湘水，前往考察[①]。湘水在湘潭易家湾昭山附近呈直角弯曲（图 2-16），由东北折向西北，主航道附近江面，可看到很大的洄水旋涡，或为昭王覆舟处。

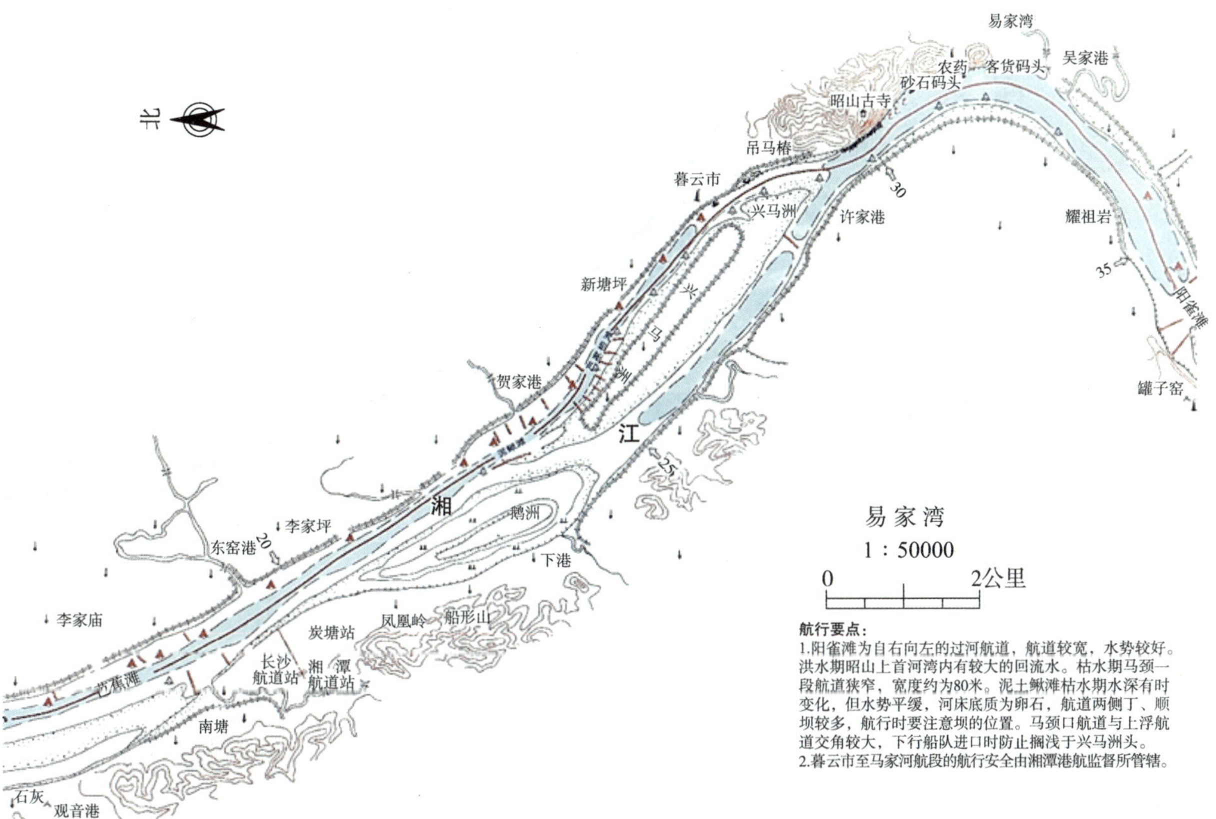

图 2-16 湘江易家湾河段航行图[②]

根据传世文献、铜器铭文、地名传说及水文地质条件推测，昭王可能在遣将曾、鄂（随枣走廊侯国）后巡狩南岳，舟行湘江昭山段时不慎卷入旋涡，落水溺亡，成为舜帝之后第二个殒命湖湘的中原君王。

五、周穆王伐越

商周时期，扬越分布今湖南、江西大部以及湖北东南部，包括湘资流域及洞庭地区[③]。

① 一同前往考察的友人，包括袁政国、彭新国、何旭辉、陈久高、敬海泉、吴明亮等土木工程、航道工程、流体力学方面的专家学者。

② 李群 主编：《湖南省干线航道航行图集》，长沙：湖南省航务管理局，2004 年，第 15 页。

③ 谭其骧 主编：《中国历史地图集》（第一册），北京：中国地图出版社，1996 年，第 15—16 页。

和舜“崩于苍梧之野”后禹大规模南伐、摧毁三苗集团类似，穆王两度兴师动众，深入湘水中下游伐越。炭河里都邑城址[①]被毁，“南国相”消失于历史舞台，与穆王伐越有着极大关联。根据昭王南巡遭遇推测，穆王南伐对象应该是荆、虎方以及扬越。《竹书纪年·卷下》：

穆王十七年，起师至九江，以鼋为梁……周穆王三十七年，伐楚[②]，大起九师，至于九江，比鼋鼍为梁，遂伐越。

洞庭湖区属燕山运动形成的地堑型盆地，与云梦泽同属江汉——洞庭凹陷。经历反复升降，先秦两汉成为河网切割平原，湖区水体并不多[③]，故称为“九江”。根据《古本竹书纪年》记载，穆王之师显然越过长江，进入了湖湘地区。

虎方遭受毁灭性打击后，作为族群虽不复存在，但文化影响传诸后世。如，“江汉有貙人，能化为虎”[④]，巴人传说“廪君死，魂魄世为白虎”[⑤]。熊建华先生认为，“湖南大量虎饰青铜器的出现，春秋战国后虎钮錞于、宽镡几何纹短剑等器物的异军突起，当与这个失去了名号、一度十分强盛的族群有关。”[⑥]

有观点认为，炭河里城址“主要存在于西周时期但独立于西周王朝之外的、湘江下游地方青铜文化或方国的中心聚落或都邑。”[⑦]这个观点是正确的。穆王南征与炭河里城址毁弃时段高度重合，证实相国确为周师所灭，时间在穆王三十七年（前940）。

穆王之师“鼋鼍为梁”，抵达洞庭湖区和湘水流域。“鼋鼍”即扬子鳄[⑧]。鼋鼍为梁即以鳄鱼皮制作浮囊[⑨]。借此，或涉长江、浮湘水、逾沩水，至相国都邑炭河里；或入彭蠡、溯赣水，抵虎方都邑吴城。先秦时期，扬子鳄广泛分布于长江流域，当地多用鳄皮制作浮囊涉水。《离骚》谓“麾蛟龙使梁津兮，诏西皇使涉予”，亦指“鼍鼋为梁”。

周穆王两次南征，彻底摧毁了相国和虎方，两大政治势力从此再不见诸史籍。“荆蛮”受到极大震动，迫于兵威，重新归顺了周朝。“穆王三十七年，荆人来贡。”[⑩]

西周前中期，长江流域方国与中原王朝有密切关系、且可通过源于湖湘的青铜乐器——甬钟验证的，并不多见[⑪]。浏阳、湘乡、湘潭等地出土西周铜甬钟，造型及细线云雷纹与陕西长安普

---

① 炭河里遗址位于宁乡县（今宁乡市）黄材镇寨子村塅溪与沩水交汇的台地上，是已知南方地区最早的西周城址，发现于1963年初，考古工作者曾对此先后进行了五次发掘，证明炭河里遗址为西周时期某一方国的都城所在地。

② 西周初年，楚人尚僻处荆山丹水间，地不过“同”，即方圆不过百里，势力还远远没有达到长江沿岸和“洞庭之野”。因此，周穆王所征伐的“楚”，实为长江中游地区的荆蛮、虎方部落集团。

③ 张修桂：《洞庭湖演变的历史过程》，收于中国地理学会历史地理专业委员会《历史地理》编辑委员会 编：《历史地理》（创刊号），上海：上海人民出版社，1981年，第99—116页。

④ 《文选·蜀都赋》。

⑤ 《后汉书·巴郡南郡蛮传》。

⑥ 熊建华 著：《湖南商周青铜器研究》，长沙：岳麓书社，2013年，第555页。

⑦ 徐嘉林、李福平、向桃初、高成林：《湖南宁乡炭河里西周城址与墓葬发掘简报》，《文物》，2006年第6期。

⑧ 《墨子·公输》：“荆有云梦，犀兕麋鹿满之，江汉之鱼鳖鼋鼍为天下富。”

⑨ （1）唐寰澄：《鼋鼍为梁考》，《2009年中国古桥学术研讨会论文集》，2009年。（2）有观点认为，“鼋鼍为梁”是磴步出现的最早记载。见金大均、李明昭、潘洪萱、沈家麟编：《桥梁史话》，上海：上海科学技术出版社，1979年。

⑩ 《竹书纪年》，卷下，四部丛刊景明天一阁本。

⑪ 熊建华 著：《湖南商周青铜器研究》，长沙：岳麓书社，2013年，第269、557页。

渡村出土周穆王时甬钟相同。高至喜先生推测，这类甬钟在陕西一带出现，是受南方影响[①]。笔者认为，长安出土甬钟，就是穆王伐越的战利品；甬钟铸造技术向北传播，或为周师俘获的湖湘铸铜工匠及其后裔所致。

六、熊渠伐扬越

楚国发祥于南阳盆地西部的丹淅流域。楚族先祖鬻熊，曾为“文王之师”[②]。周成王“举文武勤劳之后嗣，而封熊绎于楚蛮，封以子男之田，姓芈氏，居丹阳”[③]。丹阳地望，学界有多种说法，可能先在陕西商县，继迁河南淅川，湖北秭归、枝江，仍称丹阳[④]。

楚人“辟在荆山，筚路蓝缕以处草莽，跋涉山林以事天子，唯是桃弧棘矢以共御王事”[⑤]。后沿丹水南下，经营江汉地区。至熊渠（前886—前877年在位）时，“甚得江汉间民和”，始向长江以南扩张。

熊渠胆略非凡，臂力过人，富有传奇色彩。《韩诗外传》：“昔者熊渠夜行，寝石，以为伏虎，弯弓而射之，没金饮羽，下视，知其为石。”成语“精诚所至，金石为开”，即源出于此。

周夷王七年（前879），熊渠兴兵伐庸（今湖北竹山）后，沿汉水南下，征讨扬越，一路进军至鄂地（今湖北鄂州、大冶一带），并封其中子红为鄂王。《史记·楚世家》：

当周夷王之时，王室微，诸侯或不朝，相伐。熊渠甚得江汉间民和，乃兴兵伐庸、杨粤，至于鄂。熊渠曰：“我蛮夷也，不与中国之号谥。”乃立其长子康为句亶王、中子红为鄂王、少子执疵为越章王，皆在江上楚蛮之地。及周厉王之时，暴虐，熊渠畏其伐楚，亦去其王。

扬粤即扬越。鄂地处长江南岸，大冶铜绿山拥有丰富的铜矿资源。熊渠据鄂，主要是为掠取青铜原料，并将长江中游纳入楚人势力范围。

鄂侯驭方鼎与禹鼎均为周夷王时铜器[⑥]。熊渠“至于鄂”与夷王灭鄂时段相符，应和鄂侯驭方叛周事件有关。

殷商末期，鄂与鬼方、姬周并称三大诸侯[⑦]。上海博物馆收藏的鄂侯驭方鼎，记述周王南征班师途中，鄂侯驭方朝见、献纳并与周王同宴、会射，周王赐鄂侯“玉五瑴、马四匹、矢五束”。

---

① 高至喜：《湖南省博物馆藏西周青铜乐器》，收于湖南省博物馆 编：《湖南出土殷商西周青铜器》，长沙：岳麓书社，2007年。

② 《史记·楚世家》。

③ 《史记·楚世家》。

④ 刘彬徽：《试论楚都丹阳和郢都的地望与年代》，《江汉考古》，1980年第1期；石泉、徐德宽：《楚都丹阳地望新探》，《江汉论坛》，1982年第3期。

⑤ 《左传·昭公十二年》。

⑥ 笪浩波：《从近年出土新材料看楚国早期中心区域》，《文物》，2012年第2期。

⑦ 《战国策·赵策》：“昔者鬼侯、鄂侯、文王，纣之三公也。”

驭方引以为荣，铸鼎铭记[①]。

之后不久，鄂侯见王室衰微，联合南淮夷、东夷，乘机叛周。叛军攻伐王土东、南侯国，一度抵达“厉寒”，严重威胁周朝统治。周王调动“西六师、殷八师”[②]等精锐伐鄂，并命“勿遗寿幼”，后又派井叔禹以武公的兵车百辆前去助战。1942 年，陕西扶风出土禹鼎铭记了这次事件：

亦唯鄂侯驭方率南淮夷、东夷广伐南国、东国，至于历寒。王乃命西六师、殷八师曰：“扑伐噩侯驭方，无遗寿幼。”肄以弥怵痺癈，弗克伐噩。肄武公乃遣禹率公戎车百乘、斯（厮）御二百、徒千，曰：“于将联肃慕惠西六师、殷八师，伐噩侯驭方，勿遗寿幼。”雩禹以武公徒御至于噩，敦伐噩，休获厥君驭方。

周王伐鄂以俘获鄂侯驭方结束，鄂国从此不再见诸史册[③]。

显然，熊渠抵达的“鄂”，是鄂侯灭国后鄂族遗民南迁地。周王为控制远在江南的鄂国遗民，可能把鄂交给“蛮夷”自居的楚子管治。该观点或可解释，周朝几以倾国之力灭鄂后，熊渠仍能在鄂遗民迁居地立其“中子红为鄂王。”

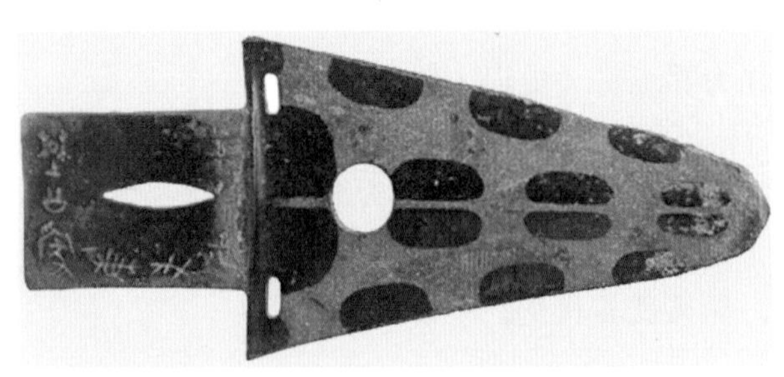

图 2-17　楚公戈（湖南省博物馆 藏）

熊渠对扬越征伐，楚人第一次涉足“洞庭之野”。鄂东南与湘北先后发现铭文“楚公”青铜器，当为这次事件的实物证据。1959 年，湖南省博物馆收集到一件铜戈（图 2-17），戈上铸有“楚公□秉戈”五字，是年代最早的楚国有铭铜戈[④]。楚公铜戈的发现，印证了熊渠开拓江南、占据“楚蛮之地”的文献记载。

七、方叔伐荆

栖息长江中游的荆、楚、扬越、百濮等族群，是三苗覆亡后形成的族群集团。《令簋》提到的“楚伯”，并非“号为子男五十里”[⑤]的楚子，而是周昭王以“六师”之众、倾国之力“奋伐”

① 鄂侯驭方鼎铭文：“王南征，伐角、僪（遹），唯还自征，才坏（在坯），噩□□（鄂侯驭）方内（纳）壶于王，乃（祼）之，（驭）方（侑）王，王休（偃），乃射，□（驭）方（佮）王射，□（驭）方休阑，王宴，咸酓（饮），王窺易（亲锡驭）方玉五毂（瑴），马亖（四）匹，矢五束，（驭）方（拜）手□（稽）首，（敢）对（扬）天子不（丕）显休（赉），用乍（作尊）鼎，迈（其万）年永宝用。”

② 西周时期于宗周、成周、殷故都三处皆设有宿卫军，分别称为“西六师”“成（周）八师”“殷八师”。

③ 按周王指令，鄂侯应该就此绝祀。2007 年随州安居羊子山噩侯墓、2012 年南阳夏饷铺鄂国贵族墓相继发现，出土青铜器分别有“鄂侯”“鄂姜”铭文。意味着周王最后收回了“勿遗寿幼”成命，并没将鄂族斩尽杀绝。鄂国被灭后，部分鄂族南迁，后来成为楚国的东鄂（今湖北大冶鄂王城），就是熊渠抵达的“鄂”；部分北迁，成为申国的西鄂（今河南南阳北石桥镇西），南阳出土的鄂侯墓群，或为鄂侯驭方后裔墓地；还有部分鄂人及其栖息地，被曾国同化、兼并，曾国因此取代鄂国成为汉东大国。

④ 熊建华：《湘博藏西周元铭楚器的鉴识及相关问题》，收于楚文化研究会 编：《楚文化研究论集》（第五集），合肥：黄山书社，2003 年。

⑤ 《史记·孔子世家》。

的楚首领[①]。周夷王时，熊渠封三子为王，“皆在江上楚蛮之地”，说明这一时期“楚国”与“楚蛮”还是不同概念。春秋早期，楚成王“初开荆蛮而有之”[②]。之后，“荆蛮”一词才不见史籍，但开始出现“南蛮”“长沙蛮”“武陵蛮”“五溪蛮”等名称。

方叔伐荆，是西周王朝的一次大规模军事行动。《今本竹书纪年》记载，周宣王五年（前823），“秋八月，方叔帅师伐荆蛮。”《衡湘稽古》提及方叔南征缘由：

> 至厉王之末，熊氏南卷沅湘，尽有衡湘之地……方叔是以有荆蛮之伐。[③]

考古材料显示，最早周厉王（前 877—前 841 年在位）[④]时，楚人就已进入麻阳九曲湾开采铜矿[⑤]，也证实了“厉王之末，熊氏南卷沅湘”记述。《诗经·小雅·采芑》描绘了方叔伐荆这一历史事件：

> 方叔莅止，其车三千，师干之试。方叔率止，乘其四骐，四骐翼翼……蠢尔蛮荆，大邦为仇。方叔元老，克壮其猶。方叔率止，执讯获丑。戎车啴啴，啴啴焞焞，如霆如雷。显允方叔，征伐玁狁，蛮荆来威。

方叔以元老重臣之位，以“不逊王命，侵伐邻国，动为寇害，与大邦为雠怨”[⑥]为由，率三千兵车伐荆。出师规模之大，反映荆势力之强。按禹鼎铭文“车百乘、厮御二百、徒千”的车战兵力配置推算，伐荆动用军队达三万六千人。

周师南征，长江中游荆再度“服于宣王之威”。1993 年，山西曲沃晋穆侯墓地出土楚公逆编钟，应是此次南伐荆的战利品，后由周宣王赐予伐戎有功的晋穆侯[⑦]。

方叔伐荆，是见于记载的长江中游第一次车乘作战。以兵车为作战主力，要求道路宽阔、战场平缓。若“其车三千”描述属实，说明西周时期，江湘河谷平原筑有可供车行和车战的大道。

---

① 尹弘兵：《周昭王南征对象考》，《人文杂志》，2008 年第 2 期。

② 《史记·齐太公世家》。

③ （清）王万澍、王国牧 撰：《湖南阳秋》，长沙：岳麓书社，2012 年，第 473 页。

④ 中国社会科学院历史所 编：《中国历史年表》，北京：中华书局，2014 年，第 11 页。

⑤ 湖南省博物馆、麻阳铜矿：《湖南麻阳战国时期古铜矿清理简报》，《考古》，1985 年第 2 期。

⑥ 唐代孔颖达《五经正义》疏注：“天子六军千乘，今三千乘则十八军矣。所以然者，宣王承厉王之乱，荆蛮内侵，众少则不足以敌之，故羡卒尽起，而有此三千也……言我所伐者，乃蠢蠢尔不逊之蛮荆。不逊王命，侵伐邻国，动为寇害，与大邦为雠怨。列国之大，尚到仇怨。其傍小国，侵害多矣。故我方叔，天子之大老，能光大其军谋之道以讨之。既得克胜，方叔乃率其士众，执其可言问所获敌人之众，以还归也。方叔士众所乘戎车，啴啴然众，焞焞然盛，如霆之发，如雷之声可畏……昔日共吉甫已征玁狁之国，今又特往征伐蛮荆，皆使之来服于宣王之威。”

⑦ 段渝：《楚公逆编钟与周宣王伐楚》，《社会科学研究》，2004 年第 2 期。

第三章 春秋战国时期的湖南交通
（前 770—前 221）

姬周享国约八百年，为中国历史上最长的朝代，共传三十代三十七王。西周在政治制度、社会经济、文化技术等方面获得较大发展，天子拥有天下共主威权。迁都洛阳后，周王室大部分政治权力丧失，最终在前 256 年被秦国攻灭。

陕西周原出土龟甲刻辞云“今秋，楚子来告父后哉”，《史记·楚世家》称“鬻熊子事文王。”这些记载，凸显了楚国初期贫弱状况。

春秋战国，“周室衰微，诸侯强并弱”[①]，反映在政治上变法改革、军事上列国纷争和文化上的百家争鸣。楚国崛起和猛烈扩张，就发生在这一时期。《左传·昭公十二年》记右尹子革答楚灵王语：“昔我先王熊绎辟在荆山，筚路蓝缕以处草莽，跋涉山川以事天子，唯是桃弧棘矢以共御王事。”正是凭借披荆斩棘的顽强精神，荆楚实力不断增强，最终北出方城、问鼎中原，南渡长江、拓地沅湘。

根据文献和考古材料，楚人进入湘、澧水下游和沅水中游的时间，约在西周中晚期[②]。春秋战国之交，湘境大部纳入楚势力范围。吴起变法后，“南平蛮越，遂有洞庭、苍梧。”[③]

张骞通西域前，最晚春秋末期，就存在一条自长沙经湘水、长江、汉水通往中亚的丝绸之路。郢都江陵经湘、黔、滇至印度的楚印商道，也在战国大致成形。公元前 279 年，楚将庄蹻溯沅水而上，连克且兰、夜郎等国，直达滇地，走的就是湘黔滇道。

1957 年，安徽寿县出土鄂君启节[④]，其中有楚怀王六年（前 323）鄂君商队从鄂地出发，溯舟湘水，南向鄗（今郴州）、洮阳（今广西全州），以及经由资、沅、澧、油[⑤]等水道的交通路线、商船规模、沿途享受的特权等记载。以上水道中，湘水系城邑记载较详，说明湘水流域是楚人经营重点。战国中晚期湖南交通地理概况见图 3-1。

---

① 《史记·周本纪》。

② 考古材料显示，约西周晚期，楚人已进入沅水中游的麻阳开采铜矿。

③ 《后汉书·南蛮西南夷传》。

④ 节是古时由君王或政府颁发的用于水陆交通的凭证。

⑤ 即古油水，源自湖南石门境，东至公安北古油口入长江。

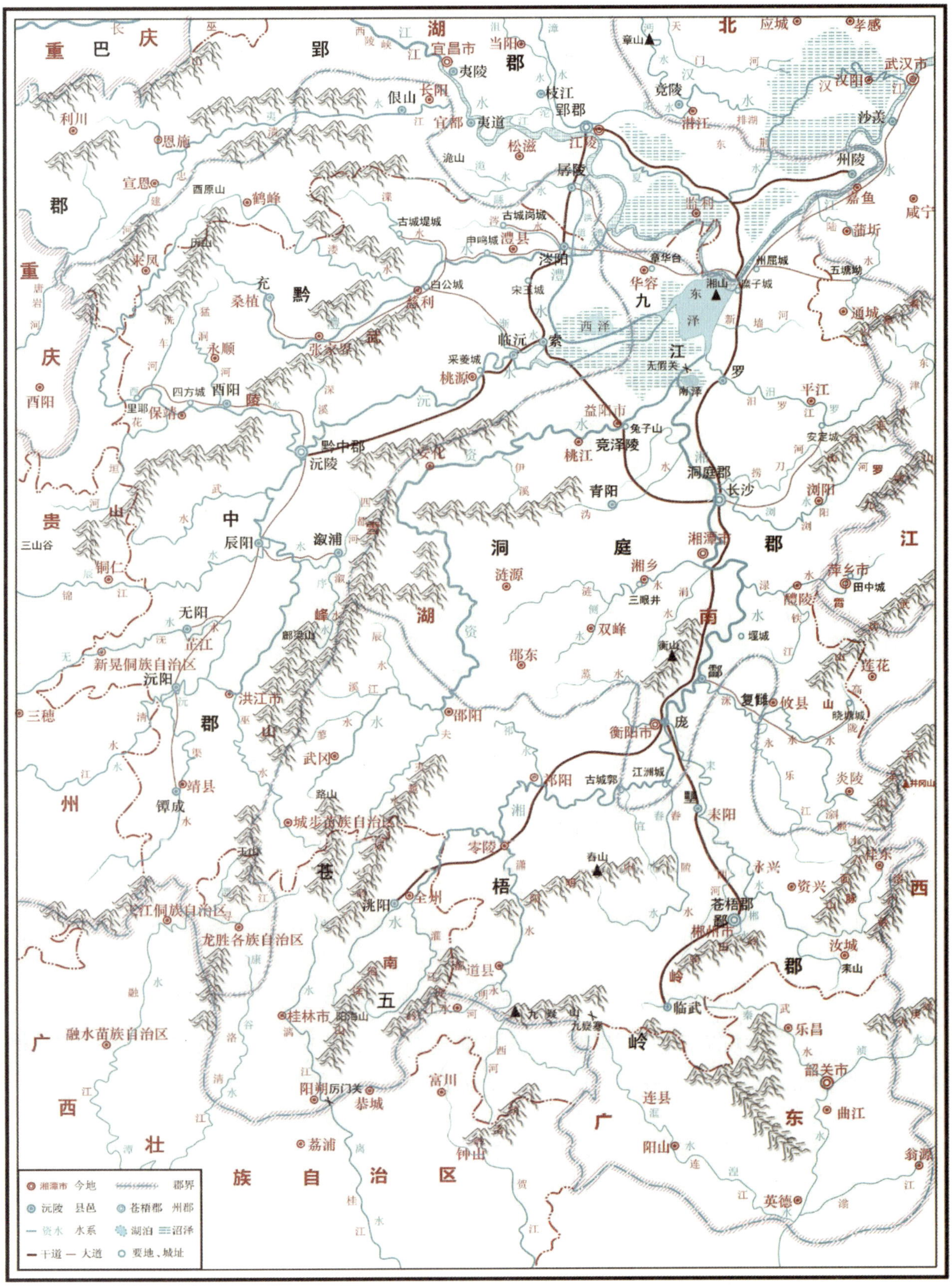

图 3-1　战国中晚期湖南交通地理图①

① 蒋响元、曹航惠参考《湖南省志·地理志》《洞庭湖历史变迁地图集》《湖南省地势图》等资料绘制。

第一节　楚人南下与湘境交通拓展

商周时期，三湘四水是“扬越”“百濮”“群蛮”等族群的栖息地[①]。大体而言，扬越分布湘资中下游，百濮及其他族群栖息沅澧流域。

周夷王时，熊渠“兴兵伐庸、扬粤，至于鄂”[②]。楚人占有鄂地后，乘势涉足“洞庭之野”。鄂东南与湘北等地，先后发现铭文“楚公”的西周中晚期青铜器，应是这次事件在考古学上反映。

楚人拓地江南，分东、西两路。东路自鄂地出发，向湘、资流域扩张；西路从郢都一带越过长江，进入澧、沅流域（图3-2）。楚人征服“群蛮”“百濮”，追逐扬越至南岭一线，并将其所灭国遗民迁入新辟之地，修筑城邑，建立据点。

图3-2　楚人南下示意图（长沙市博物馆 绘）

楚威王时，“地方五千里，带甲百万，车千乘，骑万匹，粟支十年。”[③]这与楚人占有广袤的长江中下游地区人力、物力资源，以及境内较为发达的水陆交通有直接关系。

一、“洞庭之野”及湘、资流域经营

考古学上的早期楚文化，是指商周时期与典型楚文化有渊源关系的一组陶器。其以鬲为核心，

① 清人顾栋高所撰《春秋大事表》称：“故其时蛮夷之在今湖南境者，……往往不能举其号，第称蛮曰群蛮、濮曰百濮以概之，盖其种类实繁，其地为今某州县亦难可深考。”

② 《史记·楚世家》。

③ 《战国策·楚策》。

以鬲、盂、盆、豆、罐或鬲、盆、豆、罐为基本组合。鬲为北方鬲与南方鼎结合而成，称为“楚式鬲”①。

湖南发现最早的楚文化遗存，是澧县文家山出土的楚式鬲。鬲为弧形连裆浅空足，足尖乳突状，拍绳纹，束颈、卷沿、圆唇，年代约西周中晚期②，与熊渠征扬越时段大致相符。澧县周家湾、周家坟山出土楚式鬲、盂、豆、罐的完整组合，时间约在西周春秋之交③。

岳阳阎家山、骆坪出土西周时期楚式鬲、盂、豆、罐组合。湘阴晒网场发现一处西周末期至春秋早期遗址，所出陶鬲形制与澧县周家湾遗址中的鬲相近，还出绳纹罐、深腹钵、圈足豆等④。

这些陶器遗存，文化面貌与湖北发掘的同期文物类似，有着“较为明显的来自北方的姬周文化与江汉土著文化融合的趋势”⑤。

周室东迁，楚国获得发展的重要机遇⑥。公元前 704 年，楚子熊通自立为“武王”。1987 年，益阳赫山庙义子山出土两件“武王戈”，其中一件长 28.5 厘米、内长 10.9 厘米，上面阴刻“武王□告”⑦。武王戈的出土，以及岳阳铜鼓山⑧、益阳落星桥⑨和澧县、湘阴等地早期楚文化遗址，印证了楚人兵伐洞庭之野、“始开濮地而有之”⑩记载。

为经营长江中游地区，楚武王选址交通方便的郢（江陵纪南城）作楚都⑪。楚文王即位后，正式迁都于郢⑫。

周庄王七年（前 690），楚武王灭罗子国，将其遗民从今湖北宜城迁徙枝江⑬。楚文王迁郢后，因枝江靠近郢都，又迁至汨罗江尾闾，今汨罗城西⑭。既确保了郢都安全，又实其新辟之地，镇抚土著扬越。

罗子城遗址东临汨罗江，南依李家河，城垣长约 590 米、宽约 400 米，总面积约 23.6 万平方米；墙基宽 14 米、高 3 米，黄土夯筑。发现七处城门，南北各有两处水门，之间水系连通，东有两处、西面一处陆门。陶器主要有高柱足的鬲、豆和罐，和江陵等地春秋中期高足鬲、豆等器形一致，

---

① 张硕：《早期楚文化的民族环境》，《江汉论坛》，2010 年第 12 期。

② 湖南省文物考古研究所等：《湖南澧县商周时期古遗址调查与探掘》，收于湖南省文物考古研究所，湖南省考古学会 编：《湖南考古辑刊》第 4 集，长沙：岳麓书社，1987 年。

③ 曹传松：《澧水下游楚文化分期及其相关的问题》，收于《楚文化研究论集》（第二集），武汉：湖北人民出版社，1991 年。

④ 高至喜：《楚人入湘的年代和湖南越楚墓葬的分辨》，《江汉考古》，1987 年第 1 期。

⑤ 尹弘兵：《早期楚文化初析》，《江汉考古》，2011 年第 3 期。

⑥ 《国语・郑语》：“及平王之末，而秦、晋、齐、楚代兴。秦景、襄于是乎取周土，晋文侯于是乎定天子，齐庄、僖于是乎小伯，楚蚡冒于是乎始启濮。”

⑦ 符伏田：《“武王戈”主属寻析》，收于湖南省文物考古研究所、《湖南考古辑刊》第 7 集，1999 年。

⑧ 湖南省文物考古研究所、岳阳市文物工作队：《岳阳市郊铜鼓山商代与东周墓发掘报告》，收于湖南省文物考古研究所、湖南考古学会 编：《湖南考古辑刊》第 5 集，长沙：岳麓书社，1989 年。

⑨ 益阳市文物管理处：《湖南益阳落星桥遗址发掘简报》，收于湖南省文物考古研究所 编：《湖南考古辑刊》第 10 集，北京：科学出版社，2014 年。

⑩ 《史记・楚世家》。

⑪ 一般认为，楚文王的郢都为今湖北江陵纪南故城。刘玉堂先生认为，春秋早期郢都有可能在今湖北当阳东南的季家湖古城。参见刘玉堂 著：《楚国交通研究》，武汉：湖北教育出版社，2012 年。

⑫ 《史记・楚世家》：“武王卒师中而兵罢。子文王熊赀立，始都郢。”

⑬ 《左传・桓公十二年》杜预注：“罗，熊姓国，在宜城县西山中，后徙南郡枝江县。”

⑭ 《汉书・地理志》长沙国罗县下引应劭曰：“楚文王徙罗子自枝江居此。”

与战国矮足陶鬲明显有别。据此，罗子城始建年代大致在春秋中期[①]，与楚文王徙罗时段相符。

栖息长江中游的荆蛮、扬越等族群，叛服无常。周惠王六年（前671），熊恽即位，是为楚成王。《史记·楚世家》：

楚成王恽元年，初即位，布德施惠，结好于诸侯。使人献天子，天子赐胙，曰："镇尔南方夷越之乱，无侵中国。"于是楚地千里。

成王北与中原结好，南征江汉、沅湘蛮越，致力拓疆辟土，形成"楚子称霸，朝贡百越"[②]格局。

1986年，岳阳筻口春秋中期楚墓发现一件铜盏，内刻"恿儿自作铸其盏盂"铭文，器形、纹饰与淅川下寺一号墓出土铜盏相似，均为失蜡法铸成[③]。这说明，春秋中期以前，湘水下游已是楚之南境。

周匡王二年（前611），楚庄王灭麇，迁其遗民于麇子城（今岳阳梅子市）。《读史方舆纪要》载，岳州府"东三十里，相传古麇子国，有东西二城"。周敬王十五年（前505），吴师伐楚，秦楚联手拒吴，吴师退守麇子城，被楚军火攻击溃。《左传·定公五年》：

吴师败楚师于雍澨（今岳阳南湖）[④]，秦师又败吴师。吴师居麇，子期将焚之，子西曰："父兄亲暴骨焉，不能收，又焚之，不可。"子期曰："国亡矣！死者若有知也，可以歆旧祀，岂惮焚之？"焚之，而又战，吴师败。

吴师撤军后，楚昭王遣使复筑焚于兵火的麇城。何光岳先生认为，"在岳阳地方，有东西两个麇城，期间相隔三十里。其中，东麇城在梅子市，为麇子国遗民所居；西麇城在今岳阳楼附近，濒临洞庭湖口，控扼交通要道，为楚昭王败吴于麇的地方。"[⑤]

楚共王时，楚人向湘、资水中上游扩张，将"蛮越"纳入统治体系，形成"南海事楚"局面。公元前575年，晋楚鄢陵之战时，楚师中出现一支不懂阵法的"蛮军"，杜预注为"蛮夷从楚者。"《后汉书》称，"鄢陵之役，蛮与恭（共）王合兵击晋。"这支出征中原的"蛮军"，显然由臣服于楚的江湘蛮夷编成。

楚共王去世后，楚臣子囊谈及共（恭）王建树的大事，所谓"抚有蛮夷，奄征南海，以属诸夏"[⑥]。《国语·楚语》：

王卒，及葬，子囊议谥……"赫赫楚国，而君临之，抚征南海，训及诸夏，其宠大矣。有是宠也，而知其过，可不谓恭乎？"

---

① 周世荣：《湖南湘阴古罗城的调查及试掘》，《考古通讯》，1958年第2期；盛伟：《古罗城遗址2015年考古发掘》，收于湖南省文物考古研究所 编：《2015年湖湘文化考古之旅》，内部印刷，2016年。

② 《后汉书·南蛮西南夷列传》。

③ 岳阳市文物工作队：《岳阳县凤形嘴山一号墓发掘简报》，《文物》，1993年第1期。

④ 《元和郡县图志》载："灉湖，一名翁湖，在（巴陵）县南十里。《尔雅》云：'河水决出还复入者为灉'。《左传》定公四年'吴人败楚于雍澨，五战入郢'，即此是也。"一说雍澨位今湖北京山县境。

⑤ 何光岳 著：《楚源流史》，长沙：湖南人民出版社，1988年，第284页。

⑥ 《左传·襄公十三年》。

这里的“南海”，泛指长江中游南岸诸族群。《尔稚·释地》：“九夷、八狄、七戎、六蛮谓之四海。”韦昭注曰“南海，群蛮也。”

大约春秋中期，楚人进入长沙地区。楚人在这里修筑城邑，驻扎军队，设置郡县（图 3-3）。长沙成为“楚之江南”重要都邑，征伐、控制蛮越族群的大本营[①]。

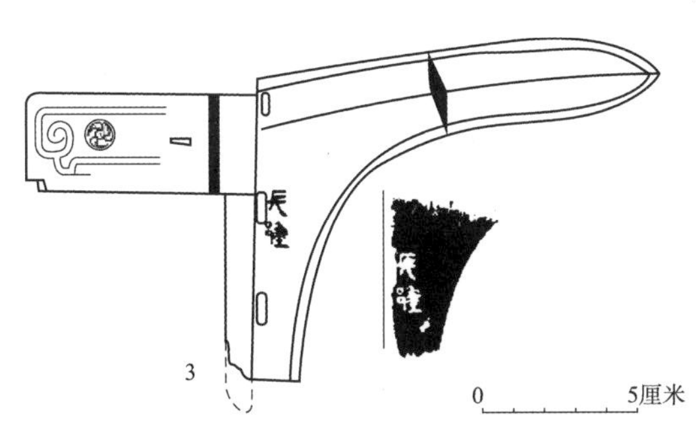

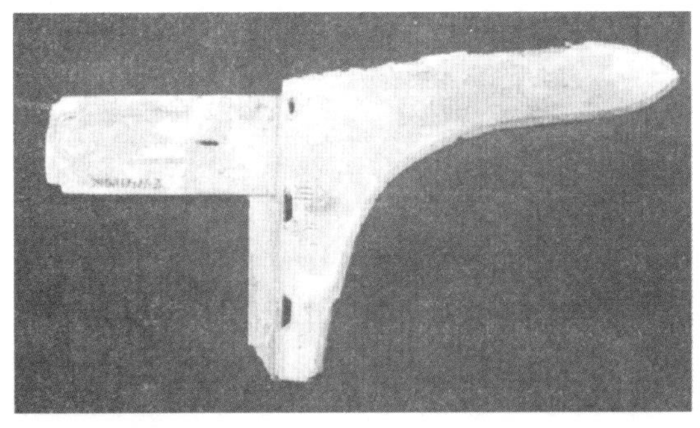

图 3-3 长沙戈（长沙市博物馆藏）

随着楚人南下，郢都至湘境驿路得以开辟。周景王八年（前 537），“楚子以驲至于罗汭（汨罗江入洞庭湖处）”[②]“楚师济于罗汭”[③]。这里的“楚子”，当是楚灵王。两年后，楚灵王在华容建成气势恢宏的章华台[④]。《左传·昭公七年》：“楚子成章华之台，愿与诸侯落之。”杜预注：“（章华）台，今在华容城内。”《水经注》载章华台“高十丈，基广十五丈。”华容章华台遗址尚存。

公元前 517 年，“楚子使薳射城州屈，复茄人焉；城丘皇，迁訾人焉。”[⑤]“州屈”即屈原先祖屈氏始封之地[⑥]，位于今临湘境内[⑦]。“薳射城州屈”前两年，吴伐楚，“楚恐，城郢。”[⑧]楚在江湘之交筑城，将其打造成控扼吴越溯江攻郢的堡垒、经营湘资流域的基地。

春秋晚期，楚人势力到达岭南[⑨]。连州、永宁州（今广西永福）“春秋时楚地”[⑩]。1971 年，广西恭城金堆桥发现春秋晚期墓，出土鼎、尊、罍、编钟、戈、钺、剑、镞、斧、凿、柱形器等铜器 33 件，其中鼎、尊、罍、编钟和戈属典型楚式风格[⑪]，墓主人或为镇守南岭、镇抚百越的楚

① 《汉官仪》：“秦用李斯议，分天下为三十六郡，凡郡或以列国，陈、鲁、齐、吴是也；或以旧邑，长沙、丹阳是也；或以山陵，泰山、山阳是也；或以川原，西河、河东是也。”

② 《左传·昭公五年》。先秦时期，汨罗江入洞庭湖处称罗汭或罗渊。清段玉裁《说文解字注》引北魏郦道元《水经注》云：“湘水又北，汨水注之。汨水出豫章艾县桓山，西南经吴昌县北，又西经罗县北，谓之罗水，又西经玉笥山，又西为屈潭，即汨罗渊也，屈原怀沙自沉于此，又西经汨罗戍南，西南注于湘。《春秋》之罗汭，世谓之汨罗口，按今湘阴县（注：今汨罗市原属湘阴县，1966 年析湘阴县东乡设汨罗县，1988 年撤县建市。这里的‘湘阴县’指当时湘阴县治）北七十里汨罗江是也。”

③ 《左传·昭公五年》。

④ 章华台故址地望，学术界尚有争议。黄德馨认为，章华台所在之古华容县城位今湖北潜江西南。参见黄德馨 著：《楚国史话》，武汉：华中工学院出版社，1983 年。

⑤ 《左传·昭公二十五年》。

⑥ 周笃文：《屈原的首丘情结及屈氏封地考略》，《云梦学刊》，2006 年第 4 期。

⑦ 乾隆《岳阳府志·卷三》：“临湘县，古如城，按县志，楚子城州屈以居如人，即此。”长沙：岳麓书社，2008 年。这里提到的“如人”，就是《左传》中的“茄人”。

⑧ 《史记·楚世家》。

⑨ 《通典·岭南道》：“韶州始兴（今广东始兴）郡，春秋战国皆楚地”“桂州始安（今广西桂林）郡，七国时为楚越之交。”

⑩ （清）顾祖禹 撰：《读史方舆纪要》，卷一百一，清稿本。

⑪ 广西壮族自治区博物馆：《广西恭称县出土的青铜器》，《考古》，1973 年第 1 期。

军统帅。

吴起变法开始，为“实广虚之地”①，将大批贵族迁湘，让其直接管理封邑，一些被谪的官员也流放湘境。如楚怀王时，上官大夫靳尚封今宁乡一带，湘江支流靳江因此得名。

越王勾践灭吴后，楚越双方争战不断，互有攻伐。“王无强时，越兴师北伐齐，西伐楚，与中国争强。”齐王遣使与越讲和，称：

复雠、庞、长沙，楚之粟也；竟泽陵，楚之材也。越窥兵通无假之关，此四邑者不上贡事于郢矣。……于是越遂释齐而伐楚。②

无假关在湘水下游，今岳阳与湘阴之间③；庞位于衡阳盆地；复雠、竟泽陵位今何处，学界历来语焉不详。综合历史文献、山川地理和考古材料推测，复雠似在茶陵—永兴盆地或攸县盆地一带，竟泽陵或处资水中下游地区。其与庞、长沙一样，皆经扼湘、资二水的无假关通郢都。

楚为控制崇（阳）通（城）、平（江）修（水）、醴（陵）萍（乡）、茶（陵）莲（花）山隘通道，修筑了五塘坳（湖北崇阳县沙坪镇）、安定（平江县安定镇）、田中④（江西萍乡北郊）、晓塘（茶陵秩堂镇）四座城池⑤，以扼楚越交通要冲，保护复雠、庞、长沙等地安全。

公元前333年，楚威王破越⑥，“尽取故吴地至浙江，北破齐于徐州。”⑦徐州之战后，楚国版图东临大海，西起巴山、巫山、武陵山，南逾五岭，北至汝、颖、沂、泗，拥有今川、鄂、湘、赣、皖、苏、浙、豫、陕、鲁、粤、桂等省区全部或部分。战国纵横家苏秦称：

楚，天下之强国也……西有黔中、巫郡，东有夏州、海阳，南有洞庭、苍梧，北有汾陉之塞郇阳，地方五千余里，带甲百万，车千乘，骑万匹，粟支十年，此霸王之资也。⑧

截至21世纪初，湖南发现楚墓6000余座，湘资中下游流域居多。鬲是早期楚文化的典型陶器。《长沙楚墓》纪录楚墓2048座，带鬲楚墓79座，是出土陶鬲最多的地区⑨。

1952年，长沙龙洞坡（今烈士公园南门附近）826号墓，除陶鬲、壶、鉢外，还出土铜剑、铜镜、

① 《吕氏春秋·贵卒》。

② 《史记·越王勾践世家》。

③ 谭其骧 主编：《中国历史地图集》（第一册），北京：中国地图出版社，1996年，第45—46页。

④ 有观点认为，田中古城为越人所筑，毁于春秋晚期、楚昭王时期（公元前500年前后）。参见唐际根、彭安保：《田中古城背后的楚与百越》，《考古》，2011年第2期。

⑤ 文国勋：《对湘鄂赣边区楚国古城址的初步认识》，收于湖南省考古文物研究所 编：《湖南考古辑刊》第12集，北京：科学出版社，2016年。

⑥ 越亡国的具体时间，学术界有不同观点，大致有前333年亡于楚威王、前306年亡于楚怀王、前261年亡于楚考烈王、前222年亡于秦始皇等。有观点认为，所谓公元前333年楚威王灭越，其实是楚国和齐国交战，与越无关，越于公元前306年为楚怀王所灭。参见（1）杨宽：《关于越国灭亡年代的再商讨》，收于杨宽 著：《杨宽古史论文选集》，上海人民出版社，2003年。（2）胡运宏：《勾践之后的越楚关系及越国历史考辨》，《绍兴文理学院学报（社科版）》，2005年第3期。又，《史记·六国年表》记公元前319年“楚怀王城广陵（故吴地，今江苏扬州）”，2014年考古发现的楚广陵城遗址印证了这一记载，亦佐证楚威王时，楚势力已扩至越人腹地，越亡于楚威王无误。参见2015年5月27日《扬州日报》刊文：《楚怀王为何“城广陵”》。

⑦ 《史记·越王勾践世家》。

⑧ 《战国策·楚策》。

⑨ 湖南省博物馆等 编著：《长沙楚墓》，北京：文物出版社，2000年。

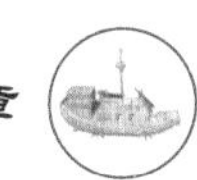

铁刮刀[①]。

1955 年，耒阳野屋塘清理楚墓两座，出有陶器、铜器、铁器等，时代在春秋战国之交[②]。

1958 年，长沙太子冲遗址出土鬲、豆、钵、罐、鼎等陶器[③]。

1976 年，长沙火车站新址所在的杨家山 65 号墓，出土铜格钢剑、铁刮刀、铸铁小鼎，其中钢剑是国内发现最早的钢制兵器[④]。

1982 年，湘乡何家湾发现一座出有铜器的春秋晚期楚墓[⑤]。

这些早期楚墓主人，携钢剑、铁锄、铁削等武器和农具，“筚路蓝缕，以启山林”，无疑是楚人开发江湘的先驱。

湘资流域楚墓中，1971 年发掘的长沙浏城桥一号墓规模最大。该墓年代约为战国初，葬制一椁二棺，另有长沙楚墓仅见的殉葬棺一具。出土随葬物 262 件，包括礼器、乐器、兵器、车马器、漆木器等，兵器戈、矛、剑、戟、弓、箭、箭、盾齐全，戈、戟柄长 3 米有余，车马器有车伞盖、车辕、铜马衔、铜车辔等。根据葬制判断，墓主或为大夫级官员、当地楚人首领[⑥]。

长沙发掘的大夫级楚墓，还有五里牌 406 号墓、仰天湖 25 号墓、子弹库 17 号墓、荷花池 1 号墓、烈士公园 3 号墓、黄泥坑 20 号墓。湘境发掘的 10 座大夫级楚墓中，长沙占有 7 座，凸显其在湘资流域的政治、军事中心和交通枢纽地位。

湘乡枫树仑楚墓发现车马坑两座，马骨、车圜、车辙尚存[⑦]。湘乡牛形山楚墓出土马车由车轮、车舆、车辕、车伞、马衔组成[⑧]。

战国时期，由于楚越对峙及向岭南扩张的战略需要，“洞庭之野”成为楚人经营的重点地区。复觵、庞、长沙是楚国粮仓和手工业基地。所出米谷、木材、矿产、布帛及手工业品，浮舟郢都，或转输各地。长沙、湘乡等地楚墓出土车马器，见证了湘水流域交通发展。

二、“楚子伐濮”与沅、澧流域开发

周景王二十二年（前 523），楚平王采纳大臣费无极建议，出动舟师，水陆并进，深入沅、澧征伐百濮，拓疆武陵山区[⑨]。沅、澧中上游发现春秋晚期至战国早期楚墓、楚城，即是“楚子伐濮”在考古学上的反映。

---

① 顾铁符：《长沙 52·826 号墓在考古学上诸问题》，《文物参考资料》，1954 年第 10 期。

② 高至喜、熊新传：《楚人在湖南的活动遗迹概述》，《文物》，1980 年第 10 期。

③ 周世荣：《长沙太子冲文化遗存》，《文物》，1960 年第 3 期。

④ 长沙铁路东站建设工程文物发掘队：《长沙新发现春秋晚期的钢剑和铁器》，《文物》，1978 年第 10 期。

⑤ 高至喜：《楚人入湘的年代和湖南越楚墓葬的分辨》，《江汉考古》，1987 年第 1 期。

⑥ 湖南省博物馆：《长沙浏城桥一号墓》，《考古学报》，1972 年第 1 期。

⑦ 尹铁凡 著：《湘潭经济史略》，长沙：湖南人民出版社，2003 年，第 21 页。

⑧ 单先进、熊传新：《湖南湘乡牛形山一、二号大型战国木椁墓》，收于文物资料委员会 编：《文物资料丛刊》（3），北京：文物出版社，1980 年。

⑨ 《左传·昭公十九年》：“楚子为舟师以伐濮。费无极言于楚子曰：‘晋之伯也，迩于诸夏；而楚辟陋，故弗能与争。若大城城父而置大子焉，以通北方，王收南方，是得天下也。’王说，从之。”《左传·昭公二十三年》说楚“今土数圻（‘圻’，方千里）”，其中包括了楚征服的百濮地区。

沅水是“卜人贡丹砂”[①]贡道，楚人经营黔中的主要通道。楚鬲在常德、沅陵、溆浦、黔阳、保靖等地皆有发现。1958 年，常德德山楚墓出土鬲、盂、豆、罐等陶器，时代为春秋末至战国初[②]；1988 年，溆浦马田坪发掘春秋晚期楚墓[③]。古丈白鹤湾和保靖四方城等地楚墓，年代亦为春秋战国之交，与楚平王拓地江南的时段相符。

楚子伐濮后，在桃源筑“采菱城”[④]，将沅水中下游纳入楚国版图。采菱城居沅水下游要冲，是重要军事据点和区域行政中心。调查显示，采菱城城址南北长 830 米，东西宽 410 米，护城河宽 20—30 米；城垣残存 11 段，总残长约 1450 米；城内采集到绳纹筒瓦、陶鬲等陶器，年代属东周时期。遗址附近发掘楚墓群，出土兵器、漆木器、彩绘陶等，年代从战国延续至西汉早期，应是采菱城居民埋葬区[⑤]。

传说，楚平王曾泛舟常德白马湖采菱[⑥]。

周敬王十五年（前 504），楚置白邑于慈利，封楚平王之孙白胜为白公。三十一年，白胜筑城于澧水支流零溪河畔，称白公城[⑦]。

白公城遗址位于慈利县东，城址南北长 350 米，东西宽 277 米。护城河宽 10 米，深 2 米。发现灰沟、灰坑、房址、古井等遗迹，出土荆楚、巴蜀文化特征陶器、铁器、青铜器和漆木器，反映了楚、巴等族杂居澧水流域的历史。

2003 年，慈利县石板村骑龙岗发掘一座大型楚墓。该墓距白公城 1500 米，一椁两棺。头厢、边厢和棺室分别出土鼎、敦、壶、剑、戈、戟、矛等青铜器各两件，犀甲和铜钺各一件，马衔、伞盖等车马器各两套，漆木器有镇木兽、卧鹿木俑等[⑧]。根据葬制推测，墓主应是掌管沅澧流域的大夫级官员。

白公城遗址、骑龙岗楚墓发掘，为楚国时期湘西北政治、军事、交通等方面研究提供了新材料。马衔、伞盖等车马器的出土，证明彼时澧水中下游筑有车马大道。

楚都迁郢后，澧水下游为楚人南下首选之地。楚人在这里修筑白公城、宋玉城、申鸣城、古城岗城、古城堤城、涔阳等城邑。

临澧申鸣城是长江以南发现的最大楚城，邻近地区有楚墓 400 余座，其中保存高大封土堆的墓葬 24 座，是湖南级别最高、规模最大、分布密集且有相邻同期城址（申鸣城）的楚墓群。20 世纪 60 年代，文物部门曾在当地收集到凤鸟纹式车辕、错金车辔等车马器。1979—1981 年，发

---

① 《逸周书·王会》。

② 湖南博物馆：《湖南常德德山楚墓发掘报告》，《考古》，1963 年第 9 期。

③ 怀化地区文物工作队等：《溆浦县高低村春秋战国墓清理报告》，《湖南考古辑刊》第 5 集，1989 年。

④ （清）余良栋、刘凤苞 纂《桃源县志·卷之二》：“采菱城，县东十五里，楚平王筑。”清光绪十八年刊本。

⑤ 李国斌：《桃源发现战国古城采菱城墓群》，《湖南日报》，2016 年 1 月 27 日，第 22 版。

⑥ 宋代王象之的《舆地纪胜》录南朝梁伍安贫《武陵记》：“其湖产菱，壳薄肉厚，味特甘美，楚平王尝采之，有采菱亭。”清影宋钞本。

⑦ （明）刘玑 纂修《岳州府志·慈利县》：“白公城在县东五里，四面有门。相传楚白公胜所筑。”明弘治元年刻本。（清）胡公威、叶琼 纂《慈利县志》：“楚平王之孙白胜为白县尹，僭称公，筑城于阳山之麓、零水之旁，即今白公城址也。”清康熙二十四年刻本。

⑧ 朱永华：《慈利发现大型战国墓葬 千年古鱼完好》，《湖南日报》，2003 年 4 月 3 日，第 22 版。

掘楚墓 22 座，清理车马坑 2 个，马车形制及车軎铭“君”字和江陵天星观楚墓所出接近；车辆辐距为 1.6—2 米，与江陵纪南城出土楚车相若。

1980 年发掘的九里黄家包 1 号墓（图 3-4），规模宏大，墓口东西长 34.5 米，南北宽 32.8 米，墓口往下有 22 级台阶，封土堆至棺柄达 20 米，巨型棺椁用木材 200 多立方米，椁长 8.8 米，高、宽均为 4.4 米，墓道长 19 米，外围附设车马坑，规格与江陵天星观楚邸阳君墓相似。从墓葬形制、出土随葬品分析，该墓年代为战国中期，墓主地位应与天星观墓主相当，可能为一封君墓葬[①]。

图 3-4 临澧九里黄家包 1 号楚墓发掘现场[②]

2015 年，对九里马鞍岭 10 座战国中期楚墓进行抢救性发掘。出土铜马衔、节约、盖弓帽等车马器，凸显了墓主的高贵地位；铜器、陶器除表现出典型楚文化特征外，还有越、巴蜀文化因素，反映出各文化类群的交流与交融。

三、楚灭国遗民迁湘与通驿线路

楚人享国 800 余年，通过攻伐和兼并，由“地不过同”的子国，崛起为“春秋五霸”“战国七雄”之一。

清人高士奇在《左传纪事本末》称，“春秋灭国之最多者，莫楚若矣。”猛烈扩张的楚国不仅将其周边蛮夷部落兼并，还将周室宗族“江汉诸姬”及邻近方国攻灭[③]。有学者统计，楚灭之国 51 个[④]。另有研究认为，春秋期间楚人先后攻灭、兼并 61 国[⑤]。从其灭国地域、时间来看，楚国扩张态势大致是先征汉水以西，再服汉水以东，逐渐向黄淮、江南一带推进。

为经营“楚之江南”，楚国每攻灭一个诸侯方国，便将其遗民从相对发达的“周土”迁居新辟“蛮越之地”。其中，所灭罗、郧、贰、轸、应、卢、申、六、蓼、舒、麇、庸、萧、道、许、唐、顿、蔡、宋、巴等国遗民，大部迁徙三湘四水。

卢戎，子爵，原栖息今湖北南漳县东北。周庄王七年（前 690），与罗子同被楚武王所灭，遗民南迁湖北枝江。楚文王十一年（前 679），再迁平江卢水、卢洞和卢山。另一支迁湘西卢水（今

① 熊传薪：《湖南临澧九里一号大型楚墓发掘简报》，收于陈建明 主编：《湖南省博物馆馆刊》，长沙：岳麓书社，2012 年。

② 湖南省文物局 编：《湖南文物概览》，长沙：湖南人民出版社，2004 年，第 212 页。

③ 《说苑 · 正谏》：“荆文王……务治乎荆，兼国三十。”《韩非子 · 有度第六》：“荆庄王并国二十六，开地三千里。”

④ 黄德馨：《楚疆域变迁考略》，《武汉师范学院学报》（哲学社会科学版），1980 年第 4 期。

⑤ 何浩 著：《楚灭国研究》，武汉：武汉出版社，1989 年。

武水），梁天监中于此置卢州，唐初置卢溪县[1]。

申，侯爵，原在今南阳申城。周庄王九年（前688）为楚文王所灭。周景王十六年（前529），被迁荆山，子孙以申为氏。后有一支迁临澧，那里有楚大夫申鸣所建的申鸣城。

周匡王二年（前611），楚庄王灭麇，迁其遗民于岳阳。周敬王十五年（前505），吴军攻破郢都后复被秦楚联军击败，退守麇地，得到麇人响应。楚收复疆土后，把部分迎吴叛楚的麇人放逐更南的衡阳。详见《楚灭国遗民迁湘表》表3-1。

楚灭国遗民迁湘表[2]　　表3-1

方国名	原居地	灭国时间	迁　徙　地
郧国	湖北安陆	春秋早期	战国中期迁茶陵
贰国	湖北应山	春秋早期	汉寿
轸国	湖北应城	春秋早期	岳阳
应国	河南襄城	春秋早期	先迁湖北应城，再迁东安
罗国	湖北宜城	前690年	湖北枝江，后迁汨罗
卢国	湖北南漳	前690年	平江及湘西卢水
申国	河南南阳	前688年	湖北荆山，一支迁临澧
六国	安徽六安	前622年	醴陵、株洲之渌水一带
蓼国	河南固始	前622年	湖北应山，后迁资兴和武冈
舒国	安徽庐江	前615年	溆浦
麋国	湖北郧县	前611年	岳阳，后有一支迁居衡阳
庸国	湖北竹山	前611年	一支迁华容，继迁攸县；大部分庸人迁武陵山区
萧国	安徽萧县	前597年	江西清江，后迁潇水流域
道国	河南确山	春秋中叶	前529年，迁道于荆山，后迁慈利
许国	河南许昌	前506年	华容，后迁湘西芷江
唐国	湖北随州	前505年	武冈
顿国	河南商水	前496年	沅水、资水上游
蔡国	河南上蔡	前447年	安徽凤台，一支迁常德
宋国	河南商丘	前286年	湘西
巴国	重庆涪陵	前280年	武陵山区

随着楚人南下、灭国遗民南迁，湖湘渐成楚国重要的粮食、手工业及原材料基地，由荆及湘的水陆交通也得到拓展。

楚人南下以水路为主，循江、湘、资、沅、澧、油[3]等水系推进。通驿道路大致有三条。

第一条道路从郢都江陵出发，在江津（今湖北沙市）渡江，经松滋刘家场一线，至澧水沿岸的石门、慈利、张家界等地。慈利骑龙岗发掘车马器、张家界野猫沟出土楚国铭文车矛可资佐证。

第二条道路也从郢都出发，经公安、澧县、常德，进入益阳、长沙、湘潭、湘乡、衡阳等地。

---

① 何光岳：《卢戎考》，《民族研究》，1982年第3期。

② 本表内容根据何浩 著：《楚灭国研究》（武汉：武汉出版社，1989年）及何光岳 著《楚灭国考》（上海：上海人民出版社，1990年）等资料整理。

③ 油水，古水名，或为今藕池河中支，《鄂君启节》曾载“入资、沅、澧、油”。参见江良发：《古油水源流稽考》，《云梦学刊》，2011年第1期。

该道与荆襄道构成南北交通主干线。

另自常德溯沅水经沅陵、辰溪至溆浦江口后，又分两条线路：或东沿溆水入溆浦；或南沿沅水，至沅、渠水交汇的托口转往桂黔。洪江大塘岭楚墓群的发掘，证实了这条线路存在[①]。

第三条道路是沿郢都至州国（州陵）[②]的道路至今湖北监利渡江，再沿湘水南下，经长沙、湘潭，进入湘水上游，或沿涟水进入湘乡、邵阳等地。

四、麻阳古铜矿与"金道锡行"

《尚书·禹贡》记："荆及衡阳惟荆州，厥贡羽毛齿革，惟金三品。"周代大型铜矿主要位于长江中游南部，包括湖北大冶铜绿山、江西瑞昌铜岭及麻阳九曲湾等处。《谏逐客书》中历数天下名产，"江南金锡"与"西蜀丹青""太阿之剑""昆山之玉""郑卫之女"并列[③]。

麻阳九曲湾铜矿遗址位于沅麻盆地。遗址清理古矿井 14 处，推算开采面积约 32351 平方米，累计采掘矿石 175365 吨。以铜矿品位分析，采掘的矿石中共含铜 8525 吨。清理出的木器有槌、撮瓢、瓢、撬榻、楔、铲、杯等，铁器有錾、锤，陶器有罐、豆等。木槌 1979 年经碳 14 测定，年代距今为 2730 ± 90 年（前 780 ± 90），最早与周厉王（前 877—前 841 年在位）时对应。圜底罐与江陵、当阳春秋墓同类器物形制相似；铁锤、铁錾与大冶铜绿山古矿井发现的风格一致[④]。

矿区地表未见炉渣、炼炉等遗存，采出铜矿石可能外运冶炼[⑤]。运输路线：从九曲湾陆运辰水支流太平溪转辰水，或由九曲湾直接陆运铜码头入辰水、沅水，转运冶炼基地。楚冶铜遗址在江陵纪南城内陈家台、当阳季家湖古城、大冶铜绿山以及平江瓮江均有发现[⑥]；长沙铜官（铜山）也是楚国冶铜工场[⑦]。

九曲湾附近与铜有关地名，有铜山溪、铜岩山、铜码头等，应与古铜矿的发现、开采、运输等有关。

锡和铅是铸造青铜器重要原料。郴州、桂阳、耒阳、江华等地产锡[⑧]，常宁水口山产铅。江陵天星观 1 号楚墓曾出锡片饰 200 件，长沙、衡南楚墓发现铅鼎、铅戈和铅块[⑨]。

赵宗溥先生认为，"中国产锡之地不过湖南、广西、云南等地，皆位于中国西南部。青铜之发现，极可能由于冶炼铜锡共生矿石而来。"中原地区"青铜原料之来源，未必不可取自南岭一带"[⑩]。

---

① 袁汝婷、明星：《湖南出土 115 座战国墓 见证"楚文化"南渐西进》，《新华网》，2012 年 12 月 21 日。

② 州国，周代诸侯国，周武王所封，位于今湖北洪湖市境。《辞海》："州，古国名，偃姓，在今湖北洪湖东北。"

③ 《史记·李斯列传》。

④ 李庆元、李仲均：《麻阳古铜矿遗址调查》，《有色金属》，1984 年第 3 期；湖南省博物馆、麻阳铜矿：《湖南麻阳战国时期古铜矿清理简报》，《考古》，1985 年第 2 期。

⑤ 有观点认为，古代铜锡矿的开采、冶炼可能在同一地点，所谓"即山鼓铸"。这也是为什么大部分青铜器铸造作坊中，往往发现大量炉渣、红烧土块、草木灰、坩埚片和各种残陶范等铸造遗迹，却不见铜矿石、锡矿石存在的原因。参见裘士京 著：《江南铜研究——中国古代青铜铜源探索》，合肥：黄山书社，2004 年。

⑥ 董希如：《论春秋战国时期楚国的青铜冶铸业》，《中国社会经济史研究》，1987 年第 1 期。

⑦ 《元和郡县图志·江南道》："铜山，在（长沙）县北一百里，楚铸铜处。"

⑧ 《水经注·湘水》："冯水又左合萌渚之水，水南出于萌渚之峤，五岭之第四岭也。其山多锡，亦谓之锡方矣。"

⑨ 董希如：《论春秋战国时期楚国的青铜冶铸业》，《中国社会经济史研究》，1987 年第 1 期。

⑩ 赵宗溥：《青铜文化来源考疑》，《矿测近讯》第 89 期，1948 年；越宗溥：《青铜文化来源续考》，《矿测近讯》第 98 期，1950 年。

顾铁符先生推测，楚国冶炼青铜用锡的主要来源，可能就是萌渚岭一带[①]。所采锡矿浮潇水、湘水、长江，运输郢都等地。

“国之大事在祀与戎。”[②]铜锡是铸造礼器、兵器的主要原料。铜锡北输，主要有贡金、献金、交易、馈赠和俘金等方式。《左传》记“郑伯始朝于楚，楚子赐之金，既而悔之，与之盟曰：‘无以铸兵’”就是力证。周代金文中，多有“俘金”“得金”记载[③]。

除战争掠夺外，交易是获取铜锡主要途径。周朝为稳定获得铸造铜器所需原料，辟有通往江南、江淮的铜锡运道。曾伯瑮簠铭：

克逖淮夷，印燮繁汤（阳），金道锡行。

南方多产金锡，“金道锡行”即金锡入贡或交易之路。繁阳（今河南新蔡）交通便利，是江淮铜锡的主要集散地[④]。

随州东北、西南分别为桐柏山和大洪山，两山之间形成狭长通道——随（州）枣（阳）走廊。自南阳盆地、随枣走廊，沿涢水南下，可避汉水襄汉段迂远路程。故江南铜锡，主要经由随枣走廊转输。

1978 年，随州发掘曾侯乙墓，出土一套 65 件编钟（图 3-5），是迄今发现最完整、最大的成套编钟；青铜礼器主要有镬鼎 2 件、升鼎 9 件、饲鼎 9 件、簋 8 件、簠 4 件、大尊缶 1 对、联座壶 1 对、冰鉴 1 对、尊盘 1 套 2 件及盥缶 4 件等。此后，随州又发掘擂鼓墩 2 号墓、羊子山噩侯墓、叶家山曾侯墓、文峰塔曾侯墓等大型墓葬群，出土大批成组、高规格青铜器。这些出土材料，印证了随枣走廊是铜锡北上的“金道锡行”。

图 3-5　随州曾侯乙墓出土一组共 65 件铜编钟（湖北省博物馆 藏）

① 顾铁符：《江南对楚国的贡献与楚国的开发江南》，收于湖南省博物馆 编：《湖南考古辑刊》第 1 集，长沙：岳麓书社，1982 年。

② 《左传·成公十三年》。

③ 蔡侯鼎：“蔡侯获巢，俘厥金。”翏生盨：“王征南淮夷，翏生从，执折（斩）首，孚（俘）戎器，孚（俘）金。用作旅盨。”过伯簋：“（过）白（伯）从王伐反荆，孚（俘）金，用乍（作）宝尊彝。”鼒鼎簋：“鼒鼎从王伐荆，孚（俘）（金），用作钵簋。”御簋：“御从王南征，伐荆楚，又（有）得（金），用作父戈宝尊彝。”

④ 晋姜鼎：“征繁汤口取厥吉金，用作宝尊鼎。”

五、“南平百越”与五岭道拓辟

周威王十七年（前 409），魏将吴起攻占秦西河地区（陕西洛河、黄河与渭河间三角地带），并被魏文侯任命为西河郡守。据统计，吴起在魏20余年，先后统兵与各诸侯国作战76次，全胜64次，其余 12 次战平。魏“辟土四面，拓地千里，皆起之功也”[①]。

魏武侯继位后，吴起受权臣陷害，被迫奔楚。楚悼王先命其为宛（今河南南阳）守，继升令尹，主持变法。吴起变法后，楚国空前强盛，“南平百越，北并陈蔡，却三晋，西伐秦。诸侯患楚之强。”[②]

“南平百越”是继“舟师伐濮”后，楚在江南的又一次大规模军事行动。吴起认为，“荆所有余者地也，所不足者民也。今君王以所不足益所余，臣不得而为也。”故“令贵人往实广虚之地”[③]，促进广袤的“楚之江南”开发。湘水上游洮阳（今广西全州县境），湘水、耒水交汇处的庞（今衡阳），耒水之滨的鄷（耒）阳君、鄗（今郴州），以及武水上游临武君等，就是这一时期设立的县邑或封邑。其中，洮阳扼楚越主孔道“湘桂走廊”，鄷、鄗控经耒水南下的楚越道，临武邑、九疑塞控制由骑田岭、九嶷山一线入溱水（北江）、湟水（连江）的交通间道。

《后汉书·南蛮西南夷传》：

吴起相悼王，南并蛮、越，遂有洞庭、苍梧之地。

楚悼王对南方用兵、征服蛮越后，将其地纳入郡县管理体制，设洞庭、苍梧二郡，守卫楚国南疆。

洞庭郡大致范围，北至洞庭，南及潇湘，东接幕阜，西以雪峰山为界，与黔中郡相邻，郡治位于水陆要冲长沙[④]。

苍梧郡辖洞庭郡以南，楚南境以北，湘、资上游的五岭地区，郡治位于楚越交通要冲鄗（郴）。21 世纪初，该地发现大夫级楚墓，出土云纹漆樽、谷纹琉璃壁、西域琉璃珠、越式锡鼎等文物[⑤]。另有观点认为，苍梧郡治位于江华桥头铺一带的老屋地城址[⑥]。

战国中晚期，楚南境抵今广东南雄、始兴、连州、阳山以及广西平乐、荔浦一线[⑦]，应是“南平百越”所致。

《史记·甘茂传》记范蜎与楚怀王一段对话，言及“楚南塞厉门而郡江东。”《史记正义》引刘伯庄语“厉门，度岭南之要路。”根据《水经注·漓水》中“漓水之上有关”记述，“漓”“厉”

① 《吴子·图国》。

② 《史记·孙子吴起列传》。

③ 《吕氏春秋·贵卒》。

④ 赵炳清：《略论“洞庭”与楚洞庭郡》，《历史地理》第 21 辑，2006 年。2011 年出版的《洞庭湖历史变迁地图集》（湖南省国土资源厅 编著，长沙：湖南地图出版社）第 76—77 页，将楚洞庭郡治标今常德市境。

⑤ 张式成：《郴州，独树一字耸南岭》，《文献与人物》，2016 年 2 期；参阅谢武经：《郴州：秦、楚苍梧郡郡治；神农、舜、义帝帝都》，《郴州文史网》，2015 年 6 月 19 日。2011 年出版的《洞庭湖历史变迁地图集》（湖南省国土资源厅 编著，长沙：湖南地图出版社）第 78—79 页，将楚苍梧郡治标今湘阴青山岛上。

⑥ 钟炜：《洞庭与苍梧郡新探》，《南方论刊》，2006 年第 10 期；徐少华、李海勇：《从出土文献析楚秦洞庭、黔中、苍梧诸郡县的建置与地望》，《考古》，2005 年第 11 期。

⑦ 《文献通考·舆地考》：“自荔浦以北为楚，以南为越。”

语音相近，厉门即扼漓水之关，在今广西平乐西南①。1974年，平乐银山岭发掘一批战国中晚期墓葬，出土实茎剑、扁銎矛和钺、戈、铁锄、刮刀等物，部分兵器铭刻“江”“鱼”“孱陵”等楚地名，墓主应是与越人作战阵亡的楚国戍兵②。

南岭由越城岭、都庞岭、萌渚岭、骑田岭和大庾岭五座山岭组成，又称五岭③。五岭之间，或形成低谷走廊，或为构造断裂盆地，或分水岭低矮，遂成南北交通的天然孔道。《晋书·地理志》：

自北徂南，入越之道，必由岭峤，时有五处，故曰五岭。

越城岭、都庞岭、萌渚岭、骑田岭四道，均由潇湘出粤桂，是楚越交通主孔道。

越城岭道，即连接湘水和漓江的峤道。《吕氏春秋·本味》：“招摇之桂，越骆之菌。”招摇山，或为越城岭主峰猫儿山④。秦人获得招摇之桂、骆越之菌等美味，显系通过湘桂走廊。

1958年，梧州出土战国早期楚式铜鼎。

1976年，兴安出土一件商末周初陶索形提梁铜卣。同年，灌阳发现一件铜铙，另出土一件夔凤纹铜戈。2002年，兴安出土一件西周铜簋，腹内有铭文九字⑤。这些铜器，应系中原或江湘地区制作，经由湘桂、潇贺路线传入。

由道入贺，即沿潇水上溯，穿越都庞、萌渚岭之间隘口，入贺江南下，进入西江流域。

1971年，恭城县嘉会公社秧家大队、漓江支流恭城河西岸出土一批春秋晚期青铜器，包括铜鼎5件、尊2件、罍1件、钟2件以及兵器、工具等共33件，大部分器物形制与湖南所出相近⑥。

1979年，广西贺州桂岭发现西周晚期鎛钟⑦。1980年，贺州铺门发现20件战国铜器，计有斧13件、钺5件、镞2件，铜器形制与广东广宁铜鼓岗、广西平乐银山岭战国墓中器物类似⑧。1996年，贺州沙田西周晚期至春秋墓出土一批青铜器，包括罍、鼎、甬钟、剑、矛、箭镞、斧、锛等器物。其中，铜罍与宁乡黄材出土铜罍类似，铜鼎、铜甬钟与湘潭青山桥出土鼎、甬钟雷同⑨。

骑田岭道，即自苍梧郡治鄙，经桂阳、临武，南下武水、溱水；而由今宜章入广东韶关，只

① 杨宽 著：《战国史》，上海：上海人民出版社，2003年。

② 蒋廷瑜：《楚国的南界和楚文化对岭南的影响》，收于《中国考古学会第二次年会论文集》，北京：文物出版社，1980年。

③ “五岭”一词始见《史记·张耳陈余列传》：“（秦）北有长城之役，南有五岭之戍。”

④ 徐南洲：《试论招摇山的地理位置——兼及杠阳山》，收于中国《山海经》学术讨论会 编辑：《山海经新探》，成都：四川省社会科学院出版社，1986年。

⑤ 蒋廷喻：《广西商周青铜器来源试析——商末周初中原文化对岭南的影响》，收于陈建明 主编《湖南省博物馆馆刊》（第五辑），长沙：岳麓书社，2009年。

⑥ 高成林：《商周时期湖南与岭南的交通——以出土铜器为中心》，收于湖南省文物考古研究所 编：《湖南考古辑刊》第12集，北京：科学出版社，2016年。

⑦ 覃光荣：《广西贺县发现青铜鎛钟》，《考古与文物》，1982年第4期。

⑧ 广西壮族自治区贺县文物工作队：《广西壮族自治区贺县出土一批战国铜器》，《考古》，1984年第9期。

⑨ 贺州市博物馆：《广西贺州市马东村周代墓葬》，《考古》，2001年第11期；高成林：《商周时期湖南与岭南的交通——以出土铜器为中心》，收于湖南省文物考古研究所 编：《湖南考古辑刊》第12集，北京：科学出版社，2016年。

是一条楚越间道[①]。

九嶷山道，即由湘水溯舂陵水或潇水，越九嶷山南风坳，下湟水。

广东出土青铜器的墓葬，主要分布于北江流域。如武水西岸乐昌对面山发现东周盘口鼎、垂腹鼎，从形制特征来看，或由湖南传入，或受岭北文化影响制作[②]。清远马头岗出土周代青铜器，部分由湖南传入或在其影响下制作[③]。出土铜器的这些水系，“正是古代广东人民与长江流域及中原地区进行经济文化交流的主要通道。”[④]

除湘水诸道外，楚越交通还有资水、沅水道。

夫夷道，即商代中原通岭南的“青铜之路”——溯资水上游夫夷水、逾越城岭入漓江、桂江、西江。

沅水道，从黔中郡治沅陵溯沅水、叙水（今渠水），由“镡成之岭”西麓谷地南下潭江（今融江和柳江）。

上述出土铜器分布说明，楚越关系最密切的是桂江流域，其次是北江流域，楚越交通主干道当循湘、桂水系。

六、黔中郡的设立与对外商运

楚人在湘置洞庭、苍梧、黔中三郡，并在交通要冲修筑郡治、县邑或军事据点。约楚宣王（前369—前340年在位）时，因黔山（今武陵山）置黔中郡[⑤]，辖沅、澧流域及乌江以东地区，郡治设于沅陵[⑥]。

《史记正义》：“楚黔中郡，其故城在辰州（今沅陵）西二十里，皆盘瓠之后也。”1986年，沅陵县西窑头村的沅、酉水交汇处发现一处古城址，确认为楚黔中郡治遗址（图3-6）。城址呈不规则长带状，东西长约1300米，南北宽约200余米。城内堆积绳纹板瓦、筒瓦、瓦当以及鬲、罐、豆、钵等陶器残片，文化年代为战国中晚期[⑦]。经局部发掘，确认城址总面积约12万平方米，护城河宽约5—12米。城址西南约1000米处发现大洋山1号楚墓，年代为战国中期后段，从墓室和随葬品的规格、等级判断，墓主应为驻守黔中的大夫级官员[⑧]。

---

① 郭仁成 著：《楚国经济史新论》，长沙：湖南教育出版社，1990年，第192页。

② 广东省文物考古研究所、乐昌市博物馆、韶关市博物馆：《广东乐昌市对面山东周秦汉墓》，《考古》，2000年第6期。

③ 广东省文物委员会：《广东清远发现周代青铜器》，《考古》，1963年第2期。

④ 广东省博物馆：《广东考古结硕果 岭南历史开新篇》，收于文物编辑委员会 编：《文物考古工作三十年（1949—1979）》，北京：文物出版社，1979年，第329页。

⑤ 《史记·秦本纪》：“孝公元年（前361）……楚、魏与秦接界。魏筑长城，自郑滨洛以北，有上郡。楚自汉中，南有巴、黔中。”

⑥ 楚黔中郡的郡治所在，史学界尚有不同意见，多数意见倾向于沅陵。也有观点认为设于常德，《水经注》称：“沅水又东迳临沅县南……县治武陵郡下，本楚之黔中郡矣”；或设于溆浦，屈原的放逐地，汉武陵郡的始设之地，《水经注》云：“汉高祖二年，割黔中故治为武陵郡”；或设于澧县申鸣古城，考古调查显示，申鸣城属楚国南方的中心城邑。

⑦ 曹传松：《湘西北楚城调查与探索》，收于楚文化研究会 编：《楚文化研究论集》（第二集），武汉：湖北人民出版社，1991年。

⑧ 刘庆柱：《沅陵县大洋山楚墓和窑头战国城址》，收于中国考古学会 编：《中国考古年鉴2004》，北京：文物出版社，2005年。

图 3-6 沅陵窑头楚黔中郡郡治遗址及墓地全貌（东—西）[①]

考古材料显示，窑头古城的兴盛时期可能为战国中期后段至晚期前段，与文献所记楚黔中郡设立至被秦攻取时间相符。

沅水中上游筑于战国中晚期的城址，还有里耶、酉阳、四方城、溆浦等。里耶、酉阳、四方城位于酉水河谷，扼秦巴入黔中腹地的咽喉要道；溆浦筑于溆水南岸台地，是防范雪峰山蛮族侵扰、拱卫黔中郡治、确保沅水运道安全的据点。溆浦战国城址东西长约 500 米，南北宽约 350 米，残存夯土城墙高约 3 米、宽 4—7 米，南护城河自西向东注入溆水[②]。

黔中郡东连洞庭苍梧，西通巴蜀夜郎，北近郢都江陵，南邻桂西瓯越，战略地位重要。故苏秦言：“秦必起两军，一军出武关，一军下黔中，则鄢郢动矣。”[③]因此，秦昭王“欲以武关外易之”[④]没有得逞后，采用欺诈之术，扣楚怀王于秦，“要以割巫、黔中郡。”[⑤]

黔中郡所出铜、金[⑥]、丹砂、梓楠、鸟羽[⑦]和“包匦青茅”[⑧]等方物，或北运中原，或南输百越，或西销巴蜀、夜郎，再复扩大南北交易。其对外交通大致包括三条路线：顺沅水出长江，或溯江而上郢都，或顺流而下吴越，或转汉水入中原；溯沅水及其支流渠水，逾镡成岭下岭南；溯沅水及其支流酉水、㵲水以至巴蜀、夜郎。这些运道，对楚国军事、政治、经济影响颇大。包茅不贡周室，成为齐桓公兴兵伐楚借口；“楚材晋用”“买椟还珠”等故事，皆与南北贩运相关。

七、“庄蹻王滇”与西南丝绸之路

秦昭王二十七年（前 280），“使司马错发陇西，因蜀攻楚黔中，拔之。”[⑨]楚顷襄王随即遣“善

① 谭远辉：《湖南沅陵窑头古城遗址发掘简报》，收于湖南省文物考古研究所 编：《湖南考古辑刊》第 11 集，北京：科学出版社，2015 年。

② 曹传松：《湘西北楚城调查与探索》，收于楚文化研究会 编：《楚文化研究论集》（第二集），湖北人民出版社，1991 年。

③ 《史记·苏秦列传》。

④ 《史记·张仪列传》。

⑤ 《史记·楚世家》。

⑥ 黔中产金记录散见历代文献。如，里耶秦简 J（1）14-469：“其余船吏皆复以徭使，采赤金。”参见何有祖：《里耶秦简 14-469、14-638 号简补释》，简帛网，2016 年 8 月 21 日。（明）李贤、彭时 等撰：《明一统志·卷六十五》：“土产麸金，沅州及沅陵、辰溪、溆浦黔阳四县出。”四库全书本。

⑦ 里耶秦简 J（1）10-1170 仓徒簿有大规模输送贡鸟的记录：“女卌九人与史武输鸟。”参见王勇：《里耶秦简所见秦代地方官吏的徭使》，《社会科学》，2019 年第 5 期。

⑧ （唐）李泰 等著：《括地志·卷四》：“辰州泸溪县西南三百五十里有包茅山。武阳记云：山际出包茅，有刺而三脊，因名包茅山。”

⑨ 《史记·秦本纪》。

用兵”的庄蹻将其收复。次年，庄蹻自黔中溯沅水向西南进军，先后克且兰（今贵州黄平）、夜郎（今贵州福泉），直到滇池（今云南昆明）[①]。秦昭王三十年（前 277），“蜀守若伐取巫郡及江南，为黔中郡。”远征滇地的庄蹻“欲归报，会秦击夺楚巴、黔中郡，道塞不通，因还，以其众王滇，变服从其俗以长之”[②]。《后汉书》《华阳国志》等文献，亦记“庄蹻王滇”这一历史事件[③]。

司马迁认为，“西南外徼，庄蹻首通。”[④]庄蹻略取夜郎，经营滇地，将楚文化带到云贵高原。云南出土的铜鼓、铜芦笙以及铜伞盖、铜扣饰、铜枕、铜贮贝器等，具有浓厚地方色彩；铜戈、铜矛、铜斧、铜钺、一字格剑等，则和荆楚同类器物基本相似；生活用具如铜尊等，几乎和内地完全相同[⑤]。其中，晋宁石寨山所出战国晚期靴形铜钺，在湖北江陵以及湖南岳阳、衡山、道县等地的春秋战国墓都有发现[⑥]。从时序关系判断，滇文化中的靴形铜钺源于楚境，且与庄蹻入滇时段大致相符。

“庄蹻王滇”，对黔滇地方史、湘黔滇交通史研究具有重要意义。唯学界对庄蹻西征路线有不同观点。《史记》等文献认为，庄蹻“循江上”入滇[⑦]。这一观点是值得商榷的：其一，庄蹻入滇时，巴、蜀已属秦地，在秦楚交战的情况下，庄蹻难以夺江西进；其二，庄蹻经且兰、夜郎抵滇后，“欲归报，会秦击夺楚巴、黔中地，道塞不通”，无法循来路返回，证明庄蹻确系从沅水入滇。故《云南各族古代史略》断定，庄蹻“由湘西进入贵阳以东的且兰，到达贵阳以西的夜郎，沿今滇黔路进入滇池”[⑧]。

庄蹻入滇路线，是见于文献的江南第一条东西交通孔道。事实上，庄蹻入滇之前，就有一条溯沅水而上，经且兰、夜郎入滇地，再由叶榆（大理）、永昌（保山）、滇越（腾冲）至曼尼坡入身毒（今印度）的古商路。日本学者藤田丰八在《中国南海古代交通丛考》[⑨]一书中，推论楚、印交通早于春秋以前。如琉璃，过去湖北、湖南和贵州都称之为“料”或“烧料”，“料”就是古印度梵文“宝石”（bery）的音译，可证琉璃来自印度。

2005 年，文物考古部门对芷江四方园商周遗址进行发掘。出土材料的文化面貌，与沅水中下游同期遗存差异较大，而与成都十二桥及重庆石地坝文化较为接近。和四方园遗址文化类似的邻近遗址，多见于乌江中下游及沅水支流锦江上游区域，如重庆涪陵镇安、石沱，丰都石地坝、玉溪，酉阳清源、邹家坝，以及贵州沿河、铜仁诸遗址。1984 年，距四方园遗址约 1500 米的芷江倒塘

① 庄蹻入滇的时间、路线，史籍有不同记载。如，《史记》载时间是“楚威王时”，路线为“循江上”；《后汉书》则载是“楚顷襄王时”，路线“从沅水”。

② 《史记·西南夷列传》。

③ 《后汉书·西南夷列传》：“楚顷襄王时，遣将庄豪从沅水伐夜郎，军至且兰，椓船于岸而步战。既灭夜郎，因留王滇池。以且兰有椓船牂柯处，乃改其名为牂柯。”《华阳国志·南中志》：“楚顷襄王遣将军庄蹻溯沅水，出且兰，以伐夜郎，牂柯系舡于且兰。既灭夜郎，而秦夺楚黔中地，无路得归，遂留王之，号为庄王。”

④ 《史记·西南夷列传》。

⑤ 张增祺：《从出土文物看战国到西汉时期云南和中原地区的密切联系》，《文物》，1978 年第 10 期。

⑥ 童恩正：《近年来中国西南民族地区战国秦汉时代的考古发现及其研究》，《考古学报》，1980 年第 4 期；王海平：《庄蹻入滇略探》，《贵州社会科学》，1990 年第 4 期。

⑦ 《史记·西南夷列传》：“始楚威王时，使将军庄蹻循江上，略巴、黔中以西。”

⑧ 马曜 主编：《云南各族古代史略》，昆明：云南人民出版社，1977 年，第 22 页。

⑨ 藤田丰八 著、何健民 译：《中国南海古代交通丛考》，北京：商务印书馆，1936 年。

湾遗址出土1件铜鸟形器，年代推定在商末周初，形制与广汉三星堆、成都金沙遗址出土的同类器物有“诸多的一致性”[①]。据此推测，商周时期，已有一条自四川盆地顺长江、溯乌江，经由乌江与锦江、㵲水间岭谷山隘，进入沅水中上游的道路。

长沙楚墓出土琉璃器400余件，其中用作项链等装饰的琉璃珠、管近300件[②]。化验显示，长沙出土琉璃以本地产铅钡玻璃为主，另有部分从西亚、印度等地传入的钠钙玻璃、费昂斯珠、蜻蜓眼玻璃珠。20世纪50年代出土的2件琉璃器，方国瑜先生认为是公元前4世纪中叶自印度输入长沙的[③]。

长沙、临澧楚墓出土“蜻蜓眼式”琉璃珠，上有蓝色和白色圆圈，或大小邻接，或大小套合，和西亚发现琉璃珠纹饰类似，应为通过欧亚草原传入[④]。其与俄罗斯阿尔泰发现的长沙东周织品等，成为楚与西亚经济文化联系的实物例证。

梵文文献有“Cina（音译‘支那’）”一词，苏仲湘先生认为，“‘支那’一词应由‘荆’所导源。”[⑤]古印度孔雀王朝（约前324—前188）开国大臣考底利耶（Kautilya）在其所著的《政事论》提到，“产生在支那成捆的丝，贾人常贩至印度。”[⑥]这说明，至迟战国，就存在一条经湘、黔、滇至身毒的楚印商路，或称南方丝绸之路。

由郢都江陵溯江，经巴、蜀、滇、缅至身毒，亦为楚印重要商路。滇地盛产金、银、铜、锡，在巴蜀皆为秦占据的情况下，夜郎道就成滇地乃至天竺方物贩运楚国的必由之路。因此，控制黔中郡，确保沅水、夜郎至滇通道安全变得十分重要。徐中舒先生认为，楚国派遣庄蹻入滇，主要是确保其西南贸易通道[⑦]。这个观点是极有见地的。

第二节　濮、庸、巴人南迁与秦巴“溯舟伐楚”

春秋战国时期，濮、庸、巴人与楚在汉水流域的角逐中相继败北，部分支系南迁武陵山区。濮、庸、巴人和作为“荆”主体的三苗后裔，在长期的交流融合过程中，演变成为土家、苗、侗等族先民。

濮、庸、巴人南迁及楚人南下，湘西北与鄂、渝、黔之间交通道路得以开辟。战国中期以后，楚对黔中郡的经营和秦楚对这一区域的反复争夺，武陵山区道路因之拓展，在连接城邑、要塞和贵族封地的河谷也修筑了车马大道。

---

① 盛伟:《芷江四方园遗址浅析——兼谈倒塘湾出土的铜鸟形器》,收于湖南省文物考古研究所 编:《湖南考古辑刊》第12集,北京：科学出版社，2016年，第275页。

② 《城市的折光——独具特色的长沙楚墓》，《长沙晚报》，2003年9月9日。

③ 方国瑜 著：《滇史论丛》（第一辑），上海：上海人民出版社，1982年。

④ 喻燕姣：《从湖南出土的战国玻璃珠饰看中西文化交流》，收于湖南省博物馆 编：《春秋战国历史文化学术研讨会论文及提要集》，湖南省博物馆内部印刷，2018年；谢辟庸、谢武经、侯良 编：《湖南文物概览》，长沙：湖南人民出版社，2004年，第212页。

⑤ 苏仲湘：《论“支那”一词的起源与荆的历史和文化》，《历史研究》，1979年第4期。

⑥ 郭仁成 著：《楚国经济史新论》，长沙：湖南教育出版社，1990年，第10页。

⑦ 徐中舒 著：《论巴蜀文化》，成都：四川人民出版社，1982年。

一、濮人南迁

清人王鸣盛在《尚书后案》中称，“湖南辰州，实古濮人地。”柴焕波先生认为，永顺不二门商周遗址文化类型的主人，就是濮人[①]。

濮，或作“卜”，因支系繁多，又称“百濮”[②]。濮族发源于乌江（古称涪水）流域。商初，部分族人向东迁徙，栖息于武陵山区。“九世之乱”期间，商朝人势力一度退出长江中游地区，濮人部分支系遂北迁汉水中上游。

朱砂旧称丹砂、辰砂，色鲜红，可作颜料，亦供药用，是方士炼丹的主要原料。李约瑟充分肯定了古代炼丹术在化学史上的地位，他在《中国科学技术史》一书中写道：“整个化学最重要的根源之一，是地地道道从中国传出去的。”[③]

濮人开采朱砂的历史，远溯商周。延至汉唐，丹砂仍是沅、西流域主要贡品之一[④]。

濮人同荆关系密切，往往被包括在“蛮”的群体之内。《国语·郑语》韦昭注云：“濮，蛮邑……叔熊逃难奔濮，而从蛮俗。”

公元前1046年，周武王率“戎车三百乘，虎贲三千人，甲士四万五千人，以东伐纣”[⑤]。《尚书·牧誓》载伐纣誓词：

时甲子昧爽，王朝至于商郊牧野，乃誓。王左杖黄钺，右秉白旄以麾，曰：“逖矣，西土之人！”王曰：“嗟！我友邦冢君，御事，司徒、司马、司空、亚旅、师氏、千夫长、百夫长，及庸、蜀、羌、髳、微、卢、彭、濮人。称尔戈、比尔干、立尔矛，予其誓！……”

周厉王时，濮子曾为南夷、东夷二十六国之首[⑥]。宣王六年（前822），楚子熊霜去世，三弟争立。仲雪死，叔堪避难于濮地，少弟季徇立，是为熊徇[⑦]。濮在楚宫廷斗争中成为失意贵族避难地，说明其势力不在楚人之下。

西周中晚期，楚人崛起于江汉之间，濮人则“无君长总统，各以邑落自聚。”到两周之交，“百濮离居，将各走其邑，谁暇谋人”[⑧]，已不复有号令东南夷声威。

周平王十三年（前758），楚厉王蚡冒即位，始向濮地拓土，征服并收复陉隰之地的阴国[⑨]。《国语·郑语》：

及平王之末，而秦、晋、齐、楚代兴，秦景、襄于是乎取周土，晋文侯于是乎定天子，齐庄、

① 柴焕波 著：《武陵山区古代文化概论》，长沙：岳麓书社，2004年，第40页。

② 杜预注《左传》：“濮夷无君长总统，各以邑落自聚，故称百濮。”

③ 李约瑟 著、周曾雄 等译：《中国科学技术史·第五卷 化学及相关技术·第2分册·炼丹术的发现和发明》，北京：科学出版社，2010年。

④ 《通典·食货六》：“卢溪郡，贡光明砂四斤，今辰州……灵溪郡，贡朱砂十斤，茶芽二百斤，今溪州……卢阳郡，贡光明砂一斤，今锦州。”

⑤ 《史记·周本记》。

⑥ 段渝：《先秦巴蜀地区百濮和氐羌的来源》，《贵州民族研究》，2006年第5期。

⑦ 《国语·郑语》：“荆子熊严生子四人：伯霜、仲雪、叔熊、季徇。叔熊逃难于濮而蛮，季徇是立。”

⑧ 《左传·文公十六年》。

⑨ 阴国位今湖北老河口市境，为尧帝后代建立的诸侯国，因位于楚国的荆山之北而得名。

僖于是乎小伯，楚蚡冒于是乎始启濮。

周桓王十六年（前704），楚武王熊通征服随国后，大举伐濮[①]。汉水中游渐为楚人所有，迫使濮人向巫山、武陵山区迁徙。

周匡王二年（前611），庸人、麇人与濮人趁楚饥荒，出兵讨伐。楚庄王出师迎战，濮人因无屯聚，溃散而走[②]。楚联络秦、巴攻灭庸、麇，迁庸人于大庸（今张家界）、麇人于巴陵。

延至战国，江汉已无濮人活动记载。除部分融入楚、巴族群外，大部濮人迁徙武陵山区及西南各地。

桑植、永定区和慈利等地，发现族属为濮人的崖墓100多穴。濮人铸造的宽格青铜剑，格上有繁复的几何图案，剑身与剑茎一次铸成，茎正中有一个或呈一直线的两个乃至数个穿孔。舒向今先生认为："绳纹圜底罐和宽格青铜短剑为器物代表和墓葬、遗址中不见三足器的现象等，为濮文化主要标志。"[③]张家界三角坪、野猫沟、慈利官地、零溪、临澧太山庙、保靖四方城、泸溪山湾、沅陵窑头木马岭、辰溪米家滩、溆浦马田坪、桃源印家岗、常德官山、常德德山、新化、益阳新桥山等春秋战国墓，出土了1种宽格青铜短剑，应是楚人入主后仍在当地生息的濮人遗物[④]。这些剑或出于楚墓，或单独出土，反映了楚濮文化的共存和融合。

2006年，张家界野猫沟战国墓出土木柄宽格铜剑两件，戈、矛、钺、铣、杯、釜、鼎等青铜器若干。其中一件双纽矛铭文：

竞□自作辝（倅）矛，用扬吝（文）德武剌（烈）

《周礼·夏宫·射人》"乘王之倅车"，郑玄注曰："倅车，戎车之副。""辝矛"，即副车用矛。陈松长先生释读铭文大意："竞（景）□氏自作纯美之矛，用以昭扬竞（景）氏家族的文德武功。"[⑤]该铭文证实，战国时期澧水中上游河谷盆地筑有可供车战的道路。

二、庸人南迁

庸人是一个古老的氏族，肇始于容成氏。古代典籍中，"庸"与"容"通，容成氏又作庸成氏。容成氏早期栖息于冀中平原、河北容城县境，夏末商初迁居河南修武一带。

庸人善于筑城，被称为"墉人"。《路史·前纪五》："庸成氏，庸成者，垣墉城郭也。"土墙版筑工艺是庸人对中华文明的宝贵贡献，殷商城池主要是用这种工艺修筑。庸人还善铸大钟，又被称作"镛人"。《诗·商颂》："庸鼓有斁。"毛传："大钟曰庸。"

---

① 《史记·楚世家》："（楚武王）三十七年……与随人盟而去。于是始开濮地而有之。"

② 《左传》："楚大饥……庸人帅群蛮以叛楚；麇人率百濮聚于选（今湖北枝江），将伐楚……乃出师，旬有五日，百濮乃罢。"

③ 舒向今：《试探考古学上的濮文化》，《民族研究》，1993年第1期。

④ 湖南省文物考古研究所：《湖南省考古工作五十年》，收于文物出版社 编：《新中国考古五十年》，北京：文物出版社，1999年；熊建华 著：《湖南商周青铜器研究》，长沙：岳麓书社，2013年；何介钧、郑元日：《关于湘西、湘西北发现的宽格青铜短剑》，《文物》，1993年第2期。

⑤ 陈松长：《湖南张家界新出战国铜矛铭文考略》，《文物》，2011年第9期。

殷武丁灭容氏国后，庸人被掠俘为奴。因修筑殷都有功，复被封为“庸国”。另有传说，武丁在参加筑城的奴隶中发现庸人傅说，擢拔为相。傅辅佐武丁“嘉靖殷邦”，实现了“殷道复兴”，武丁遂以庸人迁徙地为其封邑，恢复国号。

庸人复国后日益强盛，引起商王警惕，将其迁徙秦岭余脉熊耳山一带（今河南卢氏县境）。庸人为避商人，继又迁居汉水中上游地区。武王伐纣，庸、蜀、羌、髳、微、卢、彭、濮人参加牧野之战[①]。蔡靖泉先生认为，“商末周初的庸，在‘牧誓八国’中似乎一度与周最亲、国力最强、作为最大。”[②]

周初，庸人被封立国，都今湖北竹山县境。竹山田家坝镇发现一件疑似西周时期青铜戈[③]，长18厘米，上面刻有篆体铭文：

鄘公之大元凡子羽戈。

铭文大意：此戈是公爵之国——庸国一个名叫“子羽”的太子用戈，子羽封在“凡”地[④]。《庄子·田子方》载有凡君与楚王交往故事：

楚王与凡君坐，少焉，楚王左右曰“凡亡”者三。凡君曰：“凡之亡也，不足以丧吾存。夫凡之亡不足以丧吾存，则楚之存不足以存存。由是观之，则凡未始亡而楚未始存也。”

子羽戈是迄今被确认的唯一一件庸器。“公侯伯子男”是西周制订的五等爵制，公爵身份最高。子羽戈的发现证实，庸助武王伐纣，受封地位崇高的公爵。《诗经·十五国风》中，《鄘风》列第四位，亦可印证。

庸国封地，地理著作中有载，据唐代《括地志》：

方城山，庸之都城。其山顶上平，四面险峻。山南有城，长十余里，名曰方城。

明代《湖广郧阳府志》：

方城山在（竹山）县治东三十里，古作县治，遗址尚存，又名庸城山。山上平坦，四面险固，围护如城，故名。《方舆胜览》云：山南有城，周十余里，春秋庸地，楚使卢戢黎侵庸方城是也。

春秋初叶，庸国北与秦相邻、东南与楚接壤、西南为巴地，占有今湖北竹山、竹溪、神农架、房县、保康，重庆巫山、巫溪、奉节，以及陕西山阳、安康、汉阴、紫阳、岚皋、平利、镇坪等县市，广及秦巴山区大部，为汉水中上游最大方国[⑤]。

庸国灭亡颇有戏剧性。周夷王时，熊渠“甚得江汉间民和，乃兴兵伐庸”[⑥]。两国因此结怨。

① 《尚书·牧誓》。
② 蔡靖泉：《庸人·庸国·庸史》，《江汉论坛》，2010年第10期。
③ 蔡靖泉：《庸人·庸国·庸史》，《江汉论坛》，2010年第10期。
④ 袁林：《汉水流域古代著名方国庸国溯源》，《郧阳师范高等专科学校学报》，2009年第1期。
⑤ 袁林：《汉水流域古代著名方国庸国溯源》，《郧阳师范高等专科学校学报》，2009年第1期。
⑥ 《史记·楚世家》。

周匡王二年（前611），“楚大饥，戎伐其西南，至于阜山，师于大林。又伐其东南，至于阳丘，以侵訾枝。”庸乘人之危，“率群蛮以叛楚。”[①]面对危局，楚庄王与秦、巴结盟，并亲自出征，“群蛮”见盟军强大，又叛庸归楚。最终庸国被灭，疆土为楚、秦、巴瓜分。成语“庸人自扰”，因此而来。

楚灭庸后，庸人分迁各地。部分迁今华容、湖北监利一带容城国，继迁今攸县境内的容陵。大部庸人翻越大巴山、巫山，南迁武陵山区。张家界有大庸溪、大庸坪和大庸古城，应为庸人怀念故土命名。清代《道光永定县志》：“大庸溪在（大庸）县西北，发源于十四都分水岭，源头纳诸小溪……合流至大庸坪溪口。”

湘西北以容、溶命名的地方很多。如，永顺溶田、溶里、后溶、王家溶、鲁家溶、何家溶、陈家溶、椿木溶、耗田溶、大溶江，桑植前溶、中溶、后溶，吉首万溶，沅陵北容驿、怡容驿，含有溶字的地名散见古丈、花垣、龙山、永定、慈利、石门和桃源等县区[②]。这种叫溶的地貌皆系山间小盆地，与庸人故里竹山的地貌相似。上述含有“庸”“容”“溶”的地名，印证了庸人南迁历史。

南迁乌江、清江、澧水、沅水流域的部分庸人，演变成为土家族先民。这些区域正是土家族主要分布地。谢方一先生认为：

> 春秋时，古庸国的南迁，受楚、秦、巴三国盟军围击，在龙山里耶、古丈河西、永顺王村和大庸卫所等地留下了一个互为关联的文化圈。事实上，这个文化圈涉及土家的族体构成，我称其为“土家北源说”。这是一部悲壮的土家古代迁徙史。[③]

三、巴人南迁

传说，巴人起源于武落钟离山（今湖北长阳县境）[④]。远古时期，这里居有巴、樊、瞫、相、郑五个氏族。他们以掷剑和浮船两种方式决定首领，最终巴氏之子务相获胜，称为廪君。后来，廪君率领五姓族人，沿清江向出鱼盐的盐阳（今长阳渔峡口镇盐池）迁徙。途中被母系氏族部落首领盐水神女所阻，强留廪君共居。廪君伺机杀死盐水神女后，在夷城（今长阳渔峡口镇香炉石）建立巴人部落政权[⑤]。

长阳香炉石遗址发掘显示，早期巴文化（距今约4000年）位于“清江中下游及其附近长江三

---

① 《左传·文公十六年》。

② 任国瑞：《祝融与大庸考》，《文献与人物》，2015年第2期。

③ 谢方一：《里耶秦简又给人惊喜——土家南迁一一道来》，《潇湘晨报》，2002年8月4日。

④ 除湖北长阳说外，关于巴人起源，史学界尚有不同观点。（1）有观点认为，武落钟离山巴人是春秋后期从江汉平原南迁而来的。参见柴焕波 著：《武陵山区古代文化概论》，长沙：岳麓书社，2004年，第54页。（2）另有观点认为，早期巴人生活在晋西南，后被商人征伐，迁徙陕南汉水上游地区。参见杜勇：《说甲骨文中的巴方——兼论巴非姬姓》，《殷都学刊》，2010年第3期。

⑤ 《后汉书·南蛮西南夷列传》：“巴郡南郡蛮，本有五姓：巴氏、樊氏、瞫氏、相氏、郑氏，皆出于五落钟离山。其山有赤、黑二穴，巴氏之子生于赤穴，四姓之子皆生黑穴。未有君长，俱事鬼神，乃共掷剑于石穴，约能中者，当以为君。巴氏子务相乃独中之，众皆叹。又令各乘土船，约能浮者，当以为君。余姓悉沉，唯务相独浮。因共立之，是为廪君。乃乘土船，从夷水至盐阳。盐水有神女，谓廪君曰：‘此地广大，鱼盐所出，愿留共居。’廪君不许。盐神暮辄来取宿，旦即化为虫，与诸虫群飞，掩蔽日光，天地晦冥。积十余日，廪君伺其便，因射杀之，天乃开明。廪君于是君乎夷城，四姓皆臣之。廪君死，魂魄世为白虎，巴氏以虎饮人血，遂以人祠焉。”

峡一带”[①]。土船不仅是“五姓”争君器具，更是巴人赖以渔猎、迁徙的生产和交通工具。至于土船质料，学术界有两种看法。有观点认为，廪君所乘土船是一种陶船，既可以储藏粮食，又可以作渡水工具[②]。张雄、黄成贤先生则断言，“廪君时代巴族的生产水平，大致相当于恩格斯所论述的蒙昧时代的高级阶段。这个时期的‘土船’，只能是借助于火和石斧制造的独木舟。”[③]

宜都红花套新石器时代遗址，出土一件残陶船，复原长 7.2 厘米，船体外侧有成行剔刺纹。张勋燎先生猜测，出土陶船正是古代巴人选举酋长仪式上的物品[④]。

虞夏之交，巴人曾赴会稽参与诸侯会盟。《华阳国志》：

禹会诸侯于会稽，执玉帛者万国，巴、蜀与焉。

殷墟甲骨文显示，“巴方”是实力强大的方国，武丁和著名女将、王妃妇好共同出征才使之臣服。

辛未卜，争贞：妇好其比沚戛伐巴方，王自东探伐，戎陷于妇好位？（《乙》2948）[⑤]

意为：妇好和沚戛一起去征伐巴方，武丁率师由东方佯攻巴方，敌人会陷入妇好的埋伏吗？

武王灭商后，建立巴国，疆域包括大巴山、巫山及汉水流域部分地区，与秦、楚、庸、邓、蜀等国毗邻[⑥]。

公元前 611 年，巴与楚、秦联手灭庸。巴人分得庸之鱼邑（今重庆奉节）。楚惠王十二年（前 477），“巴人伐楚，败于鄾（今湖北襄阳北）。”[⑦]巴人被迫放弃汉水中游地域，西迁大巴山、巫山、武陵山区。战国初期，在乌江与长江汇合处——枳（今重庆涪陵），建立称雄西南的巴人政权。《华阳国志·巴志》：

巴子时，虽都江州（今重庆），或治垫江（今重庆合川），或治平都（今重庆丰都），后治阆中（今四川阆中）。其先王陵墓多在枳。

20 世纪 70 年代以来，涪陵小田溪陆续发现巴人王陵，证实了《华阳国志》的记载。

巴人溯清江西迁，或由鹤峰转溇水，进入澧水流域；或经宣恩、来凤顺酉水，进入沅水流域。楚威王时，楚人攻占枳，攻陷巴都江州（今重庆）。巴子北迁阆中，部分巴族则溯乌江、转酉水，流徙武陵山区。唐代《十道志》：

楚子灭巴，巴子兄弟五人流入黔中。汉有天下，名曰酉、辰、巫、武、沅等五溪，各为一溪之长，故号五溪。

---

① 王善才：《从考古发现看〈山海经〉中有关早期巴国的地望与年代》，《福建师大福清分校学报》，2007 年第 1 期。

② 王绍荃 主编：《四川内河航运史》，成都：四川人民出版社，1989 年。

③ 张雄、黄成贤：《“廪君族”的发源地及迁徙走向考》，《湖北少数民族》，1983 年第 1 期。

④ 张勋燎：《古代巴人起源及其与蜀人、僚人关系》，收于四川大学博物馆、中国古代铜鼓研究学会 编：《南方民族考古》（第一辑），成都：四川大学出版社，1987 年。

⑤ 《乙》，即《殷墟文字乙编》，董作宾 主编，北京：商务印书馆，1948—1953 年。

⑥ 《左传·昭公九年》：“武王克商，巴、濮、楚、邓，吾（周）南土也。”

⑦ 《华阳国志·巴志》，四部丛刊景明钞本。

四、秦巴“溯舟伐楚”

公元前316年，秦惠文王乘巴、蜀两国交恶之机，遣张仪、司马错率兵，一举攻灭巴、蜀[①]。秦灭巴后，设立巴郡，郡治江州。“以巴氏为蛮夷君长”[②]，建立羁縻政权，设巴都于枳，并以秦女下嫁巴族首领，对巴人进行笼络。《华阳国志·蜀志》载司马错语：

（巴蜀）水通于楚，有巴之劲卒，浮大舶船以东向楚，楚地可得。得蜀则得楚，楚亡则天下并矣。

乌江古称黔江、涪水、延水、巴江，先秦至唐亦称牂牁江，是长江上游右岸最大支流，发源于贵州威宁香炉山，在重庆涪陵注入长江。乌江素为沟通黔、渝、湘的重要水道，酉水是乌江流域进入沅澧流域的天然走廊。酉水沿岸的东周城址，如里耶、酉阳、四方城等，反映了战国晚期楚、秦在这一地区实力消长态势[③]。

楚顷襄王十九年（前280），楚从黔中郡、巫郡两路出兵，攻占枳地，废除巴君，封为铜梁侯。秦国迅速回应，“使司马错发陇西、因蜀攻楚黔中。”[④]司马错从巴郡出发，先夺枳，然后溯舟涪水，“浮江伐楚”，攻占楚黔中郡治沅陵。进攻路线大致是：自涪陵溯乌江，经彭水到濯河入口龚滩登陆，循龚酉通道至酉水，顺流而下沅陵。

《华阳国志·蜀志》：

司马错率巴蜀众十万，大舶舡万艘，米六百万斛，浮江伐楚，取商于之地，为黔中郡。

如此大规模的船队取道乌江，可见当时乌江的通航能力很强，也说明秦楚战争激烈。

《史记·苏秦列传》载苏秦说楚王：

秦如攻楚，必起两军，一军出武关，一军下黔中，则鄢、郢动矣。

鉴于黔中郡战略地位十分重要，司马错攻取沅陵、溆浦一带不久，就被楚将庄蹻收复。经此一战，不再闻司马错将兵伐楚事，极可能在楚军反攻中被庄蹻打得大败。

1978年，溆浦马田坪24号秦墓中，出土“中脯王鼎”铭文鼎（图3-7）、秦篆“少府”铭文矛、中原式戈、铜镜，以及簋、盘、匜、勺等成组秦式铜器，年代不出战国晚期前段，墓主或系阵亡于此的秦将。此外，墓区清理与24号墓年代相当的巴人墓8座，随葬品以巴式兵器为主，包括一柄人首两虎身图案的“巴式剑”，墓主应为从征黔中的巴人士卒。这些材料，佐证了秦巴“溯舟伐楚”的文献记载。

楚顷襄王二十二年（前277），秦蜀守张若再度伐楚黔中，“取巫郡及江南为黔中郡。”[⑤]并

① 《华阳国志·巴志》：“秦惠文王与巴、蜀为好。蜀王弟苴侯私亲于巴。巴蜀世战争，周慎王五年（前316），蜀王伐苴侯。苴侯奔巴。巴为求救于秦。秦惠文王遣张仪、司马错救苴、巴。遂伐蜀，灭之。仪贪巴、苴之富，执王以归。置巴、蜀及汉中郡。分其地为四十一县，仪城江州。”

② 《后汉书·南蛮西南夷列传》。

③ 《水经注·卷三十五》：“昔司马错溯舟此（涪）水，取楚黔中地。”

④ 《史记·秦本纪》。

⑤ 《史记·秦本纪》。

在临沅（今常德市境）筑城，以拒楚师①。《史记·楚世家》："秦复拔我巫、黔中郡。"此时，略定黔滇的庄蹻"欲归报"，无奈"道塞不通"，只得返王滇地。

次年（前276），楚以重兵反攻，又夺回该地。《史记·楚世家》："襄王乃收东地兵得十余万，复西取秦所拔我江旁十五邑，以为郡，拒秦。"《史记·秦本纪》："楚人反我江南。"《史记正义》："黔中郡反归楚。"此后直到秦灭楚，黔中郡一直在楚国版图之内。

1987年，张家界三角坪68号墓出土秦式铜矛和秦篆"廿七年蜀守若西工币（师）乘□□□□□□□"铭文铜戈②。戈造于秦昭襄王二十七年（前280），墓主应系随张若伐楚阵亡的秦人。

图3-7 中脯王鼎（怀化市博物馆藏）

部分巴族将士跟随秦人征战楚黔中，后留居湘西北地区。虎纽錞于（图3-8）是战国至汉代巴人使用的一种青铜乐器，巴文化标志性特征之一。澧、沅流域巴人墓，尤其虎纽錞于等巴式文物的发现，为秦巴取楚黔中提供了实物依据。

图3-8 战国虎纹虎纽錞于（湖南省博物馆藏）

南宋洪迈在《容斋续笔》记载：

淳熙十四年（1187），澧州慈利县周赧王墓旁五里山摧，盖古冢也。其中藏器物甚多。予甥余玠宰是邑，得一錞，高一尺三寸……虎钮高一寸二分，阔一寸一分，并尾长五寸五分，重十三斤。

澧水流域是国内出土虎钮錞于最多的地区。1979年，慈利县蒋家坪出土虎钮錞于一件。1980年，保靖县西水河畔出土虎纽錞于一件。1981年，张家界永定区兴隆乡出土虎钮錞于一件，伴随出土的还有秦半两、秦五株等秦币；同年，吉首出土虎钮錞于四件③。截至1996年，湘鄂渝黔接壤地区发现虎钮錞于83件，石门出土就有32件，其中15件是在一个窖藏地点发现的④。虎钮錞于密集出土，说明这一地区是南迁巴人分布的核心区域。

巴人支系众多。《华阳国志》："武王既克殷，以其宗姬封于巴……其属有濮、賨、苴、共、奴、獽、夷、诞之蛮。"其中，"巴人呼赋为賨，谓之賨人焉"，即秦昭襄王时射杀白虎的"板

① 《元和郡县图志·朗州》："张若城，在州东四十步。初，秦昭王使白起伐楚，遣张若筑此城以拒楚，并统五溪。"

② 高至喜：《论湖南秦墓》，《文博》，1990年第1期。

③ 熊传新：《记湘西新发现的虎纽錞于》，《江汉考古》，1983年第2期。

④ 柴焕波著：《武陵山区古代文化概论》，长沙：岳麓书社，2004年，第66页。

楯蛮。”[①]《湘北土家族探秘》认为：“居住在澧水流域的湘北土家族……属古代巴人的后裔。”其与秦汉“武陵蛮”“澧中蛮”“零阳蛮”，魏晋南朝“天门蛮”“溇中蛮”，唐宋“澧州蛮”“慈利蛮”，明清“土酋”“土人”“土家”等，可谓一脉相承。1957 年，这一族群被正式确定为土家族。

第三节 鄂君启节交通路线与楚国商业贩运

节是先秦两汉时期用于出入国境、城邑、关塞以及处理各项事务的相关凭证。“凡通达于天下者，必有节。”[②]

鄂君启节铸于周显王四十六年（前 323），是楚怀王颁给鄂君启从事舟、车商运的节。节的铭文载有颁发时间、使用方法，规定了舟车规模、往返时间、通行范围、商货种类及禁运物资等，是研究战国符节制度、水陆交通、贩运贸易、历史地理以及楚王与封君关系的珍贵史料。铭文显示，楚人贸易偏重长江、汉水以及湘、资、沅、澧、油几条河流，关市之征与贩运管理也非常规范。

图 3-9 鄂君启节（安徽省博物馆藏）

一、鄂君启节铭文

鄂君启节（图 3-9）是中国现存最早的商业交通文献，保存至今的首份免税贩运凭证[③]。1957 年安徽寿县出土 3 枚车节、1 枚舟节，1960 年安徽蒙城又征集到 1 枚舟节，共计 5 枚，节面文字错金，节形如竹。根据符节弧度、弧长以及刻在节端两侧的并合序数推测，车节和舟节应该各有 5 枚。车节长 29.5 厘米、宽 7.3 厘米、厚 0.7 厘米，各有 9 行 148 字[④]；舟节长 31 厘米、宽 7.3 厘米、厚 0.7 厘米，各有 9 行 164 字，为楚国铭文最多的出土青铜器[⑤]。

车节铭文：

大司马昭阳败晋师于襄陵之岁，夏□之月，乙亥之日，王居于茂郢之游宫。大攻（工）尹□

① 《文献通考·四裔考五》。

② 《周礼·地官·掌节》。

③ 《古玺汇编》（故宫博物院编，北京：文物出版社，1981 年）0295 著录一枚楚玺，上镌刻“勿正关鈢”四字。据专家考证，这枚楚玺，是用于加盖免征关税通行证的。鄂君启商队贩运的货物，或许也要盖“勿正关鈢”印章。

④ 中国国家博物馆展出说明，标注为车节铭文 147 字、舟节铭文 164 字。

⑤ 刘东：《中国发现最早的免税通关凭证——鄂君启金节》，《安徽博物院通讯》，2012 年第 3 期。

以王命，命集尹□□、织尹逆、织令阮为鄂君启之府□铸金节。车五十乘，岁赢返。毋载金、革、黾、箭，如马、如牛、如特，屯十以当一车；如棓（棒）徒，屯二十棓以当一车，车以毁于五十乘之中。自鄂往，庚阳丘，庚邡（方）城，庚菟禾（和），庚畐焚，庚繁阳，庚高丘，庚下□（蔡），庚居鄛（巢），庚郢。见其金节毋征，毋余（予）梈（朝）饲；不见其金节则征。

舟节铭文：

大司马昭阳败晋（即魏）师于襄陵之岁，夏□之月，乙亥之日，王居于茂郢之游宫。大攻（工）尹□以王命，命集尹□□、织尹逆、织令阮为鄂君启之府□铸金节。屯三舟为舿，五十舿，岁赢返。自鄂往，逾湖，徒（涉）汉，庚鄗，庚芑阳，逾汉，庚穀，逾夏，内邔，逾江，庚彭□（蠡），庚松阳，内泸江，庚爰陵，徒（涉）江，内湘，庚□（牒），庚□（洮）阳，内澑（耒），庚鄗（郴），内资、沅、澧、油，徒（涉）江，庚木关，庚郢。得其金节毋征，毋余（予）梈（朝）饲；不见其金节则征。如载马、牛、羊以出内关，则征于大府，毋征于关。[①]

鄂君启节铭文公布后，学术界从诸方面对其进行了研究、探讨和考释。郭沫若《关于鄂君启节的研究》[②]、商承祚《鄂君启节考》[③]、于省吾《"鄂君启节"考释》[④]、谭其骧《鄂君启节铭文释地》[⑤]、黄盛璋《关于鄂君启节交通路线的复原问题》[⑥]、商承祚《谈鄂君启节铭文中几个文字和几个地名等问题》[⑦]、黄盛璋《鄂君启节地理问题若干补正》[⑧]、朱德熙《鄂君启节考释（八篇）》[⑨]以及日本学者船越昭生《鄂君启节考》[⑩]等论文相继发表。以出土资料考证交通史，渐成学界习用的研究方法。如，日本学者藤田胜久先生在《战国楚的疆域形成和驿道》一文中论及，鄂君启节提到的线路、关塞、城邑范围，同战国中期楚的最大疆域是一致的[⑪]。

考释成果显示，凡"庚"表示所经之地为城邑或关戍，有税官驻守；凡"内"字皆指由大水进入小水、由主流进入支流。铭文没有提到洞庭湖，也没有提到各水先入湖，再由湖入江，印证了当时湘、资、沅、澧诸水在洞庭湘山（今君山）附近入江的地理实况。

与鄂君启大致同时代的屈原，在《涉江》中记述了诗人于楚顷襄王三年（前 296）流放溆浦的水陆交通路线：渡江湘，登鄂渚，先骑马走过一段山路，再乘车至方林，继乘舲船上溯沅水，

① 参见《考古》，1963 年第 8 期。
② 参见《文物参考资料》，1958 年第 4 期。
③ 收于中国历史博物馆群工部 编：《文物精华》（第 2 集），北京：文物出版社，1963 年。
④ 参见《考古》，1963 年第 8 期。
⑤ 参见中华书局上海编辑所 编辑：《中华文史论丛》（第 2 辑），北京：中华书局，1962 年。
⑥ 参见中华书局上海编辑所 编辑：《中华文史论丛》（第 5 辑），北京：中华书局，1964 年。
⑦ 参见中华书局上海编辑所 编辑：《中华文史论丛》（第 6 辑），北京：中华书局，1965 年。
⑧ 黄盛璋 著：《历史地理论集》，北京：人民出版社，1982 年。
⑨ 朱德熙 著，裘锡圭、李家浩 整理：《朱德熙古文字论集》，中华书局，1995 年。
⑩ 《东方学报》第 43 号，1972 年 3 月。
⑪ 藤田胜久：《战国楚的疆域形成和驿道》，转引自（日）重近启树、西川利久：《1994—1995 年日本中国史研究的回顾与展望（战国秦汉）》，《中国史研究动态》，1998 年第 6 期。

经枉陼[①]（常德）、辰阳，抵达目的地溆浦。其中有：

哀南夷之莫吾知兮，旦余将济乎江湘。
乘鄂渚而反顾兮，欸秋冬之绪风。
步余马兮山皋，邸余车兮方林。
乘舲船余上沅兮，齐吴榜以击汰。
船容与而不进兮，淹回水而凝滞。
朝发枉陼兮，夕宿辰阳。
苟余心之端直兮，虽僻远其何伤。
入溆浦余儃佪兮，迷不知吾所如。
深林杳以冥冥兮，乃猿狖之所居。

西汉学者刘向亦言，“昔鄂君乘青翰之舟，下鄂渚，浮洞庭，榜人拥节而歌。”《涉江》《说苑》说明了鄂渚必沿长江、近洞庭的史实。[②] 舟车起点“鄂”地，当在大冶金牛镇鄂王城。

鄂君启节铸于“大司马昭阳败晋（即魏）师于襄陵之岁”，与荆门包山楚简所记“大司马昭阳败晋师于襄陵之岁”[③] 互为印证。《史记・楚世家》记录了楚魏襄陵之战：

（楚）怀王六年（前 323），楚使柱国昭阳将兵而攻魏，破之于襄陵，得八邑。又移兵而攻齐，齐王患之。

魏惠王对孟子语“南辱于楚，寡人耻之”[④]，即指这场战事。衡阳耒水入湘处的唐家山楚墓出土魏（惠王）“三十三年（前 338）大梁戈”[⑤]，大约就是这次战役中楚国俘获的战利品。

二、鄂君舟车交通路线

据学界对鄂君启节的考释，符节标注的路线、地名仅表示商队经由的范围、城邑或税关，并非表示实际路线顺序。明确这一点对鄂君商队的交通路线研究尤为重要。

1. 车节路线

车节记载，“自鄂往，庚阳丘，庚邡城，庚菟禾，庚畐焚，庚繁阳，庚高丘，庚下囗，庚居鄛，庚郢。”

鄂君商队出发地，亦即启君采邑鄂，位今大冶鄂王城。

“阳丘”，今常德鼎城区境。郭沫若先生认为，“阳丘亦即阳山，湖南常德县北三十里有阳山。”[⑥]

① 枉陼的地望，史学界有不同理解，大多数认为在常德一带，也有人认为是泸溪、白沙或者浦市。参阅柴焕波 著：《武陵山区古代文化概论》，长沙：岳麓书社，2004 年。

② 有观点认为，鄂君启节铭文中的鄂在西鄂（今河南邓州）。参见船越昭生：《鄂君启节考》，《东方学报》（京都版）第 43 号，1972 年 3 月。

③ 湖北省荆沙铁路考古队 编：《包山楚墓》，北京：文物出版社，1991 年。

④ 《孟子・梁惠王上》。

⑤ 黄盛璋：《再论鄂君启节交通路线复原与地理问题》，《安徽史学》，1988 年第 2 期。

⑥ 郭沫若：《关于鄂君启节的研究》，《文物参考资料》，1958 年第 4 期。

这个意见是对的，常德沟通郢都江陵和黔中、洞庭、苍梧诸郡，水陆交通皆称便利。另有观点认为，阳丘在鄂北境，豫郁城以南[①]。

“郁城”，今河南方城县境。

“菟禾”，秦楚要隘武关附近，今陕西商州境内。周敬王二十九年（前491），楚人谋北方，“司马起丰、析与狄戎，以临上洛，左师军于菟和，右师军于仓野。”[②]杜预注：“上洛东有菟和山。”清代顾栋高《春秋大事表·山川表》：

今陕西商州东有菟和山，通襄汉往来之道。

“畐焚”即吴房，位今河南遂平县境[③]。吴房故城在遂平城关。《读史方舆纪要》：

吴房城，今县沿，故房子国，楚有其地，春秋定公五年，吴王阖闾弟夫概奔楚，封此，故曰吴房。

另有观点认为，畐焚为柳棼，春秋为郑南境之地，战国属楚[④]。周定王七年（前600），“楚子为厉之役故，伐郑。晋郤缺救郑，郑伯败楚师于柳棼。”[⑤]杜预注：“柳棼，郑地。”

“繁阳”，今河南新蔡县境，南北交通枢纽。曾伯𩚁簠铭：

克逖淮夷，印燮繁阳，金道锡行。

“高丘”，今安徽临泉县境。屈原《楚辞·离骚》：“忽反顾以流涕兮，哀高丘之无女。”汉王逸注：“楚有高丘之山，女以喻臣，言己虽去，意不能已，犹复顾念楚国无有贤臣，心为之悲而流涕也。”《汉书》记载，汉武帝元朔五年（前124），封中山靖王刘胜之子刘破胡为高丘侯。

“下蔡”，今安徽寿县境内。

“居鄛”，今安徽巢湖市境。

“郢”为楚都，今湖北江陵。

据此，从湖北大冶鄂王城出发，鄂君启商队的车行路线大致有8条，通往今湖南、湖北、河南、陕西、安徽省境。

（1）“自鄂往”，沿落阜山北麓，经今湖北咸宁、赤壁进入临湘、岳阳，由湘水河谷东岸经湘阴、长沙，再西折益阳、常德（阳丘）。

（2）“自鄂往”，由鄂州渡江，经黄冈、新洲、黄陂、孝感、安陆进入随枣走廊，再经枣阳、河南唐河至方城（郁城）。

（3）“自鄂往”，由鄂州渡江，经黄冈、孝感、安陆、枣阳、襄阳，沿汉水、丹水河谷北上，经河南淅川至陕西商州（菟禾）。

---

① 于省吾：《“鄂君启节”考释》，《考古》，1963年第8期。

② 《左传·哀公四年》。

③ 郭沫若：《关于鄂君启节的研究》，《文物参考资料》，1958年第4期。

④ 黄盛璋：《再论鄂君启节交通路线复原与地理问题》，《安徽史学》，1988年第2期。

⑤ 《左传·宣公九年》。

（4）“自鄂往”，经鄂州、黄冈、黄陂、孝感、广水后出“义阳三关”[①]，再经河南信阳、确山至遂平（畐焚）。

（5）“自鄂往”，经鄂州越江至古举口（今黄冈团风，旧名三江口），沿举水河岸北上，经新洲、红安、麻城，出木陵关，越大别山，再经河南新县、光山、潢川北上新蔡（繁阳）及安徽临泉（高丘）。

（6）“自鄂往”，经鄂州越江至古举口，沿举水河岸北上，经新洲、红安、麻城，出木陵关，越大别山，由河南新县、光山、潢川至淮滨，再沿淮水河岸至安徽寿县（下蔡）。

（7）“自鄂往”，由黄石西塞山区河口渡江，经蕲春、黄梅，沿大别山东南麓，经安徽宿松、潜山、桐城、庐江一线至巢湖（居鄛）。

（8）“自鄂往”，沿落阜山北麓，经今湖北咸宁、赤壁，渡江由洪湖、监利抵楚郢都江陵（郢）。

车节记载的路线，反映战国时期楚国道路，是以郢都为中心，向南、东南、东、东北、北西北辐射和延伸。

2. 舟节路线

舟节记载，“自鄂往，逾湖，徒（涉）汉，庚鄢，庚芑阳，逾汉，庚穀，逾夏，内邔；逾江，庚彭□（蠡），庚松（枞）阳，内泸江，庚爰陵；徒（涉）江，内湘，庚□（牒），庚□（洮）阳，内澪（耒），庚鄙（郴），内资、沅、澧、油；徒（涉）江，庚木关，庚郢。”

“逾湖”之“湖”，郭沫若先生释为武昌东湖[②]，谭其骧先生称是大冶附近梁子湖，“自鄂穿梁子等湖可西通大江。”[③]熊传新、何光岳先生则考证为今黄冈阳逻镇以西的武湖、茄湖、鸭儿湖、白水湖、西湖、牛湖、官湖一带水域的云梦泽[④]。

“鄢”，今湖北宜城市境。

“芑阳”，今河南南阳市境。

“穀”，今湖北谷城县境。

“夏”，古夏水又称沱水，起自江陵东南，向东注入汉水。《汉书·地理志》：“夏水首受江，东入沔，行五百里。”

“邔”，古邔水。黄盛璋先生考证，邔水为夏水支流[⑤]。

“彭蠡”，今江西湖口县境，鄱阳湖古称彭蠡泽。《史记·封禅书》载汉武帝南巡：“浮江，自寻阳出枞阳，过彭蠡。”

“枞阳”，今安徽枞阳县境。

“泸江”，古水名，黄盛璋先生考释为今长江支流青弋江[⑥]。

---

① 指九里关、武胜关、平靖关，系大别山主要隘口，位于河南信阳市南豫鄂两省交界处，素为南北交通要塞。因信阳古称义阳，故名“义阳三关”。

② 郭沫若：《关于鄂君启节的研究》，《文物参考资料》，1958年第4期。

③ 谭其骧：《鄂君启节铭文释地》，收于中华书局上海编辑所 编辑：《中华文史论丛》（第2辑），北京：中华书局，1962年，第172页。

④ 熊传新、何光岳：《〈鄂君启节〉舟节中江湘地名新考》，《湖南师院学报》（哲学社会科学版），1982年第3期。

⑤ 黄盛璋：《关于鄂君启节地理考证与交通路线的复原问题》，收于黄盛璋 著：《历史地理论集》，北京：人民出版社，1982年。

⑥ 黄盛璋：《再论鄂君启节交通路线复原与地理问题》，《安徽史学》，1988年第2期。

“爰陵”，今安徽宣城。

“䑓”，谭其骧先生推测是《水经·湘水注》中的锡口戍，“在今湘阴县南湘水西岸濠河口与乔口之间。”[①]熊传新、何光岳先生则考释为望城铜官[②]。不过，二者相距不远。

“洮阳”，今广西全州县境。

“澮”，熊传新、何光岳先生认为，“澮”应是湘水支流洣水，“洣水古名雷溪，亦即澮溪，所以在澮水入湘江之处叫雷溪口，口边有一个集镇便叫雷溪市。”[③]郭沫若、谭其骧、于省吾、黄盛璋诸先生考释为湘水支流耒水，这一判断是合理的。

“鄙”，即楚苍梧郡治郴邑。黄盛璋先生根据文献和文物资料，考证为今郴州城区附近[④]。熊传新、何光岳先生则考释为洣水下游、湘水东岸，楚之鄙邑，汉之鄙县[⑤]。

“油”，古水名，今已湮废。江良发先生认为，古油水源自湖北公安县北古油口，中下游河道现为藕池河中支，流经华容境入洞庭湖[⑥]。姚汉源先生则认为是古油水源于石门县境，流经今澧县、松滋，至公安县北古油口入江，今已湮为平陆[⑦]。

“木关”，郭沫若先生认为，“木关，以地望推之，或即今之沙市。”[⑧]熊传新、何光岳先生则推定在长江通洞庭湖的要津，今湖北监利车木湾一带[⑨]。黄盛璋、刘玉堂先生确认木关即木陵关，今湖北麻城西北，是举水水道转陆路北上黄、淮地区的关塞[⑩]。

根据舟节铭文，自鄂地出发，鄂君启的船队辟有5条固定航线，经过的城邑和关梁11座。这些航线，包括了长江中下游地区的干支流水道12条，以及楚国境内的主要商业城市。

（1）西北航线，即鄂城至南阳、谷城航线。“自鄂往”，越长江，经今黄冈阳逻镇以西的武湖、鸭儿湖、白水湖、牛湖、官湖一带水域，入汉水，经鄢（今湖北宜城），转唐白河，可北上芑阳（今河南南阳）；或溯汉水，至穀（今湖北谷城）；还可由汉水折入夏水、邔水，或由汉水折入扬水，经中国历史上最早开凿的运河——云梦通渠（江汉运河）[⑪]，抵郢都江陵。

（2）东路航线，即鄂城至宣城航线。“自鄂往”，顺江而下，经彭泽（今江西湖口）、枞阳（今安徽枞阳），在今芜湖附近折入泸江（今青弋江），达安徽宣城。

---

① 谭其骧：《鄂君启节铭文释地》，收于中华书局上海编辑所 编辑：《中华文史论丛》第二辑，北京：中华书局，1962年，第172页。

② 熊传新、何光岳：《〈鄂君启节〉舟节中江湘地名新考》，《湖南师院学报》（哲学社会科学版），1982年第3期。

③ 熊传新、何光岳：《〈鄂君启节〉舟节中江湘地名新考》，《湖南师院学报》（哲学社会科学版），1982年第3期。

④ 黄盛璋：《再论鄂君启节交通路线复原与地理问题》，《安徽史学》，1988年第2期。

⑤ 熊传新、何光岳：《〈鄂君启节〉舟节中江湘地名新考》，《湖南师院学报》（哲学社会科学版），1982年第3期。

⑥ 江良发：《古油水源流稽考》，《云梦学刊》，2011年第1期。

⑦ 姚汉源：《鄂君启节及其中所规定的航运范围》，收于《中国水利史稿》编写组 编：《中国水利史稿》，北京：水利电子出版社，1979年。

⑧ 郭沫若：《关于鄂君启节的研究》，《文物参考资料》，1958年第4期。

⑨ 熊传新、何光岳：《〈鄂君启节〉舟节中江湘地名新考》，《湖南师院学报》（哲学社会科学版），1982年第3期。

⑩ 黄盛璋：《再论鄂君启节交通路线复原与地理问题》，《安徽史学》，1988年第2期；刘玉堂 著：《楚国交通研究》，武汉：湖北教育出版社，2012年，第123页。

⑪ 始凿于楚庄王（前613—前591）时期，渠道沟通长江支流漳水和汉水支流扬水，建成行程约600里的江汉运河。这样，便可自汉水中游经运河进入长江，船只还可通过水门进入郢都江陵。《史记·河渠书》载：“于楚，西方则通渠汉水于云梦之野，东方则通鸿沟、江、淮之间……此渠皆可行舟。”

（3）西南航线，即鄂城至沅湘航线。“自鄂往”，溯江而上，在岳阳附近入湘水，经长沙、衡阳，至今广西全州；或在衡阳转耒水，抵达郴州；也可进入资、沅、澧、油水流域从事商贸活动。

（4）北路航线，即鄂城至木陵关航线。“自鄂往”，溯江至古举口（今湖北团风，旧名三江口），转溯举水北上，抵木陵关。这是沟通长江中游和黄淮地区的主要孔道。

（5）西路航线，即鄂城至江陵航线。“自鄂往”，溯江西上，直航郢都江陵。这是鄂君船队最繁忙的航线。

鄂君船队的航运范围包括今湖北、河南、湖南、广西、江西、安徽等省区。其中，舟节溯湘水南行的两条航线，位于石器时代就已形成的楚越通道上，洮阳和鄗两处城邑正当楚越门户。

鄂君启节记载了中国内河航运史上最早的编队运输方式，“屯三舟为舿。”就是将一艘大船居中，两侧各并一条小船，编成一个梭形船队。这种编队方式组合简单，分解容易，适应长江水系宽窄不一的水道航行。鄂君船队数量限制在50舿之内，即每个船队最多可有船150艘，足见楚境贩运贸易规模。

《战国策・楚策》：“秦西有巴蜀，方船积粟，起于汶山（今成都西北），循江而下，至郢三千余里。舫船载卒，一舫载五十人与三月之粮，下水而浮，一日行三百余里，……不至十日而至扞关（今长阳县西）。”其航程、航速、载重量描述，反映了当时的航运能力。

春秋战国，三湘四水相对发达的手工业及其丝织、铜器、铁器、琉璃、漆工等产品，和享誉南北的梓、楠、丹砂以及“金三品”“长沙鳖”“洞庭之鳟”“湘波之鱼”“包匦青茅”等方物，成为楚人贩运贸易的重要场所。谭其骧先生称：“水程西南路的支路共有入湘、资、沅、澧、油五条之多，航线遍布今鄂西南、湖南极大部分地区，远到广西边境，可见当时这一广大地区不仅在政治上已隶属于楚国版图，并且在经济上也已达到了一定的发展水平。”①

根据铭文记载，鄂君商队舟车经过税关20处，涉今鄂、湘、皖、豫、陕、赣、苏、桂等省区，再现了战国时期楚国境内主要交通路线。其中，长江以北，陆路交通发达；江南水网罗布，舟楫是主要运具，长江、汉水以及湘、资、沅、澧等水在商业交通中占有重要地位。

三、重商崇利与贩运贸易

楚人崛起和猛烈扩张，除在政治上对中原诸国产生强大冲击外，还在经济上带来深远影响。《管子・小匡》云：“士农工商四民者，国之石民也。”说明中原社会劳动分业中，商人地位最低。《左传・宣公十二年》载晋随武子赞楚语：

> 昔岁入陈，今兹入郑，民不罢劳，君无怨讟，政有经矣。荆尸而举，商农工贾不败其业，而卒乘辑睦，事不奸矣。

楚人以商为四民之首而又商贾并列，可见商贾在社会经济生活中的重要地位。楚国重商崇利，政府或官商掌控生产和流通、垄断货币铸造。疆域辽阔，物产丰饶，堪称发达的手工业，为商贸发展提供了必要的物质基础。

① 谭其骧：《鄂君启节铭文释地》，收于中华书局上海编辑所 编辑：《中华文史论丛》（第二辑），北京：中华书局，1962年。

吴起变法后，楚国施行“封君之子孙三世而收爵禄”①。即所封爵位历三代便自行无效，后代为平民，王子也不例外②。这一制度迫使高官贵族不得不经商积富，为子孙谋福。如贵为楚国大司马、柱国的鄂君启，就拥有庞大的贩运商队。

楚墓数量众多，以江陵和长沙两地最为集中。长沙楚墓出土大批丝织品、铜器、铁器、漆木竹器、琉璃和玉石，表明其以丝织、冶铸以及琉璃、漆木器、陶瓷等为代表的手工业，处于当时先进行列。

图 3-10 俄罗斯巴泽雷克与长沙出土刺绣纹样（湖南省博物馆 绘）

在俄罗斯阿尔泰地区的巴泽雷克，发掘公元前 5 世纪的五座圆形石顶巨墓，墓主为部落首领或贵族。“由于墓土封冻结实，墓中还很好地保存了中国的丝织品和其他物品。”③这些丝织品的花纹风格，与长沙烈士公园 3 号楚墓出土刺绣极为相近（图 3-10）④；同时出土的楚式山字纹铜镜，和龙山里耶发掘铜镜类似⑤。说明至迟春秋晚期，就有长沙工场产品销往欧亚草原。该项发现，堪可改变“丝绸之路”始于汉代的传统认知，证实长沙是中西丝绸之路重要起点。

铁器应用是继青铜工具之后，人类文明史上又一标志性事件。铁延展性好、硬度高，被广泛用于兵器和工具制作。楚是国内最早使用铁器、冶铁水平领先的地区之一，故秦昭王语“吾闻楚之铁剑利”⑥。中国发现最早的铁器属于春秋时期，多出于湖南，又以长沙最集中。长沙发掘春秋晚期铁器 20 余件，包括凹口铁锄、铁削、刮刀、铁鼎、铁剑、钢剑、环形器、铁码子、残铁器等。长沙杨家山 65 号楚墓出土一把锻制中碳钢剑，长 38.4 厘米，是国内最早的钢剑；同出一件生铁鼎，残高 6.9 厘米，是已知最早的铸铁件⑦。

楚境金、银、铜、锡、铅等矿产资源丰富，与中原诸国贸易中，主要输出矿产、珍奇和林渔产品⑧。《左传·襄公二十六年》记蔡声子答楚令尹子木时说，“杞、梓、皮革，自楚往也。虽楚有材，晋实用之。”《史记·货殖列传》：“江南出柰（楠）、梓、姜、桂、金、锡、连、丹砂……故待农而食之，虞而出之，工而成之，商而通之。”这里的“江南”，主要指包括湖南在内的长江中游南岸地区。《水经注·萌渚水》：“萌渚之峤，五岭之第四岭也。其山多锡，亦谓之锡方矣。”

中原所需铜料很大程度上依赖于楚。徐中舒先生认为，“春秋战国时代，百分之九十以上的

① 《韩非子·和氏篇》。

② 郭沫若：《关于鄂君启节的研究》，《文物参考资料》，1958 年第 4 期。

③ 鲁金科：《论中国与阿尔泰部落的古代关系》，《考古学报》，1957 年第 2 期。

④ 高至喜：《长沙烈士公园 3 号木椁墓清理简报》，《文物》，1959 年第 10 期；熊传薪：《楚国的丝绸业》，《江汉论坛》，1982 年第 8 期。

⑤ 湖南省文物考古研究所 编著：《里耶发掘报告》，长沙：岳麓书社，2007 年。

⑥ 《史记·范雎蔡泽列传》。

⑦ 陈尉民：《长沙新发现春秋晚期的钢剑和铁器》，《文物》，1978 年第 10 期。

⑧ 《战国策·楚策》载楚怀王语：“黄金、珠、玑、犀、象出于楚，寡人无求于晋国。”

青铜皆产于楚国。”[①] 大冶铜绿山和麻阳九曲湾两处古铜矿遗址的发现，证实了楚是重要的冶铜基地。

水产、鸟兽及其羽毛、角齿皮革等，也是楚输往中原的主要物资。《战国策·宋卫策》：“江汉鱼鳖鼋鼍为天下饶。”负有盛名的“洞庭之鳟”“醴水之鱼”[②]“湘波之鱼”[③]“长沙鳖”[④]均产自湘境。

楚与岭南和西南地区贸易，主要输出铜器、铁器、丝织品。广东清远出土铜鼎为长沙楚墓常见形制，德庆、肇庆、揭阳、曲江、湛江、深圳、珠海以及香港等地出土青铜器740余件，其中不少可在楚墓、曾乙侯墓找到相似类型，显系楚地传入[⑤]。又《史记·南越列传》：

高后时，有司请禁南越关市铁器。（赵）佗曰：“高帝立我，通使物，今高后听谗臣，别异蛮夷，隔绝器物，必长沙王计也。”

铁器由长沙输往岭南，应在春秋战国时期形成。

由于与周边商贸往来频繁，在岭南、西南与中原之间，楚国还发挥着贩运中介作用。《荀子·王制》载：“南海则有羽翮、齿皮、兽青、丹干焉，然而中原得而财之。”若非楚商贩运转手，中原恐怕难以得到南海珍奇。

四、楚工官、钱币规制

楚人重视手工业，建立了包括大工尹、尹（如玉尹、织尹、冶尹，即管理不同行业的专官）、令、丞等在内的工官制度。举凡采矿、冶炼、铸造、纺织、漆木器和玉器制作、工程建设、铸钱乃至酿酒等生产部类，都有相应官员专司。1957年，长沙左家塘楚墓出土六种不同纹饰的织锦残片，经鉴定系国内最早的织锦实物。其中，褐地矩纹锦上墨书“女五氏”三字，可能是工匠名字[⑥]。证实了始于先秦、“物勒工名”的品质管理制度。

工尹是管理百工的长官，三代以来习称司空。《周礼·考工记》：

司空掌营城廓、建都邑、立社稷宗庙、造宫室车服器械，监百工。

春秋时代，中原诸国多称司空为“工正”，唯楚独称工尹。由于工尹为工官之长，又称大工尹。大工尹属官也称尹，职掌各部门生产，兼管本行业民间手工品税收。如玉尹为掌玉之官，织尹为主管文织绣锦之长，连尹就是主管铅锡采冶的工官，尹以下设有令、丞等职[⑦]。

楚国官营手工业商品化程度较高。中央、地方政府设官府工场，专业生产各主要工矿产品，

---

① 徐中舒 著：《论巴蜀文化》，成都：四川人民出版社，1982年，第182页。

② 《吕氏春秋·本味》。

③ 《战国策·楚策》。

④ 《逸周书·王会篇》。

⑤ 徐恒彬：《试论楚文化对广东历史发展的作用》，收于中国考古学会 编：《中国考古学会第二次年会论文集》，北京：文物出版社，1980年。

⑥ 熊传新：《楚国的丝织业》，《江汉论坛》，1982年第8期。

⑦ 郭仁成：《试探楚工官》，《湖南城市学院学报》，1987年第4期。

如铜官、铁官、船官、瓦官、造府、织室、黄金采等。《水经注·湘水》：

湘水又北，左会瓦官水口，湘浦也。又径船官西，湘洲商舟之所至也。

瓦官水口即靳江口。这里“水土宜陶”，曾是楚官府集中烧制砖瓦的场所，置有瓦官[①]。其作为长沙砖瓦产地，一直延续到近代。

又据清人考证，船官故址在今长沙南湖港[②]。20 世纪 40 年代，长沙楚墓出土一方印玺，印为方形，有二层台，鼻纽，印面篆书“中戠（织）室鉨”四字，证明长沙是楚国重要织造中心（图 3-11）。

图 3-11 战国“中戠室鉨”铜印（湖南省博物馆藏）

这一时期，适应商贸的发展，金属货币在各国广泛流行。《史记·平准书》：

虞夏之币，金为三品，或黄、或白、或赤；或钱、或布、或刀、或龟币。

金三品，是指币材有金、银、铜三种；钱、布、刀、龟币是指四种币形。出土材料显示，楚是唯一具有金、银、铜三种铸币的国家。《史记·越世家》记载，楚“每王且赦，常封三钱之府。”

楚境盛产黄金[③]，黄金为主要货币之一。金币根据其上钤刻的文字命名，如“郢爰”“陈爰”“融爰”“卢金”等。“郢爰”是时代最早、出土最多的一种金币，湖南、湖北、安徽、陕西、河南、山东、江苏等地都有出土。1954 年，长沙左家公山 15 号墓出土泥质金饼及泥质金版“郢爰”，同时出土称量黄金用的天平砝码[④]。湘乡椅子山 74 号楚墓出土金币三枚，状如爪子，共重 10.8 克，是湖南最早发现的楚国金币实物[⑤]。

楚国金币有金版和金饼两种。金币是一种称量货币，使用时根据需要将金版或金饼切割成零星小块，然后通过天平称量再行交换。天平、砝码在湖南、湖北、安徽、江苏等地楚墓都有发现，以湖南出土最多。截至 1994 年，长沙有 94 座楚墓出土天平砝码[⑥]。常德、汨罗、桃源、沅陵、永州、

① （明）李贤、彭时 等撰修：《明一统志·长沙府》：“靳江在善化县西二十里，一名瓦官水口，一名剑江，源出湘乡大凫塘，东北流经宁乡麻山，南七十里又东北入善化县界至黑石头注入湘，过楚大夫靳尚墓前，因名。”四库全书本。

② （清）陈运溶 著：《湘城访古录·湘城遗事记》，长沙：岳麓书社，2009 年，第 247 页。

③ 《禹贡·卷二》：“荆州厥贡惟金三品。”（明）李贤、彭时 等撰修：《明一统志·辰州府》：“沅陵、辰溪、溆浦皆出麸金。”回库全书本。

④ 吴铭生、戴亚东：《长沙出土的三座大型木椁墓》，《考古学报》，1957 年第 1 期。

⑤ 尹铁凡 著：《湘潭经济史略》，长沙：湖南人民出版社，2003 年，第 24 页。

⑥ 湖南省博物馆、湖南省文物考古研究所等 编：《长沙楚墓》，北京：文物出版社，2000 年。

湘乡、湘潭、益阳等地楚墓也有天平砝码出土。1945 年，长沙出土一套完整的 10 枚天平砝码。最小的一枚重 0.69 克，第 9 枚重 124.4 克，刻有“间益”两字，第 10 枚重 251.3 克。10 个序号砝码表示的重量分别是 1 铢（0.69 克）、2 铢、3 铢、6 铢、12 铢（半两）、1 两（约 15.6 克）、2 两、4 两、8 两（半镒）和 1 镒（约 250 克），总重 2 镒。用这样一套天平砝码，可以称量轻到 1 铢、重到 2 镒的物品。赵德馨先生认为，使用黄金货币多的地区，天平也一定多，湖南一百多座墓出土了天平砝码，反映了这个地区金币流通的盛况[①]。

1974 年，河南扶沟古城村出土银布 18 枚，与金版、金饼共存。这一发现，为银饼在楚国流通提供了佐证[②]。长沙楚墓曾出土铅饼，外包金、银箔，应是实用通货象征。

楚铜贝俗称“蚁鼻钱”或“鬼脸钱”。蚁鼻钱是楚国特有货币，也是使用最广泛的一种货币。宋代洪遵《泉志》称，“此钱上狭下广。背平，面凸，有文如刻镂又类字，也谓之蚁鼻钱。”湖南、湖北、河南、安徽、江苏、浙江、山东、陕西等地都曾出土楚铜贝。如，1954 年长沙冬瓜山 8 号墓出土 100 余枚（同出天平砝码），1958 年常德德山楚墓出土 199 枚[③]。

除蚁鼻钱外，楚铜币还有铲形、版形铜币。铲形铜币分布较广，江苏、安徽、山东、浙江、陕西、河南、湖北、湖南等地均有出土，版形铜币曾在湖北大冶、阳新、蕲春三县出土。

望城铜官是楚国铸造钱币处所。楚人经营的大冶铜绿山和麻阳九曲湾铜矿，皆有水道通达，便于获取造币原料。明代《七国考》引《图书记》：“楚设铜官，铸钱洲上，遂名铜官（洲）。”《大清一统志 · 长沙府》：

> 铜官渚在今湖广长沙府城北六十里，有洲，旧传楚铸钱处。

五、关市之征与贩运管理

春秋战国时期，“商人通贾，倍道兼行，夜以续日，千里而不远。”[④]商贾贩运，必由“关梁”往返。随着商品交换品种、数量扩大，“关市之征”成为国家收入重要来源。《墨子 · 尚贤》：

> 收敛关市、山林、泽梁之利，以实官府，是以官府实而财不散。

为鼓励流通，齐桓公“使关市几而不征”[⑤]，晋文公“轻关易道，通商宽农”[⑥]。楚共王十二年（前 579），在宋人调停下，争霸中原的晋、楚签下“西门之盟”，规定“交贽往来，道路无壅”[⑦]。终春秋战国之世，三晋都是荆楚物产的销售市场，故云“虽楚有才，晋实用之。”[⑧]

春秋末期，吴越相伐，“困于会稽之上”的越王勾践问计于范蠡之师计然，计然认为，“旱则资舟，

---

① 赵德馨 著：《楚国的货币》，武汉：湖北教育出版社，1996 年。
② 戴亚东：《楚国的货币》，《求索》，1982 年第 4 期。
③ 湖南省博物馆：《湖南常德德山楚墓发掘报告》，《考古》，1963 年第 9 期。
④ 《管子 · 禁藏》。
⑤ 《国语 · 齐语》。
⑥ 《国语 · 晋语四》。
⑦ 《左传 · 成公十二年》。
⑧ 《左传 · 襄公二十六年》。

水则资车，物之理也。平粜齐物，关市不乏，治国之道也。”①

城邑设置与其在军事、政治、经济、交通上所起作用分不开的。楚威王时，“地方五千里，带甲百万。”②版图西起大巴山、巫山、武陵山，东至大海，南逾五岭，北抵汝、颍、沂、泗，地域辽阔，城邑、关塞众多。据统计，见于文献的楚城不下200处，是列国中城邑最多的。河南、湖北、湖南境内发现楚城遗址约40座，其中湘境14座③。城址依山傍水，交通方便，城邑多有水门，与湖湘地理相适应。湘境楚设关塞，有湘水下游无假关、九疑山上九疑塞等④。

《周礼·秋官·小行人》记载：

达天下之六节，山国用虎节，土国用人节，泽国用龙节，皆以金为之；道路用旌节，门关用符节，都鄙用管节，皆以竹为之。

1946年1月，长沙黄泥坑出土一柄战国铜质龙节（图3-12），节为长条形，头端铸有龙头，通长21厘米，头端宽3厘米，尾端宽1.9厘米；正面铭“王命传赁”，背面刻“一檐（担）飤之”。李家浩先生考释为，“楚王之命所任命的传赁，在楚国境内各地的传舍，按照‘一担’的食量供给饮食。”⑤

图3-12 长沙出土的战国龙节

鄂君启节以青铜铸成竹节形制，是由当时符节制度所决定的。它由楚王颁发，应是金节，但又是为鄂君启从事贸易活动之事，因而铸成竹节形式。

持节贸易是东周时期一种重要的贩运管理制度，也是列国实现税收的重要手段。城邑设有关卡，征收往来商贾关税；城中设有市场，征收入市货物市税，商品运出市场，要由司市发给“玺节”。贩运货物，经过关卡，俱要缴验符节，检查是否完纳商税，否则就不能通行。《古玺汇编》收有数枚楚玺，其中一枚阴刻“南门出玺”（0168），商贾持有加盖印文的玺节，就表示货物已经纳税，

①《史记·货殖列传》。

②《史记·苏秦列传》。

③马世之：《楚城试探》，收于楚文化研究会 编：《楚文化研究论集》（第一集），武汉：荆楚书社，1987年。

④谭其骧 主编：《中国历史地图集》第一册，北京：中国地图出版社，1996年，第45—46页。

⑤李家浩：《传赁龙节铭文考释——战国符节铭文研究之三》，《考古学报》，1998年第1期。

可以由南门运出；一枚阴刻“勿正关鉨”（0295），应是用以加盖免征关税通行证的[①]。这种设关联市的货物征税方式，对商贸管理发生了深远影响。

鄂君启节铭文显示，战国中晚期楚国贩运管理制度完善。鄂君是享有免税特权的官商，但也受到严格限制。金节规定了鄂君商队经过地点、路线、车舟数量、行程期限、运载物品种类和免税待遇。金节铭文“屯三舟为一舿，五十舿，岁赢返”“车五十乘，岁赢返”，若舟节和车节各有5枚，则鄂君启拥有5个贩运车队和5支商贸船队，每个车队至多可有车50乘、船队至多有船150艘，贩运期限为1年。

铭文“得其金节毋征，毋余（予）棹（朝）饲；不见其金节则征。”说明有金节就不征关税，但税关、驿馆提供饮食住宿。鄂君车队行于陆路，主要是与中原各国进行贸易。为防资敌，车节规定“毋载金、革、黾、箭”等军用和战略物资。车节还规定：马和牛每10头当1车看待，挑夫每20担当1车看待，计入限定的50乘中。

有些货物虽准许贩运，但不得免税。铭文“如载马牛羊以出内关，则征于大府，不征于关。”关是地方税关，大府是中央税收机构。南方马牛羊少，北方马牛羊贩运南方，可获厚利。规定马牛羊税由大府征收，应为调节中央和地方的财政收入。

鄂君启节铭文记有地名20处，其中船队经过11处、车队经过9处，非城即关，均有税官驻守，检验或收取商税。鄂君启贵为封君，如果没有楚王发给的免税符节，也要照章纳税。有富商巨贾为获得超额利益，商队出发前就以“大献重质”[②]方式缴纳全部税款，获得楚王赏赐的免税特权。

第四节　先秦时期的车辆

陆路交通是人类最常利用的交通方式。先秦陆运工具包括檋、轿、车、马等。车辆发明和利用，是机械工程史和道路运输史上第一次技术革命。

一、车的出现

蒙昧时代的人类，只能用手提、背驮、肩扛、额负或头顶方式，将山野采集的食物运回居住地。北京周口店发掘1具山顶洞人成年女性，头骨额部有一道延及两耳际的浅槽，推测为生前常以额负物所致[③]。

宋代朱辅在《溪蛮丛笑》提及，五溪蛮“负物不以肩，用木为半枷之状，箱其项，以布带或皮系额上，名为背笼”[④]。背笼负物，感到劳累时，就用棍棒支撑背笼憩息。这种运输方式，在湘西及西南山区仍有所见[⑤]。

① 汤余惠：《楚玺两考》，《江汉考古》，1984年第2期。

② 《韩诗外传·卷第八》：“楚国之法，商人欲见君者，必有大献重质，然后得见。”

③ 宋镇豪 著：《夏商社会生活史》，北京：中国社会科学出版社，2005年，第295页。

④ （明）沈瓒 编撰：《五溪蛮图志》，长沙：岳麓书社，2012年，第342页。

⑤ 清人张咏在《云南风土记》里写道：“滇人载物，马骡外往往以负，其法以巨索缚物，索端以棕皮织数层如缯，阔三寸许，戴额间，负手承物，伛偻行，少憩即依物而坐，虽大木巨石，亦用此法，岂其额多力，异于他处耶？”

后来，人们发现，利用棍棒抬、扁担挑、木橇拖等方式运输，可以减轻劳累，分担负重。所谓“橇”，即将绳子系于载人或物的木架上，在泥地里牵引前行。这些工具不过是改变了用力方向，实际上并不省力。人类的远古祖先，就靠这些原始运输工具生存了若干万年。

《淮南子·说山训》说，古人“见飞蓬转而知车”。所谓“飞蓬”是一种多年生草本植物，遇风会飞旋而动。古人在飞蓬启示下，用石斧将树木砍下，制成飞蓬状圆轮，用一根横棒轴相连，使之滚动载物。随着岁月流逝，古人“桡曲为轮，因直为辕”①，发明有辐车轮。

轮是车辆主要部件，车轮诞生意谓车舆出现，所以车在古代称作轮。《拾遗记·周穆王》：“又副以瑶华之轮十乘。”车轮是人类最伟大的发明之一。它充分利用物理学中滚动摩擦系数显著小于滑动摩擦原理，大大节省动力，提高了运输能力。

距今 6000 多年前，两河流域的苏美尔人就已使用无辐四轮战车（图 3-13）。距今 4000 年左右，高加索地区出现带有辐条的两轮轻型马车②。装有轮辐的车轮，比实心车轮轻便、灵活，是造车技术一大进步。

图 3-13 两河流域出土的 6000 年前无辐四轮战车图⑥

在中国，车的出现大致在新石器时代中晚期。这一时期创造的石纺轮、陶纺轮，特别是琢制而成的轮型器具，应是车的直接或间接先驱。

轩辕指车上部件，黄帝以轩辕为名③，或与黄帝时代创造车辆有关。《汉书·地理志》：

昔在黄帝，作舟车以济不通。

传说，涿鹿之战时，黄帝作指南车辨明方向④。

距今约 5000 年的黄帝时代出现车辆，是合乎情理的。《史记·五帝本纪》称唐尧“彤车乘白马”，《尚书·舜典》说虞舜对有功之人“车服以庸”。山东章丘龙山文化遗址和河南偃师二里头遗址出土陶器上，画有车轮花纹。龙山文化相当于古史传说中的尧舜时代，二里头则是典型的夏文化遗存。这些车轮遗迹证实，尧舜时代已有车辆利用。

车先是人力推轮，其后开始服牛，后又套马驾车，所谓“服牛乘马，引重致远，以利天下。”⑤三国时期蜀汉学者谯周撰写的《古史考》认为：

黄帝作车，引重致远，少昊时略加牛，禹时奚仲加马。

---

① 《新语·道基》。

② 刘永华 著：《中国古代车舆马具》，北京：清华大学出版社，2013 年，第 2 页。

③ 《路史·卷七》：“横木为轩，直木为辕，以尊太上，故号曰轩辕氏。”

④ 《太平御览·志林》：“黄帝与蚩尤战于涿鹿之野，蚩尤作大雾弥三日，军人皆惑，黄帝乃令风后法斗作指南车以别四方，遂擒蚩尤。”

⑤ 《周易·系辞下》。

⑥ 刘永华 著：《中国古代车舆马具》，北京：清华大学出版社，2013 年，第 2 页。

至迟夏初，车成为重要代步工具。《史记·夏本纪》说“禹平水土，陆行乘车，水行乘舟，泥行乘橇，山行乘檋。”夏朝设“车正”和“牧正”，车正管理车旅交通，牧正掌管牧马之事。

车正奚仲所在的薛国，可能是专门从事车辆制造的部族[①]。山东薛城奚公山上有奚仲墓，相传奚仲于此造车[②]。机械工程学家刘仙洲先生指出，若相信（车的发明）起始于奚仲，则在公元前二千二百多年以前，距现在也有四千多年的历史[③]。

图 3-14　偃师博物馆展出的二里头遗址车辙[⑥]

有关车的最早文字，是洛阳皂角树遗址发现的陶文“车”字，年代相当于夏代晚期[④]；有关车的最早实证，是偃师二里头遗址发掘的两道平行车辙（图 3-14），长 5 米多，轨距约 1 米，但还不能确认是人力车还是马车，因为车辙只有 1 米宽，和殷商时期约 2 米宽马车辙不同[⑤]。

马是人类最早驯化的动物之一，马王堆汉墓出土帛书有《相马经》。传说，商汤先祖、商族首领相土率先驯服野马[⑦]。山东章丘龙山城子崖考古材料证明，4000 多年前的先民已开始养马，与传说“相土作乘马”时间大致相符。

《甘誓》提及“左不攻于左，汝不恭命；右不攻于右，汝不恭命；御非其马不正，汝不恭恭”，说明夏初已出现战车。左是车左，执弓主射；右为车右，执戈矛主刺杀；御者居中。此种由左、右、御 3 人组合而成的车战形式，一直延续至商、周时期。

偃师二里头遗址出土刀、钻、锥、凿、铸等青铜工具，为车辆技术发展提供了技术条件。《后汉书·井丹传》谓“桀乘人车”，当是人力挽引之车。

约公元前 1600 年，商汤兴兵伐夏。《墨子·明鬼下》说：“汤以车九两（辆），鸟阵雁行，汤乘大赞，犯遂（逐）下（夏）众，人（入）之□（郊）遂。”《吕氏春秋·简选》载，汤以“良车七十乘，必死六千人”与桀战于鸣条（今河南封丘）。桀战败南逃，死在南巢（今安徽寿县）。《淮南子·本经训》称：“汤乃以革车三百乘，伐桀于南巢，放之夏台。”

商汤灭夏桀动用的车辆，愈后记述数量愈多，难以置信，大概《墨子》说的“车九两”更近史实。甲骨文所见车群最高数是武丁时的“六车”（《合集》11452）；帝乙征危方，俘其首领，缴获战

---

① 《左传·定公元年》：“薛之皇祖奚仲，居薛，以为夏车正。”《管子·形势解篇》：“奚仲之为车也，方圆曲直，皆为规矩钩绳。故机旋相得，用之牢利，成器坚固。”

② 《元和郡县图志·卷第九》：“奚公山在滕县东南六十里，奚仲初造车于此。”

③ 刘仙洲 著：《中国机械工程发明史》，北京：科学出版社，1962 年。

④ 洛阳市文物工作队 编：《洛阳皂角树——1992—1993 年洛阳皂角树二里头文化聚落遗址发掘报告》，北京：科学出版社，2002 年，第 74 页。

⑤ 许宏、赵海涛：《二里头遗址发现宫城城墙等重要遗存》，《中国文物报》，2004 年 6 月 18 日。

⑥ 2018 年 11 月初，笔者实地考察河南偃师二里头文化相关遗址遗迹时拍摄。

⑦ 《竹书纪年·卷上》：“帝相十五年，商侯相土作乘马，遂迁于商丘。”

车犹不过“二两（辆）”（《合集》36481）。

二、殷商车辆的演进

殷商时期，手工业生产规模和技术水平出现中国史上第一次高峰。车辆种类增多，专业制车工匠出现。一般而言，牛车运货，车厢较大，构造简单；马车载人，制作讲究，车型美观。安阳殷墟以及西安老牛坡、陕西保德林峪村、山东益都苏埠屯等地，发掘牛车、马车等商车近百辆。2005年5月，殷墟新发现并列5座南北排列、方向一致的大型车马坑（图3-15），成为商代葬车最多的考古发现，再现了等级森严的贵族礼制。

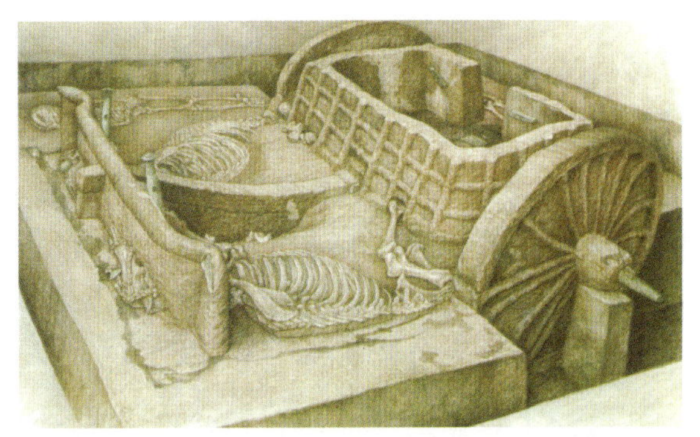

图3-15　安阳郭家庄M52商代车马坑发掘现场图[③]

车辆构造和装饰工艺，代表了当时手工业技术水平。从殷墟出土马车构造来看，马车由车架、车厢、轮、轭、辕、衡、轴等构件组成，衡、轭、轴、厢的端部或四周均有青铜饰器；马具和辔饰多用青铜制造，有些辔饰以骨、蚌制成；车的形制是双轮独辕，辕后端与车轴相连，辕前横木两边有人字轭，用来驾马（图3-16）。制作考究，装饰华丽，以至千余年后孔子还不忘“行夏之时，乘殷之辂”[①]。

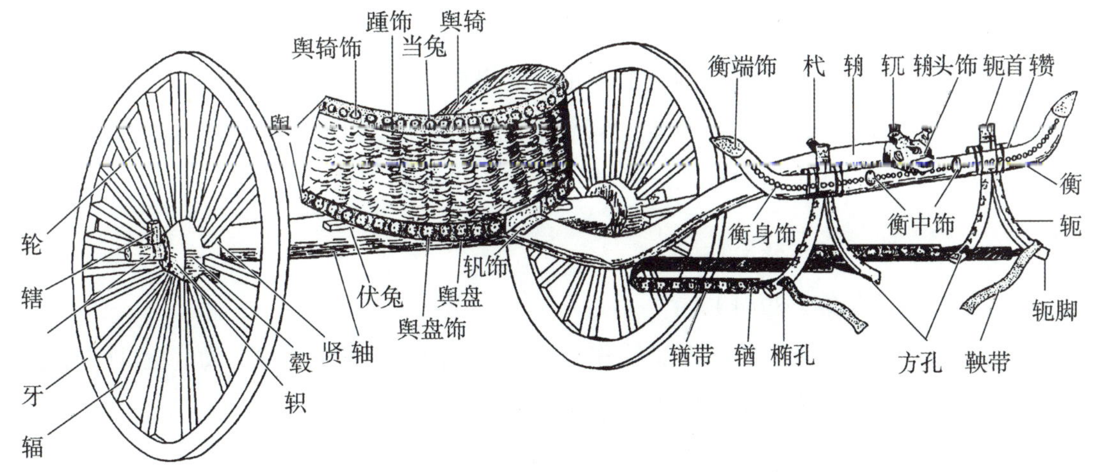

图3-16　安阳小屯车马坑M20乙种商车复原图（石璋如绘）[②]

据杨宝成先生对殷墟出土14辆车构造尺寸的统计，轨距约2.17—2.4米之间，轴长在2.7—3.1米上下，轮径1.2—1.5米，轮辐16—26根，辕长2.5—2.9米；箱舆大者广1.2—1.7米、进深约1.5

① 《论语·卫灵公》。

② 宋镇豪 著：《夏商社会生活史》，北京：中国社会科学出版社，2005年，第308页。

③ 刘永华 著：《中国古代车舆马具》，北京：清华大学出版社，2013年，第12页。

米，小的广 1 米左右、进深 0.7 米上下[①]。孙机先生认为，大型箱舆容乘员 3 人，小者可容 2 人，箱舆周围设栏杆，车后留缺口，乘员从车后上下，贵族乘车时踏石几以登[②]。

商车种类繁多，甲骨、金文中的丰富资料可以佐证。孙海波《甲骨文编》收录“车”字 9 个；容庚《金文编》收“车”字 22 个，虽字形各异，但其形制与出土殷车大体相仿[③]。

约在武丁时，战车编组实现了制度化。每车编左、中、右 3 名甲士，装备戈、殳、戟、酋矛、夷矛 5 件兵器，《考工记》谓“车之五兵”，分别插在舆侧固定位置，供甲士临战使用。这种兵器配备方式，具有长短兼备、远近结合的特点。

不仅中央王朝，规模较大的部落方国也使用战车作战。

“小臣墙从伐，毕危美……车二两，□百八十，逐五十，矢……”（《合集》36481）

该条卜辞显示，商王在征危方缴获的战利品中有 2 辆车。

狩猎在殷商社会生活中占有重要地位。中华民国时期的学者罗振玉辑《殷墟书契》有卜辞 1169 条，分为卜祭、田猎、征伐、风雨等 9 项，其中卜祭 538 条、田猎 185 条。田猎记录中，一次获麋 348 头，获猪 140 头，获兕（犀牛）71 头，获狼 41 头。田猎方法主要有逐、焚、阱、射、擒，猎杀动物包括兕、虎、狼、鹿、麋、麔、麞、象、豖、狐、猴、雉等。

“……卜，王其逐鹿，获□允……八，王车……”（《南坊》3·71）

“癸巳卜，贞曰：旬无祸。王占曰：乃兹亦有祸？甲午，王往逐兕，小臣甾载车，马硪王车，子央亦坠。”（《合集》10405）

后一条卜辞，意为王占卜后，疑十日内会有不幸事件发生，果然甲午这天（从癸巳到甲午不出十天），王出猎兕时，小臣甾的马车撞上王车，子央亦从车上坠落[④]。

牛车服重致远，大概始于夏代。《世本·作篇》：“胲作服牛，相土作乘马。”胲为商汤七代祖先，相土为十一代祖先，他们均生活在夏朝。殷墟甲骨文称牛车为“牽”，如：

“牽……二牛。”（《怀特》156）

“登左牛。”（《合集》8944），

牛车荷载能力在马车之上，故牛车又称作大车[⑤]。殷商牛车数量甚众，如武乙时甲骨文：

“丁亥卜，品（牽）其五十牽。”（《合集》34677）

“戊子卜，品其九十牽。”（《合集》34675）

“□□□，□其百又五十牽。”（《合集》34674）

---

① 杨宝成：《殷代车子的发现与复原》，《考古》，1984 年第 6 期。

② 孙机：《中国古独辀马车的结构》，《文物》，1985 年第 8 期。

③ 黎杰：《先秦时期的车制马政》，收于《中国古代道路交通史》编写组 编：《古代道路交通史参考资料》（9）内部印刷，1990 年。

④ 宋镇豪 著：《夏商社会生活史》，北京：中国社会科学出版社，2005 年，第 315 页。

⑤ 《考工记·辀人》：“大车之辕挚”，郑玄注：“大车，牛车也。”

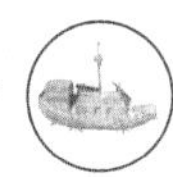

一般而言，承担后勤运输的牛车数量远超用于作战的马车。西周《师同鼎铭》记周人伐戎敌。“折首执讯，孚（俘）车马五乘，大车廿，羊百。”[①] 即缴获马车5辆、牛车20辆，两者之比为1∶4。

三、西周车辆的完善

“一器而工聚焉者，车为多。”春秋时期科技著作《考工记》显示，周代车辆设计制造更为规范，装饰更为讲究，达到了较高水平。

《考工记·轮人》对车辆关键部件——轮的制造、检验，提出了一系列技术要求和检验手段。主要包括：

（1）“轮人为轮，斩三材必以其时。”即制作车轮要选用坚实木材，砍伐（用作毂、辐、牙的）3种木材必须依照一定的季节。

（2）“规之，以眡其圜也。”即要用规精细地校准轮子，检验其外形是否正圆。

（3）“萬之，以眡其匡也。”即轮子平面必须平正，检验时将轮子平放在同轮子等大的平整的圆盘上，视其是否彼此密合。

（4）“县之，以眡其辐之直也。”即用悬线察看相对应的辐条是否笔直。

（5）“水之，以眡其平沉之均也”，即要将轮子放在水中，看其沉浮是否一致，以确定轮子各部分是否均衡。

（6）“行泽者欲短毂，行山者欲长毂，短毂则利长毂则安。”即对不同用途的车辆，要选用不同尺寸的毂。

（7）“轮已崇，则人不能登也；轮已庳，则于马终古等阤也。”即要求轮子直径适中。太大，人上下不方便；太小，马拉起来吃力，好像经常上坡一样。

（8）一辆车的两个轮子，尺寸大小和重量都要相等，其检验方法是“量其薮以黍，以眡其同也；权之，以眡其轻重之侔也”。

《考工记·辀人》记述了车辕（辀与辕系同一物，大车称辕，小车称辀）制作规范。要求辕直如轩，而辀曲如舟。辀的弯曲适度，有利于牛马牵引及车的稳定。长沙浏城桥1号楚墓出土曲辕明器[②]及江陵天星观1号楚墓的龙首曲辕[③]，形制与《考工记·辀人》描述大致相符。

《考工记·舆人》规定了车厢各部分尺寸比例。如“轮崇、车广、衡行三加，谓之‘三称’”，即轮的直径等于车厢宽度，又与前横木之长相等。这些工艺要求，除一处用比喻外，大部分用数据说明，并要求圆、方、横、直都合标准，榫接处要严丝合缝，像树的干与枝一样。

至于车盖制作，《考工记》提出“上尊重而宇卑，吐水疾而霤远”，即脊部坡大，可加大雨水流速；檐部倾角小，雨水下落的投射角大，可以溜得远一些，不致淋湿乘者和车辆。长沙浏城桥1号楚墓、河南辉县固围村1号楚墓、洛阳中州路战国车马坑以及江陵天星观1号楚墓中，多

---

① 李学勤：《师同鼎试探》，《文物》，1983年第6期。

② 湖南省博物馆：《长沙浏城桥1号墓》，《考古学报》，1972年第1期。

③ 湖北省荆州地区博物馆：《江陵天星观楚墓》，《考古学报》，1982年第1期。

有所反映[1]。这种车盖形式，促成了传统建筑中凹曲屋盖出现。

成书于春秋的《诗经》，是中国最古老的诗歌总集，分《风》《雅》《颂》三部。最早的作品《豳风·鸱鸮》成于周初，传为周公旦所作；最晚的《陈风·株林》，作于春秋中叶。现存《诗经》305篇，记述车的有57篇，凸显了车舆在周代社会生活中的重要作用，如《伐檀》[2]就是以伐运轮、辐等造车原料为背景的诗作。

车辆普遍应用于出行、作战、狩猎、农事、运粮等社会生活各方面。《诗经》描述的车辆，根据牵引不同分为辇车、牛车和马车，根据用途不同分为行旅的路车、狩猎的田车、作战的戎车、拉货的大车或役车等。

（1）路车　亦作辂车，为天子或诸侯所乘。周王常以路车赐予诸侯。

《小雅·采菽》：

君子来朝，何锡予之？虽无予之，路车乘马。

说的是诸侯朝见天子，周王赐他们路车和驷马。

《秦风·渭阳》：

我送舅氏，曰至渭阳。何以赠之？路车乘黄。

写的是秦穆公之子康公送晋文公重耳返国时以路车相赠。

（2）田车　即田猎之车。先秦时期，王公贵族往往乘车狩猎。

《秦风·驷驖》：

驷驶孔阜，六辔在手，公子媚子，从公于狩。

写的是秦襄公乘车打猎之事。

《小雅·车攻》：

我车既攻，我马既同，四牡（牡：兽之雄者）庞庞，驾言徂东。田车既好，四牡孔阜，东有甫草，驾言行狩。

该诗通篇记述周宣王会同诸侯，乘车狩猎。所描写的四驾马车，车坚马壮，训练有素，追逐兽群，配合默契。

（3）戎车　即战车，或称兵车。《诗经》中记述的马车，以戎车为最，又以描绘周宣王南征北伐的诗篇为多。

---

① 湖南省博物馆：《长沙浏城桥1号墓》，《考古学报》，1972年第1期；中科院考古所 编著：《辉县发掘报告》，北京：科学出版社，1956年；叶万松：《洛阳中州路战国车马坑》，《考古》，1974年第3期；荆州地区博物馆：《江陵天星观1号楚墓》，《考古学报》，1982年第10期。

② 《诗经·伐檀》："坎坎伐檀兮，置之河之干兮。河水清且涟猗。不稼不穑，胡取禾三百廛兮？不狩不猎，胡瞻尔庭有县貆兮？彼君子兮，不素餐兮！坎坎伐辐兮，置之河之侧兮。河水清且直猗。不稼不穑，胡取禾三百亿兮？不狩不猎，胡瞻尔庭有县特兮？彼君子兮，不素食兮！坎坎伐轮兮，置之河之漘兮。河水清且沦漪。不稼不穑，胡取禾三百囷兮？不狩不猎，胡瞻尔庭有县鹑兮？彼君子兮，不素飧兮！"

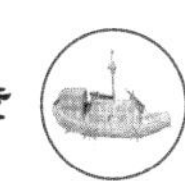

《小雅·六月》：

元戎（大战车）十乘，以先启行。戎车既安，如轾如轩。四牡既佶，既佶且闲。薄伐玁狁，至于太原。

该诗描写周宣王北伐玁狁的戎车大军。

《小雅·采芑》：

方叔莅止，其车三千，师干之试。方叔率止，乘其四骐，四骐翼翼……戎车啴啴，啴啴焞焞，如霆如雷。

描绘了方叔南征荆蛮时，动用战车三千乘，演军振武的壮观场景。

《秦风·小戎》《小雅·采薇》《小雅·出车》《大雅·抑》《大雅·桑柔》《大雅·烝民》《大雅·江汉》等篇，也有战车记述。

《秦风·小戎》对秦襄公（？—前 766）时战车作了形象描绘：

小戎俴收（轻型战车浅车厢），五楘梁辀（五条皮带扎辕上），游环胁驱（马背有环胁有扣），阴靷鋈续（引车带环白铜镶），文茵畅毂（虎皮褥子长车毂），驾我骐馵（花马驾车白蹄扬）。

（4）大车　即牛车，特点是车箱大，载货多，速度较慢。

《王风·大车》：

大车槛槛，毳衣如菼。岂不尔思？畏子不敢。大车哼哼，毳衣如璊。岂不尔思？畏子不奔。

这是描写一位赶车少年和恋人私奔的爱情诗篇，“槛槛”“哼哼”形容大车行进时响声隆隆、重滞徐缓。

《小雅·无将大车》：

无将（扶进，此指推车）大车，祇自尘兮。无思百忧，祇自疷兮。

意为大车是用牛拉的，不要去帮着推那大车，否则只自蒙灰尘。不要去寻思种种烦恼，否则只会惹来百病。

（5）役车　用于农事的大车，也称“役车”。

《唐风·蟋蟀》：

蟋蟀在堂，役车其休。

意为秋收后天气渐凉，蟋蟀为避寒进入室内，役车也闲下来了。

《小雅·大东》：

薪是获薪，尚可载也。

是描写运柴的牛车。

（6）輶车　即轻车，亦称輶轩，是一种前顶辕高而有帷幕的车，多为帝王使臣乘用。《秦风·驷驖》：

輶车鸾镳，载猃（长嘴猎犬）歇骄（短嘴猎犬）。

意为狩猎归来的轻便副车铃儿叮当，车上的各种猎犬气定神闲。

图 3-17　四驾马车复原图（荆州博物馆 绘）

（7）辇车　指人力牵引的车。《小雅·黍苗》中的“我任我辇”，指的就是这种人拉的车。

1974 年，北京琉璃河发掘西周早期的 1 号车马坑，埋有一车四马，车是木质结构，车马饰品都是铜质（图 3-17）。

2002 年，在洛阳东周王陵遗址考古挖掘中，清理车马坑 18 座，规模最大的车马坑内发现“驾六”遗迹。该车马坑内共有马车 26 辆、马 70 匹，其中一辆马车前面，对称摆放 6 匹马的骨骸，印证了《逸礼·王度记》“天子驾六，诸侯驾四”记载。

据《穆天子传》，穆王率七萃之士[①]，以诸侯进献的八骏（赤骥、盗骊、白义、逾轮、山子、渠黄、骅骝、绿耳）为御驾，自洛阳渡河，逾太行，涉滹沱，出雁门，抵包头，过贺兰山，穿河西走廊，经天山南麓到“群玉之山”，继西行三千里至“西玉母之邦”。穆天子“执白圭玄璧以见西王母，好献锦组百纯、□组三百纯”；又自西王母之邦北行“千有九百里”，至“飞鸟之所解其羽”的“旷原之野。”

周穆王西行途中，与沿途部落进行经济文化交流。如，珠泽部落献“白玉……食马三百，牛羊三千”，穆王赐“黄金之环三五，朱带贝饰三十，工布之四”；赤乌部落献“酒千斛，食马九百，羊、牛三千，穄、麦百载”，穆王赐“墨乘四，黄金四十镒，贝带五十，珠三百裹”等[②]。1993 年，考古学家在埃及第二十一王朝（前 1085—前 945）女性木乃伊头发上，发现丝绸残迹[③]，或为穆天子西游时传至埃及。由西行路线可知，彼时亚欧大陆东西道路已初步形成。

周穆王西游是中西交通史上重大事件，其史料价值颇为学术界重视。清末学者丁谦在《穆天子传地理考证》中，考释“西王母之邦”即今巴比伦尼尼微城；刘师培先生认为，“西王母之邦”在波斯东北[④]；顾实先生推测，周穆王经波斯，到了里海、黑海之间的旷原[⑤]。《穆天子传》内容

① 有观点认为，“七萃之士”应为“甲萃之士”，即战车上全副武装的猛士。参见王林莉：《〈穆天子传〉“七萃之士”考》，《齐齐哈尔大学学报》（哲学社会科学版），2011 年第 6 期。

② 《竹书纪年·穆天子传》。

③ 屠恒贤：《丝绸之路与东西方纺织技术交流》，《东华大学学报》，2003 年第 4 期。

④ 刘师培：《穆天子传补释·卷四》，收于刘师培 著：《刘申叔遗书》（上），南京：江苏古籍出版社，1997 年。

⑤ 顾实：《穆天子传西征今地考》，《国学丛刊》第 1 卷第 4 期，史学专号，1923 年。

虽不尽可信，但从一个侧面说明，西周造车工艺和驾车技术已达相当水准。

车辖用于固定车轴，车辆行驶时，它既能阻止车轮向外脱落，还能调整车轮轴向位移。宁乡出土西周车辖，是湖湘车辆利用的早期实证。

《春秋》记载，自鲁隐公元年（前 722）到鲁哀公十四年（前 481）的 242 年中，发生大小战事 483 次，车战是主要战争形式。如周襄王二十年（前 632）晋楚“城濮之战”中，晋国出动战车 700 乘，大败楚军。战后，晋文公“献楚俘于（周）王，驷介百乘，徒兵千”[①]。

四、楚国车辆的种类

楚灵王时右尹子革追忆说：“昔我先王熊绎辟在荆山，筚路蓝缕以处草莽，跋涉山林以事天子。”[②] 孔颖达疏：“筚路为柴车。”[③] 这说明，尽管“洞庭之野”的扬越贵族享用装饰华丽的青铜马车，但“辟在荆山”的楚人首领，出行车辆还十分粗糙。

随着楚人崛起，车辆制作进入鼎盛阶段，战车规模直追中原大国。楚成王六年（前 666），“（楚令尹）子元以车六百乘伐郑。”[④] 贵族乘车更是制作考究，装饰华丽。对此《楚辞》有形象描绘[⑤]。如：

《大招》：

琼毂错衡，英华假只。

指用玉饰车毂，用金银错车衡，所以光华闪耀。

《离骚》：

杂瑶象以为车。

意谓杂用象牙和美玉以饰其车。

《东君》：

载云旗兮委蛇。

意谓车上装饰各种旌旗，以为标志。淮阳马鞍冢楚顷襄王墓车马坑出土旌旗 6 面，红色绢质，旗面饰海贝，旗杆长 6 米，安插车厢左右，这是迄今发现唯一可确认的车用旌旗[⑥]。

据随州曾侯乙墓竹简（以下简称曾简）以及荆门包山、江陵天星观等地楚简（以下简称楚简）统计，共有车名约 50 种。见于曾简的有游车、轻车、路车、鱼轩、安车、置李车、左轩、墨乘、椎车、□輗车、卑车、戎路、乘车、王僮车、广车、少广、行广、左旆、左彤旆、右彤旆、大殿、

① 《左传·僖公二十八年》。

② 《左传·昭公十二年》。

③ 《春秋左氏传补注·卷五》，清文渊阁四库全书本。

④ 《左传·庄公二十八年》。

⑤ 郭仁成 著：《楚国经济史新论》，长沙：湖南教育出版社，1990 年，第 135 页。

⑥ 河南省文物考古研究所：《河南淮阳马鞍冢楚墓发掘简报》，《文物》，1984 年第 10 期。

左殿、右殿、左彤殿、右彤殿，见于曾简同时见于楚简的有畋车、朱路、圆轩、椯毂、大路、乘、大旆、輎路、政车、乘广，见于楚简的有女乘、轩车、童轩、德路、龙车、羊车、韦车、乘旆、旆轩、王车等①。此外，见于传世文献的还有游阙、楼车、巢车、皇舆、辌车、辒车、苹车等等。

楚人乘车，无论是车辆种类、形制、装饰，还是制车材料、驾畜数量上，都有严格规定和等级制度，车马之制相当完善。

（1）王公贵族及高官乘车。

君王乘坐的车称为皇舆、王舆或安车。《离骚》言“恐皇舆之败绩”。《吕氏春秋·赞能》：

荆王于是使人以王舆迎孙叔敖以为令尹，十二年而庄王霸。

淮阳马鞍冢楚顷襄王墓出土的3号车，全长4.98米，轮外径1.36米、内径1.16米，每轮32辐；舆分前后室，平面呈凸字形，长2.73米，宽分别为1.05、1.78米，上残存朱绘痕迹；舆内置铜马衔6副及骨质马镳6副。由此推测，3号车可能是享有“天子驾六”车服之制的六马安车，印证了文献中对其形制、工艺、装饰、绘画的描述②。

驲车，是驿站接送官员的乘车。君王、大夫有时也乘驲车。如，楚灵王“以驲至于罗汭（汨罗江口）”③；齐景公“乘驲而自追晏子”④；晋大夫祁奚“乘驲而见宣子”⑤。

辒车、轩车、辌车是高官乘车。屈原在《楚辞·招魂》中提及轩车和辌车，“轩辌既低，步骑罗些。”《汉书·霍光传》注引孟康语，“辒、辌车如夜车，有窗牖，闭之则温，开之则凉，故名之辒辌车。”清人认为，辌、辒之车为两种车型，所谓“古二车随行。”⑥

高官乘车，在装饰、绘画以及大小、高低等方面不及楚王车，但结构基本相同。从淅川下寺楚令尹子庚墓车马坑⑦和淮阳马鞍冢楚顷襄王墓出土车辆比较，可以得到印证。

（2）战车。

这类车型最多，有戎车、軘车、广车、游阕车、冲车、苹车、轻车、巢车、楼车等。

戎车，又称为革车。楚子伐随，军于汉、淮之间，“随师败绩，随侯逸，门丹获其戎车。”⑧杜预注：“门丹，楚大夫。戎车，君所乘兵车也。”这说明，战时戎车可作为君王乘坐的指挥车。

軘车，用于防御的战车。《左传·宣公十二年》：“晋人惧二子之怒楚师也，使軘车逆之。”孔颖达疏曰：“軘车，屯守之车。”

广车、游阕车、苹车、轻车皆为兵车。“广车，横陈之车也；阙车，所用补阙之车也；苹犹屏也，所用对敌自蔽隐之车也；轻车，所用驰敌致师之车也。”⑨楚晋邲（今郑州北）之战中，楚将潘党“率

① 萧圣中：《楚国车马制度考述》，《江汉论坛》，2005年第5期。
② 河南省文物考古研究所：《河南淮阳马鞍冢楚墓发掘简报》，《文物》，1984年第10期。
③ 《左传·昭公五年》。
④ 《吕氏春秋·士节》。
⑤ 《左传·襄公二十一年》。
⑥ （清）段玉裁 撰：《说文解字注·卷十四篇上》，清嘉庆二十年经韵楼刻本。
⑦ 河南省丹江库区文物发掘队：《河南省淅川县下寺春秋楚墓》，《文物》，1980年第10期。
⑧ 《左传·桓公八年》。
⑨ 《周礼·春官宗伯》。

游阕四十乘，从唐侯以为左拒。”“楚子为乘广三十乘，分为左右。”[①]

楼车、巢车，用以观察敌情的车辆，车上高悬望楼如鸟之巢，又名巢车。《左传·宣公十五年》："楚子……登诸楼车，使呼宋人而告之。”晋楚鄢陵之战时，楚共王曾登巢车察看敌情[②]。

（3）货物运输车。

见于文献的有大车、役车、筚路以及辎车、重车等。

辎重车，亦称之为重车或辎车，多用于军事后勤和商贸运输[③]。鄂君商队用于贩运贸易的货车大概就是这种重车。

（4）下层官吏及庶人乘车。

轺车，一般为基层官员乘坐。《后汉书》：

许庆家贫，为督邮，乘牛车，乡里号曰轺车督邮。

栈车、役车，士乘栈车，庶人乘役车。栈车是一种十分简陋的车。《韩非子·外储说左下》称："孙叔敖相楚，栈车牝马，粝饼菜羹，枯鱼之膳，冬羔裘，夏葛衣，面有饥色，则良大夫也。”这虽说的是孙叔敖为官勤俭廉洁，亦证栈车多为百姓乘用。

五、湖南楚墓出土的车辆遗迹

湘境造车始于何时无从稽考，望城、宁乡发现的商周车軎、车辖，可证彼时已有车辆制造。屈原流放沅湘，写下《离骚》《九章》《九歌》等不朽诗篇，成为浪漫主义诗歌奠基人。《离骚》描绘的“回朕车以复路兮，及行迷之未远”“朝发轫于苍梧兮，夕余至乎县圃”等篇章，反映了湖南地区先秦交通状况。

20世纪下半叶以来，长沙、益阳、岳阳、汨罗、湘乡、常德、临澧、澧县、慈利等地楚墓先后发现车辆遗迹，对于研究先秦车辆构造、制作工艺及通车道路等提供了实物依据。

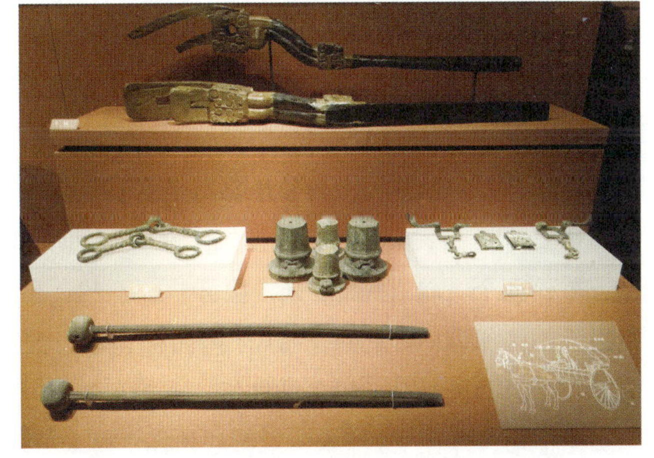

图3-18 长沙浏城桥1号楚墓部分车马器（湖南省博物馆藏）

（1）长沙浏城桥1号楚墓出土车辆遗迹（图3-18）[④]

1971年2月，湖南省博物馆配合长沙市东区某人防工程，在浏城桥发掘一座较大而完整的春秋晚期楚墓，出土车辆遗迹，包括车辕、车伞盖、车軎、马衔、带链鸟形铜饰及铜连环等。

① 《左传·宣公十二年》。

② 《左传·成公十六年》："楚子登巢车，以望晋军。子重使大宰伯州犁侍于王后。”

③ 《左传·宣公十二年》："丙辰，楚重（车）至于邲，遂次于衡雍。”

④ 湖南省博物馆：《长沙浏城桥一号墓》，《考古学报》，1972年第1期。

车辕两件　用木雕作龙头形，头部、中部均刻有兽面，尾部有拴钉，相间髹以黑漆和褐色漆。漆光亮，全长 75 厘米。

车伞盖　出土完整的一件，另有伞柄一件。车伞盖由伞柄、伞帽、盖弓三部分组成。伞柄圆柱状，上端有铜箍，宽 2.6 厘米，套入伞帽部分长 18.5、径 1.6—3 厘米，全长 113 厘米。伞帽喇叭状，承伞柄处套有铜箍，上部圆饼状，凿长方形眼 20 个，插盖弓用，帽径 13 厘米、桦眼长 2 厘米、宽 1.4 厘米、深 5.5 厘米，桦眼之间相距 0.6 厘米，伞帽高 34.5 厘米；盖弓 20 根，各长 138.7 厘米。盖弓中部和尾部各有一小圆孔，用以穿绳，把各盖弓牵连起来。还有铜盖弓帽九个，套于盖弓之尾部，帽侧伸出一弯钩，上铸蝉纹和绳纹，长 5.5 厘米。

车軎四件　Ⅰ式两件，上部作八方形，内空，顶部饰云雷纹，铜拴铸兽面纹，高 9.5 厘米。Ⅱ式 2 件，素面圆形。

马衔六件　绳索状四件，长 25 厘米；素面两件，长 21.5 厘米。

（2）长沙荷花池 1 号战国木椁墓出土车辆遗迹[①]

1986 年 11 月，长沙市文物工作队对长沙师范学校实验楼基建工地发现的楚墓进行抢救性发掘，出土车辆遗迹。

车軎两件　圆柱形，身无花纹，高 7.5 厘米、底径 5.8 厘米、首径 3.4 厘米；附虎头形车辖，辖长 6.25 厘米。

马衔一件　衔由两节构成，展开通长 23.2 厘米。两端为不规则圆形环，环壁径 5 厘米，环的一端与另一节的小环相互套取。

盖弓帽两件　残长 4.5 厘米。

木车伞一件　已残破，但可复原。伞由华盖、杆面杖形插销、三段伞柄、二十根伞骨组成。伞长 1.98 米，华盖径 15.6 厘米。

（3）湘乡牛形山 1、2 号楚墓出土的车辆遗迹[②]

1975 年 8 月，湘乡牛形山发掘 1、2 号大型战国楚墓，其中 1 号墓出土车辆遗迹。

车轮两个　轮直径 0.5 米，由牙、辐、毂、軎、辖构成。牙用三根木料砍削成圆弧形、两端用边缘扣接加竹梢钉紧密合而成，内面有等距的 22 个辐孔，牙广 4.3 厘米，厚 2 厘米；辐外作圆边，内面较平，两侧微鼓，辐条圆柱形，上粗下细，通长 18.4 厘米，上髹黑漆，表绘 3 道黄彩；毂为切头橄榄形，外径 9.4 厘米，承軎处外径 7 厘米、内径 3.5 厘米，承辐处外径 6.4 厘米，内作方形，毂表有 22 个承辐方孔；軎呈 3 层圆塔形，近毂处直径 7 厘米，通长 6 厘米。

车舆一件　长方形，由栏杆、木板构成，木构件上有银质花饰。

车辕一件　龙首形，与长沙浏城桥 1 号墓出土的相同。

车伞一件　出土时，尚有盖弓帽、盖杠（伞柄）。

马衔两件　绞纹状，长 2.5 厘米。

---

① 长沙市文物工作队：《长沙荷花池一号战国木椁墓发掘简报》，《湖南考古辑刊》第 5 集，1989 年。

② 单先进、熊传新：《湖南湘乡牛形山一、二号大型战国木椁墓》，收于文物编辑委员会 编：《文物资料丛刊》（3），北京：文物出版社，1980 年。

（4）临澧九里楚墓车马坑遗存[①]

澧水中下游邻近郢都江陵，是楚人开发较早的地区。位于临澧北部、涔水南岸的九里茶场，有战国楚墓 400 余座，其中保存封土堆的大型墓葬 24 座。1979—1981 年间，发掘楚墓 22 座，清理车马坑 2 个，出土车辆遗存若干。其中，烂峰包车马坑出土马车 4 辆，车辆辐距 1.6—2 米，轴长 3 米，车軎上残存“君”字铭文，车已腐朽，仅存遗痕。1980 年发掘的九里 1 号墓，规模宏大，规格与江陵天星观楚邸阳君墓相似，应是封君墓地；陪葬车马坑出土车伞、车辕、车軎等车辆部件。

（5）益阳出土战国车马器[②]

车軎、马衔是战国楚墓中常见礼器车马器，通常以 2 件车軎代表 1 辆车、2 件马衔代表 2 匹马来随葬。如荆门包山楚墓出土车軎 22 件，随州曾侯乙墓车軎多达 76 件。2001 年 4 月，益阳资阳区长塘村发掘一批战国墓葬，其中一座楚墓出土一套完整的车马器（图 3-19），由 2 件车軎、2 件马衔组成，车軎和马衔饰有精美的云雷纹。

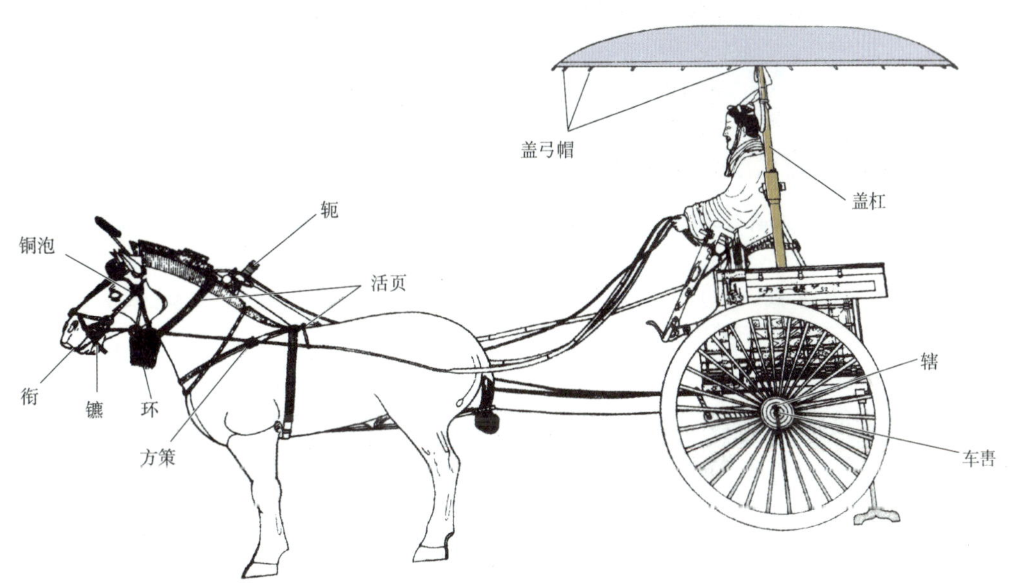

图 3-19 楚国车辆复原图（安徽寿县博物馆 绘）[③]

六、楚国车马制度

历代统治集团重视车制马政，订有车马制度。

按《周礼》记载，在天官冢宰[④]总管下，道路、车马、礼宾、馆舍等政分属地官、春官、夏官、秋官、冬官，各负其责。

地官：下设“遂人”，管理土地、道路、水利等事；“遣人”，管理驿站食宿供应；“掌节”，管理各种符节，查禁无节通行；“闾师”，掌管城郊人口、车畜登记；“县师”，掌管城郊以外人口、

① 湖南省文物考古研究所：《临澧九里双峰包南包大墓发掘简报》，《湖南考古辑刊》第 6 集，1994 年。

② 《益阳发掘战国成套车马器》，《长沙晚报》，2001 年 4 月 27 日。

③ 2017 年 9 月 23 日，笔者赴考察安徽楚文化时，摄于寿县博物馆。

④ 冢宰为内朝主宰。在《周礼》中作为天官，是六卿的首脑，总管全国大事。周武王死时，成王年少，周公曾以冢宰之职摄政。

车畜登记，以便组织服役。

春官：负责按等级供应车辆。

夏官：主管车辆调配和牲畜（牛马）牧养。

秋官：掌道路交通。

冬官：主管百工，负责造车。如《考工记》所载，“轮人”专造车轮，“舆人”专造车箱，“辀人”专造车辕，“车人”负责组装成车。

图 3-20 楚郾客铜量（湖南省博物馆 藏）

楚国车马制度源于周制。楚车官大致包括如下职务：

（1）连尹、连嚣（敖）

《古玺汇编》著录有“连尹之玺”“连嚣之□三”。骆瑞鹤先生认为，“连尹之连既与辇同，为辇古字，则连尹为主车之官无疑。”[①]

1984 年 8 月，湖南省博物馆在长沙涂家冲废铜仓库拣选文物时，发现杯状铜器一件（图 3-20），容量 2300 毫升，形状与 1976 年安徽凤台出土的战国郢大府铜量（容量 1110 毫升）相似，定名为楚郾客铜量。其铭：

郾客臧嘉闻（问）王于菽（纪）郢之岁，亯（享）月己酉之日，罗莫敖臧允、连敖屈上，以命攻（工）尹穆丙、攻差（佐）竞之、集尹陈夏、少集尹龚赐、少攻差李癸，铸廿金削（篇），以賹秙爵（筲）。[②]

如此之多的官员负责铸造 20 个铜量，可见楚国对量器制作的重视。郾客铜量铭文中的“罗”为楚县，位今汨罗、湘阴等地。“连敖亦当是主车之官。”[③] 从铭文内容看，楚国县邑官职与中央机构大多相同，造车管理机构是县邑重要部门。

（2）工尹、工佐

由随州曾简 120“攻差（佐）坪所造行广五乘”，可知工佐职责包括造车。曾简 185“攻尹之骝”，长沙楚郾客铜量中则同时出现攻尹、攻佐和少攻佐 3 种车官名。

（3）舆人

《考工记》有“舆人为车。”曾简 172 亦有“边舆人”之名，与此类似的官名还有“轮人”“辀人”等。

（4）畋尹

见曾简 151 号。包山楚简 186 号有职官“少甸（畋）尹”，其职掌当与畋尹相近，为其属官。

---

① 骆瑞鹤：《楚连尹为主车之官说》，《江汉论坛》，1984 年第 6 期。

② 周世荣：《楚郾客铜量铭文试释》，《江汉考古》，1987 年第 2 期；何琳仪：《长沙铜量铭文补释》，《江汉考古》，1988 年第 4 期。

③ 萧圣中：《楚国车马制度考述》，《江汉论坛》，2005 年第 5 期。

（5）左驭

左驭为驾车之官，见包山楚简 151、152。“殆即左广之驭，掌王亲兵戎车。”①《周礼·夏官·大仆》有“王出入，则自左驭而前驱。”

楚国主马之官名称更多。马官职名有监马尹、马尹、宫廏尹（中廏尹）、宫廏令、大廏、新大廏、廏尹、牢令、校人、乘睃人、长肠人、杙人、太官、乘马、犬马、疋乘等，其中校人“掌王马之政”②。

《韩非子·外储说右上》云：

> 荆庄王有茅门之法曰：“群臣大夫诸公子入朝，马蹄蹂霤者，廷理斩其輈，戮其御。”于是太子入朝，马蹄蹂霤，廷理斩其輈，戮其御。

由此可见，楚国车马管理制度规定严格，贵为太子也须遵守。

楚王车马阵　位于荆州熊家冢，是国内考古发掘等级最高、规模最大、保存最完整的真人、真车、真马殉葬遗址。楚王陵由主冢、附冢、车马坑与附属建筑 5 部分组成，墓葬年代推断为战国早期。主冢西侧发掘车马坑 40 座，包括大车马坑 1 座、小型车马坑 39 座。每坑马匹数量有 2 匹、4 匹、8 匹三种形式，马均背向侧卧呈驾车状放置车辕两侧，面部饰有铜环。车辕为单辕，方形车舆。

大车马坑即 1 号车马坑，按周尺（1 尺＝24 厘米）计算，坑长约 51 丈、宽约 5 丈，减掉 1 丈放置配件和修理车的部分，车马阵的长宽之比为 10:1。按先秦车制，五车为“伍乘”，十五乘为一“广”，二十五乘为一“偏”，两“偏”为一“队”。一号坑埋有车乘 66 辆。其中，带伞盖的仪仗车 14 辆、导车 1 辆，组成一“广”；战车、辎重车合计 50 辆，合成一“队”；另外，配有修理车 1 辆。使用规格如此之高的车马阵陪葬，显示了春秋战国楚人实力的强大（图 3-21）。

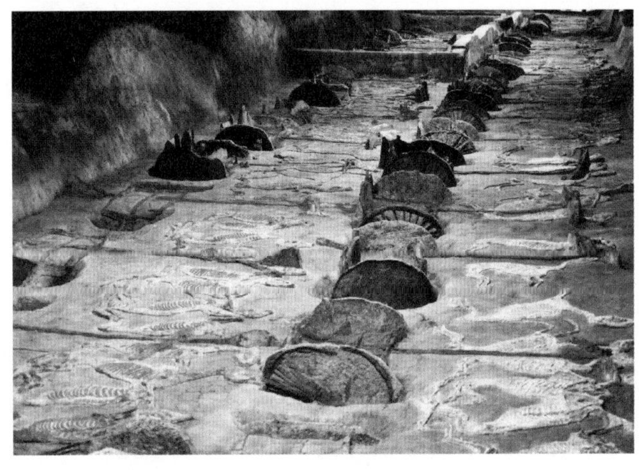

图 3-21　荆州熊家冢一号车马坑局部③

① 罗运环：《古文字资料所见楚国官制研究》，收于楚文化研究会 编：《楚文化研究论集》（第二集），武汉：湖北人民出版社，1991 年，第 191 页。

② 萧圣中：《楚国车马制度考述》，《江汉论坛》，2005 年第 5 期。

③ 2016 年 10 月 15 日，笔者实地考察荆州熊家冢楚王车马阵时拍摄。

第四章　秦汉时期的湖南交通
（前 221—220）

秦人祖居今山东境内，周成王时，其中一支迁甘肃天水，“以御奴虘之戎，是秦之先，世作周卫。”两周之交，秦襄公出兵，护送平王东迁有功，被封为诸侯，并“东居周地，以守周之坟墓。”[①] 自此，秦以关中为根据地，逐渐发展壮大，成为战国中后期最强盛的国家。

公元前 230 年，秦灭韩，置其地为颍川郡。前 228 年，秦破赵，虏赵王迁，赵公子嘉逃赵国代郡，自立为代王。前 226 年，秦攻占燕都蓟城，燕王喜奔辽东郡。前 225 年，秦水淹魏都大梁，魏王假出降，魏亡。前 224 年，秦以“荆王献青阳以西，已而畔约，击我南郡”为由，遣王翦率 60 万大军攻楚。次年攻入楚都寿春，虏楚王负刍。“楚将项燕又立昌平君为荆王，反秦于淮（江）南。”[②] 前 222 年，“定荆江南地”[③]。同年，王翦降越君，王贲虏燕王喜、代王嘉。前 221 年，秦破齐，虏齐王建。至此，“六王毕，四海一。”（杜牧《阿房宫赋》）

秦攻灭六国，建立了我国史上第一个以郡县制为基础的中央集权王朝，版图“东至海暨朝鲜，西至临洮、羌中，南至北向户，北据河为塞，并阴山至辽东。”[④] 湖湘地区自此纳入全国统一的政治体制。前 220 年，长沙、黔中二郡分别更名为苍梧郡与洞庭郡[⑤]。秦汉湖南交通地理图见图 4-1—图 4-3。

为加强中央集权统治，秦“分天下为三十六郡，郡置守、尉、监”；郡下设县，县辖乡，乡有亭、里，建立了严密的地方统治机构。同时，秦王朝“一法度、衡石、丈尺，车同轨，书同

---

① 李学勤：《清华大学藏战国竹简〈系年〉通行释文》，《中国长城博物馆》，2013 年第 3 期。

② 《史记·秦始皇本纪》。据《集解》引注，“淮”一作“江”，“淮南”即“楚之江南”——沅湘流域。

③ 《史记·秦始皇本纪》。

④ 《史记·秦始皇本纪》。秦汉时期，中原人认为岭南地区的房屋都是向北开门的，故以“北向户”泛指岭南地区。

⑤ 《汉书·地理志》长沙国下注：“秦郡，高帝五年为国。”《水经注·湘水》：“秦灭楚，立长沙郡。”新出土材料显示，《水经注》等记载的秦长沙郡、黔中郡并不存在，应以苍梧郡、洞庭郡分别取代。综合历史地理研究成果推测，秦苍梧郡主要包括湘水、资水流域，郡治长沙；洞庭郡主要位于沅江、澧水流域，郡治临沅。参见（1）辛德勇 著：《秦汉政区与边界地理研究》，北京：中华书局，2009 年，第 73 页；（2）周振鹤：《秦代洞庭、苍梧两郡悬想》，《复旦学报》（社会科学版），2005 年第 5 期。

文。”[①] 所谓“车同轨”，即统一车轴长度，以最大限度地利用道路——“这一措施是必不可少的，因为车轮在松散沙土上留下很深的车辙，使每一辆车子要么循着现有的车辙走，要么以新的车轴来适应之。”[②]

公元前206年，刘邦亡秦兴汉，至220年汉献帝禅让魏王曹丕，中经王莽篡汉、光武中兴，两汉共历时426年。汉分全国为十三刺史部，基于与南越军事斗争需要，在今湖南境内实行郡国制，置长沙国[③]，所属荆州刺史部领南阳、南郡、江夏、长沙、武陵、桂阳、零陵七郡，治今汉寿[④]。冯乘、谢沐属交州苍梧郡。

王莽称帝期间（8—23），废长沙国，改长沙郡为填蛮郡、武陵郡为建平郡、桂阳郡为南平郡、零陵郡为九嶷郡。刘秀建立东汉后，于建武二年（26）恢复长沙国，所辖各郡复归原称，封刘兴为长沙王。建武十三年废长沙国，改封长沙王为临湘侯。

东汉桂阳郡人蔡伦在总结前人经验基础上，制出成本低、产量高的植物纤维纸，并于元兴元年（105）将纸及造纸术奏报朝廷，汉和帝下令推广。蔡伦造纸术的扩散和传播（图4-4），是湖南先民对人类文明发展的又一伟大贡献，被列为中国古代“四大发明”之一。

秦汉时期，全国性交通网络初步建成，邮驿体系相应形成。秦始皇、汉武帝、汉光武帝对岭南多次用兵，在实现国家统一的同时，推动了湘境道路，尤其通岭南道路的发展。灵渠的开凿，奠定了湘江水道在古代南北水运中的咽喉地位，其延续2000余年，对中国军事、政治、经济、文化、对外交流等方面，产生了深远影响。

---

① 《史记·秦始皇本纪》。

（1）1964年3月，西安高窑村出土秦两诏高奴铜石权，高17.2厘米、底径23.6厘米、腹围76厘米，重30.75千克。秦昭王三年（前249），这件石权作为衡器发送高奴（今陕西延安），秦统一六国后将此权调回校正，并加刻始皇二十六年（前221）统一度量衡诏书及“高奴石”三字重新送往高奴。秦二世元年（前209）又将此权调回，刻上二世元年诏文。其中，秦始皇诏文“廿六年皇帝尽并兼天下诸侯，黔首大安，立号为皇帝。乃诏丞相状、绾，法度量，则不壹，歉疑者皆明壹之。高奴石”；秦二世诏文“元年制诏丞相斯、去疾，法度量尽始皇帝为之，皆有刻辞焉。今袭号，而刻辞不称始皇帝，其于久远也，如后嗣为之者，不称成功盛德。刻此诏，故刻左，使毋疑。”以上诏书内容，显示了秦在统一度量衡政策上的延续性。

（2）龙山里耶出土秦简8-109+8-386，包含“受蓬（县）铁权，蓬定已付迁（陵）”等内容，反映了秦在新辟疆域统一度量衡的史实，是研究中国古代衡制发展的重要文献。参见庄小霞：《里耶秦简所见秦统一衡制新证》，《东汉论坛》，2016年第6期。

② （美）斯塔夫里阿诺斯 著：《全球通史：从史前史到21世纪》，北京：北京大学出版社，2015年，第135页。

③ 根据历史文献，汉代长沙国分吴氏长沙国、刘氏长沙国两个时期。其中，吴氏长沙国自汉高祖五年（前202）立，历文王吴芮（在位9个月）、成王吴臣（前201—前194）、哀王吴回（前193—前187）、恭王吴右（前186—前179）、靖王吴著（前178—前157）五代五王；刘氏长沙国自汉景帝前元二年（前155）置，历定王刘发（前155—前129）、戴王刘庸（前128—前101）、顷王刘附朐（前100—前84）、剌王刘建德（前83—前50）、殇王刘旦（前49—前47）、孝王刘宗绍（刘旦弟，前45—前43）、缪王刘鲁人（前42—6）、刘舜（7—9）、刘兴（26—37）八代九王。

④ 《宋书·州郡志》：“荆州刺史，汉治武陵汉寿。”

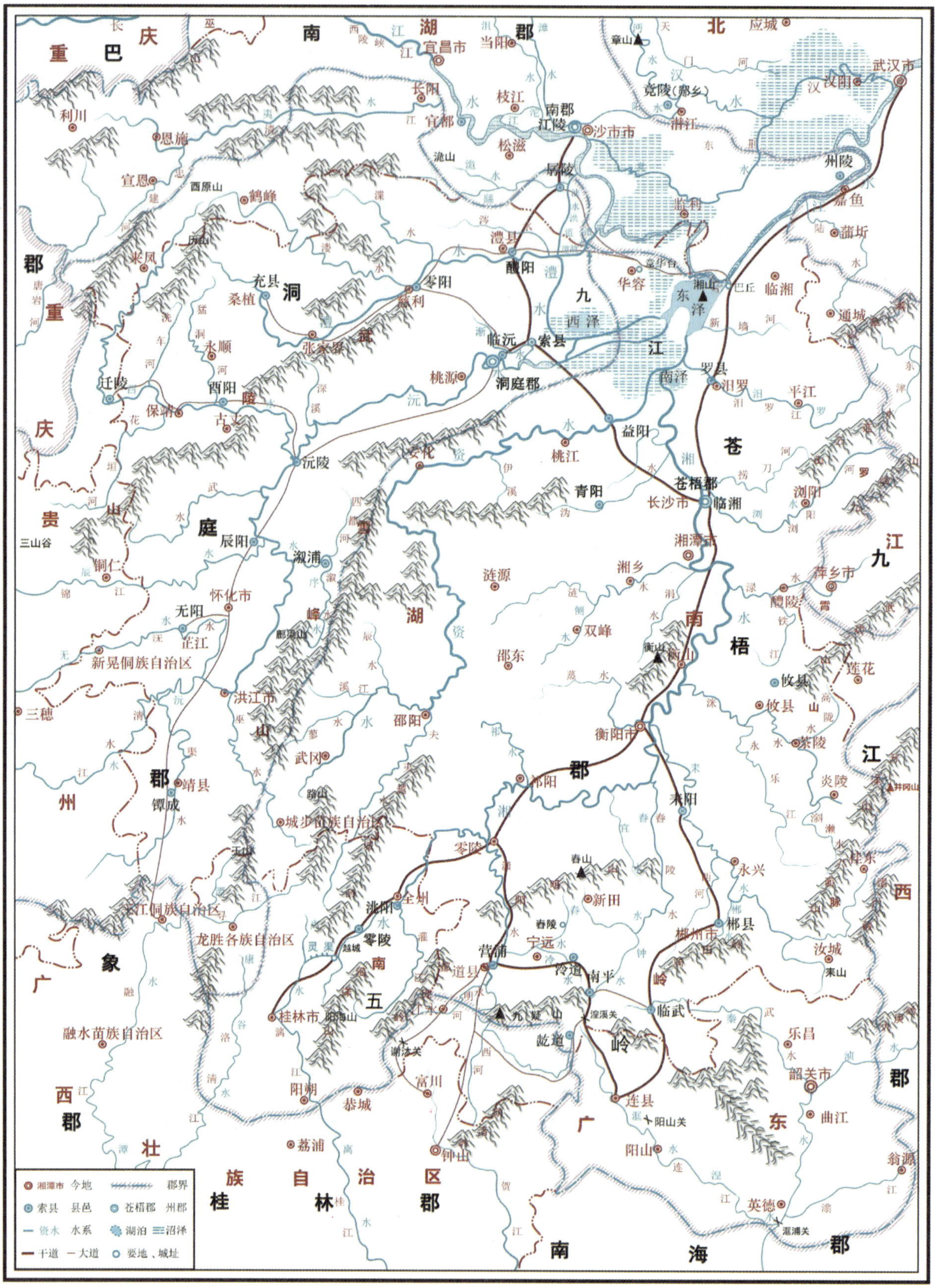

图 4-1 秦代湖南交通地理图[①]

① 蒋响元、黄爱、曹航惠参考《湖南省志·地理志》《洞庭湖历史变迁地图集》《湖南省地势图》等绘制。

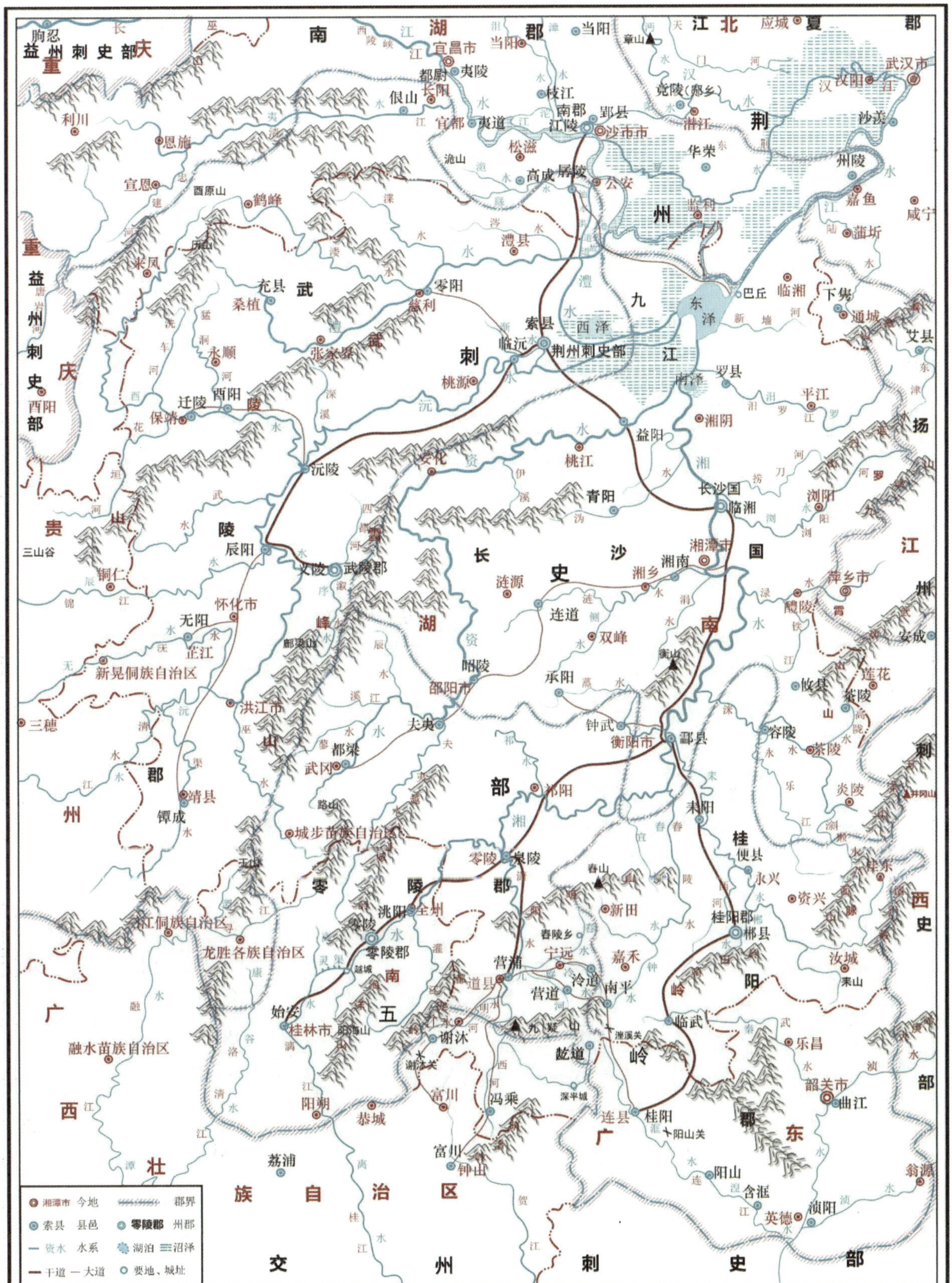

图 4-2　西汉湖南交通地理图[①]

① 蒋响元、黄爱、曹航惠参考《湖南省志·地理志》《洞庭湖历史变迁地图集》《湖南省地势图》等绘制。

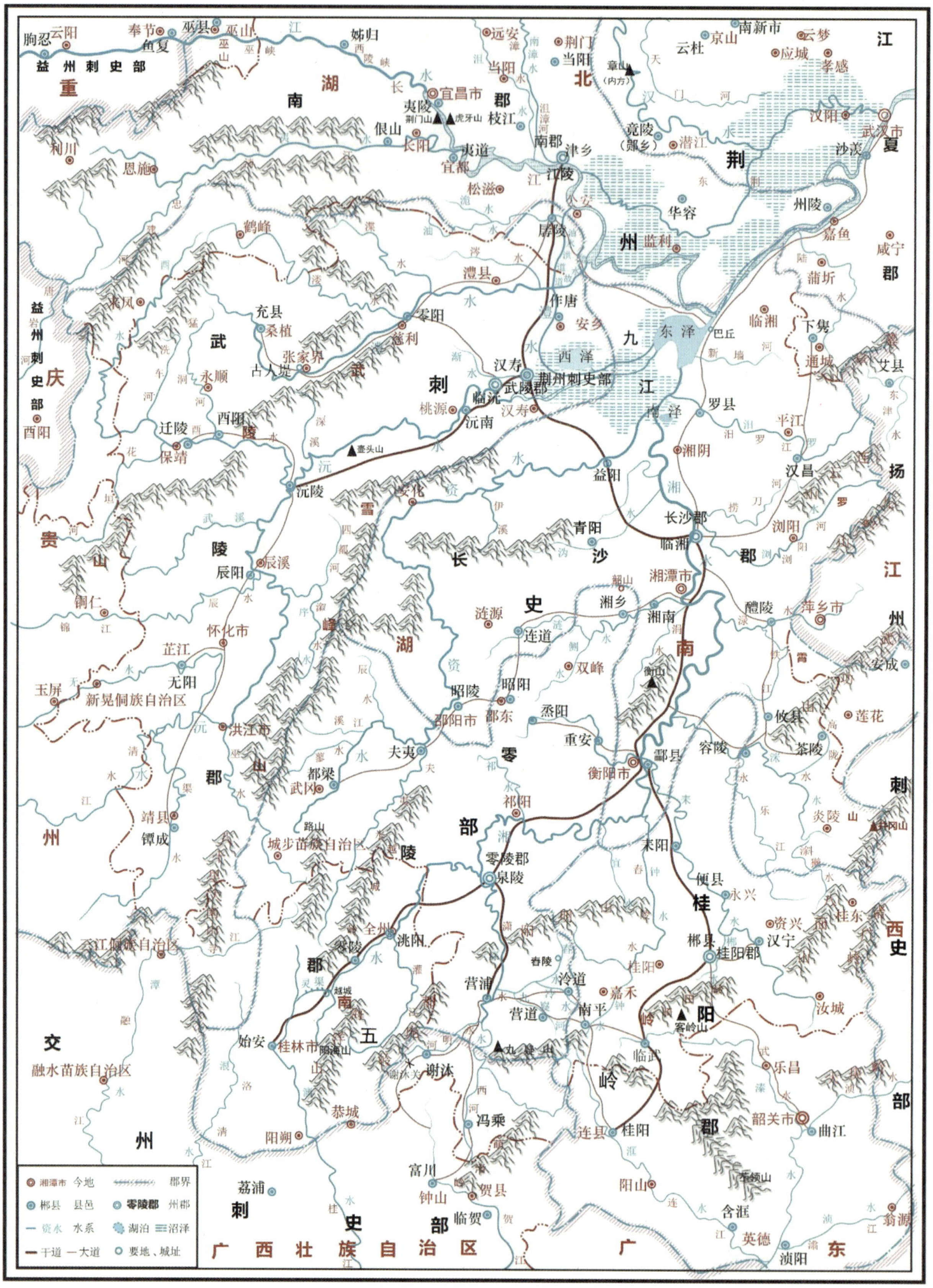

图 4-3　东汉湖南交通地理图[①]

① 蒋响元、黄爱、曹航惠参考《湖南省志·地理志》《洞庭湖历史变迁地图集》《湖南省地势图》等绘制。

图 4-4　造纸术传播世界路线图 ①

第一节　道路交通网的初步形成

秦始皇二十七年（前 220），以“诸侯初破，燕、齐、荆地远” ②，大规模兴建驰道、直道、新道、五尺道以及郡县驿道等道路设施 ③，“决通川防，夷去险阻” ④，形成以秦都咸阳为中心的交通运输网络，把全国各大区域联系起来。秦代无论文书传递、调兵遣将还是征发民役，都能令行禁止，固因严酷律法，但空前发展的交通，也是巩固集权统治的重要基础。

汉承秦制，把“治道”作为强化统治、发展经济的重要手段。如，汉武帝“治西南夷道”“治雁门险阻”“通回中道” ⑤，王莽“以皇后有子孙瑞，通子午道” ⑥，汉章帝“开零陵、桂阳峤道” ⑦，汉顺帝“通褒斜路” ⑧ 等。

一、干线道路的修筑

道路的形成和发展，与军事、政治、经济、文化等有着密切联系。秦朝是中国交通史上一个

---

① 原图出自长沙简牍博物馆和洛阳博物馆，蒋响元、万紫薇等改绘。

② 《史记·秦始皇本纪》。

③ （1）里耶秦简 J1（8）2089 有“五人除道”。参见陈伟主编：《里耶秦简牍校释》（第一卷），武汉：武汉大学出版社，2012 年，第 427—428 页。（2）J1（9）2294 司空守圂徒作簿载，秦始皇卅二年十月己酉朔乙亥（二十七日），刑徒中有“五人除道沅陵”“一人学车酉阳”。参见游逸飞、陈弘音：《里耶秦简博物馆第九层简牍释文校释》，简帛网，2013 年 12 月 22 日。以上简牍说明，道路修治是秦地方政府的重要职责。

④ 《史记·秦始皇本纪》

⑤ 《汉书·武帝本纪》。

⑥ 《汉书·王莽传》。

⑦ 《后汉书·郑弘传》。

⑧ 《后汉书·顺帝纪》。

承前启后的重要阶段，“驰道的修筑，是秦汉交通建设事业中最具时代特色的成就。”[①]

秦代干道，主要有东方道、西方道、滨海道、武关道、上郡道、秦岭栈道等。其中，东方道由咸阳东行，穿桃林塞，出函谷关，沿黄河或济水东行，以达黄淮、长江下游；武关道又称秦楚大道，其路线自咸阳东南行，过蓝田，越秦岭，出秦楚咽喉武关至南阳郡，折南抵南郡，继越江入“洞庭之野”，溯湘水南行：或循湘水支流耒水，越骑田岭入南海郡；或由湘水溯灵渠入漓水，或由潇水逾萌渚岭入贺水，抵桂林、象郡。

驰道联通广袤疆土各重要区域，堪称最早的国道主干线。据《史记》所载秦始皇巡游路线及其他文献，秦驰道通今陕西、甘肃、河南、山东、河北、北京、天津、内蒙古、山西、江苏、安徽、浙江、湖北、湖南、广西等省、自治区、直辖市。

统一六国次年，秦即修建以咸阳为起点的两条驰道，一条向东通山东，一条向南达南岭。《汉书·贾山传》：

秦为驰道於天下，东穷燕齐，南极吴楚，江湖之上，滨海之观毕至。道广五十步，三丈而树，厚筑其外，隐以金椎，树以青松。[②]

“道广五十步”约合今 69 米[③]。潼关以东的秦汉驰道遗迹，路面宽 45 米以上，与汉初贾山记述相近[④]。所谓“三丈而树”，清末学者、岳麓书院山长王先谦认为：“三丈，中央之地，惟皇帝得行，树之以为界也。《三辅黄图》云：‘汉令，诸侯有制得行驰道中者，行旁道，无得行中央三丈也。不如令，没入其车马。’盖沿秦制。”[⑤]“厚筑其外”即通过多层夯筑，使路面高于地表，道路积水及时排除。“隐以金椎”即以金属工具夯实路基。汉高祖刘邦陵道曾发掘直径 7 厘米的铁质夯头，或为建陵使用的“金椎”[⑥]。

南下湖湘的驰道有两条：一自衡山郡（治邾城，今黄冈北）渡江，循湘水东岸至苍梧郡治临湘（今长沙）；二自南郡（治今江陵）南下，经澧阳平原至洞庭郡治临沅（今常德）。

去岭南诸郡的驿道有湘、沅两途。

或由临湘沿湘水河谷南下，至今衡阳分为两支，一支沿耒水抵郴，越骑田岭入南海郡；一支继续沿湘水前行，到潇、湘交汇处再度分路：一路循湘水向西南，穿越城峤抵桂林郡；另一路沿潇水往东南，或逾萌渚岭下桂林、或越九嶷山入南海。

或溯沅水西南行，转溯渠水南下，逾“镡城之岭”入桂林、象郡。

通南岭驰道修筑、洞庭甲兵输苍梧[⑦]，显然和秦“征百越之君”[⑧]的军事行动有关。明代邝露撰《赤雅》：

① 王子今 著：《秦汉交通史稿》，北京：中国人民大学出版社，2013 年，第 32 页。
② 《汉书·贾山传》。
③ 秦代一尺约合今 23 厘米，以六尺为步，“五十步”约合今 69 米。
④ 胡德经：《洛阳—长安两京古道考察》，《中州今古》，1986 年第 1 期。
⑤ （清）王先谦 著：《汉书补注》，上海：上海古籍出版社，2008 年。
⑥ 石兴邦等：《长陵建制及其有关问题——汉刘邦长陵勘察记存》，《考古与文物》，1984 年第 2 期。
⑦ 里耶秦简 J1(16)5：“廿七年（前 220）……洞庭兵输内史及巴、南郡、苍梧，输甲兵当传者多。”
⑧ 《史记·白起王翦列传》。

自桂城（桂林）北至全湘七百里，皆长松夹道，秦人置郡时所植。少有摧折，历代必补益之。

明末清初，湘南地区尚有驰道遗迹。《读史方舆纪要》：

零陵秦驰道，在永州府东八十里，阔五丈余，类今之河道。《史记》秦始皇命天下修驰道，以备游幸，此其旧迹也。

元朔五年（前 124），以泠道县舂陵乡（治今宁远柏家坪）封长沙定王刘发第十三子刘买为舂陵侯，舂陵侯国成立。初元四年（前 45），迁舂陵侯国到蔡阳县白水乡（治今湖北枣阳舂陵村）。更始三年（25）刘买四世孙刘秀称帝后，在舂陵故国兴修祖陵，建立宗庙，并两度回乡祭祖。《湖南阳秋》记载：

建武三年（27），光武帝如舂陵，奉舂陵节侯买、郁林太守外、钜鹿都尉回、南顿令钦之主，归而立四亲之庙于洛阳。六年，改舂陵为章陵……。永平之二年（59），孝明奉太后至章陵，及帝之南巡也，亦如章陵，既谒庙，因诏零陵太守立舂陵节侯、郁林府君之庙于零陵，长沙太守立长沙定王之庙于长沙，皆令太守岁祠之。[①]

据此推测，“阔五丈余”的那段驰道，应是秦时修筑，东汉为备皇帝赴舂陵祭祖、谒庙，或赴九嶷山祭舜，在秦驰道基础上修建的御祭道。宁远位于零陵东南，自北向南的御祭道遗迹在“永州府东八十里”，符合交通地理特征。

“治驰道”次年，秦始皇巡视齐、楚故地。《史记·秦始皇本纪》：

二十八年（前 219），始皇东行郡县，……浮江，至湘山祠。逢大风，几不得渡。上问博士曰：‘湘君何神？’博士对曰：‘闻之，尧女，舜之妻，而葬此。’于是始皇大怒，使刑徒三千人皆伐湘山树，赭其山。上自南郡由武关归。

自咸阳至湘境驰道一年之内贯通，足见秦朝强大的组织能力，也说明驰道主要在原有道路基础上拓展而成。

新出考古材料显示，始皇确曾“南至苍梧”。《岳麓书院秦简（伍）》第 56—58 号简记：

廿六（八）年四月己卯丞相臣状、臣绾受制相（湘）山，上曰：吾以天下已并，亲抚晦（海）内，南至苍梧，凌涉洞庭之水，登相（湘）山、屏山，其树木野美，望骆翠山以南树木□见亦美，其皆禁勿伐。臣状、臣绾请：其禁树木尽如禁苑树木，而令苍梧谨明为骆翠山以南所封刊。臣敢请。制曰：可。[②]

该简抄自秦始皇制（诏）书原文，云梦龙岗秦简记有《禁苑律》条文[③]，可知始皇诏令湘山等处树木“皆禁勿伐”一事属实，《史记》谓“伐湘山树，赭其山”情形并不存在。简文“亲抚海内，南至苍梧”证明，秦始皇此次南巡，抵达苍梧之野。

---

① （清）王万澍、王国牧 撰：《湖南阳秋》，长沙：岳麓书社，2012 年，第 41 页。

② 陈松长 主编：《岳麓书院秦简（伍）》，上海：上海辞书出版社，2017 年，第 76—77 页。

③ 陈伟 主编：《秦简牍合集：释文注释修订本》（叁），武汉：武汉大学出版社，2016 年，第 34 页。

西汉建都长安，与毁于战火的咸阳隔渭水相望。以长安为中心的道路网络，在秦代基础上发展完善。

与长安相比，东汉都城洛阳位置更为居中，交通条件更加优越。通各地干线有七条[①]：东方大道通兖州、徐州、青州刺史部，达东海、渤海；东南大道通豫州、扬州刺史部，达东海；东北大道通往冀州刺史部等地，达于高句丽（今吉林集安）、朝鲜半岛；北方大道通往并州刺史部，北达鲜卑；西方大道出函谷关至长安，达于凉州和西域；西南大道通往巴、蜀、益州、牂牁、永昌诸郡，达于掸国（今缅甸）；南方大道自洛阳南行，出伊阙关，通往荆州、交州刺史部，达于南海。

二、洞庭迁陵对外交通路线

龙山里耶古城始建于战国中晚期，是楚人为强化黔中郡西部防御、应对据有巴蜀的强秦修筑。秦朝作为迁陵县邑沿用，秦末毁于兵火，汉初又在原址重建。2002 年，里耶古城 1 号井（编号 J1）出土秦简 36000 余枚、木质封泥匣（图 4-5）200 余枚。内容包括往来公文、司法文书、吏员簿、物资登记和转运、邮驿里程、军备、算术、记事等，涉及内史、南郡、巴郡、洞庭、苍梧等郡，年代自秦始皇二十五年（前 222）至秦二世二年（前 208）[②]。在此之前，有 1975 年云梦睡虎地秦简 1155 枚（另有 80 枚残简）、1979 年青川郝家坪秦牍 1 枚（另有 1 枚斑驳不清）、1986 年天水放马滩秦简 460 枚、1989 年云梦龙岗秦简 293 枚、秦牍 1 枚（另有 138 枚残片）、1993 年荆州王家台秦简 800 余枚等。历次出土秦简总数不到 3000 枚，不及里耶秦简十分之一。

图 4-5　龙山里耶出土封泥匣[③]

里耶秦简为秦代行政司法、交通地理、天文历算和社会生活等方面研究，提供了极为珍贵的文字材料[④]。

① 中国公路交通史编审委员会 编：《中国古代道路交通史》，北京：人民交通出版社，1994 年，第 84—85 页。

② 湖南省文物考古研究所等：《湖南龙山里耶战国——秦代古城一号井发掘简报》，《文物》，2003 年第 1 期。

③ 封泥匣文字内容依次为："洞庭泰（太）守府，尉曹发，以邮行""迁陵以邮行洞庭""积以邮行河内""迁陵以邮行洞庭"。

④ 伍成泉：《近年来湘西里耶秦简研究综述》，《中国史研究动态》，2007 年第 6 期。

根据《里耶秦简牍校释》（第一卷）公布的秦简释读材料，秦洞庭郡包括门浅、临沅、篷、索、上衍、零阳、酉阳、沅陵、辰阳、镡城、迁陵、潕阳、沅阳、新武陵[①]、醴阳、充等县。相关简牍如下：

J1（8）66：

八月乙巳朔己未，门浅輓丞敢告临沅丞主……（正面）

J1（8）109+386：

廿五年九月乙酉朔
曰受蓬铁权
蓬定已付迁
九月丁亥，蓬丞章□

J1（8）159：

三月丁丑朔壬辰，【洞庭】……索、门浅、上衍、零阳……以次传。

J1（8）167：

□□丞□令吏徒往取之及以书告酉阳令……（正面）

J1（8）186：

□□沅陵狱史治所。

J1（8）373：

□一辰阳一朐忍，廿八年九月辛丑走起以来。

J1（8）1373：

镡城。

J1（8）1523：

七月甲子朔庚寅，洞庭守绎追迁陵亟言……以沅阳印行事。

J1（8）1555：

冗佐上造临汉都里曰援库佐冗佐年卅七岁，为潕阳众阳乡佐三日十二日，族王氏。凡为官佐三月十二日（第一栏）……（正面）

J1（8）1677：

① 据郑威先生考证，新武陵可能与《汉书·地理志》所载武陵郡义陵县为一地，故城在溆浦县马家坪乡；沅阳地望可能在洪江黔城镇，这里的战国墓曾出土楚印“沅阳”。参见郑威：《出土文献所见秦洞庭郡新识》，《考古》，2016年第11期。

一人与佐带上虏课新武陵。

J1（8）1841：

覆衣用迁陵狱，史臣治索故尉舍。

J1（8）2019：

□卒死迁陵者孱陵长。（正面）

J1（8）2319：

□已醴阳丞□。

J1（8）2430：

□零阳□过充传舍□。（背面）[①]

迁陵县治里耶位处酉水中游，地理位置重要。循酉水、沅水东下，达“洞庭之野”和湘、资流域，循酉水、转溯沅水抵黔地或岭南；溯酉而上，经间道入牂牁江（乌江）、夷水（清江）、长江。

迁陵是战国中晚期秦楚对峙的要冲、秦朝兵甲中转站和补给点，作为甲兵基地，可能源于军事重镇固有传统和得天独厚的原料优势——盛产可用于制作弩臂木材。

J1（16）5是一份秦始皇二十七年（前220），洞庭郡守调配人力向内史、巴郡、南郡、苍梧郡输送军械物资的文书：

廿七年二月丙子朔庚寅，洞庭守礼谓县啬夫、卒史嘉、叚(假)卒史穀、属尉令曰：“传送委输，先悉行城旦舂、隶臣妾、居赀赎责（债），急事不可留。乃兴徭。”今洞庭兵输内史及巴、南郡、苍梧，输甲兵当传者多。节（即）传之，必先悉行乘城卒、隶臣妾、城旦舂、鬼薪、白粲、居赀赎责（债）、司寇、隐官、践更县者。田时殹（也），不欲兴黔首……嘉、穀、尉令人日夜端行。它如律令。[②]

大意是：秦始皇二十七年二月十五日，洞庭郡守礼告诫郡县官吏：“传送运输任务，先派城旦舂、隶臣妾、居赀赎债等身份者。有不能耽搁的急事，才可征发百姓服役。”今洞庭郡的军械物资输往内史以及巴郡、南郡、苍梧等郡时，须先派乘城卒、隶臣妾、城旦舂、鬼薪、白粲、居赀赎债、司寇、隐官、践更县者。农忙期间，不可征发百姓服役……嘉、穀、尉等要诫令吏员修身正行，不得有违。

统一六国次年，即在邻岭南郡县建立后勤保障体系，部署跨内史、南郡、巴郡、洞庭、苍梧

① 陈伟 主编：《里耶秦简牍校释》（第一卷），武汉：武汉大学出版社，2012年，第52、64、96、101、107、139、317、348、357、377、398、418、458、467页。

② 李学勤：《初读里耶简牍》，《文物》，2003年第1期。

诸郡的大范围甲兵调配，说明秦开始筹备南征百越的战略行动。J1（16）5 记载显示，洞庭郡守注重官吏操守约束，非“急事”不轻易“兴徭”。

J1（8）151 是一份始皇三十四年迁陵武库调拨弩臂的记录：

迁陵已计：卅四年余见弩臂百六十九。凡百六十九。出弩臂四，输益阳；出弩臂三，输临沅。凡出七。今九月见弩臂百六十二。[①]

J1（16）52 记载了从鄢到迁陵的邮路里程（图 4-6）：

鄢（治今湖北宜城）到销（治今荆门）百八十四里，销到江陵二百卌六里，江陵到孱陵百一十里，孱陵到索二百九十五里，索到临沅六十里，临沅到迁陵九百一十里，□□千四百卌四里。[②]

图 4-6　里耶出土 J1（16）52 里程简及路线图（长沙简牍博物馆 绘）

由 J1（16）52 所载可知，当时的驿路是水陆并用。临沅到迁陵 910 秦里，折合今 670 里，比今常德到里耶的直线距离稍长，里程表亦未记水路枢纽沅陵，该段邮路当走沅陵以北陆路，即临沅—零阳—充—酉阳—迁陵[③]。

鄢—销—江陵—孱陵—索—临沅—迁陵路线，是洞庭郡通中原及京都的要道。鄢—销—江陵段即荆襄道，史称夏路、周道、秦楚道，先秦时就是南北交通干道；江陵至临沅段，一直是沟通大江南北主要路线。由鄢北上，至宛（南阳郡）分途，一支向西北，穿武关，达秦都咸阳；另一支向东北，越方城隘，入中原诸郡。J1（14）169 封泥匣：“轵以邮行河内”，应是河内郡（治今河南焦作）邮往轵（治今河南济源）的物资，因为某种原因转输迁陵，说明迁陵与黄河以北郡县之间存在邮路交通。

J1（16）52 简内容证实，秦代有制度要求郡县上报道路里程至中央，以为帝国军政管理提供依据。此前出土的汉代简牍中，也有邮驿里程表。如《居延新简》：

① 陈伟主编：《里耶秦简牍校释》（第一卷），武汉：武汉大学出版社，2012 年，第 92 页。
② 张春龙：《湖南龙山里耶战国—秦代古城一号井发掘简报》，《文物》，2003 年第 1 期。
③ 钟炜：《试探洞庭兵输内史及公文传递之路线》，《长沙大学学报》，2007 年第 1 期。

长安至茂陵七十里，茂陵至茯置悉卌五里，茯置至好止七十五里，好止至义置七十五里，月氏至乌氏五十里，乌氏至泾阳五十里，泾阳至平林置六十里，平林置至高平八十里，媪围至居延置九十里，居延置至枼里九十里，枼里至胥次九十里，胥次至小张掖六十里，删丹至日勒八十里，日勒至钧著置五十里，钧著置至屋兰五十里，屋兰至氐池五十里。[①]

1999年，沅陵发掘虎溪山一号汉墓。墓主吴阳为第一代沅陵侯、长沙王吴芮第四子，高后元年（前187）受封，文帝后元二年（前162）去世。该墓出土竹简1000余枚，其中记有沅陵到长安邮路里程：

廷到长安，道函浴，三千二百一十九里，其四百卅二里沅水。[②]

此“廷”当为县廷，意即从沅陵经函谷关到长安，全长3219里，其中沅水航线432里。汉承秦制，循酉、沅、江、汉水，经酉阳、沅陵、临沅、索北上，是迁陵到咸阳主要交通路线。

从汉初《二年律令》“船车有输，传送出津关”规定来看，秦时留船不传视为犯罪。J1（8）2191是一份迁陵县丞审讯截留漕船犯罪的记录：

廿九年七月戊午迁陵丞昌讯。（正）鞫之：又（有）留不传阆中漕。（背）[③]

秦阆中属巴郡。漕船从迁陵出发，顺酉水、沅水入长江，溯江至江州（今重庆），转溯嘉陵江至阆中。

根据里耶秦简资料和交通地理，迁陵对外道路大致包括以下几条：

1. 迁陵至南郡以远路线

（1）官方邮路：迁陵—临沅—索—孱陵—江陵—销—鄢。

（2）澧水线：迁陵—酉阳—充—零阳—醴阳—孱陵—江陵。

（3）沅水线：迁陵—酉阳—沅陵—临沅—索—孱陵—江陵。

迁陵—酉阳—沅陵—临沅、充—零阳—醴阳大抵依托水道，迁陵—酉阳—充、临沅—零阳、临沅—索—孱陵或由陆路。

2. 迁陵至巴郡路线

（1）通过横穿各分水岭的间道至黔江（乌江），继溯长江抵江州。秦将司马错伐楚，即溯乌江而上，至龚滩登陆，再向东横穿酉、乌分水岭，进入酉、沅流域。

（2）顺酉水、沅水入长江，溯江而上江州。

3. 迁陵至苍梧、西瓯、夜郎路线

（1）顺酉水、沅水或由沅陵以北邮路抵临沅，经益阳至临湘，入湘、资流域。

（2）循酉水抵沅陵，继溯沅水、渠水，越“镡城之岭”下西瓯。秦征百越，一军即循此途。

（3）循酉水抵沅陵，继溯沅水、舞水，经辰阳、潕阳、沅阳，达且兰、夜郎。“庄蹻王滇”

① 甘肃文物考古研究所等 编：《居延新简》，北京：文物出版社，1991年。

② 郭伟民：《虎溪山一号汉墓葬制及出土竹简的初步研究》，《新出简帛研究》，北京：文物出版社，2004年。

③ 陈伟 主编：《里耶秦简牍校释》（第一卷），武汉：武汉大学出版社，2012年，第443页。

即经由此道。

上述诸条交通路线，大致反映了洞庭郡水陆交通发展情形。临沅与江陵、沅陵、临湘三地距离大致相当，是联系南郡、苍梧郡、巴郡乃至夜郎、瓯越等地的交通要冲。

三、贩运贸易的兴盛

秦汉时期，统一币制和度量衡，以及辐射全国的道路交通网构建，为贩运贸易的发展创造了条件。

秦统一六国之后，为经营新辟疆土，大范围强制移民[①]。这些移民中的“智巧”之辈，在经营致富的同时，促进了当地工商业发展。如，“秦破赵后，迁卓氏之蜀……即铁山鼓铸，运筹算，贾滇、蜀民，富至童八百人，田池射猎之乐拟于人君。”山东程郑、梁人孔氏等，同样是被秦强制迁徙后，“因通商贾之利”而“家致数千金”[②]。

酉水发源于湖北宣恩，流经龙山、湖北来凤、重庆酉阳、重庆秀山、保靖、花垣、永顺、古丈，在沅陵注入沅水。里耶秦简 J1（8）135 的发现，为研究秦代酉水航运及民间贩运，提供了珍贵素材。

J1（8）135 正：

廿六年八月庚戌朔丙子，司空守樛敢言：前日言竟陵荡阴狼段（假）迁陵公船一，袤三丈三尺[③]，名曰樟，以求故荆积瓦，未归船。狼属司马昌官，谒告昌官，令狼归船。报曰：狼有逮，在复狱已、卒史衰、义所，今写校券一牒，上谒言已、卒史衰、义所，问狼船存所。其亡之，为责（债）券移迁陵，弗亡，谁属？谒报，敢言之。／九月庚辰，迁陵守丞敦狐却之司空：自以二月段（假）狼船，何故弗蚤（早）辟报？今而补曰谒问复狱、卒史衰、义，衰、义事已不智（知）所居，其听书从事。／庆手。即令佐壬行司空。

J1（8）135 背：

八月戊寅走己巳以来。／庆手。[④]

王焕林先生考释如下：

“始皇廿六年八月廿七日，迁陵县代理司空樛报告：前天已告知狼（竟陵县荡阴乡人）借用了迁陵县的一条公船（长三丈三尺，名叫樟），去收购荆楚故地[⑤]存仓的陶器，此船尚未归还。狼是司马昌官手下之人，已经知会了昌官，要他命令此人退还船只。昌官回报说：狼已被逮捕，其人在本郡复狱吏已、卒史衰和义那里。现在写了一份校验凭证上达已、衰、义处，请代为查实船的下落。如果该船丢失，办理好债务凭证移交给迁陵县；没有丢失，告知船在谁手。谨上报，

① 《史记·秦始皇本纪》：“三十三年，发诸尝逋亡人、赘婿、贾人略取陆梁地，为桂林、象郡、南海，以適遣戍。”

② 《史记·货殖列传》。

③ 秦制一尺合 23.5 厘米，船“袤”三丈三尺，也就是船长 7.8 米。

④ 陈伟主编：《里耶秦简牍校释》（第一卷），武汉：武汉大学出版社，2012 年，第 73 页。

⑤ 笔者认为，江陵为楚都 400 年，该简制作年代距秦攻取江陵相去不远，“故荆”当指江陵一带。

请批复。九月二日，迁陵代理县丞敦狐批复司空：二月份就把船借给狼，为什么不早些按规定上报？现在才说起请求复狱（已）、卒史衰和义查询的情况，衰和义处理完案件，如何知道狼的下落？按相关指示处理。经手人庆。立即命令佐壬将文书下达司空。

八月廿九日，“行书人”已已送来文书。经手人庆。”[①]

迁陵至竟陵（今湖北潜江[②]，一说湖北天门）水路：顺酉水、沅水入江，或由扬水（荆汉运河）、或溯汉水至竟陵。竟陵商人租借迁陵公船去江陵收购“积瓦”，说明商业贩运活跃，辐射范围广泛，官府鼓励民间贸易。

汉初，为恢复经济，以纾民困，朝廷推行“轻徭薄赋，与民休息”的经济政策，劝课农桑，释商贾之律，缓关市之征，弛山泽之禁。同时，开放私商进入铸钱、冶铁、煮盐三大部门。《盐铁论·错币篇》：

文帝之时，纵民得铸钱、冶铁、煮盐。

文帝五年（前175）“除盗铸令”，十二年“除关无用传”[③]，即出入关卡不用通行证。这些举措，开创了汉初社会的太平盛世，迎来了农工商全面繁荣，史称“文景之治”。受相对开放的经济政策影响，人们不再满足于“少而习焉，长而察焉，不见异物而迁焉”（《国语》）的生活方式，而是“运筹策”“设智巧”，形成“天下熙熙，皆为利来；天下攘攘，皆为利往”[④]的商业社会格局。《史记·货殖列传》：

汉兴，海内为一，开关梁，弛山泽之禁，是以富商大贾周流天下，交易之物莫不通，得其所欲……用贫求富，农不如工，工不如商，刺绣文不如倚市门。[⑤]

东汉，商品经济继续发展。《后汉书·王符传》：“举俗舍本农，趋商贾，牛马车舆，填塞道路，游手为巧，充盈都邑，务本者少，游食者众。”这与西汉“转毂以百数，贾郡国，无所不至”[⑥]的商贸盛况，并无二致。

湖南地处长江中游以南，物产丰富。里耶秦简中，记录了“采锡”（12—447）、“采铁”（8—454）、“采金”（8—454）、“采赤金”（14—469）等内容[⑦]，洞庭郡属蓬县设有铁官[⑧]。又，《史记·货殖列传》：

江南出楠、梓、姜、桂、金、锡、连、丹沙、犀、玳瑁、珠玑、齿革……皆中国人民所喜好，

① 王焕林：《里耶秦简考释（二）》，简帛网，2005年12月2日。

② 参见谭其骧 主编：《中国历史地图集》（第2册），北京：中国地图出版社，1996年，第11—12页。

③ 《汉书·文帝纪》。

④ 《史记·货殖列传》。

⑤ 《史记·货殖列传》。

⑥ 《史记·货殖列传》。

⑦ 里耶秦简牍校释小组：《新见里耶秦简牍资料选校》（三），简帛网，2015年8月7日。

⑧ 里耶秦简9-712记有“别书临沅下洞庭都水，蓬下铁官，皆以邮行。”参见王勇：《里耶秦简所见秦代地方官吏的徭使》，《社会科学》，2019年第5期。

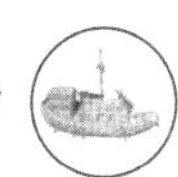

谣俗被服饮食奉生送死之具也。故待农而食之，虞而出之，工而成之，商而通之。

南楚……豫章出黄金，长沙出连、锡。

得益于汉初“无为而治”的社会政策，以及中原先进技术南传、牛耕推广和铁器普及，湖南农业、手工业和矿冶业获很大进展。马王堆汉墓出土3000余件丝织品、漆器、陶器、竹木器、兵器、乐器、竹简、帛书、帛画、印章、封泥，以及丰富的农畜产品、中草药等，反映出长沙社会经济繁荣。

随着剩余农副产品和手工业品贩运规模扩大，货币铸制和流通相当普遍，长沙国是最早铸造铁钱的地区。1956年，衡阳凤凰山发掘一批西汉墓葬，有9座出土铁半两钱，最多的71号墓出土320枚，14号墓出土150枚。1960年，长沙砂子塘5号西汉墓出土铁半两钱33枚，每枚重2.8克，与汉文帝时所铸四铢钱（又称铜半两）相似[①]。“从文献看，无西汉前期铸铁钱记载，除湖南外只有湖北宜昌出土西汉铁半两钱……铁钱很可能就是在耒阳或衡阳铸造的。”[②]“秦半两”“铁半两”“五铢”铜钱、泥“半两”、泥“五铢”以及“郢称”、陶锭、铜饼、金饼等秦汉货币和冥钱在湖南多地出土，说明湘境物产丰富，贸易兴盛。

两汉时期，冶铁、煮盐、铸钱是获利最大的行业。汉武帝为解决“征伐四夷，国用不足”的矛盾，改由官府垄断盐铁、铸钱等部门，又实行算缗告缗、均输平准等财政经济政策，私人工商业一度萎缩，官营工商、运输业发展壮大。元狩四年（前119），在大司农下置盐铁官，由国家经营盐铁产销。全国共设铁官49处，“汉之桂阳郡设有金官。”[③]元鼎二年（前115），专令上林三官铸钱，禁郡国铸钱。

元封元年（前110），汉武帝采纳大农令桑弘羊建议，实行均输平准政策。即在郡国设均输官，令工官造车船，组建运输机构。同时，吸引民间运力进入官营运输系统[④]。从郡国征收的租赋，除特优者贡输京师外，皆由均输官贩运各地销售，从而将纳贡、运输、贸易纳入统一管理。又在京师置平准官，总管郡国贡输及贩运长安的物货及官营手工业品，贵时抛售，贱时收买，以稳定市场，平抑物价。

均输平准政策的实施，是交通运输史上重大事件。均输和平准构成官营运输业统一体系。从商业角度而言，均输是行商性质，经营长途运输；平准是坐商性质，从事短途运输。《史记·平准书》：

置平准于京师，都受天下委输。召工官治车诸器，皆仰给大农。大农之诸官尽笼天下之货物，贵即卖之，贱则买之。如此，富商大贾无所牟大利，则反本，而万物不得腾踊。故抑天下物，名曰平准。

朝廷实行盐铁官营、均输平准政策后，“民不益赋，而天下用饶。”[⑤]一定程度上抑制了商

① 高至喜：《长沙衡阳西汉墓中发现铁“半两”钱》，《文物》，1963年第11期。
② 伍新福 主编：《湖南通史·古代卷》，长沙：湖南出版社，1994年，第198页。
③ 《汉书·地理志》。
④ 《史记·平准书》：“募民能输及转粟于边者，拜爵。”
⑤ 《汉书·食货志》。

贾操纵市场的不法行为，基本上达到既“排富商大贾”，又收“盐铁之利”、增加财政收入的目的。

交通发展为贸易扩大、贩运兴盛创造了条件，对经济发展起到了有力推动作用。“重装富贾，周流天下，道无不通。”[①]

汉初，长沙国与南越国在南岭一带互设“关市”，以利贸易。岭南粤地“多犀、象、毒冒、珠玑、银、铜、果、布之凑，中国往商贾者多取富焉”[②]。其所需铁器及牛、马、羊等，悉由长沙国输入。

铁制工具对于农业生产的重要性，《盐铁论》有精辟描述：

农，天下之大业也；铁器，民之大用也，器用便利，则用力少而得作多，农夫乐事劝功。

秦汉时期，铁制工具种类、数量显著增加。长沙左家塘1号秦墓出土铁口锄2件[③]，龙山里耶古城发掘铁削、铁锸等铁器[④]。资兴发掘的256座西汉墓中，218座有随葬铁器，共出土铁器427件，包括生产、生活用具和兵器等种类[⑤]。

铁器一度成为朝廷对南越进行经济遏制的战略物资。吕后执政时，“有司请禁南越关市铁器”。南越王赵佗认为是长沙王从中作梗，“欲倚中国，击灭南越而并王之”。“于是佗乃自尊号为南越武帝，发兵攻长沙边邑，败数县而去焉。”[⑥]文帝继位后，遣陆贾再使南越，说服赵佗放弃帝号，边境互市得以恢复。1983年，广州南越文王墓出土铁器239件，计有剑、戟、矛、弓、镞、铤、铍、铠甲等兵器，锛、铲、锄、镰等农具，锤、凿、削、斧、锉、刨、刻刀、刮刀等工具，三足架、鼎、叉、钩、链、镊、锥、衔、针、钉、码钉等日用器具[⑦]。铁器的大量出土，反映了长沙国与南越国之间密切的贸易关系。

两汉时期，湖南耕地面积和粮食产量均有较大幅度增加。永初七年（113），“调零陵、桂阳、豫章、会稽租米，赈给南阳、广陵、下邳、彭城、山阳、庐江、九江饥民。”[⑧]这是湖南粮食外运的最早文献。建安十四年（209），荆州牧刘备命诸葛亮“督零陵、桂阳、长沙三郡，调其赋税（主要是粮食），以充军实”[⑨]。诸葛亮征集的漕粮经湘水、长江航道运输州治公安（今湖北公安）。

湘水因灵渠开凿成为连接内地与岭南的交通干线。汉蜀郡所产漆器、蜀布、邛竹杖、茶叶等物产远销身毒、大夏诸国，其中的一条路线是顺岷江、长江而下，转溯湘水，经灵渠入漓水，出岭南通海外。马王堆汉墓出土漆器180余件，部分烙有“成市”“成市草（造）”“成市饱”等戳记漆器，系成都作坊制造，循岷、江、湘水浮运长沙。

长沙发掘的西汉后期和东汉前期墓葬中，发现多件玉石器和玻璃器。玉器有壁、剑饰、蝉形琀、耳瑱；小环和珠串原料包括玉髓、玛瑙、鸡血石、绿松石、水晶和琥珀；玻璃器有壁、杯、珠及

① 《史记·淮南衡山列传》。
② 《汉书·地理志》。
③ 湖南省文物管理委员会：《长沙左家塘秦代木椁墓清理简报》，《考古》，1959年第9期。
④ 张春龙：《湖南龙山里耶战国——秦代古城一号发掘简报》，《文物》，2003年第1期。
⑤ 王晓天 主编：《湖南经济通史·古代卷》，长沙：湖南人民出版社，2013年，第217—220页。
⑥ 《史记·南越列传》。
⑦ 麦英豪 著：《南越文王墓》，北京：文物出版社，2012年，第130—131页。
⑧ 《后汉书·安帝纪》。
⑨ 《三国志·诸葛亮传》。

串珠等。这些玉石器和玻璃器，“估计有一部分是从南海诸国经由广州传入的”[①]。长沙曾出土一种金饼，重约 250 克即汉制一斤，凸面带有花纹，凹面铭刻一圈拉丁文字，显系为方便与外夷贸易而特制的货币[②]。

《后汉书·西域传》记载，大秦（古罗马）“与安息（今伊朗）、天竺交市海中，利有十倍。……其王常欲通使于汉，而安息欲以汉缯彩与之交市，故遮阂不得自达。至恒帝延熹九年（166），大秦王安郭[③]遣使自日南徼外献象牙、犀角、玳瑁，始乃一通焉。”这是东亚和西欧直接交往的最早文献。大秦使节入贡路线，当由印度洋浮舟南海，至合浦或广州入内地，循桂、湘、江、汉水道北上洛阳。

第二节　南岭交通的拓展

南岭是一系列总体呈东西向山脉的总称，主要由越城岭、都庞岭、萌渚岭、骑田岭和大庾岭五座山岭组成，故又称五岭。南岭也是一条重要的人文地理分界线、长江水系和珠江水系分水岭。

南岭交通拓展，是中国古代交通史上一个重大事件。秦人大规模修筑峤道，开凿湘桂运河，两汉期间又多次整治，改善了湘南地区交通条件，开创了岭南与中原政治统一和经济文化交流的新格局。

一、秦征百越路线

秦始皇二十五年（前 222），王翦“平荆地为郡县”[④]后，即开始为“南征百越之君”[⑤]做准备。“此时，临湘地位降低，而零陵、郴县等五岭关塞却因秦越战争而变得重要。”[⑥]

古代生产力低下，治道艰难，在原始森林中开辟一条道路，堪称浩大工程。为确保行军和后勤运输通畅，王翦动用戍卒、刑徒和劳役，历时数年修筑五岭峤道[⑦]。

《尚书·夏书》说大禹治水“陆行乘车，水行乘舟，泥行蹈橇，山行即桥（轿）”。据此推测，峤道应是山岭重丘间可供舆轿、人马通行的道路。其中，“都庞峤”自道县、江永，沿都庞岭东麓，出谢沐关，入贺江；“萌渚峤”则由道县、江华，越萌渚岭，入贺江。江华、道县遗迹尚存，白芒营“是其一焉。”《永州大事记》：

---

① 陈先枢、黄启昌 著：《长沙经贸史记》，长沙：湖南文艺出版社，1997 年，第 37 页。

② 王晓天 主编：《湖南经济通史·古代卷》，长沙：湖南人民出版社，2013 年，第 231—232 页。

③ 即罗马皇帝安东尼·庇护（Anthonius Pius，161—180 年在位）。

④ 《史记·白起王翦列传》。

⑤ 《史记·白起王翦列传》。

⑥ 钟炜：《洞庭与苍梧郡新探》，《南方论刊》，2006 年第 10 期。秦苍梧郡治的地望，学界有临湘、零陵、郴州、江华桥头铺老屋地城址等观点。

⑦ （清）吕思湛、宗绩辰 撰：《永州府志·卷十》：“秦置五岭之戍，萌渚之峤。”清道光八年刊本。

王翦平定江南，修都庞之戍，请设营浦县，获诏准。同期，置舂陵、泠道、南平、龄道县。[①]

秦始皇二十九年（前218）[②]，正式开始统一岭南的作战行动。《淮南子·人间训》对秦征百越动机、出兵规模、进军路线、后勤供应、战争过程及后续影响诸方面，作了较为详细的描述：

又利越之犀角、象齿、翡翠、珠玑，乃使尉屠睢发卒五十万，为五军，一军塞镡城之岭，一军守九疑之塞，一军处番禺之都，一军守南野之界，一军结余干之水。三年不解甲驰弩，使监禄无以转饷。又以卒凿渠而通粮道，以与越人战，杀西呕（瓯）君译吁宋。而越人皆入丛薄中，与禽兽处，莫肯为秦虏。相置桀骏以为将，而夜攻秦人，大破之。杀尉屠睢，伏尸流血数十万，乃发谪戍以备之。

张家山汉简《奏谳书》（内容为秦始皇廿七、八年事，由汉初人追述）载：

苍梧守灶、尉徒唯谓隼：利乡反，新黔首往击……苍梧守已劾论……

据此，“尉徒唯”应为殒命征越前线的“尉屠睢”。

根据文献和交通地理推测，秦征百越路线大致如下：

“塞镡城之岭”一军，自洞庭郡集结，溯沅水、渠水，穿越“镡城之岭”——八十里大南山西麓谷地，南下潭水（今融江和柳江）流域。

有观点认为，该线循湘水，经全州、桂林一线逾岭[③]。这一观点是值得商榷的。约楚怀王时疆域及于广西平乐、荔浦一带，楚亡后即属秦地。《史记·秦始皇本纪》：

二十六年……地东至海暨朝鲜，西至临洮、羌中，南至北向户（岭南地区），北据河为塞，并阴山至辽东。

《史记》言“楚南塞厉门而郡江东”，厉门即扼漓水之关，在今广西平乐西南。“屠睢将楼船之士南攻百越”[④]，厉门塞是楚越对峙的重要据点。《淮南子》没有提到这一线路，或系遗漏所致。

“守九疑之塞”一军，自苍梧郡集结，溯湘水、潇水而上，经由“九疑塞”（楚越关塞，今蓝山南风坳），沿湟水（今连江）南下。《读史方舆纪要》：“湟水，出湖广宁远县九疑山，流入广州府界，经连州阳山县东。”同书又载，“汉元鼎五年，伐南越，伏波将军路博德引兵出桂阳，下湟水。”连州为兵下湟水的水陆转运点。

“南野之界”位今江西南康市境，处赣水上源，当大庾岭要隘。发源于大庾岭的浈水，向西南汇入武水及溱水（今北江）。“守南野之界”一军，当自九江郡集结，溯赣水，出大庾岭之横浦关，继下浈水、溱水，深入越地。

---

① 永州市档案馆 编：《永州大事记》，内部印刷，2003年。

② 秦南征百越的时间，史学界有不同的说法。如，翦伯赞在其著作《中国史纲要》中主张秦始皇二十六年（前221），林剑鸣在《秦汉史》一书中认为是秦始皇二十八年（前219）冬，刘泽华在《中国通史教程·第一卷》（先秦两汉时期）、（越）陶维英在《越南古代史》（上册）中则称系秦始皇二十九年（前218）。

③ 中国人民革命军事博物馆 编：《中国战争史地图集》，北京：星球地图出版社，2007年，第28页。

④ 《史记·平津侯主父列传》。

“处番禺之都”一军，亦由苍梧郡南下，溯湘水、耒水至郴，逾骑田岭，下湟水，入溱水，进占“番禺之都”广州。

“余干之水”即今江西余干之信江，鄱阳湖水系五大河流之一。“结余干之水”一军，当自闽越地区西返，集结于鄱阳湖一带，监视东瓯、闽越地区越人动向。

根据《淮南子》记载，除一军“处番禺之都”外，其余三军遭到了瓯越人（壮族先民）顽强抵抗，秦军“伏尸流血数十万”[①]，主将屠睢也战死沙场，剩下人马全部退守南岭一带。“塞镡城之岭”“守九疑之塞”“守南野之界”说明，南征初期，战事很不顺利，秦人不得不屯守原楚越接壤的南岭各要隘，与瓯越对峙（图 4-7）。

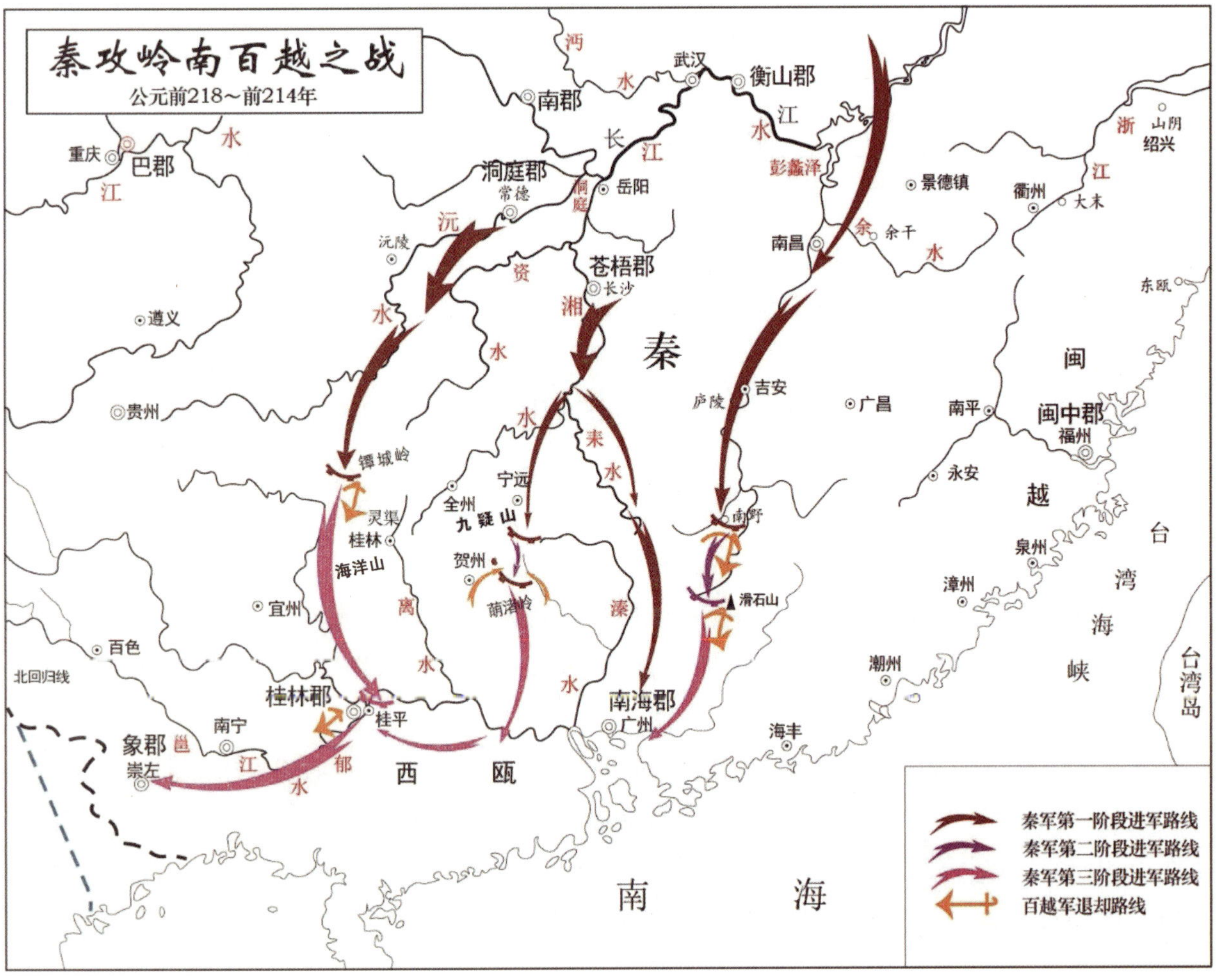

图 4-7　秦征百越路线图[②]

江西遂川草林处三省交通要冲，往西沿左溪河上行数十里可达郴州，往南越大庾岭可下广东。1976 年，草林左溪河岸出土秦代兵器。其中，铜戈铭刻“廿二年临汾守曋库系□工歈造”，经考证是秦始皇二十二年（前 225）在山西临汾制造[③]。另外，越南清化省东山县出土了秦式矛[④]。这

① 《淮南子·人间训》。

② 原图出自《中国战争史地图集》，蒋响元、黄爱等改绘。

③ 彭适凡：《遂川出土秦戈铭文考释》，《江西历史文物》，1980 年第 3 期。

④ （越）陶维英 著：《越南古代史》（下册），北京：商务印书馆，1976 年，第 325—326 页。

些兵器的出土，为秦人逾岭南征提供了珍贵的实物资料。

秦始皇三十三年（前214）灵渠凿通后，交通条件大为改善，后勤运输得到保障，最终征服百越。战后，秦人屯兵戍守南岭通越要道[①]，并大规模移民，确保对越地控制[②]。

朝廷还应南海尉请求，从内地迁一万五千“女无夫家者”来岭南，“以为士卒衣补”[③]。实际上是将这些女性婚配戍守当地的中原士卒，其后裔即为客家先民。唐人在《越井记》中追忆：

又秦徙中县之民于南方三郡，使与百越杂处，而龙（川）有中县之民四家。昌明祖以陕中人来此，已几三十五代矣。[④]

秦始皇南征百越，修筑五岭峤道，开凿灵渠，湘粤、湘桂交通因之拓展。置桂林、象郡、南海三郡后，因“有中国人相辅”[⑤]，南越第一次纳入大一统帝国管理体制。

二、湘桂运河的开凿

根据《淮南子》记载推测，秦“塞镡城之岭”“守九疑之塞”两军的战略方向，应是合围势力最强的西瓯。为确保大规模军需转运，秦开凿了沟通湘、漓二水的湘桂运河——灵渠。

灵渠开凿是长江水运史、湖南交通史上具有划时代意义的航道工程，其与成都都江堰、关中郑国渠并称为秦修三大水利工程。

海洋河发源于广西灵川海洋山，流至兴安分水塘始称湘水[⑥]。漓水上游大溶江源于越城岭主峰猫儿山，在平乐与荔浦河汇合后称桂江，至梧州入西江。

兴安东南挺立海拔1936米的海洋山，西北耸峙海拔2142米的华南第一高峰猫儿山。两山之间河谷地带海拔约200米，形成湘桂走廊。谚语“兴安高万丈，水往两头流”[⑦]，形象概括了地形和水系特点。

漓水支流灵河，又称始安水，距湘水最近处约2500米，水位差不到6米。湘水、灵河间有始安岭、城台岭、排楼岭和太史庙山（越城峤）等一列低矮山隘，形成分水岭。其中，太史庙山相对高度约30米，宽度不过500米。因此，秦人选择在兴安城东龙王庙山麓，拦截海洋河，作为分水塘。在其北面开北渠，沟通湘水；南面凿太史庙山与灵河相连，并拓宽、渠化灵河旧道[⑧]。

---

① 《读史方舆纪要·卷七十五》：“王翦降百越，以谪戍五万人守五岭。”

② 《史记·秦始皇本纪》：“三十三年，发诸尝逋亡人、赘婿、贾人略取陆梁地，为桂林、象郡、南海，以适遣戍。……三十四年，適治狱吏不直者，筑长城及南越地。”

③ 《史记·淮南衡山列传》。

④ （唐）韦昌明：《越井记》，收于（清）董诰撰，《全唐文》，卷八一六，清嘉庆内府刻本。

⑤ 《史记·南越列传》。

⑥ 2012年1月，南京水利科学院通过复核湖南省水利普查办报送的相关数据，确认湘水源头在蓝山县紫良瑶族乡境野狗岭。

⑦ “水往两头流”，指湘江北去、漓水南流。

⑧ 洪声：《从灵渠的开凿看秦始皇的历史功绩》，《文物》，1974年第10期。

灵渠又名陡河或湘桂运河，由铧堤、大小天平、南北渠、泄水天平和陡门等部分组成，是一项结构巧妙、影响深远的航道工程杰作（图 4-8）。

图 4-8 灵渠铧堤、大小天平、南北渠航拍景观

铧堤因其状似犁铧而得名，又称铧嘴，是截江分水、引湘入漓的关键工程。“人”字形铧堤用巨石叠砌，上锐下钝。铧嘴偏向分水塘南边，锐端河水三分引入漓水、七分导归湘水。

大、小天平呈人字形，为拦河滚水坝。它在铧堤下部，两侧分别向南北延伸，和引渠相接。北侧大天平长 360 米，外堤宽约 8 米，内堤宽约 4 米；南侧小天平长 126 米，外堤宽约 3 米，内堤宽约 1.5 米。堤顶低于两侧河岸，在枯水期，拦截湘水入运河，保持水可通航；洪水期，暴涨的洪水可越过堤顶泄入湘水故道，以免冲入运河危害堤岸。

南北渠总长约 34 公里，渠槽宽约 5—7 米，水深 1—2 米之间。溯湘水上行船只，可由北渠、分水塘、南渠，转往漓水、桂江；反之，漓水舟船经南渠、北渠，可下湘水、长江。

北渠由大天平拦水入渠，至高塘村入湘水，长约 4 公里。南渠从南陡口引水入渠，至大湾陡折西，通过太史庙山，经铁炉陡通灵河，至赵家堰村与石龙江汇合，到青石陡与螺蛳水汇合，在灵河口与大榕江汇合始称漓水，全长 30 公里。

泄水天平是指建在灵渠南北二渠上的溢洪堰，共有三处，其中南渠两处、北渠一处。它用于大汛时的二次泄洪，以确保渠道安全。

陡门又叫陡闸，为分级提高水位、便于通航设计的拦水装置。船入陡闸后，将下一级陡闸关闭，使水位提高，待与上一级陡门持平，即可越上另一级船闸，如此逐级上升至分水塘，从而浮舟过岭[①]。

《徐霞客游记》称，灵渠“以箔阻水，俟水稍厚，则去箔放舟焉。”

陡门置于河道较浅、水流较急处。秦时建有多少陡门，已无可考。宋、明、清时设有 36 陡（北渠 4、南渠 32），现存较完整的有 14 陡（北渠 2、南渠 12），残缺不全的有 7 陡，可寻其所在的有 4 陡，合共 25 陡（图 4-9）。两岸陡堤用长方形石块叠砌，作半规形，弧线相向。陡门一般宽约 5.5 米，最窄约 4.7 米。据此推测，通行灵渠的船宽约 5 米，长 20 米左右，载重量 500—600 斛，

① （宋）周去非 著，杨武泉 校注：《岭外代答校注》：“渠内置斗门三十有六，每舟入一斗门，则复闸之，俟水积而舟以渐进，故能循崖而上，建瓴而下，以通南北之舟楫。”北京：中华书局，1999 年，第 27 页。

约合 20—30 吨[①]。

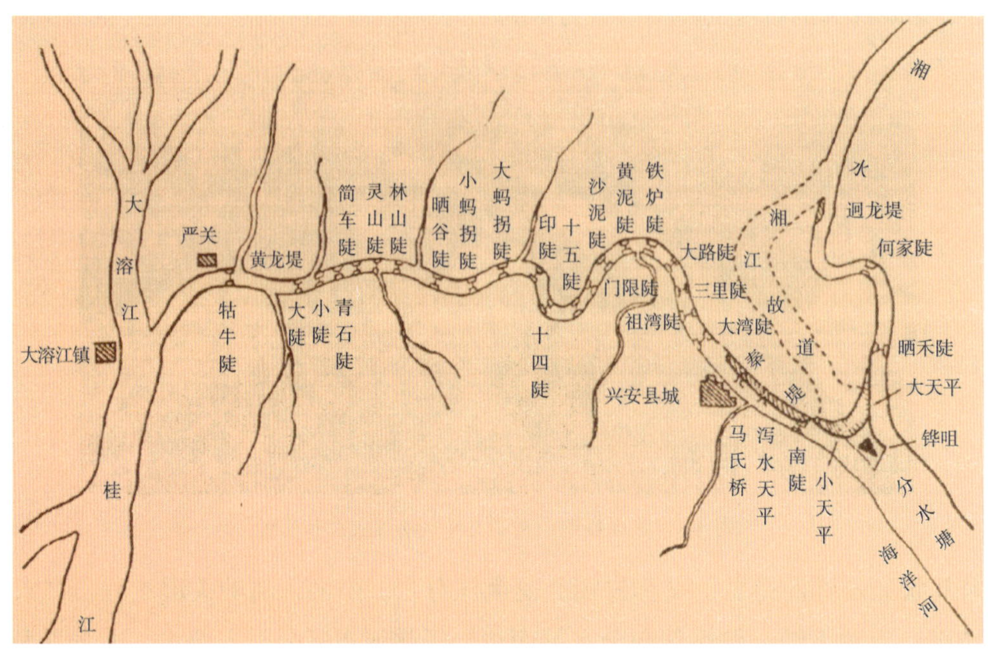

图 4-9 灵渠陡堤示意图[②]

为控制灵渠水道，秦人于渠口修建关塞，即今严关，又称秦城。严关建于凤凰山和狮子山之间，两山对峙，中为通道，素为湘桂走廊咽喉。《舆地纪胜》引《桂林志》：

秦城在兴安县，秦始皇三十三年筑以限越。

灵渠开凿以来，在南北交流、国家统一和经济社会发展等方面，长期发挥着重要作用。湘水也因此由区域性航道跃升为中原通岭南的咽喉要道，珠江、长江、淮河、黄河四大水系因此联成水网[③]。“陡河虽小，实三楚两广之咽喉，行师馈粮，以及商贾百货之流通，唯此一水是赖。”经由历代维护修缮，至清晚期，灵渠航运依然保持“舳舻云接”“帆樯相错”[④]的繁忙景象。

三、五岭新道的修筑

南征百越开始，秦人在山径为主的楚越旧道基础上修筑峤道，形成所谓“新道”。新道分别循赣水、湘水和沅水水系，逾五岭山脉，沟通南海、桂林、象郡与内地联系。《史记·南越王列传》：

佗，秦时用为南海龙川令。至二世时，南海尉任嚣病且死，召龙川令赵佗语曰：“闻陈胜等作乱，秦为无道，天下苦之，项羽、刘季、陈胜、吴广等州郡各共兴军聚众，虎争天下，中国扰乱，未知所安，豪杰畔秦相立。南海僻远，吾恐盗兵侵地至此，吾欲兴兵绝新道自备，待诸侯变，会病甚。

① 此处引用的灵渠工程技术资料、数据，主要源自（1）洪声：《从灵渠的开凿看秦始皇的历史功绩》，《文物》，1974 年第 10 期；（2）马依 著：《广西航运史》，北京：人民交通出版社，1991 年。

② 洪声：《从灵渠的开凿看秦始皇的历史功绩》，《文物》，1974 年 10 期。

③ 即由珠江通漓水，经灵渠入湘水，再至长江，复转邗沟入淮水，涉济水，经鸿沟入大河。

④ （清）张运昭：《重修陡河记》，收于（清）张运昭 编纂：《兴安县志·水利》，清道光十四年刻本。

且番禺负山险，阻南海，东西数千里，颇有中国人相辅，此亦一州之主也，可以立国。郡中长吏无足与言者，故召公告之。”即被佗书，行南海尉事。嚣死，佗即移檄告横浦、阳山、湟溪关曰：“盗兵且至，急绝道聚兵自守！”因稍以法诛秦所置长吏，以其党为假守。秦已破灭，佗即击并桂林、象郡，自立为南越武王。高帝已定天下，为中国劳苦，故释佗弗诛。汉十一年，遣陆贾因立佗为南越王，与剖符通使，和集百越，毋为南边患害，与长沙接境。

上述记载说明，秦军修建、赵佗断绝的横埔、阳山、湟溪三关，应位于五岭新道上。其中，横浦关扼大庾岭道，阳山关守骑田岭道，湟溪关当九嶷山道。

根据传世文献和交通地理，五岭新道以水路为主，水陆兼程。其中，赣水一条，湘水四条，沅水一条，由东向西列叙如下：

（1）自赣水转溯支流章水，越大庾岭，出横浦关（今广东南雄小梅关西），继下浈水，入溱水（今北江）而达番禺。

（2）自湘水转耒水、郴水，越骑田岭，出阳山关（今广东阳山县北），沿湟水（今连江）东南行，经洭浦关（今广东英德连江口附近），入溱水，南达番禺。

从郴邑南下，除循湟水外，还可走武水。《水经·溱水注》载泷水（武水）出峡谷处的泷口“西岸有任将军城，南海尉任嚣所筑，嚣死后，尉赵佗自龙川始居之。”《元和郡县志·韶州》：

任嚣故城，在（乐昌）县南五里……秦楚之际，南海尉任嚣因中国方乱，欲据岭南，故筑此城以图进取，此城尉佗因之，逐有南越。

1986 年，经考古工作者确认，“任嚣故城”遗址在距乐昌县城 1 公里的武水西岸[①]。该城应是任嚣为防岭北势力南下修筑，证明武水亦是五岭重要孔道。

（3）由湘水转春陵水，或由湘水转潇水，越九嶷山，出湟溪关（疑为故楚九疑塞），循湟水南下，经阳山关、洭浦关，以达番禺。

九嶷山是潇水、春陵水与湟水的分水岭。山有九水，“四水会百粤之水同注南海，五水北注入于洞庭以归东。”[②]楚国设立的九疑塞，位于九嶷山东麓南风坳，是控扼岭南越人的军事要塞。

湟溪关、阳山关、洭浦关皆设于湟水，反映了湟水道沟通南岭南北的重要性。

（4）由湘水溯潇水，越萌渚岭、都庞岭间山隘，入贺江，下西江。该线即史上著名的潇贺道。《秦史拾遗》：“道于潇永临封，为秦尉屠睢督帅征络越所辟也。”

潇贺道分两条。

一是“萌诸峤”，为潇贺道东线，亦称桂岭河线。秦末汉初，南越国在桂岭设关把守。江华白芒营粮子岭上，秦汉兵营遗址尚存。汉使陆贾两次入越，劝说赵佗归汉，均由此道[③]。

二是“都庞峤”，始自道县，经江永，出谢沐关，由广西富川入贺江。《读史方舆纪要》认为，

① 冯春华：《乐昌赵佗城的前世今生》，《韶关日报》，2014 年 3 月 14 日。

② （清）吕恩湛、宗绩辰 撰：《永州府志》，清道光八年刻本。

③ （清）梁廷楠等 著：《南越五主传及其他七种》：“（陆）贾从桂岭取道入越”，广州：广东人民出版社，1982 年，第 9 页。

赵佗如不在该道设防，北兵“从道州而风驰富川、临贺之郡，则西粤之藩篱尽决矣”。

（5）溯湘水，过灵渠，入漓水，下桂江，进入西江流域。该道开辟较早，军事、政治、经济价值高，是中原通岭南主要干道。

（6）自沅水转溯渠水，经今会同、靖州、通道，穿越“镡城之岭”，南下柳江流域。镡城之岭是秦军戍守、秦越对峙的边塞，黔中通岭南要隘。《山海经·海内东经》：“沅水出象郡镡城西，入东注江，入下隽西，合洞庭中。”镡城应为秦设象郡北界。

四、义帝迁湘与通郴道路整治

秦二世二年（前208），义军拥立楚怀王之孙熊心为王（仍称楚怀王），定都彭城（今江苏徐州）。闰九月，“怀王并项羽、吕臣军自将之。”[①] 又与诸将约定，“先破秦入咸阳者，王之。”汉高祖元年（前206），“十月，秦王子婴降。沛公入破咸阳，平秦。”[②] 十二月，项羽拥兵四十万继刘邦入关，“至关中，诛秦王子婴，屠烧咸阳。”

次年（前205），春正月，项羽佯尊怀王为义帝，“实则不用其命。”二月，项羽自立西楚霸王，将彭城据为己有，以“古之帝者，地方千里，必居上游”[③] 为由，迫义帝迁都于郴邑。同时，整治通郴道路，“要求路宽六尺，达双轿通行，五马并进。”[④] 同年十月，项羽密令九江王英布遣将，追杀义帝于郴。

刘邦统一天下后，曾派王陵、周勃、樊哙三侯至郴，祭祀义帝。尽管义帝徙郴为时甚短，但对郴邑及其周边道路建设有所推进。

五、长沙国南境“深平防区”修建

秦末，南海尉赵佗攻占桂林、象郡，自立为南越武王。汉高祖十一年（前196），刘邦遣陆贾出使南越，册封赵佗为南越王。“与剖符通使，和集百越，毋为南边患害。”[⑤]

西汉郡县制与封国制并行。高祖五年（前202）建长沙国，封吴芮为长沙王，疆域“北至汉水以北，即今湖北与河南两省交界处；南至九嶷山以南，即今广东连州一带；东至鄱阳湖东岸的鄱阳县，即今江西的鄱阳县以东；西至都庞岭以西的洮阳、观阳，即今广西的全州、灌阳县以西。”[⑥] 吴氏长沙王传四代，因无后而国除。景帝前元二年（前155）复置长沙国，封庶子刘发为长沙王。刘氏长沙国“大部分在今湘水、资水流域，小部分在江西省，面积约六万平方公里，不及吴氏长沙国的五分之一。”[⑦]

吕后执政时期，“有司请禁关市铁器。”南越王赵佗认为是长沙王“欲倚中国，击灭南越而并王之。”

于是，佗乃自尊号为南越武帝，发兵攻长沙边邑，败数县而去焉。高后遣将军隆虑侯周灶往击之。

① 《史记·项羽本纪》。
② 《史记·秦楚之际月表》。
③ 《史记·项羽本纪》。
④ 郴州市公路志编纂委员会 编印：《郴州市公路志·大事记》，内部印刷，2010年。
⑤ 《史记·南越列传》。
⑥ 傅举有 著：《中国历史暨文物考古研究》，长沙：岳麓书社，1999年，第207页。
⑦ 傅举有 著：《中国历史暨文物考古研究》，长沙：岳麓书社，1999年，第207页。

会暑湿，士卒大疫，兵不能逾岭。岁余，高后崩，即罢兵。佗因此以兵威边，财物赂遗闽越、西瓯、骆，役属焉，东西万余里。乃乘黄屋左纛，称制，与中国侔。[①]

《元和郡县志·桂州》：

故越城（即秦城，唐以前称越城）在全义（今兴安）县西南五十里，汉高后时遣周灶击南越，赵佗据险为城，灶不能逾岭，即此也。

据此可知，南越国从东线溯湟水攻长沙国，汉王朝从西线溯湘水伐越，依托的都是舟楫之便。

汉文帝继位后，复遣陆贾使南越。赵佗"甚恐……去帝制黄屋左纛"[②]，再度臣服。这一时期，长沙国在与南越接壤的南岭各要道、关隘驻军布防，并重点修建萌渚岭防线，即"深平军事防区。"

1973 年 12 月，长沙发掘马王堆三号汉墓，出土绢底彩绘《地形图》（图 4-10）《驻军图》《城邑图》[③]以及简牍、帛书、帛画、兵器、乐器、漆器、木俑、博具等物。墓主是长沙国丞相轪侯利苍之子、第二代轪侯利豨[④]。地图成于汉文帝十二年（前 168）以前。

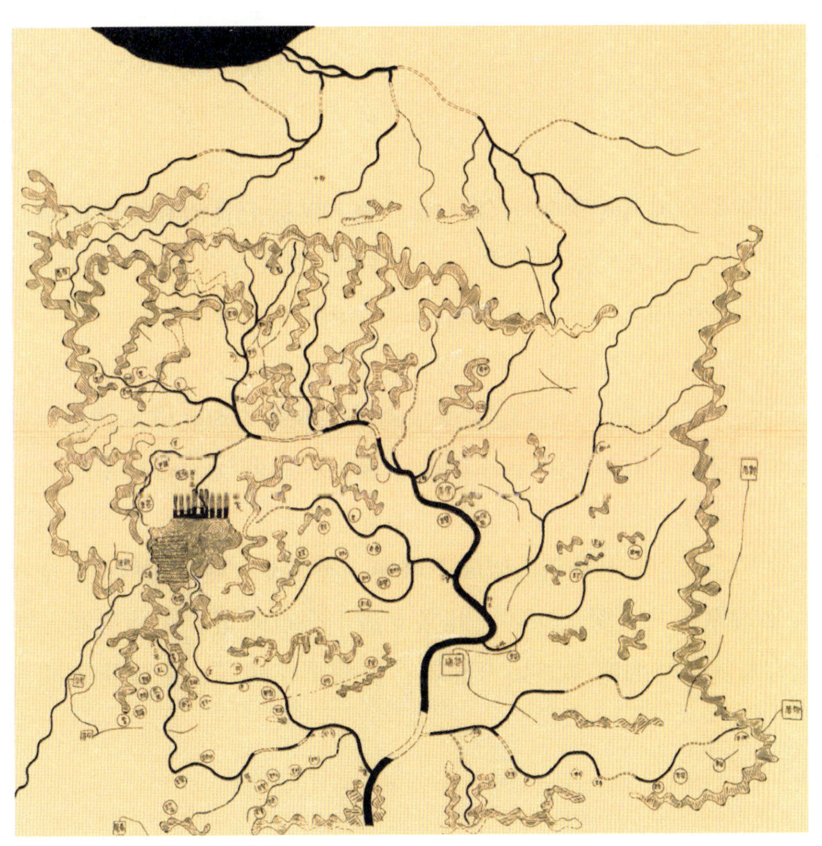

图 4-10　马王堆汉墓出土地形图复原图（上南下北、左东右西）[⑤]

① 《史记·南越列传》。

② 《史记·南越列传》。

③ 原图上无名，根据马王堆汉墓帛书整理小组和谭其骧、詹立波、张修桂等学者研究建议，取名《地形图》《驻军图》《城邑图》。

④ 陈松长：《马王堆三号汉墓的再认识》，《文物》，2003 年第 8 期。

⑤ 马王堆汉墓帛书整理小组 编：《（马王堆汉墓帛书）古地图》，北京：文物出版社，1977 年。

《地形图》《驻军图》《城邑图》再现了汉初深水（潇水）中上游及其附近地区道路交通、河流航道、城邑以及驻军布防情形。其中，《地形图》是世界上已知最早的帛绘地图[①]，《驻军图》是最早的军用地图，《城邑图》是最早的城市地图。

《地形图》长、宽各 96 厘米，用田青、淡棕、黑三色绘画，上南下北，方位与今相反，比例尺约为 1∶180000。山脉、水系、居民点、道路等要素齐全，显示当时地形测量、地图绘制、符号设计等达到了很高水平[②]。制图范围涵今湖南南部、广东北部和广西东北部接壤地区。图上标有营浦（治今道县道江）、舂陵（治今宁远柏家坪）、泠道（治今宁远东城）、南平（治今蓝山古城）、龁道（治今蓝山所城）、桂阳（治今连州）、洮阳（治今全州）、观阳（治今灌阳）等县。主区为深平防区，位于萌渚岭、九嶷山一带。深平（今江华沱江镇）非县治，但是该区域中心城邑，《驻军图》标为“深平城”，可能是墓主生前戍守的大本营。因此，谭其骧先生把《地形图》定名为《西汉初期长沙国深平防区图》[③]。

《地形图》用方框表示县邑，用大小不等的圆圈表示乡里聚落，九根圆柱旁标注“帝舜”。县邑、县乡、乡里之间绘有道路，以虚实两种线条表示，县邑和重要聚落之间连以实线。绘有深水、营水等 30 多条河流，其中 9 条标注名称，深水、冷水标注河源——证明河源考察由来已久；河流弯曲自然，显示宽狭，各支流注入干流的次序亦符合实际[④]。证实秦汉时期，湘境已有内河航道图。

桂阳以及洮阳、观阳，是深平防区近邻区域，图上仅标记县治和主要道路，显然不是墓主戍守范围。汉武帝元朔五年（前 124），刘发之子狩燕被封为洮阳靖侯；长沙汉墓出土文景时期的“洮阳令印”“洮阳丞印”，可知洮阳是万户以上人口大县[⑤]。

《驻军图》长 98 厘米、宽 78 厘米，用田青、红、黑三色彩绘。范围与《地形图》东南部吻合，但比例尺大一倍，约为 1 ∶90000；主区是大深水流域，方圆约 500 里。除山脉、河流、居民点和道路外，突出标记驻军名称（包括周都尉军两支、徐都尉军四支、司马军两支、桂阳军一支）、布防位置、指挥城堡、要塞、烽燧点等要素。“图幅中央绘有三角形城堡，内注‘箭道’字样，是各支驻军的指挥中心。从图形上分析，似属于城堡一类，设有城垣和战楼、望楼等附属建筑”[⑥]。三角形城堡位于深平城东南，大深水河谷，几条支流汇合点附近，水陆交通方便。该图只标出长沙国驻军配置，没有与其对峙的南越国兵力部署，说明重在防守，主要防御溯湟水北上的南越国军队（图 4-11）。

---

① 1986 年 3 月，甘肃天水放马滩秦墓出土墨绘于四块松木板上的七幅地图，绘制时段下限为秦昭襄王八年（前 299），是现存唯一的战国地图，也是世界上已知最早的地图。

② 孙关龙：《世界地图史上一次罕见的大发现》，《大众日报》，2014 年 4 月 9 日。

③ 谭其骧：《马王堆汉墓出土地图所说明的几个历史地理问题》，《文物》，1975 年第 6 期。

④ 根据文物出版社 1977 年版《（马王堆汉墓帛书）古地图》，马王堆汉墓帛书整理小组考释的乡里地名，包括深平、深君里、获里、秋里、不于君、渐里、莠里、□里、池里、敢里、各里、重里、资里、临里、归里、于□里、侯里、石里、波里、卑里、絅里、桃里、垒里、连里、泽里、邢里、垒部、淩里、胡里、利里、垒君、枭里、笞里、滲里、奚里、□里、龙里、蛇里、皇里、卑里、造里、犕部、畦里、甲卑、任平、絅里、桃里、州里、徐里、口官、乘口、口鄣、口君、侈部、边里、舆里、杀口等 57 个；标注名称的河流有参水、冷水、营水、舂水、临水、犕水、罗水、垒水、口水等 9 条，标有深水源、冷水源。

⑤ 蒋廷瑜：《广西最早的县——洮阳》，《学术论坛》，1981 年第 6 期。

⑥ 马王堆汉墓帛书整理小组：《马王堆三号汉墓出土驻军图整理简报》，《文物》，1976 年第 1 期。

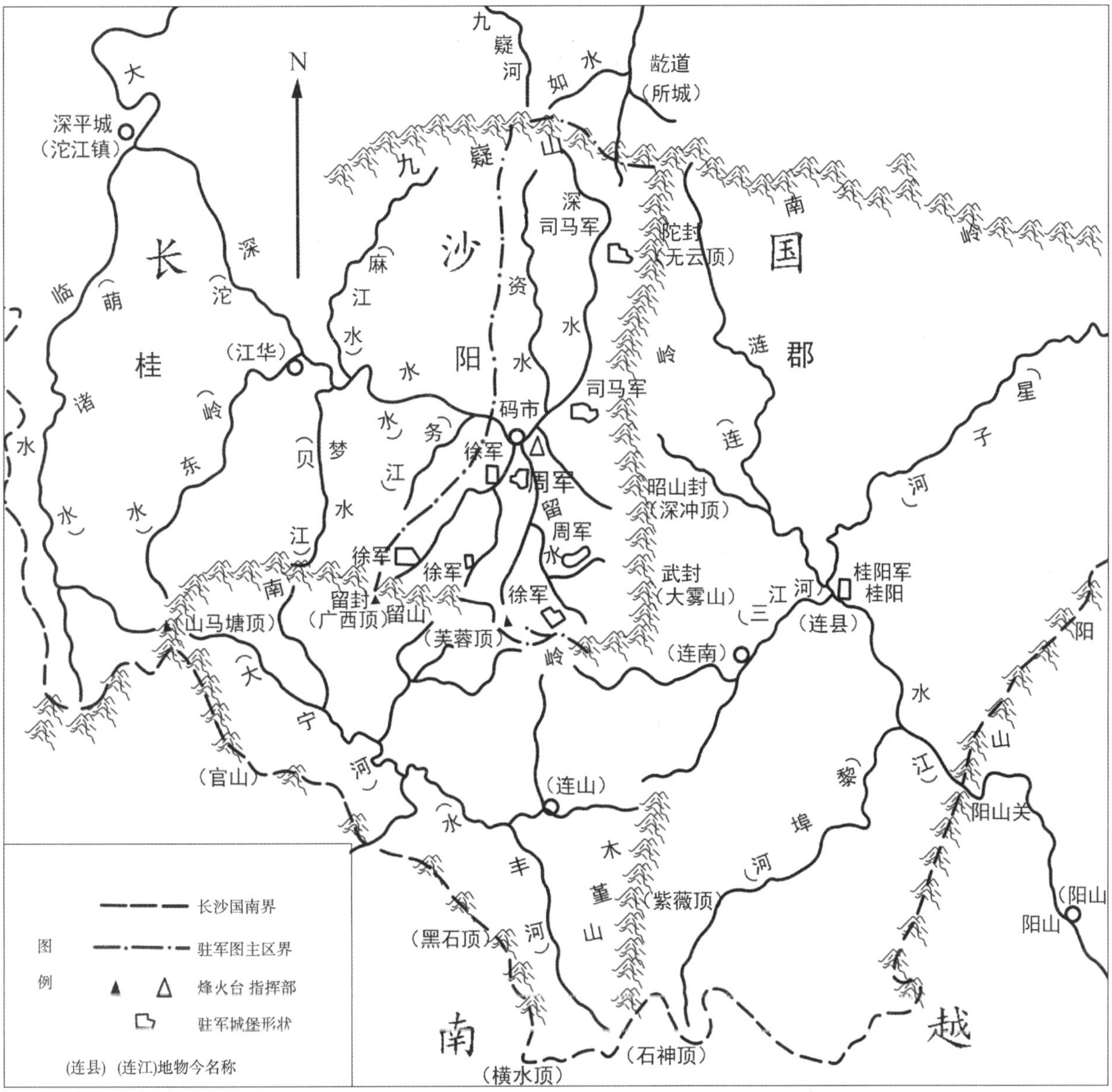

图4-11　根据《驻军图》绘制的《长沙国南部守备形势图》[①]

《管子·地图》说："凡兵主者，必先审知地图。"交通信息尤其受到重视：

> 轘辕之险，滥车之水，名山、通谷、经川、陵陆、丘阜之所在，苴草、林木、蒲苇之所茂，道里之远近，城郭之大小，名邑、废邑、困殖之地，必尽知之。地形之出入相错者，尽藏之。然后可以行军袭邑，举措知先后，不失地利。

《驻军图》道路描绘详确，有的标有里程。如封里标注"到廷五十四里，并解里，到袍廷五十里"，石里标注"到乘五十里，并石，到廷六十里"[②]，或可印证古时兵战往往经由"间道"行军的文献[③]。如《史记·黥布列传》记载，项羽引兵西进，"至关，不得入，又使（黥）布等先从间道

① 原图出自张修桂 著：《中国历史地貌与古地图研究》，北京：社会科学文献出版社，2006年，蒋响元、曹航惠改绘。

② 马王堆汉墓帛书整理小组 编：《（马王堆汉墓帛书）古地图》，北京：文物出版社，1977年。

③ 王子今：《马王堆汉墓古地图交通史料研究》，《江汉考古》，1992年第4期。

破关下军，遂得入，至咸阳。”图上标有若干带“封”字地名，如留封、武封、陀封、昭山封等。马王堆汉墓帛书整理小组认为，“封”通“烽”，“古时边塞烽燧为军中耳目，该图防区界上诸封正是设于前沿阵地，有可能就是烽燧点，相当于现代军事上的前沿观察哨所”[①]，肯定了“封”对当时军事交通的作用。

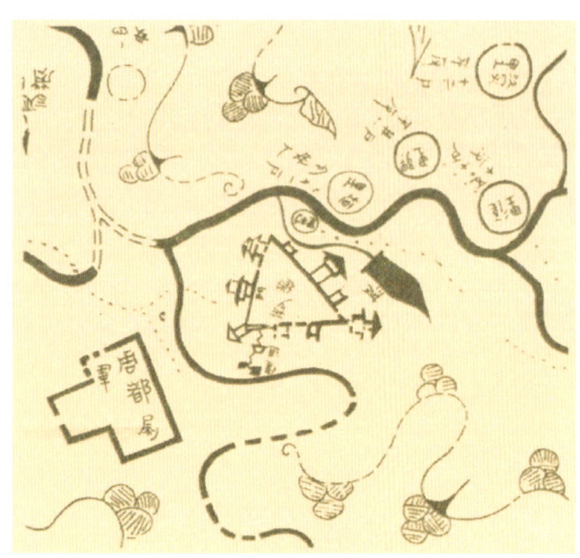

图 4-12　《驻军图》所记复道[④]

“复道”类似今天的高架桥。战国时期，城防设施就有“复道”。《墨子·号令》：“守宫三杂（匝），外环隅为之楼，内环为楼；楼入葆宫丈五尺，为复道。”秦始皇扩建咸阳宫，令“殿屋复道周阁相属”，又“为复道，自阿房渡渭，属之咸阳。”[②]汉代城防工事中包括复道形式，用来俯视、控制周围地面并以此与城外其他防务设施相联系。《驻军图》“箭道”南侧道路由城堡蜿蜒折下，伸向河边，其旁标记“复道”（图 4-12）。可能用于控制渡口，以与对岸“周都尉军”相接应[③]。

《驻军图》所注“复道”，是省境最早见于记载的桥梁[⑤]。其应用于防卫设施的事实，反映了汉代湘水流域桥梁建造水平。

马王堆汉墓出土地图显示，潇水中上游是当时人口相对稠密的区域，或为因应楚越对峙、秦征百越、长沙国与南越国军事斗争需要，中原政权“实边”举措所致。骑田岭、九嶷山、萌渚岭一带分布多条岭谷间道，乃兵家必争之地、长沙国重点设防区域。

六、汉武帝征南越路线

西汉元鼎五年（前 112）夏四月，“南越王相吕嘉反”[⑥]，杀害南越王赵兴及汉朝使者，另立赵兴之兄赵建德为王。同年秋，汉武帝“因南方楼船卒二十余万人”[⑦]，兵分五路伐南越。《史记·南越列传》：

卫尉路博德为伏波将军，出桂阳，下湟水；主爵都尉杨仆为楼船将军，出豫章，下横浦；故归义越侯二人为戈船、下濑将军，出零陵，或下离水，或抵苍梧；使驰义侯因巴蜀罪人，发夜郎兵，

① 马王堆汉墓帛书整理小组：《马王堆三号汉墓出土驻军图整理简报》，《文物》，1976 年第 1 期。

② 《史记·秦始皇本纪》。

③ 高至喜先生认为，《驻军图》中的周都尉军可能是吕后派遣攻打南越国的隆虑侯周灶的军队。参见高至喜：《兵器和驻军图》，《湖南日报》，1974 年 11 月 10 日。

④ 王子今 著：《秦汉交通史稿》，北京：中国人民大学出版社，2013 年，第 48 页。

⑤ 最早见于传统文献，是东汉初年马援在桃源建造的利兵桥。参见蒋响元 著：《湖南交通文化遗产》，北京：人民交通出版社，2012 年，第 57 页。

⑥ 《汉书·武帝纪》。

⑦ 汉武帝征越的出兵数量，不同的史料记载有出入。《史记·平准书》载为“因南方楼船卒二十余万人击南越”，《史记·南越列传》为“令罪人及江淮以南楼船十万师往讨之”，《汉书·武帝纪》载“皆将罪人，江淮以南楼船十万人。”

下牂牁江，咸会番禺。

此前，汉武帝遣使南越时，“令辩士谏大夫终军等宣其辞，勇士魏臣等辅其缺，卫尉路博德将兵屯桂阳，待使者。”[①]南宋张轼登连州巾峰山时，曾写下“我闻路将军，威棱著湟水”诗句。《汉书·武帝纪》所载略同：

遣伏波将军路博德出桂阳，下湟水；楼船将军杨仆出豫章，下浈水；归义越侯严为戈船将军，出零陵，下离水；田甲为下濑将军，下苍梧。皆将罪人，江淮以南楼船十万人。越驰义侯遗别将巴蜀罪人，发夜郎兵，下牂柯江，咸会番禺。

五路征越大军，除夜郎兵自牂牁江（今北盘江）入温水（今红水河）、潭水（今黔江）、郁水（含今右江、郁江、浔江、西江河段）外[②]，其余皆由秦筑五岭新道入越，会师番禺（今广州）。其中，伏波将军路博德一军由桂阳出发，下湟水、溱水，直取番禺；楼船将军杨仆一军自豫章出发，溯豫章水（赣水），越大庾岭，出横浦关，入浈水、溱水；戈船将军郑严一军自零陵（治今全州咸水）溯湘水，过灵渠，顺漓水、郁水抵番禺；下濑（即下厉）将军田甲溯潇水，出谢沐关，下贺江，入郁水。

同年冬，杨仆率师攻破番禺城北的石门[③]，俘数万人。路博德军抵达后，与杨仆合攻番禺，生擒南越王赵建德、相吕嘉。为稳定南越局势，朝廷封赵建德为海常侯、吕嘉为临蔡侯，以招降其他权贵。

征服南越国后，汉武帝分其地为南海、苍梧、郁林、会浦、交趾、九真、日南、珠崖、儋耳九郡，直属中央统辖。又在贺江、郁水交汇要冲广信（苍梧郡治，今广西梧州）设“交趾刺史部”，监察、纠核岭南九郡。

七、卫飒修筑湘粤驿道

东汉建武（25—57）初年，襄城县令卫飒因“政有名迹”，迁升桂阳郡（治今郴州）守。卫飒职守桂阳十年，体恤民情，淳化风俗，勤理政事，“郡内清理”。期间开凿、改造郴州经宜章至粤北驿道，成为湘粤交通史上重大事件。

桂阳郡含洭（治今英德西北）、浈阳（治今英德东南）、曲江（治今韶关曲江）三县，原南越故地，武帝平越后“内属桂阳”。三县人民或居深山，或傍河谷，“去郡远者，或且千里”，由于陆路不便，吏事往来皆由水道。入郡路线，当自英德溯北江、武水达宜章，越骑田岭而至郴州。武水河段滩险流急，每每“发民挽船”，百姓“传役”甚苦。为此，“飒乃凿山通道”，修筑、改造逾越南岭的湘粤驿道北段。

---

① 《史记·南越列传》。

② 《汉书·西南夷列传》载，汉使唐蒙至夜郎，知从夜郎“道西北牂江，江广数里，出番禺城下”。及汉伐南越，唐蒙献策：“今以长沙、豫章往，水道多绝，难行。窃闻夜郎所有精兵可得十万，浮船牂柯，出不意，此制粤一奇也。”牂牁江即北盘江，珠江水系西江左岸支流，源于云南宣威马雄山西北麓，流经滇东、黔西南，于贵州省望谟县蔗香双江口与南盘江汇合后称红水河。

③ 晋人顾微《广州记》称，石门“在番禺县北三十里。昔吕嘉拒汉，积石镇江，名曰石门。”

《后汉书·循吏列传》：

先是，含洭、浈阳、曲江三县，越之故地，武帝平之，内属桂阳。民居深山，滨溪谷，习其风土，不出田租。去郡远者，或且千里。吏事往来，辄发民乘船，名曰“传役”。每一吏出，傜及数家，百姓苦之。飒乃凿山通道五百余里，列亭传，置邮驿。于是役省劳息，奸吏杜绝。流民稍还，渐成聚邑，使输租赋，同之平民。

据《后汉书》“五百余里”里程推测，卫飒改造的应是郴州经宜章到乐昌、韶关、曲江一线路段，以避开舟行不易的武水。这条跨越骑田岭的湘粤驿道，经过卫飒改造后，沿用近2000年，为促进南北交通和区域发展作出了重要贡献。在唐开元十七年（729）张九龄开凿梅岭（即大庾岭）道前，湘粤道是中原通岭南东部主干道。（清）光绪《耒阳县志》：

唐以前梅岭路未开，赴岭南者道必出此，故置驿（方田驿）。

八、马援征交趾路线

汉时，交趾郡（治今越南河内）、九真郡（治今越南清化）和日南郡（治今越南广治）仍处氏族社会，当地事务主要由雒王、雒将、雒侯等主导，其民被称为雒越。

东汉建武十六年（40），交趾郡雒将之女征侧、征贰姐妹起事，很快占有交趾、九真、日南、合浦诸郡。“蛮里皆应之，凡略六十五城。”各郡守纷纷内避，二征自立为王。“光武乃诏长沙、合浦、交趾具车船，修道桥，通障溪，储粮谷。”①

完成交通整治及后勤准备后，“十八年，遣伏波将军马援、楼船将军段志，发长沙、桂阳、零陵、苍梧兵万余人讨之。”②马援率长沙、零陵和桂阳集结的汉兵，水陆兼程，南征交趾。进军路线：溯湘水南下，经灵渠进入漓水，顺流至苍梧，由苍梧溯郁水抵滕县，再逆北流江至容州，经北流江与南流江分水坳——桂门关，下南流江达合浦，继“缘海而进，随山刊道千余里。”③二征在浪泊（今越南仙山）与马援接战不支，败退锦溪（今越南永福省安乐县）。次年夏天，二征战死④，300余名随同反叛的雒越首领被俘，流放零陵⑤。

迁居零陵郡境的交趾贵族带来了故土风俗和饮食文化，流行永州、邵阳、广西全州等地的传统美食“血鸭”，或源于越人钟爱的民族菜品——“越南生鸭血”。

马援征交趾，再次把越南北部纳入中原王朝统治。通过“修道桥，通障溪”，自湘入桂的水陆交通得到拓展，南岭要隘——灵渠仍是交通整治重点。《太平御览》引《郡国志》：

① 《后汉书·南蛮西南夷列传》。

② 《后汉书·南蛮西南夷列传》。

③ 《后汉书·马援传》。

④ 越南史籍记为征贰阵亡、征侧逃亡嵋山，没有征氏姊妹被斩的说法。参见（越）陶维英 著：《越南古代史》（下册），北京：商务印书馆，1976年，第483页。

⑤ 《后汉书·南蛮西南夷列传》：“援破交趾，斩征侧、征贰等，余皆降散。进击九真贼都阳等，破降之。徙其渠帅三百余口于零陵。于是岭表悉平。”

马援开湘水为渠六十里，穿度城，今城南流者，是因秦旧渎耳。

1990—1996年，考古工作者对兴安七里圩王城进行勘探时，发现王城在东汉有过加筑[①]，证实了《郡国志》记载。北流市南桂门关，“汉伏波将军马援讨林邑蛮，路由于此，立碑，石龟尚在。”[②]

九、郑弘奏开零桂峤道

经卫飒“凿山通道”，湘粤道获得改善，但大宗通行尚有困难。湘桂道也因年久失修，通行不畅。东汉建初八年（83），大司农郑弘奏开零陵、桂阳峤道，将岭南贡献由海运改走南岭峤道。《后汉书·郑弘传》：

建初八年，（弘）代郑众为大司农。旧交趾七郡贡献转运，皆从东冶（今福州），泛海而至，风波艰阻，沉溺相系。弘奏开零陵、桂阳峤道，于是夷通，至今遂为常路。

交趾七郡是武帝征南越后，设置的南海、苍梧、郁林、合浦、交趾、九真、日南七郡，包括今越南中北部和两广地区。

有观点认为，零桂峤道“西起零陵（广西全州），东至桂阳（湖南郴州）。”[③] 这一观点是值得商榷的，“零陵、桂阳峤道”实际上是两条不同的道路：零陵峤道即“越城岭道”，桂阳峤道即“骑田岭道”。秦汉时期，上述线路是中原通岭南主要通道。这次应是整治、拓展原有道路，疏浚河渠，便于物资转输。

零陵峤道主要转送岭南西部各郡方物。即从交趾沿海东行至合浦，再沿南流江、北流江至苍梧，溯桂江、漓水，由灵渠，入湘水，渡长江，循汉水、转唐白河，北上洛阳。

桂阳峤道主要转送南海郡贡献。即从番禺溯北江、湟水至桂阳（今连州），越骑田岭至郴州，即下郴水、耒水，入湘水，与由零陵峤道北上的线路汇合。

十、周憬整治武水航道

武水源于临武三峰岭，流经临武县城，至宜章梅田入广东乐昌，在韶关与浈水汇合后，始称溱水。秦汉时期，武水是桂阳（治今郴州）通南海（治今广州）重要通道。汉初，南越王赵佗在乐昌筑城，扼守武水。《广东新语》：

佗既绝新道，于仁化北一百三十里，即今城口筑城，以壮横浦。于乐昌西南二里，上抵泷口筑城，以壮湟溪。

武水道虽然便捷，但滩多流急，“水石险恶，装载重舟多致沉坏”，航行艰难。为此，“理恤民事，居官如家”的卫飒，沿武水走向整修湘粤驿道。东汉熹平（172—177）初年，桂阳太守

① 李珍、彭长林、彭鹏程：《广西兴安秦城遗址七里圩王城城址的勘探与发掘》，《考古》，1998年第11期。

② 《太平寰宇记·岭南道》。

③ 2013年出版的《湖南经济通史·古代卷》（王晓天主编，长沙：湖南人民出版社，第225页）认为，零桂峤道西起广西全州，东至湖南郴州。1992年版《零陵县志》及1998年版《全州县志》记载，西汉元鼎六年（前111）置零陵郡，治所在零陵县（今全州县境）内，东汉建武年间（25—55）移零陵郡治到泉陵县（今零陵区境）。

周憬“令良吏将帅壮夫，排颓磐石，投之寥壑。夷高填下，凿截回曲，弼水之邪性，顺导其经脉。”疏浚武水“九泷十八滩”，整治桂阳入粤航道，重点开凿乐昌泷，以利商旅传驿。工程竣工后，武水临武至韶关一线，“小溪乃平直，大道永通利，抱布贸丝，交易而至”“商旅所臻，自瀑亭至乎曲江，壹由此水。”①

周憬浚武水，是最早记录的湘粤航道工程，在湖南水利史、交通史上均有重要意义。

第三节　邮驿制度的发展和完备

邮驿传递发轫于殷商，姬周形成制度，秦汉进入发展重要阶段。

为巩固中央集权国家统治，提高行政效率，秦王朝建立了一套较为完善的邮驿制度②。汉承秦制，邮、传、亭、驿、置等布设更趋合理，吏事往来、文书邮递、官物传输乃至紧急行军，皆赖驿传系统。

里耶秦简显示，迁陵县、乡设有邮置。秦始皇三十六年（前211），东安紫溪市设驿站③。汉初，昭陵（今邵阳）置资阳驿。东汉建武年间，桂阳郡守卫飒“列亭传，置邮驿”④。永元四年（92），“溇中、澧中蛮潭戎等反，燔烧邮亭，杀略吏民，郡兵击破降之。”⑤

一、邮驿传递的发展完善

秦代邮传因袭周制，并在此基础上有所发展⑥。

中央一级由太仆掌理，置有中车府令主管乘舆路车等事。另有观点认为，秦负责邮传的是典属国及其属官，而御史大夫、太仆、典客、少府等，虽与邮传事务有关，但并不直接参与管理⑦。

地方驿传则由郡守、县令（长）、三老、亭长分级管理⑧。

刘邦“及壮，试为吏，为泗水亭长”时，曾“为县送徒骊山”⑨，证实亭担负驿运、传输之责。

秦驿制十分严格，并用法律条文固定下来，保证传递迅速安全。1975年，云梦睡虎地秦墓出土竹简1155枚，其中《语书》及《秦律十八种》之《仓律》《田律》《行书律》《金布律》《传

① （清）王闿运、汪敩灏等 修纂：《桂阳直隶州志》，卷八，清同治七年刻本。

② 《淮南子·道应训》：“秦皇帝得天下，恐不能守，发边戍、筑长城、修关渠、设障塞、具传车、置边吏。”

③ 《零陵地区交通志》编纂办公室 编：《零陵地区交通志》，长沙：湖南出版社，1993年，第5页。

④ 《后汉书·循吏列传》。

⑤ 《后汉书·南蛮西南夷列传》。

⑥ 《册府元龟·卿监部》：“周穆王置太仆正掌舆马，秦因之。”

⑦ 高荣：《秦汉邮驿的管理系统》，《西北师大学报》，2004年第4期。

⑧ 《历代兵制·卷一》：“秦法：五户为伍，十户为什；百户一里，里有魁；五里一邮，邮有督；十里一亭，亭有长，长有二卒，一为亭父，一为求盗；五亭一乡，乡有牧，三老，游徼，小于乡曰聚，聚有啬夫；十亭一县（万户），县有令、丞、尉，不满万户为长，凡亭间大道，南北为阡，东西为陌，阡经陌纬……曹植诗曰‘东西经七陌，南北越九阡。’其制犹存矣。”清道光静观堂刊本。

⑨ 《史记·高祖本纪》。

食律》《内史杂》等载有邮律。如《行书律》规定：

行命书及书署急者，辄行之；不急者，日毕，勿敢留，留者以律论之。

就是说，急字文书必须立即传送，不能片刻耽搁，否则依法论处。

符节制度始于先秦。文书、急报、官物传递者及使者、官吏等，过关津、止宿、就食或更换传车，须有节、传等为凭，驿舍根据官员等级供给饭食[①]。

邮驿机构有邮、传、驿、亭、置等，主要承担军政文书和物资邮递、接待过往人员，交通方式有徒步、车传、马传、舟传（大宗物资转输）。秦始皇勤于国政、事必躬亲，每天批阅的奏件就有 120 斤（一石）重[②]。如此之多公文，大部分是利用邮驿系统上报朝廷。

传舍设在县邑或郡治，接待过往官吏、应召贤士，提供宿食车马。刘邦曾自称使者，宿在传舍，次日突然夺张耳、韩信兵权，发兵攻齐[③]。

遍布城乡的都亭、街亭、市亭、乡亭是基层管理机构，主要职能为“禁盗贼”[④]，兼管行旅、转输、徭役。设于交通干线的邮亭、道亭、江亭，既是基层邮驿机构，也是传舍重要补充。秦将白起被秦昭襄王逼迫，“出咸阳西门十里，至杜邮”自杀[⑤]。《水经注》曰：“渭水北有杜邮亭。”刘邦率部攻咸阳，军至灞上，“秦王子婴素车白马，系颈以组，封皇帝玺符节”[⑥]出城，至轵道亭向刘邦递交降书。

项羽垓下之战兵败，退至今安徽和县东北乌江浦。

乌江亭长檥船待，谓项王曰：“江东虽小，地方千里，众数十万人，亦足王也，愿大王急渡。今独臣有船，汉军至，无以渡。”[⑦]

乌江亭长驾船摆渡，说明该亭当属江亭。

邮亭是否修治，是上级官员考察地方官理政能力的重要指标。《汉书·薛宣传》：“桥梁邮亭不修，宣心知惠（彭城县令薛惠）不能。”

1983 年 12 月，江陵张家山汉墓出土竹简 1236 枚（不含残片），内容包括《历谱》《（吕后）二年律令》《奏谳书》《脉书》《算数书》《盖庐》《引书》和遣策共八种，涉及汉代法律、军事、交通、历算、医药、科技诸多方面。其中，《二年律令·行书律》是研究秦汉邮驿制度的珍贵史料。

邮置于交通要道，以传递重要、紧急官府文书为主，并为过往人员提供食宿、更换车马等服务。“邮人”是邮配置的专职传递人员。《二年律令·行书律》规定了邮置布局原则及相

① 《秦律十八种·传食》：“其有爵者，自官士大夫以上，爵食之；使者之从者，食粝米半斗；仆，少半斗。”

② 《史记·秦始皇本纪》：天下之事无小大，皆决于上。上至以衡石量书，日夜有呈，不中呈不得休息。

③ 《史记·淮阴侯列传》：“六月汉王出成皋，东渡河，独与滕公俱，从张耳军修武。至，宿传舍。晨，自称汉使，驰入赵壁。张耳、韩信未起，即其卧内上夺其印符，以麾召诸将……收赵兵未发者击齐。”

④ 《续汉书·百官志五》。

⑤ 《史记·白起王翦列传》。

⑥ 《史记·高祖本纪》。

⑦ 《史记·项羽本纪》。

关制度：

十里置一邮。南郡、江水以南至索南水，廿里一邮。一邮十二室，长安广邮廿四室，敬（警）事邮十八室，有物。故、去，辄代者有其田宅。有息，户勿减。令邮人行制书、急书，复，勿令为它事。畏害及近边不可置邮者，令门亭卒、捕盗行之。北地、上、陇西，卅里一邮，地险狭不可邮者，得进退就便处。邮各具席，设井磨。吏有县官事而无仆者，邮为炊；有仆者，叚（假）器，皆给水浆。

律文大意：一般地区为十里置一邮，南郡、江水以南至索南水二十里一邮，北地、上郡、陇西等地三十里一邮，险恶地段择其前后方便处置邮。每邮配十二户邮人，长安地区每邮配二十四户邮人，警事邮下每邮配十八户邮人。邮有邮舍，有田地，可供邮人家庭住宿、耕作。邮人专职传送公文，不得从事其他职业。如果邮人死亡或离去，替代者占有其田地房屋。治安条件不好及边境地区，由“门亭卒、捕盗”代行邮驿职能。邮置有餐饮设施，备有井、磨，往来官吏没带仆从者，邮人为其准备饮食；有仆从的，提供炊具和饮用水。

汉承秦制，这一制度应该就是秦人建立[①]。《行书律》提到的索即今汉寿，汉荆州刺史部治所。渐水沟通沅、澧水系，南水或为渐水别称。《汉书・地理志》：“渐水东入沅。”源出桃园浮山六角垭，经龙船港、石板滩、柳叶湖，由武陵河洑镇入沅水[②]。

《二年律令・津关令》：

长沙（国）丞相书言，长沙地卑湿，不宜马，置缺不备一驷，未有传马，请得买马十，给置传，以为恒。

该简内容说明，汉初湖南邮置备马以供传驿成为定制。

邮驿传递方式，根据传输对象性质、重要程度以及里程长短，有“以邮行”“以次行”“亭（隧）次行”“马驰行”“轻足行”等种类。

“以邮行”即由“邮人”传递。如里耶秦简 J1（16）2：

迁陵以邮行洞庭。[③]

《二年律令・行书律》：

诸狱辟书五百里以上，及郡县官相付受财物当校计者书，皆以邮行。书不急，擅以邮行，罚金二两。邮人行书，一日一夜行二百里。

“以次行（传）”即依次传递，按道里远近又可分为“以县次传”和“以隧次传”两种，前者以县为换文距离，后者按驿道两旁烽隧逐一传递。《二年律令・行书律》：

---

① 《晋书・刑法志》：“秦世旧有厩置、乘传、副车、食厨，汉初承秦不改。”

② 常德地区交通局 编：《常德地区交通志》，长沙：湖南出版社，1992 年，第 7 页。

③ 张春龙、龙京沙：《湘西里耶秦代简牍选释》，《中国历史文物》，2003 年第 1 期。

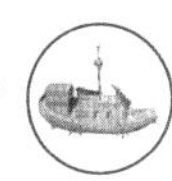

书不当以邮行者，为送告县道，以次传行之。

当一份文书需要依次送达多个地点，或由多个地点分程传递时，也“以次传”。J1（8）657：

……六月乙未，洞庭守礼谓县啬夫听书从事□
□军吏在县界中者各告之。新武陵别四道，以次传。别书写上洞庭尉。皆勿留。/葆手。……①

即洞庭守礼令从新武陵出发，分四条线路依次传达郡内各县，并另抄一份，报送洞庭尉府。

“亭（燧）次行”是战备区域常用的传送方式。“吏马驰行”是以吏乘快马传递，多用于边郡紧急文书。敦煌悬泉置是保存较完整的汉代邮驿遗址，出土多枚标注“以邮行”“以亭行”“亭次行”“县次行”“驿马行”“驿马驰行”“吏马行”“吏马驰行”“行者走”“太守府以次行”“廷次行”汉简。

“轻足行”即步行专递，适用近距离传递。秦简《田律》：

近县令轻足行其书，远县令邮行之。

《东观汉记·光武纪》：

（刘秀）遂令轻足将书与城中诸将，言宛下兵复到，而阳坠其书。

与其相似的传递方式还有“徒”“走”。《国语·吴语》记“周室卑约，贡献莫入”，周天子“徒遽来告”吴王，以求援助。

里耶发现多枚文书“走”递简牍。如，J1（8）133：“走贤以来”；J1（9）984：“即走印行都乡”；J1（16）6：“走袑行尉。”②“走”后面的“贤”“印”“袑”为人名。

秦律规定，官府文书收受方须有回复。秦简《行书律》：

行传书、受书，必书其起及到日月夙莫（暮），以辄相报殹（也）。书有亡者，亟告官。隶臣妾老弱及不可诚仁者勿令。书廷辟有曰报，宜到不来者，追之。

加急文书，强调及时回复。如，里耶简 J1（8）173“署书到，吏起时，有追”、J1（8）810“急使之，赐报”③。

汉代邮制“既采用了继承前代的传车制度，又采用了逐渐盛行的驿骑制度。”④邮、驿分流是其突出特色。管理短途步递称“邮亭”，长途传输为“驿置”，往来文书皆登记造册，称“邮书簿”。岭南进献荔枝，即利用驿骑长途传输，日夜兼程。

随着驿传、通信业务增加，邮亭相应由秦及汉初的“十里置一邮”缩短为“五里一邮”。《史

① 陈伟 主编：《里耶秦简牍校释》（第一卷），武汉：武汉大学出版社，2012 年，第 193—194 页。
② 张春龙、龙京沙：《湘西里耶秦代简牍选释》，《中国历史文物》，2003 年第 1 期。
③ 朱红林：《读里耶秦简札记》，复旦大学出土文献与古文字研究中心网站，2012 年 7 月 25 日。
④ （日）森鹿三：《论居延简所见的马》，收于中国社会科学院历史研究所秦汉史研究室 编：《简牍研究译丛》第一辑，北京：中国社会科学出版社，1983 年，第 27 页。

记·留侯世家》引《汉书旧仪》：

十里一亭，五里一邮，邮人居间，相去二里半。

江苏连云港尹湾汉墓出土木牍《集簿》显示，东海郡下辖亭共688个，亭卒2972人，平均每亭合亭卒4人有余；邮34所，邮人408人，平均每邮合邮人12人[①]。亭的数量远高于邮，似与传世文献《汉书旧仪》记载相左；每邮12邮人，恰和《二年律令·行书律》“一邮十二室”规定相符。这说明，亭遍及城乡，邮则位于交通要道上。

二、“迁陵以邮行洞庭”

考释公布的里耶简牍中，有多枚“以邮行”封检：

迁陵，以邮行，洞庭郡。［J1（15）176］
迁陵，以邮行，洞庭。［J1（16）2］
轵，以邮行，河内。［J1（15）169］[②]

“邮”指邮驿机构。“以邮行”就是派遣邮人通过设于驿道上的“邮”，递送文书、物资、人员，前面地名为接收方，后面地名为始发方。邮书检在秦汉公文简牍中颇为常见。如：

睡虎地秦简：

别书江陵布，以邮行。[③]

居延汉简：

居延都尉府，以邮行。[④]

1987年，张家界古人堤出土一批东汉木简，共计90片，时间从永元元年（89）到永初四年（110），内容包括汉律、医方、官府文书、书信及礼物谒、九九乘法表等。10号简是一枚“以邮行”封检，正面文字为：

充长之印。兵曹椽猛使福以邮行。永元元年十二月廿日辛丑起廷。[⑤]

汉制“凡县万户以上为令，减万户为长”。充县建于汉高祖五年（前202），辖今张家界永定区、桑植县及湖北鹤峰、宣恩南部及来凤东部，至东汉永元元年（89），历近300年仍不足万户，故曰“充长”。“椽”，辅官；“猛”，辅官之名；“福”，邮使之名。

背面简文：

① 谢桂华：《尹湾汉墓新出〈集簿〉考述》，《中国史研究》，1997年第2期。
② 张春龙、龙京沙：《湘西里耶秦代简牍选释》，《中国历史文物》，2003年第1期。
③ 陈伟 主编：《秦简牍合集（壹）》，武汉：武汉大学出版社，2014年，第34页。
④ 徐乐尧：《汉简研究综述》，《社会科学》，1986年第6期。
⑤ 张春龙、胡平生、李均明：《湖南张家界古人堤遗址与出土简牍概述》，《中国历史文物》，2003年第2期。

……中右部士卌人，剽（骠）骑士卌人，黄弩卅三人，雁门士五十三人，中部士卅四人，扬武士卅四人，武威士卅六人，惟管卅三人，伏波卅四人，城中左部士卅六人……①

这是一份充县衙署的兵曹官吏移送新征士兵文书，计有“中右部士”“骠骑士”“黄弩”“雁门士”“中部士”“扬武士”“威武士”“惟管”“伏波”“城中左部士”等兵种，共 373 名，通过“以邮行”方式移送服役之地。

东汉时期，武陵蛮暴动频仍。据《后汉书·南蛮西南夷列传》，规模较大的暴动有：

建武二十三年（47），相单程暴动，攻入临沅。

建初元年（76），陈从反叛，占零阳县城。

建初三年覃儿健暴动，占零阳县城。

永元四年（92），溇中蛮谭戎烧邮亭，杀长吏，占零阳县城。

元初二年（115），“澧中蛮以郡县徭税失平，怀怨恨，遂结充中诸种二千余人，攻城杀长吏”。

元初三年，溇中、澧中蛮四千人“并为盗贼”。

永和元年（136），“澧中、溇中蛮果争贡布非旧约，遂杀乡吏，举种反叛。明年春，蛮二万人围充城，八千人寇夷道。”

张家界古人堤出土汉简，印证了史籍相关记载。

“署书”是特殊加注文书，属于“恒书”的一部分，故称“恒署书”，简称为“署书”。《秦律十八种·行书》：

行命书及书署急者，辄行之；不急者，日觱（毕），毋敢留。留者以律论之。

恒署书属重要或紧急文书。“书署急者”为“恒署书”的一种。如，岳麓书院 1176 号秦简：

恒署书皆以邮行。□卒令丙二。②

里耶秦简 J1（8）90：

迁陵以邮利足行洞庭，急。③

这是一封署“急”字的加急文书，即所谓“书署急者”。“利足”指善于行走。《荀子·劝学》：

假舆马者，非利足也，而致千里。假舟楫者，非能水也，而绝江河。君子生非异也，善假于物也。

邮驿系统中，专职传递人员称“邮人”。如 J1（8）154：

① 张春龙、胡平生、李均明：《湖南张家界古人堤遗址与出土简牍概述》，《中国历史文物》，2003 年第 2 期。

② 陈松长：《岳麓书院所藏秦简综述》，《文物》，2009 年第 3 期。

③ 陈伟 主编：《里耶秦简牍校释》（第一卷），武汉：武汉大学出版社，2012 年，第 60 页。

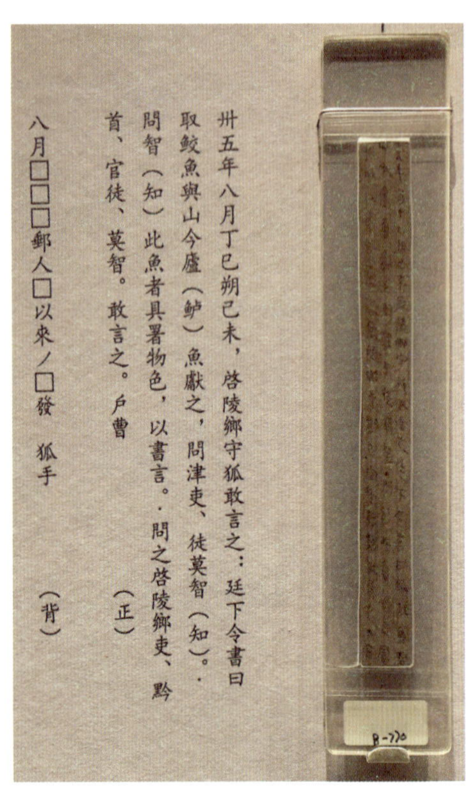

图 4-13　里耶出土取鲛鱼简（长沙简牍博物馆 绘）

二月壬寅水十一刻刻下二，邮人得行。圂手。[①]

里耶秦简中，有一枚始皇三十五年（前 212）制作的取鲛鱼简（图 4-13）J1（8）769[②]，正面内容是启陵乡守“狐”对“廷下令书曰取鲛鱼与山今庐（鲈）鱼献之”的回复，背面有“八月”“邮人□以来”“狐手”等字样，说明这是通过“邮人”传递的重要公文，或与秦始皇晚年寻求长生不老的史事有关[③]。

《秦律十八种·行书》对邮人身份、身体状况、品行有严格规定：

隶臣妾老弱及不可诚仁者勿令。

即年老体弱的奴隶、刑徒及不足信赖的人，不能担任邮人。里耶秦简显示，除专职邮人外，还有诸多兼职传递人员。大致分以下几类：

（1）官府中的佐、求盗、令史等小吏。如：

J1（8）135：

即令佐壬行司空。[④]

J1（16）6：

己未旦，令史犯行。[⑤]

（2）低级爵位人员，包括不更等。[⑥] 如：

J1（16）9：

不更成里午以来。[⑦]

（3）平民士伍。如：

J1（16）5：

① 陈伟 主编：《里耶秦简牍校释》（第一卷），武汉：武汉大学出版社，2012 年，第 93 页。

② 陈伟 主编：《里耶秦简牍校释》（第一卷），武汉：武汉大学出版社，2012 年，第 222 页。

③ 《史记·秦始皇本纪》载方士言：“蓬莱药可得，然常为大鲛鱼所苦，故不得至，愿请善射与俱，见则以连弩射之。”

④ 陈伟 主编：《里耶秦简牍校释》（第一卷），武汉：武汉大学出版社，2012 年，第 72—73 页。

⑤ 张春龙、龙京沙：《湘西里耶秦代简牍选释》，《中国历史文物》，2003 年第 1 期。

⑥ 秦爵位自商鞅变法始置。共分二十级：一公士、二上造、三簪袅、四不更、五大夫、六官大夫、七公大夫、八公乘、九五大夫、十左庶长、十一右庶长、十二左更、十三中更、十四右更、十五少上造、十六大上造、十七驷车庶长、十八大庶长、十九关内侯、二十彻侯。

⑦ 张春龙、龙京沙：《湘西里耶秦代简牍选释》，《中国历史文物》，2003 年第 1 期。

阳陵士五（伍）匄以来。[①]

（4）奴隶刑徒。如：

J1（9）984：

隶妾以来。[②]

公布的里耶秦简中，有一枚“除邮人”简 J1（8）157，正背面各有一份文书。正面是启陵乡啬夫向迁陵县令、尉提交的报告：

（秦始皇）卅二年（前 215）正月戊寅朔甲午，启陵乡夫敢言之：成里典、启陵邮人缺，除士五成里匄、成，成为典，匄为邮人，谒令、尉以从事。敢言之。

背面系迁陵县对启陵乡所提交报告的批复：

正月戊寅朔丁酉，迁陵丞昌郄之启陵。廿七户，已有一典，今有除成为典，何律令？应尉已除成、匄为启陵邮人，其以律令。/气手/正月 戊戌日 中 守府快行。

正月丁酉旦食时，隶妾冉以来。欣发。壬手。[③]

J1（8）157 内容表明，秦代乡啬夫可推荐本乡范围内的里典和邮人，但邮人任命权归属县丞、尉。“启陵邮”指置于启陵乡的邮。上报文书说“启陵邮人缺”，大概因该邮“有物故、去”。

“守府快行”还见于 J1（8）158 等简牍：

卅二年四月丙午朔甲寅，迁陵守丞色敢告酉阳丞主、令史：下络□直书已到。敢告主。（正）

四月丙辰旦，守府快行旁（县）。欣手。（背）[④]

该简是迁陵守丞给邻县酉阳县丞的答复。因为距离较近，系出签发方派专人快速送达接收方，所以注明“守府快行”[⑤]。

秦汉道路里程核定和公布，与其程限规定和行书制度有关。

秦《徭律》规定，“委输传送，重车负日行六十里，空车八十里，徒行百里。”[⑥] 又，“吏岁归休卌日，险道日行八十里，易道百里。诸吏毋乘车者，日行八十里，之官行五十里。”[⑦]

① 张春龙、龙京沙：《湘西里耶秦代简牍选释》，《中国历史文物》，2003 年第 1 期。

② 张春龙、龙京沙：《湘西里耶秦代简牍选释》，《中国历史文物》，2003 年第 1 期。

③ 陈伟 主编：《里耶秦简牍校释》（第一卷），武汉：武汉大学出版社，2012 年，第 94—95 页。

④ 陈伟 主编：《里耶秦简牍校释》（第一卷），武汉：武汉大学出版社，2012 年，第 95—96 页。

⑤ 有观点认为，“守府快行”是指守府派“快”递送文书，与是否紧急快速无关。J1（8）157 号简不属“紧急文书”，“快”只能释作人名。参见高荣：《秦代的公文记录》，《鲁东大学学报》（哲学社会科学版），2006 年第 3 期。

⑥ 陈松长 主编：《岳麓书院藏秦简》（肆），上海：上海辞书出版社，2015 年，第 150 页。

⑦ 陈松长 主编：《岳麓书院藏秦简（伍）》，上海：上海辞书出版社，2017 年，第 112 页。其中简文“之官”，整理者释为“回官署”。王勇先生推测，“之官行五十里”可能是对新官赴任的优待。参见王勇：《里耶秦简所见秦代地方官吏的徭使》，《社会科学》，2019 年第 5 期。

汉《二年律令·行书律》：“邮人行书，一日一夜行二百里。”

J1（16）52 是一枚道路里程简：

鄢到销百八十四里，销到江陵二百卌六里，江陵到孱陵百一十里，孱陵到索二百九十五里，索到临沅六十里，临沅到迁陵九百一十里，□□千四百卌四里。[①]

J1（16）52 采用分段计程方式，记录了从南郡属县鄢到迁陵所经过的站点和里程。其“临沅到迁陵九百一十里”，按日行八十里程限，路上耗时将近 12 天。与该简同出的还有“□阳”到“许”的路程简。这两枚简牍是国内最早的道路里程记录（图 4-14）。

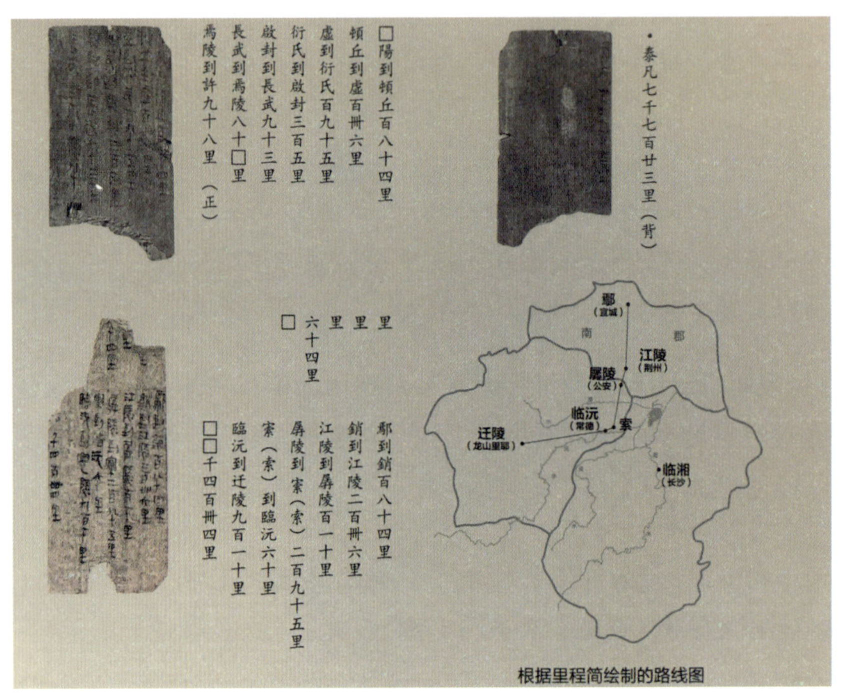

图 4-14 里耶出土的两枚里程简（长沙简牍博物馆 绘）

里耶出土简牍与传世文献互相印证，说明秦代已有完善的邮传系统。中央政府下达基层的政令文书，由咸阳邮递洞庭郡，再由郡依次传送所属县廷、乡里。为策安全，邮书传递从封检、题署、传送、接收，一直到回复，均有制度规定。

三、马援征五溪蛮与军邮

虞夏之时，三苗集团屡败于华夏联盟，部分族系迁徙沅、澧中上游流域，与土著部落融合，演变成“武陵蛮”。因武陵境内沅水支流酉水、辰水、溆水、潕水、渠水等古称“五溪”，又名“五溪蛮”。

西汉末年，经历外戚干政和王莽篡汉，中原政治动荡，统治者无力南顾，五溪蛮得以发展壮大。光绪《湖南通志》：

① 张春龙、龙京沙：《湘西里耶秦代简牍选释》，《中国历史文物》，2003 年第 1 期。

田强，五溪酋领。王莽欲铸强铜印，强曰：吾汉臣也，誓不臣莽，却，弗受。强有子十人，皆雄勇过人，以其三子将五万人下屯沅东，各筑一城，烽火相应。

东汉建武二十三年（47），五溪蛮酋相单程“大寇郡县”。镡城、迁陵、沅陵、辰阳等地“蛮众”闻风响应。光武帝派威武将军刘尚“发南郡、长沙、武陵兵万余人，乘船溯沅水入武溪击之”[①]。

汉代烽火通讯十分普遍，“蛮夷”亦用烽火设施传递紧急军情。

武溪夷田强，遣长子鲁居上城，次子玉居中城，小子仓居下城。三垒相次，以拒王莽。光武二十四年，遣武威将军刘尚征之。尚未至，仓获白鳖为臛，举烽请两兄，兄至无事。及尚军来，仓举火，鲁等以为不实，仓遂战而死。[②]

田仓做法、遭遇，和古史传说的“烽火戏诸侯”何其相似！

刘尚击破田氏，初战告捷，大军溯沅而上，至泸溪兵分两路：一支西入武溪（今武水），一支循沅水至辰溪转溯辰水[③]。由于“轻敌入险，山深水疾，舟船不得上”，刘尚被困于五溪腹地，进退两难。“蛮氏知尚粮少入远，又不晓道径，遂屯聚守险。尚食尽引还，蛮缘路徼战，尚军大败，悉为所没。”[④]

驿传问世之初，就与兵事结缘。如，“癸亥贞，王惟今日伐，王夕步自桒三隹。”（《安明》2675）又如，楚、吴争战，“楚子以驲至于罗汭。”[⑤]刘尚军被阻击、包围时，光武帝诏命曾任“辰阳长”的宋均率三千江夏（今武昌）兵乘传驰援。《后汉书·宋均传》：

……会武陵蛮反，围武威将军刘尚，诏使（宋）均乘传发江夏奔命三千人往救之，既至，尚已没。

该条史料说明，邮传作为最快捷的运输方式，亦用于远距离、大规模兵力调遣，江夏至沅陵一线置有完善、通畅的邮驿系统。

刘尚败殁后，五溪蛮乘胜扩大战果，顺沅水而下进攻临沅。

（二十四年）秋七月，武陵蛮寇临沅。遣谒者李嵩、中山太守马成讨蛮，不克。[⑥]

李嵩、马成征讨五溪蛮失败后，光武帝复派伏波将军马援领军，率兵四万余，再次征讨武溪蛮。“诏因令（宋）均监军，与诸将俱进。”[⑦]《后汉书·马援传》：

二十四年……（帝）遂遣援率中郎将马武、耿舒、刘匡、孙永等，将十二郡募士及弛刑四万余人征五溪。

① 《后汉书·南蛮西南夷列传》。

② （唐）段成式 撰：《酉阳杂俎》，北京：中华书局，1981 年，第 67 页。

③ （清）穆彰阿 撰：《大清一统志·辰州府》：“刘尚城，在辰溪县东南五里。府志：后汉建武中，尚讨武陵蛮，屯兵于此筑。”四部丛刊续编景旧钞本。

④ 《后汉书·南蛮西南夷列传》。

⑤ 《左传·昭公五年》。

⑥ 《后汉书·光武帝纪》。

⑦ 《后汉书·宋均传》。

初，军次下隽（今岳阳及湖北通城境），有两道可入，从壶头则路近而水险，从充则途夷而运远，帝初以为疑。及军至，耿舒欲从充道，援以为弃日费粮，不如进壶头，扼其咽喉，充贼自破。以事上之，帝从援策。

“壶头”系山名，在今沅陵东北沅水南岸，“从壶头”即循沅水。“充”县位今张家界，“从充”即由澧水。马援为缩短行军时间、减少后勤运输，选择沅水道进军[①]。

次年（49）二月，“军至临乡（今桃源县境），遇贼攻县。援迎击，破之，斩获二千余人，皆散走入竹林中。”[②]马援军在桃源休整期间，修筑利兵桥，是湖南境内文献记载最早的桥梁[③]。

三月，因滩险水急，五溪蛮“乘高守隘，水疾，船不得上”[④]。马援被阻于壶头山，山下有雷回滩和清浪滩两处险滩[⑤]。从雷回滩至清浪滩，绵长二十里，《水经注》云“纡折千滩”。

从春至秋，马援始终未能破逾壶头关隘。“会暑盛，士卒多疫死，援亦中病，遂困。”为免重蹈刘尚“军遂不反”覆辙，宋均“乃矫制调伏波司马吕种守沅陵长。命种奉诏书入虏营，告以恩信，因勒兵随其后”[⑥]。蛮酋相单程也因战事日久，饥荒缺食，遂率叛蛮降汉[⑦]。

马援兵困壶头期间，原主张从充道的耿舒上书光武帝，历数马援之误。“帝乃使虎贲中郎将梁松，乘驿责问援，因代监军。”[⑧]梁松乘驿赶赴壶头监军，说明沅陵境内辟有通往京都洛阳的驿道。

四、唐羌罢贡与邮驿快递

岭南荔枝鲜嫩透明，甘甜味美，汉初即为贡品。《西京杂记》言南越王赵佗“献鲛鱼、荔枝，高祖报以葡桃锦四匹”[⑨]。

武帝平南越后，曾在长安建扶荔宫，从岭南移植荔枝树到宫中栽培。荔枝树适应不了北方气候，

① 有观点认为，“马援大军是从今岳阳走陆路，经过今华容、安乡、津市、澧县、临澧，然后至桃源抵达沅水，再‘进营壶头’的。”参见陈致远：《东汉武陵“五溪蛮”大起义考探》，《中南民族学院学报》（人文社会科学版），2000年第1期。

② 《后汉书·马援传》。

③ （明）李贤、彭时等 撰修《大明一统志·常德府·关梁》：“利兵桥，在桃源县治东，相传马援尝驻军于此。”明万历刻本。马王堆汉墓出土《驻军图》，提到“复道”，建于公元前168年之前，是省境最早记录的桥梁。

④ 《后汉书·马援传》。

⑤ （清）穆彰阿 撰：《大清一统志·辰州府》：“雷洄滩，在（沅陵）县东北一百四十里沅水中，江流触石，怒涛湍激，其声若雷。……清浪滩，在县东一百二十里沅水中，滩口有三门滩，电洲。”四部丛刊续编景旧钞本。

⑥ 《后汉书·宋均传》。

⑦ 《后汉书·南蛮西南夷列传》：“单程等饥困，乞降。会援病卒。谒者宋均听悉受降，为置长吏，群蛮遂平。”

⑧ 《后汉书·马援传》。

⑨ 《太平御览·鳞介部·鲛鱼》引《西京杂记》。

移植百株，“无一生者”。皇室享用的新鲜荔枝，仍由岭南邮驿快递长安[①]。

荔枝进献京都，采用邮驿快递。沿途官衙派役夫日夜兼程，轮流传送。南海荔贡途经临武，临武长唐羌有感于役夫劳苦、死亡不绝于路，于东汉永元十五年（103）奏请罢贡获准[②]。《后汉书·和帝纪》：

旧南海献龙眼、荔支，十里一置，五里一堠，奔腾阻险，死者继路。时临武长汝南（籍）唐羌，县接南海，乃上书陈状，帝下诏曰：“远国珍羞，本以荐奉宗庙。苟有伤害，岂爱民之本。其敕太官勿复受献。”由是遂省焉。

“置”即邮置，“置”和“堠”都是传递交接之点。其“十里一置”的密度，远高于汉制，以适应驿马接力奔驰，提高运输速度，保证荔枝新鲜。由此看来，邮驿快递主要通过缩短邮置之间距离实现。

唐羌上书罢贡获准，沿途百姓徭役之苦得以缓解，为民请命事迹被后世传颂。清初翰林院检讨潘耒诗云：

大臣事君自有礼，忠孝不在养口体。
争新作俑彼何人，绎骚烦费无穷已。
不贵异物惟吾皇，勤求民隐恒如伤。
谁能上书罢贡献，令人千载思唐羌。

第四节　舟车制造技术的演进

木板船创造，是生产力发展的必然结果。通过木板拼合，舟船尺寸和外观形制摆脱了原木限制，安全性、舒适性、载重量优于浮筏和独木舟，堪称造船技术的划时代飞跃。

考古和文献资料显示，至迟 4000 年前，中国境内出现了木板船。

一、木板船的创造

金属工具的使用对造船技术演进起到了重要推动作用。

红铜时代介于石器和青铜时代之间，以天然铜（即红铜）使用为标志。尼罗河、两河流域约 7000 年前进入红铜时代，6000 年前开始使用青铜器。稍后，黄河流域出现冶铸铜器。1973 年，陕西临潼姜寨遗址发掘一块距今约 6700 年前的黄铜片；1977 年，甘肃东乡林家遗址出土青铜刀，距今

① 《三辅黄图·卷三》：“汉武帝元鼎六年，破南越，建扶荔宫。扶荔者，以荔枝得名也，自交趾移植百株于庭，无一生者，连年移植不息。后数岁，偶一株稍茂，终无华实，帝亦珍惜之。一旦忽萎死，守吏坐诛死者数十，遂不复莳矣。其实则岁贡焉，邮传者疲毙于道，极为生民之患。”四部丛刊三编景元本。

② 《后汉书·孝帝殇帝本纪》：“唐羌字伯游，辟公府，补临武长。县接交州，旧献龙眼、荔支及生鲜献之，驿马昼夜传送之，至有遭虎狼毒害，顿仆死亡不绝。道经临武，羌乃上书谏曰：‘臣闻上不以滋味为德，下不以贡膳为功。故天子食太牢为尊，不以果实为珍。伏见交阯七郡献生龙眼等，鸟惊风发。南州土地，恶虫猛兽不绝于路，至于触犯死亡之害。死者不可复生，来者犹可救也。此二物升殿，未必延年益寿。’帝从之。”

4900—4700年，是国内发现最早的青铜器[①]。这些出土地点，为研究冶铜技术传播路径，提供了重要线索。

用两条以上独木舟连接而成的“舫”，是独木舟向木板船演进的一种过渡形式。“山东平度出土的隋代双体独木舟，是考古发现中的一个典型实例。”[②]城头山大溪文化堆积层出土船桨、船艄、燕尾榫板等木构件，说明栖息“洞庭之野”的三苗部族，或已制造“舫舟”，甚或木板船航行沅湘。

1959年，杭州水田畈良渚文化遗址出土4柄木桨，最宽的桨翼达到26厘米[③]，可能用于载重量较大的舫舟或木板船。

埃及胡夫金字塔（约前2580—2560年建造）周围，发掘5艘随葬木板船遗迹（图4-15）。其中一艘残长31.2米、宽3.6米、深3.6米。复原后船长43.6米、宽5.9米，排水量40吨，船体由1224块木板和大构件组成，最长船板长22.71米、宽0.52米、厚0.1米，最短船板长仅0.1米，拼合方式包括木钉和胶接[④]。这是世界上已知年代最早的木板船。

图4-15　胡夫随葬船（埃及太阳船博物馆藏）

史学界一般把成批出土青铜礼器、兵器、工具等的二里头文化早期，作为中国青铜时代开始，说明夏代已具备制造木板船的技术条件。

《论语·宪问》称“羿善射，奡荡舟。”颜师古注：“奡，楚辞所谓浇者也。”《竹书纪年》：

帝相二十七年（前1977），浇伐斟寻，大战于潍，覆其舟，灭之。

此次战事为中国文献记载的首次水战。能用于甲士交战的舟船，应是船体宽大坚固、有一定回旋余地的木板船。

《竹书纪年》载帝芒（前1849—前1792）“东狩于海，获大鱼。”帝王出海渔猎，应有众多

① 李伯谦：《中国青铜文化的发展阶段与分区系统》，《华夏考古》，1990年第2期。

② 席龙飞著：《中国造船通史》，北京：海洋出版社，2013年，第29页。

③ 浙江省文物管理委员会：《杭州水田畈遗址发掘报告》，《考古学报》，1960年第2期。

④ 辛元欧著：《中外船史图说》，上海：上海书店出版社，2009年，第6页。

将士及可抵御海浪的大型舟船相从。《帝王世纪》载夏桀“与妹喜及诸嬖妾同舟浮海，奔于南巢之山而死。”乘舟能搭载“妹喜及诸嬖妾”，当为载重量大的木板船。

殷商时期，青铜文明高度发展，金属工具广泛使用，木板船运用更为普遍，造船成为独立的手工业部门。卜辞：

□午卜，惟大史析舟，惟小史析舟，惟吴令析舟（《邺》39.3）。

大意是卜问令谁来负责造船之事，大史、小史、吴都在考虑之中。该辞说明，“殷代已有专门造船的工场，并有官员专司其事。”[①]

自殷都顺黄河达渤海，是商代重要的水上运道。安阳发掘一块一米多长的鲸鱼肩胛骨，还有一些海中巨物的椎骨。殷墟妇好墓出土 6880 多枚货贝，长 2.4—1.5 厘米不等，经鉴定产于中国台湾、南海以及阿曼湾、南非等地[②]。说明殷商时期，中原和东南沿海乃至印度洋存在朝贡贸易关系。“这些发现物清楚表明，在三千年以前安阳至少已有某种与海滨地区联系的方便交通工具。”[③]

居于水滨的部族方国，常将舟船贡献商王。如：

贞𢀛来舟，𢀛不其来舟（《合集》11462 正）。

此辞卜问，𢀛会不会贡舟于王室。

胡厚宣先生认为，“殷代之卜龟，盖由南方西方之长江流域而来，尤以来自南方者为多”，并推断“殷都与南方之长江流域或更以南，必已有繁盛之交通……乃广取龟甲而用之。”[④]《禹贡》载“九江纳锡大龟”，贡输路线“浮于江、沱、潜、汉，逾于洛，至于南河。”说明湖湘先民已可制造用于长途运输的木板船。

上海博物馆收藏的商代饕餮纹鼎铭文，字形意为船上一人肩挑货物或贝币，一人操桨划船。类似荷贝乘舟纹饰（图 4-16），还见于其它殷商青铜器，如《母鼎》《父丁鼎》《祖癸爵》《父乙盘》等，堪称籍舟楫之便从事贩运的真实写照。

图 4-16　殷商青铜器“荷贝乘舟”纹饰[⑤]

① 刘志玲：《试论商代的交通》，《四川师范学院学报》（哲学社会科学版），1998 年第 3 期。

② 中国社会科学院考古研究所 编著：《殷墟妇好墓》，北京：文物出版社，1980 年，第 220 页；公孙蛋：《国之重器背后的殷商王朝》，《国家人文历史》，2019 年第 13 期。

③ 李济 著：《安阳》，石家庄：河北教育出版社，2000 年，第 202 页。

④ 胡厚宣：《殷代卜龟之来源》，收于胡厚宣 著：《甲骨学商史论丛初集》，石家庄：河北教育出版社，2002 年，第 487 页。

⑤ 图中青铜器纹饰来源依次为：《殷周金文集成》1459、1838、7039、7385。

甲骨文中的“舟”字，象形为用纵向和横向构件组成的木板船（图 4-17）。

从图中“舟”字形看，平底、首尾上翘，应是用木板拼接而成。“舟”字有二、三或四横，表示用横梁加强船体结构并形成隔舱。

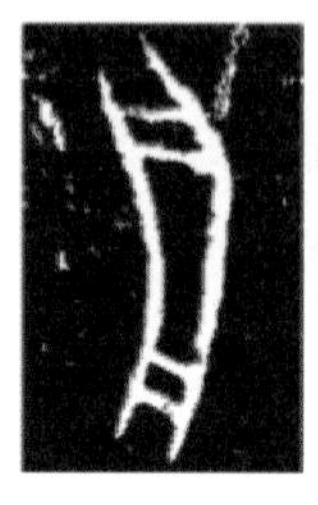  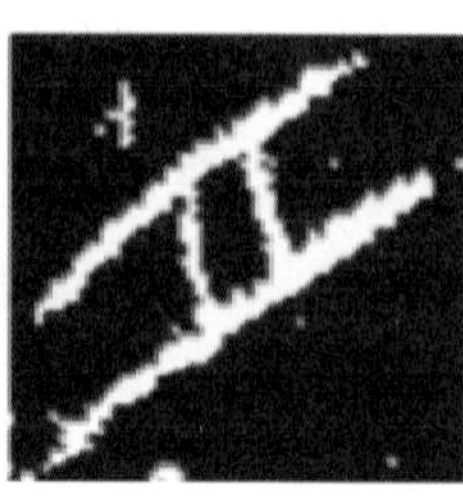 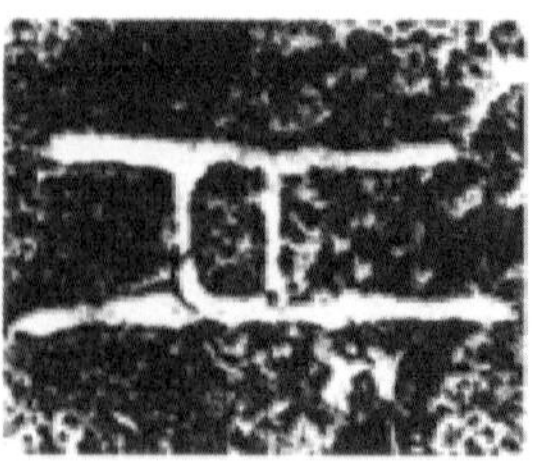

图 4-17 甲骨文与金文中的“舟”字[①]

风帆应用，是舟船推进工具的重大进步。伊拉克伊利多（Eridu）神庙（约前 3500 年）遗址，发现黏土制作的舟船模型，上有桅座和桅支索，是世界已知最早的帆船模型[②]。在中国，传说夏禹作帆[③]。珠海宝镜湾发现帆船岩画，船长 1.1 米、高 0.7 米，两头上翘，分为三舱，船中和尾部各挂一帆，距今 4000 多年，是国内已知最早的帆船图案[④]。

至迟殷商，中国掌握了风帆技术。甲骨文中的“凡”字作，颇似风帆形状。卜辞：

戊戌卜，方其凡（《铁云藏龟》237）。

意谓戊戌日占卜，方舟上必须挂帆。

1956 年，常德文物部门征集到一件战国早期的云纹虎纽錞于。该器底部镌刻船纹图形，船上刻有桅杆、风帆，一度被古船专家认为是中国最早的帆船图案（图 4-18）[⑤]。

图 4-18 常德发现的战国錞于帆船图案

甲骨文“朕”作“”或“”等，古人释“舟之缝理曰朕”[⑥]，即密合船缝。“朕”字出现，证明商人解决了船舶板缝拼合问题。

甲骨文“般”作“”或“”等，《说文》释为“从舟从殳，令舟旋也。”般能让舟船在水中旋转，“说明商代中期的木板船就可能装置有舵一类的定向属具。”[⑦]

妇好墓出土一件多钩形铜器，居中为一圆环立柱，下端分出挂钩六支，高 16.5 厘米，重 1 千克[⑧]。“此器与今日的船锚无异，其用途显然是一只船锚。”[⑨]

① 张兴照：《水上交通与商代文明》，《中国社会科学》，2013 年第 6 期。

② 辛元欧 著：《中外船史图说》，上海：上海书店出版社，2009 年，第 3 页。

③ （明）罗颀 撰：《物原》：“夏禹作舵，加以蓬碇帆樯。”明嘉靖二十四年李宪刻本。

④ 过国亮：《珠海惊现目前国内最早的古帆船图案》，《南方都市报》，2006 年 9 月 7 日。

⑤ 王冠倬 著：《中国古船图谱》，北京：读书·生活·新知三联书店，2000 年；过国亮：《珠海惊现目前国内最早的古帆船图案》，《南方都市报》，2006 年 9 月 7 日。

⑥ （清）戴震：《考工记图·函人注》，清乾隆纪氏阅微草堂刻本。

⑦ 罗传栋 著：《长江航运史·古代部分》，北京：人民交通出版社，1991 年，第 17 页。

⑧ 中国社会科学院考古研究所 编：《殷墟妇好墓》，北京：文物出版社，1980 年，第 113 页。

⑨ 杨升南 著：《商代经济史》，贵阳：贵州人民出版社，1992 年，第 618 页。

卜辞："乍王舟"（《合集》13758正，意谓建造王舟）、"玫舟"（《合集》32850，意谓设舟或造舟）、"王其省舟。"（《怀特》[①]1456，意谓商王省察用舟）等，说明殷时定有造舟、用舟制度。

《太平御览》引《太公六韬》："武王伐殷、先出于河，吕尚为将，以四十七艘舡济于河。"舡船可以搭载兵车、甲士及辎重强渡孟津，应是空间较大、有众多桨手操驾的木板船。

《礼记·月令第六》："季春之月……命舟牧覆舟，五覆五反，乃告舟备具于天子焉。天子始乘舟。"说明舟牧负责天子乘舟安全检查。这是文献记载最早的船舶检验制度。

相传，武王克商时，勤王未果的殷帅攸侯喜率商族遗民远渡大洋，到达美洲。印第安人流传的《侯喜王歌》，记叙了侯喜率二十五族众历尽万难抵达美洲的故事，其中唱道：

> 二十五族为呀兄弟，跟着侯喜过天之浮桥，途中艰难不能忘，分发麦黍众相亲，兄弟莫将兄弟辱，天国再逢冬复春。

1761年，法国汉学家德·吉涅（J.de Guiynes）在研究《梁书·扶桑国》后，发表《中国人沿美洲海岸航行及居住亚洲极东部的几个民族的研究》，率先提出中国人3000多年前就到达美洲的观点[②]。美国哈佛大学人类学者Ofer Bar-Yosef指出：

> 美洲人来自东亚的观点提出，不仅因为两地区人种相似，而且基因研究表明，美洲早期的葫芦瓜也是亚洲品种。[③]

越来越多的证据显示，中国人最先到达美洲。除由白令陆桥进入美洲外，经太平洋诸岛——"天之浮桥"递次东渡也是重要途径[④]。殷人具备一定的航海知识，拥有制作稳定性好、载重量大的木板船技术。太平洋自西向东的黑潮暖流带[⑤]，为殷人远航美洲提供了可能。

二、楚国时期的船

春秋战国，铁制工具应用，促进了农业、手工业发展，木构技术提高到新的水平，《考工记》即在这一背景下问世。

周襄王五年（前647），晋国发生严重饥荒，秦国运送大批粮食赈济，自秦都雍（今陕西凤翔）至晋都绛（今山西绛县），经由渭水、黄河、汾水，七百里水道，船只络绎不绝，史称"泛舟之役"[⑥]。

这一时期，诸侯争霸，战争频繁，长江流域舟师得到发展。

---

① 许进雄 著：《怀特氏等收藏甲骨文集》，加拿大多伦多：皇家安大略博物馆影印本，1979年。

② 袁广阔、王涛：《中国与美洲古代文明比较研究的历史与现状》，中国考古网，2015年3月16日。

③ （美）Ofer Bar-Yosef：《现代人的扩散》，收于湖南省文物考古研究所 编：《湖南考古辑刊》第8集，长沙：岳麓书社，2009年，第152页。

④ 中俄考古工作者通过考古发掘，找到了人类从东北亚向北美洲迁徙的一些证据，从而使得对这个世界之谜的解释走出了假说时代。参见袁广阔、王涛：《中国与美洲古代文明比较研究的历史与现状》，中国考古网，2015年3月16日。

⑤ 源于北赤道海流的黑潮暖流，从中国台湾东部北上日本南岸向东，与常年顺风的西风漂流相接，至美洲后分为南北两支，南支即为加利福尼亚海洋，直达墨西哥海岸。

⑥ 《左传·僖公十三年》载："晋荐饥，使乞籴于秦……秦于是乎输粟于晋，自雍及绛相继，命之曰泛舟之役"。

《吴越春秋》记吴楚舟战20余起。其中，公元前570年发生的鸠兹之战，是吴楚首次水战[①]。

公元前549年，楚康王“为舟师以伐吴，不为军政（即不设赏罚之差），无功而还”[②]。

公元前525年，吴楚战于长岸（今安徽当涂西南），楚师败吴师，获吴王乘舟、大型战舰“艅艎”，吴夜袭楚师，“取艅艎以归”[③]。

公元前523年，“楚子为舟师以伐濮。”[④]战事主要在沅澧水域展开，说明彼时湘境已有战船制造和运用。

公元前518年，“楚子为舟师以略吴疆。”[⑤]

公元前508年，“楚囊瓦伐吴，师于豫章。吴人见舟于豫章，而潜师于巢。冬十月，吴战楚师于豫章，败之。遂围巢，克之，获楚公子繁。”[⑥]

公元前504年，“吴大子终累败楚舟师，获潘子臣、小惟子（杜预注‘二子楚舟师之帅’）及大夫七人。楚国大惕，惧亡。”[⑦]

《墨子》称“荆有长松、文梓、楩楠、豫章。”这些优质用材，为包括湖南在内的楚国造船业奠定了充裕的物质基础。斧、凿、锥、锯及矩尺、圆规、准绳、悬锤、水平等工器具广泛使用，促进了造船技术提高。江陵、长沙、豫章等地成为重要造船基地。

舟战胜负与舰船先进程度关联极大，战船代表了造船技术水平。楚与吴水战胜多败少，其舟舰制造、舟师训练优于吴师是关键。楚舰有“大翼”“小翼”“楼船”“桥舡”等多种类型。大翼“广一丈六尺，长十二丈，容战士二十六人，棹（卒）五十人，舳舻三人（司航向），操长钩、矛、斧者四，吏仆夫长各一人，凡九十一人。当用长钩矛长斧各四，弩各三十二，矢三千三百，甲兜鍪（盔甲）各三十二”；小翼“广一丈二尺，长九丈。”[⑧]折合成今日米制，大翼长27.6米、宽3.68米，小翼长20.7米、宽2.76米。楚人伍子胥被逼奔吴后，协助吴王阖闾建立一支精锐舟师，西破荆楚、北败齐鲁，成就一代霸业[⑨]。

舟师出现是战争史、交通史上的一个重要里程碑。1965年，成都出土战国早期嵌错采桑宴乐射猎攻战纹铜壶（图4-19）[⑩]。壶身满饰嵌错图案，以三角云纹为界带，分上、中、下三层：上层为采桑射猎图，中层为宴乐戈射图，下层为水陆攻战图。水战图像再现了舟师攻战场面：2条对攻的双层战船上飘扬着战旗，上层兵士手持有长兵器的或刺或钩互相厮杀；右船有泅水的

---

① 《春秋大事表·卷四》：“（楚）子重之克鸠兹也，为今太平之芜湖，此用水也。”所谓“用水”，即水战。

② 《左传·襄公二十四年》。

③ 《左传·昭公十七年》。

④ 《左传·昭公十九年》。

⑤ 《左传·昭公二十四年》。

⑥ 《左传·定公二年》。

⑦ 《左传·定公六年》。

⑧ 《太平御览·兵部四十六》，四部丛刊之编宋景本。

⑨ 《越绝书》：“阖闾见子胥，敢问船运之备何如？对曰：船名大翼、小翼、突冒、楼船、桥舡。令船军之教比陵军（陆军）之法，乃可用之。大翼者当陵军之车，小翼者当陵军之轻车，突冒者当陵军之冲车，楼船者当陵军之楼车也，桥舡者当陵军之轻足骠定骑也。”

⑩ 嵌错是古代一种金属表面装饰工艺，是用金银或其他金属丝、片嵌入青铜器表面，构成各种纹饰。

战士，伺机破坏敌船或登敌船格斗；左船尾部有人擂鼓助战；下层是水手，正奋力划桨向敌船冲击。由于尚未发现春秋战国的战船遗迹，同期铜器上的水战图像，成为古代舟战及船舶研究的珍贵资料。

图 4-19　战国采桑宴乐射猎攻战纹铜壶和嵌错铜壶纹饰（展开）

类似舟战图像，还出现在河南卫辉出土的嵌错水陆攻战纹铜鉴及故宫收藏的宴乐射猎攻战纹铜壶等战国早期青铜器上。

战国时期，贩运兴盛。“商人之四方，市贾倍徙，虽有关梁之难，盗贼之危，必为之。”①民船制造业因之兴起。1978 年，河北平山中山国一号墓出土 5 条随葬船，其中一条长 13.1 米，最宽处 2.3 米，舱深 0.26 米，用木板拼合而成，船板连接处用铁片固定②。下葬年代为战国中晚期，是国内发现最早的木板船。

楚人创造“屯三舟为舿”的编组方法，既增加了货船在干流通行的抗风稳定性，也可分解航于支流水道。这种方式组合简单、分解容易，是内河航运史上最早的编组运输方式。

沅、湘流域发现的舟船遗迹，除常德战国早期錞于铭刻的帆船外，长沙子弹库楚墓出土一幅长37.5 米、宽 28 厘米的《人物龙舟》帛画（图 4-20）。图中绘一峨冠长袍的贵族男子，驾御一条状似长龙的舟船。舟首高昂，舟尾上翘，一只长颈仰天的鹤站立其上，舟下水中绘有一尾嬉游的鲤鱼，舟船上方则覆以舆盖。罗传栋先生认为，“这是一幅龙舟泛游的写实，它反映战国时代长沙已能建造昂首翘

图 4-20　《人物龙舟》帛画（湖南省博物馆 藏）

① 《墨子·贵义》。

② 河北省文物管理处：《河北平山县战国时期中山国墓葬发掘简报》，《文物》，1979 年第 1 期。

尾的龙形舟船。”[①]

中国美术史上，《人物龙舟》帛画与长沙陈家大山楚墓出土的《人物龙凤》帛画，是迄今所见最早、最完整的绘画作品。

战国晚期流放沅湘的屈原，创作了很多涉及舟筏的诗歌。侧面反映了湖南境内造船业实况。

《涉江》：

乘舲船余上沅兮，齐吴榜以击汰。

“舲船”系指有窗牖的船。王逸注：“舲船，船有窗牖者。”

《惜诵》：

昔余梦登天兮，魂中道而无杭。

“杭”，一作“航”，或曰“舫”，意谓方舟并济。舫船有较大的转载能力，可用于长途运输。《史记·张仪列传》：

秦西有巴蜀，方船积粟，起于汶山。循江而下，至郢三千余里。舫船载卒，一舫载五十人，与三月之粮，下水而浮，一日行三百余里。里数虽多，然而不费牛马之力，不至十日而距扞关。

《长江航运史》推测其载重量为6万多斤[②]，是长江水系流行的大型民船。

《惜往日》：

乘氾泭以下流兮，无舟楫而自备。

“氾泭”即浮筏，竹木编成。它既可做临时性渡水工具，又可以长途运输木材。

战国时代，随着造船技术进步，出现了多种舟船动力推进构件，如辑、棹、桡、榜、枻等。屈原诗作亦有描写：

辑（辑齐扬以容与兮——《哀郢》），划船的短桨。

棹（桂棹兮兰枻——《湘君》），摇船的长橹。

榜（齐吴榜以击汰——《涉江》），长桨。

枻（渔父莞尔而笑，鼓枻而去——《渔父》），或为船舵。《集韵》注：“枻，一曰舵也。”据此推测，楚人或已用舵掌握航向。

三、秦代公船和津渡管理

秦汉是中国造船史上一个重要发展阶段，造船工艺、船体结构、推进工具与船舶规模等，都有长足进步。里耶秦简的出土，为探讨秦代公船制造、使用制度等方面，提供了珍贵的一手资料。

简文显示，舟船是迁陵县公务出行、军运、漕运的主要交通工具。

---

① 罗传栋 著：《长江航运史·古代部分》，北京：人民交通出版社，1991年，第97页。

② 罗传栋 著：《长江航运史·古代部分》，北京：人民交通出版社，1991年，第52页。

在山路崎岖、水运便利的迁陵县境，官员出行主要依托舟楫之便。J1（6）4 记录迁陵代理县丞敦狐发给该县船官一道命令，让其出借两艘船。借船人为县廷掌管文书的令史，受指派前往沅陵校勘律令。

□年四月□□朔己卯，迁陵守丞敦狐告船官□：令史□雠律令沅陵，其假船二㮴，勿留。[①]

对于洞庭郡派来巡视的郡吏，交通出行由迁陵县承担，并由县吏护送至邻县。J1（8）167+194+472+1011：

尉敬敢再拜谒丞公：校长宽以迁陵船徙卒史酉阳，【酉阳】□□【船】□元（沅）陵，宽以船属酉阳校长徐。今司空□□□□□□□丞公令吏徒往取之，及以书告酉阳令来归之。盗贼事急，敬已遣宽与校长囚吾追求盗发田官不得者。敢再拜谒之。[②]

J1（8）1510 是申请公船、用于长途兵运的内容：

廿七年三月丙午朔己酉，库后敢言之：兵当输内史，在贰春□□□□五石一钧七斤，度用船六丈以上者四（艘）。谒令司空遣吏、船徒取。敢言之。[③]

该简内容显示，迁陵制造、使用的公船，主要航行支流水系，规格、形制无法与“广一丈六尺，长十二丈”的“大翼”舟舰比肩。

先秦以来，官府组织、以粮食为主的水道运输，称为漕运。如秦穆公十三年（前 647），晋国出现旱情，向秦国借粮。穆公“以船漕车转，自雍相望至绛”[④]。

迁陵地处边远山区，编户数量少，公田规模有限，粮赋不足以维持官吏、士兵、刑徒、徭役等开支，需外县补充粮食，里耶秦简多有粟米转输记录。如，

J1（8）1618：“□沅陵输迁陵粟二千石书。”[⑤]

J1（9）1479：“二人与□□偕载粟沅陵五月，十人与佐畸偕载粟门浅四月□。”

J1（9）932：“运食酉阳，弱等徒诣洞庭司马。”

J1（12）1516：“及令它县当输粟迁陵□□□。”[⑥]

漕运乃国之大事，留船不传是有违秦汉法律的。《二年律令·均输律》：“船车有输，传送出津关。”

J1（8）2191 是一份延误输巴郡阆中漕运的审讯记录：

廿九年七月戊午迁陵丞昌讯。（正）
鞫之：又（有）留不传阆中漕。（背）[⑦]

J1（8）2008 为分配刑徒工作的记载：

① 陈伟 主编：《里耶秦简牍校释》（第一卷），武汉：武汉大学出版社，2012 年，第 19 页。
② 陈伟 主编：《里耶秦简牍校释》（第一卷），武汉：武汉大学出版社，2012 年，第 101 页。
③ 陈伟 主编：《里耶秦简牍校释》（第一卷），武汉：武汉大学出版社，2012 年，第 341 页。
④ 《史记·秦本纪》。
⑤ 陈伟 主编：《里耶秦简牍校释》（第一卷），武汉：武汉大学出版社，2012 年，第 369 页。
⑥ 王勇：《里耶秦简所见秦代地方官吏的徭使》，《社会科学》，2019 年第 5 期。
⑦ 陈伟 主编：《里耶秦简牍校释》（第一卷），武汉：武汉大学出版社，2012 年，第 443 页。

一人□□：朝。一人有狱讯：目。一人捕鸟：城。一人治船：疵。一人为作务：且。一人输备弓：具。（正）

后九月丙寅，司空□敢言。（背）[①]

其中，刑徒“疵”被安排“治船”，即制造船舶。

J1（8）135 是处理“狼假迁陵公船”遗失案的记录：

廿六年八月庚戌朔丙子，司空守樛敢言：前日言竟陵（今湖北天门）荡阴狼段（假）迁陵公船一，袤三丈三尺[②]，名曰樟，以求故荆积瓦，未归船。……[③]

简文披露了秦代公船相关信息，包括船只名称、尺寸、用途等。其中，“公船”应是与私船相区别的船只。《史记·陈丞相世家》：

（平）渡河，船人见其美丈夫独行，疑其亡将，要中当有金玉宝器，目之，欲杀平。平恐，乃解衣裸而佐刺船。船人知其无有，乃止。

在这里，“船人”所驾之船，或许就是“私船”。

秦代县府设有专司公船制造使用的船官。“里耶简中的船官与秦汉其他文献中的船啬夫、船司空可能是同一职官，其在司空曹内专门负责一县之船务。”[④]

除船官之外，县司空职责也涉及公船管理。如 J1（8）480：

司空曹计录：船计，器计，赎计，赀责计，徒计。凡五计。[⑤]

其中，“船计”表明公船统计是司空曹职掌。县司空职责范围广于船官，可知船官为司空下属职官。

J1（8）651 记录的内容显示，迁陵县、乡设有津渡管理机构：

启陵津船人高里士五（伍）启封当践十二月更，□【廿九日】□

正月壬申，启陵乡守绕劾。

卅三年正月壬申朔日，启陵乡守绕敢言之，上劾一牒。[⑥]

J1（8）651 内容，是湖南津渡管理的最早记载。“津”即渡口，启陵津应是酉水上的渡口，“船人”为驾船之人。启陵津船人启封的践更事宜由启陵乡守上报，可知启陵乡位于酉水之滨。

J1（8）769 是一枚“取鲛鱼”简，显示迁陵设有津吏一职：

① 陈伟 主编：《里耶秦简牍校释》（第一卷），武汉：武汉大学出版社，2012 年，第 416—417 页。

② 秦制一尺合 23.5 厘米，船“袤”三丈三尺，也就是船长 7.8 米。

③ 陈伟 主编：《里耶秦简牍校释》（第一卷），武汉：武汉大学出版社，2012 年，第 72—76 页。

④ 朱圣明：《里耶秦简所见秦代迁陵县公船相关问题研究》，《古代文明》，2014 年第 2 期。

⑤ 陈伟 主编：《里耶秦简牍校释》（第一卷），武汉：武汉大学出版社，2012 年，第 164 页。

⑥ 陈伟 主编：《里耶秦简牍校释》（第一卷），武汉：武汉大学出版社，2012 年，第 191—192 页。

卅五年八月丁巳朔己未，启陵乡守狐敢言之：廷下令书曰取鲛鱼与山今卢（鲈）鱼献之。问津吏、徒莫智（知）。问智（知）此鱼者具署物色，以书言。问之启陵乡吏、黔首、官徒，莫智（知）。①

简牍记录启陵乡守“狐”对“廷下令书”的回复，而“廷下令书”内容是“取鲛鱼与山今卢鱼献之。”记录显示，启陵乡守逐一询问了当地官民人等，均不知此两种鱼的形态。“津吏”为启陵津的负责人，“徒”是发配该津服役的刑徒。取鲛鱼文书传达武陵山区，印证了秦始皇劳顿天下、求取长生不老之药的文献传说。

综上所述，迁陵县府与舟船相关的职事之人有津渡船人、津吏、船官、县司空、县丞等。其中，津渡船人驾船摆渡，津吏管理渡口船务，船官总揽公船制造与使用管理。“迁陵县对公船的制造与管理既有一系列制度化的规定，又不乏灵活性的变通，这鲜明地反映了秦代县级政府日常运作的一个面相。”②

四、楼船发展

舟师战船种类繁多，主要包括下濑、戈船、楼船、桥船、斗舰、艨艟等。最有代表性的战船，当为集造船技术之大成的楼船。

“楼船者，当陵军之楼车也。”最早的楼船见于春秋。一般建楼三重，“列女墙、战格、树幡帜，开驾窗矛穴，置抛车、垒石、铁斗，状如城垒。”③随着造船技术的演进，楼船建楼更多。建安十八年（213），曹操南征至濡须（安徽无为县境），孙权派部将董袭“督五楼船住濡须口”④，五楼船即五层楼船。《后汉书》说公孙述“造十层赤楼帛兰船”，按每层 2.3 米计，加上型深，船高近 30 米、长或超 50 米⑤。

秦汉在征服岭南割据势力的军事行动中，均用楼船助战。

秦始皇二十九年（前 218），“使尉屠睢将楼船之士南攻百越。”⑥

元鼎五年（前 112），“因南方楼船卒二十余万人击南越。”⑦

建武十八年（42），“（马）援将楼船大小二千余艘，战士二万余人，进击九真贼征侧余党都羊等。”⑧此前，朝廷诏令长沙“具车船”，反映长沙造船工场已掌握建造楼船的复杂技术。

五、长沙造船业的勃兴

秦汉时期，钉锔加固、拼接榫构等工艺普遍应用于船舶修造。除各型战舰外，民船有艑、舸、艇、扁舟、轻舟、艀舟、舫舟等类。长沙舸船体形宽大，行驶平稳，载货量多，负有盛名。西汉

① 陈伟 主编：《里耶秦简牍校释》（第一卷），武汉：武汉大学出版社，2012 年，第 222 页。
② 朱圣明：《里耶秦简所见秦代迁陵县公船相关问题研究》，《古代文明》，2014 年第 2 期。
③ 《通典 · 兵十三》。
④ 《三国志 · 董袭传》。
⑤ 顿贺：《由古文献记载谈郑和宝船尺度》，《船海工程》，2004 年第 1 期。
⑥ 《史记 · 平津侯主父列传》。
⑦ 《史记 · 平准书》。
⑧ 《后汉书 · 马援列传》。

晚期著作《方言》称："南楚江湘，凡船大者谓之舸。"

岩画、出土卜辞等材料证明，中国帆船技术运用，始于夏商时期。风帆首见于文献，则是东汉大儒马融的辞赋《广成颂》。马融在赋中生动地描述了湘江、汉水之上航行的大型帆船：

方余皇，连舼舟，张云帆，施蜺帱，靡飔风，陵迅流，发棹歌，纵水讴，淫鱼出，蓍蔡浮，湘灵下，汉女游。[①]

中原王朝多次对岭南用兵，湖湘是主要后勤基地。灵渠开凿后，长沙成为军运、纲运及商业贩运的中转大港。蜀郡名产漆器、蜀布、邛竹杖、茶叶等远销身毒、大夏诸国，运输路线悉由岷江、长江转湘水，过灵渠，入桂江、西江，海运南亚、印度洋沿岸地区。

湘水物货运量剧增，刺激了长沙造船业勃兴。湘、资流域广袤的原始森林，为造船工场提供了充裕的优质用材。建武十一年（35），征南将军岑彭溯江伐蜀，从桂阳、零陵、长沙三郡征集棹卒（操棹行船的兵士）6万余人会攻夷陵（今湖北宜昌）[②]。

朝廷从长沙、零陵、桂阳三郡一次征集如此之多船工，侧面印证了湘水流域造船业及水上运输的发展兴旺。

1951年，长沙伍家岭203号西汉墓出土一件木船模型（图4-21）。船身由整木雕成，船体狭长，船底圆弧形，首尾流线型上翘。船设三个舱房，长154厘米，上部最宽处20厘米，底部内宽10厘米。舷板上各有8个圆孔，分别放置8只木桨（又称为长棹），每只长53厘米。两侧边沿及首尾甲板上有规则钉眼，说明运用了钉合工艺。尾部有梢桨一只，形制与长棹有较大区分，应为船舵前身，用以操纵航向[③]。

常德出土的一面东汉铜镜上纹有双帆楼船，尾部舵楼装有艄形舵。广州东汉墓出土一只陶质船模，首有碇，尾有舵。以上说明，最晚汉代中国已使用船尾舵掌握航向，比外国早近1000年。

六、车辆制作技术的演进

秦颁行"车同轨"，统一车辆轮距，成为车辆制造史上一个重要转折阶段。随着造车技术提高，适应不同用途的新型车舆陆续出现。

车辕是传递牲畜动力、牵引车舆行驶的木构。与单辕（独辀）相比，双辕车节省牵引畜力，提高运输效益。考古材料显示，春秋以前车辆都是单辕车，战国至秦以单辕为主[④]，西汉中期以后多为双辕车，东汉全部为双辕车型。长沙马王堆3号汉墓出土帛书《天文气象杂占》中，在象

① 《后汉书·马融列传》。

② 《后汉书·岑彭传》："又发桂阳、零陵、长沙委输棹卒，凡六万馀人，骑五千匹，皆会荆门。"

③ 中国科学院考古研究所 编：《长沙发掘报告》，北京：科学出版社，1957年，第89—91页。

④ 中国双辕车的最早发现，是陕西凤翔战国秦墓出土的陶质牛车模型。参看吴镇烽、尚志儒：《陕西凤翔八旗屯漆国墓葬发掘简报》，收于文物编辑委员会 编：《文物资料丛刊》（3），北京：文物出版社，1980年。

征车毂的圆圈[①]和双辕的两条纵线下面，有“见此长如车轱（毂）[②]，死者盈千。如辕，死者盈万”等字，参见图 4-22[③]。

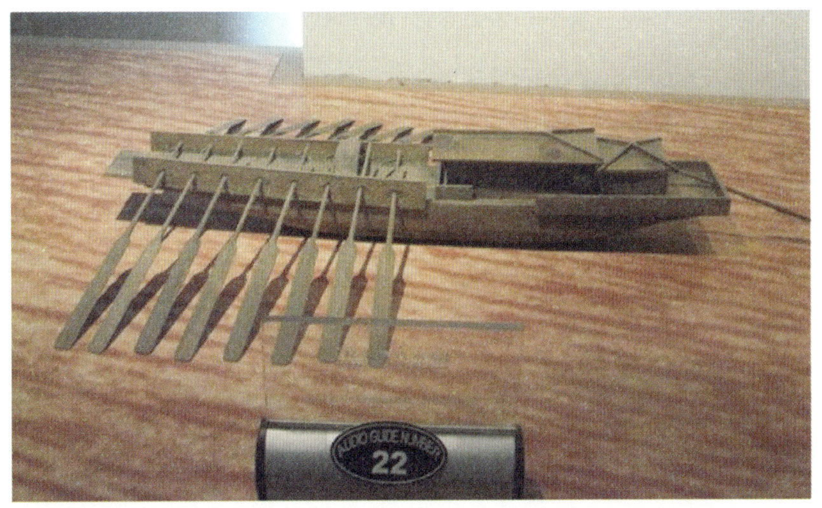

图 4-21　长沙伍家岭汉墓出土木船模型（嘉兴船史博物馆 复制）

图 4-22　《天文气象杂占》帛书局部（湖南省博物馆 藏）

该条史料说明，双辕车已成为汉初长沙国的代表性车型。

单辕车（图 4-23）——从车舆底部中间前伸的辕为单辕，最少可驾二马，曲辕为主，直辕较少，分为方形车舆如陕西临潼秦始皇陵 1 号铜立车、圆形车舆如江苏涟水西汉墓铜车模型两类[④]。

① 车轴是固定车轮、承载车厢和传递动力的车辆部件，横于舆下。车轮中心是一个有孔的圆木，称为“毂”，用以贯轴。帛书《天文气象杂占》用○表示车毂，十分形象。

② 顾铁符先生认为，“轱”当是古代车厢下之横木所以承辕者。参见顾铁符：《马王堆帛书〈天文气象杂占〉》，收于顾铁符 编《夕阳刍稿·历史文献考古汇编》，北京：紫禁城出版社，1988 年，第 202—231 页。

③ 王树金：《帛书〈天文气象杂占〉杂考》，收于陈建明 主编：《湖南省博物馆馆刊》第九辑，长沙：岳麓书社，2013 年。

④ 南京博物院：《江苏涟水三里墩西汉墓》，《考古》，1973 年第 2 期。

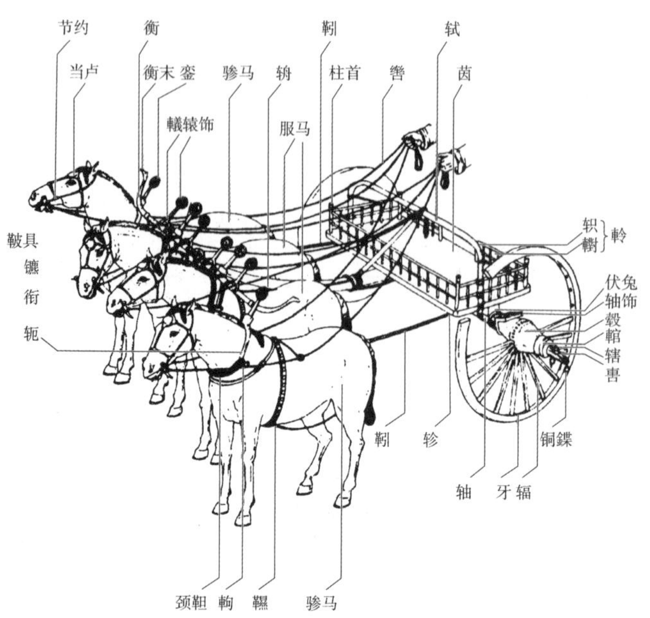

图 4-23　单辕车属具名称示意图[①]

双辕车（图 4-24）——辕位于侧軨下轴两端、车轮内侧，可驾一马，有曲辕和直辕之别，均为方形车舆。长沙伍家岭 203 号西汉墓出土的 2 号车即为双辕车。

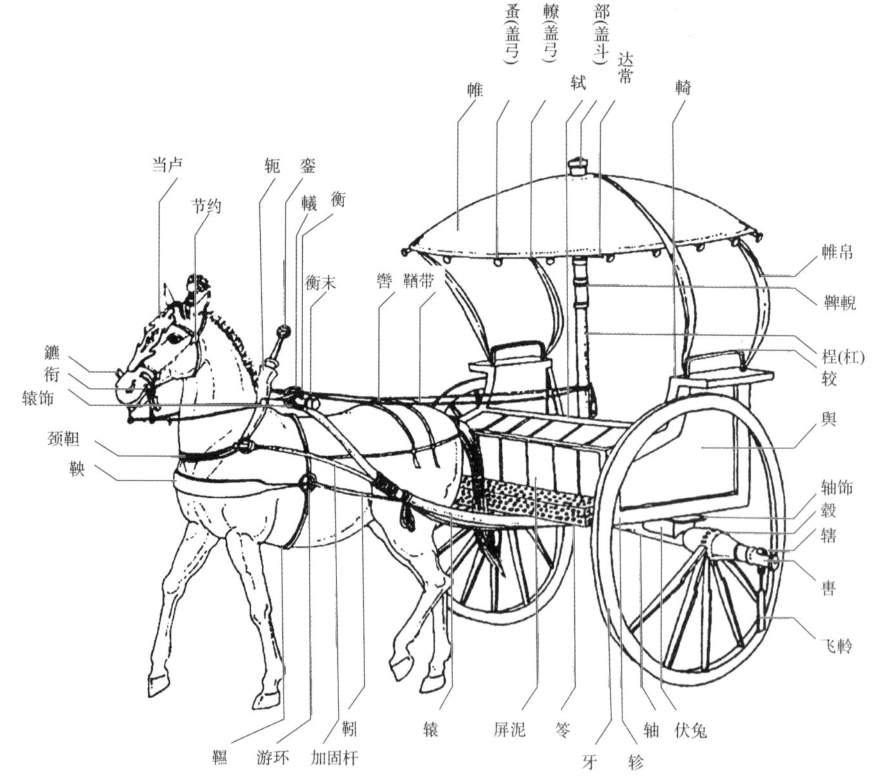

图 4-24　双辕车属具名称示意图[②]

① 刘永华 著：《中国古代车舆马具》，北京：清华大学出版社，2013 年，前言 9 页。
② 刘永华 著：《中国古代车舆马具》，北京：清华大学出版社，2013 年，前言 10 页。

按用途区分，秦汉车辆包括王室贵族乘坐的金根车、高车、安车、步辇车，下层官吏及民间使用的栈车、牛车、马车，邮驿专用的传车以及战争使用的轻车、重车、辎车等。

金根车是一种以黄金为饰的祥瑞之车，皇帝出行乘坐。《汉官仪》：

天子法驾，所乘曰金根车，驾六龙，以御天下也。有五色安车，有五色立车，各一，皆驾四马。

晋人崔豹《古今注·舆服》：

金根车，秦制也。秦并天下，阅三代之舆服，谓殷得瑞山车，一曰金根，故因作为金根之车。秦乃增饰而乘御焉，汉因不改。

1980 年，临潼秦始皇陵陪葬坑出土两辆铜车马，尺寸为真实车马的 1/2，单辕、双轮，人、车、马皆用青铜制造，配有大量金银饰件。其中，1 号车为开道车（图 4-25），车上装备弓箭、剑、盾等兵器，御者立于车上，是为立车。

图 4-25 秦始皇陵 1 号铜立车[①]

2 号铜车为驷马安车（图 4-26），仿秦始皇生前巡游使用的乘舆复制而成。

图 4-26 秦始皇陵 2 号铜安车[②]

① 孟剑明 著：《苏醒的秦代兵团》，西安：陕西旅游出版社，2004 年，第 30 页。

② 孟剑明 著：《苏醒的秦代兵团》，西安：陕西旅游出版社，2004 年，第 31 页。

安车是一种可以躺卧的车，又名“辒辌车”。《史记·李斯列传》：

上（秦始皇）在外崩，无真太子，故秘之。置始皇居辒辌车中。

步辇车是一种帝王或王后乘坐、人力推挽的车[①]。

牛车是一种用牛牵引的车辆，因车厢大、装载量多，又称大车或役车[②]。里耶秦简有县廷官吏公车使用记录，每15人配1辆牛车和1个看牛人[③]。由迁陵样本，可知秦朝官吏公务出行的交通工具配置。

汉代车辆种类、数量和制造技术都有很大发展，出现了四轮和独轮车，铁质车具也相继问世。据《后汉书·舆服志》，汉代公车有“玉辂、乘舆、金根、安车、立车、耕车、戎车、猎车、軿车、青盖车、绿车、皂盖车、夫人安车、大驾、法驾、小驾、轻车、大使车、小使车、载车、导从车”等20余种。其中，“玉辂、乘舆、金根”为天子专车，“法驾”为“太皇太后、皇太后”乘坐，皇子、公侯乘“安车”，“轻车”为战车，“贾人不得乘马车”。见于其他文献的汉车还有轺车、辎车、輧车、栈车、斧车、轩车、辇车、槛车、指南车、骡车、羊车、鹿车、豹尾车等。

传车为驿传专用车辆。一般而言，驿使传书用马挽拉，官物转输用牛牵引。轺车轻巧灵便，实用性强，应用广泛，是汉律规定的传车车型，可谓汉代邮运工具缩影。

湖北江陵凤凰山、甘肃武威磨咀子、青海西宁彭家寨、长沙伍家岭等地汉墓出土双辕轺车明器，为研究秦汉车舆提供了实物资料。

1951年，长沙伍家岭203号西汉墓出土车辆模型4件、车厢模型1件（图4-27）。4辆车包

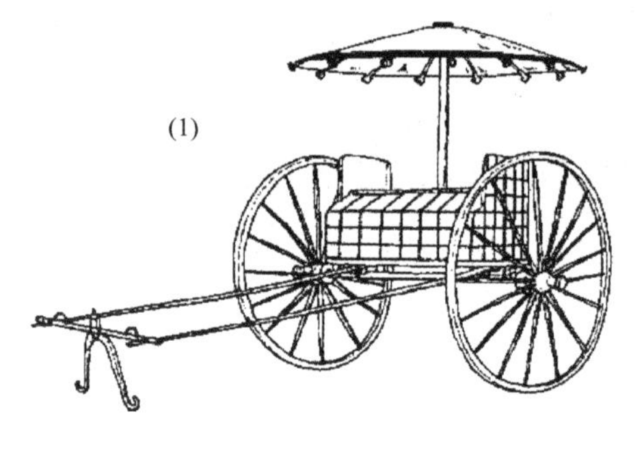

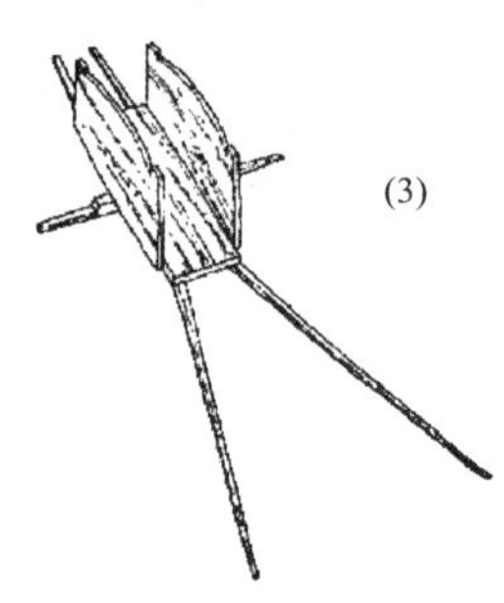

湖南长沙伍家岭203号墓出土西汉晚期木车(1)2号车复原图(2)4号车复原模型(车厢属出土原物，现收藏于中国历史博物馆)(3)5号车车厢出土原物

图4-27　伍家岭203号汉墓出土车辆模型复原图[④]

① 《通典》：“夏氏末代制辇，秦以为人君之乘，汉因之。”

② 里耶秦简J1（8）62载，“卅二年三月丁丑朔日，迁陵丞昌敢言之：令曰上葆缮牛车薄（簿），恒会四月朔日泰（太）守府。……”简文“葆缮”即维修。该简要求在四月朔日上报牛车维修情况统计。参见陈伟 主编：《里耶秦简牍校释》（第一卷），武汉：武汉大学出版社，2012年，第47—48页。

③ 《湖南280多枚秦简展示秦朝公务接待和车辆配置标准》，三湘都市报，2015年4月20日。

④ 刘永华 著：《中国古代车舆马具》，北京：清华大学出版社，2013年，第149页。

括大车 1 辆、轺车 2 辆、栈车 1 辆。1 号车残毁严重，依稀辨认出是一辆车厢前后长、左右窄的有蓬大车。2、3 号车保存较好，形制相同，均为轺车。2 号车厢横长竖窄，轼在舆前 1/3 处，等高于侧軨，前軨低于轼，以薄木板相连，车后有门，车上设有伞盖，直辕。4 号车是栈车，车厢由 5 块木板钉合而成，形制与 2 号车相似，但无舆軨、伞盖。5 号车厢前后敞开，无軨，两侧輢屏由 2 块上部中央稍高的整木板安装而成，舆后有突出的车軝，两根车辕呈八字形伸向前方，"大概是大车的一种，可以载重坐人。"①

1976 年，衡阳道子坪东汉晚期大型砖室墓中出土铜质胡人牵马俑、马俑以及铜车饰件等。

图 4-28　衡阳道子坪东汉墓胡人牵马俑（湖南省博物馆藏）

铜牵马俑两件　皆戴帽着履，深目，高鼻梁，穿右衽长袍，腰间束带，典型胡人特征。一件胡须卷曲，耳上有环，左手屈于胸前，右手侧上举作牵马状，高 43.7 厘米，重 6 公斤（图 4-28）；另一件大胡须，右手稍前伸执铜便帽，左手高举作牵马状。

铜马俑两件　衔、勒、辔齐全，头饰雄胜，尾向上屈，中部打一结。一件背部饰鞍，沿边有环，胸、肚、臀部皆饰系带。另一件背部无鞍，颈下吊有三环，高 51.5 厘米，长 54 厘米，重 12.15 公斤。

铜车齿轮五件　直径 1.7 厘米，其中三件出土时黏结在一起，似能互相扣接。轮齿有 25 个、20 个和 12 个三种。

鎏金铜车饰件三件　长方形，端为长方形銎，顶端稍大。长 4.3 厘米，宽 2 厘米。

铜旗杆十根　长 34—39 厘米。从出土位置来看，这种饰件应为车上的旗杆②。

因该墓曾被盗掘，铜车结构、形制已无法复原。胡人牵马俑出土，反映汉时已有驯养西域马的胡人服务于内地士大夫家庭。这为研究东汉时期的民族关系和中西交通，提供了不可多得的珍贵资料。

"一器而群工致巧者，车最多。"③长沙伍家岭西汉墓以及衡阳道子坪东汉墓出土车模、车马器、胡人牵马俑等说明，两汉时期湖南地区手工业较为发达，车辆制作精良，湘境和西域之间存在多元的交通联系和文化交流。

① 中国科学院考古研究所 编：《长沙发掘报告》，北京：科学出版社，1957 年，第 89—91 页。

② 金则恭：《湖南衡阳县道子坪东汉墓发掘简报》，《文物》，1981 年第 12 期。

③ 《后汉书·舆服志》。

第五章　魏晋南北朝时期的湖南交通
（220—589）

东汉建安十三年（208）赤壁之战，曹操败于孙权、刘备联军，刘备取得江陵及长沙、零陵、桂阳、武陵四郡。建安二十五年（220）曹丕代汉称帝，魏、蜀、吴三国鼎立局面正式形成。继经西晋一统三国、东晋偏安江左、南北对峙，到隋平陈，南北复归统一，史称魏晋南北朝。

近400年间，湘境先后隶属蜀汉、孙吴、西晋、东晋和宋、齐、梁、陈。随着中原人民大量南迁，先进文化和生产技术南传，湖湘经济发展水平不断提高，“地多所出，委输甚众”[①]，水陆交通因之发展。三国西晋及南朝齐时湖南交通地理图见图5-1—图5-3。

章武二年（222）夷陵之战后，湖南全境纳入孙吴统治。吴析长沙、零陵、桂阳、武陵四郡部分县邑，置衡阳（257年分长沙西部都尉置，治今湘乡）、湘东（258年分长沙东部都尉置，治酃县——今衡阳市东酃湖）、天门（263年分武陵郡置，治溇中——今慈利县境）、营阳（266年分零陵南部都尉置，治营浦——今道县）、昭陵（266年分零陵北部都尉置，治昭陵——今邵阳市境）五郡[②]。为与蜀、魏抗衡，便于调兵遣将，东吴着力整治交通，在驿道及边境线路“封土为台”，设“堠”警备[③]。

晋初，镇南大将军杜预整治杨夏水道，湖湘北通襄汉、南联交广的交通条件进一步改善，政治、军事地位随之提升，遂于永嘉元年（307），“分长沙、衡阳、湘东、零陵、邵陵、桂阳，及广州之始安、始兴、临贺九郡置湘州。”[④]湘州辖地以湘资流域为主，另以“犬牙相入”[⑤]之势领有岭南三郡，控制越城、萌渚、骑田三条过岭通道，牵制交广诸郡。沅澧流域的武陵、天门二郡仍属荆州。

---

① 《陈书·华皎传》。

② （1）今湖南境内三国吴置郡县除上述九郡外，尚有南郡（治今荆州）之作唐（今津市、澧县、安乡境）、南安（今华容、南县境）二县地，临贺（治今广西贺州）之谢沐（今江永县境）、冯乘（今江华县境）二县地。
（2）本书采用的三国地图，只标注了早前分置的衡阳郡和湘东郡。

③ 《正字通》：“封土为台，以记里也，十里双堠，五里单堠。”参见《三国志·孙韶传》。

④ 《晋书·荆州》。

⑤ 《汉书·西南夷南粤朝鲜传》。

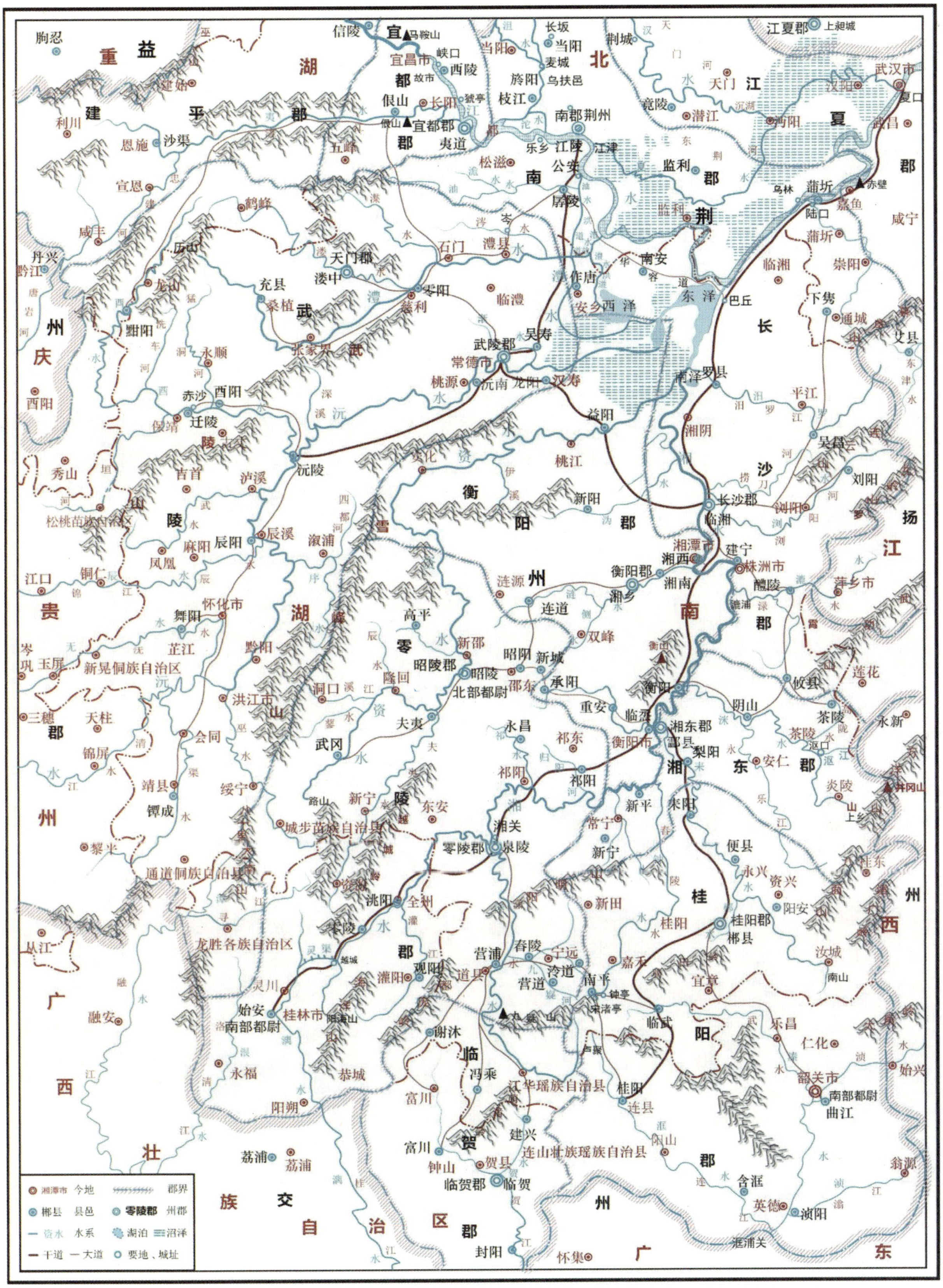

图 5-1　三国吴湖南交通地理图[①]

① 蒋响元、黄爱、曹航惠参考《湖南省志·地理志》《洞庭湖历史变迁地图集》《湖南省地势图》等绘制。

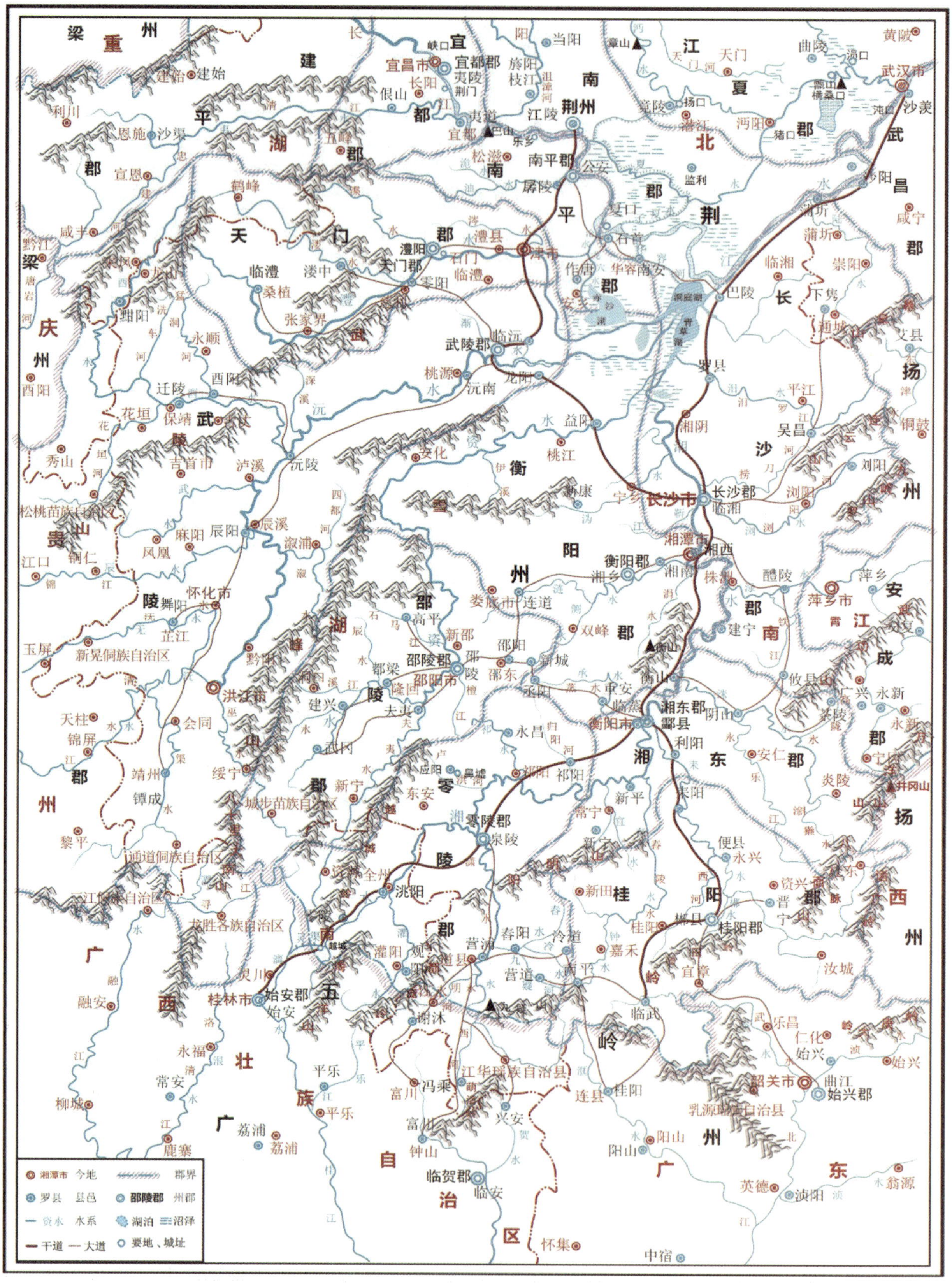

图 5-2　西晋湖南交通地理图①

① 蒋响元、黄爱、曹航惠参考《湖南省志·地理志》《洞庭湖历史变迁地图集》《湖南省地势图》等绘制。

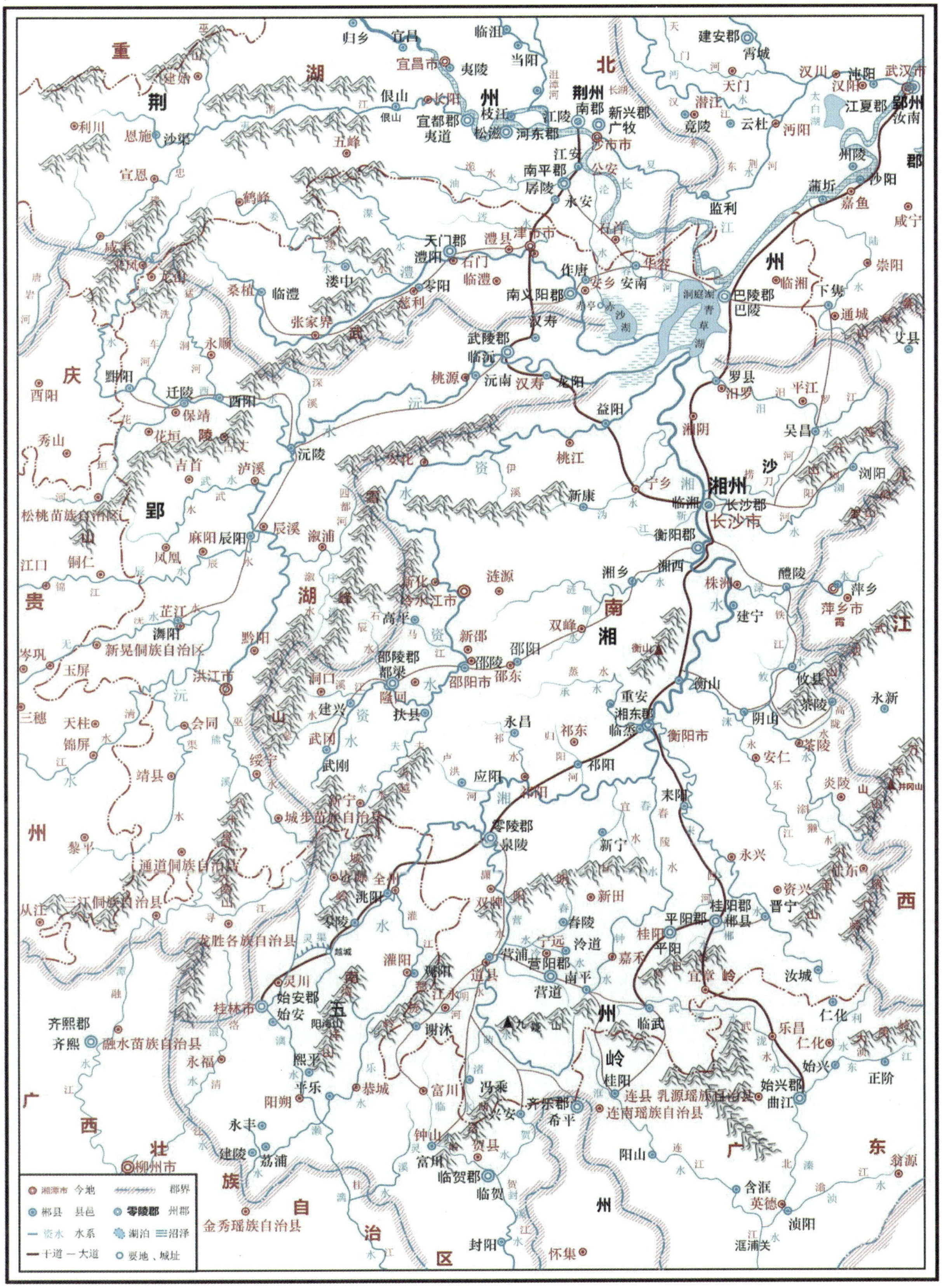

图 5-3 南朝齐湖南交通地理图[①]

① 蒋响元、黄爱、曹航惠参考《湖南省志·地理志》《洞庭湖历史变迁地图集》《湖南省地势图》等绘制。

南北朝时，湘境州郡至京都建康（今南京）交通以水路为主，长江、淮河、珠江及其支流构成主干网络。除先秦两汉陆续开通的湘鄂、湘桂、湘粤、湘黔线路外，湘赣驿道亦于六朝中后期开辟。这一时期，“洞庭之野”演变为以青草、赤沙两湖为主、“湖水广圆五百余里”[①]的巨大水体，以洞庭湖为枢纽的水道网络形成。由于江湖关系变化，澧水故道横断、湘水东切、沅水南趋、资水分叉西北，经由洞庭湖东西的巴陵道、澧阳道数度改线，大都沿堤而筑。

第一节　道路交通的整治和拓展

道路交通的发展变迁，与军事、政治、经济密切相关，战争破坏道路，征战又离不开交通。魏晋南朝，各方战争连绵，交通主要服务于军事斗争[②]。穿行武陵山间的湘鄂西道，翻越罗霄山隘的湘赣驿道，蜿蜒云贵高原的湘黔道，就是在这一背景下拓展的。

一、赤壁之战与华容道

建安十三年（208）冬，曹操率军从江陵南下，征讨刘备。在赤壁之战中败于孙权、刘备联军，退回巴丘（今岳阳楼一带），在巴丘湖西曹公洲自烧余船后，引兵上岸，经华容道[③]北撤江陵。

《三国志·魏武帝纪》：

公自江陵征备，至巴丘，遣张熹救合肥，权闻熹至，乃走。公至赤壁，与备战，不利。于是大疫，吏士多死者，乃引军还。备遂有荆州、江南诸郡。

《三国志·魏武帝纪》引《山阳公载记》：

公船舰为备所烧，引军从华容道步归，遇泥泞，道不通，天又大风，悉使羸兵负草填之，骑乃得过，羸兵为人马所蹈藉，陷泥中，死者甚众。

华容道位于华容桃花山凹，称路岭子口，俗称华容小道。南宋地理总志《方舆胜览·岳州》：

汉、沔在夏口北，赤壁在夏口南，乌林在赤壁南，巴陵又在乌林南，华容道在巴陵西。

明弘治《岳阳府志》记，华容道在“县东六十里，昔曹操与孙刘赤壁战败，从华容奔荆州，关羽逐之，道经山下，马倒崖上”。

华容古道沿途，尚存倒马崖、关帝庙、吴王庙、昭烈庙等遗迹。

① 《水经注·湘水》。

② 《宋书·邓琬传》：“废帝以邵陵王子元为冠军将军、湘州刺史，中兵参军沈仲玉为道路行事。”

③ 关于华容道的位置，除湖南华容外，学界还有几种观点。（1）湖北监利。《辞源》：“华容，春秋许容城地。汉置华容县，属南郡。后周废。故城在今湖北监利县东。汉末赤壁之战曹操兵败从华容道北走，即此。”（2）湖北石首。夏曾佑著：《中国古代史》：“《武昌志》曰：‘曹操自江陵追刘备至巴丘，遂至赤壁，遇周瑜兵，大败，取华容道归。’赤壁山，在今嘉鱼县，对江北之乌林。巴丘，今巴陵。华容，今石首也。”（北京：东方出版社，2012年，第370页）（3）湖北潜江。《辞海》：“华容：古县名。西汉置。治所在今湖北潜江县西南。南朝梁废。东汉建安十三年，曹操在赤壁战败后北归，取道于此。”

江汉—洞庭盆地是中南地区最大的第四纪盆地，中部因差异抬升作用形成华容隆起。华容隆起呈东北—西南向分布，北抵长江，南与安乡凹陷和沅江凹陷相邻，其山丘台地形成洞庭湖与长江的分水岭。

先秦两汉时期，长江在江汉—洞庭盆地分为南北两支。南支为主泓，由今虎渡河入澧南注洞庭，再由城陵矶复汇入江；北支为沱江，当时冬枯竭、夏泛流，故又称夏水。最晚六朝中期，江陵到洞庭一带尚有陆路通达[①]。华容道位于当时的长江主泓以北、巴丘至江陵之间。赤壁之战发生在冬季，夏水枯竭，从巴丘走华容道至江陵，路程最近，且便于步骑通行，故曹操从巴丘湖上岸后，“引军从华容道步归”。

曹操南征北归经由华容道，证明该道是巴丘至江陵的必由陆路。江陵为故楚郢都，巴丘水路通江、湘、资、沅、澧，为湘北交通要冲。成名于赤壁之战的华容道，开辟时间应不晚于楚人南下之际。春秋晚期建造、位于华容县境的章华台遗址[②]，当可佐证华容道的悠久历史。

二、夷陵之战与湘鄂西道

夷陵之战，又称彝陵之战、猇亭之战，是蜀吴之间为争夺战略要地荆州发生的一次大规模战争，其与官渡之战、赤壁之战并称为三国史上三大战役。

章武元年（221）刘备称帝，建立蜀汉政权。同年秋，为夺回荆州，给关羽报仇，刘备亲征孙吴。五溪蛮王沙摩柯遣使蜀营，请求一同出兵。占领秭归后，刘备派侍中马良赴五溪，安抚慰问蛮夷，赐以黄金锦帛，授其首领官职爵位。同时，修筑蜀军驻地佷山（今湖北长阳县境）通武陵道路，以便五溪蛮兵开抵前线，协助蜀汉伐吴[③]。

夷陵之战使武陵通鄂西的湘鄂西道得以整治。佷山通武陵道路，大致是沿清江河谷修建。或由五峰附近岭隘转溇水，进入澧水流域；或经宣恩、来凤顺酉水，进入沅水流域。古巴人分支即循此路线，从其发祥地武落钟离山（今长阳县境）迁徙武陵，后繁衍、演变成为五溪蛮夷。《宋书·州郡志》说佷山“前汉属武陵，后汉属南郡”亦可证实，湘鄂西道辟于先秦，三国时期得到进一步整治。

三、湘黔道的废兴

湘黔交通发轫于楚印商道，庄蹻入滇得以拓展，成为一条水路为主、水陆兼程的东西大道。

三国时期，西南大部归属蜀汉政权，今贵州境内设有牂牁、朱提、兴古、江阳、巴郡、涪陵等郡[④]。东汉建安二十四年（219），关羽“大意失荆州”，南郡、武陵郡、零陵郡为东吴袭取。建兴三年（225），诸葛亮率军南征，平定南中建宁（治今云南曲靖）、永昌（治今云南保山）、牂牁（治今贵州黄平）、越嶲（治今四川西昌）四郡，以成都为中心的蜀汉道路网络逐渐形成。其中，

① 《宋书·州郡志》：“天门（治今石门）……去州（荆州）水一千二百，陆六百。”

② 章华台是楚灵王六年（前535）修建的离宫，具体位置有湖北潜江、荆州、监利、湖南华容等意见，此处从华容说。晋人杜预《春秋左传集解》：“章台，南郡华容县……宫室始成，祭之为落。台今在华容城内。”

③ 《三国志·先主传》：“自佷山通武陵，遣侍中马良安慰五溪蛮夷，咸相率响应。”

④ 谭其骧 主编：《中国历史地图集·三国西晋时期》，北京：中国地图出版社，1996年。

牂牁郡贡献的金、银、丹砂、生漆、战马等物[①]和驿传往来，皆由僰道（今四川宜宾）通达成都。牂牁郡和武陵郡分属蜀、吴，湘黔交通阻绝，道路一度闭塞。

西晋光熙元年（306），宁州（治今云南曲靖，辖今云南、贵州部分地区）“五苓夷强盛，州兵屡败。吏民流入交州者甚众，夷遂围州城。（刺史）李毅疾病，救援路绝”[②]。李毅病卒后，其子从洛阳赴宁州，因湘黔道不通，而“宁州、兴古接据上流，去交趾郡千六百里，水陆并通”[③]，便由洛阳经湘桂线出岭南，绕道交州抵宁州。

东晋咸康二年（336），广州刺史邓岳派兵收复夜郎和兴古两郡，重开湘黔道。咸康五年（339），邓岳袭占宁州，将成汉李寿势力驱逐，横贯湘、黔、滇的东西干道全线复通。晋代以后，武陵郡境先后归属荆州、郢州，南朝（宋、齐、梁、陈）亦籍该道控制宁州，湘黔道得以整治。南朝梁太清二年（548），宁州刺史徐文盛募兵数万入援荆州，随湘东王萧绎（后为梁元帝）讨伐“侯景之乱”[④]，平叛大军即由湘黔道入沅水、洞庭，北上江陵。

四、湘赣“岭路”的利用

《宋书·州郡志》列有各州郡至州治、到京都建康的水陆驿道里程，大致反映了南朝宋（420—479）时的水陆交通情况。其中：

湘州刺史，晋怀帝永嘉元年，分荆州之长沙、衡阳、湘东、邵陵、零陵、营阳、建昌（后更名巴陵郡）[⑤]，江州之桂阳八郡立，治临湘……领郡十（含岭南两郡），县六十二，户四万五千八十九，口三十五万七千五百七十二。去京都水三千三百（里）。

衡阳内史，吴孙亮太平二年，分长沙西部都尉立。领县七，户五千七百四十六，口二万八千九百九十一。去州水二百二十，去京都水三千七百。

桂阳太守，汉高立，属荆州，晋惠帝元康元年度江州。领县六，户二千二百一十九，口二万二千一百九十二。去州水一千四百，去京都水四千九百四十。

零陵内史，汉武帝元鼎六年立。领县七，户三千八百二十八，口六万四千八百二十八。去州一千四百，去京都水四千八百。

营阳太守，江左分零陵立。领县四，户一千六百八，口二万九百二十七。去州水一千七百一，去京都水五千五百五十。

湘东太守，吴孙亮太平二年，分长沙东部都尉立。晋世七县，孝武太元二十年，省鄢、梨阳、新平三县。今领县五，户一千三百九十六，口一万七千四百五十。去州水陆七百，去京都水三千六百。

邵陵太守，吴孙皓宝鼎元年，分零陵北部都尉立。领县七，户一千九百一十六，口二万五千五百六十五。去州水七百，陆一千三百；去京都水四千五百。

① 《华阳国志·南中志》：“出其金银丹漆，耕牛战马，给军国之用。”

② 《资治通鉴·晋纪》。

③ 《晋书·陶璜传》。

④ 公元548年，南梁将领侯景以清君侧为名义在寿阳（今安徽寿县）发动叛乱，552年被湘东王萧绎平息，史称“侯景之乱”。

⑤ 《宋书·州郡志》：“建昌郡，晋惠帝元康九年，分长沙东北下隽诸县立，成帝咸康元年省。元嘉十六年，立巴陵郡属湘州，后度郢。”

武陵太守，《前汉地理志》，高帝立。《续汉郡国志》云，秦昭王立，名黔中郡，高帝五年更名。本属荆州。领县十，户五千九十，口三万七千五百五十五。去州（郢州，治今湖北武昌）水一千，去京都水三千。

巴陵太守，文帝元嘉十六年，分长沙之巴陵、蒲圻、下隽，江夏之沙阳四县立，属湘州；孝武孝建元年，割南郡之监利、州陵度江夏，属郢州。二年，又度长宁之绥安属巴陵。何志讫元嘉二十年，巴陵郡以十六年立，应在何志而阙。领县四，户五千一百八十七，口二万五千三百一十六。去州（郢州）水五百，去京都水二千五百。

天门（治今石门）太守，吴孙休永安六年，分武陵立。充县有松梁山，山有石，石开处数十丈，其高以努仰射不至，其上名"天门"，因此名郡。充县后省。孝武孝建元年，度郢州；明帝泰始三年，复旧。领县四（澧阳、临澧、零阳、溇中），户三千一百九十五。去州（荆州）水一千二百，陆六百；去京都水三千五百。

豫章太守，汉高帝立，本属扬州。《永初郡国》有海昏（汉旧县），何志无。今领县十二，户一万六千一百三十九，口一十二万二千五百七十三。去州（江州）水六百，陆三百五十；去京都水一千九百，陆二千一百。

鄱阳太守，汉献帝建安十五年，孙权分豫章立，治鄱阳县；赤乌八年，徙治吴芮故城。《永初郡国》有历陵县汉旧县，何志无。领县六，户三千二百四十二，口一万九百五十。去州（江州）水四百四十，去京都水一千八百四十，陆二千六十。

上述记载显示，南朝宋时湘州各郡至京都建康皆走水路，没有陆程；赣江流域各州郡多有至建康陆程，可知湘赣之间尚未开通陆驿。

南朝陈废帝（566—568）时，"据有上游，忠于文帝"的湘州刺史华皎反叛。朝廷平叛主力为溯江而上的水军。步军从建康出发，经今江西安福、宜春，穿越罗霄山脉中段"岭路"进入茶陵、醴陵，从陆路奇袭长沙。《陈书·华皎传》：

（朝廷）乃前遣（吴）明彻率众三万，乘金翅直趋郢州，又遣抚军大将军淳于量率众五万，乘大舰以继之，又令假节、冠武将军杨文通别从安成（今江西安福）步道出茶陵，又令巴山太守黄法慧别从宜阳（今江西宜春）出沣陵（今醴陵），往掩袭，出其不意。

另外，"以中军大将军、司空徐度进号车骑将军，总督京邑众军，步道袭湘州。"[①]《陈书·徐度传》说他"自安成郡由岭路出于湘东，以袭湘州，尽获其所留军人家口以归。"由"岭路"袭湘的步骑作为"出其不意"的奇兵，说明两地之间仅有山径小道，陆路交通还很困难，所以华皎疏于防范，以致败绩。

五、零桂峤道与南岭交通

建安十五年（210），孙权任命步骘为"交州刺史、立武中郎将"。步骘"领武射吏千人，便

① 《陈书·徐度传》。

道南行。”到达岭南后，出其不意，袭杀“阴怀异心，外附内违”的苍梧太守吴巨，以致“威声大震”，称雄交州的“士燮兄弟，相率供命”[①]。

交趾太守士燮向孙吴政权“职贡不绝”，每遣使，“杂香细葛辄以千数，明珠、大贝、流离、翡翠、玳瑁、犀、象之珍，奇物异果，蕉、邪、龙眼之属，无岁不至”；士燮之弟、合浦太守士壹“贡马凡数百匹”[②]。魏文帝时，曾遣使向孙权求雀头香、大贝、明珠、象牙、犀角、玳瑁、孔雀、翡翠、斗鸭、长鸣鸡。群臣奏曰：“荆、扬二州，贡有常典，魏所求珍玩之物非礼也，宜勿与。”孙权认为，“彼所求者，于我瓦石耳，孤何惜焉。彼在谅闇之中，而所求若此，宁可与言礼哉？”遂应文帝所求，“皆具以与之”[③]。这些“珍玩之物”，皆吴境交州出产，所以孙权视若瓦石。其运输路线系由交州“泛海而至”合浦，浮舟南流江、北流江、郁水（今西江）、漓水，继越灵渠，入湘水，出洞庭，顺江东下吴都建业。

步骘率师“便道南行”，赴任线路系由湘水、灵渠入岭南。

漓水又南与沩水（今大溶江）合，水出西北邵陵县界，而东南流至零陵县，西南迳越城（今兴安秦城）西。建安十六年，交州刺史赖恭，自广信合兵小零陵（今全州县境）越城迎步骘，即是地也。[④]

当时，长沙、零陵二郡是刘备的势力范围。步骘是向刘备借路，经由湘桂道出兵交州，迫使“岭南王”士燮归附的。《三国志》载，建安十四年（209），诸葛亮“督零陵、桂阳、长沙三郡，调其赋税，以充军实。”[⑤]自建业至岭南，经由赣水的“东道”——大庾岭道，较绕行湘水的“西道”[⑥]——越城岭道要近很多。因大庾岭道年久失修，赣水上游滩险流急，“步骘取道相对安全、易于通过的灵渠道往返交州，也就在情理之中了。”[⑦]

建安二十年（215），因刘备取益州后借故拖延归还荆州。“权大怒，乃遣吕蒙督鲜于丹、徐忠、孙规等兵二万取长沙、零陵、桂阳三郡，使鲁肃屯巴丘，以御关羽。权住陆口，为诸军节度。蒙到二郡皆服，惟零陵太守郝普未下，蒙使人诱普，普降，尽得三郡。”[⑧]为应对进取汉中的曹操，刘备迅速与孙权修和，协议平分荆州：以湘水为界，江夏郡、长沙郡、桂阳郡属孙权，南郡、零陵郡、武陵郡归刘备。孙权如此迫切地从刘备手中取回荆南三郡，说明控制湘水，确保湘桂走廊交通安全，对东吴经营广袤岭南具有重要意义。

步骘卸任，亦沿漓、湘水道抵达长沙。《三国志·步骘传》：

延康元年（220），权遣吕岱代骘，骘将交州义士万人出长沙。

---

① 《三国志·步骘传》。

② 《三国志·士燮传》。

③ 《三国志·吴主传》注引《江表传》。

④ 《水经注·漓水》。

⑤ 《三国志·诸葛亮传》。

⑥ 《三国志》记载，天纪三年（277），郭马在岭南反叛，孙皓用兵征讨，“八月，执金吾滕循为司空，未拜，转镇南将军，假节领广州牧，率万人从东道讨马，与族遇于始兴，未得前。马杀南海太守，逐广州刺史徐旗。皓又遣徐陵督陶濬将七千人从西道。”

⑦ 邓飞龙：《三国时期孙吴对岭南古道“湘桂走廊”的倚重》，《韶关学院学报·社会科学》，2015年第9期。

⑧ 《三国志·吴主传》。

蜀汉景耀六年（263），刘禅在成都降魏，蜀亡。司马昭委蜀南中监军兼建宁太守霍弋为南中都督，遥领交州刺史。次年，交趾郡吏吕兴杀太守孙谞，遣使至南中求内附，霍弋遣部将率军（实为原蜀汉降兵）去支援（半道上魏改为晋）。晋军"自蜀出交趾，破吴军于古城，斩大都督修则、交州刺史刘俊"[①]，占领交趾、日南、九真三郡。一时，"交趾携叛，国内恐惧。"[②]建衡元年（269），吴主孙皓"遣监军虞汜、威南将军薛珝、苍梧太守陶璜由荆州，监军李勖、督军徐存从建安海道，皆就合浦击交趾。二年春。万彧还建业。李勖以建安道不通利，杀导将冯斐，引军还。"[③]说明李勖一军由海道趋合浦并未成功，平叛主力是从荆州出发、经由湘桂走廊出岭南。陶璜等至合浦后，"从海道出于不意，径至交趾。"[④]"三年……璜破交趾，擒杀晋所置守将，九真、日南皆还属。"以上史料表明，湘桂走廊是建业往来交广诸郡的交通干道、孙吴控制岭南倚重的战略通道。

自吴主孙皓始，历经多次修缮，大庾岭道成为南朝政权经营岭南的要衢，但"南康赣水旧有二十四滩，滩多巨石，行旅者以为难"[⑤]，交通条件不及越城岭道[⑥]。

义熙六年（410）二月，广州刺史卢循趁朝廷主力北伐南燕，后方空虚之际，奔袭京都。卢循帅师至始兴（今广东韶关）后，分两路北上。东路由始兴相徐道覆率领，取道大庾岭，克南康、庐陵、豫章诸郡；卢循亲率主力，越骑田岭，沿耒水、湘水北上，先后破桂阳、湘东、长沙等郡。大军所至，"诸郡守相皆委任奔走"。同年五月，卢循自巴陵出发，顺流东下，"戎卒十万，舳舻千计"[⑦]，兵锋直指建康。

《后汉书·郑弘传》：

弘奏开零陵、桂阳峤道，于是夷通，至今遂为常路。

唐李贤注"至今为常路"之"今"说："今，谓范晔（南朝宋）时也。"说明自东汉至六朝，经由湘水的零桂峤道，一直是联系中原与岭南的"常路"；从建康到交、广诸郡，主要还是溯江、湘、赣水道越岭以达，"走海路往往是不得已的选择"[⑧]。某种程度上说，零桂峤道在五岭交通中的枢纽地位，主要通过朝廷对岭南的政治统治及商贸联系来确定的。

六、中原人民南迁路线

春秋战国，楚国所灭鄀、贰、轸、应、罗、卢、申、六、蓼、舒、麇、庸、萧、道、许、唐、顿、蔡、宋、巴等20国遗民，大部迁徙三湘四水。楚文王十一年（前679），迁罗子国遗民于汨罗江畔，是最

① 《晋书·陶璜传》。

② 《三国志·孙皓传》。

③ 《三国志·孙皓传》。

④ 《晋书·陶璜传》。

⑤ 《陈书·高祖本纪》。

⑥ 直到1000余年后的明末，意大利传教士利玛窦在中国札记中写道："这儿（赣水上游）遍布无数的涡流，舟人若无经验，船只就会陷入急流，撞在岩石上，损失行装，乃至于丧命。此地叫做十八滩，得名于十八处危险地点。"参见（意大利）利玛窦、金尼阁 著：《利玛窦中国札记》，北京：中华书局，2005年，第281页。

⑦ 《晋书·卢循传》。

⑧ 何德章：《六朝建康的水陆交通》，收于武汉大学中国三至九世纪研究所 编：《魏晋南北朝隋唐史资料》（第19辑），上海：上海古籍出版社，2002年，第69页。

早记载的举国（族）迁湘。战国中期吴起变法，“令贵人往实广虚之地”[①]，大批楚人南迁洞庭、苍梧、黔中诸郡。

秦平百越后，数次迁徙士卒、妇女、罪人等“中国人”[②]戍守、经营岭南。两汉之交，中原地区频遭战乱，“天下空虚，百姓饥馑，父子分散，流离道路，以十万数。”[③]这些流离人口，大多自发迁往相对安定的江南地区。东汉永初年间（107—113），黄河流域“连年水旱灾异，郡国多被饥困……被灾之郡，百姓凋残，恐非赈给所能胜赡。”朝廷遂将“尤困乏者，徙置荆、扬熟郡”[④]。湖湘属“荆、扬熟郡”[⑤]，成为接受北人南迁主要地区。2014年9月，浏阳发掘东汉晚期墓群，墓室形制与北方同期汉墓相似，印证了北人南迁对当地经济文化、社会习俗的影响[⑥]。

谭其骧先生在《湖南人由来考》中写道：

> 中原人之开始大量来移湖南，湖南之始为中原人所开发，其事盖促成于莽末更始之世。方是时，中原大乱，烽烟四起，田园尽芜，千里为墟，百姓皆无以为生，必有南阳、襄阳诸郡之人，南走避于洞庭、沅、湘之间，筚路蓝缕，以启此荒无人居之山林旷土也。故西汉户口，元始为盛，东汉户口，永和为盛，以全国言，永和之户，不加于元始；然以长沙等四郡言，则百四十年间，户增四倍，口加五倍，此非自然滋生所可致，外来之移殖者盖有以致之也。[⑦]

两晋之际，“八王之乱”“永嘉之乱”相继发生，匈奴、鲜卑、羌胡等族不断袭扰、内侵，洛阳和长安先后被匈奴攻占，最终导致西晋（265—316）灭亡。永嘉年间（307—313），幽、并、司、冀、秦、雍等州遭蝗灾瘟疫，“米斛万钱”“尸骨遍野”[⑧]。为求生计，缙绅士大夫及庶民百姓南迁巴蜀、荆扬，史称“衣冠南渡”[⑨]。

不堪异族压迫的秦、雍等州汉人，翻越秦岭，南迁巴蜀。这些移民生无着落，对社会稳定构成严重威胁，巴蜀土著被迫东下，流亡荆湘。“时流人在荆州十万余户”[⑩]，流民问题一度十分突出。311—315年间，湘州流人叛乱，推杜弢为首领，连破长沙、零陵等郡，影响波及湖南全境。

湘州社会安定，“民丰土闲”[⑪]，是南迁人口理想栖息地。长沙郡公陶侃主政荆湘，政简刑肃，以法治道，“水陆肃清，流亡者归之盈路。”[⑫]湘州刺史张缵招诱流亡，安置各郡县，“流人自归，户口增益十余万，州境大安”[⑬]；萧修持节湘州，“长沙频遇兵荒，人户凋弊。修劝穑务分，未期，

---

① 《吕氏春秋·贵卒》。

② 《史记·南越列传》。

③ 《汉书·孔光传》。

④ 《后汉书·樊宏列传》。

⑤ 1974年，长沙阿弥岭西汉墓出土“万石仓”粮仓模型，可窥两汉湖湘米粟之盛。

⑥ 阳建：《湖南浏阳发现两千年前古墓群 曾见证东汉人口南迁》，《新华网》，2014年9月26日。

⑦ 谭其骧：《湖南人由来考》，收于谭其骧《长水集》（上册），北京：人民出版社，1987年，第301页。

⑧ 《晋书·食货志》。

⑨ （唐）刘知几撰《史通·邑里》：“异哉，晋氏之有天下也！自雒阳荡覆，衣冠南渡，江左侨立州县，不存桑梓。”

⑩ 《晋书·刘弘传》。

⑪ 《南齐书·州郡志》。

⑫ 《晋书·陶侃传》。

⑬ 《梁书·张缵传》。

流人至者三千余家。”①

为安置南迁百姓，朝廷在流民较多地区“侨立郡县”②。如东晋隆安元年（397），在作唐（今安乡县境）西南侨立南义阳郡，安置义阳郡（治今河南新野）厥西、平氏等县流民。东晋元熙二年（420），厥西、平氏县 23% 的人口迁入南义阳郡，计 1607 户、9741 人，占作唐县总人口的 52%。③刘宋元徽年间（473—477），湘州刺史王僧虔“表割益阳、罗、湘西三县缘江民立湘阴县”，以安置“巴峡流民”④。

黄河流域人民南迁，江南社会发展进程因之加快。东晋以降，全国经济重心开始南移，涵盖长江中下游的荆扬大经济区渐次形成。从东晋初“荆扬晏安，户口殷实”⑤，到刘宋时“荆扬户口半天下”⑥，与中原百姓大量南迁不无关系。

随着中原人口南迁及巴蜀流民入湘，湖南境内民族成分出现较大变动。丘陵平原、河谷地带，成为汉人聚居地。原本栖息这些区域的“长沙蛮”“莫徭蛮”“零陵蛮”“武陵蛮”等土著，不堪频繁讨伐和税负徭役，被迫迁徙湘资沅澧中上游山区。

汉晋南北朝，中原汉人曾有三次大的南迁浪潮，移民总数在 250 万左右⑦。仅两晋之交，南迁人口近 30 万户，约占西晋总人户的 1/12。因岭南战乱波及较少，是避乱、避役的理想去所。其迁移路线：中原难民或循荆襄道，渐入江陵、孱陵、作唐、临沅、龙阳、益阳、临湘；或由随枣走廊，经江夏、蒲圻入巴陵、罗县、临湘；巴蜀难民大都选择水路，顺江而下荆湘。继沿湘水南行，或由耒水、舂水、钟水逾九嶷山、骑田岭下洭水、溱水，或循深水越萌渚岭入贺水，或由湘水过越城峤入漓水。经由扬州的移民，多沿赣水、豫章水逾大庾岭入浈水。这些迁徙至交、广各地的中原汉人，成为岭南客家的早期先民。

第二节　水运网络的形成

以洞庭湖为枢纽，辐射江、湘、资、沅、澧的湖湘内河航运网络，形成于魏晋南北朝时，与洞庭湖演变及杨夏水道开凿密切相关。

一、洞庭湖的演变

洞庭湖系中生代白垩纪燕山运动时期洞庭盆地下陷的产物。先秦两汉时期，长江经今虎渡河一线分流南下，“洞庭之野”为一江合湘、资、沅、澧等水道切割的沼泽地貌。水系之间，洼地、

① 《南史·列传第四十二·梁宗室下》。

② 《隋书·食货志》：“晋自中原丧乱，元帝寓居江左，百姓之自拔南奔者，并谓之侨人。皆取旧壤之名，侨立郡县，往往散居，无有土著。”

③ 安乡县志编纂委员会 编：《安乡县志》，北京：新华出版社，1994 年。

④ 《南齐书·王僧虔传》。

⑤ 《晋书·王导传》。

⑥ 《宋书·何尚之传》。

⑦ 湖南省地方志编纂委员会 编：《湖南省志·交通志》，长沙：湖南出版社，1996 年，第 6 页。

湖泊、沼泽遍布，汛期浸淹，形成巨泽。楚人利用这些河道水系，浮舟沅湘，进占洞庭、苍梧、黔中等地，向南扩展疆域。

这一时期，洞庭地区又被称为“九江”。《禹贡·导江》：“岷江导江，东别为沱，又东至于澧，过九江，至于东陵。”东汉高诱注《吕氏春秋》“鱼之美者，洞庭之鲋”曰：“洞庭，江水所经之泽名。”《楚辞·哀郢》记楚郢都东迁，因“江与夏不可涉”，故“将运舟而下浮兮，上洞庭而下江。”清代学者蒋骥在《楚辞余论》中说：《哀郢》“总纪之曰东迁”“自夏首（郢都）而洞庭、而夏浦（即鄂渚，武昌）。”

成书于战国至汉的《山海经·中山经》，是证明《禹贡》“九江”为洞庭地区的早期文献。

洞庭之山，帝之二女居之，是常游于江渊。澧沅之风，交潇湘之渊，是在九江之间，出入必有飘风暴雨。

说明当时洞庭山（今岳阳君山）附近有两个较为深广的河流回水区，即所谓“潇湘之渊”和“江渊”，后来发展成为青草湖和洞庭湖。湘、资、沅、澧诸水在这一带与长江交汇，水深流急，江面广阔，故谓之洞庭。《说文》：“洞，疾流也”“庭，宫中也。”另外，出土“鄂君启节”西南水路铭文：

徒（涉）江，内湘，庚口（牒），庚口（洮）阳，内澮（耒），庚鄙（郴），内资、沅、澧、油，徒（涉）江，庚木关，庚郢。

从舟节铭文不记“逾湖”来看，当时洞庭地区还是一片河网纵横、湖沼棋布的泽原，与《庄子》所称“洞庭之野”[①]景观相符。

《史记·秦始皇本纪》：

渡淮水，之衡山、南郡。浮江至湘山祠，逢大风，几不得渡。

上述始皇巡视线路，不仅说明当时江湖相通，亦证秦时长江主泓在今长江水道之南。故《淮南子·人间训》称：

江水之始出于岷山也，可褰衣而越也；及至乎下洞庭……起波涛，舟航一日不能济也。

成书于东汉建初五年（80）的《汉书·地理志》载：

南郡高成县（治今湖北松滋）洈山，洈水所出，东入油。油水南至华容县入江，过郡二，行五百里。

又成书于东汉建光元年（121）的《说文》称：

油水出武陵孱陵西，东南入于江。

这里的“江”，北魏郦道元所著《水经注》考证，是“湘水，非江川”。洈水东流、油水南流，

① 《庄子·天运》：“帝张咸池之乐于洞庭之野。”

表明这一时期的油水也和湘、资、沅、澧一样，属于洞庭湖水系。

先秦两汉时期，烟波浩渺的洞庭湖尚未形成。《山海经·海内东经》：“湘水出舜葬东南陬，西环之入洞庭下，一曰东南西泽。”所谓“东南西泽”，当指洞庭地区分布的东、南、西三片湖泊沼泽，后来分别演变洞庭湖、青草湖、赤沙湖。

魏晋时期，“荆江—洞庭湖”关系发生重大转变，荆江南岸地势由北高南低变为南高北低，油水由东南入江改为北注于江。《水经》记：“油水出武陵孱陵县之东北，迳公安县西，又北注长江。”《水经注》也确认，油水“北流，注于大江”[①]。造成江湖关系变化的主要原因是，先秦两汉江湖相通过程中，洞庭地区在长期的自然淤积作用下，湖泊水位逐渐壅高，油水及荆江南流入湖时受到阻碍。

长江自江陵至洞庭湖口之间，两岸分布着众多支流及分水穴口。据《水经注》，有豫章口、中夏口、涌口（以上三口均在荆江北岸）、油口（油水入江之口）、景口、沦口（均在油口之东，为澧水分流入江之口）、高口、故市口、子夏口、侯台水口、龙穴水口、俞口、清阳口、土坞口、饭筐上口、饭筐下口、清水口、生江口（生江水南与澧水下游相通，为澧水分流入江之口）等18个水口。这些水口将荆江汛期洪水径流量分泄，使干流流量常年保持恒定，曲流顶冲位置相对固定，说明荆江典型的蜿蜒河道已经形成。

向云梦泽分泄洪水的荆江北岸诸水口，以中夏口最大，为夏水之源。《水经注·江水》称“江水左迤为中夏水”，又引应劭《十三州记》云：“江别入沔，为夏水源。夫夏之为名，始于分江，冬竭夏流，故纳厥称。”其他分江入夏的水口还有，豫章口“夏水所通也”、子夏口“江水左迤北出，通于夏水”、俞口“夏水泛盛则有，冬无之”[②]。

两汉时期，洞庭湖区人口剧增[③]，出现了第一次围湖垦殖高潮。东汉初年，樊重（光武帝刘秀之舅）在临沅兴修“筑陂”工程，“有肥田数千顷，岁收谷千万斛。”东吴丹阳太守李衡在汉寿汜洲上“作宅，种桔千株”“岁得绢数千匹，家道富足。”[④]涔水下游有一面积数千顷“涔坪屯”[⑤]。系孙权从关羽手中夺回荆州后，大将周泰屯兵开垦。南齐时，“（武陵）郡南有古江堤久废……悛亲率厉之，于是乃立。”[⑥]显然，此堤为保护江岸滨湖农田、种植园而筑。这些大规模的围垦活动，导致入湖泥沙有所增多，加速了洞庭湖淤积进程。

东晋南朝，“是荆江分流向统一河床塑造的转变阶段”[⑦]。由于荆江江陵段兴筑金堤，云梦泽趋于萎缩，长江主泓改道北移，江水水位升高，顶托作用使得凹陷的湘、资、沅、澧尾闾地区形成一片浩瀚巨泽。油口下游的荆江南岸，开始出现景口、沦口两股长江分流汇合而成的强盛沦水，

① 《水经注·油水》。

② 《水经注·江水》。

③ 两汉时期，洞庭地区分隶于南郡、武陵郡、长沙郡（国）。西汉平帝元始二年（2），三郡共203226户、1140123人；东汉顺帝元和五年（140），三郡人口增加到465096户、2057589人。参见湖南省国土资源厅 编：《洞庭湖历史变迁地图集》，长沙：湖南地图出版社，2011年，第37页。

④ 《三国志·孙休传》裴注引《襄阳记》。

⑤ 《水经注·澧水》。

⑥ 《南齐书·刘悛传》。

⑦ 罗传栋 主编：《长江航运史·古代部分》，北京：人民交通出版社，1991年，第108页。

干扰洞庭水系[①]。导致澧水故道横断、湘水东切、沅水南趋、资水分叉东北，原来河网化的沼泽变成湖泊，一江四水皆会于湖的格局最终形成。《水经注·江水》：

江水……又东迳公安县北，县有油水，水东有景口，口即武陵郡界；景口东有沧口，沧水南与景水合，又东通澧水及诸陂湖。

南朝宋（420—479）时，盛弘之在《荆州记》中云："巴陵南有青草湖，周回数百里，日月出没其中。"体现了洞庭湖扩展这一巨大变化。《水经注》称湘、资、沅、澧，"凡此四水，同注洞庭，北会大江……湖水广圆五百余里，日月若出没于其中。"[②]洞庭湖演变，为湘、资、沅、澧及长江之间的水道运输，提供了优越的航行条件。这一时期的洞庭湖面积，《水经注·湘水》称"湖水广圆五百余里。"《洞庭湖志》据此推算，"包括青草湖、赤沙湖及其他边缘湖群在内的湖泊总水面，接近6000平方公里。"[③]

二、扬夏水道开凿

楚庄王（前613—前591）时，激沮水作渠，沟通漳水和扬水，开凿了世界上最早的运河——"云梦通渠"。它西起江陵，东北至今潜江附近的泽口入汉水，形成约600里的行舟水道[④]。这比之前的沿江溯汉，缩短航程近700里，极大改善了郢都北上中原的水路交通。

楚昭王十年（前506），伍子胥率吴师伐楚，曾疏浚云梦通渠，以入郢都，故《水经注》称其为"子胥渎"[⑤]。

云梦通渠湮灭后，由襄阳至江陵只能顺汉水而下，再溯江而上。竟陵（治今湖北潜江[⑥]，一说天门）至江陵航程约合"千数百里"[⑦]。

西晋太康元年（280）平定东吴，为改善荆州南北漕运，镇抚零陵、桂阳、衡阳三郡的大将军杜预开凿自汉水南岸扬口（竟陵城东）至江陵运河；同时，疏浚夏水、子夏水通江[⑧]，再于荆江南岸调弦口凿华容运河，入巴丘湖，史称杨夏水道或杜预运河。华容运河是湖南历史上见于文献的第一条人工河渠。《晋书·杜预传》：

开扬口，起夏水，达巴陵千余里，内泻长江之险，外通零桂之漕。

战国时期，湘水流域就是楚国重要粮食基地，有"复雠、庞、长沙，楚之粟也"之称[⑨]。三国时，

① 张修桂：《洞庭湖演变的历史过程》，《历史地理》创刊号，1981年。

② 《水经注·湘水》。

③ 李跃龙 主编：《洞庭湖志》，长沙：湖南人民出版社，2013年，第136页。

④ 《汉书·地理志》："漳水……东至江陵入阳（扬）水，阳水入沔，行六百里。"

⑤ 《水经注·沔水》。

⑥ 谭其骧 主编：《中国历史地图集》（第一册），北京：中国地图出版社，1996年。

⑦ 《晋书·杜预传》："旧水道，唯沔汉达江陵千数百里，北无通路。又巴丘湖，沅湘之会，表里山川，实为险固，荆蛮之所恃也。"

⑧ 夏水位于扬水以南，从江陵以东附近的长江北岸中夏口分流而出，经监利向西，注入汉水。子夏水从其南面、石首附近长江北岸子夏口分流而出，《水经注》称其"通于夏水，故曰子夏也。"

⑨ 《史记·越世家》。

“长沙好米”盛名流传。“外通零桂之漕”即疏通零陵、桂阳、衡阳等郡漕粮北上襄阳（荆州州治，今湖北襄樊）乃至京都洛阳的运道。

杜预运河工程重点，一是“开扬口”，即循楚开云梦通渠旧迹，疏浚扬水故口，利用扬、汉水道沟通江陵与竟陵、襄阳等地的联系；二是“起夏水”，即整治夏水，疏通石首调弦口，开华容运河（调弦河）。这样，沿夏水、子夏水，由夏口入江，转华容运河达巴丘湖（图 5-4）既可避大江行舟风险，又为通湘、资、沅、澧捷径，强化朝廷对沅湘统治。故“南土歌之曰：后世无叛由杜翁，孰识智名与勇功。”[①]

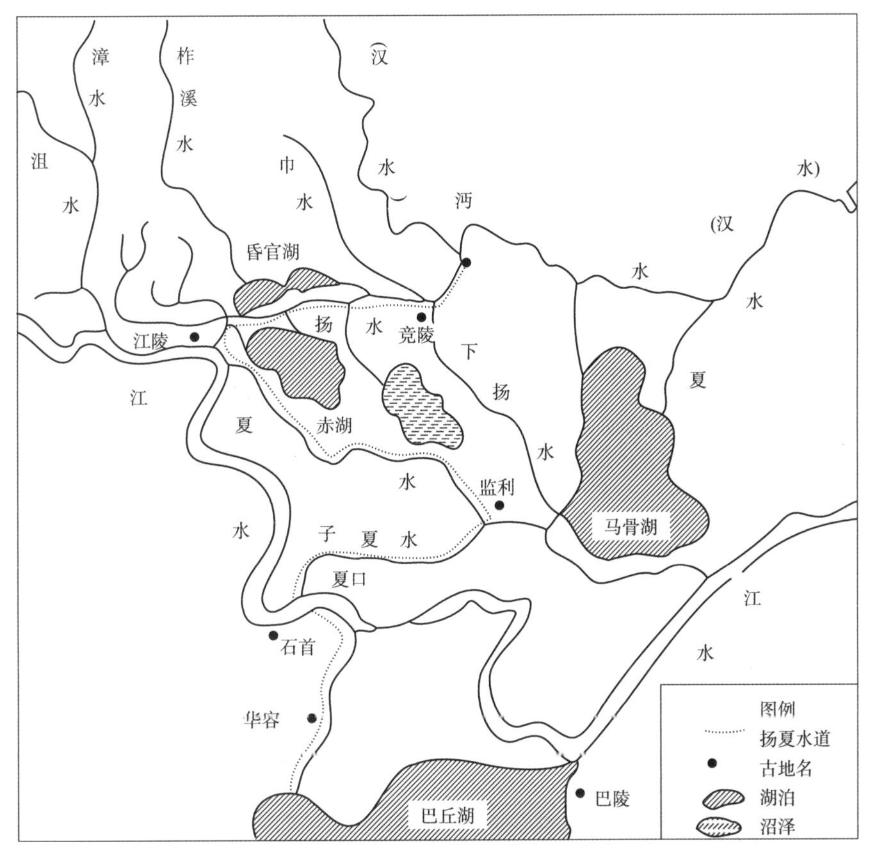

图 5-4 扬夏水道示意图[②]

自扬口经扬水、夏水、子夏水、江水、华容河至巴丘湖水道开通后，零桂漕粮便可浮舟洞庭，经华容河、扬夏水道至扬口，溯汉水至襄阳。该道缩短航程 600 多里，南北水运更加便捷、安全。东晋元帝年间（317—323），“王处仲（王敦）为荆州刺史，凿漕河通江汉南北埭。”[③] 南朝“宋元嘉中（424—453），通路白湖，下注扬水，以广运漕。”[④] 这表明，扬夏水道开通后，东晋南朝仍是通江达汉的捷径。

北接荆江调弦口、南达巴丘湖的华容运河，干预了江湖关系自然演变进程。江水挟沙南泄，

① 《晋书·杜预传》。

② 罗传栋 主编：《长江航运史·古代部分》，北京：人民交通出版社，1991 年，第 113 页。

③ （宋）王象之 撰：《舆地纪胜·江陵府》，清影宋钞本。

④ 《水经注·沔水》。

湘、资、沅、澧顺流而下，夏秋之际相互顶托，泥沙淤积渐次增多，湘江长沙水陆洲、湘潭杨梅洲、衡阳筷子洲等沙洲，在百数十年间依次出现。

随着南北水路更加便捷，湘境航运渐趋繁忙，造船业进一步发展。晋人云："湘州七郡，大艑所出，皆受万斛。"[①] 随着以洞庭湖为枢纽的水运网络形成，湖湘水系南联两广、北通江汉的局面也因之形成。故北宋司马光称："开杨口，通零桂，公私赖之。"[②]

三、湘水航道整治

由于海运"风波艰阻，沉溺相系"[③]，中原和北部湾、东南亚等地联系，主要经由汉水、江水、湘水、漓水、郁水、北流江和南流江等水。交趾进贡东吴朝廷的"明珠、大贝、流离、翡翠、玳瑁、犀、象之珍，奇物异果，蕉、邪、龙眼之属"[④]，汇集合浦后，溯南流江，逾桂门关，入北流江、绣江、郁水，转溯漓水，过灵渠，再顺湘水入洞庭，出长江至建业。位处南流江下游的港城合浦，是交趾、九真、日南诸郡及外邦使者、商人北上中原的必经之所。

灵渠沟通湘、漓二水，素称"楚粤咽喉"，秦朝开通后一直是历代整治重点。

西汉元鼎五年（前112），汉武帝"因南方楼船卒二十余万人"，兵分五路进攻南越。其中，"故归义粤侯二人为戈船、下濑将军，出零陵，或下离水，或抵苍梧。"[⑤] 当是时，"以长沙、豫章往（南越），水道多绝，难行。"[⑥] 大军南征，必然要对水浅道窄的湘水上游和灵渠进行疏浚。

东汉建武十六年（40），交趾征侧、征贰姐妹反叛，光武帝派伏波将军马援平息。为确保兵马粮草顺利通行，"光武乃诏长沙、合浦、交趾具车船，修道桥，通障溪。"[⑦] 这是历史上湘水航道整治的首次记载。唐代鱼孟威撰《桂州重修灵渠记》：

> 灵渠乃海阳山水一派也，谓之漓水焉。旧说秦命史禄吞越峤而首凿之，汉命马援征徵侧而继疏之。

建初八年（83），大司农郑弘"奏开零陵、桂阳峤道。"无疑包括对灵渠及湘水、潇水及耒水上游碍航河段的疏浚。

由湘境入岭南水道除湘水、灵渠、漓水航线外，另有一条水陆联运通道：溯耒水，出桂阳，越骑田岭后下武水或湟水，入溱水。其中，武水道"水石险恶，装载重舟多致沉坏"，航行艰难。熹平三年（174），桂阳太守周憬"乃令良吏，将帅壮夫，排颓磐石，投之窭壑。夷高填下，凿截回曲"，疏浚武水"九泷十八滩"，以利商旅传驿。从此，"小溪乃平直，大道永通利，抱布贸丝，

① 《荆州记》。
② 《资治通鉴·晋纪》。
③ 《后汉书·郑弘传》。
④ 《三国志·士燮传》。
⑤ 《汉书·南粤传》。
⑥ 《史记·西南夷列传》。
⑦ 《后汉书·南蛮西南夷列传》。

交易而至。”[①]

东晋史学家干宝撰写的《搜神记》载：

吴时，葛祚为衡阳太守。郡境有大槎横水，能为妖怪。百姓为立庙，行旅祷祀，槎乃沉没，不者槎浮，则船为之破坏。祚将去官，乃大具斧斤，将去民累。明日当至，其夜，闻江中汹汹有人声。往视之，槎乃移去，沿流下数里，驻湾中。自此行者无复沉覆之患。衡阳人为立碑曰：“正德祈祷，神木为移。”

这则故事，侧面反映了魏晋时期湘水航道疏浚的史实。

四、港埠的兴起

港口源于津渡和江防城堡。自黄河流域先民入湘、楚人南下以来，水运渐由短距离、采捕为主，向长距离、货贸为主转变。作为水陆交通节点的港口码头，则演变为军需、贡献、贩运物资集散地，乃至区域政治、经济中心。

考古材料显示，澧县城头山、鸡叫城及华容七星墩是省境最早的港城，沅江吼龙港（屈家岭文化时期）、桃江杨家渡（商周时期）属早期渡口。

春秋战国，楚人商业活动北至齐晋、南及南海、西抵秦巴、东通吴越。洞庭、苍梧、黔中所出铜、铁、锡、长松、文梓、豫章及“长沙鳖”“洞庭之鳟”“湘波之鱼”“包匭青茅”等方物，贡输郢都或贩运四方皆由水路。鄂君启节记录的水运路线，再现了楚国商贸繁荣的景象。长沙、巴陵、罗、麇、庞、鄙、索、益阳、沅陵、溆浦、张若城、里耶、四方城、黄楚城、白公城、申鸣城、涔阳等港城先后形成。

秦汉时期，由于灵渠开凿和武水整治，长江水系与珠江水系联通，南北水运发展，“传役”委输和商贸贩运并举。临湘、临沅、索县、酃县、泉陵、营浦、郴县、耒阳等港得以兴盛。

两晋之交，中原内乱外扰，士子庶民大规模南迁，先进文化技术随之南传，带动资源向纵深开发。“湘州地多所出，所得并入朝廷，粮运竹木，委输甚众。”[②]商贸活动空前，港埠进一步发展。

长沙港 周初，洛邑举办“成周大会”时，接纳的方物就有“长沙鳖”。贡输路线大概“浮于江、沱、潜、汉，逾于洛”[③]。战国至汉初，三汊矶筑有港城——“北津城”[④]，城址面积约50万平方米。长沙出土战国“龙节”——船舶通航符节，印证了长沙水运的繁盛。由于湘水东岸高隆宽阔，地理条件优于西岸，汉代长沙迁筑东岸。这一时期的长沙港，既是朝廷经略岭南的战略基地，也是南北商贸的中转大港。

三国时，长沙是东吴军港兼商港，设“解烦”“敢死”二部水军，“作邸阁”以“通会市”[⑤]，

① （清）王闿运、汪敩灏撰：《桂阳直隶州志》，卷八，清同治七年刻本。

② 《陈书·华皎传》。

③ 《尚书·禹贡》。

④ 《水经注》：“城之西北有故市，此即临湘县之新治，县治西北有北津城。”

⑤ 《三国志·吴主传》。

邸阁是仓库的代称。1996 年 10 月，长沙走马楼出土 10 万余枚三国孙吴简牍，其中包括大量记有商务与金融契约及“邸阁”的吴简[①]，再现了这一时期商贸盛况。

东晋南朝，农副产品和手工业品等产量大增，官府多次以“和市”方式收购贩运，既调节了物价，又充实了政府库存和财政收入。“唯京师及三吴、荆、郢、江、湘、梁、益用钱，其余州郡，杂以谷帛交易。”[②]造船业相应发展，“大艑所出，皆受万斛。”

衡阳港　战国“庞”地粮食集散的主要港口。秦汉扼控岭南，衡阳是后勤中转基地。三国吴时，从“湘东太守张咏不出算缗，就在所斩之，徇首郡县”[③]的记载来看，当时衡阳港商船云集，航运繁忙。

郴州港　楚国苍梧郡治、楚南重要港邑。据鄂君启节，鄂君商务船队曾溯耒水，抵鄗（郴）进行货贸活动。

益阳港　楚郢都南下洞庭、苍梧要津。为防御梅山蛮（长沙蛮），保护临沅—临湘一线运输安全，在益阳置县。建安二十年（215），关羽屯兵益阳与孙吴军相拒[④]。期间，鲁肃率程普、甘宁等将领于益阳溪口会关羽，这便是“关云长单刀赴会”故事出处。

常德港　形成于春秋晚期。楚平王“舟师伐濮”，曾泛舟常德。秦昭襄王三十年（前 277），蜀守张若“伐取巫郡及江南”后，在常德临沅水筑城，“以拒楚，并统五溪”[⑤]。汉晋南北朝，临沅是沅水流域商货物资集散、中转港埠。

沅陵港　位于沅、酉水交汇处。周初，境内就向朝廷贡输丹砂[⑥]。西周晚期，楚人进入麻阳开采铜矿[⑦]。采出矿石皆经沅陵转输各地。战国中期，楚人经营沅、澧流域，置黔中郡，沅陵是郡治所在[⑧]。东吴初，孙权“遣太常潘浚率众五万，讨武陵蛮夷。”[⑨]潘浚在此筑营扎寨，兵进沅、酉流域[⑩]。

澧县港　澧水支流澹水北岸的城头山遗址，是国内所见年代最早的城址，曾发掘木船桨等舟楫遗存。城址设有水门，通过水门、护城河及人工河道可通达澹水、澧水、长江。鄂君船队曾由江水入澧，从事商业贩运[⑪]。

巴陵港　殷商势力南下，即在江、湘交汇之铜鼓山（今岳阳陆城镇）筑城，并以此为据点向湘、资流域扩张。周敬王十五年（前 505），楚昭王“使（王孙）由于城麇”[⑫]，修筑西麇港城，

---

① 湛玉书：《三国吴简“关邸阁”之再认识》，《重庆工学院学报》，2006 年第 7 期。

② 《隋书·食货志》。

③ 《三国志·孙皓传》。

④ 《三国志·甘宁传》：“宁随鲁肃益阳拒关侯，侯择精锐五千投县上流十余里浅濑，云欲夜渡。肃选兵益宁，宁乃夜住，侯闻之，住不渡而结寨营。”

⑤ （唐）李吉甫 撰：《元和郡县志·朗州》，清武英殿聚珍版丛书本。

⑥ 《逸周书·王会》：“卜人以丹砂。”

⑦ 高至喜、熊新传：《楚人在湖南的活动遗迹概述》，《文物》，1980 年第 10 期。

⑧ 《史记·苏秦传》：“楚黔中郡，其故城在辰州西二十里，皆盘瓠之后也。”

⑨ 《三国志·吴书》。

⑩ 《水经注·沅水》：“酉水又东经沅陵县北，又东南经潘承明垒西，承明讨五溪蛮，营军所筑也。”

⑪ 参见本书第三章第三节《鄂君启节交通路线与楚国商业贩运》。

⑫ 《左传·定公五年》。

为巴陵建城之始。三国时，鲁肃筑巴丘城，建阅军楼（今岳阳楼）操练水军，成为东吴的重要军港。魏晋以降，巴陵既是江防要津，又是商贾流通之会，军事、政治、经济地位进一步提升。扬夏水道、华容运河开凿后，巴陵港成为水道户枢，遂设巴陵县，继为巴陵郡治。

第三节　湘米北漕与造船业发展

“永嘉之乱”后，晋室南渡，历东晋、宋、齐、梁、陈，沅湘始终归属南朝。相对稳定的社会环境，中原人民大量南迁，加快了湖南农业开发进程，主要表现在耕地面积扩大、水利工程兴修、牛耕推广、经济作物广为种植和养殖业兴旺等方面。

以洞庭湖为枢纽的水运网络形成，刺激了漕运、纲运和贩运兴盛，造船业因之发展。世界上首次采用水密舱的船舶以及“拍舰、火舫、水车”等先进战舰[①]，皆由湖湘创造。

一、农业进步与湘米北漕

三国时，为防阻蜀汉、曹魏，控遏武陵、雪峰诸蛮，威服岭南百越，东吴着力经营荆湘。在劝农桑、通会市、复兴水运的同时，实行屯田制度，以农养兵。屯田兵士“不给他役，使春惟知农，秋惟收稻，江渚有事，责其死效”[②]。驻屯地农田得以大量开垦。荆湘屯区有长沙沤口、澧县涔坪屯、赤壁陆口、蒲圻屯、夷陵屯等[③]。

东吴黄武二年（223），“步骘升迁为右将军左护军，改封为临湘侯。五年，假节，徙屯沤口。”[④]东吴黄龙三年（231），“以南土清定，吕岱还屯长沙沤口。”[⑤]沤口位于茶陵东南，洣水与古沤江汇合处。

涔水流域的涔坪是吴将周泰驻屯之地。《水经注・澧水》：

> 涔水出西北天门郡界，南流迳涔坪屯，屯堨涔水，溉田数千顷。

《荆州记》载，长沙郡东“有龟塘，周回四十五里。有灵龟出其中，故塘因名焉。”据长沙走马楼吴简记录，临湘侯国有具体“沃田”顷亩的“波塘”31个，多为小型灌溉工程[⑥]。

农业技术进步，尤其是牛耕推广和先进农具普及，促进了生产率提高和作物产量增加。东吴后期，税米、商税、船钞“调赋相仍”[⑦]。

税粮古为“国课”，姬周以降历代按田亩或丁口征收。税粮水运京师或指定地区，或给军粮，

① 《陈书・徐世谱传》。
② 《三国志・陆凯传》。
③ 陈连庆：《孙吴的屯田制》，《社会科学辑刊》，1982年第6期。
④ 《三国志・步骘传》。
⑤ 《三国志・吕岱传》。
⑥ 王晓天 主编：《湖南经济通史・古代卷》，长沙：湖南人民出版社，2013年，第265页。
⑦ 《三国志・陆凯传》。

或分储仓，是为漕运。沅湘因“湘川之奥，民丰土闲”①，是楚国重要粮仓。里耶出土秦简，就有漕粮运输记录②。

《后汉书·安帝纪》载，东汉永初七年（113），“调零陵、桂阳、豫章、会稽租米，赈给南阳、广陵、下邳、彭城、山阳、庐江、九江饥民”。这是湘米北漕的最早文献。

建安十四年（209），诸葛亮“督零陵、桂阳、长沙三郡，调其赋税（主要是粮食），以充军实”③。诸葛亮征集的漕粮经湘水、洞庭航道转输刘备驻屯的公安。

长沙稻米产量高，质量好。魏文帝曹丕《与朝臣书》：“江表惟闻长沙名，有好米，上风炊之，五里闻香。”④这表明，汉魏时期“长沙好米”已载誉中原。

晋初，杜预“开扬口，起夏水，达巴陵千余里，泻长江之险，外通零桂之漕”⑤。晋太安元年（302），益州刺史罗尚为李特流民起义军所败，“遣使告急请粮”，荆州刺史刘弘“以零陵米三万斛给之，（罗）尚赖以自固”⑥。东晋“王敦之乱”时，湘州主簿邓骞专程赴襄阳，劝镇南大将军甘卓起兵平乱，“襄阳之于大府……绝荆湘之粟，将军安归乎？”⑦

宋、齐、梁、陈，湖南作为粮食主产区地位更加明显，湘米北漕有增无减。南朝宋元嘉二十六年（449），“上欲大举北伐，以襄阳外接关河，欲广其资力，乃罢江州军府，文武悉配雍州，湘州入台税租杂物悉给襄阳。”⑧南齐时，豫章王萧嶷领荆湘二州刺史、南蛮（包括武陵山区诸蛮在内的湘鄂西少数民族）校尉等职。

荆州资费岁钱三千万，布万匹，米六万斛，又以江、湘二州米十万斛给镇府；湘州资费岁七百万，布三千匹，米五万斛；南蛮资费每年三百万，布万匹，绵千斤，绢三百匹，米千斛。⑨

南齐末年，发生“东昏（东昏侯萧宝卷）”“西台（萧衍等拥立萧宝融为帝，建都江陵，史称西台）”之争。西台以刘坦为辅国长史、长沙太守，行湘州事。为筹粮北输荆郢，刘坦派能人干吏分赴湘州十郡，“悉发人丁，运租米三十余万斛，致之义师，资粮用给。”从而使“荆雍之军粮不乏。”⑩梁元帝萧绎（508—554）时代，更是“江湘委输，方船连舳”⑪。足见湘米北漕规模之大。

---

① 《南齐书·州郡志》。

② J1（8）2191是一份延误输巴郡闽中漕船运输的审讯记录：“（秦始皇）廿九年七月戊午迁陵丞昌讯（正）鞫之：又（有）留不传闽中漕（背）”参见陈伟主编：《里耶秦简牍校释》（第一卷），武汉：武汉大学出版社，2012年，第443页。

③ 《三国志·诸葛亮传》。

④ （明）张溥编：《汉魏六朝一百三家集·魏文帝集》，清文渊阁四库全书本。

⑤ 《晋书·杜预传》。

⑥ 《晋书·刘弘传》。

⑦ 《晋书·甘卓传》。

⑧ 《宋书·刘诞传》。

⑨ 《南齐书·豫章王传》。

⑩ 《梁书·刘坦传》。

⑪ 《梁书·元帝纪》。

二、潘浚征“武陵蛮”与走马楼督军粮都尉简

1996年10月，长沙走马楼22号井窖出土10万余枚东吴简牍，超过国内历年出土简牍总和。所出木简、竹简、木牍、签牌和封检，含长沙郡府、临湘县（今临湘市）及临湘侯国文书，涉及政治、军事、司法、赋税、户籍、社会生活等方面，年号自建安二十五年（220）至嘉禾六年（237）。其中，“建安年号顺延至二十七年，直至孙权称帝的黄武元年（222）。”[①] 该条史料证实，建安二十五年发生的曹丕篡汉行径，最初并没有得到孙权、刘备等政治集团认可。

东吴黄龙二年（230），武陵“蛮夷叛乱”。三年春，孙权“遣太常潘浚率众五万，讨武陵蛮夷”[②]。并派镇南将军吕岱率朱绩、吕据等督军征讨。潘浚循当年马援进军路线，兵至沅陵驻屯。《三国志·潘浚传》：

> 五溪蛮夷叛乱盘结，权假浚节，督诸军讨之。信赏必行，法不可干，斩首、获生盖以万数，自是群蛮衰弱，一方宁静。

征讨“武陵蛮”期间，为便于调兵遣将及军需转运，潘浚筑营垒于沅、酉水交汇处，遗址在今沅陵太常村[③]。自黄龙三年潘浚出兵，至嘉禾三年（234）平定武陵蛮，动用兵力5万，比当年出征五溪的马援军多出1万，足见“武陵蛮”强盛兵势。

走马楼吴简记载了孙吴平定武陵、转运粮草、交通诸郡等事，涉及长沙郡辖诸县，特别是临湘县属乡、里，为三国史研究提供了宝贵资料。其中，吴简“督军粮都尉移楼船仓书掾吴邦吏□□□□□（2057）”[④]，或可证实，潘浚征武陵蛮时，动用了楼船水师溯沅参战。

走马楼出土“督军粮都尉”简百余枚，证实长沙是潘浚征“武陵蛮”所需粮草兵员的后勤基地。如：

> 出仓吏黄讳潘虑所领嘉禾元年税吴平斛米为禀斛米廿四斛被督军粮（1-2169）
> 都尉嘉禾元年十一月三日乙丑书给监运掾□所领师士十二人□（1-2107）

这两枚简文字相接，为一册书。讲的是仓吏黄讳、潘虑接督军粮都尉下达临湘县的文书，“要求将廿三斛四升税吴平斛米作为廿四斛的禀斛米，给监运掾□所领的师士十二人，当作他们口粮。”[⑤] 斛为计重单位，1斛=10斗=100升，每斛米合今120斤。督军粮都尉，即调度军粮的官吏。又如：

> 七斗九升九合九勺被督军粮都尉嘉禾元年六月十四日戊申书给镇南将军（1-2354）
> 都尉嘉禾元年八月十一日甲辰书给将军吕岱所部□□所□士四人力□合五人（1-2257）
> 粮都尉嘉禾元年十二月卅日辛酉书付大常刘阳侯兵曹王攀所口（3-2507）
> 李嵩被督军粮都尉嘉禾二年十月廿七日癸未书给讨寇将军闞纂所领军将（2-3836）[⑥]

① 宋少华、何旭红：《长沙走马楼J22发掘简报》，《文物》，1999年第5期。

② 《三国志·吴主传》。

③ 《水经注·沅水》：“酉水又东经沅陵县北，又东南经潘承明（浚）垒西，承明讨五溪蛮，营军所筑也。”

④ 王子今：《走马楼舟船属具简与中国帆船史的新认识》，《文物》，2005年第1期。

⑤ 熊曲：《兵马未动，粮草先行——走马楼督军粮都尉简》，长沙简牍博物馆网站，2015年6月12日。

⑥ 熊曲：《兵马未动，粮草先行——走马楼督军粮都尉简》，长沙简牍博物馆网站，2015年6月12日。

简文纪录的“镇南将军”系东吴名将、督军吕岱，“太常刘阳侯”即潘浚。其时，潘浚与醴陵侯顾雍、临湘侯步骘并称长沙三侯。

走马楼众多“督军粮都尉”简，为研究东汉三国的军粮征集、转运和支付管理体系，提供了新材料。长沙往沅陵水陆交通便捷。陆路经益阳、龙阳（今汉寿）、临沅、沅陵至“潘承明垒”，水路顺湘水、溯沅水抵沅陵。

走马楼督军粮都尉简以及“步骘将交州义士万人屯长沙”[①]“吕岱还屯长沙沤口”[②]等文献说明，长沙既是重要粮食基地，也是东吴扼控梅山峒獠、武陵蛮夷以及岭南交广、成都蜀汉的大本营。

三、水运管理与津关船税

水运是古代大宗物资的主要运输方式，历朝都置有河道管理机构。

秦设都水长、丞，“主陂池灌溉，保守河渠，自太常、少府及三辅等，皆有其官。”汉武帝以都水官多，“乃置左、右使者以领之。”[③]都水使者居京都，总领全国河渠、水运，下设都水长、丞。西汉经学家、文学家刘向曾任左都水使者。东汉改都水使者为河堤谒者，下设都水参军与河堤官吏，管理河道、水利。

曹魏在河堤谒者下设监运谏议大夫，专司漕运，是为漕官起源。正始三年（242），司马懿“奏穿广漕渠，引河入汴”[④]“每东南有事，大军兴众，泛舟而下，达于江、淮，资食有储，而无水害。”[⑤]

西晋，复改河堤谒者为都水使者、河堤员吏为河堤谒者，与都水参军一起为都水使者属官[⑥]。

东晋时，置大司农统管漕运、河道，下设都水使者，管理治河和水运；又设监运谏议大夫和督运御史，专门巡视各地漕务[⑦]。南朝宋、齐、梁、陈，河道、水运职官基本沿袭晋制。梁初，都水台设使者1人、参军2人、河谒者8人。天监七年（508），改都水使者为大舟卿，大舟卿下置丞及功曹主簿，主管舟船建造、航运、河渠事宜。陈承梁制，但改大舟卿为三品官，说明陈对河道与水运管理更为重视。

对于商务航运和个体船户管理，主要通过设关征税来实现。

算车、船、缗钱，是汉代出现的新税目。西汉时期，随着水运和造船业发展，船税成为朝廷财政收入的来源之一。汉武帝大征四方，国家财政入不敷出，在公卿建议下，元狩年间开始推行盐铁专营政策，继而颁布算缗令和告缗令，将算车、船、缗钱制度化。据《史记·平准书》[⑧]，“算

① 《三国志·步骘传》。

② 《三国志·吕岱传》。

③ 《通典·职官》。

④ 《晋书·宣帝纪》。

⑤ 《三国志·邓艾传》。

⑥ 《通典·职官》：“晋武帝省水衡，制都水台，有使者一人，掌舟航及运部，而河堤为都水官属。”

⑦ 罗传栋 著：《长江航运史·古代部分》，北京：人民交通出版社，1991年，第139页。

⑧ 《史记·平准书》：“商贾以币之变，多积货逐利。于是公卿言：‘……异时算轺车贾人缗钱皆有差，请算如故。诸贾人末作贳贷卖买，居邑稽诸物，及商以取利者，虽无市籍，各以其物自占，率缗钱二千而一算。诸作有租及铸，率缗钱四千一算。非吏比者三老、北边骑士，轺车以一算，商贾人轺车二算，船五丈以上一算。匿不自占，占不悉，戍边一岁，没入缗钱。有能告者，以其半畀之。贾人有市籍者及其家属，皆无得籍名田，以便农。敢犯令，没入田僮。’”

缗告缗”主要包括以下内容：

（1）商贾人等，不论有无市籍（汉代商人另立户口册，叫做市籍），皆二缗（一缗为一千钱）抽取一算（一百二十文），手工业者四缗抽取一算，此即“算缗”。

（2）除官吏、三老和北边骑士外，一辆轺车抽取一算，商人加倍；船五丈以上的抽取一算。

（3）隐瞒不报或呈报不实的人，罚戍边一年，并没收其财产，举报者赏其没收财产的一半，称为“告缗”。

（4）禁止有市籍的商人及其家属占有土地，敢于违抗者没收其全部财产。

东吴天玺元年（276），“会稽太守车浚、湘东太守张咏不出算缗，就在所斩之，徇首诸郡。”①走马楼吴简显示，长沙郡属诸曹全备，如掌“选署功劳”的“功曹”、管赋税的“田户曹”、管船务的“船曹”、管津关的“关丞”以及“仓田曹”“司马”“录事”等，另有负责收贮租米、布帛的仓吏，收贮租钱的库吏②。据《后汉书·百官志》，县署诸曹，“五官为廷掾，监乡五部，春夏为劝农掾，秋冬为制度掾。”走马楼简牍就有“东乡劝农掺”“南乡劝农撮”的名称。以上资料表明，孙吴赋税制度沿用汉制，“船算”是一项重要的税收来源。

东晋以后，中国经济重心开始南移，荆扬大经济区渐次形成，商业贩运空前发展。东晋元兴三年（404），“涛水入石头。是时贡使商旅，方舟万计，漂败流断，骸胔相望。”③一次洪水造成上万舟船遭劫，应是台风暴雨所致，足见京师建康船舶之多、贩运规模之大。

湘州“地多所出”，所产米谷、竹木、茶叶等商货，取道洞庭，顺江东下贩运建康、广陵（扬州）等地。宋元嘉年间，南蛮校尉张畅门生荀僧宝常常屯集私货，“停巴陵，不时下”④建康贩卖。北齐颜之推《冤魂志》说梁武帝时，曲阿（今江苏丹阳）弘氏“家甚富厚，乃共亲族，多赍财货，往湘州治生。经年营得一栰，长可千步，材木壮丽，世所稀有。”

官府在主要水道、港口码头设置津关，管理过往商船税收，检查船只是否装载违禁物资和在逃罪犯。船税征收以货税为主，税率为十分抽一，重于汉时“船五丈以上为一算”，商贾船户苦不堪言⑤。

灵渠开凿后，湘水沟通内地与岭南，航运价值仅次于长江。交广及海外“贡使、商旅”，多由湘水往建康，漓湘转输，舳舻相继，商贾船户麇集户枢长沙。为查过往船只、收取商舟货税，长沙南北设南津城（今猴子石附近）、北津城（今三汊矶一带）两处津关，置“橘洲子戍”“三石戍”“浏口戍”“沩口戍”，屯兵把守⑥。

---

① 《三国志·孙皓传》。

② 陈先枢：《长沙走马楼吴简的文献价值》，《求索》，1999年第2期。

③ 《晋书·五行志》。

④ 《宋书·张畅传》。

⑤ 《隋书·食货志》：“晋自过江，凡货卖奴婢、马、牛、田宅，有文券，率钱一万输估四百入官，卖者三百，买者一百；无文券者随物所堪，亦百分收四，名为散估，历宋、齐、梁、陈如此以为常。以此人竞商贩，不为田业，故使均输欲为惩励，虽以此为辞，其实利在侵削。又都（建康）西有石头津，东有方山津，各置津主一人，贼曹一人，直水五人，以检察禁物及亡叛者。其荻、炭、鱼、薪之类过津者并十分税一，以入官……税敛既重，时甚苦之。”

⑥ 《水经注·湘水》：“湘水又北迳南津城西，西对橘洲，或作吉字，为南津洲尾。水西有橘洲子戍……（临湘）县治西北有北津城……湘水又北迳三石山东，山枕侧湘川，北即三石水口也，湘浦矣。水北有三石戍，戍城为二水之会也。湘水又迳浏口戍西，北对浏水。……沩水又东入临湘县，历沩口戍东，南注湘水。”

四、风帆技术进步与走马楼舟船属具简

汉魏以降，风帆结构、用材、张帆数量、操帆技术等更趋成熟。出现转向灵活、升降自由的活动风帆，克服了帆船只能顺风行驶的局限性。东吴丹阳太守万震著《南州异物志》：

外徼人随舟大小，或作四帆，前后沓载之。有卢头木叶，如牖形，长丈馀，织以为帆。其四帆，不正前向，皆使邪移相聚，以取风吹。风后者激而相射，亦并得风力。若急，则随宜增减之。邪张相取风气，而无高危之虑，故行不避迅风激波，所以能疾。

以上表明，汉魏时期，长江、珠江流域船工“已经知道正确地变换帆面与风向和船纵中线的夹角，使船在各种风向中行驶”[①]。

《太平御览》引《长沙耆旧传》：

夏隆仕郡时，潘浚为南征，太守遣隆修书致礼，浚飞帆中游，力所不及。隆乃于岸边拔刀大呼，指浚为贼，因此被收。浚奇其以权变自通，解缚，赐以酒食。[②]

这是记有湘境风帆运用的最早文献。所谓“潘浚为南征”，即潘浚征讨五陵蛮，事在黄龙三年（231）。走马楼吴简记有出奇招致送潘浚书信的“真吏”夏隆事迹，印证了《长沙耆旧传》中“夏隆仕郡”的真实性。

宜阳里户人公乘夏隆年四十一真吏（14−9090）
隆子男帛年十一（14−9165）
隆户下奴成年四十二（14−9092）[③]

随着造船技术演进，帆、桅、舵、锚、棹、橹等部件俱已齐备，制作、操控技艺也达到较高水平。走马楼 1384 号吴简（图 5-5），为了解汉魏时期江湘舟船构件的规格和形制，提供了珍贵史料。

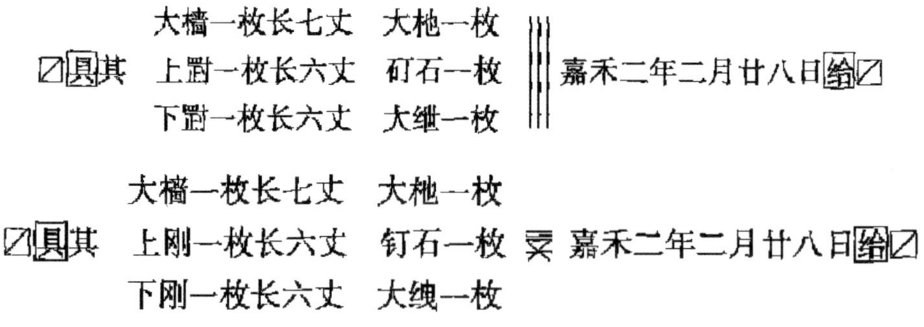

大樯一枚长七丈　大杝一枚
□具其　上罰一枚长六丈　矴石一枚　嘉禾二年二月廿八日给□
下罰一枚长六丈　大绁一枚

大樯一枚长七丈　大杝一枚
□具其　上刚一枚长六丈　钉石一枚　[illegible]　嘉禾二年二月廿八日给□
下刚一枚长六丈　大绳一枚

图 5-5　长沙走马楼 1384 号吴简原文（上）及释文（下）图[④]

① 罗传栋 著：《长江航运史·古代部分》，北京：人民交通出版社，1991 年，第 145 页。

② 《太平御览·舟部》。

③ 罗新：《走马楼吴简整理工作的新进展》，收于北京大学历史系 编：《北大史学》第 7 辑，北京：北京大学出版社，2000 年；罗新：《吴简报告》，国史探微网——象牙塔。

④ 王子今：《走马楼舟船属具简与中国帆船史的新认识》，《文物》，2005 年第 1 期。

简文“樯”即船桅，悬挂船帆的立柱。“大樯一枚长七丈（约合 16.75 米）”，记录了该艘帆船桅杆规格。“柂”即尾舵，用于转向；“矴石”即石锚碇，用于泊船；“绁”为系船缆绳，用于固定船舶。“上刚”“下刚”为船桅上加固风帆的上、下横杆，杆长与风帆宽度相当。“上刚”“下刚”各“长六丈”，根据三国吴尺换算（一尺约等于 24 厘米），可知帆宽约 14.36 米。王子今先生认为，由“大樯一枚”“上刚”及“下刚”各一枚可知，1384 号吴简所记船型为单桅单帆船[①]。

研究显示，中国古代帆船主桅长度约等于或小于船长，主帆宽度有的超过船宽 2 倍；风帆总面积（平方米）与满载排水量（吨）的经验比例，一般在 2∶1 和 3∶1 之间[②]。据此可知，走马楼 1384 号吴简所记舟船长约 16.75 米，宽约 7.2 米；帆总面积按桅高七丈、帆高六丈、帆宽六丈计约 206.21 平方米，若按桅高七丈、帆高七丈、帆宽六丈计约 240.53 平方米，经验比例按 2∶1，则满载排水量在 100—120 吨（2000 斛）之间[③]。走马楼吴简曾记三州仓到州中仓两库之间的一次运输，转运税米 1800 斛（108 吨）[④]，相当于该型帆船一次的运载量。根据以上分析，1384 号吴简所载舟船属具的种类和规格，或为官府统一制定的漕船技术参数。

五、造船业的发展

魏晋南北朝，造船主要由官府或驻军控制，以战舰、漕船为主，民间造船限于商业用途。魏设水衡都尉，“主天下水军舟船器械”[⑤]。晋武帝“置都水台，有使者一人，掌舟航及运部”[⑥]。南朝宋时，都水使者“掌舟航及运部”[⑦]。

这一时期，军阀割据，战争频仍，刺激了造船技术进步，造船业获得较快发展。无论舟舰规模、载重量及新技术应用等方面，均较秦汉有所突破。如魏人孙楚遗吴主孙皓书云：

> 国家整修器械，兴造舟楫，简习水战，楼船万艘，千里相望。刳木以来，舟车之用，未有如今之殷盛者也。[⑧]

孙吴所据江东，造船业发达，战舰最大者有“五楼船”[⑨]，孙权座舰“长安”“飞云”更是雄伟壮丽。随着大型多桅船出现和张帆技术进步，船舶结构强度更高、抗风浪性能更好、容量更大、动力更足，航海技术发展，航海外交兴起。黄武五年（226），交州刺史吕岱派中郎将康泰和宣化从事朱应出使南洋，“其所经及传闻则有百数十国，因立记传。”[⑩]康泰、朱应浮舟东南亚，“南

① 王子今：《走马楼舟船属具简与中国帆船史的新认识》，《文物》，2005 年第 1 期。

② 石阶池：《帆船》，收于中国大百科全书出版社编辑部 编：《中国大百科全书·交通》，北京：中国大百科全书出版社，1986 年。

③ 斛为计重单位石的俗称。唐朝之前，一石为一斛，一石 = 十斗 =120 斤。（汉）《说文解字》：“斛，十斗也。”宋朝开始，改一斛为五斗，一石为二斛。明代《正字通》：“斛，今制五斗曰斛，十斗曰石。”

④ 熊曲：《兵马未动，粮草先行——走马楼督军粮都尉简》，长沙简牍博物馆网站，2015 年 6 月 12 日。

⑤ 《通典·职官》。

⑥ 《通典·职官》。

⑦ 《宋书·百官志》。

⑧ 《晋书·孙楚传》。

⑨ 《三国志·董袭传》。

⑩ 《梁书·海南诸国传》。

宣国化”[①]，这是中国史上第一次航海外交。其与穆天子西行、班超使西域，分别从水路和陆路开启了对外交流与文化传播的新途径，是文化史、交通史上里程碑事件。

康泰回国后，在其著作《吴时外国传》中写道：

从加那调州乘大舶，船张七帆，时风一月余日，乃入大秦国也。

加那调州位于古印度地区，大秦即古罗马。“船张七帆”，航程万里，足见当时海船规模之大、操帆技术之高超。

《吴时外国传》中，记有扶南国（今柬埔寨）的巨型独木舟：

扶南国伐木为舡，长者十二寻[②]（约合 22.2 米），广肘六尺（约合 1.39 米），头尾似鱼，皆以铁镊露装，大者载百人，人有长短桡及篙各一，从头至尾，面有五十人作，或四十二人，随舡大小，行则用长桡，坐则用短桡，水浅乃用篙，皆当应声如一。

黄龙二年（230），孙权派遣卫温、诸葛直将甲士万人，浮海往夷洲（今台湾），“得数千人还”[③]，这是大陆经营台湾的最早记录。

长沙走马楼舟船属具简及“船曹掾（管理船务的官吏）”“督军粮都尉移楼船仓”等简的出土证实，东吴时期漕船已订有统一的规格参数，长沙是战舰、漕船的重要修造基地。

晋代舟舰造得更大。泰始八年（272），晋武帝“谋伐吴”，诏命益州刺史王浚在蜀地造舰。

浚乃作大船连舫，方百二十步（围长约 170 米），受二千余人。以木为城，起楼橹，开四出门，其上皆得驰马来往。又画鹢首怪兽于船首，以惧江神。舟楫之盛，自古未有。[④]

两船并列称“连舫”，长 55 米、宽 15 米的两艘大船并列恰好是“方百二十步”（约 170 米）之数[⑤]。

太康元年（280）正月，晋军兵分六路，大举伐吴。其中，杜预从襄阳沿荆襄道攻江陵；王浚率水师自成都顺流而下，先后攻破西陵、巴陵、武昌，直取吴都建业。三月，王浚攻入石头城，孙皓“乃备亡国之礼，素车白马，肉袒面缚，衔璧牵羊”[⑥]出降，吴国灭亡。唐代诗人刘禹锡曾作《西塞山怀古·王濬楼船下益州》感怀：

王濬楼船下益州，金陵王气黯然收。

---

① 《三国志·吕岱传》：“岱既定交州，……又遣从事南宣国化，暨徼外扶南、林邑、堂明、诸王各遣使奉贡。”

② 寸、尺、寻、丈、里是古代长度单位，换算关系：十寸为一尺，八尺为一寻，十尺为一丈，一百八十丈为一里。周秦汉时一尺合公制 0.231 米，由此算出一里等于一百八十丈（一千八百尺），合 415.8 米。1929 年，为方便与西方长度单位（米，公里）换算，制定一里等于一百五十丈（一千五百尺），合 500 米，沿用至今。

③ 《三国志·吴主传》。

④ 《晋书·王浚传》。

⑤ 唐志拔 著：《中国舰船史》，北京：海军出版社，1989 年。

⑥ 《晋书·王浚传》。

千寻铁锁沉江底，一片降幡出石头。
人世几回伤往事，山形依旧枕寒流。
今逢四海为家日，故垒萧萧芦荻秋。

橹是一种舟楫推进装置，在桨、棹基础上演变而来。摇橹过程中，橹叶运动轨迹像鱼儿摆尾，改变攻角时不出水面，可连续做功，故有“一橹抵三桨”之说。橹的创造大致在汉代，是中国对造船技术的领先贡献。三国时期，东吴名将吕蒙将战舰伪装成商船，“尽伏其精兵舳舻中，使白衣（指平民）摇橹，作商贾人服”①，骗过蜀军江防，致使关羽“大意失荆州”。

代表这一时期造船技术发展成就的，有东晋发明的“八槽舰”及“蒙冲小舰”、南齐出现的“千里船”、南梁创造的“拍舰”、南陈建造的“金翅”等舟舰。八槽舰、拍舰、金翅等战舰皆系湘境建造。

东晋义熙六年（410），广州刺史卢循反叛朝廷，率军自始兴（今广东韶关）逾骑田岭北上，在长沙击败荆州刺史刘道规后，“径至巴陵”②，切断荆、扬二州水路。五月初，卢循自巴陵顺江东下，“戎卒十万，舳舻千计。”③《宋书·武帝纪》：

（卢）循即日发巴陵，与（徐）道覆连旗而下，别有八艚舰九枚，起四层，高十二丈。

卢循在湖湘建造的八槽舰，用横隔板将船舱分为互不相通的 8 个舱区，是世界上首次采用水密舱壁结构的舟舰。各舱彼此密闭，以减少大江行舟风险；隔板与船壳固结，增加了船体强度。英国科技史专家李约瑟认为，“在 19 世纪早期，欧洲造船业采用这种水密舱壁是充分意识到中国这种先行的实践的。”④

义熙十三年（417），曾任临澧县令的龙骧将军、前锋王镇恶率水军自河入渭，攻取长安，后秦灭亡。

（王）镇恶所乘皆蒙冲小舰，行船者悉在舰内，羌见舰溯渭而进，舰外不见有乘行船人，北土素无舟楫，莫不惊惋，咸谓为神。⑤

蒙冲小舰“溯渭而进”时，既不张帆也不划桨，显然安装了前所未有的轮桨推进系统，代替风帆和橹棹驱动，是历史上车船利用的首次记载。该项创造，或源于王镇恶此前任职的洞庭湖区。

为提高航行速度，南齐科学家祖冲之“造千里船，于新亭江试之，日行百余里。”⑥这种“千里船”，应系东晋“蒙冲小舰”基础上改进而成的“车轮舟”。在西方，“十五世纪德国技术手

① 《三国志·吕蒙传》。
② 《宋书·武帝纪》。
③ 《晋书·卢循传》。
④ 潘吉星 主编：《李约瑟文集》，沈阳：辽宁科学出版社，1986 年，第 258—259 页。
⑤ 《宋书·王镇恶传》。
⑥ 《南齐书·祖冲之传》。

稿中提出过关于制造明轮船的建议，而这些船可能是在无所不在的竖式水车启示下的再次发明。”①

南梁末年，发生“侯景之乱”。大宝二年（551），侯景水师溯江而上。南梁将领徐世谱率配备新式战舰的水师，与侯景战于赤亭湖（即赤沙湖，位今洞庭湖以西），大败侯景军。《陈书·徐世谱传》：

（徐世谱）领水军，从司徒陆法和讨景，与景战于赤亭湖。时景军甚盛，世谱乃别造楼船、拍舰、火舫、水车以益军势。将战，又乘大舰居前，大败景军，生擒景将任约，景退走。

除楼船外，徐世谱建造的“拍舰、火舫、水车”，皆为新型战舰，“是祖冲之以后的又一次造船技术大革新。”②“水车”系后世“车船”前身，“火舫”即纵火船，“拍舰”装备特制拍竿，攻击力强。拍竿是一种运用杠杆原理打击敌舰的装置。明代《金汤借箸十二筹》记述：

拍竿：其制如大桅，上置巨石，下作辘轳，绳贯其巅，施大舰上。每舰作五层楼，高百尺，置六拍竿，并高五十尺，战士八百人，旗帜加于上。每迎战敌船，迫逼则发拍竿击之，当者立碎。

徐世谱创造的“拍舰”对后世舟战影响很大，隋灭陈时水军主力战舰，就是在拍舰基础上演变出来的“五牙舰”。

魏晋南朝，长江流域造船业发展迅速，重要造船基地有成都、江陵、巴陵、长沙、武昌、南昌、建康等处。

成都为益州治所。晋灭吴时，水师战舰主要在此制造。史载“舟楫之盛，自古未有。”③

江陵为荆州治所，南朝重镇。陶侃作荆州刺史，曾“敕船官悉录锯木屑……后桓宣武伐蜀，装船，悉以作钉。”④

武昌为郢州治所，孙权曾一度在武昌建都，并造主帅座舰。“权于武昌新装大船，名为长安，试泛之钓台圻。”⑤

建康为六朝都城，战船制造颇为兴盛。东晋末年，刘裕为镇压卢循起义，“还东府，大治水军，皆大舰重楼，高者十余丈。”⑥以与义军“八艚舰”相抗衡。

巴陵以制作水师舟舰见长，长沙则以修造漕船、商船出名。长沙南湖港设有“船官”，专职官府造船事务⑦。《湘城访古录》：

船官列瓦官水之下，是亦水口也。瓦官为今靳江口，靳江之下，湘水之东，只有南湖港与《注》

---

① 潘吉星 主编：《李约瑟文集》，沈阳：辽宁科学出版社，1986年，第261—262页。

② 罗传栋 著：《长江航运史·古代部分》，北京：人民交通出版社，1991年，第448页。

③ 《晋书·王浚传》。

④ 《世说新语·政事》。

⑤ 《三国志·吴主传》。

⑥ 《宋书·武帝纪》。

⑦ 《水经注·湘水》：“湘水又北，左会瓦官水（湘水支流靳江）口，湘浦也。又径船官西，湘州商舟之所次也，北对长沙驿，郡在水东、州城南。”

云“北对长沙驿”形势相符。[①]

先后仕事南北朝的颜之推说：“昔在江南，不信有千人毡帐；及来河北，不信有二万斛船。皆实验也。”[②]若采此说，则长江流域或已具备制造载重2万斛（1200吨）大型运舟的能力。《北堂书钞·荆州记》称：“湘州七郡，大艑所出，皆受万斛。”诚如斯言，说明湘水流域已能制造载重万斛（600吨）的船舶。陈时，华皎任湘州刺史。“文帝以湘州出杉木舟，使皎营造大舰、金翅等二百余艘，并诸水战之具，欲以入汉及峡。”[③]

① （清）陈运溶 著：《湘城访古录·湘城遗事记》，长沙：岳麓书社，2009年，第247页。

② 《颜氏家训·归心》。

③ 《陈书·华皎传》。

第六章　隋唐五代时期的湖南交通
（581—960）

隋唐是中国古代社会又一重要历史阶段。南北重新统一与随之而来的政治改革，创造出开皇之治、贞观之治等太平盛世。辉煌灿烂、垂范周邻的大唐文化，对中华文明演进产生了长期而深刻的影响。辐射全国的交通网络构建、南北大运河开凿和长安、洛阳两座宏伟都城修筑，为经济社会发展和世界性帝国确立奠定了基础。

公元577年，北周灭亡北齐，统一北方。581年，北周静帝禅让杨坚（即隋文帝）。隋开皇九年（589），隋军攻克建康，俘陈后主，湘州归隋。仁寿二年（602），收复交趾、九真、日南。至此，“永嘉之乱”以来近三百年的南北分裂局面结束。

隋朝建立了影响深远的三省（中书、门下、尚书）六部（吏、礼、兵、刑、户、工）制，开创了任人唯贤的科举考试制，地方政制由州、郡、县三级改为州、县两级行政制。今湖南地置有辰州、朗州、澧州、岳州、潭州、衡州、永州、郴州八州。大业三年（607）又改州为郡，形成郡县两级制。湘境设沅陵、武陵、澧阳、巴陵、长沙、衡山、零陵、桂阳八郡。大业十三年（617）五月，李渊在晋阳起兵，十一月攻入长安，拥立杨侑为皇帝，遥尊杨广为太上皇。次年（618）三月，御林军发动兵变，隋炀帝在江都被缢杀，杨侑禅让李渊，隋亡。

唐朝极盛时，疆域范围“东极海，西至焉耆，南尽林州南境，北接薛延陀界。”[①] 历经“贞观之治”“开元之治”，社会安定，文化繁荣，国力强盛，四方来朝，堪称中国古代社会巅峰时期[②]。

太宗贞观元年（627），依“山河形便，分天下为十道”[③]。道者，路也。十道以名山大川、关隘要塞为界限，堪称《禹贡》划分九州以来，第二次最重要的自然地理区划。各道依次如下：

（1）关内道——潼关以西，包括鄂尔多斯高原、河套、银川平原、陕北高原和关中盆地。

---

① 《旧唐书·地理志》。

② 9—10世纪时往来中国的阿拉伯人提到，“不论贫富，不论老少，所有中国人都学习认字、写字。……中国人在绘画、工艺，以及其他一切手工方面都是最娴熟的，没有任何民族能在这些领域超过他们。”参见（阿拉伯）苏莱曼等 著，穆根来、汶江、黄倬汉 译：《中国印度见闻录》，北京：中华书局，1983年，第16、101页。

③ 《旧唐书·地理志》。

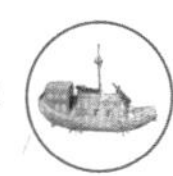

（2）陇右道——陇山以西，包括陇中高原和河西走廊。

（3）河北道——黄河以北，包括华北平原北部、辽西丘陵和辽河平原。

（4）河东道——黄河以东、太行山以西的山西高原。

（5）河南道——黄河以南、淮河以北，包括豫西山地、华北平原南部（即黄淮平原）及山东丘陵。

（6）淮南道——淮河以南、长江以北，包括长江中下游平原和淮阳丘陵。

（7）山南道——南山（秦岭）以南，包括汉中盆地、川东褶曲山地、南阳盆地和江汉平原、洞庭湖西部平原。

（8）剑南道——剑阁以南的四川盆地西部及其周围高地。

（9）江南道——长江以南、南岭以北，包括浙闽丘陵、江南丘陵、鄱阳湖平原、洞庭湖东部平原。

（10）岭南道——南岭以南，包括两广丘陵、珠江三角洲、海南岛及红河平原。[①]

湘境岳州、潭州、衡州、郴州、永州、道州、邵州、辰州属江南道（治润州，今江苏镇江），澧州、朗州属山南道（治今江陵）。唐开元二十一年（733）增为十五道，岳州、潭州、衡州、郴州、永州、道州、邵州属于江南西道（治洪州，今江西南昌），澧州、朗州属于山南东道（治襄州，今湖北襄阳），辰州、锦州、叙州（治今洪江）、业州——大历五年（770）改名奖州（治今新晃）、晃州（治今新晃）、溪州属于黔中道（治黔州，今重庆彭水）。广德二年（764）置湖南观察使，领潭州、衡州、郴州、永州、道州、邵州、连州七州，“湖南”之名始于此[②]。

这一时期，水陆交通空前繁盛，漕运、纲运体系形成，造船、航海技术发展，海上陶瓷之路勃兴。唐中叶开始，以釉下彩瓷为代表、外销为主的长沙窑崛起。《新唐书·地理志》所记“广州通海夷道”沿线皆有长沙窑瓷出土，长沙成为海上陶瓷之路重要起点。

907年，朱全忠废唐，建立后梁。马殷被封为楚王，史称“马楚”。这是商末周初崛起于湘水中下游的“相”以来，史上第二个以湖南为中心建立的地方王朝。940年，马楚与溪州彭士愁罢战言和，铸立盟约铜柱。马楚全盛时，辖今湖南全省及广西、广东、贵州部分地，置二十余州。省境设潭州、岳州、衡州、永州、郴州、道州、邵州、辰州、锦州、溪州、叙州、澧州、朗州，另置桂阳监以掌铸钱。

马楚充分发挥交通地理优势，以商立国。“是时王关市无征，四方商旅闻风辐辏。……国以富饶。”[③]“茶马之路”等商贸路线开辟，是五代湖南交通的主要成就。951年，南唐攻占潭州，马楚亡。隋代至马楚时期湖南交通地理情况见图6-1—图6-3。

---

① 各道地理区域主要依据《中国行政区划通史·总论》划分，唯洞庭湖西部平原的澧州、朗州属山南道，洞庭湖东部平原的岳州属江南道，特此更正。参见周振鹤 著：《中国行政区划通史·总论》，上海：复旦大学出版社，2009年，第170页。

② 湖南省地方志编纂委员会 编：《湖南通鉴》，长沙：湖南人民出版社，2007年，第71页。

③ 《十国春秋·楚武穆王世家》。

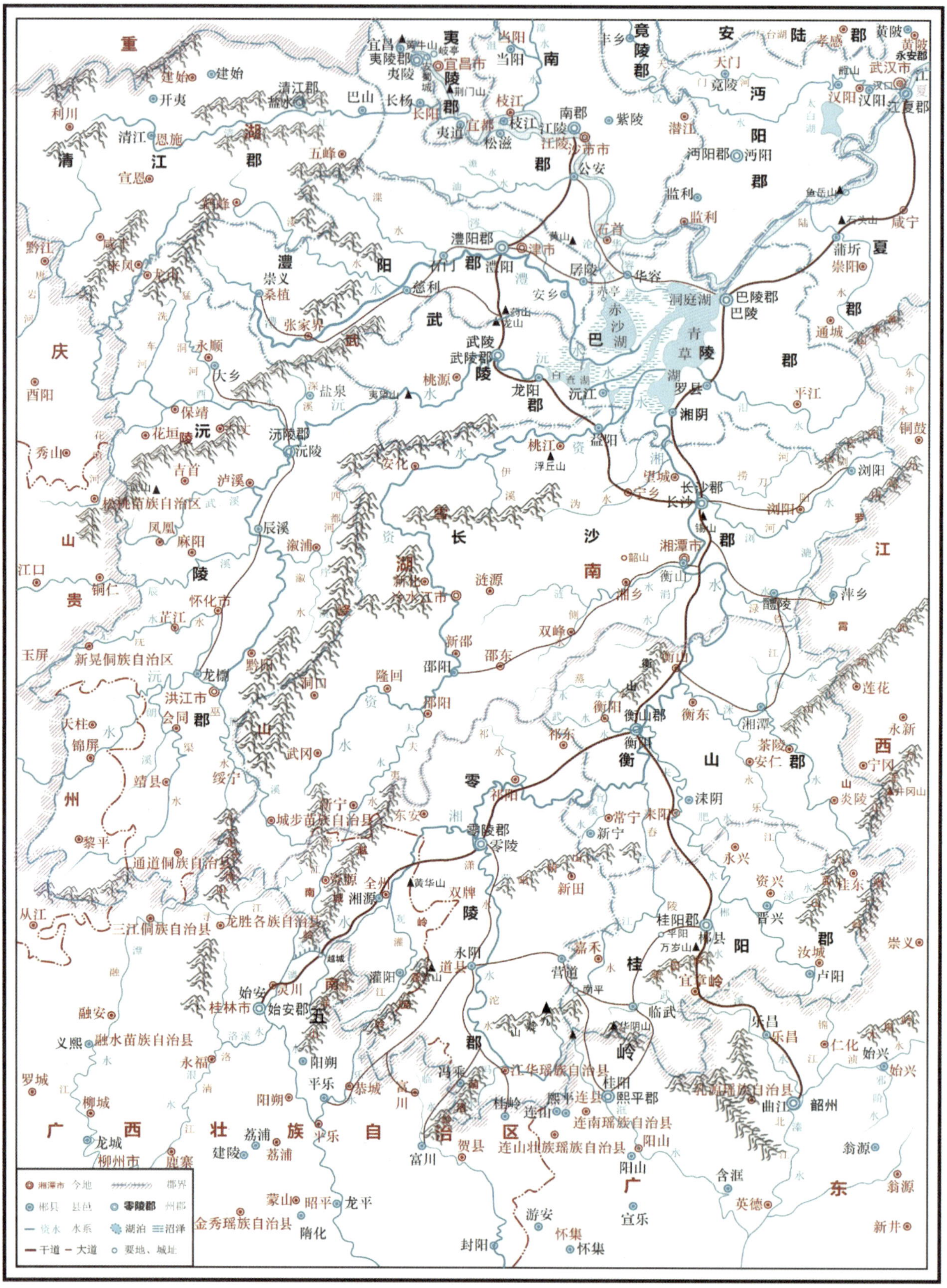

图 6-1 隋代湖南交通地理图①

① 蒋响元、黄爱、曹航惠参考《湖南省志·地理志》《洞庭湖历史变迁地图集》《湖南省地势图》等绘制。

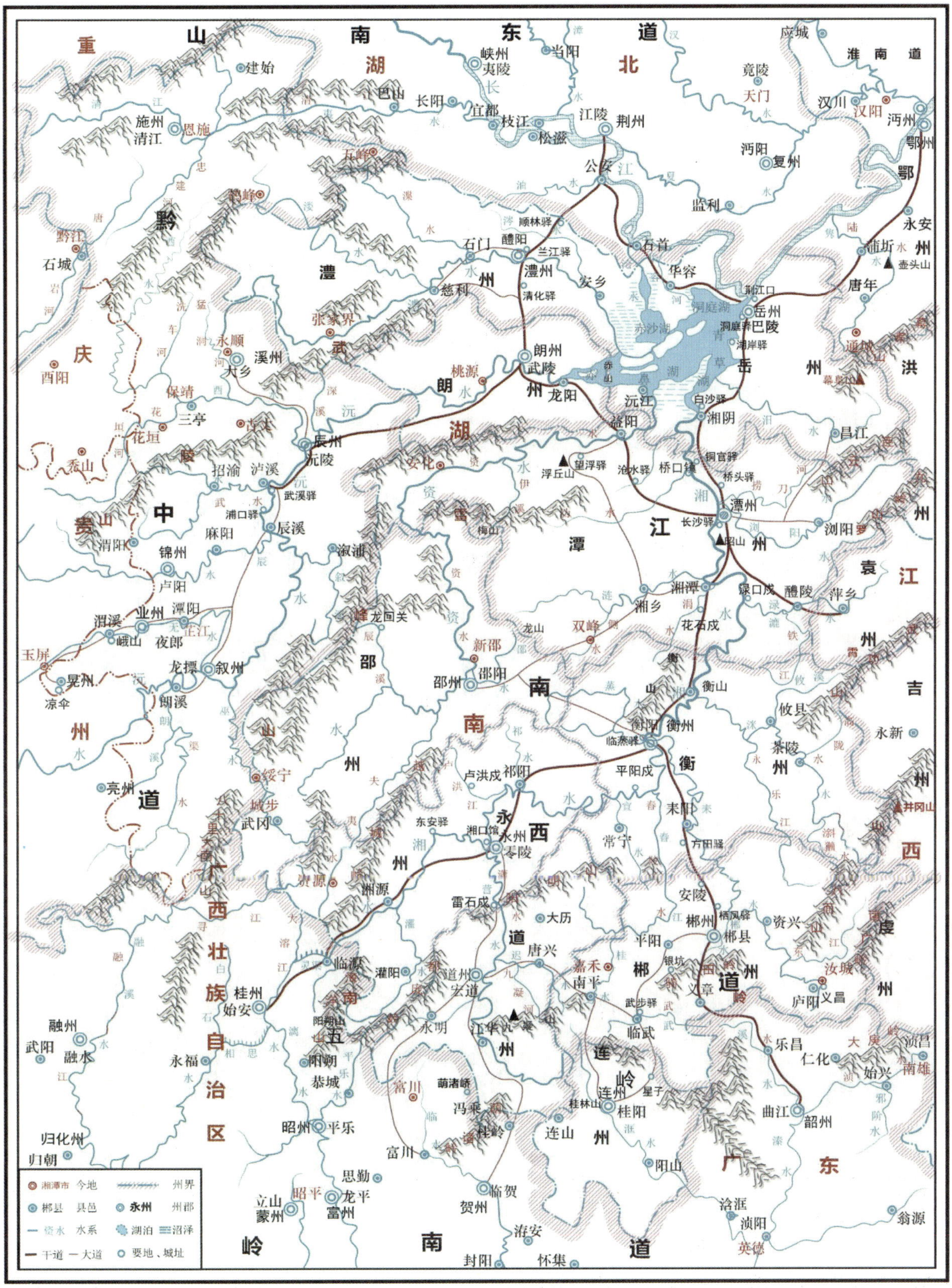

图 6-2　唐代湖南交通地理图①

① 蒋响元、黄爱、曹航惠参考《湖南省志·地理志》《洞庭湖历史变迁地图集》《湖南省地势图》等绘制。

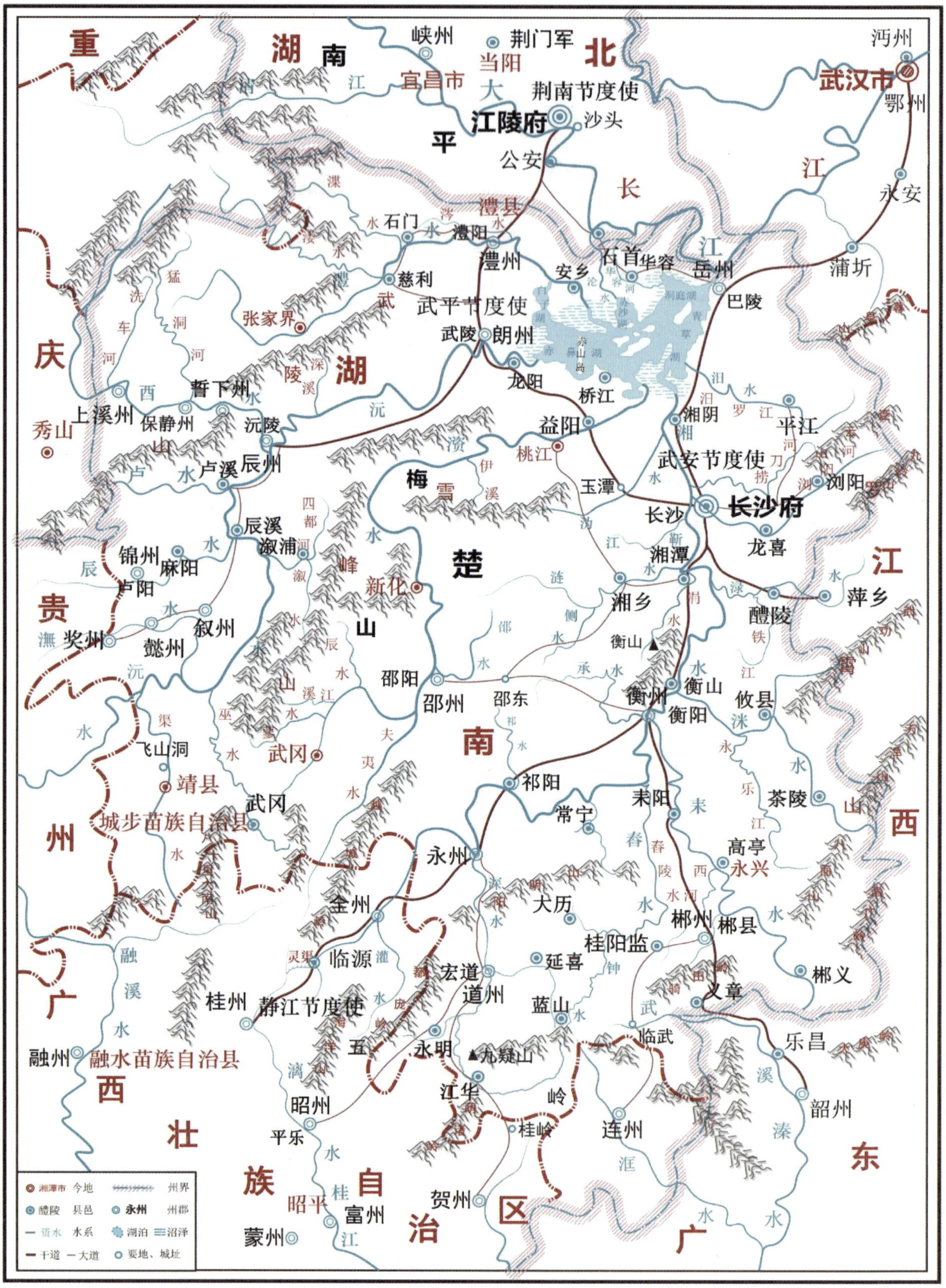

图 6-3　五代十国湖南交通地理图[①]

① 蒋响元、黄爱、曹航惠参考《湖南省志·地理志》《洞庭湖历史变迁地图集》《湖南省地势图》等绘制。

第一节　唐代道路交通网的构筑

中国历史上两个强大而又短命的王朝——秦朝和隋朝，均有“举国就役”建造一系列浩大工程的经历。隋营造宏伟壮丽的都城大兴（今西安）和东都洛阳，创造了多项世界第一的建筑奇迹。修筑“凿太行山，达于并州”驰道和“发榆林北境，至其牙，东达于蓟，长三千里，广百步”御道[①]等干道，开凿广通渠及南北大运河，将国家政治中心与经济重心紧密相连，“自是天下利于转输。”[②]

唐代交通取得了前所未有的发展，陆路形成以长安和洛阳为中心，向各方辐射的交通网络；水路则“天下诸津，舟航所聚，旁通巴汉，前指闽越，七泽十薮，三江五湖，控制河洛，兼包淮海”[③]；对外交往空前繁盛，东南西北辟有七条主要的海、陆交通线路。

一、以长安、洛阳为中心的干支道路网构建

唐代国势强盛，社会安宁，一度呈现“东至于海，南至于岭，皆外户不闭，行旅不赍粮”[④]的太平盛世。在前朝基础上，建成了自长安和洛阳达于各州府（都护府）及边陲重镇、远延“四夷”的道路网络，两都之间则通过“大路驿”密切联系。

隋唐时期，桥梁建设远超前朝，造桥技术趋于完善。赵州桥运用的敞肩拱系桥梁史上首创，蒲津桥铸造铁牛、铁索等耗用当时国内年铁产量28.5%，充分展现了建筑、冶铸等方面的巨大成就。湖南保存至今的唐代桥梁，有澧县花瓦桥、桃江牛剑桥等[⑤]。

寓居永州长达10年的柳宗元著《馆驿使壁记》，是了解唐代道路体系及馆驿制度的重要文献。

凡万国之会，四夷之来，天下之道途毕出于邦畿之内。奉贡输赋，修职于王都者，入于近关，则皆重足错毂，以听有司之命。征令赐予，布政于下国者，出于甸服，而后案行成列，以就诸侯之馆。故馆驿之制，于千里之内尤重。

自万年至于渭南，其驿六，其蔽曰华州，其关曰潼关。自华而北至于栎阳，其驿六，其蔽曰同州，其关曰蒲津。自灞而南至于蓝田，其驿六，其蔽曰商州，其关曰武关。自长安至于盩厔，其驿十有一，其蔽曰洋州，其关曰华阳。自武功而西至于好畤，其驿三，其蔽曰凤翔府，其关曰陇关。自渭而北至于华原，其驿九，其蔽曰坊州。自咸阳而西至于奉天，其驿六，其蔽曰邠州。

由四海之内，总而合之，以至于关；由关之内，束而会之，以至于王都。华人夷人往复而授馆者，旁午而至，传吏奉符而阅其数，县吏执牍而书其物。告至告去之役，不绝于道；寓望迎劳

① 《资治通鉴·隋纪》。
② 《通典·漕运》。
③ 《旧唐书·崔融传》。
④ 《旧唐书·太宗本纪》。
⑤ 蒋响元 著：《湖南古代交通遗存》，长沙：湖南美术出版社，2013年，第73、113页。

之礼，无旷于日。而春秋朝陵之邑，皆有传馆。其饮饫饩馈，咸出于丰给；缮完筑复，必归于整顿。列其田租，布其货利，权其入而用其积，于是有出纳奇赢之数，勾会考校之政。

大历十四年，始命御史为之使，俾考其成，以质于尚书。季月之晦，必合其簿书，以视其等列，而校其信宿，必称其制。有不当者，反之于官。尸其事者有劳焉，则复于天子而优升之。劳大者增其官、其次者降其调之数，又其次犹异其考绩。官有不职，则以告而罪之，故月受俸二万于太府。史五人，承符者二人，皆有食焉。

先是假废官之印而用之，贞元十九年，南阳韩泰告于上，始铸使印而正其名。然其嗣当斯职，未尝有记之者。追而求之，盖数岁而往则失之矣。今余为之记，遂以韩氏为首。且曰修其职，故首之也。①

以上显示，以长安为中心有七条驿道通往各地，干支道路“由四海之内，总而合之，以至于关；由关之内，束而会之，以至于王都。”结合《元和郡县图志》，长安通各地干道包括：

东行至东都洛阳，继经汴州、兖州，远达登州（今山东蓬莱）、海洲（今江苏连云港）、扬州、苏州、明州、泉州；

东北行至幽州、营州，远达安东都护府（今朝鲜平壤）；

北行至晋州、太原府，远达单于都护府（今内蒙古和林格尔西北土城子）、安北都护府（今蒙古哈尔和林西北）；

西北行至凉州、肃州、沙洲（今甘肃敦煌），远达安西都护府（今新疆库车）、北庭都护府（今新疆吉木萨尔县北破城子）；

西南行至渝州、益州、雅州，远达永昌府（今云南保山）；

南行至梁州、洋州、金州（今陕西安康）；

东南行经江陵，或经澧州、朗州、辰州至播州，或由朗州（或由江陵、岳州）抵潭州，经衡州抵广州、桂州，远达安南都护府（今越南河内）、崖州都督府（今海南儋州）。

江陵“右控巴蜀，左联吴越，南通五岭，北走上都”②，是长江中游政治中心、军事重镇、交通枢纽。长安经江陵至湖湘，交通地位仅次于长安至洛阳、汴州驿路。故《唐会要·御史台中馆驿》称：

从上都至汴州为大路驿，从上都至荆南为次路驿。

长安通岭南诸州的干线驿道有三条，可分东、西线。《元和郡县图志·岭南道》记广州八到云：

西北至上都取郴州路四千二百一十里，取虔州大庾岭路五千二百一十里，西北至东都取桂州路五千八十五里。

东线即大庾岭路，又称两都运河道。自长安取道洛阳、汴州，经大运河沿岸宋州、泗州、楚州、

① （清）董诰 辑：《全唐文·卷五八〇》，清嘉庆内府刻本。

② （唐）颜真卿：《谢荆南节度使表》，收于（清）董诰 辑：《全唐文·卷三三六》，清嘉庆内府刻本。

扬州，溯长江至江州，再逆赣江至洪州、吉州，经虔州取道大庾岭至韶州、广州。

西线自长安东南行，经商州、邓州、襄州达江陵。继经岳州（或澧州、朗州）、潭州、衡州、郴州，越骑田岭岭达韶州、广州[①]；或由衡州经永州、桂州、柳州、邕州，达安南都护府。

东线取道大运河，经由唐朝经济走廊，重要程度不言而喻。但长安由江湘至广州，远比东线快捷，故军运、驿运、纲运仍以西线为主。按唐律，左降官被贬后须“驰驿赴任”，不得在京耽搁或沿途逗留。因此，贬谪岭南的京官，多由江湘赴任。如贞元十九年（803），韩愈由监察御史贬为连州阳山令，在《赴江陵途中寄赠三学士》一诗中忆及离京情景时，透露了南行路线：

中使临门遣，顷刻不得留。病妹卧床褥，分知隔明幽。
悲啼乞就别，百请不颔头。弱妻抱稚子，出拜忘惭羞。
黾勉不回顾，行行诣连州。朝为青云士，暮作白头囚。
商山季冬月，冰冻绝行辀。春风洞庭浪，出没惊孤舟。
逾岭到所任，低颜奉君侯。酸寒何足道，随事生疮疣。

王仲舒，字弘中，贞元二十年自吏部员外郎贬任连州司户参军。韩愈谪居阳山期间，应王仲舒之托作《燕喜亭记》。其中提及王氏谪迁连州路线，亦即《元和郡县图志》所云“郴州路”：

弘中自吏部郎贬秩而来，次其道途所经，自蓝田入商洛，涉淅湍，临汉水，升岘首（今襄阳区南岘山）以望方城（今荆州）；出荆门，下岷江（长江），过洞庭，上湘水，行衡山之下，由郴逾岭。

由桂州、永州至潭州，是岭南西部北出中原干线。《元和郡县图志》记安南“北至上都六千四百四十五里，水路六千六百四十里，北至东都五千七百八十五里，水路六千二百八十里”，即由桂州、永州途程。开元十年（722），安南梅玄成叛唐，“自称黑帝，与林邑、真腊国通谋，陷安南府。”朝廷诏令杨思勖率军讨伐。“思勖至岭表，鸠募首领子弟兵马十余万，取伏波故道以进……”[②]最终擒杀梅玄成，大获全胜而归。“伏波故道”，即由湘桂通合浦、渡海至安南线路。大中（847—852）后，南诏国多次侵犯安南与邕州，“蛮夷”反叛时有发生，“湖南、桂州”路作为安南、粤西往来中原要衢，遂成“诸道兵马纲运无不经过”[③]的通道。

后梁开平三年（909），梁太祖命司马邺出使两浙，“时淮路不通，乘驲者迂回万里，陆行则出荆、襄、潭、桂入岭，自番禺泛海至闽中，达于杭、越。”[④]

唐永泰元年（765），“（潭州）都督翟灌自望浮驿开新道，经浮丘至湘乡。”望浮驿即益阳驿，

① 《元和郡县图志》：“上都东南行二百六十五里至商州，六百四十里到山南道邓州，一百八十里至襄州，自襄州南行四百七十里至江陵府，东南行五百七十里到岳州府，五百五十里到潭州，四百六十里到衡州，三百七十里到郴州，四百一十里至韶州，五百三十里至广州。”

② 《旧唐书·杨思勖传》。

③ 《旧唐书·懿宗本纪》。

④ 《旧五代史·司马邺传》。

也叫桃花驿，驿设今桃江杨家坳。望浮驿新道经浮丘、宁乡老粮仓，进入湘乡，将资水与涟水连接起来。

由于自然条件所限，各地交通发展并不平衡。山区陆路险阻，天然水道是对外交通的主要形式。如，溪州“东北至澧州水陆相兼一千三百里，山路险阻，若遇霖潦，则不通行”；永州“西至叙州南郎溪，山悬险不通，无里数”；三亭县（今保靖地），“与施州接界，山路峻，不通行。”唐元和十一年（816）进士姚合《送林使君赴邵州》云：“驿路算程多是水，州图管地少于山。”唐代湖南省内部分州县驿道里程见表 6-1。

唐代湘境部分州县驿道里程表[①]　　表 6-1

州（地位）	八到（上都、东都、邻州）	辖县（等级）	至州道里
潭州（上）	北至上都二千四百四十五里、东都二千一百八十五里。南至衡州四百六十里，北至岳州水路五百五十里，东南至袁州五百二十五里，西北至朗州四百里，东至洪州九百八十里	长沙（紧）	郭下
		醴陵（中下）	一百八十里
		浏阳（中下）	二百五十里
		益阳（上）	一百八十里
		湘乡（紧）	二百三十里
		湘潭（紧）	水路一百四里 陆路一百二十里
衡州（上）	北至上都二千九百五十里、东都二千六百四十九里。北至潭州四百六十里，东北至吉州九百一十里，东南至郴州三百七十里，西南至永州五百七十里，西至邵州三百五十六里	衡阳（紧）	郭下
		攸县（下）	陆路三百四十五里
		茶陵（中）	水路四百五十里
		耒阳（上）	一百六十八里
		常宁（下）	陆路一百八十里
		衡山（上）	一百二十里
郴州（中）	北至上都三千二百七十五里、东都三千一十五里。西北至衡州三百七十里，西至道州五百三十五里，东至虔州一千里，东南至韶州四百一十里，西南逾岭至连州三百九十里	郴县（上）	郭下
		义章（中下）	一百一十五里
		义昌（中下）	三百三十里
		平阳（上）	九十九里
		资兴（中下）	一百二十里
		高亭（中下）	九十里
		临武（中下）	二百一十三里
		蓝山（中）	三百二十里
永州（中）	北至上都三千一百五十五里、东都二千八百九十五里。西南至桂州五百五里，东北至衡州陆路五百七十里，东至韶州六百里，东南至道州水路二百六十里	零陵（上）	郭下
		祁阳（上）	一百八十里
		湘源（上）	一百三十里
		灌阳（中）	三百六十里

① 依据《元和郡县图志》整理，缺朗州、澧州部分。唐朝州县分等级，本表在州县后括弧内标出。

续上表

州（地位）	八到（上都、东都、邻州）	辖县（等级）	至州道里
道州（中）	北至上都三千四百一十五里、东都三千一百五十五里。西北水路至永州二百六十里，南逾岭至贺州四百四十里、逾岭至韶州四百二十里，东至郴州五百三十五里	弘道（上）	郭下
		永明（中）	一百一十里
		延唐（上）	一百里
		大历（中下）	二百二十里
		江华（中）	一百一十三里
邵州（下）	北至上都二千八百八十四里、东都二千五百八十五里。东北至潭州陆路五百三十里，东南至永州二百二十里，东至衡州三百五十六里	邵阳（上）	郭下
		武冈（上）	四百三十里
岳州（下）	北至上都二千二百二十五里、东都一千八百六十五里。西北至江陵府五百七十里，南至潭州五百五十里，西至澧州四百四十里，东北至鄂州五百五十里	巴陵（上）	郭下
		华容（中）	一百六十里
		湘阴（中下）	三百三十里
		沅江（中下）	三百七十里
		昌江（中下）	六百五十里
辰州（下）	北至上都二千五百一十里、东都二千二百五十里。东至朗州路沿流四百六十里，南至叙州水路五百三十八里，东北至澧州七百五十里，西南至锦州水路七百里，北至溪州水路三百六十八里	沅陵（上）	郭下
		卢溪（中）	一百六十里
		麻阳（中下）	四百里
		叙浦（上）	三百八十五里
		辰溪（中下）	一百六十里
锦州（下）	北至上都三千二百一十一里、东都二千七百五十里。东北至辰州水路七百里，南至奖州陆路五百四十里，东北至溪州五百里	卢阳（中下）	郭下
		洛浦（中下）	一百八十里
		招喻（中下）	陆路八十里
		渭阳（中下）	三百里
		常丰（中下）	四百里
叙州（下）	北至上都三千四十八里、东都二千七百八十八里。西溯流至奖州八百里，北沿流至辰州五百三十八里，南逾岭至融州水陆共一千五百里，东南逾岭至吉州水陆共二千一百里	龙标（上）	郭下
		朗溪（中下）	一百二十里
		潭阳（中下）	三百二十里
溪州（下）	北至上都二千八百七十八里、东都二千六百一十八里，东南至辰州三百六十里	大乡（上）	郭下
		三亭（中下）	水路三百七十里
奖州（下）	北至上都三千八百四十八里、东都三千五百八十八里。西南溯流沿溪至费州五百七十里，西南溯流至牂牁充州七百里，东沿流至叙州八百里，南至牂牁羁縻应州三百里	峨山（中下）	郭下
		渭溪（中下）	水路一百六十里
		梓姜（中下）	水路四百里

二、湘赣驿道开通与跨省道路拓展

南朝陈时，湘赣尚无驿道，只有“岭路”[①]联通。隋唐交通空前发展，湘赣驿道得以开启。唐天宝六载（747），殿中侍御史罗希奭自青州赴岭南等地纠察，即由该道。《资治通鉴·唐纪》：

（天宝）六载春正月辛巳，（李）林甫（时任右相）又奏分遣御史即贬所，赐皇甫惟明、韦坚兄弟等死。罗希奭自青州如岭南，所过杀迁谪者，郡县惶骇，排马谍至宜春[②]，李适之忧惧，仰药自杀。至江华[③]，王琚仰药不死，闻希奭已至，即自缢。

朝廷御史纠察经过，沿途州（郡）县需安排驿马接送，故有排马牒先至。《元和郡县图志》记载，潭州“东南至袁州五百二十五里，东至洪州九百八十里”、衡州“东北至吉州九百一十里”、郴州“东至虔州一千里”[④]。其中，潭州至袁州取道醴陵、萍乡，衡州至吉州经由茶陵、永新。

咸通（860—873）进士袁皓经由潭州、萍乡归宜春时，作《重归宜春经过萍川题梵林寺》：

梵林遗址在松萝，四十年来两度过。
芦水东奔彭蠡浪，萍川西注洞庭波。
村烟不改居人换，官路无穷行客多。
拖紫腰金成底事，凭阑惆怅欲如何。

由诗中“官路无穷行客多”句，可窥当时湘赣交通盛况。

湘赣商路自袁水上游山区，逾岭至萍乡，经萍水、渌水入湘水，所谓“芦水东奔彭蠡浪，萍川西注洞庭波。”咸通年间，袁州太守颜暇福奏请在萍乡县（今萍乡市）东三十里处开凿联通袁水和萍水的运河，以通湘水。因“误杀白龟，功遂不就”，实遇一石山作罢[⑤]。《读史方舆纪要》：

咸通中，郡守颜暇福奏开，以通湖南，才十余里而辍。故迹犹存。

唐乾宁元年（894），龙骧指挥使刘建锋、先锋马殷率兵自江西出袁州，在醴陵招降当地守军后，直破潭州。五代时，马楚在湘赣之间的榨头坳至朱田设有五关，防范杨吴势力。

南朝梁太清二年（548），南宁州（今云南、贵州境）刺史徐文盛率数万人，经湘黔道入援荆州勤王，蛮族爨氏乘机“据其地”[⑥]。

隋兴，爨氏归顺，但湘黔道因年久失修，行旅艰难。隋大业十三年（617），巴陵校尉董景珍等叛隋，推西梁宣帝萧詧曾孙、罗县县令萧铣为主，建立南梁。萧梁初驻巴陵，后都江陵，其地“东

① 《陈书·徐度传》：“（徐度）自安成郡由岭路出于湘东，以袭湘州，尽获其所留军人家口以归。”
② 唐天宝元年（742），改袁州为宜春郡，治、辖地仍旧。乾元元年（758），又改宜春郡为袁州。
③ 唐天宝元年（742），改道州为江华郡，治、辖地仍旧。乾元元年（758），又改江华郡为道州。
④ 《元和郡县图志·江南道》。
⑤ 萍乡市交通志编纂委员会 编：《萍乡市交通志》，萍乡市交通志编纂委员会编印，1995年，第6页。
⑥ 《新唐书·南蛮传》：“梁元帝时，南宁州刺史徐文盛招诣荆州，有爨瓒者据其地，延袤二千余里……爨瓒既死，子震、玩分统其众。”

至九江，西抵山峡，南尽交趾，北距汉川。”[①] 唐武德四年（621），李渊诏命“黔州刺史田世康出辰州道，会兵图铣”[②]，继“由辰州路趋江陵”[③]。黔州至辰州、朗州道路得以拓辟。

因武陵山峻岭险，湘黔之间主要由沅水及其支流沟通。如《元和郡县图志》载，奖州“西南溯流沿溪至费州（今贵州思南）五百七十里，西南溯流至牂牁充州（今贵州石阡）七百里。”贞元年间（785—805），归附吐蕃的南诏王蒙牟寻欲恢复与唐朝的藩属关系，派使团携书信及“生金、丹砂”[④]，赴长安通好。为保险起见，“遂三路发使，冀有一达。一使出安南，一使出西川，一使出黔中。贞元十年，三使悉至阙下，朝廷纳其诚款，许其归化。”[⑤] 这三条道路中，“出安南”即由湘桂道，“出黔中”或由湘黔道。

南北交通进一步拓展。唐代除整修湘粤、湘桂、潇贺等通岭南道路外，又因洞庭湖的变迁，通鄂境的东西两条主干道——巴陵道（岳阳长沙一线）和涔阳道（澧县常德一线）相继改造，并分设洞庭、湖岸、白沙和顺林、兰江、清化等驿。

三、“丝绸之路”复兴与中外交通发展

在古代交通史上，欧亚大陆间存在着一条东起长安、洛阳等地，经河西走廊至西域各国，穿欧亚草原达地中海沿岸的商贸通道。因丝绸贸易的影响最大，19 世纪末，德国地理学家费迪南·冯·李希霍芬（Ferdinand von Richthofen）将这条联结东西文明的大道，称为“丝绸之路”。

商周时期，中原就和西域乃至更远地区存在经济文化交流。殷墟妇好墓出土玉器，以新疆和田为主。周穆王西巡，“献锦组百纯、□组三百纯”给西王母；在新疆和田，穆天子“取玉三乘，玉器服物”；最远抵达宗周西北“一万四千里”的“旷原之野”[⑥]。1993 年，考古学家在埃及第二十一王朝（前 1085—前 945）女性木乃伊头发上发现丝绸残迹[⑦]，证明中国丝绸西传，远比文献记载要早。这条联结内地与西域的商道，就是盛于汉代的“丝绸之路”雏形。

俄罗斯阿尔泰发现公元前 5 世纪巨墓群，“由于墓土封冻结实，墓中还很好地保存了中国的丝织品和其他物品。”[⑧] 这些织品纹样，与长沙烈士公园楚墓出土刺绣相同[⑨]，2006 年，望城风篷岭汉墓出土金缕玉衣残片，这是长江以南首次考古发现。据考证，玉片产自新疆和田[⑩]。以上发现说明，至迟东周，湖湘与中亚之间已存在贸易线路。其大致走向：自湘水经由江、汉入秦川，沿河西走廊达西域。历代丝绸之路见图 6-4。

---

① 《资治通鉴·唐纪》。
② 《新唐书·萧铣传》。
③ （明）钟添、洪价 撰：《思南府志》，卷一，明嘉靖刻本。
④ 《旧唐书·南诏传》。
⑤ （唐）樊绰 撰：《蛮书》，卷三，清武英殿聚珍版丛书本。又名《云南志》，记载南诏史事的史书。
⑥ 《竹书纪年·穆天子传》。
⑦ 屠恒贤：《丝绸之路与东西方纺织技术交流》，《东华大学学报》，2003 年 12 月。
⑧ （苏）鲁金科：《论中国与阿尔泰部落的古代关系》，《考古学报》，1957 年第 2 期。
⑨ 高至喜：《长沙烈士公园 3 号木椁墓清理简报》，《文物》，1959 年第 10 期。
⑩ 何旭红：《湖南望城风篷岭汉墓发掘简报》，《文物》，2007 年第 12 期。

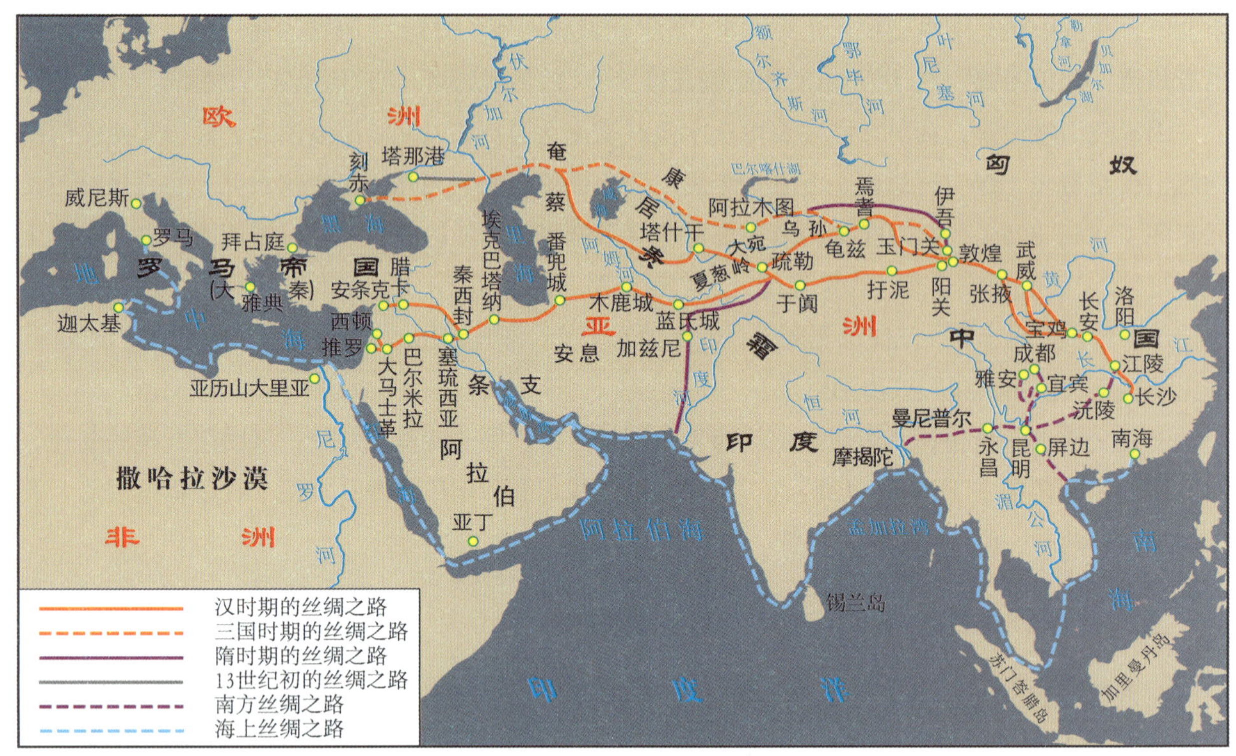

图 6-4 历代丝绸之路示意图[①]

汉武帝时，张骞出使西域，以及随后汉朝反击匈奴的一系列胜利，打通了汉都至西域以远道路，即所谓“丝绸之路”。该道由长安出发，经过河西走廊，然后分为两条路线：一条由阳关，经扜泥（鄯善国都，今新疆若羌）、于阗，沿昆仑山北麓西行，过莎车，逾葱岭，经大月氏（都蓝氏城，今阿富汗汗瓦齐拉巴德），至安息（今伊朗），西通塞琉西亚（今巴格达）、大马士革，抵地中海沿岸；另一条出玉门关，经焉耆、龟兹，沿天山南麓西行，出疏勒（今新疆喀什），西逾葱岭，过大宛（今乌兹别克斯坦、吉尔吉斯斯坦、塔吉克斯坦三国接壤的费尔干纳盆地），至康居（今哈萨克斯坦）、奄蔡（今咸海、里海北部草原）等地。

魏晋南北朝，中原政权失去对西域控制，中亚商道一度阻绝。唐朝国力强盛，与世界各地尤其周边国家交流密切，丝绸之路得以复兴。唐代地理学家贾耽绘《海内华夷图》，记有大唐通域外七条主要路线：

一曰营州入安东道，二曰登州海行入高丽渤海道，三曰夏州塞外通大同云中道，四曰中受降城入回鹘道，五曰安西入西域道，六曰安南通天竺道，七曰广州通海夷道。[②]

下面分述之。

营州（今辽宁朝阳）入安东道 自长安经营州，至渤海国（都今黑龙江宁安）的陆路通道。根据贾耽《皇华四达记》载，由营州东行一百八十里至燕郡城（今辽宁义县），经汝罗守捉（今辽宁北镇），渡辽水至安东都护府辽东城（今辽宁辽阳），“又经渤海长岭府（今吉林桦甸），

① 万紫薇、蒋响元等参考相关资料绘制。

② 《新唐书·地理志》。

千五百里至渤海王城（今黑龙江宁安）。”[①]

登州（今山东蓬莱）**海行入高丽渤海道** 自长安经登州，往新罗、高丽、百济及渤海国的水陆通道。该线水路沿庙岛群岛和辽东半岛、朝鲜半岛近海航行。《新唐书·地理志》引《皇华四达记》：

登州东北海行，达大谢岛、龟歆岛、末岛、乌湖岛（今庙岛群岛），三百里。北渡乌湖海（今渤海海峡），至马石山东之都里镇（今辽宁旅顺），二百里。东傍海壖，过青泥浦、桃花浦、杏花浦、石人汪、橐驼湾、乌骨江，八百里。乃南傍海壖，过乌牧岛、贝江口、椒岛，得新罗西北之长口镇（今朝鲜长渊郡）。又过秦王石桥、麻田岛、古寺岛、得物岛，千里至鸭渌江唐恩浦口（今韩国仁川马山浦）。乃东南陆行，七百里至新罗王城（今韩国庆州）。

自鸭绿江口舟行百里，乃小舫溯流，东北三十里至泊汋口，得渤海之境。又泝流五百里，至九都县城（今吉林集安九都山城），故高丽王都……又正北如东，六百里至渤海王城。

夏州（今陕西靖边）**塞外通大同云中道** 自长安经夏州，通往鄂尔多斯高原。《新唐书·地理志》对该道走向有详细描述：

夏州北渡乌水，经贺麟泽、拔利干泽，过沙，次内横刬、沃野泊、长泽、白城，百二十里至可朱浑水源。又经故阳城泽、横刬北门、突纥利泊、石子岭，百余里至阿颓泉。又经大非苦盐池，六十六里至贺兰驿（今内蒙古杭锦旗南）。又经库也干泊、弥鹅泊、榆禄浑泊，百余里至地颓泽。又经步拙泉故城，八十八里渡乌那水，经胡洛盐池、纥伏干泉，四十八里度库结沙，一曰普纳沙，二十八里过横水，五十九里至十贲故城（指汉代朔方郡城），又十里至宁远镇。又涉屯根水，五十里至安乐戍，戍在河西壖，其东壖有古大同城（今内蒙古乌拉特前旗）。今大同城，故永济栅也。北经大泊，十七里至金河。又经故后魏沃野镇城，傍金河，过古长城，九十二里至吐俱麟川。傍水行，经破落汗山、贺悦泉，百三十一里至步越多山。又东北二十里至缬特泉。又东六十里至贺人山，山西碛口有诘特犍泊。吐俱麟川水西有城，城东南经拔厥那山，二百三十里至帝割达城。又东北至诺真水汊。又东南百八十七里，经古可汗城至咸泽。又东南经乌咄谷，二百七里至古云中城（今内蒙古呼和浩特）。又西五十五里有绥远城。皆灵、夏以北蕃落所居。

中受降城（今内蒙古包头）**入回鹘道** 即参天可汗道，是长安经中受降城通往蒙古高原、贝加尔湖地区的道路。唐贞观二十一年（647），唐太宗破灭漠北薛延陀汗国后，在当地设若干都督府和羁縻州，委各部落酋长为都督、刺史。同年，回纥、拔野古、同罗、仆骨、多滥葛、思结、阿趺、契苾、跌结、浑、斛薛等部落首领入朝奏称：

臣等既为唐民，往来天子尊所，如诣父母，请于回纥以南、突厥以北开一道，谓之参天可汗道，置六十八驿，各有马及酒肉以供过使，岁贡貂皮以充租赋。[②]

太宗诏准，自碛口（今内蒙古二连浩特境）沿阴山（今大青山）通往漠北，正式辟为驿道。

① 《新唐书·地理志》。

② 《资治通鉴·唐纪》。

安西入西域道　即前述丝绸之路。显庆年间（656—661），灭西突厥、服葱岭后，在陇右道及西域地区设北庭、安西都护府及都督府和州县，置军、镇、城、守捉等机构[①]，驻军守戍，保护商路安全。丝绸之路发展到历史上的鼎盛时期。

唐代丝绸之路在西域有南、中、北三条干道。

南道指从沙州（敦煌）出阳关，沿塔克拉玛干沙漠南缘，经于阗西逾葱岭的道路。隋唐地理学家裴矩《西域图记序》记为：

其南道从鄯善、于阗、朱俱波、喝磐陀，度葱岭，又经护密、吐火罗、挹怛、帆延、漕国，至北婆罗门，达于西海。

中道指从瓜州（今甘肃瓜州）经伊吾道至伊州（今新疆哈密），或自敦煌经稍竿道至伊州，或自沙州经大海道至西州（今吐鲁番交河故城），继沿天山南麓塔里木盆地北缘西去的道路。《西域图记序》：

其中道从高昌、焉耆、龟兹、疏勒，度葱岭，又经钹汗、苏对沙那国、康国、曹国、何国、大小安国、穆国，至波斯，达于西海。

北道指自沙州经稍竿道至伊州，再北越天山经庭州（今新疆吉木萨尔），西至碎叶及中亚、欧洲的通道。《西域图记序》：

发自敦煌，至于西海，凡为三道，各有襟带。北道从伊吾，经蒲类海、铁勒部、突厥可汗庭，度北流河水，至拂菻国，达于西海。

唐中叶以前，丝绸之路盛极一时。“伊吾之右，波斯以东，职贡不绝，商旅相继。”[②]天宝十四载（755）“安史之乱”发生后，“边兵精锐者皆徵发入援，谓之行营，所留兵单弱，胡虏稍蚕食之。”广德元年（763），“吐蕃入大震关，陷兰、廓、河、鄯、洮、岷、秦、成、渭等州，尽取河西、陇右之地。”[③]此后，由长安通西域丝路，转由回鹘道、居延道和灵州道。这三条道路皆经欧亚草原，又称“草原丝路”。

新疆博物馆陈列文物中，有一件吐鲁番出土的墨书题记麻布。该麻布长2.63米，宽0.535米，题记：

蛮 田元卿
澧州慈利县让德乡永乐里户主田元卿调布一端
永隆二年（681）八月 日览[④]

唐代赋役之法规定：

① 《新唐书·兵志》：“唐初，兵之戍边者，大曰军，小曰守捉、曰城、曰镇，而总之者曰道。”

② （清）董诰 撰：《全唐文·讨高昌诏》，清嘉庆内府刻本。

③ 《资治通鉴·唐纪》。

④ 王炳华：《吐鲁番出土唐代庸调布研究》，《文物》，1981年第1期。

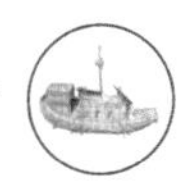

每丁岁入租粟二石。调则随乡土所产，绫、绢、絁各二丈，布加五分之一。输绫、绢、絁者，兼调绵三两；输布者，麻三斤。凡丁，岁役二旬；若不役，则收其庸，每日三尺……诸庸调物每年八月上旬起输，三十日内毕。[1]

南朝宋时，规定“蛮之顺附者，一户输谷数斛，其余无杂调。”[2]田氏题记麻布出土证实，唐租庸调法已及于蛮夷。新疆出土澧州调布，说明湖湘和中亚之间长期存在经济文化联系。

安南通天竺（今印度半岛）**道** 是长安经由湖湘、安南通往南诏和中南半岛的一条大道。《新唐书·地理志》：

安南经交趾太平，百余里至峰州（今越南永富省白鹤县），又经南田百三十里，至恩楼县，乃水行四十里至忠城州（今越南永富省锦溪县）。又二百里，至多利州（今越南安沛）。又三百里，至朱贵州。又四百里，至甘棠州（今老街省境之甘棠），皆生獠也。又四百五十里至古涌步（今云南河口），水路距安南（都护府）凡千五百五十里。又百八十里经浮动山、天井山，山上夹道皆天井，间不容跬者三十里，二日行至汤泉州（今云南屏边县）。又五十里，至禄索州（今云南蒙自）。又十五里，至龙武州（今蒙自附近）。皆爨蛮，安南境也。又八十三里，至傥迟顿（今云南个旧）。又经八平城，八十里至洞澡水。又经南亭（今云南建水），百六十里至曲江。剑南地也。又经通海镇，百六十里渡海河、利水至绛县（今云南江川）。又八十里，至晋宁驿（今云南晋宁）。戎州地也。又八十里，至拓东城（今云南昆明）。又八十里，至安宁故城（今云南安宁）。又四百八十里，至云南城（今祥云县云南驿）。又八十里，至白崖城（今云南弥渡）。又七十里，至蒙舍城。又八十里，至龙尾城（今云南大理下关）。又十里，至大和城。又二十五里，至羊苴咩城（今云南大理）。自羊苴咩城，西至永昌故郡（今云南保山），三百里。又西渡怒江，至诸葛亮城（今云南龙陵）二百里。

自诸葛亮城至天竺，又分为西南路和西路。

西南路从云南大理、保山、龙陵，西南经缅甸、孟加拉国等地古国，进入印度中部地区。

南至乐城（今云南瑞丽）二百里。又入骠国（今缅甸）境，经万公等八部落至悉利城七百里。又经突文城，至骠国（都城，今缅甸勃固省西北之卑谬）千里。又自骠国，西度黑山，至东天竺迦摩波国（今印度东部阿萨姆邦境内）千六百里。又西北渡迦罗都河，至奔那伐檀那国（今孟加拉国境内）六百里。又西南，至中天竺国东境恒河南岸羯朱揾罗国（中印度古国）四百里。又西至摩羯陀国六百里。

西路从云南大理一直往西，翻越怒山、高黎贡山及缅北掸邦野人山，横渡澜沧江、怒江及伊洛瓦底江及其上游钦敦江等河流。其与西南路在印度阿萨姆汇合后，向孟加拉国及印度中部地区延伸。

---

① 《旧唐书·食货志》。

② 《宋书·夷蛮传》。

自诸葛亮城西去腾充（今云南腾冲）城二百里。又西至弥城（今云南盈江），百里。又西过山，二百里至丽水城（今缅甸克钦邦之达罗基），乃西渡丽水、龙泉水，二百里至安西城（今克钦邦孟拱），乃西渡弥诺江水，千里至大秦婆罗门国（今印度英帕尔）。又西渡大岭，三百里至东天竺北界固没卢国（今印度阿萨姆邦境内）。又西南千二百里，至中天竺国东北境之奔那伐檀那国，与骠国往婆罗门路合。

还有一条从安南都护府南下，经老挝、泰国、柬埔寨，以至马来西亚、新加坡的交通路线。

自獾州（今越南义安省荣市）东，二日行至唐林州安远县（今越南河静省高尚县），南行经古罗江，二日行至环王国（即林邑，今越南广平省以南）之檀洞江。又四日至朱崖。又经单补镇，二日至环王国城，故汉日南郡地也（今越南广治省）。自獾州西南三日行，度雾湿岭，又二日行至棠州日落县（今老挝甘蒙省境）。又经罗伦江及古朗洞之石密山，三日行至棠州文阳县。又经漦漦涧，四日行至文单国之弄台县。又三日行至文单外城。又一日行至内城（今老挝万象）。一日陆真腊（今泰国东部），其南水真腊（今柬埔寨）。又南至小海（今柬埔寨西哈努克市）。其南罗越国（今马来半岛柔佛）。又南至大海。

自长安取道湘桂走廊，经安南都护府驻地河内北上，通往云南、缅甸、印度、孟加拉国、阿富汗等地；或由河内南下，进入老挝、泰国、柬埔寨、马来西亚、新加坡等地；或自长安走蜀道至成都，由“旄牛道”“五尺道”入云南、越南、缅甸、印度等地。以上三条线路，被称“南方丝绸之路”，其中两条经由湖湘。由此可知，“安南通天竺道”启自先秦，随着交通条件改善，隋唐趋于鼎盛。

唐朝至南诏国都羊苴咩城主要有安南通天竺道、清溪关道（成都至大理）。由于蜀道难行，朝廷主要“通过安南都护府与云南各民族地区及中印半岛其他国家进行联系”[①]。

唐咸通三年（862）二月，南诏犯安南。朝廷命湖南观察使蔡袭为安南经略招讨使，率许、滑等八道兵共24万大军赴援安南。后因八道兵马各回本道，南诏复陷安南，蔡袭战死。咸通六年（865），安南都护高骈由合浦渡海，击败南诏，收复交州。“高骈既平南蛮獠，诏归阙，自海路由合浦而上”[②]，经桂州道北归长安。由此可见，湘桂走廊是李唐王朝经略滇缅印及中南半岛的必由之路。

广州通海夷道 是从长安经由广州至东南亚、印度半岛、波斯湾，以及阿拉伯和非洲的海上航线。《新唐书·地理志》对航线、航程及沿途风情皆有记述，参见本章第四节。

魏晋南朝，中印交通多取道陆路。唐初以来，随着航海技术进步，取道海路次数逐步增加。唐代高僧义净著作的《大唐西域求法高僧传》，记述了从贞观十五年（641）到武后天授二年（691）到印度和南海访问的57位僧人（包括作者）事迹，兼述经济、风俗及旅行路线。求法高僧往返印度，陆路取道西域，海路主要经由湘水，自广州或合浦启程出海。如：

① 李魏巍：《“安南通天竺道”在唐代贸易中的地位与作用》，《河西学院学报》，2013年第1期。

② （宋）王象之撰：《舆地纪胜·郁林州》，清影宋钞本。

智弘律师者，洛阳人也。即聘西域大使王玄策之侄也……遂济湘川、跨衡岭、入桂林……欲观礼西天，幸遇无行禅师，与之同契。至合浦升舶，长泛沧溟，风便不通，漂居匕景。覆向交州，住经一夏。既至冬末，复往海滨神湾。随舶南游，到室利佛逝国。

大津师者，澧州人也。幼染法门……遂以永淳二年振锡南海。爰初结旅颇有多人，及其角立唯斯一进，乃赍经像与唐使相逐。泛舶月余达尸利佛逝洲。停斯多载……净（作者）于此见……既睹利益之弘广，乃轻命而复沧溟。遂以天授二年五月十五日附舶而向长安矣。

20世纪初，日本学者足立喜六先生统计《大唐西域求法高僧传》记载的唐僧往返路线：去路走海路有40条、陆路有23条、不明有2条，回程走海路有9条、陆路有10条、不明有5条，合计海路有49条、陆路有33条。唐代著名高僧、《西游记》中唐三藏原型玄奘西天取经后，原也想从海路回国，后改走陆路，历时两年方抵长安[①]。刘永连先生统计唐高祖到玄宗时期西域南海使节来华路线，发现武则天时海路已超过陆路[②]。其由海路前往南海、天竺等地，主要取道湘水航线，由广州或合浦出海。

9世纪中叶，阿拉伯地理学者伊本·胡尔达兹比（Ibn khordaodbeh）的《道里邦国志》以及苏莱曼(Suleiman）著《中国印度见闻录（一译东游记）》，所记波斯到广州航线与“广州通海夷道”线路，基本上是一致的。

以上七条对外交通路线，两条取道江湘，足见湖南在中外交往中的地位和作用。其中，广州通海夷道经由爪哇、马六甲海峡、斯里兰卡、印度，至波斯湾、北非等地，是当时世界上最长的航线。

四、交通管理法规的完善

立法维护交通秩序始于殷商。《韩非子·内储说上》：“殷之法，弃灰（垃圾）于公道者断其手。”延至周代，各项交通管理制度初步成形。如，“凡道路之舟、车毂互者，叙而行之。凡有节者及有爵者至，则为之辟”[③]“雨毕而除道，水涸而成梁”[④]“道路，男子由右，妇人由左，车从中央……出入皆如之。”[⑤]

唐朝交通发达，运输繁忙，在继承前代基础上，形成了更为完善的交通管理法规。贞观年间，著名政治家马周制定、完善了多项社会管理制度。《新唐书·马周传》：

先是，京师晨暮传呼以警众，后置鼓代之，俗曰‘鼕鼕鼓’；……城门入由左，出由右；飞驿以达警急；纳居人地租；宿卫大小番直；截驿马尾；城门、卫舍、守捉士，月散配诸县，各取一，以防其过，皆周建白。

上述史料证明，唐代初期，就已施行“右侧通行”的行道规则。

① 季羡林 著：《玄奘与〈大唐西域记〉》，北京：中华书局，2000年。

② 刘永连：《唐代中西交通海路超越陆路问题新论》，《陕西师范大学学报》，2013年第1期。

③ 《周礼·秋官》。

④ 《国语·周语》。

⑤ 《礼记·王记》。

为维护城市交通秩序，唐代沿用《晋律》“禁马众中”规定，禁止无故于城内街巷走车马，否则追究刑事责任。《唐律疏议》：

诸于城内街巷及人众中，无故走车马者，笞五十；以故杀伤人者，减斗杀伤一等。杀伤畜产，偿所减价。余条称减斗杀伤一等者，有杀伤畜产，并准此。若有公私要速而走者，不坐；以故杀伤人者，以过失论。其因惊骇，不可禁止，而杀伤人者，减过失二等。

贞观十一年（637），唐太宗颁发《仪制令》：“凡行路巷街，贱避贵，少避老，轻避重，去避来。”这一交通礼仪法规，对交通运输事业影响深远。因其符合儒家经典，被后世广为推行。《唐律疏议》明确了违令处罚措施：“令有禁制，谓《仪制令》‘行路贱避贵、去避来’之类，此是‘令有禁制，律无罪名’，违者得笞五十。”五代时期，为“令路人皆得闻见”，《仪制令》榜刻于道途、桥柱、坊门等处。后唐长兴二年（931）八月敕：

朕闻教化之本，礼让为先，欲设规程，在循典故。盖以中兴之始，兆庶初安，将使知方，所以渐诱。准《仪制令》：道路街巷，贱避贵，少避长，轻避重，去避来。有此四事承前，每于道途立碑刻字，令路人皆得闻见。宜令三京诸道州府，各遍下管内县镇，准旧例，于道路明置碑，雕刻四件事文字。兼于要会、坊门，及诸桥柱刻碑，晓喻路人。委本县所由官司，共切巡察。有敢犯者，科违敕之斤罪。①

长沙县雾阳乡（今望城桥驿镇）大阳桥立有“大阳堠”石碑，镌刻《仪制令》。清代金石学家瞿中溶在《古泉山馆金石文编》记载：

长沙县雾阳乡田间有一碑，上题仪制令大阳堠……考《宋史·孔承恭传》云：“尝疏请令州县长吏，询访耆老，求知民间疾苦、吏治得失。及举令文‘贱避贵、少避长、轻避重、去避来’请昭京邑，并诸州于要害处设木牌刻其字，违者论如律。上皆为行之。”则“贱避贵”云云四句，本系宋初令文碑所题仪制令是也。

《仪制令》石刻在中国多个地方发现，现存最早《仪制令》镌于南宋淳熙八年（1181），为陕西略阳灵崖寺收藏。石刻上书《仪制令》，下面竖刻“贱避贵，少避长，轻避重，去避来。”

为确保“军国大议，驰驿而闻”②，唐律《厩牧令》规定：“诸公使须乘驿及传送马，若不足者，既以私马充。”对各级官吏滥用驿马者，制定了严厉的处罚措施。《唐律疏议》：

诸增乘驿马者，一疋徒一年，一疋加一等。应乘驿驴而乘马者减一等。主司知情与同罪，不知情者勿论……诸乘驿马辄枉道者，一里杖一百，五里加一等，罪止徒一年。越至他所者，各加一等。经驿不换马者，杖八十。

---

① （宋）王溥撰：《五代会要·二十六》，清武英殿聚珍版丛书本。

② （清）董诰撰：《全唐文·卷一百六十一》，清嘉庆内府刻本。

除了陆路交通，《唐律疏议》对水上行船也有明确规定："或沿泝相逢，或在洲屿险处，不相回避，覆溺者多，须准行船之法，各相回避，若湍碛之处，即泝上者避沿流之类，违者，各笞五十。""泝上者避沿流"，即上行回避下行的"行船之法"，沿用至今。

第二节 以大运河为枢纽的水运网络形成

隋唐时期，以大运河为枢纽的水运网络形成，开启了中国交通运输史上光辉灿烂的一页。此外，广通渠、新漕渠、灵渠、相思埭等河渠相继开浚，将全国大部水系联入统一的水运网络。"自扬、益、湘南至交、广、闽中等州，公家运漕，私行商旅，舳舻相继。"①

这一时期，洞庭湖"周极八百里，凝眸望则劳"。岳州、潭州、衡州、永州、郴州、朗州等港因货物吞吐量大，出现了专业性的装卸搬运人夫，官定"运米丁""脚役""递夫"，商雇"租赁脚士""脚佣"，为后世"箩业"的滥觞。

一、南北大运河的开凿

周敬王三十四年（前486），吴王夫差为北上伐齐，开挖自今扬州向东北、经射阳湖到淮安运渠，全长300多里，沟通江、淮水系。这是大运河最早修建的河段，因途经邗城（今扬州境），故名"邗沟"。

隋开皇七年（587），文帝兴兵灭陈，"开山阳渎以通运漕。"② 即自山阳引淮水流经射阳湖，与邗沟相接，至江都西南入江。

大业元年（605），隋炀帝"发河南诸郡男女百余万，开通济渠。"③ 通济渠又称汴水、汴渠、汴河，全长1300多里，分东西两段：西段自洛阳引洛河和谷水入黄河；东段自荥阳汜水引黄河，循汴水，经今商丘、永城、宿县、灵璧、泗县，在盱眙之北入淮水。为提高山阳渎航运能力，以与通济渠配套，开凿通济渠的同时，"又发淮南民十余万开邗沟，自山阳至扬子入江。渠广四十步，渠旁皆筑御道，树以柳。"④ 经过这次改造，运河不再东绕射阳湖，而自江都径达淮安。

大业四年（608），"发河北诸郡男女百余万，开永济渠，引沁水南达于河，北通涿郡。"⑤ 永济渠利用沁水、淇水、卫河等水源，引水通航至涿郡（今北京），全长1900多里。

大业六年（610）冬，"敕穿江南河，自京口（今江苏镇江）至余杭（今浙江杭州），八百余里，广十余丈，使可通龙舟，并置驿宫、草顿。"⑥ 至此，以洛阳为中心，经由永济渠、通济渠、邗沟和江南河，连接海河、黄河、淮河、长江、钱塘江五大水系，北抵涿郡、南达余杭的南北大运河建成（图6-5）。

① 《元和郡县图志·河南府》。
② 《隋书·高祖纪》。
③ 《通典·漕运》。
④ 《资治通鉴·隋纪》。
⑤ 《隋书·炀帝纪》。
⑥ 《资治通鉴·隋纪》。

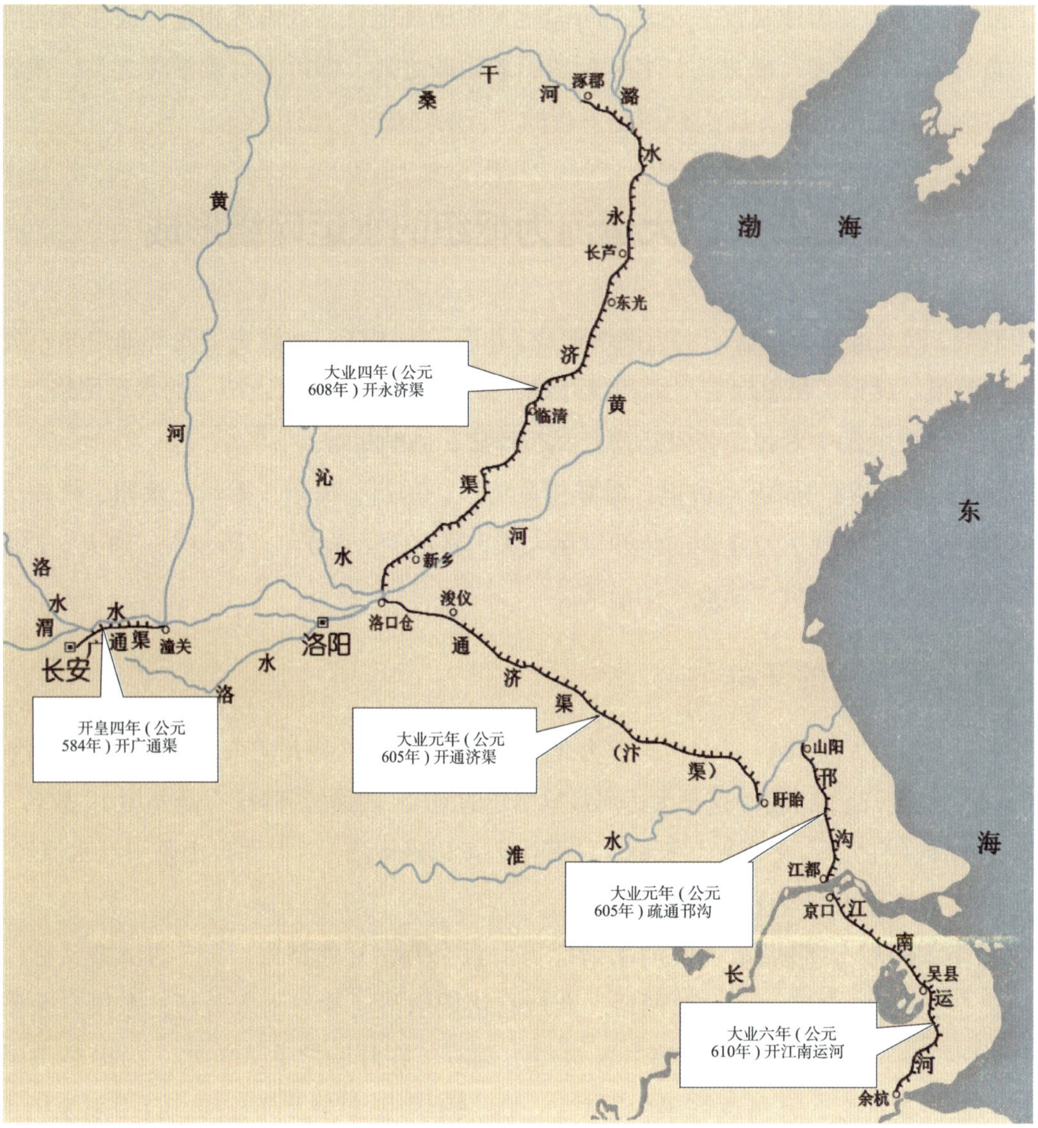

图 6-5　隋开运河图[①]

大运河“满足了将已是全国经济中心的长江流域同仍是政治中心的北方连接起来的迫切需要”[②]，奠定了漕运兴盛基础。沿河百姓为此付出了惨重牺牲。开河期间，“年十五岁以上，五十岁以下者”都在征役之列，“丁男不供，始以妇人从役。”[③]凿通济渠时，“役丁死者什四五。”[④]由于滥用国力，导致隋末民变。唐人皮日休云：

隋之疏淇汴，凿太行，在隋之民不胜其害也，在唐之民不胜其利也。今自九河外，复有淇汴，北通涿郡之渔商，南运江都之转输，其为利也博哉。[⑤]

大运河堪称中国古代最伟大的航运工程。自隋至清，一直是南北运输主干道，湘资沅澧也因

① 洛阳博物馆绘，万紫薇重描。

② （美）斯塔夫里阿诺斯 著：《全球通史》，北京：北京大学出版社，2015 年，第 254 页。

③ 《通典·漕运》。

④ 《资治通鉴·隋纪》。

⑤ 《文苑英华·汴河铭》。

此融入全国水运网络。

二、武陵渠堰的修建

隋唐时期，湖南地区兴修了一系列渠、陂、堰等水利工程，朗州陂堰之多，冠于湘境州郡。

隋开皇年间，朗州刺史乔难陀在今常德白马湖一带，修建集灌溉、航运为一体的纯纪陂—渠引沅水入白马湖，灌溉沅水北岸农田。《通典》称："纯纪陂，今名白马陂，隋开皇中刺史乔难陀修。其利不减郑、白二渠。"①《武陵图经》谓其"广三十九里，深数丈。"谪居朗州十年（805—814）的刘禹锡，在《采菱行》里描绘了荡舟采菱景象：

白马湖平秋日光，紫菱如锦彩鸳翔。
荡舟游女满中央，采菱不顾马上郎。

唐代，朗州大型渠、堰、陂兼备灌溉、治水、通航等功能，利于农业生产和交通运输。《新唐书·地理志》记有武陵九大水利工程：

武陵，上。北有永泰渠，光宅中，刺史胡处立开，通漕，且为火备；西北二十七里有北塔堰，开元二十七年，刺史李琎增修，接古莼陂，由黄土堰注白马湖，分入城壕及故永泰渠，溉田千余顷；东北八十九里有考琎功堰，长庆元年，刺史李翱因故汉樊陂开，溉田千一百顷；又有右史堰，二年，刺史温造增修，开后乡渠，经九十七里，溉田二千顷；又北百一十九里有津石陂，本圣历初，令崔嗣业开，翱、造亦从而增之，溉田九百顷。翱以尚书考功员外郎，造以起居舍人，出为刺史，故以官名。东北八十里有崔陂，东北三十五里有槎陂，亦嗣业所修以溉田，后废。大历五年，刺史韦夏卿复治槎陂，溉田千余顷。十三年以堰坏遂废。

永泰渠位于武陵县北，沟通沅水和朗州城内水路，光宅元年（684）朗州刺史胡处立开凿。该渠建有斗门，以利防洪、蓄水、助航。宋人撰《四朝闻见录》云：

常德有玉带渠，在城内，本名永泰渠。端拱初，或以水由坤入于府城最利，且避陵名，更名秀水，守臣龚颖尝篆"秀水斗门"以表之。

北塔堰位于武陵县西北，唐开元二十七年（739）朗州刺史李琎修筑。北塔堰"接古莼陂，由黄土堰注白马湖，分入城壕及故永泰渠。"《古今图书集成》称其"北接白马湖，南至沅水，长三十里。"

以上渠堰陂与沅水相连，构成集灌溉、通航为一体的武陵城郊水道网络。

三、桂柳运河的开凿

桂柳运河，又名相思水，位于桂林临桂良丰至大湾间，凿于唐长寿元年（692）。因其建筑设计、功能作用与灵渠相似，两渠并称南北陡河，或桂林府东西陡河。《新唐书·地理志》：

① "郑、白二渠"是关中地区的大型引水工程——秦时郑国渠和汉代白渠的合称，也是近代陕西省泾惠渠的前身。

桂州临桂县……有相思埭，长寿元年筑，分相思水使东西流。

桂柳运河主要工程包括分水塘、滚水坝、陡门、东西渠等。分水塘东西两侧筑有堰埭，以节制分水流量。东渠为人工开凿，长约15公里；西渠则利用原有河道，长约13公里。该渠东联漓水，西接阳水（柳江）支流白石水（洛清江），沟通柳江和桂江水系。

开凿前，桂林至柳州的水路运输，系由漓江经梧州，溯西江上桂平，北上黔江，又经象州入柳州。运河开通后，避免了绕经梧州的迂远航程，水路里程缩短600余里。桂西乃至滇黔方物，可通过红水河、龙江、融江、洛清江，过相思水，入漓水，越灵渠，下湘水，入洞庭，由长江、汉水入上都，或由大运河入东都，与全国水运网络相连。

元和十年（815），永州司马柳宗元改迁柳州刺史。三月底，柳宗元自长安南下，道湘川、越灵渠、下漓水，继由相思水入洛清江，六月下旬抵达柳州。到任后，曾在《答刘连州》[①]中描述了赴任柳州的惊险航程：

连璧本难双，分符刺小邦。崩云下漓水，劈箭上浔江。
负弩啼寒狖，鸣枹惊夜狵。遥怜郡山好，谢守但临窗。

四、湘桂运河疏浚

灵渠又称湘桂运河，秦代开凿之后一直是中原通岭南咽喉水道。由湘水经灵渠下漓水，西入桂柳运河、柳江，可与黔、滇相通；顺桂江、西江，可入广州、潮州；顺桂江至梧州转浔江、北流江、南流江到合浦，通交趾、林邑。

“治水巧妙，无如灵渠者。”由天平、铧嘴、陡门和南北渠构成的湘桂运河，以灵巧著称。唐宝历元年（825），李渤由朝廷给事中出任桂州刺史时，眼见“堤防尽坏，江流且溃”，着令整修疏浚。主要包括加固铧嘴、设立斗（陡）门——“铧其堤以扼旁流，斗其门以级直注。”斗门作用类似船闸，设于河道狭窄处，两岸用各砌一座对称的半圆形墩台，上留安装陡杠的槽口；闸门由陡杠和竹箔（竹篾编成的大席子）组成。船队来时，先用木杠和竹箔拦住河水，水位壅高可以行船时，去箔放舟，十分简便。《岭外代答》描述：

每舟入一斗门，则复闸之，俟水积而舟以渐进，故能循崖而上，建瓴而下，以通南北之舟楫。

唐咸通九年（868），鱼孟威出任桂州刺史。当时，南诏叛乱未平，桂州又爆发徐州籍戍兵起事，军队、粮草来往频繁。为提高通航能力，鱼孟威再次疏浚灵渠。除“铧堤悉用巨石堆积，延至四十里”

① 刘连州即刘禹锡，当时被贬为连州刺史。

外，“斗门悉用坚木排竖”，形成了南、北渠斗门全覆盖。工程竣工后，“虽百斛大舸，一夫可涉。”[①]

通过两次疏浚，灵渠通航能力有所提高，湘水在南北交通中的地位愈显重要。咸通四年（863），安南陷于南诏，“时诸道兵援安南者屯聚岭南，江西、湖南馈运者皆溯湘江入澪渠、漓水。”[②]湖南、江西等地兵马军粮皆由湘水、灵渠、漓水转运前线。

乾符六年（879）正月，黄巢率义军从闽入粤，占领广州[③]，“欲据南海之地，永为巢穴。”[④]同年十月，遭疫溯桂江北还，攻取桂州后遇湘水暴涨，便编木为舟，直下潭州。

五、漕运、纲运体系的形成

南北朝开始，中国经济重心逐步南移。隋唐建都长安，关中“号称沃野，然其土地狭，所出不足以给京师”[⑤]，江南米谷成为维系王朝统治的基础。南北大运河凿通后，“自是天下利于转输。”[⑥]自东南而西北的漕运体系，逐步建立、完善。

有唐一代，漕运与政治盛衰、经济盈缩关系极大。唐初，设“舟楫署”管理漕务。中叶开始，

---

① 鱼孟威撰《桂州重修灵渠记》：“灵渠乃海阳山水一派也，谓之漓水焉。旧说秦命史禄吞越峤而首凿之，汉命马援征徵侧而继疏之。乃用导三江、贯五岭、济师徒、引馈运，推俎豆以化猿饮，演坟典以移鴃舌。蕃禹贡，荡尧化也，则所系实大矣。年代寖远，堤防尽坏，江流且溃，渠道遂浅。潺潺然不绝如带，以至舳舻经过皆同篥荡。虽篙工楫师骈臂束立，瞪眙而已，何能为焉？虽仰索挽肩排以图寸进，或王命急宣、军储速赴，必征十数户乃能济一艘。因使樵苏不暇采，农圃不暇耰，靡间昼夜，毕遭罗捕，鲜不吁天胥怨，冒险遁去矣。是则古因斯渠以安蛮夷，今因斯渠翻劳华夏，识者莫不痛之。

洎乎宝历初，给事中李公渤廉车至此，备知宿弊，重为疏引，仍增旧迹，以利行舟。遂铧其堤以扼旁流，斗其门以级直注，且使泝沿不复稽涩。李公真谓亲规养民也。然当时主役吏不能协公心，尚或杂束筱为偃，间散木为门，不历多年又闻湮圮，于今亦三纪余焉。桂人复苦，已恨终无可奈何矣。况近岁来蛮寇犹梗，王师未罢，或宣谕旁午、晦暝不辍，或屯戍交还、星火为期。役夫牵制之劳，行者稽留之困，又积倍于李公前时，转使桂人肤革羸腊，指足胼胝，且逃且死，无所诉怨，殆十七八矣。

咸通九年，余自黔南移镇于此，舣棹岭首，备观其事，试询左右曰：“向时何不疏凿版筑，而使艰阻如是耶？”则末校刘君素前曰：“远事固不可指明，近事又非不知。修渠必去民病，然其奈迹来屡以迎送輶轩，供亿师顿，召募补卒，犒赍征夫，帑藏且殚，闾井亦蠹，故无以兴疏凿版筑也。”余固为父慈于子，孰有子病而为家贫不求医救子？是知长吏所当子民也。今民涂炭若是，又何缘帑藏且殚而无暇救之？须是约公费、积刀布、召丁壮、导壅塞，以平民病也。因召君素：“若能主张乎？”君素唯之，遂领其事。凡用五万三千余工，费钱五百三十余万。固不敢侵征赋，必竭其府库也；不敢役穷人，必伤其和气也。皆招求羡财，标求善价，以佣愿者。自九年九月兴工，至十年十月告毕。其铧堤悉用巨石堆积，延至四十里，切禁其杂束筱也；其斗门悉用坚木排竖，至十八重，切禁其间散材也。浚决碛砾，控引汪洋，防阨既定，渠遂汹涌，虽百斛大舸，一夫可涉。繇是科徭顿息，来往无滞，不使复有胥怨者。

噫！草木无情也，荣落限于春秋，然犹春则华，秋则实，以利于人焉。而人称万物之灵，擅百岁之寿，安可不利于人哉？况余无大勋业而窃据宠禄，尤宜孜孜，力补尸素，岂令草木反鄙于余哉？于是闻害必削，见益必树，盖为此耳。时上闻其兴役，远降诏书，猥赐嘉奖。然人臣受国恩，为恶则罪耳，为善乃常事，亦犹子孝亲，讵可夸乎？况余审其所为未必无愧矣，又何敢当诏书诏之美也。今所自记重修，非为名也，且要叙民之艰苦实由斯渠，冀后之居者不阙其修，行者不毁其修，长利民而已矣。”

② 《资治通鉴·唐纪》。

③ 黄巢攻占外贸商城广州，在当时的亚非地区产生了举足轻重的影响，阿拉伯至广州航线一度中断，同期阿拉伯文献史料多有提及。如阿布·赛义德在《中国印度见闻录》中写道：“不计罹难的中国人在内，仅寄居（广州）城中经商的伊斯兰教徒、犹太教徒、基督教徒、拜火教徒，就总共有十二万人被他杀害了，这四种宗教教徒的死亡人数所以能知道得这样确凿，是因为中国人按他们的人（头）数课税的缘故。”又如马苏第在《黄金草原》中记述：“（黄巢）用武力强夺广州并屠杀了该城数量众多的居民。据估计，在面对刀剑的逃亡中死于兵器或水难的穆斯林、基督徒、犹太人和袄教徒共达 20 万人。”参见（1）（阿拉伯）苏莱曼、阿布·赛义德 著，穆根来、汶江、黄倬汉 译：《中国印度见闻录》，北京：中华书局，1983 年，第 96、140 页。（2）（阿拉伯）马苏第（Msudi）著，耿昇 译：《黄金草原》，西宁：青海人民出版社，1998 年，第 180—181 页。

④ 《旧唐书·黄巢传》。

⑤ 《新唐书·食货志》。

⑥ 《通典·漕运》。

“东南之粟”转漕上都额度逐渐增加，朝廷始委重臣兼任转运使，主管漕政，确保漕运畅通[①]。

唐开元二十一年（733），京兆尹裴耀卿奏称，“贞观、永徽之际，禄廪数少，每年转运不过一二十万石，所用便足……今国用渐广，漕运数倍于前，支犹不给。”[②]次年，裴耀卿任江淮转运使后，改“长运法”为转般法，即在中转点设置粮仓，“节级转运，水通则舟行，水浅则寓于仓以待，舟无停留，而物不耗失。”同时，为避开舟行“三门之水险”“置仓三门东西，漕舟输其东仓，而陆运以输西仓，复以舟漕。”采用此法，“凡三岁，漕七百万石，省陆运佣钱三十万缗。”[③]包括湖南在内的东南米谷漕运路线：自江都出发，由漕渠（即邗沟）入淮水，经通济渠入黄河，溯舟三门峡东后陆行十八里，“复以舟漕”转溯渭水，达上都长安。

“安史之乱”期间，洛阳、长安一度陷落。漕运路线改由长江入汉水，由陆路抵扶风（今陕西凤翔），继转肃宗驻跸的灵州大都督府（治今宁夏灵武）。

唐广德二年（764），“以刘晏颛领东都、河南、淮西、江南东西（之）转运、租庸、铸钱、盐铁，转输至上都。”[④]刘晏主持漕政后，制定了一系列漕运改革措施。主要包括：

（1）开决汴河、疏浚河道。

（2）以盐利为漕佣，变派役为雇用制，减少沿河百姓劳役。

（3）创立纲运制度，“每船受千斛，十船为纲，每纲三百人，篙工五十。”纲运法的实施，降低了运输成本，“米斗减钱九十”。

（4）改粮米散装为袋装，降低运输耗损。

（5）改进转搬法，“江船不入汴，汴船不入河，河船不入渭；江南之运积扬州，汴河之运积河阴，河船之运积渭口，渭船之运入太仓。岁转粟百一十万石，无升斗溺者。”[⑤]

刘晏创立的“纲运”制度，不仅使漕粮入京费省效宏，亦为后世广为效法[⑥]。

六、“漕引潇湘洞庭”

隋唐五代，湖南“地称沃壤，所出常倍他州”[⑦]，以致“国用取资，终赖江、湘之入。”[⑧]隋大业十四年（618），骁果军兵变，武力逼迫滞留扬州的隋炀帝西归。杨广对众将称，“朕方欲归，正为上江米船未至。”[⑨]胡三省注曰：“夏口（汉水入江处）以上为上江。”

唐武德四年（621），潇湘道行军总管李靖攻灭萧梁政权，“南方州县闻之，皆望风款附。”[⑩]

---

① 《文献通考·职官考》：“刘晏（以户部侍郎）充诸路转运使，其后韩滉、杜悰、杜让能、崔昭纬皆以宰相充使。”

② 《旧唐书·裴耀卿传》。

③ 《新唐书·食货志》。

④ 《新唐书·食货志》。

⑤ 《新唐书·食货志》。

⑥ 《旧唐书·食货志》：“自江淮至渭桥，率十万斛佣七千缗，补纲吏督之。不发丁男，不劳郡县，自古未之有也……广牢盆以来商贾，凡所制置，皆自晏始。”

⑦ 《旧唐书·僖宗本纪》。

⑧ （清）董诰撰：《全唐文·上周大夫状》，清嘉庆内府刻本。

⑨ 《资治通鉴·唐纪》。

⑩ 《资治通鉴·唐纪》。

湖南平定后，“武德六年八月，扬州都督李靖，运江、淮（即江南东、西道和淮南道）之米，以实洛阳。”①

唐天宝十四载（755）发生“安史之乱”，导致中原向南方移民的第二次高潮。“至德后，襄邓百姓，两京衣冠，尽投江湘，故荆南井邑，十倍其初。”②唐代名相狄仁杰后裔，即于唐中后期从山西迁入湘潭，北宋时其十四世孙狄棐曾任广州知府、龙图阁直学士等职。光绪《湘潭县志》载狄棐传，有狄语“我本湘潭一介寒士，官侍从，历州府，皆由正道得爵禄，岂可攀结权贵而自污名节！”

安史之乱后，北方战乱频仍，经济遭到严重破坏，“赋出于天下，江南居十九。”湖湘税赋成为唐朝重要财源。唐代宗初年，关中丧乱，漕运废弛，“官厨无兼时之积，禁军乏食，畿县百姓乃挼穗以供之。”刘晏“以转运为己任”，沿途考察运河漕路，“凡所经历，必究利病之由。”到江淮后，他在致宰相元载的书信中提到：

步步探讨，知昔人用心，则潭、衡、桂阳，必多积谷。关辅汲汲，只缘兵粮。漕引潇湘、洞庭，万里几日，沧波挂席，西指长安。三秦之人，待此而饱；六军之众，待此而强。天子无侧席之忧，都人见泛舟之役；四方旅拒者可以破胆，三河流离者于兹请命。③

乾符二年（875），唐僖宗在《南郊赦文》中称：“湖南、江西管内诸郡，出米至多。”④湘米北漕主要路线：由四水入洞庭，顺江而下扬州，浮大运河转输洛阳、长安。

除大运河外，经由汉水的传统线路也被利用。江淮漕运被战事阻绝时，主要依赖该线。其中，一条溯汉水抵陕西西乡，陆运陕西凤翔；一条溯汉水北上汉中，转褒斜栈道入长安；还有一条是溯汉水至襄阳，入丹江或唐白河北上，转输上都长安或东都洛阳⑤。安史之乱发生后，玄宗入蜀避难，太子李亨（后为肃宗）北上灵州，领兵平叛。“江淮奏请贡献之蜀、之灵武者，皆自襄阳取上津路抵扶风。”⑥

唐肃宗（756—762）末，“史朝义兵分出宋州，淮运于是阻绝，租庸盐铁溯汉江而上……越商于以输京师。”⑦漕粮赋税，主要循江汉运道转输关中。崔祐甫《为皇甫中丞永王谏移镇笺》云：“安禄山称兵犯顺，窃据二京，王师四临，久未扑灭。自河淮右转，关陇东驰，诏命所传，贡赋所集，必由之径，实在荆、襄。”⑧荆襄路成为京师联系江南、岭南诸道主要驿路⑨。

建中年间（780—783），田悦、李惟岳、李纳、梁崇义、李希烈相继叛乱。“南北漕引皆绝，

① 《册府元龟·漕运》。

② 《旧唐书·地理志》。

③ 《旧唐书·刘晏传》。

④ 《旧唐书·僖宗本纪》。

⑤ 《襄樊交通志》（王继一主编，北京：中国城市经济社会出版社，1990年版）记载的漕运线路是溯汉水抵陕西西乡，陆运陕西凤翔；《湖北省志·交通邮电》（湖北省地方志编纂委员会编，武汉：湖北人民出版社1995年版）记载的运输线路是溯汉水至襄阳，入丹江或唐白河北上，水陆转输。

⑥ 《资治通鉴·唐纪》。

⑦ 《新唐书·食货志》。

⑧ 《全唐文·卷四百九》，清嘉庆内府刻本。

⑨ （宋）王禹偁《商於驿记后序》：“自大历、贞元之后，王室微弱，李希烈陷大梁，李锜继叛，由是汴或不通焉，吴、越、江、淮、荆、湘、交、广，郡吏上计，皇华宣风，憧憧往来，皆出是郡（指商州），盖半天下矣。故邮传之盛，甲于他州。”

京师大恐。”[①] 朝廷再度启用长江、汉水航道转运江淮漕粮，直到叛乱平定。

贞元元年（785），“关辅宿兵，米斗千钱，太仓供天子六宫之膳不及十日，禁中不能酿酒。”[②]诏令湖南、江西漕运襄州的税米转运关中，以解除京都饥馑之忧。《冬至大礼大赦制》：

关畿之内，连岁兴戎，荐属天灾，稼穑不稔，谷籴翔贵，燕黎困穷，仓廪空虚，莫之赈赡。每一兴念，恻然痛心。宜令度支取江西、湖南见运到襄州米十五万石，设法般赴上都，以救百姓荒馑。如山路险阻，车乘难通，仍召贫人，令其般运，便以米充脚价。[③]

贞元二年（786），“增江淮之运，浙江东、西岁运米七十五万石，复以两税易米百万石，江西、湖南、鄂岳、福建、岭南米亦百二十万石……运至东、西渭桥仓。”[④]

大和五年（831），山南道宣抚使唐扶奏称：

内乡县行市、黄涧两场仓督邓琬等，先主掌湖南、江西运到糙米，至浙川县于荒野中囤贮，除支用外，六千九百四十五石，裛烂成灰尘。度支牒征元掌所由，自贞元二十年，邓琬父子兄弟至玄孙，相承禁系二十八年，前后禁死九人。今琬孙及玄孙见在枷禁者。[⑤]

襄州、内乡、浙川位处南阳盆地，江湘通长安和洛阳要冲。由此可见，唐代中期，湖南、江西粮米多由江汉漕运京都。

作为重要漕粮供应地，湘境置有多处谷仓以备转漕。近人张先民在《湘潭县地理图说·区域》中说：

湘水合涓水之口为洛口，即今之易俗河，前代榷场，唐于洛口置仓转漕，五代时曾置易俗场官，易俗之名殆始于此。[⑥]

七、水运管理制度的完善

唐代管理水运的中央机构包括工部所属“水部司”，独立机关“都水监”“水陆转运使司”或“诸道转运使司”。

水部司置水部郎中、水部员外郎各一人，主要职责是掌川渎陂池。《唐六典·尚书工部》：

水部郎中、员外郎掌天下川渎、陂池之政令，以导达沟洫，堰决河渠，凡舟楫溉灌之利，咸总而举之。

都水监置都水使者两人，“掌川泽津梁之政令，总舟楫、河渠二署之官属。”[⑦] 都水监设置

① 《新唐书·食货志》。
② 《新唐书·食货志》。
③ 《全唐文·卷四六一》。
④ 《新唐书·食货志》。
⑤ 《全唐文·卷一九〇》。
⑥ 尹铁凡 著：《湘潭经济史略》，长沙：湖南人民出版社，2003年，第67—68页。
⑦ 《旧唐书·职官志》。

始于西汉。《旧唐书·职官志》载有都水监系统的机构、职官、职责及编制组成：

都水监：使者二人，正五品上。汉官有都水长，属主爵，掌诸池沼，后改为使者，后汉改为河谒者。晋复置都水台，立使者一人，掌舟楫之事。梁改为太舟卿，北齐亦曰都水台。隋改为都水监，大业复为使者，寻又为监，复改监为令，品第三。武德复为监，贞观改为使者，从六品。龙朔改为司津监，光宅为水衡都尉，神龙复为使者，正五品上，仍隶将作监。丞二人，从七品上。主簿二人，从八品下。录事一人，府五人，史十人，掌固三人。使者掌川泽津梁之政令，总舟楫、河渠二署之官属，凡虞衡之采捕，渠堰陂池之坏决，水田斗门灌溉，皆行其政令。

舟楫署：令一人，正八品下。丞二人。正九品下。舟楫署令掌公私舟船运漕之事。

河渠署：令一人，正八品下。丞一人，正九品上。府三人，史六人。河堤谒者六人，掌修补堤堰渔钓之事。典事三人，掌固四人，长上渔师十人，短番渔师一百二十人，明资渔师一百二十人。河渠令掌供川泽鱼醢之事。祭祀则供鱼醢。诸司供给鱼及冬藏者，每岁支钱二十万，送都水，命河渠以时价市供之。

诸津：令一人，正九品上。丞一人。从九品下。津令各掌其津济渡舟梁之事。

各地河渠设置的河渠长和斗门长，不在都水监编制之列。

水陆转运使司（诸道转运使司）由转运使执掌，主要职责是督办漕粮、盐铁、租调及其他官运。玄宗先天二年（713），李杰为陕州水陆运使，“漕运之有使，自此始也。”[①]开元二十一年（733），裴耀卿以黄门侍郎、同中书门下平章事兼任江淮转运使，掌江南、淮南各道水陆转运，转运使遂成常设职官，驻节扬州。代宗初年，刘晏接任江淮转运使后，盐铁、转运合为一使，称盐铁转运使。

转运使司属下职官包括“漕吏”“留后”“巡院”等。漕吏是随船督率的纲吏，每纲置一名；留后掌盐铁漕粮运输，兼任“两税使”，管理租税征收。《唐会要·两税使》载宪宗元和四年（809）诏：

杨子留后宜兼充淮南、浙西、浙东、宣歙、福建等道两税使；其江陵留后宜兼充荆南、山南东道、鄂岳、江西、湖南、岭南等两税使。

唐代制定了一系列水运管理法规、律令，涵盖水道、航运、津渡、运价、船税等方面。如，舟船途程规定：

凡陆行之程：马日七十里，步及驴五十里，车三十里。水行之程：舟之重者，溯河日三十里，江四十里，余水四十五里；空舟溯河四十里，江五十里，余水六十里。顺流之舟，则轻重同制：河日一百五十里，江一百里，余水七十里。其如三峡、砥柱之类，不拘此限。若遇风，水浅不得行者，即于随近官司申牒检印，听折半功。[②]

此规定要求轻重有别，顺溯有异。

---

① 《册府元龟·邦计部》。

② 《唐六典·尚书户部》。

水陆运价规定：

凡天下舟车水陆载运皆具为脚直，轻重、贵贱、平易、险涩，而为之制。河南、河北、河东、关内等四道诸州，运租庸杂物等脚，每驮一百斤一百里一百文，山阪处一百二十文。车载一千斤九百文。黄河及洛水河，并从幽州运至平州，上水十六文，下六文。余水上十五文，下五文。从澧、荆等州至扬州四文。其山阪险难、驴少处，不得过一百五十文。平易处不得下八十文。其有人负处，两人分一驮。其用小舡处，并运向播、黔等州及涉海，各任本州量定。[①]

根据该项规定，从洞庭湖区船运官物到扬州，每百斤百里运费四文钱，不到黄河运费的70%。反映长江航运优于黄河，水运成本远低于陆路运输。

第三节　邮驿制度的发展完善

魏晋南北朝，随着造纸术普及，纸制文书逐步取代竹简信札。隋唐五代，“驿”代替了“邮”“亭”“传”，制度设计更加完善。邮驿规模空前，驿使、文书往来频繁。广德元年（763），元结在道州刺史任上不足50天，“诸使征求符牒”就收到200余封[②]。

一、驿制的发展

秦汉以前，邮驿法规散见各典章，如《田律》《行书律》《传食律》等。魏文帝（220—226）时，录尚书陈群结合前代规章，制订了历史上第一部邮驿法——《邮驿令》。

唐代邮驿体制，中央由兵部之驾部郎中、员外郎管辖，诸道节度使下设馆驿巡官，各州由兵曹司兵参军分掌，县由县令兼理或知驿官管理。驿设驿将或驿长主管驿务，由“富强之家”主之[③]。驾部郎中、员外郎“掌邦国舆辇、车乘、传驿、厩牧、官私马牛杂畜簿籍，辨其出入，司其名数。凡三十里一驿，天下驿凡一千六百三十九，而监牧六十有五，皆分使统之。”[④]

为确保传递效率，避免滥用驿传，朝廷陆续制定了邮驿巡察、监督制度。中央由御史台第二御史兼任馆驿使、监察全国驿务，各道选判官巡察本道邮驿，惩处逾规违法[⑤]。乾元元年（758），“度支郎中第五琦，充诸道馆驿使。”[⑥]兴元元年（784），规定监察御史“以第一人察吏部、礼部，兼监祭使；第二人察兵部、工部，兼馆驿使。”[⑦]以御史台第二御史兼馆驿使遂成定例。元

① 《唐六典·尚书户部》。

② 元结《舂陵行》序曰：“癸卯岁（763），漫叟授道州刺史。道州旧四万余户，经贼以来，不满四千，大半不胜赋税。到官未五十日，承诸使征求符牒二百余封，皆曰‘失其限者，罪至贬削’。於戏！若悉应其命，则州县破乱，刺史欲焉逃罪；若不应命，又即获罪戾，必不免也。吾将守官，静以安人，待罪而已。此州是舂陵故地，故作《舂陵行》以达下情。”

③ 据《通典·州郡》乡官条记，唐制“三十里置一驿，驿各有将，以州里富强之家主之，以待行李”，又《新唐书·百官志》载：“凡三十里有驿，驿有长。”

④ 《旧唐书·职官志》。

⑤ 《唐会要·卷六一》：“诸道节度使观察等使，各选清强判官一人，专知邮驿。”

⑥ 《唐会要·卷六一》。

⑦ 《新唐书·百官志》。

和十二年（817），左补阙裴潾疏称："馆驿之务，每驿皆有专知官。畿内有京兆尹，外道有观察使、刺史，迭相监临，台中又有御史充馆驿使，专察过阙。"[①] 至此，邮驿监察体系基本形成。

堠是标识里程的土堡，源于殷商时期。《正字通·土部》："堠，封土为台，以记里也。十里双堠，五里单堠。"驿道里程以堠为标帜。日本僧人圆仁所著《入唐求法巡礼行记》称："唐国行五里立一候子，行十里立二候子。筑土堆，四角，上狭下阔，高四尺或五尺、六尺不定，曰唤之为里隔柱。"路旁堠标偶见于唐人诗作中。元和十年（815），柳宗元奉诏赴京，途中作《诏追赴都回寄零陵亲故》：

每忆纤鳞游尺泽，翻愁弱羽上丹霄。
岸旁古堠应无数，次第行看别路遥。

元和十四年（819），韩愈被贬为潮州刺史，赴任途中作《路傍堠》：

堆堆路旁堠，一双复一只。
迎我出秦关，送我入楚泽。

用驿资格有严格规定。官员或驿使往来，须持符券方可乘驿。《唐会要》："事非急切者，不得乘驿马……应乘传者，宜给纸券。"驿马配给标准。《新唐书·百官志》：

凡给马者，一品八匹，二品六匹，三品五匹，四品、五品四匹，六品三匹，七品以下二匹；给传乘者，一品十马，二品九马，三品八马，四品、五品四马，六品、七品二马，八品、九品一马；三品以上敕召者给四马，五品三马，六品以上有差。

安史之乱后，中央政权严重削弱，滥用邮驿之事增多。如，监察御史元稹"劾奏徐州节度使王召，传送故监军使孟升丧柩还京，给券乘驿，仍于邮舍安丧柩，有违典例。"[②]

《唐律疏议》："邮驿以备军速。"《唐六典》规定陆行程限：

马日七十里，步及驴五十里，车三十里。

贬官赴任、赦书传送及军机要事、宫廷急需等，驿马每天行十驿以上。玄宗时，为杨贵妃自涪州至长安驿递荔枝，二千一百里限三日内送到，日程七百里以上。天宝十四载（755）十一月十一日范阳（今北京）节度使安禄山叛乱，十七日即传到二千五百余里外的长安[③]。

二、驿站的完备

唐代交通空前发展，驿道纵横交错、干支延伸，邮驿规模宏大。玄宗时，设有驿站1639个。《唐六典·尚书兵部》：

凡三十里一驿，天下凡一千六百三十九所。二百六十所水驿，一千二百九十七所陆驿，

---

① 《旧唐书·裴潾传》。
② 《唐会要·卷六一》。
③ 《旧唐书·玄宗本纪》。

八十六所水陆相兼。若地势险阻及须依水草，不必三十里。每驿皆置驿长一人，量驿之闲要以定其马数：都亭七十五匹，诸道之第一等减都亭之十五，第二、第三皆以十五为差，第四减十二，第五减六，第六减四，其马官给。有山阪险峻处及江南、岭南暑湿不宜大马处，兼置蜀马。凡水驿亦量事闲要以置船，事繁者每驿四只，闲者三只，更闲者二只。凡马三名给丁一人，船一给丁三人。

驿站设置原则上每三十里设一驿，若地势险阻及须依水草置驿者，可适当顺延。驿设驿长。边塞诗人岑参描述邮驿繁盛景象：“一驿过一驿，驿骑如星流。平明发咸阳，暮及陇山头。”馆也是驿的一种形式，《通典》：“三十里置一驿，其非通途大路则曰馆。”

据柳宗元《馆驿使壁记》，长安附近有驿站47处，设置如下：

自万年至于渭南，其驿六，其蔽曰华州，其关曰潼关。自华而北至于栎阳，其驿六，其蔽曰同州，其关曰蒲津。自灞而南至于蓝田，其驿六，其蔽曰商州，其关曰武关。自长安至于盩厔，其驿十有一，其蔽曰洋州，其关曰华阳。自武功而西至于好畤，其驿三，其蔽曰凤翔府，其关曰陇关。自渭而北至于华原，其驿九，其蔽曰坊州。自咸阳而西至于奉天，其驿六，其蔽曰邠州。[①]

湖湘驿站数难以详考，散见唐人诗作及有关文献的驿馆有洞庭驿、白沙驿、湖岸驿、沧水驿、铜官驿、桥头驿、临湘驿、长沙驿、望浮驿、临蒸驿、东安驿、湘口馆、栖凤驿[②]、武步驿[③]、方田驿、顺林驿[④]、兰江驿、清化驿、武溪驿、浦口驿等。

上都长安、东都洛阳、北都太原设都亭驿，都亭驿配有驿马75匹，驿夫25人。各州驿馆，视驿务繁闲，分等配置驿马人夫。陆驿六等：一等配驿马60匹、驿夫20人，二等配驿马45匹、驿夫15人，三等配驿马30匹、驿夫10人，四等配驿马18匹、驿夫6人，五等配驿马12匹、驿夫4人，六等配驿马8匹、驿夫2—3人；水驿三等：一等配驿船4只、驿夫12人，二等配驿船3只、驿夫9人，三等配驿船2只、驿夫6人。

驿站有驿舍、旅馆、驿田等驿产及车、船、马、驴等交通工具，以备传递公文和官吏往来、商贾行人租用。关于驿田配给，《册府元龟》载：“开元二十五年制，诸驿封田，皆随近给，每马一匹，给地四十亩。若驿侧有牧田处，匹减五亩，其传递马，每匹给二十亩。”据此，唐朝一等驿站拥田达2400亩，下等驿站也有320亩的田地。

驿站经费通过专项税收提供。《唐六典》：“凡天下诸州税钱，各有准常。三年一大税，其率一百五十万贯，每年一小税，其率四十万贯，以供军国传驿及邮递之用。”遇有战事，朝廷另拨款项。咸通年间，“南蛮寇邕管”，朝廷“以秦州经略使高骈率禁军五千赴邕管，会诸道之师御之。”湘桂道驿运骤增。唐咸通五年（864）五月懿宗诏：

如闻湖南、桂州，是岭路系口，诸道兵马纲运，无不经过，顿递供承，动多差配，凋伤转甚，

① （清）董诰撰：《全唐文·卷五百八十》，清嘉庆内府刻本。

② 唐人刘禹锡的诗句“城头鹤立处，驿树凤栖来”，指的就是郴州的栖凤驿。

③ 《水经注·洭水》：“自阳山达乎桂阳之武步驿，所至循圣鼓道也”；《临武县志》：“唐时临武至郴县设驿站（铺）十五处，为海南至京师通衢。”

④ 《夔州图经》：“顺林驿六亭，达澧州，绝涔水，水清澈，产蠃蚌，巨者象盘，岸有诸葛遗釜二。”

宜有特恩。潭、桂两道各赐钱三万贯文，以助军钱，亦以充馆驿息利本钱。其江陵、江西、鄂州三道，比于潭、桂，徭配稍简，宜令本道观察使详其闲剧，准此例与置本钱。[①]

水驿出现，大致在魏晋时期。江南多水道，邮驿往来水陆兼行。《宋书·州郡志》记载显示，湘境各州郡至京都建康悉由水路，没有陆程记录，说明南朝建有较为发达的水驿网络。

唐代水驿主要分布在大运河一线及江南水网地区。水驿设有驿长、船丁、水夫等，水陆相兼驿站配置马匹。根据唐人诗文，湖南水驿或水陆相兼驿有洞庭驿、湖岸驿、白沙驿、铜官驿、长沙驿、临蒸驿、湘口馆、东安驿、武溪驿、浦口驿等。

由杜甫《宿青草湖》："洞庭犹在目，青草续为名。宿桨依农事，邮签报水程。"可知水驿运转也必须按照一定的行程，这一点与陆驿"乘传日四驿，乘驿日六驿"[②]的行程基本相似。乘水驿还要有邮签，亦与陆驿使用的驿符、纸券相仿。

三、徙湘文人纪驿

沧水驿，位于今益阳沧水铺（一说今汉寿沧港镇）。肃宗乾元年间（758—760），李白途径沧水驿，写下《菩萨蛮·平林漠漠烟如织》：

平林漠漠烟如织，寒山一带伤心碧，暝色入高楼，有人楼上愁。玉阶空伫立，宿鸟归飞急，何处是归程，长亭更短亭。

北宋僧人文莹撰写的《湘山野录》记载："此词不知何人写在鼎州沧水驿（益阳宋代归属鼎州）楼，复不知何人所撰。魏道辅泰见而爱之。后至长沙，得古集于子宣（曾布，宋徽宗时期宰相）内翰家，乃知李白所作。"

洞庭驿，位于岳州洞庭湖边，为一水驿。唐代诗人刘长卿作《洞庭驿逢郴州使还寄李汤司马》：

洞庭秋水阔，南望过衡峰。
远客潇湘里，归人何处逢。
孤云飞不定，落叶去无踪。
莫使沧浪叟，长歌笑尔容。

白沙驿，位于今湘阴县北。大历四年（769），杜甫自岳州"溯沅、湘以登衡山"[③]途中作《宿白沙驿》（初过湖南五里）：

水宿仍馀照，人烟复此亭。
驿边沙旧白，湖外草新青。
万象皆春气，孤槎自客星。

① 《旧唐书·懿宗本纪》。
② 《资治通鉴·唐纪》。
③ 《新唐书·杜甫传》。

随波无限月，的的近南溟。

长沙驿，为一水驿，今杜甫江阁附近。元和元年（806），礼部员外郎柳宗元贬为永州司马，作《长沙驿前南楼感旧》：

海鹤一为别，存亡三十秋。
今来数行泪，独上驿南楼。

柳宗元十三岁时，曾随其父柳镇路过长沙驿，并在驿前南楼与“海鹤”相见。清人陈景云在《柳集点勘》说：“长沙驿在潭州，此诗赴柳时作，年四十三。观诗中‘三十秋’语，则驿前之别甫十余龄耳。盖随父在鄂时亦尝渡湘而南。”

元和十五年（820），宣歙观察使令狐楚贬为衡州刺史，途中作《发潭州寄李宁常侍》：

君今侍紫垣，我已堕青天。
委废从兹日，旋归在几年。
心为西靡树，眼是北流泉。
更过长沙去，江风满驿船

第四节　商贸运输繁荣与海上陶瓷之路

隋唐五代，中国经济重心基本实现南移，农工商业蓬勃发展，水陆交通联成统一体系，纲运、商运空前繁盛。随着航海技术进步，丝绸、瓷器大量外销，海上丝绸之路（陶瓷之路）兴起，成为交通史和中西贸易史上一个重要里程碑。

一、经济重心南移与农工商业发展

隋朝建立后，为扶植工商业发展，除入市之税外，“罢诸鱼池及山泽公禁者，与百姓共之”[①]“罢酒坊通盐池盐井，与百姓共之。”[②]颁行均田制时规定，“未受地者皆不课。”[③]唐循隋制，“许商贾往来，不得阻遏。”[④]这些举措，刺激了农工商业发展。开元年间，“米斗至十三文，绢一匹二百一十文。”[⑤]

隋唐是继秦汉之后，中国历史上又一个大一统时代，传统文化得以发扬光大。美国历史学家斯塔夫里阿诺斯做过一个有趣对比：

生活在公元前1世纪的中国人，若在公元8世纪初复活，那么一定会感到非常舒适、自在。

---

① 《周书·静帝纪》。
② 《隋书·食货志》。
③ 《隋书·食货志》。
④ 《册府元龟·卷五〇二》。
⑤ 《通典·卷七》。

他们将发觉当时的唐朝与过去的汉朝大致相同，他们会注意到两朝语言相同、儒家学说相同、祖先崇拜相同以及帝国行政管理相同，等等。……如果公元前1世纪的罗马人，于1000年、1500年或1800年在欧洲复活，他们将会为居住在这一古老帝国许多地区的诸日耳曼民族，为崭新奇特的生活方式而大吃一惊。他们将会发现有几种新的日耳曼语和罗曼语取代了拉丁语，上装和裤子代替了古罗马人的宽外袍，新兴的基督教接替了古罗马诸神；他们还会发现，罗马的帝国结构已为一群新的民族国家所替代。[①]

唐朝前半叶，历贞观之治、开元之治，政治、经济、社会、文化呈现前所未有的繁荣，物产丰富，物价低廉，道路畅通，行旅安全。《新唐书·食货志》：

是时，海内富实，米斗之价钱十三，青、齐间斗才三钱，绢一匹钱二百。道路列肆，具酒食以待行人，店有驿驴，行千里不持兵尺。

天宝十四载（755）发生安史之乱，是唐朝由盛趋衰的分水岭。中原社会动荡，经济凋敝，“襄邓百姓、两京衣冠，尽投江湘。”[②]这是继永嘉之乱后，中国历史上第二次人口大迁移。正如诗人韦庄《湘中作》所云，“楚地不知秦地乱，南人空怪北人多。”

北人南迁，推动了侨居地经济社会发展。湖南稻、麦、茶、桑、麻、橘、莲、藕等农副产品产量大增，商品化程度相应提高。大历元年（766），元结再刺道州，夏天巡行至江华洄溪，发现当地“松膏乳水田肥良，稻苗如蒲米粒长”，显然是良种稻；郴州一带耕种的水稻，“可一岁三熟”[③]。《唐大诏令集·乾符二年南效赦》说：“湖南、江西管内诸郡，出米至多，丰熟之际，价亦极贱。”贞元元年（785）关中缺粮，朝廷急调湖南、江西大米救援。终唐之世，湘米北漕的情况都没有改变。“国用所资，终赖江湘之入。”

隋唐五代，湘境陶瓷、纺织、建筑、造船、矿冶、造纸等业兴旺，以长沙窑振兴最为突出。在此之前，中国瓷窑体系形成以越窑（今浙江余姚）和邢窑（今河北邢台）为代表的“南青北白”局面，所谓“越窑青如玉，邢窑白似雪。”安史之乱期间，部分活跃在京畿地区的商业民族粟特人[④]与北方瓷银工匠带着唐三彩、邢瓷以及金银器制作等技艺迁湘，并参与了石渚窑业生产[⑤]。长沙窑在岳州窑[⑥]传统青瓷基础上，吸取北方模印贴花和唐三彩工艺特点，融合书法、绘画、染艺等艺术手法，创造出一系列享誉中外的窑瓷产品，釉下彩瓷更是代表了当时瓷器工艺的最高水平。

湖湘外运粮食中，漕粮占很大比重，贩运逐利也十分普遍。为管理市场、收取商税，官府在交通发达、商贾辐辏之地设场务。洛口[⑦]、东安、安仁等地置场，渌口等地置榷酒务。《湘潭经

① （美）斯塔夫里阿诺斯 著：《全球通史》（上册），北京：北京大学出版社，2015年，第188页。

② 《旧唐书·地理志》。

③ 《元和郡县图志·江南道五》。

④ 粟特人（Sogdian）是生活在中亚以泽拉夫善河（又称为粟特水）流域为中心、阿姆河和锡尔河之间（又称为河中地区，大部属乌兹别克斯坦，部分在塔吉克斯坦和吉尔吉斯斯坦境内）的一个古老民族。粟特人擅长经商，先秦开始就往来活跃于丝绸之路，《旧唐书·康国传》称其“善商贾，争分铢之利”。

⑤ 在长沙铜官窑地区的窑工姓氏调查中，有康、何等姓氏，不排除他们为粟特后裔的可能性。

⑥ 唐代湘阴隶属岳州，故湘阴窑又称岳州窑。

⑦ 湘水合涓水之口为洛口。

济史略》认为，“洛口不仅是漕仓所在，亦是长安、江淮米商趋之若鹜的地方。”[①]

五代十国，马殷以长沙为都，建立楚国，史称马楚。全盛时，辖有潭、衡、永、道、郴、邵、岳、朗、澧、辰、溆、连、昭、宜、全、桂、梧、贺、蒙、富、严、柳、象、容等24个州，含今湖南全境、广西大部、贵州东部和广东北部。

马殷“土宇既广，乃养士息民。”[②]政治上上奉天子、下抚士民，经济上奖励农桑、扶持工商，“令民输税者皆以帛代钱，未几，民间机杼大盛。”[③]桑、棉、苎麻生产和纺织业因之兴盛。

马楚充分利用交通优势，采取免收关税等优惠措施，发展贸易，招徕商贾。《十国春秋·楚武穆王世家》称：“是时王关市无征，四方商旅闻风辐辏。”在这样的经济政策下，楚“以境内所余之物易天下百货，国以富饶。”[④]粮食、茶叶、竹木、柑橘、瓷器、丝麻制品等物源源不断运销各地。由于成本低廉、安全可靠，水路交通依然是大宗商品首选的运输方式。主要线路：

（1）湘桂线。溯湘水而上，经灵渠入桂州，或顺漓水（桂江）到广州、廉州（合浦）出海，或经相思水入白石水（洛清江）、阳水（柳江）转输柳州、邕州、安南等地。如“衡州衡山茶，团饼而巨串，岁取十万，自潇湘达于五岭，皆仰给焉，虽远自交趾之人，亦常食之。”[⑤]南洋进献的象犀、珠玑、玛瑙、孔雀等珍奇，多由该线贡输长安，“自汉武以来，朝贡必由交趾之道。”[⑥]

湘桂线除灵渠干道外，尚有耒水、潇水、渠水等支流运道。

溯湘水支流耒水，越骑田岭下武溪水、入韶州等地。

溯湘水支流潇水，越萌渚岭入临贺水，由封州汇郁水转输各地。

另外，还可溯沅水支流渠水，逾“镡城之岭”入融溪水，输往融州、柳州、象州等地。

（2）江淮线。由湘、资、沅、澧入洞庭，浮江而下扬州、润州、明州，或经大运河转输黄淮地区，或辟海外贸易。长沙窑瓷外销朝鲜、日本、南洋以及西亚、北非等地，主要由该线中转。

（3）江汉线。经由洞庭湖、长江，溯汉水北上荆襄，或转输中原，或远销西北。安史之乱后，淮运一度阻绝，江南“租庸盐铁，溯汉江而上。”[⑦]五代时，该线是马楚茶马贸易的主要通道。

（4）湘黔线。沅水“上通黔滇，下达江海”，是中原通西南的重要孔道，由㵲水入黔滇，是史上著名的“庄蹻王滇”线路。

二、长沙窑瓷外销与“广州通海夷道”

长沙窑位于望城铜官，又称铜官窑。窑址于1956年调查发现，1983、1999年两次考古发掘，出土龙窑一座、较完整瓷器近万件。制作工艺上，长沙窑瓷以辘轳轮制为主，附件和零件如罐耳、壶鋬、贴花等用单模或分模、手捏制成，还有雕刻、镂空、堆塑、范模压铸等手法，释釉方法主

① 尹铁凡著：《湘潭经济史略》，长沙：湖南人民出版社，2003年，第65页。

② 《资治通鉴·后梁纪》。

③ 《资治通鉴·后唐纪》。

④ 《资治通鉴·后唐纪》。

⑤ （唐）杨晔撰：《膳夫经手录》，清初毛氏汲古阁钞本。

⑥ 《旧唐书·地理志》。

⑦ 《新唐书·食货志》。

要为荡釉、浸釉、淋釉、滴釉和涂釉，器表装饰则有釉下彩绘、模印贴花和雕塑三种类型[①]。

南北朝时，铜官即有陶瓷生产[②]。据出土窑瓷题记，最早是长沙窑址发现的"元和三年（808）"罐耳范，日本冲绳出土"开成三年（838）"釉下彩盘，宁波出土"乾宁五年（898）"釉下彩鱼纹壶，日本东京国立博物馆收藏的"贞明六年（920）"釉下彩双鸾枕最晚。据此推测，长沙窑大致兴于中唐，盛于晚唐，五代期间衰落[③]。

长沙窑制釉技术的发展，经历了青釉、颜色釉、釉下彩三个阶段。釉下彩工艺流程：在化装釉上加一层发色料，化装釉与发色料都盖于釉下，使它们同时在高温下发生化学反应烧成釉下彩。运用釉下彩进行描绘、装饰，如图案、诗文等，形成釉下彩绘[④]。

长沙窑瓷因其创新的釉下彩和彩绘装饰艺术，畅销中外。据不完全统计，国内有江苏、浙江、安徽、上海、福建、广东、广西、海南、香港、河南、河北、山东、湖南、湖北、陕西、新疆等16个省、自治区、直辖市，国外有朝鲜、日本、越南、菲律宾、印度尼西亚、马来西亚、泰国、印度、斯里兰卡、巴基斯坦、伊朗、伊拉克、沙特阿拉伯、阿曼、卡塔尔、巴林、也门、阿拉伯联合酋长国、约旦、埃及、肯尼亚、坦桑尼亚等22个国家发现长沙窑瓷，品种有壶、瓶、坛、罐、杯、盘、碗、碟、盂、枕、灯、盒、镇纸、玩具等类型。

先秦以来，粟特人主要经陆上丝绸之路从事商业贩运，陕西、新疆及伊朗内沙布尔（Nishapur）出土的长沙窑、越窑瓷器，即由陆路交通。随着航海技术进步，他们也循"广州通海夷道"往来贸易——无论是中东琉璃、印度棉花、南洋香料，还是中国瓷器与丝绸等。阿拉伯历史地理学家马苏第（Msudi，卒于956年）在《黄金草原》一书中提到，中亚河中地区的商人有时取道伊拉克，从巴士拉或西拉夫、阿曼、巴林海岸等地"直接航行中国"，或"由海路前往（马来半岛港口城市）吉打……乘一艘中国船从吉打前往广州城。"[⑤]

唐代开始，陶瓷大量销往朝鲜、日本及南海、印度洋等地。日本学者三上次男先生将中国陶瓷海上贸易线路，称为"陶瓷之路"[⑥]。

长沙窑以其旁依湘水的交通便利，产品运销各地。外销长沙窑瓷中，以釉下彩和模印贴花两类最多。销往西亚、东非的长沙窑瓷，绘有胡人乐舞、棕榈、椰树、鸟兽等图案，书写阿拉伯文；销往东南亚等地瓷器则以与佛教有关的莲花装饰。

国内长沙窑瓷出土最多的地区是扬州、镇江、宁波和桂林，载有大量长沙窑瓷的印尼沉船"黑石号"是从广州起航的。

扬州作为货物贸易集散中心，是长沙窑瓷重要转运港口，出土长沙窑瓷数量多，质量上乘。1973年，扬州石塔路出土一件长沙窑瓷王——黄釉褐绿彩云荷纹罐（图6-6），高29.8厘米，口

---

① 长沙窑课题组 编：《长沙窑》，北京：紫禁城出版社，1996年，第28—29页。

② 《水经注》："铜官山土性宜陶。"

③ 唐代澧州籍诗人李群玉在《石渚》一诗中描绘了长沙窑鼎盛场面："古岸陶为器，高林一尽焚。焰红湘浦口，烟浊洞庭云。迥野煤乱飞，遥空爆响闻。地形穿凿势，恐到祝融坟。"

④ 萧湘：《略论唐代长沙官窑釉下彩的发明与应用》，收于湖南省博物馆、湖南省考古学会 编：《湖南考古辑刊》第2集，长沙：岳麓书社，1984年。

⑤ （阿拉伯）马苏第 著，耿昇 译：《黄金草原》，西宁：青海人民出版社，1998年，第182页。

⑥ （日）三上次男 著，胡德芬 译：《陶瓷之路》，天津：天津人民出版社，1983年，第251页。

图 6-6　长沙窑黄釉褐绿彩云荷纹罐（扬州博物馆 藏）

径16.3厘米，最大腹径25厘米，底径19.5厘米，深腹呈圆筒形；纹饰采用的联珠纹与波斯萨珊王朝工艺上的珠纹相同，颇有异国风格，代表了唐代长沙窑陶瓷艺术的最高水平[①]。1980年，扬州出土一件长沙窑青釉绿彩背水扁瓷壶。壶正面题有阿拉伯文，背面饰云气纹，印证了阿拉伯商人、传教士云集扬州的历史[②]。

淮安出土长沙窑瓷有绿彩注壶、蓝彩执壶、酱釉双系罐等器形。连云港所见长沙窑瓷，往往与越窑瓷器一并出土。镇江发现长沙窑瓷器40余件，瓷片3500余片。宁波出土长沙窑瓷，主要分布明州州治、罗城、渔浦门遗址以及海运码头、市舶司遗址等地；1973年渔浦门出土唐代瓷器约700件，除越窑产品外，长沙窑瓷最多。

桂林出土长沙窑瓷的地点有53处，其中唐城遗址内有12处，市人民医院宿舍工地出土长沙窑瓷约500余件。此外，广西平乐、昭平、藤县、容县等地也发现长沙窑器。桂林、平乐、昭平地处桂江之滨，藤县、容县位于长沙窑瓷运往合浦水道——浔江及其支流北流江畔，皆居海上陶瓷之路内河航段沿线。据此可知，经由湘桂水道外销的长沙窑瓷，除循桂江、西江运往广州出海外，还有部分由浔江、北流江、南流江，水陆转输合浦外输。

20世纪以来，朝鲜、日本、东南亚、西亚和东非等地陆续出土长沙窑瓷，引起学术界广泛关注。长沙窑瓷成为晚唐五代出口最多的陶瓷产品、湖南首款由海路外销的大宗商品，在湖南乃至中国商贸和交通史上占有重要地位，潭州因此成为海上陶瓷之路重要起点。

根据出土材料，长沙窑瓷主要经由扬州、明州、泉州、广州、廉州中转，运销海外。

（1）从扬州出发，循南北大运河至楚州，顺淮水入海，继沿海州、密州、莱州、登州近海北上，航运朝鲜半岛、日本；

（2）从扬州、明州、泉州出发，直航日本、朝鲜半岛；

日本发现的长沙窑瓷主要分布冲绳、福冈、佐贺、鹿儿岛、京都、奈良、石川等地港口、寺庙及墓葬遗址，器形有碗、碟、壶、枕、盘等。朝鲜半岛出土的两件长沙窑黄釉褐彩贴花壶上，分别刻有“卞家小口天下有名”“郑家小口天下第一”广告款识。

（3）或自潭州顺湘水、长江至扬州、泉州、广州，或由湘桂水道抵广州、廉州，循“广州通海夷道”达南海、印度洋地区。

据《新唐书·地理志》，自广州出发，经越南、印尼、马来西亚、泰国、斯里兰卡、印度、巴基斯坦沿岸海路，入波斯湾；在印尼巨港，又有一条东至爪哇岛的航线；还有一条从印度南部出发，借助季风洋流横渡印度洋，抵坦桑尼亚，再由肯尼亚、也门、阿曼，复入波斯湾。以上各地发现的中国陶瓷，印证广州通海夷道也是海上陶瓷之路。

---

① 徐忠文、徐仁雨、周长源 著：《扬州出土唐代长沙窑瓷器研究》，北京：文物出版社，2015年。

② 朱江：《扬州出土的唐代阿拉伯文背水瓷壶》，《文物》，1983年第2期。

下面，按“广州通海夷道”线路，介绍沿途长沙窑瓷遗存。

广州东南海行，二百里至屯门山。

据《古代南海地名汇释》[①]考证，“屯门山”位于香港九龙西南。1979—1980年，该地赤鱲角深湾村出土长沙窑瓷片[②]。

军突弄山（越南昆仑岛）又五日行至海峡（马六甲海峡），蕃人谓之“质”，南北百里，北岸则罗越国（马来半岛南部），南岸则佛逝国（印尼苏门答腊岛巨港）。佛逝国东水行四五日，至诃陵国（印尼爪哇岛），南中洲之最大者。

佛逝国（宋代之后改称三佛齐国）都所在的苏门答腊巨港（Paleobang）是南洋水路枢纽，中西商贸往来主要中转地。“诸番水道之要冲也。东自阇婆诸国，西自大食、故临诸国，无不由其境而入中国者。”[③]大食等地商货，“多运载与三佛齐贸易，贾转贩以至中国。”[④]唐初高僧义净往来印度，曾在该地停留。巨港出土唐五代瓷器众多，品种有越窑瓷壶、广东青瓷钵和长沙窑黄釉盘等类型[⑤]。

印尼爪哇岛在13个地点发现长沙窑瓷，详如表6-2。

爪哇岛出土的长沙窑瓷器统计表[⑥] 表6-2

出土地点	出土陶瓷器或残片	数目（件或片）
古突土（Kutus）	黄釉褐绿彩碗	1件
韦莱里（Weleri）	黄釉彩贴花椰枣纹壶	1件
班查内加拉(Ban jarnegara)	黄褐彩贴花椰枣纹壶	1件
巴拉干（Parakan）	黄釉褐彩贴花椰枣纹壶	1件
井里汶（Cirebon）	黄釉绿彩粉盒	1件
沃诺索博（Wonosobo）	黄釉褐彩双耳罐	1件
唐沽兰（爪哇岛西）	长沙窑彩绘碗	不明
婆罗浮屠（Borobudur）	长沙窑碗、壶等	不明
普拉巴纳姆（Prambanam）	贴花椰枣纹壶片等	不明
拉图巴卡（Ratu Baka）	长沙窑瓷器	不明
索罗洁堵克（Sorogeduk）	长沙窑壶片	不明
马拉普（MeariP）	长沙窑瓷碗	3件
瓦亚克（Wajak）	黄釉褐彩纹壶	1件

① 陈佳荣、谢方、陆峻岭 著：《古代南海地名汇释》，北京：中华书局，2002年。

② 秦维廉 编：《赤鱲角考古》，香港：香港考古学会，1994年，第54页。

③ （宋）周去非 著：《岭外代答》，北京：中华书局，1996年，第86页。

④ （宋）赵汝适 撰：《诸蕃志·大食》，清学津讨原本。

⑤ 唐杏煌：《汉唐陶瓷的传出和外销》，收于厦门大学历史系考古教研室 编：《东南考古研究》（第一辑），厦门：厦门大学出版社，1996年。

⑥ （英）M·苏莱曼：《东南亚出土的中国外销瓷器》，收于中国古外销陶瓷研究会 编：《中国古外销陶瓷研究资料》（第一辑），厦门：中国古外销陶瓷研究会编印，1981年。

值得一提的是，爪哇北岸特格尔（Tegal）及北加浪（Pekalogan）发现古港遗址，中爪哇的日惹（Yogyakarta）自古就是爪哇岛行政、商贸、交通中心。日惹附近文化遗址中，多出有包括长沙窑瓷在内的陶瓷遗存，如婆罗浮屠（Borobudur）佛教遗址、普拉巴纳姆（Prambanam）印度教遗址、拉图巴卡（RatuBaka）宫殿遗址等。

1998 年，德国人沃特法在苏门答腊巨港附近勿里洞（Billiton）岛海域发现一艘唐代沉船，将其命名为“BatuHitam”，中文意译为“黑石号”。沉船打捞工作始于 1998 年 9 月，1999 年 6 月基本完成。打捞出中国瓷器约 67000 多件，包括长沙窑瓷、越窑青瓷以及邢窑碟子、唐三彩等品种；另有 10 件金器、 24 件银器、18 枚银铤和 30 柄铜镜等物品。其中，长沙窑瓷约 56500 件，越窑青瓷 200 件，北方白釉绿彩瓷 200 件，北方白瓷 350 件，广东青瓷 700 件。

沉船装载的长沙窑瓷，器形有碗、壶（图 6-7）、罐、杯、盘、盂、盒、熏炉等，以碗为主。一件瓷碗题“湖南道草市石渚孟子有明樊家记”（图 6-8），印证瓷器来自铜官石渚窑。又由瓷碗题记“宝历二年七月十六日”，沉船年代应为唐宝历二年（826）或之后。大多数碗用稻草捆成圆柱状存放货架，还有一些呈螺旋形放置大瓮罐中。经鉴定，沉船为阿拉伯商船，金银器和铜镜系扬州制造，装载瓷碗的大瓮罐产自广州。据此推测，黑石号是从扬州出发，到广州补充淡水、食品，并装载长沙窑瓷、广东青瓷等物后重新起航，目的地是伊朗西拉夫（Siraf）①。

菲律宾因偏离东西海路主航线，“广州通海夷道”未曾记载，新出材料证实为陶瓷之路的一条支线。出土长沙窑瓷主要分布吕宋岛南部八打雁（Batangus）和棉兰老岛西北部的武端（Butuan）。八打雁在吕宋岛和民都洛岛（Mindoro）之间的佛得（Verde）海峡北岸；武端是南海通太平洋要冲。在武端附近沉船中，发现 9—10 世纪华北白瓷、越窑青瓷、长沙窑釉下彩瓷，以及广东潮州窑、梅县窑、新会窑、广州西村窑的青釉瓷、白瓷等。这种中国瓷器组合，与吕宋岛出土情况大致相同②。

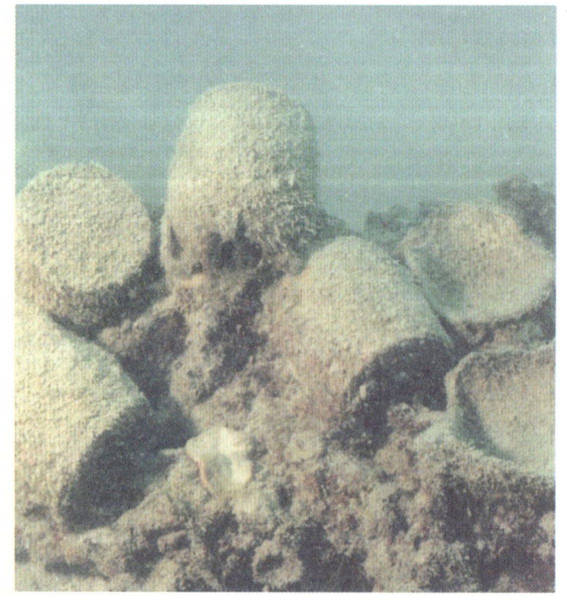

图 6-7　“黑石号”出水时长沙窑执壶与海洋附生物（M.Flecker 摄）

① 谢明良：《记黑石号（Batu Hitam）沉船中的中国陶瓷器》，收于谢明良 著：《贸易陶瓷与文化史》（美术考古丛刊 6），台北：台北允晨文化实业股份有限公司，2005 年。

② （日）三上次男 著，杨琮 译：《晚唐五代时期的陶瓷贸易》，《文博》，1988 年第 2 期。

图 6-8　“黑石号”上长沙窑“湖南道草市石渚孟子有明樊家记”题记碗和人物狮子钮熏炉（新加坡亚洲文明博物馆藏）

又西出峡（马六甲海峡），三日至葛葛僧祇国（今苏门答腊岛东北伯劳威斯群岛），在佛逝西北隅之别岛，国人多钞暴，乘舶者畏惮之。其北岸则个罗国（今马来半岛西岸的吉打）。个罗西则哥谷罗国（今泰国克拉地峡西南）。

马来半岛西北部的马来西亚吉打州，有三地出土长沙窑瓷。其中，江湾是 8—14 世纪贸易港，除长沙窑瓷外，曾出土唐代铜镜。

装载陶瓷、丝绸等物的商船，多由“军突弄山（越南昆仑岛）”西行至马来半岛的猜亚（Chiaya），横穿克拉地峡入印度洋，以避迂远狭长的马六甲海峡[①]。克拉地峡东南、班当（BanDon）湾西北岸的猜亚，发现众多中国陶瓷，包括“数百片长沙铜官窑瓷的釉下彩画钵残片，若干长沙铜官窑瓷的水注残片”等。三上次男先生判断，该地应是佛逝国时代（7—13 世纪）“马来半岛的一个重要贸易据点。”[②]

……又北四日行，至师子国（今斯里兰卡），其北海岸距南天竺（今南印度）大岸百里。又西四日行，经没来国（今印度南部奎隆，或为迈索尔邦马拉巴尔），南天竺之最南境。又西北经十余小国，至婆罗门西境（今印度西境）。又西北二日行，至拔狖国（今印度孟买地区）。又十日行，经天竺西境小国五，至提狖国（今巴基斯坦卡拉奇），其国有弥兰太河，一曰新头河（今印度河），自北渤昆国（今巴基斯坦布拉夫米那巴德一带）来，西流至提狖国北，入于海。

斯里兰卡位于北印度洋，在东西海上交通中占有重要地位。该岛西北曼泰（Mantai）古港遗址，废弃于 11 世纪前半叶。遗址出有长沙窑瓷、北方白瓷、越窑青瓷、广东青瓷等中国瓷器，其中长沙窑瓷包括彩绘纹碗、盘、贴花壶、双耳罐等器形。阿努拉达普拉（Anuradhpura）遗址位于曼泰东南约 120 公里处，是斯里兰卡古都和佛教圣地。公元前 377 年，般陀迦阿巴耶王建都于此，开

① 克拉地峡的 Takuapa 出土一件长沙窑瓷残片，题有阿拉伯文“安拉的仆人。”参见（英）M·苏莱曼：《东南亚出土的中国外销瓷器》，收于中国古外销陶瓷研究会 编：《中国古外销陶瓷研究资料》（第一辑），厦门：中国古外销陶瓷研究会编印，1981 年。

② （日）三上次男 著，杨琮 译：《晚唐五代时期的陶瓷贸易》，《文博》，1988 年第 2 期。

创了阿努拉达普拉王朝。993年，南印度的泰米尔王国入侵，这座建都1300多年的古城逐渐衰落，最后沦为废墟，直到19世纪被重新发现。出土瓷器种类组合，与曼泰遗址发掘器物相同。

印度南部港口奎隆（Kollam），中国古代文献称“故临”“俱兰”。中国商船到达这里后，或沿印度半岛西岸北上孟买、卡拉奇等商埠，或转往大食帝国，或乘北印度洋季风洋流航至坦桑尼亚、肯尼亚等地。在故临，“每艘中国船交税一千迪尔汗（dirhems），其他船只仅交税十到二十迪纳尔（dinar，1000迪尔汗等于50迪纳尔）。”[①] 印度迈索尔邦（奎隆所在）博物馆，藏有晚唐五代的越窑青瓷和长沙窑瓷[②]。

巴基斯坦卡拉奇东南的斑波尔（Banb hore）位于印度河口， 7—11世纪时是繁荣的贸易港，13世纪突然衰落。1958—1962年，考古部门对斑波尔遗址进行大规模发掘，出土黄褐釉上有绿彩花草纹的长沙窑瓷残片。三上次男先生推断，该地就是文献记述的“德巴尔（Debar）”，亦即“提狋国”。

位于印度河口上游、巴基斯坦布拉夫米那巴德（Brahminabad），曾是印度河流域商贸中心，1020年毁于地震。该地发现的中国陶瓷，包括越窑青瓷、邢窑白瓷及长沙窑彩绘碗[③]。这些瓷器可能由斑波尔溯运内陆。根据文献及考古材料推测，Brahminabad即“渤昆国”。

又自提狋国西二十日行，经小国二十余，至提罗卢和国（今伊朗西拉夫），一曰罗和异国，国人于海中立华表，夜则置炬其上，使舶人夜行不迷。又西一日行，至乌剌国（今伊拉克之奥布兰），乃大食国之弗利剌河（今伊拉克幼发拉底河），南入于海。小舟溯流二日至末罗国（今伊拉克巴士拉），大食重镇也。又西北陆行千里，至茂门王所都缚达城（今伊拉克首都巴格达）。

伊朗（唐称波斯）和中国有2000多年的交往历史。隋唐五代，随着造船和航海技术进步，两国之间文化贸易往来更趋频繁，阿曼湾、波斯湾沿岸港口常驻泊装载中国瓷器、丝绸的商船。

伊朗是西亚出土长沙窑瓷最多的地区，主要分布西拉夫（Siraf）、达伊尔（Daiyer）、沙河布杜拉（Shah Abdullah）、特勒莫拉哥（Tel Moragh）、米纳布（Minab）、博斯塔内（Bostaneh）、苏萨（Susa）、内沙布尔（Nishapur）、锡尔詹（Sirjan）等地。

“提罗卢和国”即伊朗西拉夫地区。唐中叶以后，波斯湾商港中以西拉夫最为繁盛。851年，西拉夫商人苏莱曼经由海路抵达广州，他在《中国印度见闻录》一书提到，“货物从巴士拉、阿曼以及其他地方运到西拉夫（Siraf），大部分中国船在此装货。”[④]

977年发生一场大地震，导致西拉夫港走向衰落，最终被遗弃。1933年，英国人斯坦因（M.A.Stein）在伊朗考古调查时，首次在西拉夫遗址收集到长沙窑瓷碎片[⑤]。1966—1972年，英

---

① （阿拉伯）苏莱曼、阿布·赛义德 著，穆根来、汶江、黄倬汉 译：《中国印度见闻录》，北京：中华书局，1983年，第8页。

② 苏垂昌：《唐五代中国古陶瓷的输出》，《厦门大学学报》（哲学社会科学版），1986年第2期。

③ （日）三上次男 著，董希如 译：《唐末作为贸易陶瓷的长沙铜官窑瓷》，《中国古外销陶瓷研究资料》第三辑，中国古陶瓷研究会编印，1983年。

④ （阿拉伯）苏莱曼、阿布·赛义德 著，穆根来、汶江、黄倬汉 译：《中国印度见闻录》，Siraf原译为尸罗夫，北京：中华书局，1983年，第7页。

⑤ M.A. Stein, Archaeological Reconnaissance in North-Western India and South-Eastern Iran , London: Mc Millan and co., limitel, 1937.

国人怀特豪斯（D. Whitehouse）对西拉夫港口遗址进行了六次发掘，第一、三、四、五次皆出长沙窑瓷。1966年第一次发掘时，出土长沙窑贴花纹壶、钵和黄釉绿彩的碗，前者与伊拉克萨玛拉（Samarra）出土长沙窑贴花壶瓷十分类似。1970年10月至1971年2月第五次发掘，在一宫殿遗址发掘褐釉双耳贴花罐及黄褐釉彩碗遗迹，前者类似于长沙窑窑址出土的A型I式罐①。

762年，阿巴斯王朝哈里发曼苏尔迁都巴格达。曼苏尔说："这是一个形势险要的地方，因为它能使我们直达辽远的中国。"②这时的巴格达，"码头有好几英里长，那里停泊着几百艘各式各样的船只，有战舰和游艇，有中国大船……市场上有从中国运来的瓷器、丝绸和麝香……城内有专卖中国货的市场。"③据阿拉伯学者在公元902年记载，"中国运来的货物，最受欢迎的是精制青瓷和白瓷。"④

巴格达以北120公里萨玛拉（Samarra）遗址，位于底格里斯河畔，曾是阿巴斯王朝都城。1911—1964年，德国、法国和伊拉克考古学者先后进行了三次发掘。三上次男获准调查了遗址出土的中国瓷片，发现有黄褐釉系长沙窑瓷⑤。

《新唐书·地理志》记有一条沿非洲东海岸至波斯湾的航线：

自三兰国(今坦桑尼亚首都达累斯萨拉姆)正北二十日行，经小国十余，至设国(今也门希赫尔)。又十日行，经小国六七，至萨伊瞿和竭国（今阿拉伯半岛东南岸），当海西岸。又西六七日行，经小国六七，至没巽国(阿曼北部苏哈尔)。又西北十日行，经小国十余，至拔离诃磨难国(巴林)。又一日行，至乌剌国，与东岸路合。

1984年，英国学者马克·霍顿（Mark Horton）在坦桑尼亚达累斯萨拉姆东北的桑给巴尔（Zanzibar）岛考古调查时，发现长沙窑瓷。

20世纪70—80年代，英国考古学家奇蒂克（H.N.Chittick）、马克·霍顿在肯尼亚东部拉穆（Lamu）群岛曼达（Manda）遗址，发现长沙窑、越窑、定窑瓷器碎片。值得一提的是，郑和下西洋时曾远航拉穆群岛，当地有人以郑和部下后裔自称⑥。

阿曼苏哈尔（Suhar）古港，一度被称为"通往中国之门"。1980—1982年，法国巴林—阿曼考古队对此进行了考古发掘，出土釉下彩绘纹壶、褐斑罐和彩绘纹碗片等长沙窑瓷⑦。

埃及开罗南郊的阿尔·福斯塔特（Al Fustot）古城，建于642年，兴盛于法蒂玛王朝（Fatimid，909—1171），马木鲁克王朝（Mamluk，1250—1517）开始衰落。1912年以来，陆续出土陶瓷总

① D. Whitehouse, Excavations at Siraf: First Interim Report， Iran, vol. 6, 1968; D. Whitehouse, "Excavations at Siraf: Third Interim Report"， Iran， vol. 6, 1970; D. Whitehouse, "Excavations at Siraf: Forth Interim Report"， Iran, vol. 9, 1971; D. Whitehouse, "Excavations at Siraf: Fifth Interim Report"， Iran，vol. 9， 1972; D. Whitehouse, "Some Chinese and Islamic Pottery from Siraf"， Pottery and Metalwork in Tang China, London, 1972.

② 马坚：《中世纪的巴格达城》，人民日报，1963年1月9日。

③ （美）希提 著：《阿拉伯简史》（上册），北京：商务印书馆，1979年，第355页。

④ 曾广亿：《阿曼出土的中国瓷》，《羊城晚报》，1981年8月3日。

⑤ （日）三上次男 著，胡德芬 译：《陶瓷之路》，天津：天津人民出版社，1983年，第127页。

⑥ 2005年7月11日，江苏太仓举办的郑和下西洋600年纪念大会上，肯尼亚马林迪市长和拉穆群岛Siyu村的"中国女孩"谢里夫受邀参会。参见（日）三上次男 著，胡德芬 译：《陶瓷之路》，天津：天津人民出版社，1983年，第51、67页；丁雨：《肯尼亚考古琐忆——拉穆群岛考察》，《大众考古》，2013年第6期。

⑦ 马继东：《唐代著名外销瓷器长沙窑陶瓷调查（二）》，《艺术市场》，2004年第2期。

计约 35 万片，包括中国陶瓷 12705 片，晚唐五代有唐三彩、邢州白瓷、越窑瓷、长沙窑瓷等。1964、1966 年，受埃及政府邀请，三上次男等日本学者两次调查了福斯塔特出土的中国陶瓷，成果见于《陶瓷之路》①。

出土材料显示，从晚唐到清代，中国陶瓷持续销往伊斯兰世界最大的商贸中心福斯塔特，过程延绵逾千年②。这些陶瓷印证了一条贾耽未曾记述的贸易航线，即从亚丁湾入红海，直至苏伊士湾沿岸——长沙窑瓷运输最远的地区。

中国陶瓷及制作工艺外传，对亚非陶瓷工业发展产生了积极作用。日本福冈县多良田遗址出土一件青黄釉褐绿彩执壶，其釉中挂绿彩、褐彩的风格，状似长沙窑产品，实际是当地仿长沙窑瓷制作工艺烧制而成。波斯生产的“波斯三彩”，无疑受到唐三彩、长沙窑釉下彩陶瓷工艺的影响。

长沙窑瓷在国外出土地点，如印度尼西亚苏门答腊、爪哇，马来西亚吉打，泰国克拉地峡，斯里兰卡曼泰，印度奎隆，巴基斯坦卡拉奇、布拉夫米那巴德，伊朗西拉夫，坦桑尼亚桑给巴尔，也门希赫尔，阿曼苏哈尔等，在《新唐书·地理志》之“广州通海夷道”中皆有提及。由此可见，长沙窑外销经由的海上陶瓷之路，与贾耽所述东西交通路线基本一致。

“广州通海夷道”未曾提及的菲律宾、泰国、埃及等地出土长沙窑瓷说明，晚唐五代，随着造船、航海技术发展，东西贸易进一步扩大，陶瓷之路航线增多，辐射范围也更为广阔。9—10 世纪阿拉伯人东来航线见图 6-9。

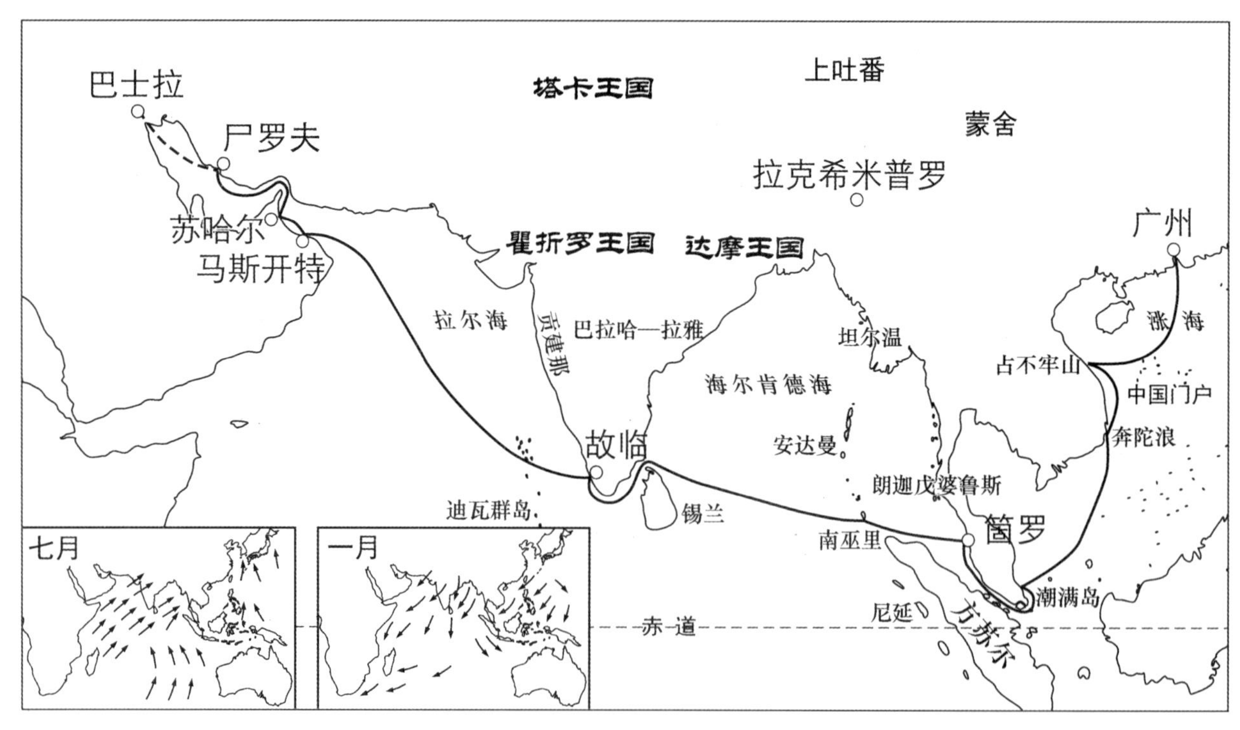

图 6-9　9—10 世纪阿拉伯人航海东来路线图③

① （日）三上次男 著，胡德芬 译：《陶瓷之路》，天津：天津人民出版社，1983 年，第 23—26 页。

② （日）弓场纪知：《福斯塔特遗址出土的中国陶瓷——1998—2001 年研究成果介绍》，《故宫博物院院刊》，2016 年第 1 期。

③ （阿拉伯）苏莱曼、阿布·赛义德 著，穆根来、汶江、黄倬汉 译：《中国印度见闻录》，北京：中华书局，1983 年，第 167 页。

三、茶叶发展与“茶马之路”

中国人饮茶历史源远流长。《茶经》：“茶之为饮，发乎神农氏。”《尚书·禹贡》：“荆及衡阳惟荆州……三帮底贡厥名（茗）。”“贡厥茗”，即进贡茶叶。说明商周时期，荆湘就向中原王朝进贡茶叶了。

茶古称为“荼”，《诗·邶·谷风》有“谁为荼苦”。长沙马王堆汉墓出土“遣册”（即随葬品清单）中有“木古月一笥”简文。据考证，“木古月”就是《尔雅·释木》“槚，苦荼”中“槚”的异体字，所谓“木古月一笥”是指“苦荼一箱”[①]。这些出土苦荼，可能来自墓主戍守的萌渚岭一带，是中国发现最早的茶叶实物。

茶叶初采于野生茶树。后因饮茶风习普及，野茶数量供不应求，遂有茶的栽培，“法如种瓜，三岁可采，野者上，园者次。”湖南是种茶最早的地区之一，茶陵得名就与种茶有关。

南朝时，沅湘一带已是茶叶重要产地[②]。唐代茶树栽培、茶叶制作取得长足进步，饮茶风尚从江淮传播中原。“自邹、齐、沧、棣，渐至京邑城市，多开店铺，煎茶卖之，不问道俗，投钱取饮，其茶自江淮而来，舟车相继。”[③]《唐国史补》：

> 风俗贵茶，茶之名品益众，剑南有蒙顶石花，或小方，或散牙，号为第一；湖州有顾渚之紫笋，东川有神泉、小团、昌明、兽目；峡州有碧涧、明月、芳蕊、茱萸，福州有方山之露牙，夔州有香山，江陵有南木，湖南有衡山，岳州有浥湖（今岳阳南湖）之含膏，常州有义兴之紫笋，婺州有东白，陆州有鸠□，洪州有西山之白露，寿州有霍山黄牙，蕲州有蕲门团黄，而浮梁之商货不在焉。

由于“茶道大行，王公朝士无不饮者”[④]，南茶大量北运，“舟车相继”，茶叶之路形成。其运输路线分东、中、西三路：福州、婺州、湖州、常州、寿州等地的茶叶，沿大运河北上；潭州、峡州、江陵、蕲州、洪州、浮梁出产茶叶，循江汉线北上；剑南、夔州等地茶叶，则越秦岭、大巴山北上。产于长沙、益阳一带的“潭州茶、（益）阳团茶”“渠江薄片茶”“惟江陵、襄阳，皆数千里食之。”[⑤]

中原王朝引进“胡马”，主要用“互市”方式。唐中叶前用以互市的物资主要是金银、绢帛。唐开元十五年（727），“许朔方军西受降城为互市，以金帛市马。”[⑥]大致德宗年间，出现了茶马互市。《封氏闻见记·饮茶》：“回鹘入朝，大驱名马，市茶而归。”

随着茶叶生产、贸易数量扩大，德宗建中三年（782）始，“天下茶漆竹木，十取一。”[⑦]这是史上首次征收茶税。元和十一年（816），左迁江州司马的白居易作长篇叙事诗《琵琶行》，述及“商人重利轻别离，前月浮梁买茶去”，所谓“商人”即指往返浮梁（今江西景德镇）的茶商。武宗（840—846）即位后，“又增江、淮茶税”，官府在“茶商所过诸道，置邸以收税，谓之搨地钱”，稍有不逊，

① 周世荣：《关于长沙马王堆汉墓中简文——（木古月）（槚）的考订》，《茶叶通讯》，1979年第3期。
② 见南朝宋盛弘之所撰《荆州记》：“武陵七县通出茶，最好。”唐地理书钞本。
③ （唐）封演 撰：《封氏闻见记·饮茶》，文渊阁四库全书本。
④ （唐）封演 撰：《封氏闻见记·饮茶》，文渊阁四库全书本。
⑤ （唐）杨晔 撰：《膳夫经手录》，清初毛氏汲古阁钞本。
⑥ 《新唐书·兵志》。
⑦ 《新唐书·食货志》。

便“掠夺舟车，露积雨中。”为躲逃重税，业者多“兴贩私茶，群党颇众，场铺人吏，皆与连通。”①

大中六年（852），唐代名相裴休任盐铁转运使时，订立《税茶十二法》。主要措施包括：

（1）厘革诸道横税，保护茶商合法权益。各地设置邸店者，只准收取邸值（住户堆栈费用），不得再征茶税。

（2）严厉打击私茶贩运。“私鬻三犯皆三百斤乃论死；长行群旅茶虽少皆死；雇载三犯至五百斤，居舍侩保四犯至千斤者皆死；园户私鬻百斤以上杖脊，三犯加重徭。”②

实施裴休茶法后，茶叶私贩有所收敛，“天下税茶增倍贞元。”③

阿拉伯商人在《中国印度见闻录》中记述：

（中国）国王本人的主要收入是全国的盐税以及泡开水喝的一种干草税。在各个城市里，这种干草叶售价都很高，中国人称这种干草叶叫“茶”（Sakh）。这种干草叶比苜蓿的叶子还多，也略比它香，稍有苦味，用开水冲喝，治百病。④

这是外国文书第一次准确的提到茶作为日常饮料用。

五代时，马楚采取“属内民皆得摘山收茗”“听民售茶北客”⑤的政策，茶叶产销两旺，带动了经济繁荣。《资治通鉴·后梁纪》：

湖南判官高郁请听民自采茶卖于北客，收其征以赡军，楚王殷从之。秋，七月，殷奏于汴、荆、襄、唐、郢、复州置回图务，运茶于河南、北，卖之以易缯纩、战马而归，仍岁贡茶二十五万斤，诏许之。湖南由是富赡。

后梁太祖开平二年（908），马楚在荆州、襄阳、唐州、郢、复州以及京师汴州（河南开封）等地，设置“回图务”。官府收购茶叶，运往各回图务。回图务设专官负责茶叶销售，换回战马和纺织品，俗称“茶马贸易”，茶叶、马匹往返渠道即“茶马之路”。茶缯交易面向中原汉族，茶马交易针对游牧民族。《新五代史·楚世家》：

自京师至襄、唐、郢、复等州，置邸务（即回图务）以卖茶，其利十倍。又令民自造茶，以通商旅而收其算，岁入万计。

马楚允许私商经营，国家坐收茶税，更兼“关市无征”，致“四方商旅闻风辐辏”，官鬻获利和私商茶税成为重要经济支柱。后唐清泰二年（935）毛文锡著《茶谱》，提到了几款湖湘名茶：

长沙之石楠，其树如棠楠，采其芽谓之茶。

湘人以四月摘杨桐草，捣其汁拌米而蒸，犹蒸糜之类，必啜此茶，乃其风也，尤宜暑月饮之。

潭邵之间有渠江，中有茶，而多毒蛇猛兽。乡人每年采撷不过十六、七斤。其色如铁，芳香异常，烹之无滓也。

① 《新唐书·食货志》。

② 《新唐书·食货志》。

③ 《新唐书·食货志》。

④ （阿拉伯）苏莱曼、阿布·赛义德 著，穆根来、汶江、黄倬汉 译：《中国印度见闻录》，北京：中华书局，1983年，第17页。

⑤ 《十国春秋·楚武穆王世家》。

渠江薄片，一斤八十枚。

衡州之衡山，封州之西乡，茶研膏为之，皆片团如月。

《旧五代史·马殷传》称马楚“于中原卖茶之利，岁百万计”。茶叶运销以水路为主，外销路线大致有两条。

一是湘桂道：溯湘水、过灵渠、下漓水，入岭南、安南等地[①]。

二是江汉道：顺湘资沅澧出洞庭，循长江、汉水入中原，再由各回图务分销河南、河北、西北，远至漠北、中亚等地。该线路是湘茶外销主渠道，史称“茶马之路”。今安化境内遗存的茶马古道，即源于五代勃兴的茶马交易。

第五节 运输工具的发展

隋唐交通盛况空前，制车业规模宏大。大业七年（611）隋炀帝征高丽，“令河南、江南造戎车五万乘送高阳。”[②]车坊既有官办，也有私营。开元二十九年（741），“禁九品已下清资官置客舍、邸店、车坊。”[③]牛车沿袭传统，舆轿和骑乘盛行，马车利用萎缩。

南北大运河贯通后，全国性水运网络形成，推动了内河航运繁盛，造船技术进一步发展。

一、牛车的演变

牛服役人类的历史，上溯夏商时代[④]。秦汉以前，牛车主要装载货物，兼载商贾庶民出行。汉制，“贾人不得乘马车。”[⑤]

东汉后期，牛车渐被各阶层接受，贵为皇帝亦驾牛避险[⑥]。《晋书·舆服志》：

古之贵者不乘牛车，汉武帝推恩之末，诸侯寡弱，贫者至乘牛车，其后稍见贵之。自灵、献以来，天子至士，遂以为常乘。

赤壁之战前夕，鲁肃劝孙权，“今肃迎操，操当以肃还付乡党，品其名位犹不失下曹从事，乘犊车，从吏卒交游士林，累官故不失州郡也。将军迎操，欲安所归乎？”[⑦]

黄武五年（226），吴主孙权曾将驾车之牛用作农耕[⑧]。

① 唐懿宗《恤民通商制》诏文，再现了湖南茶商往来安南史实：“安南溪洞首领，素推诚节。虽蛮寇窃据城壁，而酋豪各守土疆。如闻溪洞之间，悉藉岭北茶药，宜令诸道一任商人兴贩，不得禁止往来。”

② 《资治通鉴·隋纪》。

③ 《旧唐书·玄宗本纪》。

④ 《世本·作篇》：“相士作乘马，亥作服牛。”

⑤ 《续汉书·舆服志》。

⑥ 《三国志·董卓传》：“天子（汉献帝）走陕，北渡河，失辎重，步行……都安邑，御乘牛车。”

⑦ 《三国志·鲁肃传》。

⑧ 《三国志·吴主传》：“陆逊以所在少谷，表令诸将增广农亩。孙权曰：‘甚善。今孤父子亲自受田，车中八牛以为四耦，虽未及古人，亦欲与众均等其劳也。’”

上述事例说明，东汉三国，帝王士大夫始兴服牛风尚。

牛车分通幰牛车、偏幰牛车、敞篷牛车三种款式。幰是车幔、帷子。通幰牛车档次最高，车顶自前至后罩一顶大帷子，遮住整车；偏幰牛车的帷子，只遮住车篷；敞篷牛车，则没有篷子。牛车步履缓慢，行驶平稳，乘坐舒适，尤其通幰牛车四面密闭，人于车内可随意坐卧，轻松自如，备受追求逸乐的贵族士大夫偏爱[①]。

魏晋南北朝，驾牛成为上层社会流行风尚。晋时，“御衣车、御书车、御轺车、御药车、画轮车，皆驾牛，则并施于卤簿。”[②] 所谓卤薄，是指帝王外出配备的车驾、侍卫和仪仗。《晋书·石崇传》说石崇与王恺乘牛车出游，“争入洛城，崇牛迅若飞禽，恺绝不能及。”《魏书·礼仪志》载北魏天子乘坐的大楼辇：

辀十二，加以玉饰，衡轮雕彩，与辇辂同，驾牛十二。

隋一改魏晋以来天子驾牛传统，御驾多用马，仅四望车“制同犊车，黄金饰，青油幢朱里，紫通幰，紫丝网，驾一牛，拜陵、临吊则乘之。”[③] 牛车配备到五品，普及程度不如前朝。“六品已下不给，任自乘犊车，弗许施幰。”[④] 但崇尚牛车风气依然。吏部尚书牛弘“荣宠当世，而车服卑俭。”其弟弼则“好酒而酗，尝醉射杀弘驾车牛。”[⑤]

唐代盛行骑乘，御驾牛车被完全取消，代之以马车或鞍马。《旧唐书·舆服志》：

唐制，天子车舆有玉辂、金辂、象辂、革辂、木辂，是为五辂，耕根车、安车、四望车，以上八等，并供服乘之用。其外有指南车、记里鼓车、白鹭车、鸾旗车、辟恶车、轩车、豹尾车、羊车、黄钺车，豹尾、黄钺二车，武德中无，自贞观以后加焉。其黄钺，天宝元年制改为金钺。属车十二乘，并为仪仗之用。大驾行幸，则分前后，施于卤簿之内。若大陈设，则分左右，施于仪卫之内。

图 6-10　唐代通幰牛车复原图[⑦]

以上这些车用于仪仗中，皇帝出行时就将它们列入卤簿之内[⑥]。流行 400 余年的天子驾牛风俗，至此停息。

隋唐五代，牛车仍是官员士族、商贾百姓常用代步工具。《新唐书·车服志》：

一品乘白铜饰犊车，青油纁，朱里通幰，朱丝络网。二品以下云油纁、络网。四品有青偏幰。

高级牛车制式也有变化，通幰及偏幰牛车篷檐原本较浅，唐时蓬檐改进加长，称作长檐车（图 6-10）。

① 《隋书·礼仪志》：“《长沙耆旧传》曰：刘寿常乘通幰车。”
② 《晋书·舆服制》。
③ 《隋书·礼仪志》。
④ 《隋书·礼仪志》。
⑤ 《北史·牛弘传》。
⑥ 纪向宏：《从唐代绘画中看唐代的车舆制度特点》，《国画家》，2016 年第 5 期。
⑦ 刘永华 著：《中国古代车舆马具》，北京：清华大学出版社，2013 年，第 232 页。

牛车是主要陆运工具。《隋书·宇文化及传》记载，骁果军兵变，弑逆炀帝后，“夺江都人舟楫，从水路西归……行至徐州，水路不通，复夺人车牛，得二千两（辆），并载宫人珍宝。”武则天时，“陆运北路分八递，雇民车牛以载。”[①]又《旧唐书·元稹传》：

朝廷馈东师，主计者误命牛车四千三百乘，飞刍越太行。

可见隋唐牛车使用数量之多，普及程度之广。

1976年，长沙咸嘉湖小学院内发掘一座唐墓。出土器物90余件，除“开元通宝”铜钱和少数几件红陶外，均为青瓷明器。根据器形、釉色、胎质和花纹分析，明器可能产自湘阴岳州窑。按《唐六典》“凡葬则供其明器之属，三品以上九十事，五品以上六十事，六品以上四十事”的规制和出土器物推测，墓主应是五品以上官吏[②]。

瓷器以俑类为主，包括文吏、武士、男侍、女侍、乐工以及镇墓兽、马、牛、骆驼、羊、猪、狗、鹅、鸭等造型。马俑3件，通高16.5厘米，头部饰有勒、辔，背部饰有垫坐和马鞍，躯体较丰满，尾下垂，四肢伫立，姿态稳健；牛俑1件，通高15厘米，颈部肥实，躯体丰满，站立似拉车状。还有一件骑飞鹰的波斯俑，说明湖湘与西亚之间，存在较为密切的经济文化联系。

生活用具类明器，包括车、井圈、磨、碓、灶、几、榻、围棋盘等。牛车模型1件，通长17.8厘米，高15厘米，车箱呈长方形，箱后端外侧有栏杆，车篷作复瓦形，车轮内侧刻有辐条20根。

配鞍马俑、带篷牛车同时出土，反映了唐代官吏出行风尚（图6-11）。

图6-11 长沙咸嘉湖唐墓出土牛车、鞍马和侍俑（湖南省博物馆藏）

汉武帝开始，为巩固拓疆或征伐成效，向内地移徙被征服夷族。元狩二年（前121），匈奴昆邪王率四万人降汉，“乃分处降者于五边郡故塞外，而皆在河南，因其故俗为属国。”[③]建武十九年（43），马援破交趾，“徙其渠帅三百余口于零陵。”[④]随着匈奴、鲜卑、氐羌等族群内迁，西域骆驼、骏马连同驯养它们的胡人一起来到内地，为贵族出行提供服务。衡阳道子坪东汉墓发现的铜质牵马胡俑[⑤]、长沙赤峰山出土陶质牵驼胡俑等考古材料，印证了这段史实。

赤峰山位于长沙金盆岭，是南朝墓葬区。1958年，湖南省博物馆在此发掘3、4号墓，时代相当于南朝末与隋初之际[⑥]。随葬品中，与交通工具相关的有：

---

① 《新唐书·食货志》。

② 熊传新、陈慰民：《湖南长沙咸嘉湖唐墓发掘简报》，《考古》，1980年第6期。

③ 《汉书·卫青传》。

④ 《后汉书·南蛮西南夷列传》。

⑤ 金则恭：《湖南衡阳县道子坪东汉墓发掘简报》，《文物》，1981年第12期。

⑥ 周世荣：《长沙市赤峰山3、4号墓》，《文物》，1960年第2期。

牵马陶俑两件　一件残高 11 厘米，素面灰胎，头已失，身着圆领长衣，腰束带；另一件通高 22 厘米，深目高鼻，腮边多须，素胎无釉，头戴毡帽，身着圆领长袍，脚穿尖头靴。

牵驼陶俑　已残，深目高鼻，满腮胡须，头束软巾，身着长衣，束带，右臂外袒，足着长靴（图 6-12）。

图 6-12　长沙赤峰山出土的胡人牵驼俑（湖南省博物馆 藏）

背物俑　通高 14.5 厘米，素胎浅褐色，头戴高冠，身着长袖短衣，腰束带，长裤，足穿尖头靴，肩部背一包裹，左手已残，头微仰。

陶马　通高 17.3 厘米，素胎灰白色，备有马鞍，姿态颇雄健，右后腿部刻“大吉”二字。

陶驼两件　一件通高 23 厘米，素胎灰陶，背上负一囊袋；另一件作拉车回顾状，背负一袋，袋上盖方毡一方。

陶车　已残，胎色灰白无釉，车身周围有横木栏杆，车盖作复瓦形，盖面饰方格纹，似竹编织物；车轮直径 14 厘米，辐 16 根，车辕已残。根据随葬品的文物特征判断，该车当为骆驼牵引。

长沙赤峰山 3、4 号墓出土的牵马胡俑、牵驼胡俑以及马俑、驼俑，与衡阳道子坪东汉牵马胡俑所反映的社会现象，可谓一脉相承。汉唐胡俑，湖南出土最多，又以湘水沿线最集中，侧面印证了湘川在南北交通和中西交往中的重要地位。

二、指南车和记里鼓车的创制

东汉魏晋南北朝，是中国科技史上一个高峰时期，涌现出蔡伦、张衡、马均、祖冲之等众多发明家和机械工程专家，影响人类文明进程的造纸术，现代离合器和计程仪先驱——“指南车”和“记里鼓车”，就在这一时期创造。

指南车是一种双轮独辕车，车上立一伸臂南指的木人。行进时不管车向东或向西转弯，木人始终伸臂指向南方。指南车相传黄帝发明，后被三国魏人马钧成功复制。《中国历史年表》课题组认为，马钧造指南车是在魏明帝青龙三年（235）[①]。《马钧传》：

① 中国社会科学院历史研究所 编：《中国历史年表》，北京：中华书局，2014 年，第 29 页。

先生为给事中，与常侍高堂隆、骁骑将军秦朗争论于朝，言及指南车。二子谓古无指南车，记言之虚也。先生曰："古有之。未之思耳，夫何远之有？"二子哂之曰："先生名钧，字德衡，钧者器之模，而衡者所以定物主轻重，轻重无准而莫不模哉！"先生曰："虚争空言，不如试之易效也。"于是二子遂以白明帝，诏先生作之，而指南车成。

指南车制作技艺再次失传后，南朝科学家祖冲之重又发明。《南齐书·祖冲之传》：

初，宋武平关中，得姚兴指南车，有外形而无机巧，每行，使人于内转之。升明中，太祖辅政，使冲之追修古法。冲之改造铜机，圆转不穷，而司方如一，马钧以来未有也。

需要说明的是，指南车与指南针是两回事。指南针由于地球磁场作用，针的一头总是指着南方；指南车则利用机械传动方法，使车上木人手臂永远指向南方。

记里鼓车又名记道车，是一种自动计算道路里程的车辆。它利用车轮带动大小不同的一组齿轮，车轮走满一里时，其中一个齿轮刚好转动一圈，该轮轴拨动车上木人打鼓或击钟，报告行程。这一原理与汽车上的里程表原理相似。

记道车最早见于《西京杂记》："记道车，驾四，中道。"晋代开始，用于帝王仪仗，列指南车之后。《晋书·舆服志》："记里鼓车，驾四。形制如司南。其中有木人执槌向鼓，行一里则打一槌。"

宋代记里鼓车装饰豪华，功能更多。《宋史·舆服志》：

记里鼓车一名大章车。赤质，四面画花鸟，重台勾栏镂拱。行一里则上层木人击鼓，十里则次层木人击镯。一辕，凤首，驾四马。驾士旧十八人。太宗雍熙四年增为三十人。

元代以降，记里鼓车不再见于卤簿，其器亦失传不存。

三、舆轿的兴盛

舆轿最初是供人爬山逾岭使用的交通工具。《尚书》说大禹治水，"陆行乘车，水行乘舟，泥行蹈橇，山行即桥（轿）。"① 是记载舆轿的最早文献。

1978 年，河南固始侯古堆发掘一座春秋晚期墓，墓主为宋国君之妹、吴王夫差之妻季子。陪葬坑出土大批青铜礼器、乐器、漆木器和生活用具、交通工具等。青铜礼器和生活用具有九鼎、二簠、二壶、二舟、二方豆以及罍、盉、匜、盒、炉、三足壶各一件，乐器有编钟（九件）、编镈（八件）各一套以及漆雕木瑟六件、木鼓一件、鼗鼓一件，交通工具包括三乘肩舆、两匹殉马及多件铜车马饰，另有陶器、玉器、竹木器等物。肩舆是已知最早的舆轿实物，由底座、边框、立柱、栏杆、顶盖、轿杆和抬杠等部件组成，有屋顶式和伞顶式两款②。据其构造推测，彼时舆轿制作工艺趋于完备（图 6-13）。

舆轿是山区行军的主要运具。秦修"萌渚峤""越城峤"，汉筑"零桂峤道"，就是可供舆

① 《尚书·夏书》。

② 河南省博物馆等：《河南固始侯古堆一号墓发掘简报》，《文物》，1981 年第 1 期。

轿通行的逾岭道路。《汉书·严助传》：

今发兵行数千里，资衣粮，入越地，舆轿而隃（逾）岭，㩴舟而入水，行数百千里。

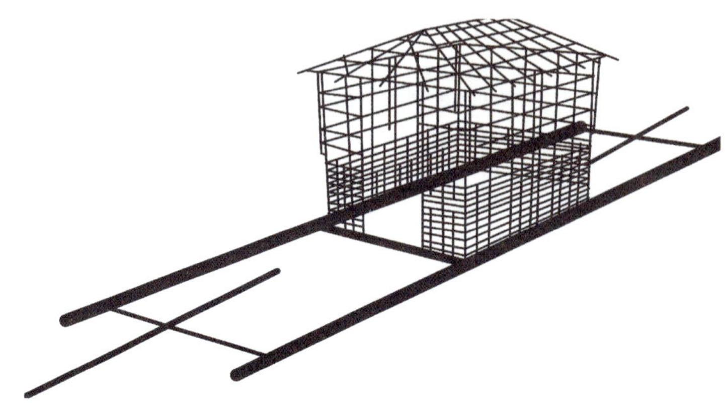

图 6-13 河南固始春秋墓出土的屋顶式肩舆复原图[①]

魏晋南北朝，舆轿以其平缓、舒适，风行上流社会，成为威仪和地位象征。因形制不同，有“八扛舆”“版（板）舆”“襻舆”“篮舆”“大辇”等类。各式舆轿皆“人以肩举之而行”[②]，统称为“肩舆”。晋永嘉元年（307），司马睿移镇建业，旋又督扬、江、湘、交、广五州军事，位高权重。《晋书·王导传》称睿“亲观禊，乘肩舆，具威仪，敦、导及诸名士皆骑从。”晋末，大将军桓玄“更造大辇，容三十人坐，以二百人舁之”[③]，成为见于史书的最大舆轿。

隋唐以降，舆轿种类更多。帝王乘坐谓“步辇”，贵族代步称“步舆”“肩舆”。唐初画家阎立本绘有一幅《步辇图》（图 6-14），取材于唐太宗李世民接见接见吐蕃使臣情景。图中唐太宗端坐步辇，由六个宫女扛抬，另有三个宫女掌扇和持华盖。开元二十年（732）四月，唐玄宗赐百官宴，“醉者赐以床褥，肩舆而归，相属于路。”[④]

图 6-14 《步辇图》[（唐）阎立本 绘]

① 原图出自《河南固始侯古堆一号墓发掘简报》照片，黄爱重绘。

② 《资治通鉴·晋纪》。

③ 《晋书·桓玄传》。

④ 《旧唐书·玄宗本纪》。

通行崎岖山路时，肩舆是理想乘具。白居易以刑部尚书致仕后，“与香山僧如满结香火社，每肩舆往来，白衣鸠杖，自称香山居士。”[①]《旧五代史·卢程传》记，后唐宰相卢程到晋阳宫册封皇太后，“山路险阻，往复绵邈，程安坐肩舆。”

商贾、妇女、庶人所乘舆轿称“担子”“檐子”“板舆”。

《唐会要·命妇朝皇后》：“其尊属年老勅赐担子者，不在此例。”

《册府元龟》：“妇人本来乘车，近来率用檐子，事已成俗。”

四、马具的完善

自赵武灵王“将胡服骑射以教百姓”[②]始，“来如飞鸟，去如绝弦”的骑兵成为重要兵种。赵凭“车千乘，骑万匹”[③]，西拒强秦、南抑魏韩、东窥燕齐、北逐三胡，成为东方大国。骑兵在战争中的巨大优势，刺激各国竞相发展，开创了中国军事史上新纪元。

经过秦统一战争和楚汉之争后，骑兵在作战力量体系中的主体地位被确定下来。骑战取代车战，成为主要战争手段。汉武帝时，创造出农耕民族击败游牧民族的奇迹。“边长老言：匈奴失阴山之后，过之未尝不哭也。”[④]

中国马具起源的具体时间尚无定论。殷商时期，用于驾车的鞁具和挽具已大体完备。鞁具用于控制马首，通过鞁具制约、指挥马驾车；挽具用于负车、拽车，使马与车连为一体。战国中期，伴随骑兵兴起，出现了原始鞍具。至此，马具发展出鞁具、挽具、鞍具三大类。

“中国古代马具发展的成熟期是在魏晋南北朝，成熟的首要标志是马镫的出现。”[⑤]马镫是马具关键部件，随马鞍出现而产生。在此之前，骑手上下费力，骑乘时须手抓缰绳或马鬃、腿夹马腹以策平衡。没有专门训练难以掌握驾驭要领，既不安全又易疲劳。因此，在中国古代相当长一段时间内，马匹主要用于驾车运输。

马镫的发明，解决了上下马难、骑乘过程中不易保持平衡等问题，实现了骑兵和战马的完美结合，使骑乘训练和战术动作变得容易，也为重甲骑兵发展奠定了基础。

西汉时，西南就有原始形态的绳圈式马镫——趾镫。云南晋宁石寨山汉墓出土的青铜贮贝器纹饰上，一匹战马的马鞍两侧，各系一根垂至马腹前沿的绳子，绳端结成圆圈状，骑手双脚拇指伸入两侧圈套。东汉出现了供上下马使用的单侧马镫。最晚东晋，单侧马镫发展为双侧马镫，骑乘更加稳健、安全，乘者由以往的踞坐式改为挺身直腿，为骑乘出行在礼仪之邦——华夏地区传播创造了条件。随着“衣冠南下”，骑乘习俗风行大江南北。

考古材料显示，世界上最早的马镫出现在长沙金盆岭西晋永宁二年（302）墓出土的部分骑俑

---

① 《旧唐书·白居易传》。

② 《战国策·赵策二》。

③ 《战国策·赵策二》。

④ 《汉书·匈奴传》。

⑤ 刘永华著：《中国古代车舆马具》，北京：清华大学出版社，2013年，第200页。

上[①]。这些骑俑左侧鞍前配一三角形马镫，虽然只供上马时用，却是中国马镫利用的实证（图 6-15）。同墓出土材料证实，晋时官吏出行崇尚骑乘。河南安阳孝民屯两晋之交的一座墓中，发现单马镫实物[②]。有理由相信，流行湖湘的骑乘风俗源于胡人内徙及北人南迁。

图 6-15 长沙金盆岭晋墓出土单镫骑俑[③]

马镫发明与传播，是古代军事、交通史上的一个重要里程碑，也是人类文明史上的伟大创造。欧洲最早的马镫见于 6 世纪匈牙利阿瓦尔人墓中[④]。马镫引入欧洲以后，促进了骑士阶级形成，对中世纪历史产生了巨大影响。英国科技史专家李约瑟认为，“只有极少的发明像脚镫（马镫）这样简单，但却在历史上产生了如此巨大的催化影响。就像中国的火药在封建社会的最后阶段帮助摧毁了欧洲封建社会一样，中国的马镫在最初阶段帮助了欧洲封建制度的建立。”[⑤]

---

① 据《长沙两晋南朝隋墓发掘报告》（刊于 1959 年第 3 期《考古学报》）介绍，长沙金盆岭西晋永宁二年（302）的县令墓中出土骑俑 20 件，包括文吏俑 14 件、武士俑 4 件、乐俑 2 件。骑俑高 22—24 厘米，俑马体形矮小，带辔（驾驭牲口的嚼子和缰绳），无缰，头顶安有供骑者扶手的长角，颈下配有挡牌，背上设有高桥鞍。文吏俑头戴高冠，身着长衫，左手持简册，右手握长角，神态肃穆端坐在马鞍上。简册是向上级报告公务用的，上面简要写着要报告的公务内容，持简册的骑吏应是墓主县令的掾属。乐俑高冠长袍，左手持一弯形乐器吹奏，右手亦握长角。令人注目的是，其中 3 件文吏俑和 1 件乐俑左侧鞍前系有 1 只三角形马镫，右侧无镫，骑者的脚也没有踏在镫里，表明左侧马镫仅供上马时蹬踏之用。

② 中国社会科学院考古研究所安阳工作队：《安阳孝民屯晋墓发掘报告》，《考古》，1983 年第 12 期。

③ 示意图源于中国人民革命军事博物馆网站，实物照片源于湖南省博物馆。

④ 阿瓦尔人原居中国北方，曾建立以蒙古高原为核心、雄踞大漠南北的柔然汗国，最盛时期势力北到贝加尔湖畔、南抵阴山北麓、东达大兴安岭、西及准噶尔盆地和伊犁河流域，因在与北魏和突厥的战争中连续失败，被迫西迁匈牙利草原，马镫随之带到多瑙河流域。

⑤ （英）李约瑟 著：《李约瑟文集》，沈阳：辽宁科学技术出版社，1986 年，第 242 页。

2012年，洪江老屋背战国——秦汉遗址发现一件青铜骑士俑，长10.8、宽2.7、高10.6厘米，重450克。俑呈骑坐状，头戴长扁形高帽，双手前伸抓辔绳，双腿垂直夹马身。马鞍用绳索围绕马身前后捆绑，鞍两头配鞍桥。据考证，青铜骑士俑大致处于战国末期，可能延续至秦、西汉时期[①]。

洪江出土青铜骑士俑（图6-16），足以改变高桥马鞍始于魏晋的认知[②]。这也解释了西汉何以成就横扫匈奴数千里、使其“妇女无颜色”[③]的大将霍去病，东汉何以涌现吕布、马超、赵云、关羽等一众马背英雄。

图6-16　洪江老屋背遗址出土的青铜骑俑（吴顺东 供图）

马镫和高鞍桥马鞍问世，是古代马具成熟的重要标志。意味深长的是，上述器物的最早证据皆出现在并非骑乘发源地的沅湘流域。

除洪江青铜骑士俑外，河北、山东、陕西、甘肃、广西等地陆续出土表现低鞍桥马鞍的汉代文物。延至魏晋，高桥马鞍普遍应用，马鞍两端从低平转为高翘，限制骑手前后滑动，确保骑乘稳定性。长沙金盆岭出土晋俑，马鞍两头有高高竖立的鞍桥，鞍桥顶部装有泡饰；安阳孝民屯晋墓中也出土有高桥马鞍遗迹。

隋唐时期，随着马具完善，骑乘风俗盛行社会各阶层。骑乘包括骑马、骑骡、骑驴、骑牛和骑骆驼等形式，以骑马最为普遍。“贵贱所行，通用鞍马而已。”[④]长沙咸嘉湖唐墓出土骑乘马俑3件、驾车牛俑1件、牛车模型1件，马多车少的配置，反映唐代官吏平常骑马、雨雪天气驾车出行风尚。

唐太宗李世民在南征北战的过程中，先后以什伐赤、白蹄乌、特勒骠、拳毛骊、青骓、飒露紫等马为坐骑，太宗寝陵享堂东西两庑浮雕它们的形象，号称“昭陵六骏”。《旧唐书·王毛仲传》

① 湖南省文物考古研究所、怀化市博物馆、洪江市文物管理所：《洪江老屋背遗址发掘报告》，收于湖南省文物考古研究所编：《湖南考古辑刊》第11集，北京：科学出版社，2015年。

② 刘永华先生在《中国古代车舆马具》一书中认为，高鞍桥马鞍始于魏晋。

③ 出自西汉《匈奴歌》：“失我焉支山，令我妇女无颜色；失我祁连山，使我六畜不蕃息。”

④ 《旧唐书·刘子玄传》。

记载，天宝年间，一次玄宗在华清宫，“乘马出宫门，欲幸虢国夫人宅”，被侍卫陈玄礼劝阻后，“玄宗为之回辔”。

不仅男子骑马出行，妇女也热衷骑乘。中唐画家张萱绘制《虢国夫人游春图》（图 6-17），反映了这种风尚。画中九人皆骑骏马，前三骑与后三骑是侍从、侍女和保姆，中间并行二骑为虢国夫人姐妹。该画构图疏密有致，人与马的动势舒缓从容，洋溢着雍容、乐观的盛唐风貌。

图 6-17　《虢国夫人游春图》［（唐）张萱 绘］

骑驴、乘骡出行，在北方民间颇为常见。隋仁寿二年（602），西河郡（治今山西汾阳）遭受龙卷风袭击，“有胡人乘骡在道，忽为回风所飘，并一车上千余尺乃坠，皆碎焉。”①

随着马具马饰发展，骑马成为官吏出行的主要选择。《新唐书·百官志》记录了不同等级官员配备马匹的数量：

凡给马者，一品八匹，二品六匹，三品五匹，四品、五品四匹，六品三匹，七品以下二匹；给传乘者，一品十马，二品九马，三品八马，四品、五品四马，六品、七品二马，八品、九品一马；三品以上敕召者给四马，五品三马，六品以上有差。

夏商以来，经过 2000 多年发展演变，隋唐基本形成了以鞍、镫、络头、节约、镳、衔、缰、当卢等为主要部件、较为完备的马具马饰形制（图 6-18）。

五、造船技术的进步

南北大运河凿通后，东西流向的主要水系连为一体，形成全国性水运网络。“天下诸津，舟航所聚，旁通巴、汉，前指闽、越，七泽十薮，三江五湖，控引河洛，兼包淮海。弘舸巨舰，千舳万艘，交贸往还，昧旦永日”②，堪称隋唐内河航运的真实写照。随着航海技术发展，海上陶瓷之路兴起，海外航线也有新的拓展。

---

① 《隋书·五行志》；明代施显卿《奇闻类记》亦有记载：“昔时有一胡人，乘骡在道上行，忽为回风所飘，又并一车升空直上，将千余尺，少顷堕地，车骑皆碎焉。”

② 《旧唐书·崔融传》。

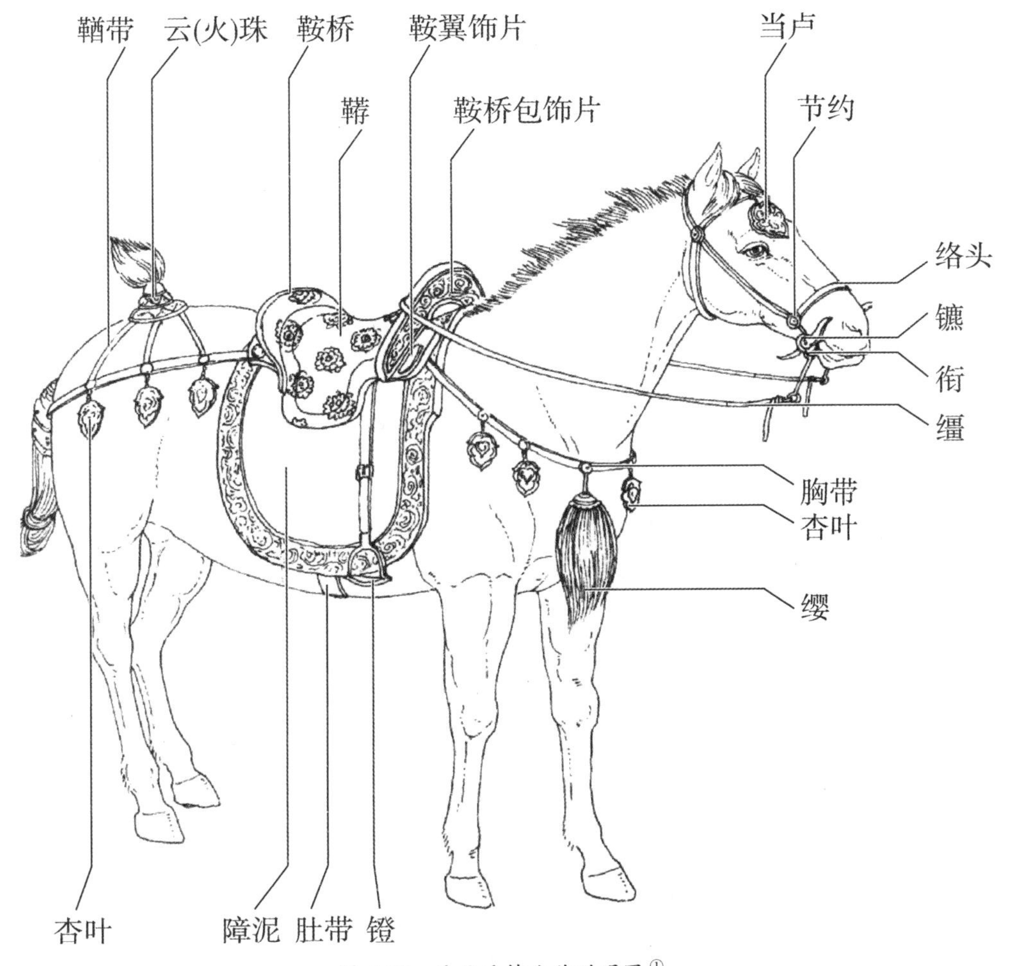

图 6-18　马具马饰名称说明图[①]

水运兴盛，造船臻于精益，促进了造船业发展和造船技术进步。水密隔舱、钉接榫合等造船史上重大发明，就是在隋唐推广完善的。

水密隔舱系用隔舱板将船舱隔成互不相通的几个舱区，以提高船舶抗沉性，增强运输安全性。东晋义熙六年（410），卢循在湘州制造的“八槽舰”最早使用了水密舱技术[②]。1960 年，扬州出土唐船，楠木材质，残长 18.4 米，最宽处 4.3 米，深 1.3 米，船板厚 0.13 米，分 5 个大舱，舱中又被隔分为若干小舱[③]。1973 年，如皋出土唐船，残长 17.32 米，最宽处 2.58 米，深 1.6 米，船底板厚 8—12 厘米，船舷板厚 4—7 厘米，分有 9 舱，两舱之间设水密舱壁[④]。

钉接榫合是船身连接工艺，通过铁制构件使得木材之间连接更加牢固，船体强度大为提高。前述出土唐船都采用了钉接榫合技术。如皋唐船用三段木材榫合而成，船舱及底部均以铁定钉成人字缝结构；扬州唐船采用斜穿铁钉的平接技术，比如皋唐船采用垂穿铁钉的搭接技术更为先进[⑤]。

① 刘永华 著：《中国古代车舆马具》，北京：清华大学出版社，2013 年，前言 6 页。

② 《宋书·武帝本纪》：“（卢）循即日发巴陵，与道覆连旗而下，别有八槽舰九枚，起四层，高十二长。”

③ 江苏省文物工作队：《扬州施桥发现了古代木船》，《文物》，1961 年第 6 期。

④ 南京博物院：《如皋发现的唐代木船》，《文物》，1974 年第 5 期。

⑤ 姜浩：《隋唐造船业研究》，硕士学位论文，上海：上海师范大学，2010 年。

唐时，外洋船体多采用缝合制作。印度尼西亚海域沉没的阿拉伯商船“黑石号”，就是典型缝合结构：船长约 22 米，船身系用木板拼合，再用椰壳纤维将其捆绑，缝隙处以橄榄汁填塞（橄榄汁干后结实坚硬，起黏合作用），没有使用铁钉或铁栓。唐僧慧琳亦有记述：

舶，海舟也……亦曰昆仑舶。运动此船，多骨论为水匠。用椰子皮为索连缚，葛览糖灌塞，令水不入，不用钉鲽，恐铁热火生。累木枋而作之，板薄恐破。[①]

随着造船业繁荣，形成了扬州、润州、常州、苏州、杭州、越州、明州、泉州、福州、江州、洪州、鄂州、潭州、岳州、荆州、信州、益州、广州、交州（今属越南）、登州、莱州等区域造船中心。造船史上负有盛名的“五牙”“龙舟”“俞大娘”“和州载”等内河巨舰，就是在隋唐时期制造的。

隋开皇六年（586），崔仲方在献给隋文帝的“取陈之策”中，称南陈于“流头、荆门、延州、公安、巴陵、隐矶、夏首、蕲口、盆城置船。”建议在“益、信、襄、荆、基、郢等州速造舟楫，……以水战大决。”[②] 开皇八年（588）十二月，行军元帅杨素率师自信州（今重庆奉节）顺江而下伐陈。主力战舰“名曰五牙，上起楼五层，高百余尺，左右前后置六拍竿，并高五十尺，容战士八百人，旗帜加于上。”[③] 次年正月，在荆门延洲水战中，隋军“乘五牙四艘，以拍竿碎其（陈）十余舰，遂大破之。”经此一战，隋军所向披靡，“巴陵以东，无复城守者。”[④]

图 6-19 中国人民革命军事博物馆陈列的五牙舰模型

“五牙”装备的拍竿，最早见于南梁大宝二年（551）徐世谱在岳州制造的“拍舰”。

五牙舰（图 6-19），堪称冷兵器时代最具威力的战舰。根据船舶学家研究，隋五牙舰长 54.6 米，水线长 50 米，船宽 15 米，高 25 米，吃水 2.2 米。战船左右前后设置 6 台拍竿，高约 12.5 米。船的动力以划桨为主，两舷设有 40 把长桨（每舷 20 把），船尾配有两把摇橹和一个拖舵，以控制行进方向[⑤]。

隋炀帝巡游江都乘坐的龙舟，船体宏伟，用材考究，制作精良，装饰华丽，体现了隋代造船技术最高水平。其“高四十五尺，阔五十尺，长二百尺，四重。上，一重，有正殿、内殿、东西朝堂，周以轩廊；中，二重，有一百六十房，皆饰以丹粉，妆以金碧珠翠，雕镂奇丽，缀以流苏羽葆、朱丝网络；下，一重，长秋内侍及乘

① （唐）慧琳 撰：《一切经音义·卷第六十一》，日本元文三年至延亨三年狮谷白莲社刻本。
② 《隋书·崔仲方传》。
③ 《隋书·杨素传》。
④ 《资治通鉴·隋纪》。
⑤ 席龙飞 著：《中国造船史》，北京：海洋出版社，2013 年，第 125—128 页。

舟水手，以青丝大条绳六条，两岸引进。其引船人普名‘殿脚’，一千八十人并着杂锦采装袄子，行缠鞋靺等。每绳一条八十人，分为三番。每一番引舟有三百六十人，其人并取江淮以市少壮者为之。”[①] 龙舟采用人力牵引，连接方法采用榫接结合铁钉钉连。

隋文帝担心“私造大船，因相聚结，致有侵害”，诏“江南诸州，人间有船长三丈已上，悉括入官。”[②] 因此，隋代官营造船发达，民间造船受到抑制。唐改隋规，鼓励民间造船从事商贸活动，“凡大船必为富商所有。”[③]《唐国史补》：

大历、贞元间，有俞大娘航船最大，居者养生、送死、嫁娶悉在其间。开巷为圃，操驾之工数百，南至江西、北至淮南，岁一往来，其利甚溥，此则不啻载万（石）也。

中国舟舰工艺先进，结构牢靠，运载量大，安全性好。外国商人往来东南亚和印度洋地区，都乐于乘坐中国船舶。《中国印度见闻录》法译者索瓦杰 (J. Sauvaget) 在其绪言中写道：

应该承认，中国人在开导阿拉伯人远东航行的贡献。波斯商人乘坐中国的大船才完成他们头几次超过中国南海的航行。使用如此巨大的商舶航行，大大缩短航程所费的时间，计从大食到广州航行时间为 89 天（沿途停留供给不在内）。[④]

湖南观察使李皋，对车船技术发展起了承前启后的作用。《旧唐书》记他“常运心巧思，为战舰，挟二轮蹈之，翔风鼓浪，疾若挂帆席，所造省易而久固。”[⑤] 南宋名臣、曾任湖南宣抚使的李纲认为，“荆湖间车船，乃唐嗣曹王皋遗制。”[⑥]

湖南地区造船业在前代基础上继续发展，岳州、潭州、朗州、衡州是重要造船基地。其中，潭州则以制作运输船舶见长，岳州以建造水战舟舰著称。

贞观二十一年（647），唐太宗诏令“宋州刺史王波利等发江南十二州工人造大船数百艘，欲以征高丽。”[⑦] 为确保后勤供应，唐太宗又派强伟到剑南道征发百姓修造运舰。

秋七月，遣右领左右府长史强伟于剑南道伐木造舟舰，大者或长百尺，其广半之。别遣使行水道，自巫峡抵江、扬，趣莱州。……蜀人苦造船之役，或乞输直雇潭州人造船；上许之。[⑧]

这段史料说明，潭州造船业负有盛名，拥有众多专业造船工匠，具备制造大型运舟的技术工艺。

唐代末年，荆南节度使（辖荆、澧、朗、峡、夔等州）成汭制成“和州载”“齐山”“截海”“劈

① （唐）杜宝 撰：《大业杂记》，粤雅堂丛书本。
② 《隋书·高祖纪下》。
③ （宋）王谠：《唐语林》，清惜阴轩丛书本。
④ 张星烺 著：《中西交通史料汇编》第 3 册，北京：中华书局，2003 年，第 118 页。
⑤ 《旧唐书·李皋传》。
⑥ （宋）李纲 撰：《梁溪集·卷一百三》，清文渊阁四库全书本。
⑦ 《资治通鉴·唐记》。
⑧ 《资治通鉴·唐记》。

浪”等舟舰，“每舰载甲士千人，稻米倍之。”[①] 最大者乃费时三年制成的“和州载”，“舰上列厅宇洎司局，有若衙府之制。……其于华壮，即可知也。”[②]

唐天佑二年（905），“聂彦章等率舟师复伐殷，攻岳州。许德勋、詹佶以舟千二百柁入蛤子湖，弃山之南，为木龙锁舟，夜徙三百舸断杨林岸。彦章入荆江，将趋江陵。佶蹑之，德勋以梅花海鹘[③] 迅进，断木龙，舟蔽江，车弩乱发，执彦章，溺死万人。殷释彦章还，德勋谓曰：‘为我谢吴王，仆等数人在，湖、湘不可冀也’。”[④] 许德勋所坐海鹘船，是唐代发展的新型战舰，“其船虽风浪涨天，无有倾侧。”[⑤] 从东晋发明“八槽舰”、南梁创制“拍舰、火舫、水车”，到唐代打造“梅花海鹘”，足见岳州舟舰制作技术先进。

五代时期，因应水战需要，马楚大量制造战舰。后梁太祖开平元年（907），杨吴遣西面招讨使刘存率水军三万进攻潭州。马殷遣部将黄璠“以舟三百伏浏阳口（浏阳河入湘江处）。……截江合击，大败之。”[⑥] 后唐明宗天成三年（928），杨吴派苗璘、王彦章率水军万人攻岳州。马殷命许德勋率战舰千艘迎战，大获全胜，苗璘和王彦章被擒[⑦]。后周广顺元年（951），南唐大将边镐自醴陵入潭州，攻灭马楚，“悉收湖南金帛、珍玩、仓粟，乃至舟舰。”[⑧]

---

① 《资治通鉴·唐纪》。

② （五代）孙光宪 撰：《北梦琐言·卷五》，明稗海本。

③ 海鹘是用于江海作战的舟舰。《通典·兵典》：“海鹘：头低尾高，前大后小，如鹘之状，舷下左右置浮版，形如鹘翅翼，以助其船，虽风涛涨天，免有倾侧。覆背上，左右张生牛皮为城，牙旗、金鼓如常法，此江海之中战船也。”

④ 《新唐书·杨行密传》。

⑤ （唐）李荃 撰：《太白阴经·水战具篇》，清初虞山毛氏汲古阁钞本。

⑥ 《新五代史·楚世家》。

⑦ 宋人路振的《九国志·许德勋传》：“天成中，淮将王彦章、苗璘等寇岳州，舟帅万余人蔽江而下，屯君山侧。殷遣德勋率艨艟战舰千艘以御之。德勋谓诸将曰：‘淮人远来，掩吾不备，今若以全师临之，必惧而遁矣。’乃潜师屯角子湖，偃旗卧鼓，夜遣裨将王环以战舰二百，断杨林浦，绝其归路。淮人觉之，迟明淮人移军荆江口，将会荆南兵，合攻岳阳。德勋选轻舰三百，令裨将詹信先袭淮人，且行且战。德勋拥艨艟自后而至，大战荆江中，淮人大败，斩首千余级，溺死者甚众，擒彦章及伦以归。而行密遣使来行成，且请二将，殷以礼归之，遣德勋饯彦章等。德勋谓之曰：‘楚国虽小，旧臣宿将尚在，愿公此归，勿以湖南为念。若须得志，当待马子争草，然后可图也。’彦章等媿谢而去。”此处记载，与《新唐书·杨行密传》所载唐天佑二年岳州水战内容、主要人物大体相似，可能指同一战事，两处史料的真实性有待进一步考证。

⑧ 《资治通鉴·后周纪》。

第七章　宋元时期的湖南交通

（960—1368）

后周显德七年（960）正月，殿前都点检兼宋州归德军节度使赵匡胤发动兵变，夺后周帝位，定国号为宋。乾德元年（963），宋军自江陵南下，先后攻取岳州、潭州、澧州、朗州等地。次年，武陵蛮上表归顺，唐末以来数十年的地方割据状态至此结束。

宋初，依唐制分天下为十道。至道三年（997）划为十五路，天禧四年（1020）改为十八路，宣和五年（1123）增至二十五路。潭、衡、郴、永、道、邵六州，桂阳、茶陵、武冈三军，隶荆湖南路（治潭州）；岳、朗、澧、辰、沅、靖六州，隶荆湖北路（治江陵）。

靖康元年（1126），澧、辰、沅、靖州“刀弩手”共1.3万余人，出援太原抗金，结果“陷于虏”，仅存1500人[①]。同年，金兵攻占开封，北宋亡。次年，康王赵构在南京（今河南商丘）即位，后驻跸临安（今浙江杭州），设为行在（临时首都），史称南宋。宋金以淮水、秦岭、大散关为界，南宋领有两浙东、西路，淮南东、西路，江南东、西路，荆湖南、北路，京西南路，成都府路，潼川府路，利州路，夔州路，福建路，广南东、西路，合计十六路。

德祐二年（1276）正月，元丞相伯颜帅军抵临安，宋恭帝赵㬎纳表投降。1279年，崖山海战爆发，陆秀夫背负少帝赵昺投海自尽，十余万军民蹈海殉国，南宋彻底覆亡。

至元十四年（1277），荆湖行省由鄂州迁治潭州，改称湖广行省。至元十八年（1281），湖广行省“复徙置鄂州”[②]，岭北湖南道由衡州迁潭州。次年置行枢密院于岳州，“是官，有征伐之事则特置，事已则罢”[③]，凸显岳州扼控沅湘巴蜀、辐射岭表滇黔的交通地位。

元朝是中国历史上第一个由少数民族建立的大一统政权。其创设的省级区划，有岭北、辽阳、河南、陕西、四川、甘肃、云南、江浙、江西、湖广、征东等十一行省，今河北、山东、山西地称为“腹里”，由中书省直辖。湖广行省辖今湖北、湖南、广东、广西、海南、贵州全部或部分，设三十路、六府、三十州、十五安抚司、三军、一百零五县。今湖南地置有岳阳、常德、澧州、辰州、沅州、靖州、天临、衡州、永州、道州、郴州、宝庆、武冈、桂阳十四路，茶陵、耒县、常宁三直隶州，永顺安抚司、保靖州属四川行省。

两宋及元代湖南交通地理情况见图7-1—图7-3。

① 《文献通考·兵考八》。

② 《元史·百官志》。

③ （清）王万澍、王国牧 著：《湖南阳秋》，长沙：岳麓书社，2012年，第377页。

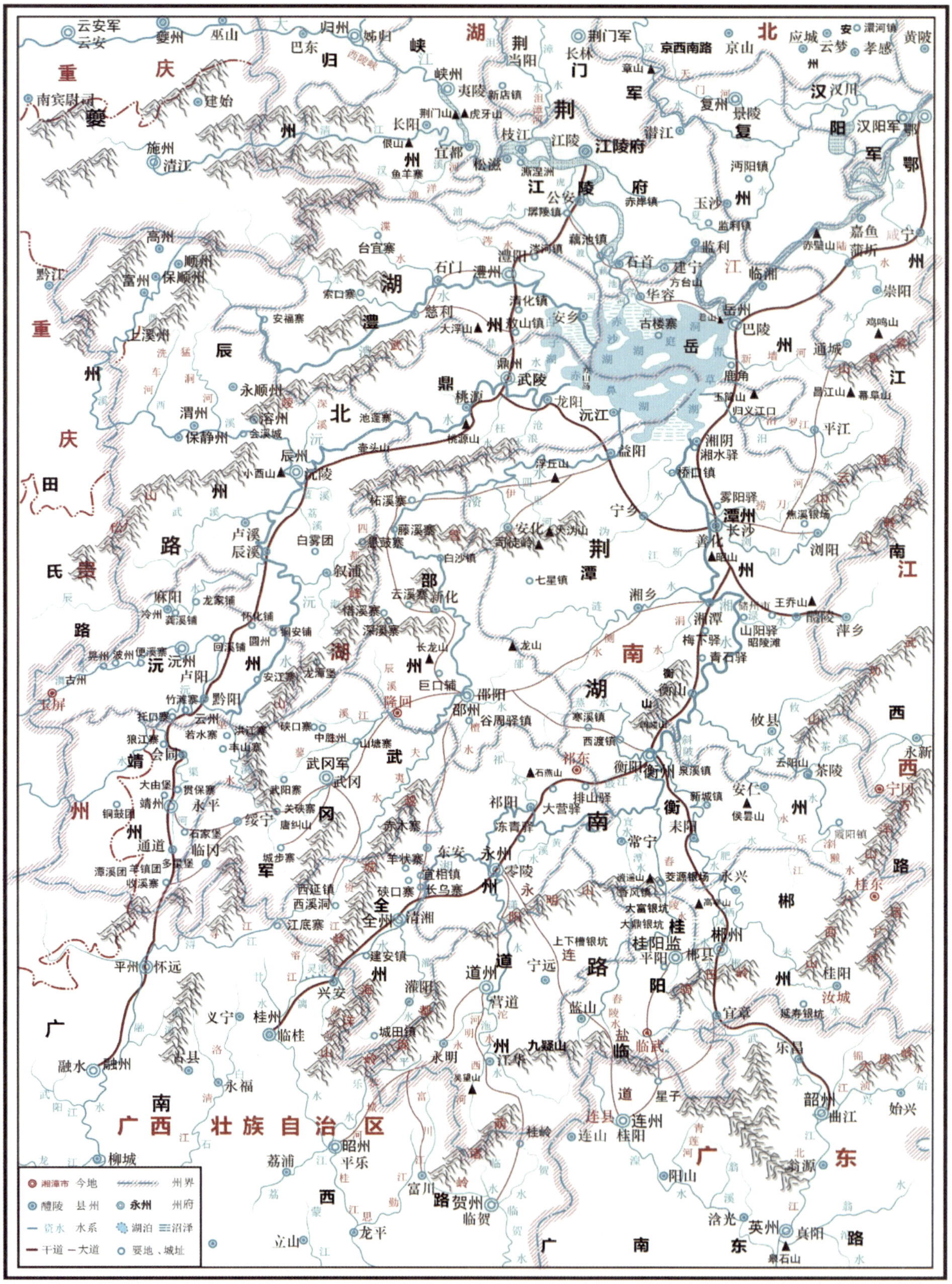

图 7-1　北宋湖南交通地理图[①]

① 蒋响元、黄爱、曹航惠参考《湖南省志·地理志》《洞庭湖历史变迁地图集》《湖南省地势图》等绘制。

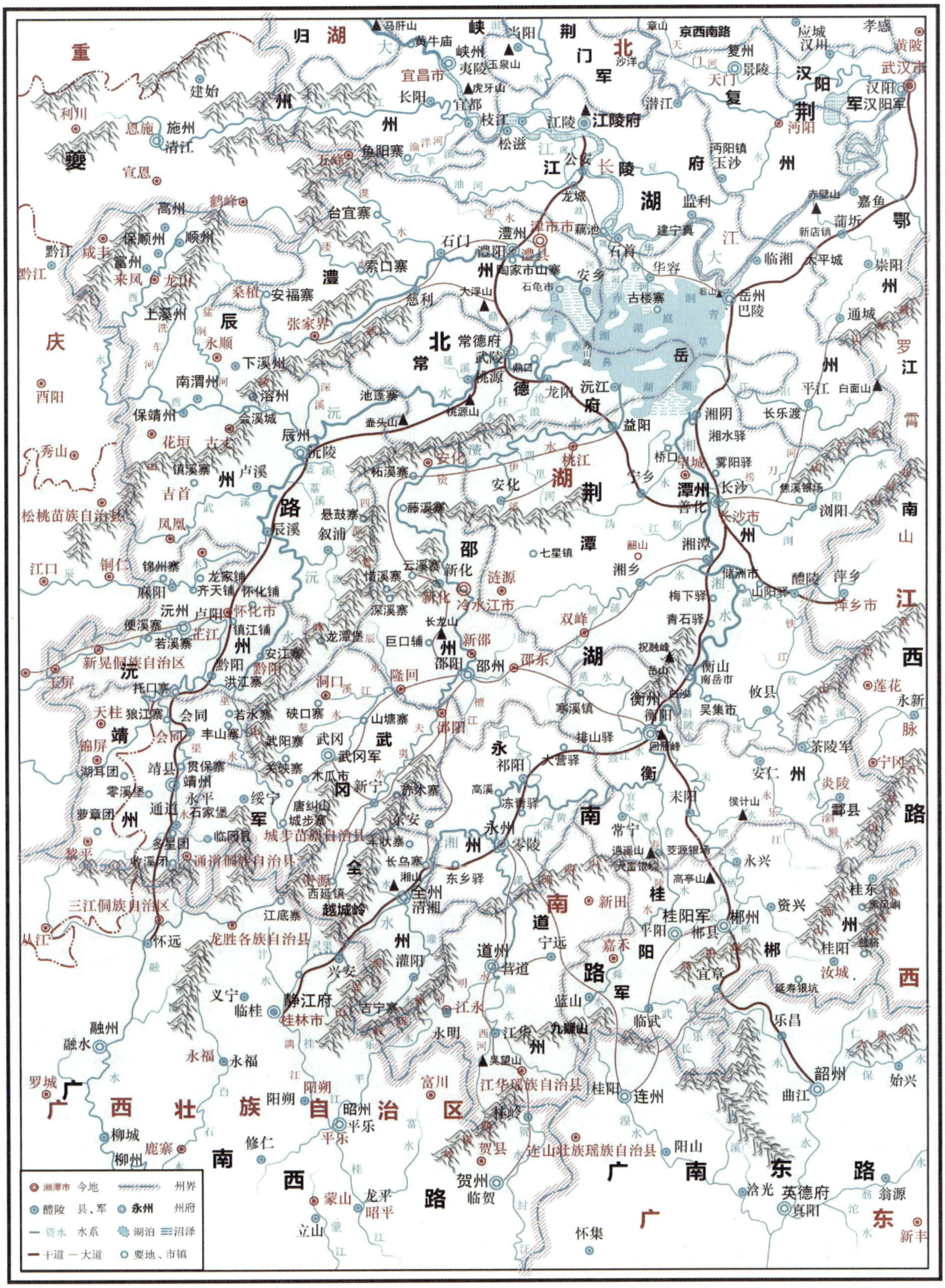

图 7-2　南宋湖南交通地理图[①]

① 蒋响元、黄爱、曹航惠参考《湖南省志·地理志》《洞庭湖历史变迁地图集》《湖南省地势图》等绘制。

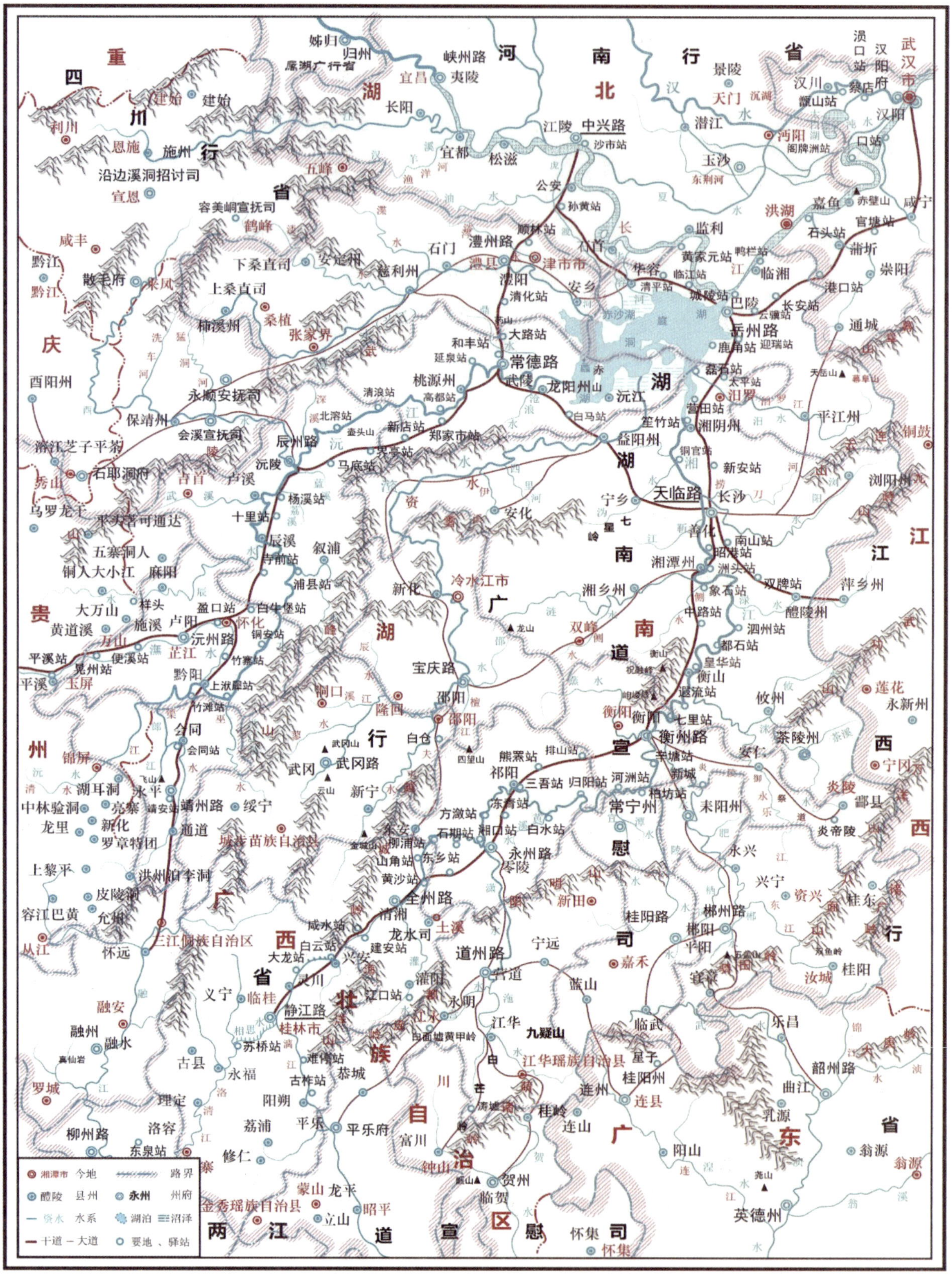

图 7-3　元代湖南交通地理图①

① 蒋响元、黄爱、曹航惠参考《湖南省志·地理志》《洞庭湖历史变迁地图集》《湖南省地势图》等资料绘制。其中，龙水司参考唐女 著：《云层里的居民》中关于龙水土司的记述（广西师范大学出版社，2014 年出版）内容标注。

李约瑟在《中国科学技术史》导论中提到：“每当人们在中国的文献中查找一种具体的科技史料时，往往会发现它的焦点在宋代，不管在应用科学方面或纯粹科学方面都是如此。……在许多方面实际上已经超过了18世纪中叶工业革命前英国或欧洲的水平。”中国古代四大发明中的火药、指南针、活字印刷术诞生在这个朝代，颁行的《营造法式》是世界上最早、最完备的建筑规范；集自然科学、工程技术、社会科学、文学艺术之大成的著作《梦溪笔谈》问世，其中包括测量河渠、制作地图、指南针以及修建船闸、船坞等方面记述。

宋元时期，水陆交通进一步发展，造桥技术渐臻成熟，相继建成泉州洛阳桥、北京卢沟桥、汴京虹桥等一批交通史上具有重要意义的桥梁，衡阳青草桥、岳阳三眼桥、临澧佘市桥也在这一时期建造。

第一节　道路交通的继承发展

两宋时期，连接各州县的干支驿道网络继续完善，驿站有所增加。有元一代，以拓展湘黔、湘赣，改善湘鄂、湘桂驿路为主体工程，逐步建成完整的的驿道系统，站、铺、桥、亭与之配套，是驿道完善、驿制完备、驿运量逐渐增长的时期。

一、干支驿道网的完善

五代十国，除后唐都洛阳外，后梁、后晋、后汉、后周四朝皆都开封。北宋立国后，开封跃升为全国政治文化中心、水陆交通枢纽，舟车辐辏，道路四达。

通往开封河渠，既是纲运主要通道，也是商贸必由水路。汴京通漕河渠有四：一曰汴河，即唐时通济渠，淮南、江南、两浙、荆湖等路租籴，皆经此渠输京师；二曰黄河，陕西、河东及河南、郑州菽粟，沿河入汴；三曰惠民河，陈、颖、许、蔡、光、寿六州漕米，由此入京；四曰广济河，京东十七州粟帛，循该河运京师①。以上四渠，汴河运量最大，堪称宋之命脉②。

淳化二年（991），汴水决浚仪县（今开封市境），太宗乘步辇出乾元门，宰相枢密等迎谒。太宗与众臣曰：“东京养甲兵数十万，居人百万家，天下转槽，仰给在此一渠水，朕安得不顾？”③

汴河水运繁忙，为通航顺畅，创造出一种叠梁式木拱桥——虹桥。它用粗短木条，纵横交错搭置，互相承托，组成拱骨架受力，上加桥面，添设栏杆，“饰以丹雘”成桥④。北宋著名画家张择端在《清明上河图》（图7-4）中，描绘了汴河虹桥英姿。

---

①《宋史·食货志》：“宋都大梁，有四河以通漕运，曰汴河，曰黄河，曰惠民河（即蔡河），曰广济河（即五丈河）；而汴河所漕为多。”

②《宋史·河渠志》：“汴水横亘中国，首承大河，漕引江湖，利尽南海，半天下之赋，并山泽之货，悉由此路而进。”

③《宋史·河渠志·汴河》。

④宋人孟元老《东京梦华录·河道》载：“汴河自西京洛口分水入京城，东去至泗州入淮，运东南之粮。凡东南方物自此入京城，公私仰给焉。自东水门外七里，至西水门外，河上有桥十三。从东水门外七里曰虹桥，其桥无柱，皆以巨木虚架，饰以丹雘，宛如飞虹。其上下土桥亦如之。”

图 7-4　清明上河图（局部）里虹桥［（宋）张择端绘］

北宋设有四京，除东京开封府外，还有西京河南府（今河南洛阳）、北京大名府（今河北大名）和南京应天府。陆路交通以开封为中心，连接西京、北京、南京，达于全国各地及辽、西夏、吐蕃、大理等周边诸国。

自开封府南行，由尉氏折西南至颍昌府，经襄城、叶县、方城、南阳、襄州到江陵或鄂州；继由江陵、澧州、鼎州，西南抵辰州、沅州、靖州及蛮峒地区，东南往益阳、潭州等地；或由鄂州、岳州，水陆趋潭州、衡州，西南通永州、桂州，东南达郴州、韶州，至于岭南以远。其中，衡、永、全、桂一线是广南西路、安南及"西南蕃、牂牁诸国"①贡输京师的主要线路。北宋晚期梅山道开通后，还可由澧州、鼎州、安化、新化、邵州、永州，通往全州、桂州、柳州。

南宋偏安淮水以南，临安遂成政治经济文化中心。汇集临安的交通干道有七条：临安至两浙东西路、临安至淮南东西路、临安至广南东西路、临安至荆湖南北路、临安至川陕、临安至福建、临安出海道。其中，临安—广南西路贯穿南宋大半疆土，涉及两浙东西路、江南东西路、荆湖南路、广南西路等地。

临安位居江南运河、浙东运河和钱塘江交汇处。江南运河又称浙西运河，北起镇江京口、南抵临安，通过长江、大运河与全国主要水系相连，是维系南宋政权的生命线。"凡诸路纲运及贩米客船，皆由此河达于行都。"②乾道五年（1169），陆游途经江南运河时写道：

> 自京口抵钱塘，梁、陈以前不通漕。至隋炀帝始凿渠八百里，皆阔十丈，夹冈如连山，盖当时所积之土。朝廷所以能驻跸钱塘，以有此渠耳。汴与此渠，皆假手隋氏，而为吾宋之利，岂亦有数耶。③

峒蛮地区与汉地交通得到改善。熙宁五年（1072），梅山峒归顺，改变了"旧不与中国通"④的格局。乾道十年（1174），"静江、兴安之大通虚，武冈军之新宁、盆溪及八十里山，永州之东安，

① 《续资治通鉴长编·卷五六》。

② （宋）施谔 撰：《淳祐临安志·城外运河》，清嘉庆宛委别藏本。

③ 陆游《入蜀记》。

④ 《宋史·梅山峒传》。

皆可以径达溪峒。”[①]

干支线路在隋唐五代基础上有所拓展。因河湖水患、政事变迁，局部线路有所改变，或更辟新道。熙宁年间章惇开梅，鼎州—益阳—安化—新化——邵州驿道贯通，成为荆湖南北通广南西路又一干道。

宋初，为将岭南香药运至京师，自开封经许州至襄、荆，再由湖南至广南，沿途设置香药递铺[②]。“以邮置卒万人，分铺二百，负檐抵京师。”[③]太平兴国八年（983），“诏自京至广州传置卒月给百钱。”[④]因陆运代价高，“且以烦役为患”[⑤]，咸平五年（1002），“诏户部判官凌策与江南转运使同计度罢者，自京至广南香药递铺军士及使臣计六千一百余人，皆陆运虔州，然后水运入京。”[⑥]即由骑田岭或越城岭道递铺陆运，改走大庾岭道，顺赣水至长江，转大运河北上开封。

宋代里堠设置沿袭旧制，即所谓“五里单堠，十里双堠。”天禧四年（1020），寇准贬为道州司马，曾被权臣用“堠计”谋害。

> 湖湘官道，穷日之力，仅能尽两驿。父老相传，以寇莱公（寇准）为丁、曹所诬蔑，谪为道州司马，欲以忧困杀之，阴令于衡、湘间，十里则去一堠，以为五里。故道里之加长如是。[⑦]

南宋末年，李曾伯自潭州移镇静江途中，作《过衡州值雨偶赠》：

> 行尽潇湘第几山，短舆轧轧费跻攀。
> 柳边官驿堠十里，竹里人家屋数间。[⑧]

天圣元年（1023），寇准卒于贬所海康（今广东雷州），“诏许归葬，道出荆南之公安县。”[⑨]寇准乃华州下邽（今陕西渭南）人，灵柩自雷州经江陵府公安县归葬故里，当走桂湘鄂道。

南宋初，为防金兵南下，“沿江沿淮，皆置帅府。”[⑩]凡设十七路，其中江西曰隆兴府、荆湖北曰江陵府、荆湖南曰潭州府。李纲、张浚、韩世忠、岳飞等先后执掌潭州，提统重兵，抚平兵匪之患，确保运道畅通。荆湖南北的赋税及粮食、棉麻、竹木、铁器等，是维持南宋统治的重要基础，通往临安的湘赣驿道得到拓展。建炎四年（1130）二月，金国大将金兀术“既破江西诸郡，

---

① 《宋史·西南溪峒诸蛮传》。

② 《宋史·禁军志》记载，香药输京师由陆运改水道后，省罢的军士大多充入禁军。如，咸平六年（1003），“选诸州厢兵及香药递铺兵”设立“雄略”军团，其25个指挥官中，包括“荆南五，潭四，鼎、澧各二，广、辰、桂各二，许、全、邵、容各一。”由此可知，香药来自广南东西路，原由荆湖南北陆运东京汴梁。

③ 《宋史·凌策传》。

④ 《宋会要·方域》。

⑤ 《宋史·凌策传》。

⑥ 《宋会要·食货志》。

⑦ （宋）曾敏行 撰：《独醒杂志·卷二》，清知不足斋丛书本。

⑧ （宋）李曾伯 撰：《可斋续稿·后集卷十》，清文渊阁四库全书本。

⑨ （宋）彭乘 撰：《墨客挥犀·卷一》，清抄本。

⑩ 吴廷燮 撰、张忱石 点校：《北宋经抚年表南宋制抚年表》之《南宋制抚年表》序，北京：中华书局，1984年。

乃移兵趋湖南。”金兵由湘赣道进攻长沙，“掠潭州六日，屠其城而去。”①

宝祐六年（1258），蒙古大汗蒙哥率主力攻四川，命其弟忽必烈攻鄂州，又命元帅兀良合台自云南攻湖广，“约次年正月会军长沙”。这一战略行动，史称“斡腹之谋”②。

兀良合台“率四王骑兵三千，蛮、僰万人”③从大理出发，绕过南宋重兵控扼的“施、黔、思、播——归、峡、鼎、澧、辰、沅、靖两重防线”④，经由邕桂之境，迂回攻击湖南。“破横山寨，辟老苍关，徇宋内地。”⑤蒙军拔贵州（今广西贵港）、象州后，兵分两路：一路溯融江，逾“镡城之岭”入湘境，“连破辰、沅二州，直抵潭州城下”；一路溯洛清江，由桂柳运河攻静江，循湘桂道趋潭州。湖南制置副使向士璧率长沙军民击退蒙军前锋，又遣王辅佑在南岳市⑥附近阻击静江北上之蒙军。兀良合台“壁城下月余”⑦，不能取胜。此时，蒙哥在钓鱼城重伤身死，进围鄂州的忽必烈令兀良合台北返，并派大将铁迈赤率“练卒一千、铁骑三千”⑧南下岳州迎接。兀良合台率部北归，“潭州围遂解”⑨。

元代疆域辽阔，道路建设空前发展，形成以大都（今北京）为中心、各行省首府为枢纽的交通网络。其中：

自大都西南行，经中书省的固节驿（今北京房山）、范阳驿（今河北涿州）、宣化驿（今河北定兴）、白沟驿（今河北徐水）、金台驿（今河北保定）、陉阳驿（今河北满城）、翟城驿（今河北望都）、永定驿（今河北定州）、西乐驿（今河北新乐）、伏城驿（今河北正定）、恒山驿（今河北正定）、关城驿（今河北栾城）、鄗城驿（今河北赵县）、槐水驿（今河北柏乡）、中丘驿（今河北内丘）、龙岗驿（今河北邢台）、临洺驿（今河北永年）、丛台驿（今河北邯郸）、滏阳驿（今河北磁县）、彰德路（今河南安阳）、卫辉路（今河南卫辉），至河南江北行省的汴梁路（今河南开封），南行以达湖广、江西行省。⑩

从元代驿站设置情况看，江陵路是当之无愧的交通枢纽，其站马配置（56匹）远多于湖广行省省治武昌（35匹）。

湖广行省两条东北—西南走向的干线驿道（鄂湘黔、鄂湘桂线）之间，设有两条相互联通的支线——江陵至岳州、长沙至常德。江陵至岳州设公安、梁家庄、新市、清平、临江等站，各站

---

① 《续资治通鉴·宋纪·宋纪一百七》。

② 斡腹是蒙军在征战过程中经常使用的战略战术，其要旨在于迂回绕击，避开敌方正面防线，攻其侧背的薄弱环节。

③ 《元史·兀良合台传》。

④ 王兴骥：《南宋抗蒙（元）战争中的播州少数民族》，《贵州文史丛刊》，2002年第4期。

⑤ 《元史·兀良合台传》。

⑥ 南岳市的地望，学界有两种观点。一是南岳衡山附近，范成大《骖鸾录》：“……夹路古松三十里，至（南）岳市，宿衡岳寺。岳市者，环皆市区，江浙川广诸货之所聚，生人所须皆有。既憧憧往来，则污秽喧杂，盗贼亡命多隐其间，或期会结约于此，官置巡检司焉。”二是长沙岳麓山之南，《湖南省志·地理志》（修订本）：“南岳市在岳麓山之南。”

⑦ 《元史·兀良合台传》。

⑧ 《元史·铁迈赤传》。

⑨ 《宋史·向士璧传》。

⑩ 中国公路交通史编审委员会 编:《中国古代道路交通史》，北京：人民交通出版社，1994年，第377页。今地参考谭其骧 主编:《中国历史地图集》（第七册），北京：中国地图出版社，1996年。

配站马 20 匹；长沙至常德途径宁乡、益阳、龙阳，其间设有白马站[①]。

龙兴（今江西南昌）至长沙线，“除田赋、农产品运输外，浙、闽、湘、桂的过往客、货运输日益增多，成为江西行省一条最繁忙的驿路。”[②]

元朝疆域辽阔，对驿道营缮管理颇严。至元年间，忽必烈诏令：

九月一日起平治道路，令佐贰官监督附近居民修理，十一月一日使毕。其要道陷坏、停水，厄度行旅者，不拘时月，量差本地分人夫修理，……津梁、道路，仰当该官司常切修完，不致陷坏、停水，阻碍宣使车马客旅经行。如违，仰提刑按察司究治。[③]

武昌—岳州—长沙—衡州—永州—全州—静江一线，是湖广行省南北交通主干道。自武昌南行，经咸宁、巴陵至长沙，全程 840 里。由长沙西南行，经衡州、永州、全州，达静江以远。其中，“全之为州，当湘、广之交，其南走桂林、越岛外暨占城、真腊、安南之绝域，贡赋所供，舟浮车骤，附京师者，皆于此取道。”[④]全州路西的磐石脚，峭壁峙立，乃湘桂咽喉。原济舟以渡，后“凿孔于石，竖木于潭，架梁为栈道”。元初，邑人曹横舟出资改造，始成坦途[⑤]。

自江陵南行，经澧州、常德、辰州、沅州、靖州，以至融州、柳州以远，是湖广行省西部干道。其中，靖州扼湘桂交通要津，为“重湖、二广保障，实南服之要区”，虽隶属荆湖，因“居蛮夷腹心，民不服役，田不输赋，”“金谷之费”概由“广西漕臣如期馈运”[⑥]。该道自辰州起，沿途多蛮夷之地，军事用途较大。开庆元年（1259），兀良合台即由该道袭取辰、沅二州。

自涪州东南行，经武隆、彭水、酉阳、石耶洞府（今重庆秀山），折东北行入保靖、永顺，循酉水至辰州，与湖广西部干道相连。

二、章惇开梅与宝安益道的修筑

唐末五代间，武陵山、雪峰山等地“峒蛮”势力崛起，乘诸侯割据之机脱离朝廷，“蛮酋分据其地，自署为刺史”[⑦]，形成南江（沅水中上游流域）23 州、北江（酉水及澧水中上游流域）

① 元代湖广行省站马配置情况，详见本章第三节。

② 中国公路交通史编审委员会 编：《中国古代道路交通史》，北京：人民交通出版社，1994 年，第 389 页。

③ 《元典章 · 工部》。

④ （清）汪森 编：《粤西文载（三）· 重修鸾桥记》，文渊阁四库全书本。

⑤ 《全州县志 · 艺文下 · 曹横舟改创盘石官道记》：“（曹横舟）慷慨捐资，独力修砌，命工伐山首及两傍之巨石，驱水涯填垒以为基，渐次加石增砌而高，封以石块，横广则十尺有四五，纵长约三百有余尺，至甲午（元至元三十一年，即 1294 年）中，而工乃就。”

⑥ 《宋史 · 西南溪峒诸蛮传》。

⑦ 《宋史 · 西南溪峒诸蛮传》。

41州[①]及梅山十峒等蛮夷政权。“辰、沅、靖州蛮，有仡伶、有仡僚、有仡榄、有仡偻、有山徭，俗亦土著，外愚内黠，皆焚山而耕，所种粟豆而已。”[②]光启二年（886），石门峒酋向瑰“集夷獠数千，屠牛劳众，操长刀柘弩寇州县，自称朗北团。陷澧州，杀刺史吕自牧，自称刺史。”同时，“召梅山十峒獠断邵州道。”[③]所谓“邵州道”，当自邵州浮资水，经由梅山至潭、朗、澧诸州水道。

宋初，南北江“溪洞诸蛮”先后归服中央，“奉正朔，修职贡”，朝廷施行“树其酋长，使自镇抚，始终蛮夷适之”[④]的羁縻政策，民族矛盾有所缓和，但蛮夷反叛时有发生。

景德元年（1004），“辰州诸蛮攻下溪州，为其刺史彭儒猛击走之，擒酋首以献。”[⑤]

大中祥符四年（1011），“下溪蛮”攻陷澧州地。

天禧四年（1020），寇准贬迁道州途经零陵时，溪峒蛮夷“乘间抄掠……其酋长闻而责之曰：‘奈何夺贤宰相行李邪？’”随即遣人归还所掠财物[⑥]。

庆历四年（1044），“洞蛮”攻袭桂阳、常宁、蓝山。

熙宁五年(1072)，懿州“猪狳万众乘舟屯托口，迫黔江城。”[⑦]

雪峰山脉中段的梅山蛮，周称“荆蛮”，汉称“长沙蛮”，隋谓“莫徭”，唐为“峒獠”，宋称“梅山蛮徭”。马楚时期，梅山蛮势力大涨。后梁贞明四年（918）和后唐天成四年（929），梅山蛮两次攻入邵州。后汉乾祐三年（950），朗州节度使马希萼以长沙甚富，诱使“辰、叙及梅山诸蛮”协助，先后攻陷益阳、长沙，夺得楚国王位。“朗兵及蛮兵”在长沙“大掠三日”，获大批兵器财宝而归[⑧]。

《宋史·梅山峒传》：“梅山峒蛮，旧不与中国通。其地东接潭，南接邵，其西则辰，其北则鼎、澧，而梅山居其中。”即今新化、安化所在的雪峰山中部地区。（宋）安化知县吴致尧描述梅山风情：

介于湖湘南北间，有两梅山焉（习称新化为上梅山，安化为下梅山）。广谷深渊，高岩峻壁，绳桥栈道，猿猱上下；自五季弃而夷之。食则燎肉，饮则引藤；衣制斑斓，言语侏离；出操戈戟，

---

① 据李昌宪所著《中国行政区划通史·宋西夏卷》记载，南江有懿州（治今芷江）、洽州、富州（治今中方县境）、锦州（治今麻阳县锦和镇西）、元州、叙州（治今洪江）、硖州（治今洪江安江镇）、中胜州、鹤州、云州、绣州、奖州（治今芷江县西便水市）、晃州（治今新晃县东北）、峨州（今新晃县东境、芷江县西境）、宜州（今芷江县西境）、波州（今新晃县波州镇）、古州（据《元丰九域志·沅州》所言，其地在沅州西四百八十里处）、显州、黔州、允州以及诚州、徽州（治今绥宁寨市）、古诚州（今靖州县北、渠水河畔），合计23州；北江有下溪州（治今古丈县会溪坪）、永顺州（治今永顺县东南）、上溪州（今龙山县境）、中溪州、龙赐州、天赐州、忠顺州、保静州（治今保靖）、感化州（治今湖北来凤县）、懿州、新州（治今张家界市大庸所西）、富州、高州（治今湖北宣恩县高罗乡埃山老寨）、南渭州（治今永顺县西）、南州、渭州、顺州（治今湖北宣恩县东南）、安州、远州、宁州、溶州（治今永顺东南九十里处）、蓝州、安定州、古州、武宁州、保顺州（治今湖北宣恩县东南）、归顺州、永州、万州、归明州、安福州、京赐州、洛浦州、棣州、新远州、奉化州、夷州、向化州、来化州、施西州、湘州，合计41州。

② （宋）陆游 撰：《老学庵笔记·卷四》，明津逮秘书本。

③ 《新唐书·邓处讷雷满传》。

④ 《宋史·西南溪峒诸蛮传》。

⑤ 《宋史蛮夷列传》。

⑥ 《续资治通鉴·宋纪三四》。

⑦ 《宋史·张整传》。

⑧ 《十国春秋·楚废王世家》。

居枕铠弩；刀耕火种，摘山射猎，不能自通于中华。[①]

开宝八年（975），“梅山峒蛮闻江表用兵（即宋灭南唐之战），乘间寇潭、邵州。”宋初名将李继隆“领雄武卒三百戍邵州”，征剿梅山峒蛮。“蛮贼数千阵长沙南，截其道。继隆率众力战，贼遁去，手足俱中毒矢，得良药而愈，部卒死伤者三之一。”[②]

太平兴国二年（977），“梅山峒蛮叛”。朝廷“命客省使翟守素调潭州兵讨平之”[③]，又命江州刺史田绍斌“与翟守素分往击之”。官军“去其居十里，大溃其众，擒蛮二万，（田绍斌）令军中取利剑二百斩之，余五千遣归。”[④]其后，析益阳、湘乡部分地置宁乡县，设梅子口寨（今安化梅城镇）、七星寨（今涟源七星镇）、首溪寨（今桃江县境）、蜉蝣寨（今新化县境）、白沙寨（今安化小淹镇白沙溪），扼控梅山徭。“自是，禁不得与汉民交通，其地不得耕牧。”[⑤]

庆历七年（1047），“（刘元瑜）以天章阁待制知潭州。徭人数为寇，元瑜使州人杨谓入梅山，说酋长四百余人出听令，因厚犒之，籍以为民，凡千二百户。”[⑥]嘉祐八年（1063），益阳知县张颉“经营”梅山，取消峒民耕种接界之地的禁约。熙宁三年（1070），湖南转运副使范子奇奏请朝廷，“蛮恃险为边患，宜臣属为郡县。”[⑦]

《皇宋通鉴长编纪事本末》载，熙宁五年闰七月，章惇以“察访荆湖北路农田、水利、常平等事”名义，“经制南北江”及“梅山蛮事”，“密图”荆湖南北“蛮夷”。十一月，章惇“招谕梅山蛮猺，令作省户，皆欢喜争开道路，迎所遣招谕人。”[⑧]

不过，（清）同治《安化县志》内容显示，章惇是在进兵失利、馈饷缺乏的情况下，改用怀柔之策，由沩山密印寺和尚居中协调、促成梅山瑶蛮归附的[⑨]。《宋史·西南溪峒诸蛮传》：

（章惇）遂檄谕开梅山，蛮徭争辟道路以待，得其地。东起宁乡县司徒岭，西抵邵阳白沙砦（今隆回县境），北界益阳泗里河（今桃江县境），南止湘乡佛子岭。籍其民，得主、客万四千八百九户，万九千八十九丁。田二十六万四百三十六亩，均定其税，使岁一输。乃筑武阳、关硖二城，诏以山地置新化县，并二城隶邵州。自是，鼎、澧可以南至邵。

同年（1072），湖南道转运使蔡煜溯舟资水，入梅山建新化县，隶邵州。次年，析下梅山建安化县，属潭州。是年，章惇破懿州，置沅州（治今芷江），隶荆湖北路。熙宁八年，蛮酋杨光富“率其

① （清）黄中宅 修，邓显鹤 纂：《宝庆府志·摭谈·开远桥记》，清道光二十七年修民国二十三年重印本。
② 《宋史·李继隆传》。
③ 《宋史·梅山峒传》。
④ 《宋史·田绍斌传》。
⑤ 《续资治通鉴长编·卷一六》。
⑥ 《宋史·刘元瑜传》。
⑦ 《皇宋通鉴长编纪事本末·卷八八》。
⑧ 《皇宋通鉴长编纪事本末·卷八八》。
⑨ （清）邱青泉 修，何才焕 纂：《安化县志·卷之末》：“宋熙宁间，章惇开梅山，兵抵宁乡入沩山，转由径路，进兵失利，退军沩山密印禅寺。馈饷缺乏，寺为供应。惇遣人入峒招谕，不从，因蒙垂义。瑶人笃信佛法，乃遣长老兴化、颖诠、宝圭、善云、气候等人入峒说之。颖诠携营中二官先入见瑶王，给以从者，瑶一见，遽曰‘此官人也！’诠曰：‘主眼高，认之不差。此官人之子。’乃使供茶失手，因而故掌之。二官作战惊惶惧状，瑶王乃不疑。颖诠说法，劝谕瑶悔悟，率众出降。惇奏凯，赐名‘报恩’。特免本寺诸科差役。”清同治十年刻本。

族姓二十三州峒”归附，“继有杨昌衔者，亦愿罢进奉，出租赋为汉民。”[①] 元丰四年（1081），置诚州（治今靖州），改徽州为莳竹县（治今绥宁寨市）[②]。至此，南江诸峒“悉平”，归附蛮酋被授予官阶，羁縻州洞呈报户口、缴纳课米，朝廷以盐酬之。

宋开梅山，置新化、安化县后，宝庆、新化、安化、益阳间驿道沿资水流向联成一线，潭州、鼎州、澧州可由此道南通邵州、永州。章惇作《梅山歌》："出梅山，乘蓝舆，荒榛已舒岩已锄。来时绝壁今坦途，来时椎髻今黔乌。扶老抱婴遮路衢，为谢开禁争欢呼。"并在《过石槽铺》（今冷水江市三尖镇石槽村）感慨宝安益道畅通："人逢双堠虽云远，路在好山宁厌多？"

三、诚融通道的拓辟

随着南北江“峒蛮”相继归附，沅水中上游纳入宋朝政治版图，官府始在羁縻州境修筑道路。诚州至融州道路，就是在这一历史背景下，由荆湖南、北和广南西三路协力修治毕功的。

元丰三年（1080），邵州知州关杞奏请“于徽、诚州[③]融岭镇择要害地筑城砦（寨），以绝边患。”朝廷诏湖南安抚使谢景温、转运使朱初平等商度，“以为宜如杞言。乃议诚州以沅州贯保寨（今靖州北）为渠阳县隶之，以徽州为莳竹县隶邵州。……于是增筑多星等寨，还连徽、广西融州王口寨焉。”[④] 次年，正式置经制诚州，并度“道里”就便，诏“隶荆湖北路”[⑤]，命沅州知州周士隆兼知诚州。据此可知，当时诚州至湖北首府江陵，比到潭州有更加便捷的水上交通。

建置诚州后，“又自广西融州创开道路达诚州，增置浔江等堡”[⑥]“沿江及中心岭，各治道路渐进”[⑦]，将山径小路拓为通驿大道，在水陆要冲建立寨堡，维持道路畅通，从而建立一条由长江溯沅水及其支流渠水、逾“镡城之岭”通往柳江流域的湘桂西部交通干线。

元丰六年（1083）四月，“湖北转运司言：‘诚州开修潭溪等溪峒，直抵广西都怀寨，若通此路，中彻融州，实可扼三路溪峒之喉衿。望下广西协力经营。’诏熊本应付，无得诪张，致失机会。”[⑧] 次年五月，“招纳融州溪峒通道置驿功毕。”[⑨] 朝廷对参与此事的广西、湖北、湖南官兵嘉奖：

降诏奖谕知桂州熊本，赐银、绢三百，广南西路经略司主管机宜文字程节迁两官，干当公事程遵彦、知融州温杲、都巡检刘舜宾、王口寨监押杜临各迁一官，余迁官、减磨勘年、赐绢有差。[⑩]

知荆南、朝议大夫孙颀降敕奖谕，赐银、绢二百；转运副使、朝奉大夫、秘阁校理赵杨，转运判官、承议郎高鏄，知诚州、西京左藏库副使、合门通事舍人周士隆各迁一官。以招纳潭溪、上和等处

① 《宋史·诚徽州传》。

② 《宋史·荆湖南路·临冈》："本莳竹县，元丰四年以溪洞徽州为县。"

③ 据《肇域志·湖广·靖州》记载，后周时，蛮酋杨正岩首先以十峒称徽、诚两州。

④ 《宋史·西南溪峒诸蛮传》。

⑤ 《宋会要辑稿·蕃夷五》记载："（元丰四年）八月，诏河北转运副使贾青相度新建溪峒徽、诚州隶属湖南、湖北于何路为便以闻。后青具道里以闻，乃诏诚州治渠阳，隶荆湖北路，徽州为莳竹县，隶湖南邵州。"

⑥ 《宋史·西南溪峒诸蛮传》。

⑦ 《续资治通鉴长编·神宗元丰七年八月》。

⑧ 《皇宋通鉴长编纪事本末·卷八八》。

⑨ 《续资治通鉴长编·神宗元丰七年五月》。

⑩ 《宋会要辑稿·南蛮》。

归明人，及开道通广西融州王口寨功毕也。

……权诚州军事判官陈尚能为宣德郎，军大将蔡义转三班借职，右班殿直杨昌尧、王戟、杨晟臻各减磨勘三年，李开减六年，召募进士梁传、邵州司士参军李夔并为三班差使，吏兵支赐有差。[①]

获奖人数如此之多，足见创开诚融道、修筑驿铺、寨堡工程之难，涉及范围之广。

融州王口寨扼王（今都柳江）、融、浔三水，“兼制王江、从、允等州及湖南之武冈军、湖北之靖州、桂州之桑江峒猺”[②]，系湘桂黔交通咽喉。官府在这里“置转买务，通汉、蕃交市”[③]，输入诚州的广西盐也于此支付。《续资治通鉴长编·神宗元丰七年》：

卢阳、麻阳之间有生莫猺五百余户，乞招抚补授，令把托道路。自诚州至融州融江口十一程，可通广西盐，乞许入钱於诚州买钞，融江口支盐，增息一分，可省湖北岁馈诚州之费，辰、沅州准此。

诚融通道既是朝廷遏制、化谕蛮夷的峒区道路，也是北联重湖、南接二广的西部干道。朝廷在道路沿途“置堡寨、驿铺，分兵丁防守，乃为久安之计”[④]。南宋地理著作《舆地纪胜·靖州》：

诚州与融州古无道路[⑤]，元丰六年宋知州周士隆始遣人由小径趋广西，观视山川形势，有请于朝，与广西相首尾，成之。其趋融、宜比他处为捷途。

历史地理学家廖幼华先生，对“诚融通道”走向做了详细考证：

宋朝融州通往诚州的“诚融通道”，以融州治所融水县（今广西融水）为起点，沿融江北行，至融、浔与王江三水交口的王口寨是为南段。从王口寨分出东西两路：

西路从王口寨上溯王江至石门（今三江县良口乡苗江河畔石门山）浐村堡（今良口乡产口村），循盂团江（今苗江河）北行，越过湘桂交界，进入羊镇堡江（今名牙屯堡河）左侧支流（潭溪），至收溪寨（今通道牙屯堡镇团头村）与东路会合。

东路则从王口寨沿浔江而上，至浔江堡（今三江县治所古宜镇的石眼口）转而北行，顺着林溪河经文村堡（今三江县文村）及临溪堡（今三江县林溪乡）后，再分为左、右两支线。左支线越过佛子岭进入羊镇堡江右侧支流，顺着河谷下达收溪寨。从收溪寨起，东西两路会合为诚融通道北段，并循羊镇堡江进入罗蒙江畔的罗蒙寨（今通道县溪镇）后，再沿渠河北走，直抵诚州治所渠阳（今靖州县东）及贯保寨（今靖州县北）。而东路的右支线则从林溪河循坪坦河上行，经今通道县双江镇，沿双江河而下，可通往武冈军，亦可迂回转往渠阳县及贯保寨。若由“诚融通道”终点贯保寨北上，穿过沅州托口寨，更可远抵沅州治所卢阳县。[⑥]

① 《续资治通鉴长编·神宗元丰七年五月》。

② 《宋史·抚水州传》。

③ 《续资治通鉴长编·神宗元丰七年七月》。

④ 《续资治通鉴长编·神宗元丰七年八月》。

⑤ 诚州与融州位居“镡城之岭”南北，两地之间有史可证的交通可上溯秦汉时期，王象之所谓的“古无道路”，应指先前没有通驿置铺的官道。

⑥ 廖幼华：《宋代湘桂黔相邻地区堡寨及交通》，收于徐少华 主编：《2008年中国历史地理国际学术研讨会论文集》，武汉：湖北人民出版社，2009年。

官兵深入“生界”[①]治道筑寨，“侵逼峒穴”，引起土著强烈反抗。“元祐初，诸蛮复叛”，以致“渠阳、莳竹虽名州县，而夷人住坐，一皆如故。城池之外，即非吾土。道路所由，并系夷界，平时军食吏廪，空竭两路。”[②]朝廷认为“边臣邀功献议，创通融州道路，侵逼峒穴，致生疑惧”，乃谕“湖南、北及广西路并免追讨，废堡寨，弃五溪诸郡县”[③]“诸路（指荆湖南、北及广南西路）所开道路、创置堡寨并废”[④]“撤戍守，而以其地予蛮。”[⑤]元祐二年（1087），改诚州为渠阳军，废莳竹县，“罢两州兵马及守御民丁。”[⑥]三年更废渠阳军为渠阳寨，隶属沅州。元丰年间所建之驿铺、堡寨一时俱废。

崇宁年间（1102—1106），徽宗一改前朝应对“峒蛮”变乱的消极政策，在原诚、徽州地重设州县，恢复寨堡和道路交通。崇宁元年（1102），复经制诚州，改称靖州，原渠阳县改永平县，立原狼江寨为三江县（后改名会同县）、原罗蒙寨为罗蒙县（后改名通道县[⑦]），仍隶荆湖北路。复以溪峒徽州立莳竹县（后改名绥宁县），立原临口砦为临冈县（治今通道临口），升武冈县为武冈军（治今武冈），领武冈、绥宁、临冈三县，属荆湖南路。崇宁三年（1104），“依循元丰旧路”[⑧]，重开诚融通道。

南宋词人韩元吉通判邵、靖、融三郡时，曾有峒蛮诈为汉官士子，“带家属止铺驿，以诱市吾人为奴婢。”[⑨]据此推测，诚融通道之驿置及盐运，很可能终南宋之世皆并行不废。

《宋史·西南溪峒诸蛮传》：

（乾道）八年（1172），知贵州陈义上疏言：“臣前知靖州时，居蛮夷腹心，民不服役，田不输赋，其地似若可弃。然为重湖、二广保障，实南服之要区也。或控制失宜，或金谷不继，或兵甲少振，蛮獠则乘时窃发，勤劳王师，朝廷当重守臣之选。崇宁初戍兵三千人，建炎以来，每于都统司或帅司摘兵二千人，以备屯戍。其凶悍者，以州郡不能制，遂慢守臣，反通傜蛮以挠编民。州郡非白主帅不敢治，比得报，已晚矣。故戍兵敢肆其恶，一旦有警，复安能为用？臣以为宜听守臣节制为便。”帝嘉其言，复问左右曰：“靖隶湖北，今闻仰给广西，何也？”赵雄对曰：“靖州本溪峒，神宗时创为诚州，元祐间废，寻复为军，徽宗朝始改靖州，与桂府为邻，故令广西给其金谷之费。近岁漕司匮乏，乃责办诸州，以故不能如约。宜复旧制，俾广西漕臣如期馈运。靖州屯戍官兵听守臣节制，于事为便。”帝从之。[⑩]

① 宋人朱辅《溪蛮丛笑》记载，所谓“生界”就是“去州县堡寨远，不属王化者”。
② 苏辙 撰：《栾城集·问渠阳蛮事札子》，四部丛刊景明嘉靖蜀藩活字本。
③ 《宋史·西南溪峒诸蛮传》。
④ 《宋史·西南溪峒诸蛮传》。
⑤ 《宋史·西南溪峒诸蛮传》。
⑥ 《宋史·西南溪峒诸蛮传》。
⑦ 通道之得名，与该地居诚融通道要津，更兼交通荆湖南北、广南东西的地理位置密切相关。
⑧ 廖幼华：《宋代湘桂黔相邻地区堡寨及交通》，收于徐少华 主编：《2008年中国历史地理国际学术研讨会论文集》，武汉：湖北人民出版社，2009年。
⑨ （宋）韩元吉 撰：《南涧甲乙稿·中奉大夫提举五夷山冲佑观王公墓志铭》，清武英殿聚珍版丛书本。
⑩ 《宋史·西南溪峒诸蛮传》。

靖州隶属湖北，“军食吏廪”却一直赖由广西馈运。由此可见，诚融道不但是桂盐入湘西的必由之路[①]，更系宋廷运补靖州“金谷”的生命通道，“趋融、宜比他处为捷途”[②]。开庆元年（1259），兀良合台率蒙军入广南西路后，一部由诚融道北上，“连破辰、沅二州，直抵潭州城下。”[③]至元十二年（1275），元廷设靖州路，并设站赤交通湖广。以上说明，宋元以降，靖州道已成为南来北往的“通道”。

四、范成大入桂路线

《骖鸾录》是范成大以中书舍人出知静江府时，赴任途中所作的一部旅行笔记。作者自乾道八年（1172）底由平江府（今苏州）出发，水陆经由嘉兴府、临安府、富阳、桐庐、婺州、衢州，复陆行至信州登舟，顺流而下，由邬子口入鄱阳湖，溯赣水至隆兴、临江。因“江道渐浅，大艘不可进”，遂“假篮舆”，沿袁江陆行，经新喻、袁州、萍乡，至醴陵、储州。复又舍舆溯湘，到衡州弃舟。其后一直陆行，经永州、全州，次年三月抵静江府。

以下是范成大自袁州宜春至静江府的部分旅程。

（闰正月）二十五日，宿七里铺。自离宜春，连日大雨，道上滓泥之浆如油，不知何人治道，乃乱寘块石，皆刓面坚滑，舆夫行泥中，则浆深汩没，行石上则不可着脚，跬步艰棘，不胜其劳。

南宋时期，舆轿是官员出行的主要交通工具。这段记载说明，范成大是乘舆轿陆行的。

二十六日，宿萍乡县，泊萍实驿。

三十日，宿潭州醴陵县。

经停醴陵时，感慨当地胜景，感叹陆路难行，作《题醴陵驿》：

渌水桥通县，门前柳已黄。人稀山木寿，土瘦水泉香。

乍脱泥中滑，还嗟堠子长。槠州何日到？鼓枻上沧浪。

二月一日，宿山阳驿。夹道皆松木，甚茂。大抵，入湖湘，松身皆直如杉，江阙则栢亦峭直，叶如瓔珞。二物与吴中逈不同。吴中松多虬干，栢则怪局。

二日，宿储州市。又当舍舆泝江。此地既为舟车更易之冲，客旅之所盘泊，故交易甚伙，敌壮县。

由江西进入湖南，路旁夹道树由柏树换成了松木，“松身皆直如杉。”储州是“舟车更易之冲”，水陆交通皆称便利，乃一“交易甚伙，敌壮县”的商贸重镇。

三日，始泛湘江。自此至六日，早暮行，倦则少休，不复问地名。

七日，宿衡山县。……

---

① 自宋至清，靖州、通道一带的食盐系由广西循浔江、林溪水道运来。清人金蓉镜所编《靖州乡土志·商务》记载：“盐，由广西之长安（今融安县长安镇）水运至林溪改陆运，三十里至坪坦，仍由水运至本境。”清光绪三十四年刻本。

② （宋）王象之撰：《舆地纪胜·靖州》，清影宋钞本。

③ 《元史·兀良合台传》。

八日，入南岳，半道憩食。夹路古松三十里，至岳市，宿衡岳寺。岳市者，环皆市区，江、浙、川、广种货之所聚，生人所须无不有。

南岳佛教兴盛，市场繁华，百货丰富。又因临近湘水，商贸活动辐射江、浙、川、广各地。

十二日，至衡州。十三日、十四日，泊衡州。……

十五日，舍舟从陆，登回雁峰——郡南一小山也。……

十六日、十七日，行衡永间，路中皆小丘阜，道径粗恶，非坚墢即乱石砌处。又泥淖，虽好晴旬余，犹未干，跬步防蹶，吏卒呻吟相闻。大抵湘中率不治道。又，逆旅浆家皆不设圊溷（厕所），行客苦之。自吴至桂三千里，除水行外，余舟车所通，皆夷坦，无大山，惟此有黄罴岭（又称熊罴岭），极高峻，回复半日方度，与括之冯公，歙之五岭相若。宿大营。

宋时驿道养护，主要由沿线驿铺卒承担[①]。衡、永间"道径粗恶，非坚墢即乱石砌处"，与袁州"乱寘块石，皆刓面坚滑"相近，与婺州至衢州段"皆砖街，无复泥涂之忧"相差甚远，说明江浙经济发展水平高于湘赣地区。

途经"极高峻"的黄罴岭时，范成大诗兴大发，感慨岭路崎岖[②]。

十八日，宿永州祁阳县，始有夷途，役夫至相贺。

十九日，发祁阳……皆荒山，冈阪复重。宿东（冻）青驿。

二十日，行蕈山间。时有青石如雕镂者，丛卧道傍，盖入零陵界焉。晚宿永州泊光华馆。

二十二日，渡潇水。即至愚溪，亦一涧泉，泻出江中。官路循溪而上，碧流淙潺，石濑浅涩，不可杭。

二十三日，行山间，宿深溪。桂之门，接牙队例至于此。

二十四日，宿全州，泊至湘馆。

二十五日……遵湘水崖壁行，石磴上清流如箭，境清而丽。佳处名"盘石山"，有泉自洞罅中喷出当道，名"玉髓泉"。

二十六日，入桂林界。有大华表跨官道，榜曰"广南西路"……甫入桂林界，平野豁开，两傍各数里，石峯森峭，罗列左右，如排衙，引而南。同行皆动心骇目，相与指似夸叹。又谓来游之晚。夹道高枫古柳，道涂大逵，如安肃故疆，及燕山外城都会。所有自不凡也。泊大通驿。

二十八日，至滑石铺……比自中原来南者，久不行贺州岭路[③]，但取道于此。

显然，由于历史变迁，逾越萌渚岭的潇贺道已趋衰落，中原赴岭南主要经由"夹道高枫古柳"的越城岭道。

---

① 程民生：《略述宋代陆路交通》，《暨南学报》（哲学社会科学版），1992年第3期。

② （宋）范成大诗文曰《黄罴岭》：薄游每违己，兹行遂登危。峻阪荡胸立，恍若对镜窥。传呼半空响，朦朦上烟霏。木末见前驱，可望不可追。跻攀百千盘，有倾身及之。白云叵揽撷，但觉沾人衣。高木傲烧痕，葱茏茁新荑。春禽段不到，惟有蜀魄啼。谓非人所寰，居然见锄犁。山农如木客，上下一以飞。宁知有康庄，生死安险恶。室屋了无处，恐尚橧巢栖。安得拔汝出，王路方清夷。

③ 贺州岭路即指"潇贺道"。

三月十日，入城交府事。

范成大“自吴至桂三千里”[①]，行程跨两浙西路、两浙东路、江南东路、江南西路、荆湖南路、广南西路，沿途府州包括平江府、湖州、临安府、严州、婺州、衢州、信州、隆兴府、临江军、袁州、潭州、衡州、永州、全州、静江府等，时间长达四个月。其纪录的旅途见闻，再现了宋时江南水陆交通概貌。

五、大理马纲运路线

恩格斯曾经指出：“在中世纪，骑兵是具有决定意义的兵种。”[②]冷兵器时代，战马是决定战争胜负的重要力量。“有百万之兵，无马以壮军势，而用其胜力于追奔逐北之际，与无兵同。”[③]

宋代马匹数量总体上呈下降趋势。太宗时，拥有战马20余万匹，仍不及唐初的三分之一[④]。仁宗时降为10万匹，北宋末年约为9万匹。南宋初年，仅存战马1.3万匹，以至于“行在之马不满五千，可以披带者无几。”[⑤]

宋室南渡后，政权退守秦岭、大散关、淮水一线，先后面临女真、蒙古等擅长骑射的游牧民族威胁。为壮大骑兵，朝廷采取设马监、重马市措施。但马监收效甚微，“马不盛产，于是专藉之市马，而马政不可问矣。”[⑥]

南宋时期，“凡战马，悉仰秦、川、广三边焉。”[⑦]“朝廷岁买西马五千余匹、川马三千六百匹、广马三千匹。”[⑧]实际买马数与岁额有出入，如川秦买马数乾道时为11900匹（其中川司6000匹、秦司5900匹），庆元初为11016匹，嘉泰末增为12994匹；绍兴二十七年（1157）广马购买数3550匹。所买之马编纲运往行在三衙和江上诸军。川马在成都编纲，秦马在兴元府（今陕西汉中）编纲。广马即大理马，在邕州横山寨（今广西田东）初步编纲，抵桂州后重新编纲，经由荆湖南路输送目的地。

大理国（937—1253）是以白族为主体建立的多民族政权。疆域含今云南全境、贵州西部、四川西南部以及缅甸、泰国、老挝北部地区。广南西路所市之马主要源于大理。周去非撰《岭外代答》言：

南方诸蛮马，皆出大理国。罗殿（都今贵州安顺）、自杞（都今云南泸西）、特磨（治今云南广南）岁以马来，皆贩之大理者也。[⑨]

---

① （宋）范成大 撰：《骖鸾录》，清知不足斋丛书本。

② 中共中央著作编译局 编译：《马克思恩格斯全集》（第十六卷），北京：人民出版社，1964年，第27页。

③ （明）黄淮、杨士奇《历代名臣奏议》。

④ 据《新唐书·兵志》记载，唐太宗、高宗时，牧监养马达“马七十万六千匹”，是宋代最高数额的3倍多。

⑤ （明）黄淮、杨士奇 编：《历代名臣奏议·卷二百四十二》，清文渊阁四库全书本。

⑥ （清）秦蕙田 撰：《五礼通考·马政》，清文渊阁四库全书本。

⑦ 《宋史·马政》。

⑧ （宋）周必大 撰：《文忠集·论马政》，清文渊阁四库全书本。

⑨ （宋）周去非 著：《岭外代答校注·蛮马》，北京：中华书局，1999年，第349页。

邕州道指以横山寨博易场为起点，通往自杞、罗殿、特磨以至大理（主要指到大理善阐府）的商道，以大理马为主要贸易内容，又称邕州买马路[①]。

《岭外代答》记载，买马路大致有自杞、罗殿、特磨三条。

（1）横山寨—自杞国—大理善阐府　自横山寨至自杞国计十六程，到善阐府凡二十三程。

中国通道南蛮，必由邕州横山寨。自横山一程至古天县（今广西田阳），一程至归乐州（今广西百色），一程至唐兴州（今百色塘兴），一程至睢殿州（今百色汪甸），一程至七源州（今广西田林），一程至泗城州（今广西凌云），一程至古那洞（今田林板桃），一程至安龙州（今田林旧州），一程至凤村山獠（今贵州册亨八渡），渡江（南盘江）一程至上展（今贵州册亨巧马），一程至博文岭，一程至罗扶，一程至自杞之境，名曰磨巨（今贵州兴义），又三程至自祀国。自杞国四程至石成郡（今云南曲靖），三程至大理之境，名日善阐府（今云南昆明）。

（2）横山寨—罗殿国　自横山寨至罗殿国计十四程。

若欲至罗殿国，亦自横山寨如初行程，至七源州而分道，一程至马乐县（今田林百乐），一程至恩化县（今广西乐业雅长），一程至罗夺州（今贵州望谟蔗香），一程至围慕州（今望谟县城），一程至阿姝蛮（今望谟打易镇），一程至朱砂蛮（今贵州紫云水塘），一程至顺唐府（今紫云县城北），二程至罗殿国矣。

（3）横山寨—特磨—大理善阐府　自横山寨至特磨道共计十一程，至大理国善阐府共计二十程。

若欲至特磨道，亦自横山，一程至上安县（今广西田阳那满南），一程至安德州（今田阳那坡西），一程至罗博州（今百色那毕西），一程至阳县（今百色阳墟），一程至隘岸（今云南富宁剥隘东北），一程至那郎（今富宁者桑南），一程至西宁州（今富宁归朝西），一程至富州（今富宁县城），一程至罗拱县（今云南广南八宝镇），一程至历水铺（今广南杨柳井），一程至特磨道矣。自特磨一程至结也蛮，一程至大理界墟，一程至最宁府（今云南开远）[②]，六程而至大理国（善阐府）也。凡二十程。[③]

关于邕州买马路的具体途程，不同史籍记载各异。如，《建炎以来朝野杂记》：“自杞至邕州横山寨二十二程。”《读史方舆纪要》：“今广西买马路，自桂州至邕州横山寨二十余程，自横山至自杞国三十二程，又至罗殿十程。”《舆地纪胜》又说横山寨到大理国共八十六程。这说明，

① 宋时，除横山寨外，还有一条自宜州（今广西宜州区）经南丹州（今广西南丹县）至自杞、大理的孔道。《宋会要辑稿》记载，绍兴三十一年，“自杞与罗殿有争，乃由南丹径驱马直抵宜州城下。”乾道九年，南丹州刺史曾奏请置买马场南丹州以代横山，其理由就是“诸蕃出马之处至本州一十程，道路平坦，水草丰足，兼无险阻。”

② 据《元一统志》载，横山寨到大理善阐府1800里。由于此段路途崎岖，从日行70里计，为26程，而《岭外代答》只有20程，疑《岭外代答》记“大理界墟一程至最宁府”为七程之误，即“七”缺一笔而误作“一”字。参见杨宗亮：《试论宋代滇桂通道及其历史作用》，中南民族学院学报，1993年第5期。

③ 《岭外代答·通道外夷》之地名，有多位方家考论，本书主要依据王颋先生的研究成果。参见王颋：《国在邕北——“自杞国”与宋广西买马路》，收于王颋著：《西域南海史地考论》，上海：上海人民出版社，2008年。

大理以及自杞、罗殿、特磨道等地通往横山寨有不同路线，与上述地区交通地理的多样性相符。

朝廷在横山寨招买大理马后，将马分纲，差使臣来横山押马。纲马自横山寨出发，经婪凤州（今广西田东）、归德州（今广西平果）、邕州、宾州、象州等地，至静江府呈验纲马，再分纲责领，发往行在或江上诸军。“自横山至邕州七程，至经略司（静江府）又十八程，其道自邕、宾、象、静江出湖南，……湖南自全州至行在。”[①]

关于买马数额，《岭外代答》：

岁额一千五百匹，分为三十纲，赴行在所。绍兴二十七年，令马纲分往江上诸军，后乞添纲。令元额之外，凡添买三十一纲。盖买三千五百匹矣。此外又择其权奇，以入内厩，不下十纲。[②]

《建炎以来朝野杂记·广中盐易马》：“广马之良者付三衙，而其它则付建康、镇江府、池、鄂、太平州军中，皆有常数。”如，绍兴二年（1132），“选（广马）千骑赴行在”“以三百骑赐岳飞。”[③]其时，岳飞率师在湖广边境的道州、贺州一带征讨曹成“叛军”。

《岭外代答·马纲》：

官既买马，分定纲数。经略司先下昭、贺、藤、容、高、雷、化、钦、廉、宜、柳、融、贵、浔、郁林州，差见任使臣三十三人，前来横山押马。不足，听募寄居、待阙官。常纲马一纲五十匹，进马三十匹。每纲押纲官一员，将校五人，医兽一人，牵马兵士二十五人。进马纲则十五人，盖一人牵二马也。诸州差官兵既定，押马官借请赡家钱二百余缗，将校军兵各有借请，前往横山寨提点买马司公参。既领纲，则自横山七程至邕州，又十八程至经略司公参，呈验纲马。经略司覆量尺寸，加以火印养之马务，以观马之羸壮，体察押马使臣之能否而进退之。遂再分纲责领，发往行在或江上诸军交纳。沿路州县，皆有马务，为之宿程。有口食券、草料，为人马之须费。既至，朝廷又有赏罚以劝惩之。

大理马纲运临安路线，系由桂州入湖南，经江西、江东、两浙至行在[④]。具体经由桂州、全州、永州、衡州、潭州（储州、醴陵）、袁州、丰城、抚州、信州、衢州、桐庐、临安等州（军）府。自桂州送往前线及江上诸军的纲马，则沿湘水一线，经永州、衡州、潭州、岳州，或赴鄂州、襄阳，或东下池州、镇江、建康等地。《宋会要辑稿》：“广西经略司起发常纲[⑤]马赴鄂州、襄阳府都统司……镇江、建康府、池州都统司，每人牵拽四匹。”[⑥]

由于运输途程长，纲马死损率居高不下，“全纲善达者十无二三”，甚至出现过“全纲倒毙”[⑦]

---

① （清）汪森 撰：《粤西丛载·广西马政志》，清文渊阁四库全书本。

② （宋）周去非 著：《岭外代答校注·经略司买马》，北京：中华书局，1999年，第187页。

③ （清）汪森 撰：《粤西丛载·广西马政志》，清文渊阁四库全书本。

④ 据《建炎以来系年要录》记载，因江西道不通，建炎四年（1130）曾改为经广东入福建，赴行在。据《宋会要辑稿》，建炎四年五月，“广西路左右两江峒丁公事李域言措置收买战马赴行在，探报江西路各有贼马，道路阻节，今踏逐得广东有便路经自福建入两浙赴行在，欲起马纲自广东经路前去。”

⑤ 每年稳定供给三衙和诸军的战马，称为常纲。

⑥ 《宋会要辑稿·兵二五》。

⑦ 《宋会要辑稿·兵二五》。

的极端状况。为降低纲马损病，朝廷在驿舍管理、驿道修治、押纲官兵配备、奖惩量化规范等方面采取措施，基本形成较为完善的马纲运行体系。纲马经由的湘境道路，得到拓展。《宋会要辑稿》：

乾道元年二月十日，枢密都承旨张说言："广西邕州横山寨马，每匹价值大约用银四五十两，而全纲善达者十无二三，开具利害如后：

永州界排山驿四望空迥，人烟在数里之外，草木深茂，虎狼出没，最为危险，寻常马纲经由不敢就驿存住，却于道次客店人家寄歇。今乞下永州将此驿踏逐，依傍人烟去处盖造。

潭州湘潭县管下有青石、梅下等四驿，旧来草料钱粮差人就驿给散。近年却令押马将校停住，行程迂路八十余里到县请领所有草料，往往不能般运，遂致马皆饥饿，乞严降约束，依旧将草料钱粮就驿给散。

丰城起程分路到曲湖驿，约四十余里，沿江有詹岸十余里，路极窄隘，不住颓塌，马纲经由常致攧落江中。乞行下常切开修隘窄之处，仍置栏干防护。

广西发马旧例每纲破官兵五十人牵控，后减去元数，只破将校五人，医兽一名，经过州郡贴差兵级十一人传送，逐州交替。至饶州止肯差五六人，池州直至镇江府虽一名，亦不应副。乞行下逐州，须管依数贴差十一人。

沿路驿舍颓塌倾损，上漏下湿，堆积粪壤，马入辄病，一马感疾，众马传染，乞行下逐处州县官常切点检修葺洒扫。"并从之。……

诏令逐路漕臣躬亲遍诣所部马驿相视，依今来降去样制体式，责委逐州县守令限一月如法盖造，置办什物、槽具，并要如法，不得苟简灭裂。每驿差拨五人看守，务要洁净。[①]

横山寨水陆交通皆称便利。自绍兴二年（1132）设博易场置买马市，至宝佑六年（1258）为蒙军攻破焚毁，一直是邕州通西南诸番的商埠要津。内地茶叶、丝绸、盐巴、瓷器及"文书及诸奇巧之物"[②]，经湘水、灵渠，或下漓水、桂江，转溯浔江、郁江、右江；或由桂柳运河，循柳江、黔江，复由郁江入右江，运达邕州横山寨，交易大理马、麝香、胡羊、长鸣鸡、披毡、云南刀等土特产。横山寨博易场的兴起，促进了西南地区商贸发展和汉蕃经济文化交流，形成一条自大理、自杞、罗殿、特磨、谢蕃、滕蕃等地，经由横山寨、邕州、桂州，往来荆湖、江浙以及东南沿海的东西运输通道。

六、云南通京驿路改线与湘黔滇道整治

宋初，"西南蕃牂牁诸国"入贡路线，系由黔地出三峡。即由普宁州、矩州（今贵州贵阳）、遵义、播州（今贵州桐梓）、南平军（今重庆綦江），至江津入江，出三峡转道江陵北上。景德元年（1004），朝廷规定，"西南蕃牂牁诸国进奉使，欲亲至朝廷者"走宜州道，并"令广南西路发兵援之，勿抑其意。"[③]即由宜州、柳州、桂州、全州、永州、衡州、潭州北上的路线。政和五年（1115），

① 《宋会要辑稿·兵二五》。

② （宋）周去非 著：《岭外代答校注》，北京：中华书局，1999年。

③ 《续资治通鉴长编·卷五六》。

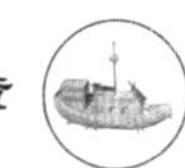

大理国使者就是经桂州、潭州抵汴京①。南宋与大理国联系，主要经由邕州横山寨②。此前贯通的湘黔道，由于"罗氏鬼国土寇为患"③，已非滇黔入中原的"常道"。

宝祐元年（1253），忽必烈率蒙古军"革囊渡江"，攻克大理国都大理。次年取附都善阐后，设大理都元帅府，以兀良合台为大元帅，"还镇大理"④。至元四年（1267），忽必烈封忽哥赤为云南王，"镇于中庆路"⑤（首府善阐，后改名中庆）。自此开始，中庆（昆明）成为云南政治中心。

元代疆域辽阔，水陆交通、驿传递铺得到前所未有发展。《经世大典》说其"疆理之大，东渐西被，暨于朔南，凡在属国，皆置驿传，星罗棋布，脉络贯通，朝令夕至，声闻毕达。"

至元十三年（1276）设云南行省，"诏开乌蒙（今云南昭通）道……水陆皆置驿传。"⑥至元十五年（1278），"以乌蒙路隶云南行省，仍诏谕乌蒙路总管阿牟，置立站驿，修治道路。"⑦

至元十六年（1779），在湖广、四川、云南接壤的"九溪十八峒""依险自保""思、播道路不通"的情况之下，元朝"发兵千人"⑧，拓辟自沅州经镇远，以至顺元宣抚司（治今贵阳）的"蛮区道路"⑨。二十年，开修黔滇道路。这些举措，可谓元廷整治湘黔滇道之始。

自中庆至内地，除柳州—桂州—潭州道外，还有一条汉代拓辟的建昌（今四川西昌）道⑩。至元二十一年（1284），建昌路⑪女土官沙智"治道立站有功"，被元庭授予建昌路总管之职。次年，地方官奏请增加建都道站赤马匹："在先赴云南有二道，事不急者由水站（指乌蒙道），急者取道建都，今一切使臣皆往建都道。"⑫这一时期，云南往返内地多取建昌道、乌蒙道通江，循长江达湖广、江浙，以及中原各地。

由于"乌蒙迤北土僚，水道险恶覆坏船只，黎、雅站道，烟瘴生发，所过使臣艰难，人马死损"，至元二十七年四月，四川行省耶律秃满答儿奏请朝廷，将中庆通京驿路改走普安路（治今贵州盘州），由湖广行省北上。奏曰：

本省南接云南所管普安路见立马站，东建辰、沅、靖州站赤。已尝令总把孟帛直抵云南、湖广两省立站地界，相视得普安路迤东罗殿、贵州（今贵阳）、葛龙俱系归附蛮夷，隶属四川省管下，可以安立四站。接连湖广省所辖新添地面，安立一站，至黄平、镇远，通辰、沅、靖州常行站道，以达江陵路。观其山势少通，道经平稳。又系出马去处，比之黎雅、乌蒙驿路捷近二千余里。如

---

① 《宋史·大理国传》。
② 杨宗亮：《大理国与南宋的交通》，《云南学术探索》，1997年第6期。
③ 《元史·世祖本纪》。
④ 《元史·兀良合台传》。
⑤ （明）诸葛元声 撰，刘亚朝 校点：《滇史》，德宏：德宏民族出版社，1994。
⑥ 《元史·爱鲁传》。
⑦ 《元史·世祖本纪》。
⑧ 《元史·世祖本纪》。
⑨ 《元史·地理志六》。
⑩ 陈庆江：《元代云南通四川、湖广驿路的变迁》，《中国历史地理论丛》，2003年，第2期。
⑪ 四川西昌元时置建昌路，建昌又称建都，属罗罗斯宣慰司，故这条道路又称建都道或罗罗斯道。
⑫ 《永乐大典·经世大典》。

将云南站道改由江陵路通行，若有纲运辎重物货依旧由乌蒙水站递送，四川站赤稍得苏息。却以黎雅等处置闲铺马五百余匹，站户五千余丁屯田纳粮，或充盐夫办课，诚为便益。[①]

这份奏折显示，从普安路经罗殿、贵州、葛龙、新添、黄平、镇远、沅州、辰州、常德、澧州达江陵的鄂湘黔滇驿路，“道经平稳”，途程比黎雅、乌蒙驿路近二千余里。次年三月，云南行省奏称：

中庆经由罗罗斯（宣慰司，治建昌）通接成都，陆路见立纳怜等二十四站。其相公岭雪山、大渡河毒龙瘴气，金沙江烟岚。自建都、武定等路分立站赤，夏月人马，不能安止。中庆至乌蒙路结吉旧路，陆站十一所，山路修阻，泥潦难行。江河险恶，船只不可进。……得此，都省照二十七年四川右丞耶律秃满答儿所言之事，并令撒里蛮剌臣等关，按图呈走前事。奉旨若曰：既图中道，可依所议安立之，都省钦依，移咨各省施行。[②]

经过将近一年建设，滇黔湘路段全线贯通。驿道起自中庆，经由云南行省的杨林、马龙、曲靖、塔剌迷（今贵州盘州南）、普安（今贵州盘州）、普定，湖广行省的贵州、葛龙、麻峡、黄平、偏桥、镇远、沅州、辰州、常德、澧州，河南江北行省的江陵、荆门、襄阳、南阳、河南府（今洛阳）、郑州，以及中书省的卫辉、彰德、邯郸、顺德、真定、保定、涿州等地，以至京师大都。其中，湘境设顺林、兰溪（澧州）、清化、大龙、和丰（即常德）、桃源、郑家市、新店、界亭、马底、辰州、杨溪、十里、辰溪、寺前、白牛堡、盈口、沅州、便溪、晃州、平溪等陆站，经由澧州路、常德路、辰州路、沅州路[③]。湘鄂驿道得以整治，至顺二年（1331）建造的临澧佘市桥，是国内现存最早的联拱石桥。

云南通京驿道改由湘黔线后，为适应驿运需求，减轻陆站压力，官府加设水站。至元二十九年（1292）十一月，湖广行省奏称：

见管地面相接云南、交趾、溪洞诸国，正系冲要驿路，相离本省往复七千余里，但遇使臣频并，站马不敷。今拟自岳州西抵镇远府设立水站二十四处，料例不等，总置船一百二十五只，差拨水夫八百单三名。除紧急使臣乘骑铺马外，据赴北朝见蛮官、进贡物货并缓慢使臣应付站船，实为便当。请照验事。[④]

水道自岳州城陵矶起，穿越洞庭抵常德，继溯沅水、㵲水至镇远。

滇黔湘道整治，是元代交通建设的一项重要成就，对云南、贵州的政治、经济及社会发展影响深远，也改变了沿线部分土司的行政隶属关系。《元史·地理志》：

---

① 《永乐大典·经世大典·站赤三》。

② 《永乐大典·经世大典·站赤四》。

③ 李之勤：《元熊梦祥〈析津志·天下站名〉校正稿（简稿）》，收于刘迎胜 编：《元史及民族与边疆研究集刊》第二十辑，上海：上海古籍出版社，2008年；谭其骧 主编：《中国历史地图集》（第三册），北京：中国地图出版社，1996年；《永乐大典·经世大典·站赤八》。

④ 《永乐大典·六条政类·镇远至岳州立水站》。

（至元）二十八年，从杨胜请，割八番洞蛮，自四川行省隶湖广行省。三十年，四川行省官言："思、播州元隶四川，近改入湖广，今土人愿仍其旧。"有旨遣问，还云，田氏、杨氏言，昨赴阙廷，取道湖广甚便，况百姓相邻，驿传已立，愿隶平章答剌罕。

（乾隆）《辰州府志·备边考》：

至元三十一年，江南湖北道肃政廉访司佥事张经上言："宜将怀德府（辖今重庆秀山、酉阳等地）一府九州，拨隶湖广行省，于会溪设立宣抚司（治今古丈会溪坪土司遗址），禁约省民、洞蛮，止于会溪交易，仍于治边隘寨设立巡检司。"又言："沅州正冲八番、思播，系边远重地，宜依旧为路，兼管靖州。仍于南州沿边诸寨设立巡检，及镇守辰、沅、靖上均州万户府官三员，各分镇守"。诏从之。

七、湘粤盐道的形成

自汉以来，食盐实行专卖，称为"榷运"。唐始设榷运使，掌管食盐运销及税收。湖南"例食淮盐"[①]，地接川、粤，此二省皆产盐。或因盐船延误，民众径赴川粤挑盐；或因战乱，运道梗阻，朝廷令准改淮纲为粤川盐引，渐次形成盐道。其在湘南者为"湘粤盐道"，湘西北则为"湘川盐道"。由于盐道崎岖，盐运艰难，一般是"斗米斤盐"，最贵时"担谷斤盐"。

宋时，淮盐常难及湘南，"民多淡食"，便由永、郴入连州"盗贩粤盐"，逐渐形成隐蔽而便捷的永连、郴连盐道。熙宁六年（1073），户部奏准"湖南郴、道州邻接韶、连，可以通运广盐数百万，却均旧卖淮盐于潭、衡、永、全、邵等州。"[②]其后，每因淮盐不继，永州、郴州、衡州、潭州、邵州均有民众往连州等地挑盐，且有专事贩盐的私商和运送盐包的栈行。

元丰七年（1084），朝廷裁准邻近岭南的郴、全、道、诚等州"可以通广盐"，其余地区仍"例食淮盐"[③]。《宋会要辑稿·盐法》：

（元丰七年）五月十一日，荆湖路相度公事、尚书右司员外郎孙览言："沅州已招怀猪狼沅州、九卫等百三十余州峒，自诚州至融州融江口十程，可通广西盐，乞许入钱于诚州买钞，融江口支盐，增息一分，可省湖北岁馈诚州之费。辰、沅州准此。"诏诚州买广西盐，立蛮人地税，免租课。……

先是，三司副使蹇周辅言："郴、全、道州可以通广盐数百万，代淮盐食湖南。"

元末，陈友谅一度占据长江中游，"吴楚道梗"，淮盐不继，粤盐准通于衡州、永州、宝庆、郴州。明初，"定湖南复淮盐如故。"[④]洪武二十八年（1395），为筹集广西新立卫所军粮，上述地区再次获准行销粤盐[⑤]。《明太祖实录》：

---

① 《宋史·蹇周辅传》。

② 《宋史·食货志》。

③ 《宋史·蹇周辅传》："先是，湖南例食淮盐，周辅始请运广盐数百万石，分鬻郴、全、道州；又以淮盐增配潭、衡诸郡，湘中民愁困，法既行，遂领于度支。"

④ （清）江恂修，江昱纂：《清泉县志·盐政》，清乾隆二十八年刻本。

⑤ 据《明史·食货志》，有明一代，郴州和桂阳州皆行销广盐。

兵部尚书致仕唐铎言："长沙、宝庆、衡州、永州四府，郴、道二州，食盐缺少，广东积盐实多，而广西新立卫所军粮未敷。若将广东之盐运至广西，招商中纳，可给军食。"户部议，先令广东布政司运盐至梧州，命广西官司于梧州接运。至桂林，召商中纳。每引纳米三石，令于湖南卖之。庶几官民俱便，从之。[①]

嘉靖四十年（1561），王姓御史在《湖广行盐》里记载了粤盐运销宝庆府的交通路线："据宝庆府所呈称，广东盐船，每年入境，以二百号计。而所由之路，必由梧州招平堡，至平乐府，入桂林府挂号，然后从小江峒装载，经行三十六堵，陆行一半，肩挑至永州府东安县投税。"[②]继由东安陆运宝庆府境发售。

隆庆三年（1569），广西古田县（分属今永福、融安两县）壮民起事。为就近筹集军饷，"仿元旧例，衡、永、宝改食粤盐。"[③]此后，粤盐行销衡州、永州、宝庆、郴州等地，由广西"官出资本赴广东买盐，转卖于（衡、永、宝）三府"，取其"盐杂税"成为定制[④]。每年，由桂林经湘水输往湖南的粤盐（官盐）达7500引（明制每引14包，每包125斤），共1312.5万斤。《百粤风土记》：

粤西食盐，非地所产，皆取给于粤东。粤东饶而粤西瘠，商不乐至，不得已官自为市。……国（明）朝以楚之长、宝、衡、永四郡，郴、道二州，皆附于桂林行盐。每岁于粤东买七千五百引，引十四包，包百二十五斤，官造船给值及往返工费，一岁二运，遣官统之，而商分任焉。又许私带十之一，谓之商盐，与官盐搭配出售，取其余息以饷营兵，岁可得二万缗。[⑤]

康熙五年（1666），鉴于广东地方"禁海迁灶，产盐无多"，又"粤盐路远，有盘滩过岭之苦"，诏准衡州、永州、宝庆三府"复食淮盐"，唯"两粤课饷并粤西杂税，令三府照额纳认。"[⑥]

湘境界连粤桂，向为"私盐出没之地。"为保盐税收入，朝廷缉私甚严。清乾隆以前，两淮盐政在耒阳、常宁、安仁等地设水陆巡卡二十三处，专司缉私。乾隆十五年（1750），在湘南石期市、冷水滩、藕扩铺、柳州滩、常宁河口、阜头街增设巡卡，每处派千把一员，带兵六名缉查私盐；又在湘西耒河口、招源河、大茅岭、大埠头、花桥铺、草河、渣江、龙山、卯峒等川盐入湘要津设卡缉私。但私盐入湘猖獗，官府"缉不胜缉"。乾隆五十四年，两淮盐运使全德奏称："湖南省官盐，从前原系旺销，今日少一日，若非私盐占卖，民间于何处买食。该省私盐充斥，不问可知。……汉口存积多盐，而湖南水贩寥寥无几。"[⑦]同治九年（1870），"因湖南上游粤私盛行，缉不胜缉"，

① 《明太祖实录·洪武二十八年九月》。

② （明）陈世锡 撰：《皇明世法录·盐法》。转引自张恒俊、谢日升：《明清时期湘桂的交通与商业》，《经济与社会发展》，2009年第8期。

③ （清）董之辅 修，吴为相 纂：《桂阳州志》，清康熙二十二年刻本。

④ （清）江恂 修，江昱 纂：《清泉县志·盐政》，清乾隆二十八年刻本。

⑤ （明）谢肇淛 著：《百粤风土记》，《中国风土文献汇编》第一册，北京：全国图书馆文献缩微复制中心，2006年。

⑥ （清）江恂 修，江昱 纂：《清泉县志·盐政》，乾隆二十八年刻本。

⑦ 《清高宗实录·卷之一千三百三十二》。

永州、宝庆二府改食粤盐[①]。

湘粤盐道成为“常道”后，或官府出面，或商贾出资，拓整路面，修沟排水，建设凉亭。沿途道路得以改善，路面青石铺筑，路宽五到六尺，两人可并肩挑行。自粤盐通湘以来，临近州府盐商挑夫、私盐贩运者，鱼贯往来。盐道途经南岭，人烟稀少，挑盐人皆成群结队，日常数百人，最多时达3000余人[②]。

图7-5 永连盐道起点——零陵东门福寿亭（蒋汉光 摄）

永连盐道，又称“两广挑盐大路”。该道始于零陵东门（图7-5），蜿蜒盘旋于山岭间，“经福寿亭、茆江桥、仙人桥，走菱角塘，翻丫髻岭，穿铲子坪，过廖家桥，越白水岭，出神仙冲，奔大麻江，过茅镰湾，翻响鼓岭，逾猴坪，越石吞岭，入宁远县境；再走九龙亭，过清水桥，入柏家坪，奔双井墟，穿朝阳洞，出马褡坪，走禾亭墟，过龙盘圩，逾广春，出金田洞，入蓝山县境；继走三里亭，过万年桥，出猫仔冲，绕半山园，穿草鞋坪，进南风坳，翻钩挂岭，抵广东连州界。”[③]自永州府城至连州盐埠全程550里，沿途各县皆筑有捷径与此道相连。

郴连盐道则自郴州南行90里至宜章，由宜章经梅田、星子至连州。古代贩盐挑夫由宜章北上，有《盐路纪程谣》：

十里路上到瑶角，二十里路起风波，三十里折岭高万丈，四十里两头扯坪和，五十里良田一关倘，六十里万岁封八角，七十里韩愈走马岭，八十里拱桥对庙角，九十里黄塘打一望，一百来回三个坡。[④]

第二节 “湘潭之漕”与水道修浚

宋元时期，农业、手工业及交通运输发展促进了商业繁荣，草市—市镇—城市构成的多层次、区域性市场初步形成，行会组织兴起，经济重心南移完成，各地商业联系日益紧密。因应漕运、纲运和商运兴盛，通航河渠进一步疏浚。

① （清）李瀚章 撰：《湖南通志·食货志》，清光绪十一年刻本。

② 零陵地区地方志编纂委员会 编：《零陵地区交通志》，长沙：湖南出版社，1993年，第44页。

③ 零陵地区地方志编纂委员会 编：《零陵地区交通志》，长沙：湖南出版社，1993年，第43页。

④ 湖南省地方志编纂委员会 编：《湖南省志·交通志·公路》长沙：，湖南出版社，1996年，第46—47页。

一、“长沙十万户”与商贸繁荣

宋代粮食、茶叶、桑麻、果树等作物产量提高，矿冶、纺织、陶瓷、造船等行业规模扩大。除“辟在山谷，不通舟船”[①]的僻县外，州县间“江湖连接，地无不通，一舟出门，万里惟意，靡有碍隔。”[②]

占城稻“米粒大且甘”[③]，原产越南中南部，五代时传入福建。大中祥符五年（1012），江南大旱，官府从福建征集占城稻种三万斛分发受灾地区。传入荆湖后，经不断改良，培育出“象牙占”“蓝田占”“百日占”等新品，提高了水稻亩产和品质。

曲辕犁、龙骨水车（图 7-6）等先进农机具广泛应用，为耕地面积扩大创造了条件。“湖南无荒田，粟米妙天下。”北宋熙宁时（1068—1077），荆湖南北户口约占全国百分之六，田亩却占百分之十一以上。

图 7-6 龙骨水车抽水图（宋）[④]

诗人沈辽（1032—1085）流放永州期间，曾写下著名的《水车诗》：

黄叶渡头春水生，江中水车上下鸣。
谁道田间无机事，不如抱瓮可忘情。

宋代是商品经济史上重要转折时期，突出变化是坊市制度[⑤]解体，坊与市界限被打破，官府不再限制营业时间。这一改变，推动了城市商业空前繁荣。《元丰九域志》载元丰三年（1080）

① 《宋会要辑稿·食货》。

② （宋）叶适 撰：《水心集·卷一》，四部丛刊景明刻黑口本。

③ （元）王桢 撰：《农书》，武英殿聚珍版丛书本。

④ （美）伊佩霞（Patricia Buckley Ebrey）著：《剑桥插图中国史》，济南：山东画报出版社，2002 年，第 114 页。

⑤ 坊市制度，就是将城市的居住区与商业区分开，居住区内禁止经商，交易也有时限。坊，又叫里，或称坊里，是古代城市最基本的单位，市则为商品交换的场所。坊市制度形成于春秋战国，盛行于汉唐时期。

全国各地人户、土贡数额，以及城、镇、堡、寨、山岳、河泽等分布，是研究宋代经济地理的珍贵史料。该书列举市镇1880余个，20万以上人口城市6个，包括汴京、京兆府（西安）、临安、潭州、福州、泉州。北宋诗人张祁在《渡湘江》一诗中，描绘了潭州繁华景象：

春过潇湘渡，真观八景图。云藏岳麓寺，江入洞庭湖。
晴日花争发，丰年酒易酤。长沙十万户，游女似京都。

一般来说，商税额越高的地区商品经济越是发达。熙宁十年（1077），全国岁收万贯以上商税的城市共204座，潭州商税收入9.2万贯，排名扬州、苏州、广州、成都之前，仅次于杭州、开封、楚州（今江苏淮安），居商贸城市前列。同年，岳州征收商税2.5万贯，仅次于真州（5.35万贯）、建康（4.5万贯）、蕲口[①]（2.65万贯），居长江沿岸城市第四位[②]。

宋廷实行榷茶政策，官府置场收买，只许商贾到榷货务纳钱给钞，到指定山场领取茶叶。政和二年（1112），确立了影响深远的长短茶引法，“官不置场，收卖亦不定价、止许茶商赴官买引，就园户从便交易，依引内合贩之数，赴合同场秤发。”商贾持引贩卖，“公私便之”[③]，贩茶贸易更为活跃。

湖南茶叶种类众多，名品荟萃。岳阳白鹤茶“味极甘香，非他处草茶可比并”[④]，安化渠江茶“其色如铁，而芳香异常，烹之无滓也”[⑤]，长沙茶“工直（值）之厚，轻重等白金”[⑥]。景德二年（1005），真宗贺辽国皇帝生辰礼物中，就有“的乳茶十斤，岳麓茶五斤”[⑦]。这些茶中珍品，引来茶商竞相采购。每到产茶时节，客商就“聚在山间，般（搬）贩私茶”[⑧]。绍兴三十二年（1162），湖南十二州军产茶230万斤。潭州产茶103万斤，约占总量的45%，其次是岳州，约为50万斤[⑨]。

除茶叶外，贩运粮食、陶瓷、竹木、桑麻等物产的客商日益增多。建炎初，提举湖南茶盐郑皎“买巨杉数千枚如淮扬，时方营行在，官府木价踊贵，获息十倍。”[⑩]绍兴十八年（1148），淮东、西及湖广三总领所向商人购粮15万石，隆兴年间（1163—1164）又向江西、湖南商人买粮200万石[⑪]。淳熙年间（1237—1252），淮东发生天灾，两浙、闽广一带商人涌入荆湖南北，贩米往粜[⑫]。

城镇商业兴旺，四方辐辏。潭州槠州市地当“舟车更易之冲，客旅之所盘泊，故交易甚伙”，

① 北宋置，属蕲春县。在今湖北蕲春县西南长江北岸蕲州镇。《读史方舆纪要·蕲州》：蕲水“注入大江，谓之蕲口，亦曰蕲阳口。……宋置蕲口镇于此。”

② 吴慧：《从商税看北宋的商品经济》，收于山西省社会科学研究所 编：《中国社会经济史论丛》第二辑，太原：山西人民出版社，1982年。

③ 《宋会要辑稿·食货》。

④ （宋）范致明 撰：《岳阳风土记》，明刻百川学海本。

⑤ （五代蜀）毛文锡：《茶谱》，陈尚君辑本。

⑥ （宋）周密：《癸辛杂识》，清文渊阁四库全书本。

⑦ 《续资治通鉴长编·卷六一》。

⑧ 《宋会要辑稿·食货》。

⑨ 十二州军指荆湖北路的岳州、鼎州、澧州、辰州、沅州，荆湖南路的潭州、衡州、邵州、武冈军、郴州、桂阳军、永州。各州军产茶量转引自周方高、彭露：《宋代湖南地区的茶业经济研究》表一，《中国农史》，2016年第4期。

⑩ （宋）洪迈 撰：《夷坚志·甲志》，清十万卷楼丛书本。

⑪ 《宋史·食货志》。

⑫ 陈先枢、黄启昌 著：《长沙经贸史记》，长沙：湖南文艺出版社，1997年，第78页。

衡州南岳市“环（衡岳寺）皆市区，江浙川广诸货之所聚”，永州祁阳县“市贾甚多”[①]。

元代商税很轻，最高三十税一，最低六十取一，刺激商业继续发展。潭州“百万人家簇绮罗，丛祠无数舞婆娑”[②]，市井繁华不逊前代。1985年，沅陵双桥元墓中出土两张潭州油漆颜料广告，是中国现存最早的印刷广告实物[③]。该广告用黄色毛边纸制作，一尺见方，四周印有花边图案，刊文：

潭州升平坊内，白塔街大尼寺相对住危家，自烧洗无比鲜红、紫艳上等银朱、水花二珠、雌黄，坚实匙筋。买者请将油漆试验，便见颜色与众不同。四远主顾请认门首红字高牌为记。

交通发展促进了荆湖与岭南、川黔、江浙等地的商贸往来，时称“陆修流马运，水作泛舟连。……北来因鼎粟，南至出渠船。”[④]

二、“湘潭之漕”与纲运

北宋漕运在隋唐基础上继续发展，形成以东京汴梁为中心、通过四河（汴河、蔡河、广济河、黄河）辐射全国的漕运网络。朝廷“引漕江湖”，以“江南、淮南、浙东西、荆湖南北六路之粟”[⑤]为国用根本。《长江航运史》写道：

宋太祖、太宗时，平均每年漕运长江流域各地的粮食约为379万石。到真宗咸平元年至景德三年，平均每年约为505万石。景德四年额定运量为600万石，“永为定制”但却定而难限。自此至天禧五年运数上升到平均每年约为678万石。仁宗至哲宗时，运量稍有下降，平均每年约为640万石。[⑥]

据《梦溪笔谈》，熙宁中，额定漕粮运量仍为600万石。

发运司岁供京师米，以六百万石为额。淮南一百三十万石，江南东路九十九万一千一百石，江南西路一百二十万八千九百石，荆湖南路六十五万石，荆湖北路三十五万石，两浙路一百五十万石，通余羡岁入六百二十万石。[⑦]

荆湖南路漕粮，来自湘、资水流域，时称“湘潭之漕”。湘潭之漕循湘水、资水入湖，顺江而下，“自淮入汴至京师”[⑧]。

明道二年（1033）六月，右司谏范仲淹奏曰：

---

① （宋）范成大 撰：《骖鸾录》，清知不足斋丛书本。

② 见元人陈孚之诗作《潭州》。

③ 陈先枢、黄启昌 著：《长沙经贸史记》，长沙：湖南文艺出版社，1997年，第91—92页。

④ （宋）王阮 撰：《义丰集·代胡仓过圣德惠民诗一首》，宋淳祐三年刻本。

⑤ 《文献通考·漕运》。

⑥ 罗传栋 著：《长江航运史·古代部分》，北京：人民交通出版社，1991年，第229页。

⑦ 《梦溪笔谈·官政》。

⑧ 《文献通考·漕运》。

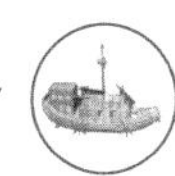

臣至淮南，道逢羸兵六人，自言三十人自潭州挽新船至无为军（今安徽无为县），在道逃死，止存六人，去湖南犹四千余里，六人比还本州，尚未知全活。乃知馈运之患，不止伤财，其害人如此。[①]

除此之外，湖湘米谷还输送歉收地区，救济灾民。真宗时，江州一带“岁旱民饥”，潭州知府马亮遂运“湖湘漕米数十舟”，“发以赈贫民”[②]。元祐六年（1091）浙西水灾，经苏轼奏请，诏运江西、荆湖漕米百余万石“以救苏、湖之民”[③]。

北宋漕运有“转般”“直达”两种。按转般法，“江不入汴，汴不入河，河不入渭”。荆湖漕船顺流而下，运至真州（今江苏仪征）转般仓[④]卸纳后，即“载官盐以归，舟还其郡、卒还其家，汴船诣转般仓漕米输京师。”[⑤]治平三年（1066），运荆湖淮盐达到53万石[⑥]。

熙宁元年（1068），“其法始变”，转般与直达两法并行，部分江船直航京师。崇宁元年（1102），蔡京任宰相后，“始求羡财以供侈用”，以其亲信胡师文为发运使，致“转般之法坏矣”。崇宁三年（1104），纲运完全采用直达法。“自是六路郡县各认岁额，虽湖南、北至远处，亦直抵京师，号直达纲。……又盐法已坏，回舟无所得，舟人逃散，船亦随坏。”[⑦]由于直达“道里既远，情弊尤多”，大观三年（1109）复行转般法。其后，纲运方式在转般、直达之间反复，直至北宋灭亡。

南宋时，朝廷在鄂州、襄阳、荆南等抗金前线驻军的粮食供应，主要源于荆湖、江西等地。《宋史·食货志》：

高宗建炎元年，诏诸路纲米以三分之一输送行在（河南商丘，时高宗驻跸于此），余输京师（河南开封）。二年，诏二广、湖南北、江东西纲运输送平江府，……绍兴初，因地之宜，以两浙之粟供行在（浙江绍兴、杭州），以江东之粟饷淮东，以江西之粟饷淮西，荆湖之粟饷鄂、岳、荆南。量所用之数，责漕臣将输，而归其余于行在，钱帛亦然。……三十年，科拨诸路上供米：鄂兵岁用米四十五万余石，于全、永、郴、邵、道、衡、潭、鄂、鼎科拨；荆南兵岁用米九万六千石，于德安、荆南、澧、纯、潭、复、荆门、汉阳科拨。

绍兴十一年（1141），朝廷在鄂州设立“湖广总领所”[⑧]，建“大军仓”100间，筹措、接纳荆湖、江西等路军需，分拨荆、襄等地驻军。其中，“米多自湖南拨运，谷多自江西拨运。”[⑨]潭州军粮同时供给鄂州、江陵驻军，成为纲运两地的唯一州军，折射潭州物产之饶、运输之畅。又，《宋会要辑稿·食货》：

---

① 《续资治通鉴长编·卷一一二》。

② 《宋史·马亮传》。

③ （宋）苏轼 撰：《苏文忠公全集·乞免五谷力胜税钱札子》，明成化本。

④ 《宋史·食货志》载：“转般之法，寓平籴之意。江、湖有米，可籴于真；两浙有米，可籴于扬；宿、亳有麦，可籴于泗。”

⑤ （明）丘浚 撰：《大学衍义补·漕挽之宜》，清文渊阁四库全书本。

⑥ 《宋史·食货志》。

⑦ 《宋史·食货志》。

⑧ 宋高宗在绍兴年间设置的“天下四总”之一。绍兴十一年，朝廷设湖广总领所于鄂州，设淮东总领所于镇江府，设淮西总领所于建康府，绍兴十五年增设四川总领所于利州（今四川广元）。

⑨ 《宋会要辑稿·食货》。

（绍兴三十二年）十一月二十九日，参知政事、督视湖北京西路军马汪澈言："荆、鄂两军屯守襄汉，粮斛浩瀚，悉泝汉江，霜降水落，舟胶不进，所遣纲船，来自江西、湖南，率经年不得还，舟人逃遁，官物耗散，而军食又不继。窃谓虏未退听，调度尚烦，或和或战，襄汉要必宿师，而馈运乃如此，可不深虑！"

湖南也是行在的粮食供应地。孝宗隆兴年间（1163—1164），司农卿李椿建议：

籴洪、吉、潭、衡军食之余，及鄂商船，并取江西、湖南诸寄积米，自三总领所送输，以达中都，常达二百万石，为一岁备。[①]

嘉定十五年（1222），宋金战事再起，襄阳军粮由15万石增加到60—70万石，指定湖南派纲船起运。《宋会要辑稿·食货》：

当未军兴前，湖南所起科定襄阳纲米，不过十五万石。自军兴以后，军马分屯沿边，用度益伙，所起襄阳并移拨均州、光化粮纲，以今计之，一岁趱发六七十万石。是以本所每年春夏之间，诸州起到上供米及和籴米纲，不问元科去处，即趁水涨，改拨襄阳诸处军前。至秋冬水涸，却令续到之纲就近交卸，以补春夏改拨之数。……所有潭、衡两州并永、道、全、邵州科定合发到处军前米纲，亦乞下各州催促装发，照定限到来。

其运输路线当自湘、资入洞庭，顺江水至鄂州，继溯汉水至郢州（今湖北钟祥）、襄阳、光化（今湖北光化）、均州（今湖北丹江口）。该线"自郢州、襄阳以上，则有所谓三十六滩之险。纲运至此，必须小舟数百般载，谓之盘滩，泝流牵舟，率用百文，以竹为之。……委是崎岖，费用尤重。"[②]

自襄阳拨运军粮至枣阳，须经陆路，运夫皆自鼎州、澧州一带征调。《宋史·食货志》记载了这些征夫的悲苦境遇：

嘉定兵兴，扬、楚间转输不绝，……京西之储，襄、郢犹可径达，独枣阳陆运，夫皆调于湖北鼎、澧等处，道路辽邈，夫运不过八斗，而资粮扉屦与夫所在邀求，费常十倍。中产之家雇替一夫，为钱四五十千；单弱之人一夫受役，则一家离散，至有毙于道路者。

元大都供粮来源包括长江中下游，以江浙、江西、湖广行省为主[③]。《元海运志》："元都于燕，去江南极远，而百司庶府之繁，卫士编民之众，无不仰给于江南。"[④]其中，江西每年上供漕粮约120万石，湖广每年一般为20万石、最高50万石。两地漕粮运至真州交卸，继循运河或泛海北上大都。《新元史·食货志》："湖广、江西之粮运至真州泊水湾，勒令海船从扬子逆流而上，至泊水湾装发。"

---

① （宋）朱熹 撰：《晦庵集·敷文阁直学士李公（椿）墓志铭》，四部丛刊明嘉靖本。

② 《宋会要辑稿·食货》。

③ （明）张一厚 撰：《海道经·附录》，清借月山房汇钞本。

④ （元）危素 撰：《元海运志》，学海类编本。

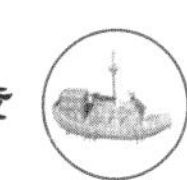

三、襄汉、扬夏漕渠的修凿

荆湖、二广诸地运往东京汴梁的上贡及漕粮军需等物，或远涉江淮水道，纲运至真州转般仓，再循运河输送汴京；或自汉口溯流北上陆转，路程遥远，颇多艰难。

方城地处伏牛山与桐柏山交界地带。伏牛山、桐柏山在南阳盆地东北交接，形成罕见的平原垭口——方城垭。方城垭宽约 30 里，自古就是南阳盆地往来河洛的交通要冲，与太汾、渑、荆阮、肴殳阪、井陉、令疵、句注、居庸并称华夏九塞[①]。

鉴于方城"南襟湘汉，北引河洛，东挟江淮，西胁武关"[②]的地理位置，太平兴国三年（978），"西京转运使程能献议，请自南阳下向口（今方城县境）置堰，回水入石塘、沙河，合蔡河达于京师，以通湘潭之漕。"[③]即自下向口筑坝，拦截汉水支流白河引水北上，越过方城垭，经石塘河、沙河、蔡河、睢水达京师，从而沟通长江、黄河水系，方便荆湖、二广及西南诸路输京漕运。太宗诏准后，"发唐、邓、汝、颖、许、蔡、陈、郑丁夫及诸州兵，凡数万人，以弓箭库使王文宝、六宅使李继隆、内作坊副使李神祐、刘承珪等护其役。堑山湮谷，历博望、罗渠、少柘山，凡百余里，月余，抵方城。"[④]由于没有考虑运渠地势与水位、水量关系，"渠成而水不上"[⑤]"能献复多役人以致水，然不可通漕运。会山水暴涨，石堰坏，河不克就，卒堙废焉。"[⑥]

沟通江汉水运的河渠最早凿于楚庄王时，史称"云梦通渠"。晋太康元年（280），大将军杜预鉴于旧水道淤塞难行，"乃开扬口，起夏水，达巴陵千余里，内泻长江之险，外挂零桂之漕。"[⑦]利用扬夏水道沟通江、汉，并于荆江调弦口凿华容运河（调弦河），入巴丘湖。湘水诸郡漕粮不再绕行汉口，转由扬夏运河北输襄阳、洛阳。

随着北宋漕运复兴，一份疏浚扬夏水道，复凿襄汉漕渠，开通荆襄、襄京漕路的建议被提交朝廷。端拱元年（988），"供奉官阁门祗侯阎文逊、苗宗俱上言：'开荆南（江陵）城东漕河，至狮子口入汉江，可通荆、峡漕路至襄州；又开古白河，可通襄汉漕路至京。'诏八作使石全振往视之。遂发丁夫治荆南漕河至汉江，可胜二百斛重载，行旅者颇便，而古白河终不可开。"[⑧]

虽然复开襄京漕路的建议因地势悬绝搁浅，但完成了连接荆、襄的扬夏运河修浚。川益、荆湖、二广诸州官商物资，由扬夏水道进入汉水，循唐白河北输中原，从而避开趋鄂州转溯汉水的迂远水路。如"川益诸州租市之布，自嘉州（今四川乐山）水运至荆南，由荆南改装舟船遣纲送京师。"[⑨]

襄汉漕渠尽管没有凿成，但为后人提供了极为宝贵的经验借鉴。2014 年 12 月正式通水的南

---

① 《吕氏春秋·有始》。
② 清康熙五十五年（1716）裕州知州董学礼撰《裕州志》序。
③ 《宋史·河渠志》。
④ 《宋史·河渠志》。
⑤ 《宋史·太宗本纪》。
⑥ 《宋史·河渠志》。
⑦ 《晋书·杜预传》。
⑧ 《宋史·河渠志》。
⑨ 《宋会要辑稿·食货·漕运》。

水北调中线工程，方城段走向即循宋代开挖的漕渠故道。

四、青草、洞庭直河的开浚

唐宋时期，洞庭地区有洞庭、青草、赤沙三大湖，青草湖在洞庭湖南，赤沙湖在洞庭之西。青草湖“北连洞庭，南接潇湘，东纳汨罗之水，每夏秋水泛，与洞庭为一，水涸则此湖先干，青草生焉。”[①] 又，湘水“北而达青草湖。”[②]

这一时期，由于自然淤积和人类围湖造田，湖泊面积大为缩小。按《元和郡县志》记“洞庭湖在巴陵县西南一百五十步，周回二百六十里……青草湖在巴陵县南七十九里，周回二百六十五里。”与东晋南朝相比，湖面几乎缩小一半。湖区港汉分隔、洲滩棋布，湖中航道迂回曲折，汛枯水位变化显著，枯季常常发生舟船搁浅的情况。宋代《岳阳风土记》：

大抵湖上舟行，虽溯流而遇顺风，加之人力，自旦及暮可行二百里。岳阳西到华容，过大穴漠、汴湖，一日程；又西到澧江口、鼎州、江口，皆通大穴漠、赤沙，三日程；南至沅江，过赤鼻湖四日程；又东至湘江，过磊石、青草湖两日程。夏秋水涨，其道如此。冬春水落，往往浅涩。江道回曲，或远或近，虽无风涛之患，而常靠搁。

为便利湖湘漕运，“崇宁四年（1105）正月，以仓部员外郎沈延嗣提举开修青草、洞庭直河。”[③] 青草、洞庭直河修浚完成后，“湘潭之漕”可自湘水、青草湖、直河入洞庭湖，出华容河，从调弦口入江，沿荆襄运河北上中原。

五、武陵便河的开凿

潜水驿是唐代在常德城北设置的一处驿站（元改置常德站）。朗州司马刘禹锡曾作《秋日送客至潜水驿》：

候吏立沙际，田家连竹溪。
枫林社日鼓，茅屋午时鸡。
鹊噪晚禾地，蝶飞秋草畦。
驿楼宫树近，疲马再三嘶。

武陵城北有渐水，源于桃园浮山六角垭，经龙船港、石板滩、花山、尚桥、潜水桥汇柳叶湖，继由鹰湖、韩公渡，于河洑入沅水，其中柳叶湖下段又称潜水。该水“状若树枝，屈曲潆洄，沟通沅、澧及诸湖泊”[④]，是武陵北部水运干道。纲运货物运到潜水驿后，进城须转陆路，仍然不甚方便。延祐六年（1319），常德路监哈珊下令开凿从武陵县北到潜水驿运河，平时通舟，旱时灌溉。《读史方舆纪要·武陵县》载：“便河在县北一里。元人所开，南通沅江。”

① （唐）梁载言 撰：《十道志》，汉唐地理书钞存本。
② 《读史方舆纪要·湘水》。
③ 《宋史·河渠志》。
④ 邹镇华 主编：《常德地区交通志》，长沙：湖南出版社，1992 年，第 7 页。

清嘉庆《常德府志·山川考》记：

便河：在县北界外。合七里桥水，入柳叶湖。《旧志（即嘉靖常德府志）》：元都监哈珊以民艰于输运，乃从北门外起至潜水十五里，开河以便之，岁旱因以溉田，民甚赖。

常德诗墙录有描述这一历史事件的地方民谣：

哈珊开便河，恩多怨也多。
千年百载后，恩在怨消磨。

六、灵渠整治

宋元时期，广南西路铜、锡产量在国内占有重要地位，皆由湘桂运河转输中原。为保证军运、纲运和商旅通畅，期间对灵渠共进行了十次整治，其中北宋四次、南宋三次、元朝三次。

宋代第一次疏浚是在太平兴国二年（977），由转运使边珝主持。第二次是庆历四年（1044），桂林衙前秦晟监修灵渠。计用工1.085万个、钱7560余缗，工料由兴安、临桂、灵川三县差拨。

嘉祐三年（1058），广西提点刑狱兼领河渠事李师中采用“积薪焚其石”，清除碍舟礁石，并将灵渠陡门增至36座。这次疏浚，征用民夫1400人，工期34天，用工4.76万个。《岭外代答·灵渠》：

（灵渠）深不数尺，广可二丈，足泛千斛之舟。渠内置斗门三十有六，每舟入一斗门，则复闸之，俟水积而舟以渐进，故能循崖而上，建瓴而下，以通南北之舟楫。

灵渠畅通，湘水南北纽带作用更加明显。《宋史·陶弼传》：

陶弼，字商翁，永州人。……调阳朔令，课民植木官道旁，夹数百里，自是行者无夏秋暑暍之苦，它郡县悉效之。摄兴安令，移书说桂守萧固浚灵渠以通漕，不听；至李师中，卒浚之。师征安南，馈饷于是乎出，大为民利。

宋时，灵渠由兴安、灵川两县兼管。《宋史·河渠志》：

绍兴二十九年，臣僚言：“广西旧有灵渠，抵接全州大江，其渠近百余里，自静江府经灵川、兴安两县。昔年并令两知县系衔‘兼管灵渠’，遇堙塞以时疏导，秩满无阙，例减举员。兵兴以来，县道苟且，不加之意；吏部差注，亦不复系衔，渠日浅涩，不胜重载。乞令广西转运司措置修复，俾通漕运，仍俾两邑令系衔兼管，务要修治。”从之。

南宋绍熙五年（1194），广南西路经略安抚使、知静江府朱晞颜续修灵渠。“凡用缗钱三百万，工五万有奇。”[①] 是宋代规模最大的灵渠修浚工程。

① （清）程可则 撰：《桂林府志·沟洫志》，清康熙抄本。

元至正十三年（1353）夏，“山水暴至，一旦而堤者圮，陡者隤，渠以大涸，壅漕绝溉。”[①] 次年九月，岭南广西道肃政廉访副使乜儿吉尼倡导官吏捐禄集资，修复铧堤及溃坏的陡门，并命静江路判官王惟让、兴安县尹彭祖元督修。修浚工程历时四个月，用工 14.8 万个，费钱 5000 缗。灵渠航运得以恢复，“灌溉之利咸复其旧。”[②]

七、潇水航道疏浚

湘水支流潇水双牌（古称泷泊）至道州 70 里河段，滩多流急，船夫望而生畏，称为泷水。其以麻滩驿为界，北为零陵，南属道州，故泷水又称“零陵泷”。（清）道光《永州府志》：“道（州）宜阳乡为泷滩，水流石中而曰‘泷’，自江（村）至庳亭谓之入泷。至零（陵）附界泷白滩，谓之出泷，春夏水涨，漕运其上为石所病者甚多。”两任道州刺史的诗人元结描述：“上泷船似欲升天，下泷船似入深渊。”

南宋嘉定年间，道州太守林致祥，自捐俸雇匠，沿此段险滩凿石开道，岸遇涧水处架桥，士民欣然资助其举，历数月完工，滩险盘石险礁被清除[③]。明代隆庆《永州府志》：

宋嘉定中，太守林致祥捐俸，命工沿泷凿山开道，涧水所限处，作桥十，民咸愿出资以佐其事，未数月，迄功。自庳亭（江村）达永之雷石（泷泊），遂为通道。今则，水陆皆通焉。

第三节　邮驿体制的演变

宋代邮驿演变的主要特点，一是军卒代民役，再就是创设急脚递并建立了较为完整的递铺体系。元朝疆域辽阔，驿传制度更为完善。

一、递铺体系的形成

赵宋结束了唐末五代以来的分裂局面，为全国范围内统一邮驿奠定了基础。由于“前代置邮，皆役民为之”，给百姓增加很大负担。建隆二年（961），宋太祖“诏诸道邮传以军卒递。”[④] 递铺卒由专事递运的厢兵充任。次年初，令“不得差道路居人，充递军脚力。”[⑤] 邮驿机构纳入军队编制，归属兵部驾部。制定乘驿条例，发放驿马、驿券符牌，则由枢密院主管。

邮传机构由驿馆与递铺构成，驿与驿间有递铺。宋改唐制三十里为六十里置一驿，递铺间距离最短为七里、最长二十五里。驿馆主要职能是接待使者及过往官员，提供住宿和交通工具。

---

① （清）雷汾清 纂修：《兴安县志》，清乾隆四十九年刻本。

② （清）雷汾清 纂修：《兴安县志》，清乾隆四十九年刻本。

③ 零陵地区交通志编纂办公室 编：《零陵地区交通志》，长沙：湖南出版社，1993 年，第 177 页。

④ 《宋史·太祖本纪》。

⑤ 《永乐大典·急递铺》。

元祐年间（1086—1094），湘阴始建湘水驿。宝祐二年（1254）重建，知县邵庶并作《湘水驿记》：

邑介湖南北间，为水陆冲要。使车行部，幕府沿檄，县官始终，更往往税驾僧舍，或僦居于民，非便也。旧有驿，嘉泰间，令尹王君创。岁久弗葺。木蠹且腐，栋桡勾复支。因曰：此邑大夫责也。余虽代庖者，其敢辞。

一日乃视其地，吾夫子宫墙在焉。印州文星森其前，而颓檐败壁其左，外观非美，内失所以崇重意。《春秋》凡役必书，余是役有名矣。亟撤朽弊而去之，吏相顾骇愕，且云将何所取财？余谓：先正有言，财在天地间。只有此数，不在官则在民。盖以聚之官，不如散之民，百姓足，君孰与不足之义也。矧惟财在县家者，亦只有此数。不在公则在私，则聚之官，先正犹以为不可，财聚之私，其不可亦甚矣。余无私焉，或者其可乎？吏始叩头禀命曰可矣。

乃龟卜，乃鸠工。市竹木于江浒，而牙桧不知；市砖瓦于窑户，而乡保不预。匠日给以直，又时劳之，而人忘其劳。由门观而听事，由书院而堂宇，前列舍，后置庖湢，至者如归焉。既成，匾曰湘水驿。

湘四通八达之区也。国家全盛时，朝京者，道所必由。上方有事，于荆州用武之国，当有挚中原版图上职方者。驷马驱驰，轺车骆驿，则此驿不虚设矣。是不可不书以纪岁月。时宝祐甲寅孟夏，大名邵庶记。①

离乱之世，驿馆也供兵帅住宿。绍兴二年（1132），岳飞自江西宜春入湘，经茶陵、郴州，进剿盘踞道州、贺州一带的曹成，北还时曾在永州大营驿（今祁东县境）宿营，并题记于驿壁。记曰：

权湖南帅岳飞，被旨讨曹成，自桂岭平荡巢穴，二广湖湘悉安，痛念二圣，远涉沙漠，天下靡宁。誓竭忠孝，赖社稷威灵，君相圣贤。他日扫清强虏，复归故国，迎两圣还朝，宽天子宵旰之忧，此所志也。顾蜂蚁之群，岂足为功？因留于壁。绍兴二年七月初七日。②

清道光《永州府志》：

大营驿，今废为铺。宋岳飞讨湖贼过此，有留题石碑尚存。

递铺主要传送文书，运送官物，偏僻处所递铺兼负驿馆功能。

《梦溪笔谈·官政》：

驿传旧有三等，曰步递、马递、急脚递。急脚递最遽，日行四百里，唯军兴则用之。

步递、马递、急脚递是传递速度、文书性质和传递方式不同的递运等级。急脚递最快，接着是马递，最后是步递。部分递铺只有步递、马递、急脚递中的一种或两种，偏远地区一般不设急

① 《永乐大典·卷五七六九》。

② （宋）岳珂：《金佗稡编·家集》，明嘉靖刻本。

脚递。

步递速度较慢，主要传递普通公文，承担官物运输。“常程入步递日行二百里”“诸递铺传送人者，日行六十里，仍宿于铺。”[①]宋代开始，官员家书、官员与友人的私人信件可入步递，但绝不能入马递和急脚递。

宋初，为输入岭南香药，曾自广南至汴京设200处香药递铺。香药递运循文书传送路线，即自开封经襄州、江陵府、潭州、衡州，或由郴州至广东、或由全州往广西。因“陆运艰费”，咸平五年（1002）七月，“诏户部判官凌策与江南转运使同计度，罢省自京至广南香药递铺军士及使臣计六千一百余人，皆陆运至虔州，然后水运入京。”[②]

除香药外，金、银、铜、锡、铅等贵金属多由递铺兵卒递运。《续资治通鉴长编·神宗熙宁五年（1072）》：

陕西运铜锡递铺兵……二人挽一车，日铺运铜锡五千斤，以年计之，可运一百七十二万。

马递用于传送紧急文报及赦书，速度次于急脚递。“无急脚递及要速非常贼盗文书入马递。”[③]范仲淹曾在《让观察使第二表》奏称：“马递降到告、敕各一道。伏蒙圣慈，特授臣尚书礼部郎中，依前充枢密院直学士知秦州。”景德四年（1007），“宜州澄海军校陈进反。”[④]朝廷自京师至宜州设置马递，传达军情。该线经由湘桂驿道，系湖南马递的最早记载。

除此之外，朝廷在水道便捷地区设水递铺，递运大宗官物、接送用驿人员，间或传递官府文书。宋初，江陵至桂州间置有水递铺，征用沿岸渔樵庶民做水递铺夫[⑤]。衡州通判张齐贤因湘水一线水递铺夫“困于邮役”[⑥]，乃奏准减其役之半。

水递铺由在地转运使管理。每条递运船配铺夫及挽船者约五人。水铺夫原为就地征雇，后逐步用厢军代替。

《续资治通鉴长编·宋真宗咸平二年》：

（归州、峡州）沿江水递八十九铺，岁役民丁甚众，颇废农作。（峡路转运副使）（李）防悉用本城卒代之，民以为便。

北宋明道二年（1033），范仲淹奏言：

臣至淮南，道逢羸兵六人，自言三十人，自潭州挽新船至无为军，在道逃死，止存六人，去湖南犹四千余里，六人比还本州，尚未知全活。[⑦]

---

① 赵彦昌、吕真真：《宋代公文邮驿制度研究》，《浙江档案》，2009年第3期。

② 《宋会要辑稿·食货》。

③ 《永乐大典·急递铺》。

④ 《宋史·曹克明传》。

⑤ 《续资治通鉴长编·宋太宗太平兴国二年》：“自江陵至桂州，有水递铺夫凡数千户，皆渔樵细民，衣食不给。湘江多巨潭险石，而程限与陆铺等，或阻风涛阴雨，率被笞捶。”

⑥ 《宋史·张齐贤传》。

⑦ 《续资治通鉴长编·宋仁宗明道二年》。

水递铺设置以江南为主，北方河流或因水量不均、或因冬天冰冻，难以常年通航，一般采用陆递[①]。

锡铜是共生矿产，也是铸造铜钱的主要原料。衡州、郴州、道州是有色金属重要产地，开采历史远溯商周。据《宋会要辑稿·食货》，元丰元年（1078）道州产锡23.6万斤，占全国总产量的10.17%[②]。

鉴于湘南铜锡资源丰富。熙宁六年（1073），朝廷在衡州设立熙宁钱监，年铸币量20万缗，可见其盛[③]。

产于湘水中上游的锡、铜等铸币原料，当循潇水或耒水、湘水，递运衡州。

二、急递制度的建立发展

为快速传送事关紧急的重要文书，北宋创立了“急脚递”制度。景德元年（1004）闰九月，辽国萧太后率师南侵，宋真宗在宰相寇准力劝下御驾亲征，北上澶州督战。次年一月，宋辽双方在澶州（亦称澶渊郡，今河南濮阳）订立和约，史称“澶渊之盟”。二月，“诏河北两路急脚铺军士，除递送真定总管司及雄州文书外，它处文书不得承受。帝以急脚军士晨夜驰走甚为劳止，故有是诏。”[④]

皇佑元年（1049），广西广源州（今靖西、田东一带）少数民族首领侬智高起事，进攻邕州。为保障京师与广南西路之间紧急文书传递，仁宗“诏马铺以昼夜行四百里，急脚递五百里。”[⑤]此举或为湘境设急脚递之始。

急脚递设编于递铺，选健壮兵卒充急脚递夫。元丰六年（1083），福建路奏称：“福建递铺，未曾兴置急脚兵士，文字违滞。乞每铺以十五人为额，内二名充急脚。”[⑥]

急递铺由军兴所需而置，大概始于北宋与交趾李朝战争期间[⑦]。熙宁八年（1075）冬，交趾兵分三路侵入广西，“连陷钦、廉二州”[⑧]。十二月，神宗“诏自京至广西邕、桂州已来沿边，置急递铺。”[⑨]后又颁诏：“军兴飞书遣使，此（急递）最先务。”[⑩]包括潭、衡、永、桂在内的湘桂道沿线，可能是宋代最早设置急递铺的地区之一。

① 《续资治通鉴长编·宋仁宗至和元年》：“内侍杨永德建请于蔡、汴河置水递铺，察（即户部侍郎杨察）条其不便，罢之。”

② 《宋会要辑稿·食货》：“道州元额二十三万六千三百八十斤，元年收二十三万七千三百九十斤。郴州雷溪场，元额一千三百八十九斤，元年收一万九百六十四斤。……锡坑冶祖额总计一百九十六万三千四十斤，元丰元年收总计二百三十二万一千八百九十八斤。”

③ 《宋会要辑稿·食货》：“江湖闽广十监，每年共铸钱二百九十五万四百缗，计用铜一千十一万五千斤。江州广宁二十四万，池州永丰三十四万五千，饶州永平四十六万五千，建州丰国三十四万四百。四监一百三十九万四百缗，上供。衡州熙宁二十万，舒州同安十万，严州神泉十五万，鄂州宝泉十万，韶州永通八十三万，梧州元丰十八万。以上六监一百五十六万缗，逐路支用。”

④ 《永乐大典·急递铺》。

⑤ 《续资治通鉴长编·皇祐元年十月》。

⑥ （宋）陈傅良、梁克家 撰：《淳熙三山志·地理》，清文渊阁四库全书本。

⑦ 《永乐大典·急递铺》：“宋朝急递铺：凡十里设一铺，每铺设铺长一名；铺兵要路十名；僻路或五名，或四名。出职掌。”

⑧ 《文献通考·交趾》。

⑨ 《永乐大典·急递铺》。

⑩ 《永乐大典·急递铺》。

章惇开边后，沅水流域南北江峒蛮叛服无常。为此，朝廷在相关地区设急脚递，传送“盗贼”讯息[①]。

铺递程限，根据文书性质确定。常程步递日行二百里，马递分日行三百、四百、五百里三种。急脚递实际上就是快马递，有日行四百、五百里两种。为确保紧急文书按时送达，朝廷制定了严格的违约处罚规定：“违不满时者，笞五十，一时杖八十，一日杖一百，二日加一等，罪止徒三年。”[②]

南宋战事频繁，朝廷设立斥堠铺和摆铺，专递“军期紧急和贼盗探报的文字”[③]。绍兴四年（1134），岳飞率师北伐，收复襄阳六郡。枢密院即“令淮南、荆湖、江南、两浙，通接沿边探报军期急切及平安文字赴行在。经由州军去处，并取便路接连，措置摆铺，至临安府界内，并合相连接置摆铺。”[④]

开庆元年（1259），蒙古大汗蒙哥亲征四川，其弟忽必烈攻鄂州，兀良合台则自大理取道广西犯潭州，期以实现南北夹击、覆灭南宋的“斡腹之谋”。元军“壁（潭州）城下月余”[⑤]，湘境多处置斥堠、摆铺，传递紧急讯息。其中，“自桂至潭添置六铺……所有本司（桂州）到潭州一千余里，近已添铺添人，亦已限定三日半可到。”[⑥]祁阳递铺配铺兵六人，“凡军情急奏，日夜传送。”[⑦]可以说，南宋创立的斥堠铺、摆铺，是一种临时而特殊、为传递军事情报设立的急递铺。

蒙元地跨亚欧，疆域辽阔，征战频繁，急递铺作用更加明显，急递制度进一步完善。急递网络之发达、组织之严密、递送之高效，远超前朝[⑧]。

元代急递铺又称“急递馆”，每一铺置提领、铺兵、铺司数员。元循金制，取不能当差贫户，除其差役，专充铺兵，不足由各州、县漏籍民户补差。遇有文书传送，在文簿上注明到铺时刻和铺兵姓名，送达下铺又注明交接时刻和姓名，延误必罚。

中统元年（1260），忽必烈初继大位，即诏“随处官司，设传递铺驿。”[⑨]三年诏云：“只送中书省公文，而其它官署公文不得交急递铺递送。”五年复云：“急递铺专一转递中书省领左右部、宣慰司、转运司文字，军情公事，差使臣往来勾当。”[⑩]为强化分布全国各地、总数两万余所急递铺的管理，至元三十一年（1294），“大都设置总急递铺提领所，降九品铜印，设提领

① 《宋会要辑稿·方域》：“崇宁元年（1102）六月十四日，‘敕鼎州龙阳县永安铺与陵名相犯，改为龙潭铺。’……十二月二十二日，兵部状：‘点检编排自京至荆湖南北路马递急脚铺所状，今点检得鼎州敖山铺至辰州门铺人马，除传送文字外，其余人多缘应付军兴差出，勾当官员、诸色人打过。……欲乞下有司立法，应官员、诸色人合破递铺担擎，辄役急脚铺兵士或曹司者，以违制论。’诏依兵部所申。”

② 《永乐大典·急递铺》。

③ 《宋会要辑稿·方域》。

④ 《宋会要辑稿·方域》。

⑤ 《元史·兀良合台传》。

⑥ （宋）李曾伯 撰：《可斋续稿·回奏宣谕》，清文渊阁四库全书本。

⑦ 零陵地区交通志编纂委员会 编：《零陵地区交通志》，长沙：湖南出版社，1993年，第7页。

⑧ 《元史·地理志》：“元有天下，薄海内外，人迹所及，皆置驿传，使驿往来，如行国中。”

⑨ 《元史·兵志》。

⑩ 《元典章·兵部》。

三员。”①

元代急递铺大体上每十里至二十五里设置一处。“铺司须能附写文历，辨定时刻，铺兵须壮健善走者，不堪之人，随即易换。”铺兵走递时，“皆腰革带，悬铃，持枪，挟雨衣，赍文书以行，夜则持炬火，道狭则车马者、负荷者，闻铃避诸旁，夜亦以惊虎狼也。响及所之铺，则铺人出以俟其至。”②

三、湘沅站道

忽必烈即位后，大力整治交通，完善驿站制度。道路除沿袭前朝外，更辟便捷途径。如云南通内地路线，即由建昌、乌蒙道改走湘黔道，“驿路捷近二千余里。”③

至元二年（1265）颁行《立站赤条例》，设“站赤”④为各地水陆驿传机构。设立站户制度，站户固定于驿站，与民户异籍，负责供应驿马、车辆、驿递夫食粮和来往使臣的膳宿。“于是四方往来之使，止则有馆舍，顿则有供帐，饥渴则有饮食。”⑤

据《元史·兵志》，中书省（腹里）计陆站175所、水站21所、牛站2所，河南江北行省陆站106所、水站90所，辽阳行省陆站105所，江浙行省马站134所、轿站35所、步站11所、水站82所，江西行省陆站85所、水站69所，湖广行省陆站100所、水站73所，陕西行省陆站80所、水站1所，四川行省陆站48所、水站84所，云南行省陆站74所、水站4所，甘肃行省陆站6所，以上合计1385所。加上岭北行省（今蒙古高原及贝加尔湖地区）、宣政院辖地（今青藏高原）、察合台汗国（今新疆）等地站所，驿站总计1500余所。各行省站赤配置的交通工具种类、数量皆有定额，如：

中书省所辖腹里各路站赤，总计一百九十八处：陆站一百七十五处，马一万二千二百九十八匹，车一千六十九辆，牛一千九百八十二只，驴四千九百八头。水站二十一处，船九百五十只，马二百六十六匹，牛二百只，驴三百九十四头，羊五百口。牛站二处，牛三百六只，车六十辆。……湖广等处行中书省所辖，总计一百七十三处：陆站一百处，马二千五百五十五匹，车七十辆，牛五百四十五只，坐轿一百七十五乘，卧轿三十乘。水站七十三处，船五百八十只。

记载元代站赤的史料主要有两种：一种是按路线记载的《析津志·天下站名》，另一种是按行政区划记载站赤分布、各站交通工具配置情况的《经世大典·站赤》⑥。

元廷经营大西南，湘境成为必由之路，出省交通亦以湘桂、湘黔、湘鄂驿道拓展为主。长沙、岳州、

① 《元史·兵志》。

② 《元史·兵志》。

③ 《永乐大典·经世大典·站赤三》。

④ 所谓“站赤”，是蒙古语“驿传”的译音。

⑤ 《元史·兵志》。

⑥ 据考证，《析津志·天下站名》的成文时间在至元十八年（1281）二月至至元十九年（1282）三月之间；《经世大典·站赤》成文时间按行省区分并不一致，其中湖广行省站赤资料的形成时间似在至元二十九年（1292）六月稍前。参见默书民、闫秀萍：《元代湖广行省的站道研究》，收于刘迎胜 编：《元史及民族与边疆研究集刊》（第二十二辑），上海：上海古籍出版社，2010年。

常德、衡州成为区域交通中心。自衡州至全州，湘境设路口、排山、熊罴、三吾、冻青、光华、东乡等陆站，各站配站马 20 匹；自衡州至韶州，沿途均无驿站设置，说明湘粤线在元代不是主要线路。自常德至镇远，湘境设有 15 个陆站，各站配站马 15 到 7 匹不等；自常德至江陵，设大龙、清化、兰江、顺林、孙王等站，各站站马 28 到 15 匹不等。自长沙至蒲圻，湘境设有马安、新安、白马、太平、永平、迎瑞、岳阳、云骥、长安、港口等陆站，各站配站马 23 到 20 匹不等。详见表 7-1、表 7-2。①

鄂州路武昌站至静江路桂林站各站站马配置表　　表 7-1

陆站名称	站马数	陆站名称	站马数	陆站名称	站马数
武昌站	35	太平站	20	熊罴站	20
东湖站	20	白马站②	20	三吾站	20
三陂站	20	新安站	20	冻青站	20
咸宁站	20	马安站	20	光华站	20
官塘站	20	潭州站	30	东乡站	20
蒲圻站	20	飞羊站	20	黄沙站	20
港口站	21	中路站	20	洮阳站	20
长安站	20	柘塘站	20	咸水站	20
云骥站	20	依田站	20	兴安站	15
岳阳站	23	衡州站	20	灵川站	15
迎瑞站	20	路口站	20	桂林站	15
永平站	20	排山站	20	绕江站	15

江陵路江陵站至沅州路平溪站各站站马配置表　　表 7-2

陆站名称	站马数	陆站名称	站马数	陆站名称	站马数
江陵城站	56	郑家市站	14	白牛堡站	8
孙王站	28	新店站	14	盈口站	8
顺林站	15	界亭站	15	沅州站	10
兰江站	20	马底站	15	便溪站	7
清化站	15	辰州城站	15	晃州站	7
大龙站	15	杨溪站	11	平溪站	7
和丰站	17	辰溪站	11		
桃源县站	14	寺前站	11		

① 各站名称、站马数量据《经世大典·站赤八》。参见默书民、阎秀萍：《元代湖广行省的站道研究》，收于刘迎胜 编：《元史及民族与边疆研究集刊》（第二十二辑），上海：上海古籍出版社，2010 年。

② 默书民、阎秀萍在《元代湖广行省的站道研究》一文中，将白马站标为岳州至潭州经由的陆站。据谭其骧《中国历史地图集》以及《湖南省志·地理志》，白马站当在益阳境内，不在岳州—潭州交通线上。

“站马配置数量上的差异，是运输量差异的反映。”[①]武昌站位于湖广行省治所，站马配置数量35匹，为沿线最多。岳州设有通往江陵的支线站道，因此站马数量稍高，配有23匹。《析津志·天下站名》：

江陵正南梁家庄正东新市 清平 临江过洞庭湖口岳州。

据《经世大典·站赤八》，江陵路辖梁家庄站、新市站各设站马20匹；岳州路所辖清平、临江各设站马20匹，其中正马10匹、贴马（备用马）10匹。

天临（潭州）是湖南道宣慰司治所。除南北干道外，设有东至江西、西往常德的站道分支，配有站马30匹，仅次于武昌站。

自天临东行设有往江西行省的支线站道。《析津志·天下站名》：

潭州正东偏南南山 双牌正南板寨正东偏南皇华 西村 袁州正北偏东万载正东偏北百二十上高百二十瑞州正北偏东六十乌山正东偏北六十龙兴。

江陵至沅州一线是湖广行省西部干线。平溪去往云南行省，据《析津志·天下站名》，依次有平地、镇远府、偏桥、罗仲、麻站、麻峡、摩溪、南梦、德渐迷、普安等站。该线站马配置比鄂州、潭州、衡州、静江一线明显减少，说明湘桂道驿运量高于湘黔道。

自沅州路盈口站，设有通黔阳、会同、靖州、通道以致广西怀远的支线站道，沿途置竹寨站、黔阳站、竹滩站、会同站、靖安站。竹寨站、黔阳站、竹滩站各设站马7匹，会同站、靖安站各设站马6匹，与西去黔滇的站马数量相当，说明该线系二广通荆湖西部干道 。

“道出湖湘间者，必问津于洞庭。”[②] 岳州城陵站作为水路枢纽，是洞庭湖—湘水—漓江和洞庭湖—沅水—潕水两条水道的起点驿站。

城陵矶—湘水—灵渠—漓江水道，沿途设有城陵、鹿角、磊石、营田、笙竹、同（铜）官、潭州、昭港、洲头、象石、泗州、都石、皇华、遐流、七里、衡州、辛塘、柏坊、河洲、归阳、白水、三吾、方潋、湘口、石期、柳浦、山角、水南、江口、建安、小水、白云、大龙、静江等34处水站，各处配站船7—15艘不等。参见表7-3。

城陵矶—沅水—潕水于至元二十九年（1292）开辟驿运，西抵镇远。沿途设明山、武口、龙阳、常德、延泉、故乡、高都、清浪、北溶、辰州、芦溪、辰溪、浦县、铜安、靖州上湫犀、黔阳、竹寨、盈口、沅州、便溪、晃州、平溪、青浪、大田等24处水站，各处配站船5到8艘不等。参见表7-4。

长江干流湖广行省段水站设置：归州路设建平站、巴东站、万流站，各置站船10只；岳州路有黄家元站、城陵站、鸭栏站，分别配站船7、13、9只；鄂州（武昌）路有城下站、石头站、阁牌洲站、金口站、江口站，城下站设船15只，其他水站各设船10只[③] 。

① 默书民、阎秀萍：《元代湖广行省的站道研究》，收于刘迎胜 编：《元史及民族与边疆研究集刊》（第二十二辑），上海：上海古籍出版社，2010年。

② 《读史方舆纪要·洞庭湖》。

③ 《经世大典·站赤八》。

岳州路至静江路各水站站船配置表[①] 表 7-3

水站名称	站船数	水站名称	站船数	水站名称	站船数
鄂州城站	15	象石站	10	方潋站	10
鸭栏站	9	泗州站	10	湘口站	10
黄家元站	7	都石站	10	石期站	10
城陵站	13	皇华站	10	柳浦站	10
鹿角站	9	遐流站	10	山角站	10
磊石站	10	七里站	10	水南站	10
营田站	10	衡州城站	10	江口站	10
笙竹站	10	辛塘站	10	建安站	10
铜官站	10	柏坊站	缺	小水站	7
潭州城站	15	河洲站	缺	白云站	7
递运官物站	14	归阳站	8	大龙站	7
昭港站	10	白水站	8	静江站	10
洲头站	10	三吾站	8		

岳州路至沅州路各水站站船配置表[②] 表 7-4

水站名称	站船数	水站名称	站船数	水站名称	站船数
城陵站	13	北溶站	5	盈口站	5
明山站	6	辰州站	5	沅州站	5
武口站	8	芦溪站	5	便溪站	5
龙阳站	5	辰溪站	5	晃州站	5
常德站	6	浦县站	5	平溪站	5
延泉站	5	铜安站	5	青浪站	5
故乡站	5	靖州上湫犀站	5	大田站	5
高都站	5	黔阳站	5		
清浪站	5	竹寨站	5		

根据表 7-3、表 7-4 统计，湘、沅水道设有水站 50 余处，占湖广行省 73 处水站的绝大部分。从站船配置数量分析，湘江水站运输能力高于沅水水道，与湖广行省境内长江干流水站（7—15 艘）相当，说明这一时期湘江驿运的重要性不亚于长江干流航道。

① 表中数字据《析津志·天下站名》和《经世大典·站赤八》等资料整理。为便于对比，表中列入了长江干流水道的鄂州城站、鸭栏站、黄家元站。

② 据《永乐大典·六条政类·镇远至岳州立水路》。

第四节　舟车制造与利用

在漕运、纲运及商业贸易推动下，宋代造船业继续发展，船坞、绘图及放样造船技术相继问世。指南针的应用，开辟了航海史上新篇章，为中西经济文化交流创造了前所未有的良好条件，造纸、火药、印刷术等开始传入西欧，阿拉伯人的天文学、算术等相继介绍到东方。

宋元以降，骑行和舆轿兴盛，抑制了中国古代机械工程和车辆制造技术发展，最终被西方先进技术超越。

一、造船业的鼎盛

宋朝在水运发达、用材方便的荆湖、江南、淮南、两浙等路设立造船务、造船坊和造船场，建造官船。天禧年间（1017—1021），各地年造漕船额定 2916 艘，其中潭州 280 艘、鼎州 241 艘。北宋后期，潭州、衡州、虔州、吉州四地年造漕船共 723 艘[①]。

这一时期，鼎州、衡州设造船务，潭州设造船坊，永州有造船场[②]。潭州造船规模宏大，“巨舰漕米，一船万石。”[③]天圣七年（1029），荆湖南路转运使上奏，要求朝廷将“诸州杂犯配军”，“自今应配当路者悉送潭州”从事“水运牵挽，又造船、冶铁工役”[④]。

元丰三年（1080）开始，茶陵以船材折租赋，改为自造船只发运潭州，年额 200 艘[⑤]。

政和四年（1114），诏令两浙路转运司各打造 300 料（石）船 300 只，江南东西、荆湖南北路转运司各打造 500 料船 300 只[⑥]。

南宋初，潭州、衡州造船业更为朝廷倚重[⑦]。

元至元二十年（1283），鉴于“元都于燕，去江南极远，而百司庶府之繁。卫士编民之众，无不仰给于江南”[⑧]，诏江浙、江西、湖广“造船三千艘”，运漕大都[⑨]。

元初征战频繁，战舰制造得到重视。至元十四年（1277），“常德路总管兼尹士倪德政指挥

① 《宋会要辑稿·食货》。

② 日本学者斯波义信先生著《宋代商业史》一书，考证宋代湖南境内设有潭州、衡州、鼎州、永州四处造船工场。转引自席龙飞 著：《中国造船通史》，北京：海洋出版社，2013 年，第 163 页。

③ （宋）江少虞《宋朝事实类苑》记载：“长沙人常自咤吾州有三绝，天下不可及。猫儿头笋，一枝重秤；黑潭取鱼，一网逾千斤；巨舰漕米，一载万石。”

④ 《宋会要辑稿·刑法》。

⑤ 《宋会要辑稿·食货》：“元丰三年四月二十一日，诏：‘衡州茶陵县以税米折纳船材，运至潭州造船，公私靡费。自今以所输船材即本县造船二百艘，转运司出钱佐出费。’”

⑥ 《宋会要辑稿·食货》。

⑦ 《宋会要辑稿·食货》：“（建炎）二年六月五日，发运副使吕源称：‘近江湖四路沿流州县打造粮船一千只，并潭、衡、虔、吉四州两年拖欠舟船八百三十九只，江东路打造未到船二百五只，乞限至年终一切了毕。缘潭、衡、虔、吉四州今年年额又合打造船七百二十只，共二千七百六十只，散在江湖四路沿流二十余州军，若不选差强干催督点勘，必致违误。’”

⑧ （元）危素 撰：《元海运志》，学海类编本。

⑨ 《元史·食货志》。

造战舰三百余艘。”① 二十三年，命“湖广行省造征交趾海船三百，期以八月会钦、廉州。”② 二十九年，令福建、江西、湖广“发舟千艘，给粮一年、钞四万锭”，以征爪哇③。

刘景华先生认为，“古代中国的造船技术发展到宋元时代，无论是船体大小、船舶外形和内部机构，还是船上各种设施装置，都已远远领先于当时世界的水平。”④

太平兴国二年（977），张平在渭水之滨发明世界上第一座船坞。在西方，直到1495年，英国朴次茅斯才修建欧洲第一座船坞。

绘图及放样造船方法也普遍采用。《宋会要辑稿·食货》：

（绍兴）三年十二月一日，神武前军统制、荆南岳鄂潭鼎澧黄州汉阳军制置王𤫉言：“鼎州画到大军船小样并长阔高卑步数，望于下地江分及江西、荆湖南、北两路各造一二十只，付沿江备御使用。”诏令江南东、西、荆湖南、北路帅司依样打造。

金正隆年间（1156—1161），静难军节度使张中彦不仅创造勾连栈道、水陆并举的长途运输方法，也采用了与现代放样原理相似的模型造船技术。《金史·张中彦传》：

正隆营汴京新宫，中彦采运关中材木。青峰山巨木最多，而高深阻绝，唐、宋以来不能致。中彦使构崖驾壑，起长桥十数里，以车运木，若行平地，开六盘山水洛之路，遂通汴梁。

明年，作河上浮梁，复领其役。舟之始制，匠者未得其法，中彦手制小舟才数寸许，不假胶漆而首尾自相钩带，谓之“鼓之卯”，诸匠无不骇服，其智巧如此。

造船用材以密度大、性坚硬的楠木品质最佳。宋人认为，“楠材，今江南等路造船场，皆此木也，缘木性坚，而善居水。”⑤ 湖南是楠木重要产地，直到明代，武陵山区还盛行楠木造舟⑥。

除楠木外，江南、荆湖等路还用樟、松、杉等木材造船。

各型造船用材已有定额，造价预算也有定数。如七百料船额定用钉二百斤，大于和小于七百料的船则按比例增减。平江府（今江苏苏州）所造八槽八丈的战船造价为一千一百五十九贯、四槽四丈五尺的海鸥船造价为三百三十九贯，鼎州所造的二十丈车船造价为两万贯。⑦《宋会要辑稿·食货》：

（绍兴）四年二月七日，知枢院事张浚言：“近过澧、鼎州，询访得杨么等贼众多，系群聚土人，素熟操舟，凭恃水险，楼船高大，出入作过。臣到鼎州，亲往本州岛城下鼎江阅视。知州程昌禹造下车船，通长三十丈或二十余丈，每（只）可容战士七八百人，驾放浮泛往来，可以御敌。缘

① 常德地区交通局 编：《常德地区交通志》，长沙：湖南出版社，1992年，第1页。
② 《元史·世祖本纪》。
③ 《元史·爪哇传》。
④ 刘景华：《郑和以前中国造船技术的历史考察》，《长沙电力学院学报》，1994年第1期。
⑤ （宋）寇宗奭 撰：《本草衍义·卷一五》，清十万卷楼丛书本。
⑥ 明人沈瓒《五溪蛮图志·独木舟》：“以大楠木刳虚其中，棹绕行之。小者长丈五六，大者三丈余。最宜于溪河。辰人造船，亦以此为脚。”
⑦ 《宋会要辑稿·食货》。

比之杨么贼船数少，臣据程昌禹申，欲添置二十丈车船六只，每（只）所用板木材料、人工等共约二万贯。若以系官板木，止用钱一万贯，共约钱六万贯。乞行支降，及下辰、沅、靖州计置板木。如系私下材植，即行支给价钱，和买使用。臣已于随行官兵请受钱物辄那金三百两，付程昌禹收管买木，及札下辰、沅、靖州，多方计置应付去讫。所有少缺钱物，望赐量度应副。”

大船造价难以确定，就按小船尺寸倍数来计算。《宋史·张觷传》：

（张觷）再知处州，尝欲造大舟，幕僚不能计其值，觷教以造一小舟，量其尺寸，而十倍算之。又有欲筑绍兴园神庙垣，召匠计之，云费八万缗，觷教之自筑一丈长，约算之可直二万，即以二万与匠者。

宋代战船类别见图 7-7。

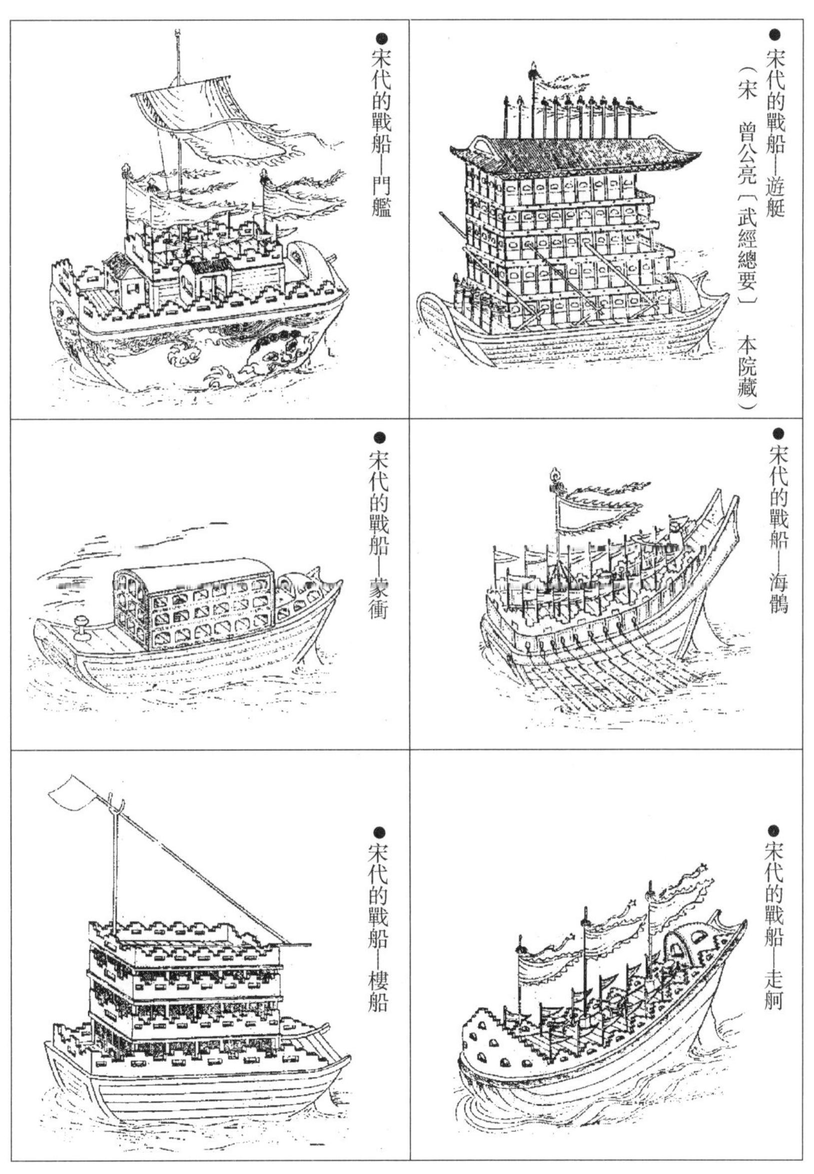

图 7-7 宋代战船图[①]

① 李天鸣 著：《中国疆域的变迁》（下册），台北：台北故宫博物院，1997 年，第 17 页。

二、车船技术发展

与帆船借助风力不同，车船主要依靠叶轮推动。郑学檬先生认为，“车船以湖南所造最为先进。”[①]车船制造、使用主要在洞庭湖区，它大概是湖湘人民的创造。直到1543年，欧洲才出现车轮船的第一次试验，比南宋车船要晚400多年[②]。

车船始兴于晋，公元417年，曾任临澧县令的征虏将军王镇恶首先在渭水使用了车轮舟。南梁、南齐、唐代间有车船记载。

建炎四年（1130）二月，钟相、杨么起义，得到鼎、澧、潭、岳、辰等州民众响应。三月末，钟相被俘遇害，余部在杨么等领导下，利用湖区河港交错的地形，建水寨、造车船，对抗官军。《金佗续编·杨么事迹》：

水贼初未有车船，奈以程吏部兵力单弱，又未有水军战船，但坐视杨么等在江湖跳梁，莫之或制，姑且保守城壁，徐图平灭之计。偶得一随军人，元是都水监白波辇运司黄河埽岸水手、木匠都料高宣者，献车船样，可以制贼……打造八车船样一只，数日并工而成。令人夫踏车，於江流上下往来，极为快利。船两边有护车板，不见其车，但见船行如龙，观者以为神异。乃渐增广车数，至造二十至二十三车大船（图7-8）[③]，能载战士二、三百人。凡贼之棹橹小舟，皆莫能当。

图7-8　高宣为官军建造的二十三轮（其中一个是尾车轮）车船图[④]

绍兴元年（1131）一次水战中，官军车船搁浅，“覃统制烧之不速，其船竟为贼有”，船师高宣为杨幺所擒。缴获官军车船、匠师后，义军广伐鼎、澧松杉樟楠等木，大造车船，车船技术因此发展到历史最高水平。

自此水贼得车船之样，又获都料、匠手，於是杨么打造和州载二十四车大楼船，杨钦打大德

① 郑学檬：《技术进步：两宋航运业发展的动力》，《厦门大学学报》（哲学社会科学版），1995年第2期。

② 席龙飞：《中国对世界造船技术的历史贡献》，《武汉造船》，1999年第5期。

③ 著名船史学家席龙飞先生认为，凡车数出现单数者，除有成对的舷车轮外，必有一尾轮。参见席龙飞 著：《中国造船通史》，北京：海洋出版社，2013年，第176页。

④ 潘吉星 编：《李约瑟文集》，沈阳：辽宁科学技术出版社，1986年，第260页。

山二十二车船，夏诚打大药山船，刘衡打大钦山船，周伦打大夹山船，……两月之间，水寨大小车楼船十余，制样愈益雄壮……程吏部深切悔恨不听覃统制之言，白送车船样并都料与贼，滋长其势，致杨么等日夜乘船到德山滩下惊扰。①

又（宋）熊克《中兴小记》引李龟年《记杨么本末》：

车船者，置人於前后踏车，进退皆可，其名大德山、小德山、望三州及浑江龙之类，皆两重或三重，载千余人。又设拍竿，其制如大桅，长十余丈，上置巨石，下作辘轳贯其颠。遇官军船近，即倒拍竿击碎之。浑江龙则为龙首，每水斗，杨么多乘此。

后来，官军又夺回一些义军车船，双方均用车船作战。《金佗续编·杨么事迹》有生动记载：

时有本州选锋水军驾先于牛皋渡口夺得杨钦二十二车大德山战船，在鼎口梢泊。……是日晚，贼自酉港大震鼓声，俄有八车船八只相衔而来，船箱尽载精锐，全装鐵甲，各执雁翎长刀，光彩射目，矴于中流，杨钦大声叫呼覃统制："你但放下大德山船还我，放你一军人回去。"……将近二更月高，贼船大小车船不知其数，追袭至风金口，江面最宽阔处，交战厮打。覃统制所乘大德山车船元是杨钦旧物，杨钦不舍必欲重夺，乃与周伦两大车船挟定攻打。至中夜，覃军劳困，但得灰炮少解贼势……覃统制大德山船方脱。

为扭转战场形势，官军大量建造四车、六车、八车、二十二车、二十四车、三十二车等多款车船。最长者 36 丈，合今 110.6 米②。陆游在《老学庵笔记》描绘：

鼎澧群盗如钟相、杨么，战舡有车船、有桨船、有海鳅头，军器有拏子、有鱼叉、有木老鸦。拏子、鱼叉以竹杆为柄，长二三丈，短兵所不能敌。程昌禹部曲虽蔡州人，亦惯用拏子等，遂屡捷。木老鸦，一名不藉木，取坚重木为之，长才三尺许，锐其两端，战船用之尤为便习。官军乃更作灰炮，用极脆薄瓦罐，置毒药、石灰、铁蒺藜于其中，临阵以击贼船，灰飞如烟雾，贼兵不能开目。欲效官军为之，则贼地无窑户，不能造也，遂大败。

官军战船，亦仿贼车船而增大，有长三十六丈，广四丈一尺，高七丈二尺五寸，未及用，而岳飞以步军平贼。至完颜亮入寇，车船犹在，颇有功云。

绍兴五年（1135）六月，义军终为岳飞所败，杨么被擒斩③。

车船作为宋军先进战舰，在绍兴三十一年（1161）的采石（今安徽马鞍山西南）之战中发挥了重要作用。当时，席卷淮南的金国统帅、海陵王完颜亮率军进抵江北，"甲午会舟师于瓜洲渡，

① （宋）岳珂：《金佗续编·杨么事迹》，清文渊阁四库全书本。

② 宋代官尺合今 30.72 厘米，36 丈的车船长达 110.6 米。

③ 《宋史·岳飞传》："（杨）么负固不服，方浮舟湖中，以轮激水，其行如飞；旁置撞竿，官舟迎之，辄碎。（岳）飞伐君山木为巨筏，塞诸港汊，又以腐木乱草，浮上流而下。择水浅处，遣善骂者挑之，且行且骂。贼怒来追，则草壅积，舟轮碍不行。（岳）飞亟遣兵击之，贼奔港中，为筏所拒。官军乘筏，张牛革以蔽矢石，举巨木撞其舟，尽坏，（杨）么投水中，牛皋擒斩。"

期以明日渡江。”① 南宋官军在虞允文指挥下，“整步骑阵于江岸，而以海鳅及战船载兵驻中流击之”②，力挫金军。稍后，在宋金对峙的京口（今江苏镇江）演练江防时，虞允文“命战士踏车船中流上下，三周金山，回转如飞，敌持满以待，相顾骇愕。”③

由此可知，楼船、拍舰、海鳅船④ 皆可明轮驱动。

关于车船，英国学者李约瑟先生写道：

这种船在中国肯定流传下来了，因为在鸦片战争期间，有大量踏车操作的明轮作战帆船派去同英国船作战，而且证明颇为有效，虽然结果并没有带来什么希望。由于向来的那种自鸣得意心情，西方人曾认为中国的这些船是模仿他们的明轮汽船而制造的。但对中国当时的文献进行的研究表明，根本就不是那么回事……在4世纪的拜占庭，曾经提出了一项用牛转动绞盘驱动明轮的建议，但没有证据说明曾经建造过这种船。由于手稿仅仅在文艺复兴时期（14—16世纪）才被发现，因而不可能对中国造船匠产生什么影响。⑤

三、车轿利用

唐代崇尚骑行，车舆利用从载人向货运为主转变，牵引畜力由马向牛、骡为主转变。宋承唐习，出行仍以骑马为主，后乘轿之风渐兴，乘车更为少见。

同先前载人格斗不同，宋代战车主要装备冷兵器和火器制敌。因战场形势、攻防方式及用途不同，战车形制、构造各有特点。官修《武经总要·器图》中，绘有虎车、运粮车、巷战车和火车、象车、枪车等。运粮车、巷战车和虎车下部构造均是独轮。虎车底座和虎形大口中通出多支枪锋，以便在作战时冲刺敌军。象车和枪车安有四轮，车厢和挡板宽大，主要是在野战中排成车阵，用来冲击敌军前队，配合步骑进攻。

绍兴二年（1132），无为军（今安徽无为）知军王彦恢造成飞虎战舰、神武战车、拒马车等新式水陆战具⑥。

隆兴元年（1163），海州（今江苏连云港）守将魏胜创制弩车、炮车和如意战车，并在南宋诸军推广⑦。

---

① 《金史·海陵本纪》。

② 《续资治通鉴·宋高宗绍兴三十一年》。

③ 《宋史·虞允文传》。

④ 车船战舰的一种。宋人李纲《梁溪集·与吕安老提刑书》：“战舰自十五车以下，已制造得十余只，海鳅棹舩之类二十余只。”清文渊阁四库全书本。

⑤ 潘吉星 编：《李约瑟文集》，沈阳：辽宁科学技术出版社，1986年，第261页。

⑥ 《建炎以来系年要录·卷五十六》：“王彦恢所制飞虎战舰，傍设四轮，每轮八楫，四人旋斡，日行千里；又有神武战车，下安四轮，略同飞虎，顶张布帷，以避矢石，傍斜冲击，其用如神；又有拒马车，一人之力可以转用，比之蒙冲、偏箱、鹿角，此尤至要。”

⑦ 《宋史·魏胜传》：“胜尝自创如意战车数百两，炮车数十两，车上为兽面木牌，大枪数十，垂毡幕软牌，每车用二人推毂，可蔽五十人。行则载辎重器甲，止则为营，挂搭如城垒，人马不能近；遇敌又可以御箭镞。列阵则如意车在外，以旗蔽障，弩车当阵门，其上置床子弩，矢大如凿，一矢能射数人，发三矢可数百步。炮车在阵中，施火石炮，亦二百步。两阵相近，则阵间发弓弩箭炮，近阵门则刀斧枪手突出，交阵则出骑兵，两响掩击，得捷拔阵追袭，少却则入阵间稍憩。士卒不疲，进退俱利。伺便出击，虑有拒遏，预为解脱计，夜习不使人见。以其制上于朝，诏诸军遵其式造焉。”

《宋会要辑稿·食货》：“凡陆运，川峡诸州军金帛，自剑门列置递夫，负搭车辇以至京，或转支至陕西、河东沿边供军；广南诸州自桂州由湖南北、江陵、荆门而至；福建自洪州渡江，由舒州而至。”这段记载，可谓官府车舆负重致远、纲运物资的缩影。

宋代货车大致包括太平车、平头车、串车（独轮车）、痴车、浪子车、粗车、羊头车、江州车、轻车等十余种[①]。货车以牛驾为主，其次是骡、驴。宋人孟元老在《东京梦华录·般载杂卖》中，介绍了几种常用的货车：

东京般载车，大者曰太平，上有箱无盖，箱如构栏而平，板壁前出两木，长二三尺许，驾车人在中间，两手扶捉鞭鞍驾之，前列骡或驴二十余，前后作两行；或牛五七头拽之。车两轮与箱齐，后有两斜木脚拖曳；中间悬一铁铃，行即有声，使远来者车相避。仍于车后系骡、驴二头，遇下峻险桥路，以鞭唬之，使倒坐缍车，令缓行也。可载数十石。……

其次有平头车，亦如太平车而小，两轮前出长木作辕木，梢横一木，以独牛在辕内，项负横木，人在一边，以手牵牛鼻绳驾之。……

又有独轮车，前后二人把驾，两旁两人扶拐，前有驴拽，谓之串车，以不用耳子转轮也。……

平盘两轮，谓之“浪子车”，唯用人拽。又有载巨石大木，只有短梯盘而无轮，谓之“痴车”，皆省人力也。

据此可知，太平车是当时载重量最大的货运车辆，或又称为大车。北宋张择端《清明上河图》中，绘有数匹健骡牵引的大车即太平车。宋末元初著作《癸辛杂识》提到的北方大车亦指太平车。

北方大车，可载四五千斤，用牛、骡十数驾之。管车者仅一主一仆，叱咤之声，牛骡听命惟谨。凡车必带数铎（铃），铎声闻数里之外，其地乃荒凉空野故也。盖防其来车相遇，则预先为避，不然恐有突冲之虞耳。

《水浒传》第十六回《杨志押送金银担 吴用智取生辰纲》写到太平车。梁中书要将十万贯珠宝送呈当朝太师蔡京（梁之岳父）庆寿，派武艺高强的心腹杨志押送。吩咐“着大名府差十辆太平车子，帐前拨十个厢禁军监押着车，每辆上各插一把黄旗，上写着‘献贺太师生辰纲’。”杨志认为太平车目标大，易遭强人打劫，建议“不要车子，把礼物都装做十余条担子，只做客人的打扮行货。也点十个壮健的厢禁军，却装脚夫挑着。”最终，改由厢禁军挑运生辰纲前往。

这一时期，车乘虽退居次要地位，仍为常用交通工具。王公贵族、官员士庶携伴出游，多乘车前往。陆游《水龙吟·春日游摩诃池》：“看金鞍争道，香车飞盖，争先占、新亭馆。”描述了成都士族乘车出游、纷争于道的热闹景象。

乾道三年（1167），理学家朱熹、岳麓书院山长张栻及朱熹弟子林用中等人出游南岳。途经衡山马迹桥时，朱熹乘兴赋诗：

下马驱车过野桥，桥西一路上云霄。
我来自有平生志，不用移文远见招。

① 程民生：《略述宋代的陆路交通》，收于常绍温 主编：《陈乐素教授九十诞履纪念文集》，广州：广东人民出版社，1992年。

张栻即兴对诗：

便请行从马迹桥，何必乘鹤篷丛霄。
殷勤底事登临去，不为山僧苦见招。

林用中随即唱和：

此日驱车马迹桥，远从师友步青霄；
登临不用还歧想，为爱山翁喜见招。[①]

这段诗坛佳话证实，宋代文人雅士犹尚乘车出游。

车乘以牛车为主，通幰牛车最为普遍。贵族妇女乘坐的牛车，称为犊车[②]。

宋代车舆形象，常见于“行旅图”“盘车图”中，也散见其他风物画，如《清明上河图》等。这些画作，真实再现了当时的车辆构造和交通情况。朱锐《溪山行旅图》中（图7-9），一辆车正在上坡，车后一人奋力往上推动；另一辆车由三头牛拽拉正涉水而渡，一男子骑驴紧跟车后，车内或为其家眷。张择端的《清明上河图》绘有各式客、货车辆十余种，分别由牛、骡、驴拉拽，以牛车居多。这充分说明，宋代车舆沿袭了牛车传统。

图7-9　《溪山行旅图》中的载人牛车［（宋）朱锐 绘］

宋初，舆轿利用流行社会各阶层。为维护体统，太平兴国七年（982），翰林学士李昉奏称：“工商、庶人家乘檐子，或用四人、八人，请禁断，听乘车；兜子，舁不得过二人。”[③]《宋史·舆服志》：

中兴后，人臣无乘车之制，从祀则以马，常朝则以轿。旧制，舆檐有禁。中兴东征西伐，以

① 蒋响元 著：《湖南交通文化遗产》，北京：人民交通出版社，2012年，第17页。

② 宋人陆游《老学庵笔记》：“京师承平时，宗室戚里时入禁中，妇女上犊车，皆用二小鬟持香球在旁，而袖中又自持两小香球，车驰过，香烟如云，数里不绝，尘土皆香。”

③ 《宋史·舆服志》。

道路阻险，诏许百官乘轿，王公以下通乘之。其制：正方，饰有黄、黑二等，凸盖无梁，以篾席为障，左右设牖，前施帘，舁以长竿二，名曰竹轿子，亦曰竹舆。

朱熹在《朱子语类》中记：

南渡以前，士大夫皆不堪用轿，如王荆公（安石）、伊川（程颐）皆云不以人代畜，朝士皆乘马。或有老病，朝廷赐令乘轿，犹力辞后受。自南渡后至今，则无人不乘轿焉。

延至南宋，轿舆正式列为迎送官员的交通工具，由公库修置，以递铺兵荷担。乾道八年（1172）范成大由吴郡出知静江府，即乘铺兵肩荷的舆轿陆行[①]。

竹舆，又称山轿。（宋）陈渊《过崇仁暮宿山寺书事》："驿路泥涂一尺深，竹舆高下历千岑。"（元）方回《岁除夜过白土市四十韵》："江南旧行役，两夫肩竹舆。"

专供租用、以马或牛驾挽的城市出租车，出现在著名旅行家、威尼斯人马可·波罗游记中：

行在（杭州）城的所有街道都是用砖石铺砌而成的，蛮子（南宋）州的所有街道也都是这样，……大道之上，常会见到长长的车辆来来往往，这种车有棚垫，足以容纳六个人。满城的男男女女每天就是租用这种车来游玩的，……到了夜里，再乘坐它回家。[②]

元廷在江南地区设立轿站，将舆轿与牛、马、车、船等同，列入驿站交通工具编制，舆轿利用进一步发展。《元史·兵志》：

江浙等处行中书省所辖，总计二百六十二处：马站一百三十四处，马五千一百二十三匹。轿站三十五处，轿一百四十八乘。步站一十一处，递运夫三千三十二户。水站八十二处，船一千六百二十七只。

江西等处行中书省所辖，总计一百五十四处：马站八十五处，马二千一百六十五匹，轿二十五乘。水站六十九处，船五百六十八只。

湖广等处行中书省所辖，总计一百七十三处：陆站一百处，马二千五百五十五匹，车七十辆，牛五百四十五只，坐轿一百七十五乘，卧轿三十乘。水站七十三处，船五百八十只。

江浙行省设有专门的轿站35处，备轿148乘；湖广行省没有轿站，但备有坐轿175乘、卧轿30乘。这段史料说明，湖广递铺的舆轿利用最为频繁。

作为舆轿俗名，"轿子"一词最早见于宋人王铚《默记·卷上》："艺祖（赵匡胤）初自陈桥推戴入城，周恭帝即衣白襕，乘轿子，出居天清寺。"清人俞正燮《癸巳类稿·轿释名》称：

古者名桥，亦谓之輂，亦谓之茵，亦谓之辎，亦谓之辎軿，亦谓之舁车，亦谓之担，亦谓之担舆，

① （宋）范成大《骖鸾录》："（十二月）二十八日，陆行发余杭。与吴之兄弟妹侄及亲戚远送者别，……（众皆）泣且遮道，不肯令肩舆遂行。……（二月）二日，宿槠州市（今株洲市境）。又当舍舆泝（湘）江。"清知不足斋丛书本。

② （意）马可·波罗著，张晗译：《马可·波罗行纪》，哈尔滨：哈尔滨出版社，2009年。

亦谓之小舆，亦谓之板舆，亦谓之笱舆，亦谓之竹舆（图 7-10），亦谓之平肩舆，亦谓之肩舆，亦谓之腰舆，亦谓之兜子，亦谓之[illegible]，而今名曰轿，古今异名同一物也。

图 7-10　（明）五溪苗民嫁娶使用的竹舆[①]

① （明）沈瓒 编撰：《五溪蛮图志》，长沙：岳麓书社，2012 年，第 46 页。

第八章　明代湖南交通

（1368—1644）

至正十一年（1351），元廷强征十五万役夫修浚黄河，引发民怨。韩山童、刘福通等乘机起义，士兵们头裹红巾，号称“红巾军”。至正二十四年，红巾军将领朱元璋在南京被推举为吴王，建立割据政权。二十七年，朱元璋命徐达为征虏大将军，在“驱逐胡虏，恢复中华”口号下，率军北伐。次年（1368），朱元璋称帝，建立明朝。同年，北伐军攻陷大都，元顺帝经居庸关逃往蒙古草原，元亡。

建文元年（1399）燕王朱棣发动“靖难之变”，四年后攻破南京，登上帝位。永乐十九年（1421），朱棣迁都北京，改称京师。朝廷设两京、十三布政司统治全国，湖南地属湖广布政司。

有明一代，无汉唐之和亲，无两宋之岁币，“天子守国门，君王死社稷。”① 疆域“东起辽海，西至嘉峪，南至琼崖，北抵云朔。”② 东北抵鄂霍次克海和外兴安岭以北及鄂嫩河一带，北及大漠，西北到新疆哈密盆地，西南到滇缅、西藏，东至台湾，南达越南中北部、南海诸岛。全盛时期，“繁荣似锦，治隆唐宋。”③ 明代湖南交通地理情况见图 8-1。

明朝修建了北京故宫、万里长城、苗疆长城、京杭大运河以及长 470 里、栈阁 2275 间的汉中连云栈等多项巨大工程，天文、地理、数学、农学和医学取得长足进步，交通运输继续发展，农工商业空前繁荣，冶铁、造船、建筑、丝绸、陶瓷、印刷等行业产出占全球 2/3 以上，堪称世界经济中心④。

① 明成祖朱棣迁都至北京，紧邻劲敌蒙古，被形容为“天子守国门”；崇祯帝在国难临头时，未曾丢弃京城逃亡，即所谓“君王死社稷”。

② 《明史·地理志》。

③ 《明史·成祖本纪》。

④ 17 世纪初叶成书的《利玛窦中国札记》写道：“这就是被称为丝绸之国的国度。……凡是人们为了维持生存和幸福所需的东西，无论是衣食或甚至是奇巧与奢侈，在这个王国的境内都有丰富的出产。我甚至愿意冒昧说，实际上凡是在欧洲生长的一切，都照样可以在中国找到。……这里气候温和，土地肥沃。百姓精神愉快，彬彬有礼，谈吐文雅。”参见利玛窦、金尼阁著：《利玛窦中国札记》，第 4、10、287 页，北京：中华书局，2005 年。

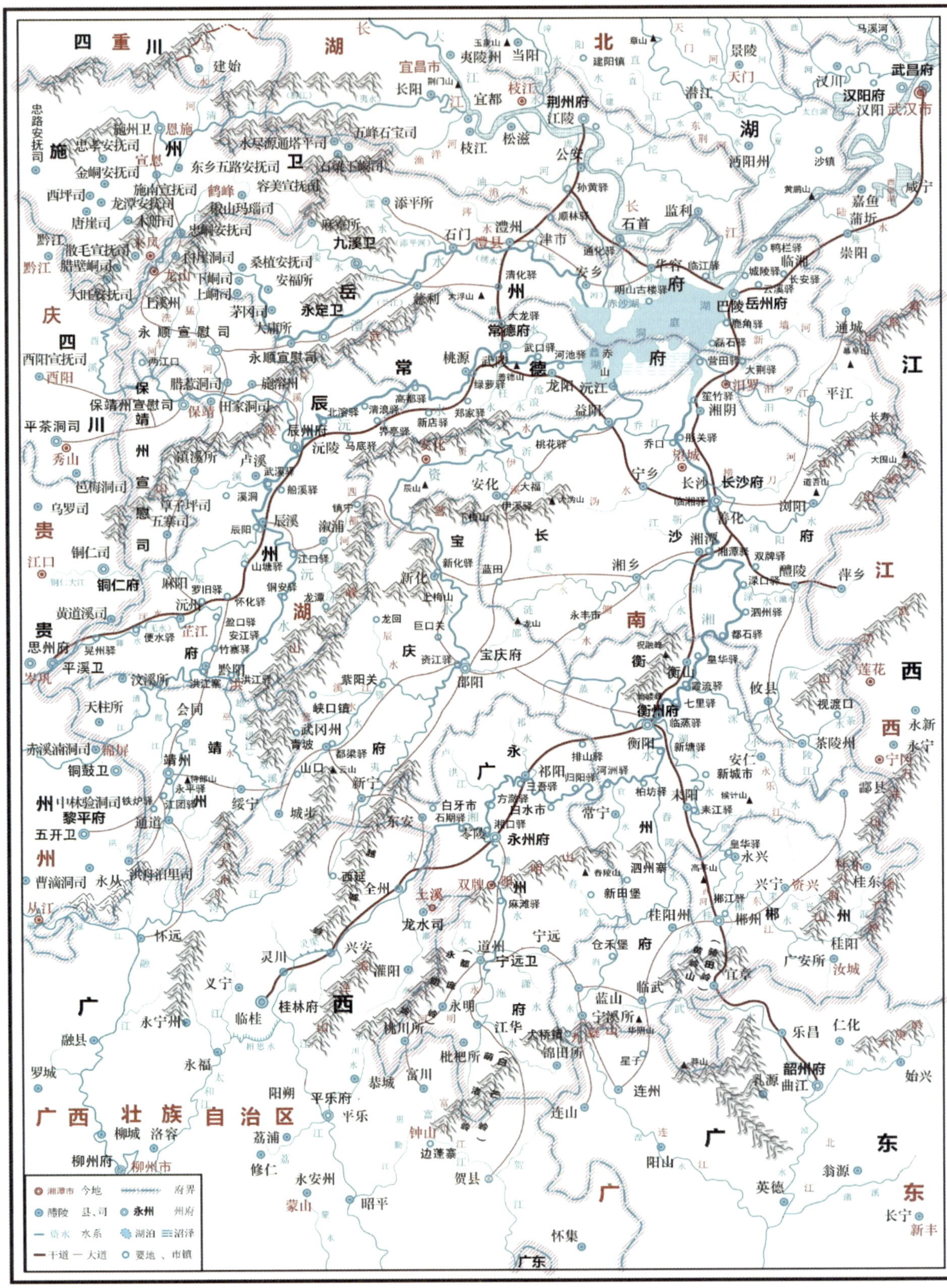

图 8-1　明代湖南交通地理图[①]

① 蒋响元、黄爱、曹航惠参考《湖南省志·地理志》《洞庭湖历史变迁地图集》《湖南省地势图》等资料绘制。其中，龙水司参考唐女《云层里的居民》所载之龙水土司（桂林：广西师范大学出版社，2014 年）内容标注。

第一节　道路建设的兴盛

明代湖南以长沙为中心、连接府州县卫所的驿道网络更趋稠密，道路布局更为合理。湘东、湘西南、湘西北卫所道路兴筑，以及湘黔滇道修治、苗疆“营路”修建，是这一时期道路建设的重要成就。

一、两京通十三省干线驿道

明太祖朱元璋视驿传为开疆拓土、巩固统治的重要手段。在统一全国的战争中，每克一地，即修复道路、设置驿站，强化行政管理和军事控制。

洪武十五年（1382），傅友德、蓝玉、沐英平定云南，即“令东川、乌撒、乌蒙、芒部诸部置邮传通云南，开筑道路，各广十丈，凡六十里置一驿。”①

洪武十七年，“命天下府州县修治桥梁道路。”②

洪武二十三年，“遣凤翔侯张龙……往云南置驿传。”③

洪武二十四年，“遣官修治湖广至云南道路。”④即从江陵经澧州、常德、辰州、沅州、镇远、贵阳、普安，西抵昆明的鄂湘黔滇道。

洪武二十五年，诏都督王成等“往贵州平险阻，沿沟涧架桥梁，以通道路。”⑤

南京和北京是两大政治中心，也是南、北交通枢纽。两京至十三布政司属于主干线路，各布政司至所属府州为干线道路，支线是府州至县治、卫所间驿路。以两京和十三布政司治所为中心，成辐射状延伸至各府州县卫所，与相邻省区形成统一的国家驿道网络（图 8-2，图 8-3）。

以北京为中心的干线驿路共八条，除北京至济南、太原和沈阳驿路较短外，北京至成都、昆明、桂林、广州、福州皆纵贯南北。其中，北京至昆明、北京至桂林、北京至广州驿道经过湘境。

北京至昆明　自京师顺天府南行，过卢沟桥，经北直隶保定府、真定府（今河北正定）、赵州桥、顺德府（今河北邢台），河南彰德府（今安阳）、卫辉府、郑州、新郑、襄城、裕州（今方城）、南阳府，湖广襄阳府、荆州府、孙黄驿（今公安）、澧州、常德府、辰州府、沅州，贵州平溪卫（今玉屏）、清浪卫（今镇远东北）、镇远府、偏桥卫（今施秉）、清平卫（今黄平）、平越卫（今福泉）、新添卫（今贵定）、龙里卫（今龙里）、贵阳府、威清卫（今清镇）、平坝卫（今平坝）、安顺州、镇宁州、安庄卫（今镇宁西南）、永宁州（今晴隆）、普安州（今盘州），至云南曲靖府、云南府（今昆明）⑥，全程 5680 里（合今 2567 公里）⑦。其中，北京至常德途程 3140 里（合今 1419 公里），

---

① 《明史·土司传》。

② 《明太祖实录·洪武十七年》。

③ 《明太祖实录·洪武二十三年》。

④ 《明太祖实录·洪武二十四年》。

⑤ 《明太祖实录·洪武二十五年》。

⑥ 古今地名，参考谭其骧 主编：《中国历史地图集》（第三册）和明人黄汴 撰：《一统路程图记》，明隆庆四年刻本。

⑦ 明代每里合今 0.452 公里，每尺合今 0.317 米；1994 年人民交通出版社出版的《中国古代道路交通史》标注北京至昆明 7200 里，按（明）黄汴《一统路程图记》途程道里数统计为 5680 里，本处按《一统路程图记》统计。

与两地之间的公路里程（约 1430 公里）大致相符。

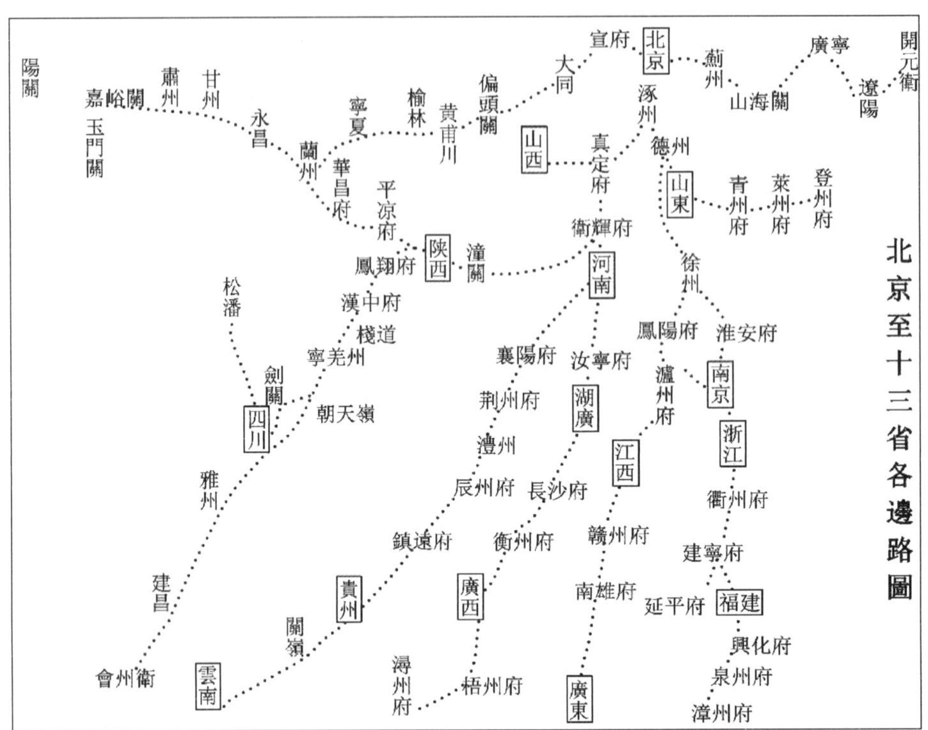

图 8-2　北京至十三省驿路图①

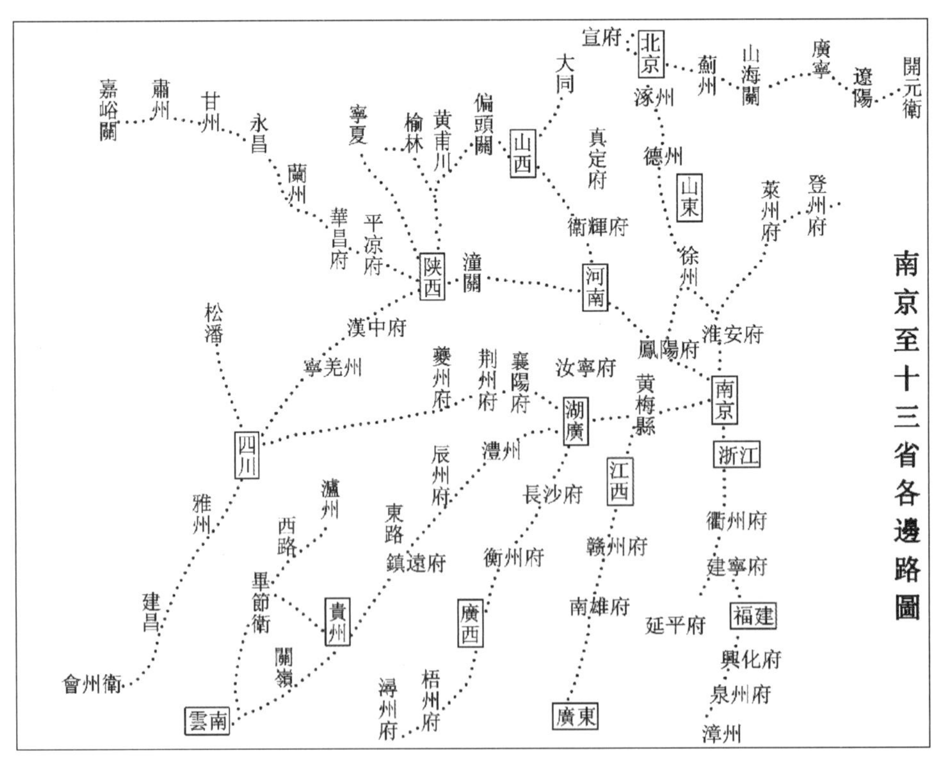

图 8-3　南京至十三省驿路图②

① 原图出自（明）黄汴《一统路程图记》，胡涛重描。

② 原图出自（明）黄汴《一统路程图记》，胡涛重描。

北京至桂林（一）　自京师顺天府南行，过卢沟桥，经北直隶保定府、真定府、顺德府，河南彰德府、卫辉府、开封府、许州、郾城（今漯河）、上蔡、汝宁府（今汝南）、真阳（今正阳）、罗山（今罗山），湖广麻城、汉口、武昌府、岳州府、长沙府、衡州府、永州府，至广西全州、桂林府[①]，全程5315里（合今2402公里）[②]。其中，北京至长沙途程3510里（合今1587公里），亦与两地间公路里程（约1510公里）大致相符。

北京至桂林（二）　经北直隶保定府、真定府、衡水，山东德州、济南府、兖州府、藤县，南直隶徐州、凤阳府、庐州府、桐城、潜山、太湖、宿松，湖广黄梅，江西九江府、南昌府、丰城、临江府（今樟树）、新喻、袁州府、萍乡，湖广醴陵、衡州府、永州府，入广西全州、桂林府，全程7462里（合今3373公里）[③]。

明代黄汴《一统路程图记》载北京至河南、湖广、广西驿路：

顺天府。四十里卢沟桥。三十里良乡县。六十里涿州。十五里楼桑村。三十里定兴县。十里白沟河。六十里安肃县。十五里渡曹河。三十五里保定府。四十五里陉阳驿。四十五里庆都县。六十里定州。五十里新乐县。九十里真定府。六十里乐城县。四十里赵州。五里洨河桥[④]。六十里柏乡县。三十三里渡尹村河。二十八里内丘县。金隄村。四十五里顺德府。三十五里沙河县。三十二里渡洺河。二十七里吕翁祠。二十里邯郸县。二十里赵王城。二十里台城冈。三十里磁州。二十里讲武城。四十里彰德府。五十里汤阴县。六十里淇县。五十里卫辉府。西去陕西、四川。西南由郑州去云、贵。南二十里沙门。五十里延津县。二十五里齐益。四十里丁店。三十里至河南布政司开封府祥符县大梁驿。属府。四十里朱仙镇。五十里尉氏县。八十五里鄢陵县。五十里许州。三十里林渔。六十里桃城。六十里砖桥。六十里上蔡县。五十里汝宁府。六十五里郭家店。五十里张五店。六十里真阳县。四十五里接官亭。三十里寨河。三十里渡淮河罗山县。五十里泼皮河。四十里长潭。二十里界牌河。十里分水岭。三十五里王福店。四十里麻城县。五十里沙河铺。五十里林山河。二十里团风镇。七十里阳逻。二十里沙河口。五十里汉口。渡大江、广七里。至湖广布政司武昌府江夏县将台驿。六十里东湖驿。六十里山陂驿。并属江夏县。六十里咸宁驿。咸宁县。六十里官塘驿。六十里凤山驿。并属蒲圻县。

六十里长安驿。临湘县。六十里云溪驿。六十里岳州府巴陵县岳阳驿。七十五里鹿角水驿。属巴陵。六十里磊石驿。六十里营田驿。六十里笙竹驿。并属湘阴县。七十里彤关驿。属长沙县。七十里长沙府长沙县、善化县临湘驿。属长沙。九十里湘潭驿。湘潭县。百十五里渌口驿。东去江西袁州。南六十里泗洲驿。并属醴陵县。七十五里都石驿。属湘潭。六十五里。皇华驿。七十五里霞流驿。并属衡山县。六十里七里驿。六十里衡州府衡阳县临烝驿。九十里新塘驿。并属衡阳。九十里柏坊驿。六十里河洲驿。并属常宁县。六十里归阳驿。九十里三吾驿。并属祁阳

① 1994年人民交通出版社出版的《中国古代道路交通史》（第462页）认为，北京至湖广、广西驿路，郑州以远经“许州、襄城、叶县、裕州、南阳府、新野，至湖广襄阳府，再经临湘、岳州府、长沙府、衡山县、衡州府、祁阳、永州府至广西全州，……”根据交通地理分析，这条线路迂远绕行，也与（明）《一统路程图记》绘两京至十三省驿路图不符。

② 据（明）黄汴《一统路程图记》途程道里数统计。

③ 中国公路交通史编审委员会 编：《中国古代道路交通史》，北京：人民交通出版社，1994年，第463页。

④ 即赵州桥。

县。九十里方溆驿。六十里永州府零陵县湘口驿。属零陵。九十里石期驿。东安县。九十里柳浦驿。六十里山角驿。七十五里全州城南驿。九十里建安驿。并属全州。百三十里白云驿。兴安县。八十里大龙驿。灵川县。五十里至广西布政司桂林府东江驿。

北京至广州　沿北京至桂林线路，自衡州府东南行，经耒阳、郴州，抵广东韶州府、广州府。

自洪武元年（1368）至永乐十九年（1421），南京为全国政治、经济、文化和交通中心。洪武二十七年，“修《寰宇通衢书》成，……以天下道里之数，编为类书，其方隅之目有八。”①其中，南京至昆明、桂林、广州驿道过境湖南。

南京至昆明　由南京西南行，经南直隶和州（今安徽和县）、庐州府、舒城、桐城，湖广黄梅县、黄州府（今黄冈）、武昌府、岳州府、孙黄驿，入澧州、常德府，与北京至昆明驿路合，全程5275里（合今2384公里），其中南京至常德2735里（合今1236公里）②。

南京至桂林　由南京西南行，经南直隶和州、庐州府，湖广黄梅县、黄州府、武昌府、岳州府、长沙府，与北京至桂林路合，全程4215里（合今1905公里），其中南京至长沙2410里（合今1089公里）③。

各国贡使往返京师，需按规定路线，即所谓“贡道”。明初都南京，湘赣浙贡道自醴陵越插岭关入赣，历袁州府、临江府、南昌府、贵溪、广信府（今江西上饶），经玉山屏风关东出浙江，经衢州府、金华府，继由杭州赴南京，是西南诸国（蛮）朝贡的必经之路。

南京至广州　沿南京至桂林线路，自衡州府东南行，抵广东韶州府、广州府。

明人黄汴《一统路程图记》载南京至湖广、贵州、云南驿路：

南京出聚宝门，即南门。六十里江宁镇驿。六十里采石驿。渡江。北三十五里当利驿。祁门驿。并属和州。界首驿。含山县。高井驿。属巢县。西山口驿。坡冈驿。至庐州府四十里。派河驿。并属合肥县。三沟驿。梅心驿。并属舒城县。吕亭驿。陶冲驿。并属桐城县。青口驿。潜山县。小池驿。太湖县。枫香驿。宿松县。亭前驿。黄梅县至江西者，自此渡大江。至九江府，由建昌县而去。双城驿。广济县。广济驿。西河驿。浠川驿。巴水驿。并属蕲水县。黄州府黄冈县临皋驿。李坪驿。阳逻驿。湖广布政司武昌府将台驿。东湖驿。山陂驿。并属江夏县。咸宁驿。官塘驿。凤山驿。并属蒲圻县。长安驿。属临湘县。云溪驿。岳州府岳阳驿。临江驿。并属巴陵县。华容驿。华容县。通化驿。属石首县。民安驿。孱陵驿。孙黄驿。并属公安县。两京陆路至云、贵二省，并至孙黄驿合，此为东路。……当利驿至孙黄驿，每程六十里，惟岳阳驿至临江驿九十里。

二、湘境干支驿道网络形成

明初，为平定陈友谅旧部和元朝残余，朝廷多次向湖南用兵，战争及于宝庆、辰州、沅州、靖州、永州、道州、郴州、蓝山、桂阳、武冈、茶陵、湘潭、衡州、澧州等府州县④。

① 《明太祖实录·洪武二十七年》。

② 据（明）黄汴《一统路程图记》途程道里数统计。

③ 据（明）黄汴《一统路程图记》途程道里数统计。

④ 湖南省地方志编纂委员会编：《湖南通鉴》，湖南人民出版社，2007年，第135—136页。

洪武十四年（1381）秋，大将傅友德率三十万明军[①]自湖广西进，征讨盘踞云南的元宗室梁王[②]。二十年（1387），“湖广五开卫复请军饷，命户部督长沙府运粮二万石给之。”[③]三十年（1397）四月，铜鼓卫（今贵州锦屏）上婆洞蛮林宽率众起事，“号一十万众。”楚王祯、总兵官杨文统兵三十万前往镇压。大军主力自沅州“伐山开道二百里，抵天柱”[④]，偏师从靖州、零溪（今广西三江）分道夹击，同年十二月事平。

这些军事、后勤活动，推动了相关地区道路建设。经过数十年拓展、整治和完善，境内干支驿道“略如唐宋盛时”“凡道路津梁，时其葺治。”[⑤]如，华容所处并非交通干线，县东诸山（即东山山系），“峰峦秀丽，连亘百余里，古松夹道，驿路经其中。”[⑥]

万历四十五年（1617）修筑巨口铺至溆浦驿道，途经草溪铺、栗坪市至马颈坳（今新邵县境）时，在石马江峭壁上开凿栈道。栈道虽“长不及千尺”，近百名石工“经年乃开通”；又临江架设栏杆，栏杆立于挑梁上，挑梁楔于悬岩中，下架斜木支撑，上铺板道，可驰车走马。栈道顺水流向，故名“顺水桥”—湘境唯一见于文献的通驿栈道。经此栈道，出蠡湖坪，翻黄金坳，过隘门界，越渭溪垅，穿朱家坳，逾黄泥井，再走烂草田、老牛坡而达溆浦境，全程一百八十二里，较巨口铺走龙溪铺绕道大边桥通溆浦缩短行程近百里[⑦]。

1997年修筑公路时，在顺水桥上方开山劈土，栈道遗迹被覆盖。

有明一代，湘境干线驿路主要包括：

（1）自湖广武昌府至长沙府、衡州府、永州府，接广西桂林府；

（2）自武昌府至岳州府、常德府、辰州府，接贵州镇远府；

（3）自武昌府水路至城陵矶，经鹿角驿、磊石驿、营田驿、笙竹驿，由乔口巡司入资水，经益阳，达宝庆府、武冈州[⑧]；

（4）自荆州府至常德府，或东南通长沙府，或西南通辰州以远；

（5）自长沙府至宝庆府、武冈州通广西全州；

（6）自长沙府、衡州府至郴州，接广东韶州府；

（7）自长沙府东南至醴陵接江西袁州府；

（8）自长沙府西经益阳至常德府，与湖广至云南驿道相接；

（9）自长沙府西经常德、辰州至靖州，或南通广西怀远、柳州，或西南至贵州铜鼓卫、黎平府；

---

① 据日本学者研究，洪武十四年，朝廷从南京及其附近驻扎的亲军卫、京卫、直隶等各卫中，调遣了249100人远征云南。参见（日）上田信 著：《海与帝国：明清时代》，桂林：广西师范大学出版社，2014年，第126页。

② 《明史·傅友德传》：“（洪武十四年）秋，充征南将军，帅左副将军蓝玉，右副将军沐英，将步骑三十万征云南。至湖广，分遣都督胡海等将兵五万由永宁（今贵州永宁）趋乌撒（今贵州咸宁、赫景县地），而自率大军由辰、沅趋贵州。克普定、普安，降诸苗蛮。进攻曲靖，大战白石江，擒元平章（官名，相当于丞相）达里麻，遂击乌撒，循格孤山而南，以通永宁之兵，遣两将军趋云南，元梁王走死（投水自杀）。”

③ 《明太祖实录·洪武二十年》。

④ （民国）任可澄 纂：《贵州通志》，影印本。

⑤ 《明史·职官志》。

⑥ （明）李贤 纂修：《大明一统志·岳州府》，清抄本。

⑦ 湖南省地方志编纂委员会 编：《湖南省志·交通志·公路》，长沙：湖南出版社，1996年，第58—59页。

⑧ （明）黄汴 撰：《一统路程图记》，明隆庆四年刻本。

（10）自岳州府南溯湘江，至乔口巡检司转溯资江，经新化驿至宝庆府资江驿；

（11）自永州府至道州，通广西富川、贺县；

（12）自辰州至保靖州宣慰司，通四川平茶洞司、酉阳宣抚司；

（13）自澧州经石门、慈利，通九溪卫、永定卫、永顺宣慰司；

（14）衡州府通宝庆府；

（15）自湘乡经新化、溆浦至辰溪的湘中干线。

崇祯十六年（1643），张献忠自武昌、岳州进抵长沙，即沿自长沙向外辐射的干线驿道进军省境各主要州府以及江西部分地区（图 8-4）。

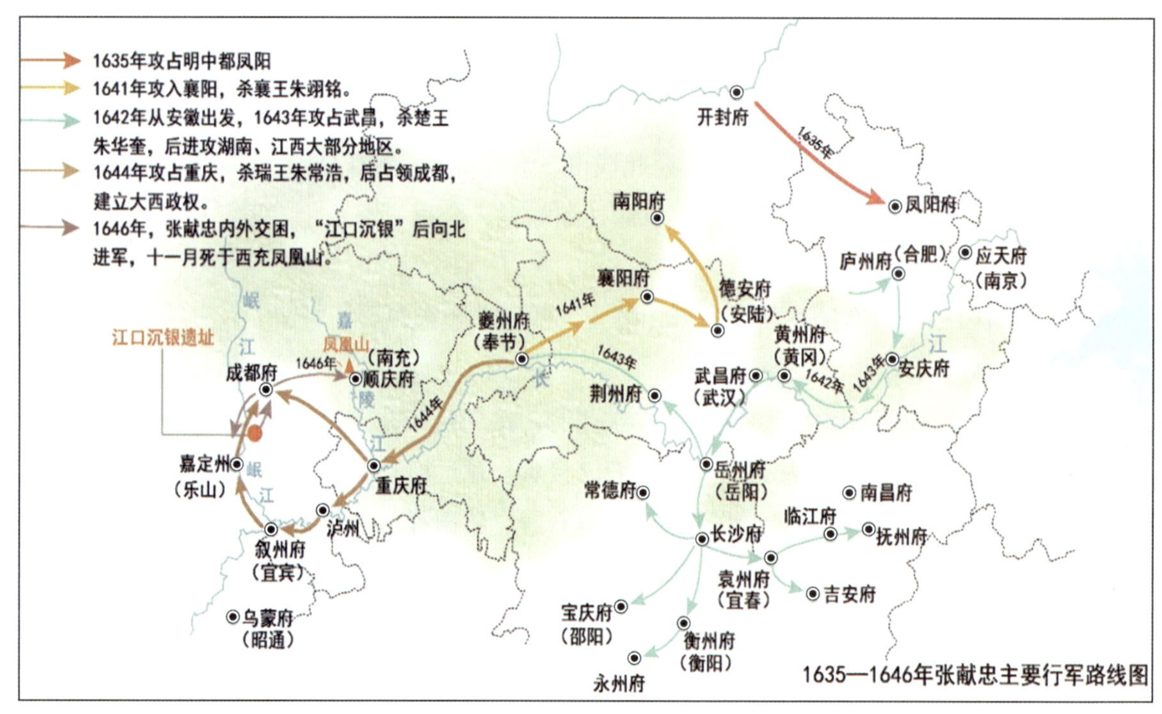

图 8-4　1635—1646 年张献忠主要行军路线图[①]

三、傅友德征云南与湘黔滇道修治

元顺帝退居漠北后，仍用元国号，史称北元。据守云南的梁王把匝剌瓦尔密奉北元为正朔，执臣节如故。朱元璋“以云南险僻，不欲用兵”[②]，两次遣使招降均被杀，遂以武力攻取。洪武十四年（1381）九月，命傅友德为征南将军、蓝玉为左副将军、沐英为右副将军，统领三十万大军征滇，并亲授作战方略：

尔等行师之际，当知其山川形势，以窥进取。朕尝览舆图，咨询于众，得其扼塞。取之之计，当自永宁先遣骁将别率一军以向乌撒，大军继自辰、沅以入普定，分据要害，乃进兵曲靖。曲靖，云南之噤喉，彼必并力于此，以抗我师。审察形势，出奇制胜，正在于此。既下曲靖，三将军以

① 图片源于 2017 年第 7 期《中国国家地理》，胡一冰等重绘。

② 《明史·把匝剌瓦尔密传》。

一人提兵向乌撒，应永宁之师，大军直捣云南。彼此牵制，使疲于奔命，破之必矣。云南既克，宜分兵径趋大理，先声已振，势将瓦解。其余部落，可遣使诏谕，不烦兵而下矣。[①]

同年十月，傅友德师至湖广，经辰州、沅州趋贵州，相继攻下普定、普安，“罗鬼、苗蛮、仡佬望风降。”[②]梁王遣司徒平章达里麻率兵十余万驻屯曲靖。十二月十六日，明军进抵曲靖，“达里麻兵溃被擒。”[③]二十日，梁王弃城，走普宁忽纳寨自杀。二十四日，明军入昆明。次年闰二月破大理，俘大理国王段世，“云南悉平。”[④]

明军征云南，湘黔滇道得以修治，驿传随之设置，沿线卫所守御。“大兵讨云南，命自岳州至贵州[⑤]置二十五驿，一驿储粮三千石，小旗一人领军十人守之。”[⑥]云南平定后，“增置湖广、四川马驿一十四。”十七年，“诏湖广岳州等府造马船，运送马匹。”二十四年，复遣官“修治湖广至云南道路。”[⑦]

由于“云南地广，宜置屯田，”[⑧]明廷以“三丁抽一、五丁抽二”方式，从沐英[⑨]祖籍—武冈州等地征调九万兵丁，由宝庆卫指挥胡大海统领，屯军落籍戍守。洪武十九年，镇守云南的沐英命戍守将士家属随军，宝庆府、武冈州等地人民因此大量迁徙滇黔。

次年，朝廷又从常德、靖州、辰州、沅州等地征调兵丁往戍、屯垦云南。一时滇地屯田大兴。[⑩]

道途歌又名“道图歌”，多由兵丁、客商、船工、挑夫等创作并传唱，因载有沿途山水、物产、风土人情，以及何处可住宿，何处可弯船，何处可进货，何处可取乐……，如一幅出行指南图，故又名“路图歌”。《邵阳历史钩沉》载：“1982年，贵州三次派出调查组来邵阳地区寻根，我们就其族属问题交换了意见，看了他们搜集的许多资料，从晴隆县（贵州西南部）长牛（流）《李氏族谱》的抄件中发现一首《来路图》（路图歌）。”[⑪]

《路图歌》全文如下：

祖籍原是湖广省，原是湖广宝庆人。
洪武十四登龙位，三丁抽一上云南。
抽走十万人和马，征剿夷蛮造反人。
选定良辰并吉日，盔甲龙枪紧随身。

---

① 《明史纪事本末·卷一二》。

② 《明史纪事本末·卷一二》。

③ 《明史·元梁王传》。

④ 《明史纪事本末·卷一二》。

⑤ 有学者将贵州解释为今贵阳。笔者认为贵州实指湘黔交界处的思州（治今贵州岑巩），一因岳州至思州沿线的驿站数恰与《明太祖实录》记载相符；二因明永乐十一年贵州建省，流传至今的《明太祖实录》三修本成书于永乐十六年，文中贵州应含黔境。

⑥ 《明太祖实录·洪武十四年》。

⑦ 《明太祖实录·洪武二十四年》。

⑧ 《明太祖实录·洪武十九年》。

⑨ 沐英（1344—1392），朱元璋义子，祖籍武冈州城步扶城人，《苗族通史》等文献认定其为城步苗族。

⑩ 《明太祖实录》：“（二十年）九月乙酉，……调湖广官军五万六千五百六十人征云南，赏钞五十六万八千锭。九月己丑，……命湖广辰沅二州、思南思州二宣慰司今年秋粮自沅州至黄平凡七驿，驿各储二千石以备大军行粮。九月乙巳，……湖广都指挥使司言，‘前奉诏以靖州五开及辰、沅等卫亲军，选精锐四万五千人于云南听征，今又令市牛二万往彼屯种，请令诸军分领以往，庶免劳民送发’。从之。冬十月，……诏湖广常德、辰州二府民，三丁以上者出一丁屯云南。”

⑪ 马少侨 著：《邵阳历史钩沉》，邵阳：邵阳市政协学习文史委员会、湖南省文史研究馆，1999年，199—204页。

初一收拾初二走，初三初四别六亲。
诸亲齐送含珠泪，翻身上马似飞腾。
平溪一会高沙田，蓼溪巡检要官钱。
大湾不住瓦屋堂，西坡滚马上天堂。
天边日出江边见，六十里路到黔阳。
黔阳过来双江口，七十五里到沅州。
沅州过来到晃州，晃州巡检好愁人。
百里来官镇远府，横板架桥偏桥人。
大河涨水兴隆卫，瓜瓢舀水清平人。
八人抬轿平原地，风吹灯蒿清浪人。
上坡下岭平越地，独山龙里贵阳城。
威清平坝无柴草，普定安庄好寄身。
西进平阳是安顺，行步弯曲过镇宁。
鸡公背上关索岭，石头磊磊路难行。
抬头一见马跑过，关帝坐在天上边。
山口对着安隆箐，一层山水一层人。
顶站过来江西坡，转弯抹角杨家河。
盘江河中有瘴气，金殿铺里瘴气多。
沙尘缠在半天上，半天下雨半天晴。
半坡岭下四棵松，盘江河内两艄公。
顶站下来是盘江，沙家夷蛮在龙场。
行行七七四十九，[①]行军总督到安南。
果然廿四城垛口，酉时初刻到西门。
驻扎安南西门外，凉水营里暂栖身。
辞别安南就行走，部兵部马过长牛。
马场城中开酒店，酒醉门前槿菁边。
大田本是鸡各地，[②]走到戛猛得安身。
麻布装水莲花现，[③]寸步难行马鞍山。
走到大峒小响午，点起灯笼过黑山。
祖公如今由这里，子孙代代记前程。
到达长牛[④]从此始，分支各处莫忘恩。[⑤]

① 从宝庆行军至安南49天。
② 新化、隆回、洞口一带称鸡蛋为“鸡各”。在此形容屯垦地瘠薄似蛋壳。
③ “麻布装水莲花现”为宝庆方言歇后语，意即假话讲得活灵活现。
④ 长牛即今贵州晴隆县长流乡，其苗族先民来自邵阳城步一带。
⑤ 蒋响元 著：《湖南交通文化遗产》，北京：人民交通出版社，2012年，第282—283页。

《来路图》诉述了明初宝庆兵丁随征、屯垦云贵的艰难历程。根据歌里地名，其迁徙路线当循湘黔滇驿道：从宝庆府出发，经平溪（今洞口县境）、蓼溪隘（今洞口县境）至黔阳县（今洪江），再经沅州、晃州入贵州镇远府，继由偏桥卫、兴隆卫（今贵州黄平）、清平卫、平越卫、龙里卫达贵阳府，自贵阳经威清卫、平坝卫、普定卫、安庄卫（今贵州镇宁），逾关索岭，渡盘江河，抵安南卫（今贵州晴隆），旅途日程共七七四十九天。

明庭着力经营大西南，常德至镇远一线成为中原交通滇黔的干线通道。《万历野获编》称：

入滇路有三道，自四川马湖府以至云南府属之嵩明州，又自四川建昌行都司属之会川卫以至云南武定府，是为北路；自广西之田州府至云南之广南府，由广南之广西府，是为南路；其自湖广常德府入贵州镇远府以达云南之曲靖府，是为中路，则今日通行之道也。蜀中、粤西两路，久已荆榛，仕人以至差役不复经由，唯建昌为滇抚所辖，尚有商贾间走此快捷方式者，亦千百之一耳。

四、湖广都司卫所与靖州至五开卫驿路开辟

为强化军政统治，朱元璋创设都司卫所军事制度。都司即都指挥使司，是明朝设于各省的军事指挥机关，隶属于五军（即前、后、左、右、中五军）都督府。卫、所是都司下级机构，设于京师和各军事要地。数府划为一个防区设卫指挥司（五千六百人），卫下设千户所（千人）和百户所（百人），官兵均世籍。

卫所采用守备和屯田结合的军士屯田制度，兵农一体，卫户所屯田地和生产资料由国家统一发放，军户世袭。该项制度的施行，既给卫所提供了必备的物资基础，也节省了兵饷、后勤运输耗费。据《湖广通志·屯田》记载，隆庆六年（1572），九溪卫屯田1467顷25亩，屯粮6795石8斗；大庸千户所，屯田175顷99亩，屯粮993石4斗；安福千户所，屯田320顷19亩，屯粮2143石3斗；澧州千户所，屯田261顷，屯粮3030石。[①]

湖广位处中部枢纽，扼东西南北要冲，是卫所设置最多的都司。《中国行政区划通史·明代卷》统计，“至洪武三十一年，湖广都司至少有二十九卫、七王府护卫、一军民指挥使司、五直隶都司守御千户所、三十一隶于卫的守御千户所、二守御百户所。”参见图8-5。

都司卫所设于水陆要冲、兵家必争之地，以及区域政治、军事中心，如岳州卫、长沙卫、永州卫、常德卫、辰州卫、靖州卫、五开卫、九溪卫、永定卫、武冈所、郴州所、桂阳所、澧州所等。郴州、桂阳一带“界两广而邻诸瑶”[②]，其地“连岁为猺蛮劫掠，官军至则遁入山谷，退则复聚。”[③]洪武二年朝廷平定土酋罗福叛乱之后，设立郴州所、桂阳所，诏留茶陵卫军士戍守，隶属茶陵卫[④]。这说明，茶陵到郴州、桂阳筑有军旅通行的交通道路。明万历十年（1582）湖广都司、行都司、兴都留守司辖区及卫所情况见图8-6。

① 彭立平：《明清九溪卫所与土司关系研究》，《商》，2014年第21期。

② （明）邹诰 纂修：《万历宁远县志》，明万历十五年刻本。

③ 《明太祖实录·洪武二十九年》。

④ （明）嘉靖《郴州志·兵戎志》载：“洪武己酉州寨长罗福倡乱，守臣以闻，朝议调茶陵卫镇抚缪亨、千户刘保领兵征剿，事平，诏留兵戍守”；嘉靖《郴州志·创设志上·城池》云：“因立守御千户所”。己酉为洪武二年。

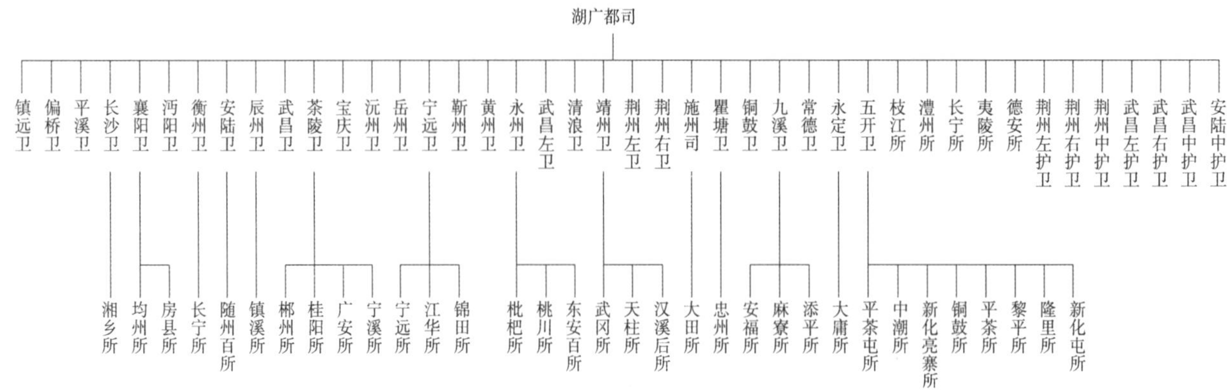

图 8-5　洪武三十一年（1398）湖广都司卫所结构图[①]

图 8-6　万历十年（1582）湖广都司、行都司、兴都留守司辖区及卫所图[②]

① 郭红、靳润成 著：《中国行政区划通史·明代卷》，上海：复旦大学出版社，2007 年，第 567 页。

② 原图出自郭红、靳润成 著：《中国行政区划通史·明代卷》，上海：复旦大学出版社，第 570 页，尹子豪重描。

洪武三年正月，辰州卫指挥使刘宣武征服湖耳（今贵州锦屏湖耳司）、潭溪（今贵州黎平潭溪）、新化（今锦屏新化司）、欧阳（今锦屏欧阳）、古州八万（今黎平罗里）、亮寨（今锦屏亮司）诸洞。明太祖令各洞长官仍任原职，隶属辰州卫，同年三月改隶靖州卫。

洪武十一年六月，五开洞（今黎平中潮）侗民吴勉起义，靖州卫指挥佥事过兴及其子过忠战败身死。明廷复遣辰州卫指挥扬仲名统领辰州、沅州等处官兵前往镇压。十一月，吴勉失利，率余部退往天府洞（今黎平茅贡）一带，利用复杂地形与官军周旋。明军奉旨不再追剿吴勉，而在当地抚绥土著，修筑道路，建立军事据点。

洪武十八年四月，思州（今贵州岑巩）诸峒叛乱，九溪、五溪等地峒蛮俱为煽动。朱元璋任命汤和为征虏将军，率武昌、宝庆、岳州、长沙、辰州、沅州等卫所军兵三十万，随楚王朱桢前往镇压。六月，吴勉趁机再次起义，队伍号称二十万，席卷湘黔桂边境。官军以靖州为基地，步步为营，向黎平推进；同时，“于诸洞分屯立栅，与蛮民杂耕。”[①]大军压境之时，当地土司多请降服。十月，明军诱擒吴勉，械送南京处死。

地方文献记载了这一历史事件。乾隆《贵州通志》：“洪武十八年始立五开卫，设内外十六所，隶湖广。”[②]光绪《黎平府志》：“洪武十八年五开蛮吴面儿作乱，以信国公汤和为征蛮将军，率周骥等从楚王讨之。事平，始析潭溪之五脑寨置五开卫，留兵镇压。”[③]

洪武十八年（1385），“擒面儿及其子吴禄，因设五开、中潮、新化、平茶、隆里、黎平等所，黄团等八驿。”[④]八处驿站分别是永平驿（靖州南）、石家驿（今靖州境）、西楼驿（今黎平境）、三里坪驿（今黎平境）、江团驿（今靖州境）、铁炉驿（今靖州境）、铜鼓驿（今锦屏境）、黄团驿（黎平府东）。“诸驿皆有百户一人，领兵哨守。”[⑤]

汤和戍守黎平期间，除开辟、拓展靖州至五开卫驿路外，于洪武十九年（1386）筑成五开卫城（今黎平）。五开卫辖黎平、中潮等内外16所[⑥]，黄团、永平等8驿，高屯等380屯堡，是湖广规模最大的卫。这些卫、所、驿、屯、堡，通过道路、河流彼此联通，形成五开卫辖区相对完整的防戍体系。

初立五开卫时，驻旗军33460名、屯军4570名；永乐年间，有旗军3147名、屯军763名；嘉靖年间，有旗军2116名、屯军345名；万历年间，有旗军2116名、屯军300名。万历后，黎平始废屯军[⑦]。

① 《明太祖实录·洪武十八年》。

② （清）鄂尔泰等纂修：《贵州通志·地理志》，清乾隆六年刻本。

③ （清）俞渭修：《黎平府志·地理志》，清光绪十八年刻本。

④ （清）李大翥纂修：《靖州志·职官志》，清康熙刻本。

⑤ 《读史方舆纪要·湖广八》。

⑥ 五开卫共辖十六所，其中，卫城内六所：中所、左所、右所、前所、后所、中左所；城外十所：洪州所（今黎平洪州镇）、播阳所（今通道播阳镇）、铜鼓所（即铜鼓守御千户所，驻今锦屏铜鼓镇）、平茶所（即平茶守御千户所，驻今靖州平茶镇）、平茶屯所（即平茶屯守御千户所，驻今靖州新厂镇）、新化屯所（即新化屯守御千户所，驻今黎平高屯镇）、新化亮寨所（即新化亮寨守御千户所，驻今锦屏新化乡）、龙里所（即龙里守御千户所，驻今锦屏隆里乡）、中潮所（即中潮守御千户所，驻今黎平中潮镇）、黎平所（即黎平守御千户所，驻今黎平县德凤镇）。

⑦ 五开卫管治卫、所、屯，驻有旗军和屯军两种。旗军分驻卫、所、屯，由朝廷拨发饷粮；屯军以屯田自种自给，每名屯军屯田24石，再加6石为冬衣布花之费，共30石（约合今5亩）；（清）雍正《湖广通志·军政志》，台湾商务印书馆，1986年。

靖州至五开卫辟有水陆交通。关于水路，《明史·河渠志》记载，正统十三年（1448），“湖广五开卫言：‘卫与苗接，山路峻险。去卫三十里有水通靖州江，乱石沙滩，请疏以便输运。’……从之。”交通路线：自五开卫东南行30里抵中潮所，入渠水上游洪舟江，顺流而下，经洪舟泊里司、通道，以至靖州。

五、岳州至九溪、永定卫所驿路的拓展

明初，湘鄂西“诸蛮初平，叛服无常。”[①]洪武二十三年（1390），朝廷设立九溪、永定两卫所，以控御五峰石宝司、石梁下峒司、水尽源通塔平司（以上位今湖北五峰县境）、容美宣抚司、椒山玛瑙司、忠峒安抚司（以上位今湖北鹤峰县境）及桑植安抚司、永顺宣慰司、保靖州宣慰司等土司，构筑土司与州县之间缓冲区，拱卫湖广至贵州、云南驿道安全。

元末，土酋、慈利军民安抚使覃垕攻占慈利元军都元帅府，改从明庭。洪武三年，覃垕复率诸峒蛮叛，次年方平[②]。

洪武十八年（1385），九溪等处峒蛮叛，汤和、周德兴率军镇压，俘思州、五开、九溪等处“蛮僚”四万余人[③]。

洪武二十二年（1389），千户夏敬思（又名夏得忠）诱九溪峒蛮复叛。“上命东川侯胡海讨平之，乃建九溪、永定二卫，以塞溪峒襟喉。”[④]

九溪卫（治今慈利江垭镇九溪村）居澧水支流溇水中游、九溪[⑤]交汇处，“拥山面溪，笔峰峙其东，麻阜拱其西，溇水环其南，驼峰耸其北，东抵洞庭，西通巴蜀，岳郡之锁钥，诸夷之襟喉也。”[⑥]下辖麻寮所、添平所、安福所，扼五峰、石梁、容美、永顺、桑植、茅岗等地东出澧州冲要。其中，麻寮所居溇水上游，“切邻边境，最为要害”；添平所位渫水中游，屏障石门，“控接慈利，密迩桑（植）、容（美）”；安福所扼澧水上游诸峒蛮，“茅岗盘踞，酉水萦纡，去九溪辽远而当诸蛮峒口。”[⑦]

九溪卫战略地位重要，防御范围广阔。民国《慈利县志·事纪》：

> 九溪卫有九渊、野牛、三江、闸口、四关。其属曰守御添平千户所，在卫东北，今石门县境，其隘十：曰鹞儿隘、龙溪隘、长梯隘、磨岗隘、遥望隘、石磊隘、忠靖隘、渔洋隘、走避隘、细沙隘。曰守御安福千户所，在卫西南，旧十六都地，今割属桑植。曰守御麻寮千户所，在卫北，旧十七都，今割属鹤峰，其隘十：山羊隘、九女隘、樱桃隘、曲溪隘、拦刀隘、梅梓隘、黄家隘、青山隘、靖安隘、在所隘。曰桑植安抚司，本桑植、荒溪等处宣抚司，在卫西北。其兵有制兵，有寓兵。各协营所隶兵曰制兵，各州县原编勇壮若干，弓兵若干，曰寓兵。是年，指挥吕成、韩忠城九溪。

---

① （清）李约 修：《慈利县志》，清嘉庆二十二年刻本。

② 明人顾炎武的《天下郡国利病书》：“洪武三年冬，覃垕叛，以江夏侯、左丞周德兴率兵至慈州。垕恃巢穴险固，分党守其害。德兴命奇兵破其数栅，直捣温汤（塘）。垕犹率众守关，（周）德兴拔其关，贼乃大溃。明年三月，擒垕以归。”

③ 民国陈宇瀛所纂修的《九溪卫志》：“九溪蛮作乱，楚王桢率征虏将军汤和、副将周德兴平之。”民国二十四年抄本。

④ （明）徐学谟 纂修：《湖广总志·兵防二》，明万历刻本。

⑤ 九溪即喝堡溪、索溪、输赢溪、斗溪、仁石溪、张马溪、冷水溪、野牛溪、湖鲁溪等九条溪流。

⑥ （明）钟崇文 纂修：《岳州府志》，明隆庆刻本。

⑦ （明）陈光前 纂修：《慈利县志》，明万历元年刻本。

二十五年，置澧州所于州治东，隶九溪卫。[①]

永定卫“本元所置”，位于今张家界永定街道办事处，澧水中游北岸。其后坪关“为保靖龙山永顺要道”、清鱼潭关“通永顺桑植茅冈”、太平关“在天门山，通辰沅要道”[②]。康熙《永定卫志》：

闻故明洪武，楚之西北隅，峒苗接交于澧、慈，数百里之界，时恐鞭长莫及，因而割余土建专城，设屯戍以捍卫。

《明史·地理志》载有永定卫及大庸千户所、茅冈长官司设置：

慈利……西南有永定卫，洪武中置，二十三年八月徙于永顺宣慰司之芋岸坪。西北有龙伏关，东南有后平关、黑崇关，谓之永定三关。所属曰大庸守御千户所，本大庸卫，在卫西，洪武九年四月置，三十一年改为所；曰茅冈长官司，在卫东北，正统中永定卫置。

九溪卫主要防范石门、慈利、桑植、安福等地“蛮獠”，永定卫主要控制永顺、保靖诸土司。卫所之间筑有道路，彼此贯通，守望相助，构成控扼“峒蛮”的防御体系。以下是地方文献记载的卫所途程：

（九溪）卫治至京师（今北京）三千四百三十里，至长沙六百八十五里，至岳州府九百九十五里。澧州所在卫治东二百八十里，屯堡在卫治东一百九十里，安福所在卫治西一百八十里，添平所在卫治东北一百三十里，麻寮所在卫治北二百一十里（皆就所城而言）。[③]

（安福所）东至九溪卫界北四十里，西至永顺四十里，南至永定卫三十里，北至桑植司二十里。东西二百里，南北一百五十里。（麻寮所）东至添平一百里，西至容美六十里，南至桑植司四十里，北至石梁峒四十里。东西二百五十里，南北二百二十里。[④]

九溪、永定二卫设立后，澧水中上游交通因此拓展。明《一统路程图记》《士商类要》载有岳州府至永定卫、九溪卫途程：

本（岳州）府过湖。十里大江铺。十里三家店。十里茅司铺。十里马家林。十里陈家林。十里高港铺。十里两山铺。十里楚阴铺。十里青山铺。十里版桥铺。十里射石嘴。十里渡白河至华容县临江驿。十里中立铺。十五里蔡天铺。十五里黄杨铺。十里新店。十里项港铺。四十里安乡县。二十里澧州。四十里合山铺。三十里新安市镇。二十里土地铺。三十里石门县。九十里慈利县。（或西南）一百八十里永定卫。（或西北）九十里至九溪卫。

六、湘黔“新道”及苗疆“营路”的修筑

尧舜以来，栖息长江中游的“三苗”“荆蛮”等族在中原王朝持续征伐下，被迫向四水上游

---

① 据清人潘相《澧志举要》记，澧州千户所设于洪武八年。

② （清）潘相原 著；应国斌 校注：《澧志举要校注》，长沙：湖南人民出版社，2011 年，第 90 页。

③ （民国）陈宗瀛 纂修：《九溪卫志》，民国二十四年抄本。

④ （清）李遇时 修：《岳州府志·疆域》，清康熙刻本；彭立平：《明清九溪卫变迁研究》，硕士学位论文，吉首：吉首大学 2015 年。

和西南山区迁徙。延至元明，湘西、黔东间渐成一块较为稳定的苗族聚居区。其地“北至永顺、保靖土司，南至麻阳县界，东至辰州府界，西至平茶、平头、酉阳土司、东南至五寨司，西南至铜仁府。经三百里许，纬一百二十里许，周可千二百里许。”①

明廷“治苗、防苗”，戍守将吏“虐人肥已，至令诸夷苗民困窘怨怒。”②湘黔边“九溪十八峒”苗民起义不断。为传递军情，便于调兵，先后筑武（冈）绥（宁）、绥靖（州）、宝（庆）溆（浦）、溆沅（陵）等道。

除军事镇压外，还采取强行隔离和利用周围土司钳制等措施。宣德六年（1431），镇竿（凤凰、乾州二厅地）苗民起义，湖南都督萧授率兵十二万，直捣池河（今凤凰县境），施行“掩杀围困”。事平后，萧授围绕湘西“苗疆”，筑湾溪（今吉首市境）等二十四堡，“环其地”进行封锁，设塘汛，留 7800 余名官兵长年戍守。各塘汛间筑“营路”守望相通③。

嘉靖十九年（1540），苗民以腊尔山为中心再次起义。总督万镗、张岳调湘川黔三省兵力十余万进剿。事平后，设五寨、永安、清溪、洞口、旱子、乾州、强虎、石羊十三哨（今凤凰、吉首、麻阳境内），各哨以土兵数百名和打手数十人戍守，并加筑营道，强化钳制。

万历二十七年（1599），播州（今贵州遵义）土司杨应龙起事，“结生苗，夺五司七姓地，并湖广四十八屯”④，阻断湖广通云南道路。湘川黔总督李化龙在加强辰阳、酉阳等地守御的同时，责令武冈排年刘贵卿开辟由武冈磨石至绥宁、出靖州接贵州的“新道”。由宝庆经武冈、绥宁、靖州至贵州铜鼓卫驿道自此开通，湘境途程 673 里。

万历四十三年（1615），辰沅兵备参政蔡复一，以“苗疆营哨罗布，苗路崎岖，难以阻遏窥觑，请发公帑四万三千余两，修治边墙，上自铜仁，下至保靖，迤山亘水，凡百余里。”⑤边墙之外的苗民称为“生苗”，之内称为“熟苗”。今凤凰南方长城，即边墙遗存。

七、“江西填湖广”“湖广填四川”路线

（一）江西填湖广

元至正三年（1343），道州蒋炳自称顺天王，攻破连、桂两州。六年，靖州吴天保、杨留总攻下武冈、宝庆，进击湘西。十二年，徐寿辉率红巾军自江西进攻湖南，元军“多疲懦不能拒”。十五年，红巾军大将倪文俊再度入湘。其后，陈友谅据湖南，与朱元璋争战。连年战乱，湘境人口锐减。洪武年间，岳州府户数从元中叶的 139508 户下降到 70867 户，人口由 787045 人降至 282224 人⑥。民国《醴陵县志》：“历代兵燹，元为最惨。元明之际土著仅存十八户。”

《明太祖实录》载“江西填湖广”缘由：

洪武三十年，常德府武陵县民言：武陵等县自丙申兵兴，人民逃散，虽或复业，而土旷人稀，耕种者少，荒芜者多。邻近江西州县多有失业之人，乞敕江西量移贫民开种，庶农尽其力，地尽其利。

---

① （清）俞益谟：《苗源说》，收于（清）陈宏谋等纂修《湖南通志·卷一四五》，清乾隆二十二年刻本。

② 《明太祖实录·洪武三十年》。

③ （清）董鸿勋纂修：《古丈坪厅志》：“安营设汛，官道所由，谓之营路。”清光绪三十三年铅印本。

④ 《明史·卷二二八》。

⑤ （清）严如熤编：《苗防备览·述往录》，清道光二十三年刻本。

⑥ （明）钟崇文纂修：《岳州府志》，明隆庆刻本。

上悦其言，命户部遣官于江西，分丁多人民及无产业者，于其地耕种。

曹树基先生认为，“元末明初对湖南的移民属补充式移民，占全部人口的26.2%；以氏族计，78.5%来自江西，且多为民籍；其中，来自吉安府的占一半以上；湘南以吉安移民为最，湘中也以吉安移民为多，但南昌移民也不少，湘西由吉安、南昌移民平分秋色；湘北则南昌移民一统天下。”[①]

幕阜、连云、九岭、武功、万洋、诸广等山是湘、赣水系分水岭，山间谷地形成湘赣交通孔道。《一统路程图记》载，自袁州府溯袁水，一百里水路至芦溪，再陆行五十里至萍乡，顺渌水一百一十里到醴陵、再九十里至渌口，入湘江干流。明初以来，这条路线成为赣西南移民入湘主通道。此外，沟通湘赣的崇（阳）通（城）、平（江）修（水）、茶（陵）莲（花）通道，也是“江西填湖广”移民路线。

民国编纂的《龙田彭氏族谱》，记载了泰和彭氏移民湘乡详程：

（乐翁）公世居江西太和县十九都八甲，当明定鼎初，诏徙江西民实楚南。公于洪武二年己酉卜徙湘乡。父子兄弟叔侄男女共二十二人，择十月初六日起程。同江湾一队，共七十九人。初九日至临江府，初十日在皇叔署领票，就曹家埠登舟，十二日至袁州府，十四日至彤关，十六日至长沙府小西门舍舟就陆。息韩、刘两店一日。十九日宿湘潭后街，二十日宿云湖桥，二十一日至湘乡县南门，息单、葛两店一日。二十三日分一队共二十六人循河边上河水去。公等过洙津渡，宿虞塘。二十四日过甲头塘，宿青石塘。二十五日在梓门桥，分一队共二十五人往青蓝去。公等由铜梁塘，本日到六十六都约冲，卜栖焉。计自初起程，凡二十余日，所至皆挂号，夜则老者投店，少者皆露处也。公既至约冲，遂于二十八日起工造室。十一月初六日入宅安居。明年庚戌，华三、华六、华八、华九及周珍保，又离约冲外去矣。[②]

从族谱记载看出，彭氏是通过强制性移民举族迁移的。沿途须验明身份，“所至皆挂号”，自始至终都在官府控制之下。其迁徙路线：从泰和顺赣江而下，至临江府城；逆袁水而上，至袁州府城；而后经渌水、湘江至长沙府城；再逆湘江至湘潭，转涟水至湘乡。

（二）湖广填四川

明末清初，湖南“无岁不被焚杀，无地不为战场。”[③] 先是义军扰境，继而清军与南明及大顺、大西军等势力较量，后吴三桂叛清，战争连年不断。

崇祯十六年（1643），李自成、张献忠部先后入湘，攻城略地。二月，李自成部将江一洪占领华容、安乡；五月，李自成部将马守应攻陷澧州，进袭常德。同年八月，张献忠自武昌出发，相继攻取岳州、长沙、衡州、永州、道州、郴州、宝庆、常德等地，“欲攻辰州，土司以兵塞辰龙关，乃还”[④]，继而克澧州，再下岳州。

顺治二年（1645），李自成遇害，大顺军余部五十余万人相继转战湖南，与南明联合抗清。顺治四年，清军攻占长沙；六年，攻占湘潭，南明重臣、湖广总督何腾蛟被俘身亡，大顺军余部亦先后溃散。顺治九年至十五年，大西军余部联合南明在湖南各地继续抗清。康熙七年（1668），湖广布政

---

① 曹树基 著：《中国移民史·第五卷》，福州：福建人民出版社，1997年，第125—127页。

② 民国二十二年湘乡《龙田彭氏族谱》卷二二《始祖乐翁公迁湘记事》。

③ 国立中央研究院历史语言研究所 编：《明清史料》丙编第七本，上海：商务印书馆，1936年，第608页。

④ （清）李瀚章 修：《湖南通志·兵事三》，清光绪十一年刻本。

使司缪正心奏称：

湖南地方，自前明末，各贼盘踞，百姓逃亡，田地荒芜，元气久已丧尽，……臣去年自岳州府入境，见其满目蓁莱，村烟寥落，鸠形鹄面，十室九空。凋残之状，惨目伤心，臣不禁涕泣沾襟矣。①

康熙十二年（1673），吴三桂叛清，次年占领湖南全境。十五年（1676），清廷命征南将军穆占统陕西、河南诸军“赴湖广讨三桂”。十七年（1678），吴三桂在衡阳称帝，建立大周政权。十九年（1680），清军始平定湖南。

顺治、康熙两朝，湖南数遭鼎革。长沙“城厢内外，一望沙场”②，湘中“城邑丘墟，白骨蔽野”③，宝庆“城内城外，无民无房”④。军民逃散，“携家入蜀者不下数十万”⑤；湘黔间“一路扶老携幼，肩挑背负着，不绝于道”⑥，致贵州商贩“湖南客半之”⑦。

“湖广填四川”，除源于频罹战乱的人口大流徙外，主要是康熙三十三年（1694）诏命⑧湖广向“丁口稀若晨星”⑨的四川移民。康熙四十七年（1708），“湖南衡永宝三府百姓数年来携男挈女，日不下数百口，纷纷尽赴四川。”⑩沿长江水路入川的移民，更是“日以千计”⑪。五十二年（1713），“查楚南入川百姓，自康熙三十三年以迄今日，即就零陵一县而论，已不下十余万众。”⑫

湖南移民入川路线，主要有以下三条：

（1）由四水入洞庭湖，溯长江，入巴蜀，这是“湖广填四川”主要线路。

（2）由沅水转溯酉水，穿越各分水岭间道，迁徙四川。⑬

（3）由沅水转㵲水，进入黔境，辗转入川。

贵州遵义林隆富先生收藏的家谱，记载了林氏先祖从福建老家迁徙四川的日程，其中湖南至四川即由酉水道。部分行程如下：

---

① （清）翟声焕等 纂：《湘乡县志·田赋》，清嘉庆二十二年刻本。

② （清）丁大任 撰：《入长沙记》，荆驼逸史本。丁当时在偏沅巡抚袁廓宇幕中任职。

③ （清）姜修仁 修：《湘潭县志》，清康熙二十四年刻本。

④ 《五省经略洪承畴揭帖》，收于国立中央研究院历史语言研究所 编：《明清史料》丙编第二本，上海：商务印书馆，1936年，第148页。

⑤ （清）査郎阿等 修：《四川通志·皇清艺文·楚民寓蜀疏》，乾隆元年刻本。

⑥ 《清朝续文献通考·卷二三》。

⑦ （清）蔡宇建 修：《镇远府志·卷九》，清乾隆五十六年刻本。

⑧ （清）康熙三十三年《招民填川诏》：朕承先帝遗统，称制中国，自愧无能，守成自惕。今幸四海同风，八荒底定，贡赋维周，适朕愿也。独痛西蜀一隅，自献贼蹂躏以来，土地未辟，田野未治，荒芜有年，贡赋维艰。虽征毫末，不能供在位之费，尚起江南、江西，助解应用。朕甚悯焉。今有温、卢二卿，具奏陈言：湖广民有毂击肩摩之风，地有一粟难加之势。今特下诏，仰户部饬行川省、湖广等处文武官员知悉，凡有开垦百姓，任从通往，毋得关隘阻挠。俟开垦六年外候旨起科。凡在彼官员，招抚有功，另行嘉奖。——康熙三十三年岁次甲戌正月初七日诏。

⑨ （清）査郎阿等 修：《四川通志》，清雍正十一年至乾隆元年刻本。

⑩ 中国第一历史档案馆 编：《康熙朝汉文朱批奏折汇编》（第一册），北京：档案出版社，1984年，第923页。

⑪ （清）恩成 修：《夔州府志·政绩》，清道光七年刻本。

⑫ 中国第一历史档案馆 编：《康熙朝汉文朱批奏折汇编》（第五册），北京：档案出版社，1984年，第336页。

⑬ 清末学者傅崇矩著《成都通览·傅樵村游记》载成都至酉阳途程：“水路至涪州（今重庆涪陵），由涪州起旱路入酉阳。由涪起陆，五十里新场，五十里三窝山，七十里木根铺，八十里白果铺，三十五里火炉铺，五十里木棕铺，五十里牛岩铺，七十里白溪场，三十里保家楼，五十里郁山镇，四十里白蜡园，六十里石塔铺，七十里黔江县，三十里青㭎坪，七十里濯河坝，六十里两河口，三十里土塘坝，六十里楠木箐，六十里酉阳州。”

康熙五十六年正月十八日，从福建省莆田县启程。

二月初一日到江西吉安府。

十一日到萍乡。

十二日租船，行水路二日，用银四钱。

十四日到湘潭县，行船至荣福桥（即云湖桥）。

二十三日行至新化县。

二十八日到序铺县（溆浦县）。

三月初八日到神州府（辰州府）界。

十四日过李野（即龙山里耶）。

十八日到酉场司（酉阳司，今重庆酉阳）。

二十二日到两河口（今酉阳两河镇）。

四月初六日到涪州（今重庆涪陵），雇船行水路。

初九日到长寿县，下船步行至重庆府。

八、徐霞客游湘路线

徐宏祖（1586—1641），字振之，号霞客，南直隶江阴人，地理学家、旅行家。他的足迹，北至河北盘山，南极广西崇善，西抵云南腾冲，东至于海。

据《徐霞客游记·楚游日记》，崇祯十年（1637）正月，徐霞客自赣入湘，始作楚游，经行路线如下：

正月十一日，“以轻装从陆”，经界化垅进入茶陵，寻访老虎吃和尚的云嵝山寺，入茶水河，舟行七十里至东江口。

十二日，游灵岩八景，“而石梁横跨，而下穹然，此中八景，当为第一。”徐霞客提到的石梁位于茶陵县洣江乡石良村，梁跨45米，拱穹高10米，梁厚15米，是湖南最大的天生桥，丹霞地貌景观。

继游云阳山、秦人洞、麻叶洞等名胜后，十七日宿于黄石铺。

十八日，“自黄石铺西行，霜花满地，旭日澄空。十里为丫塘铺，又十里，为珠玑铺，则攸县界矣。又西北十里，斑竹铺。又西北十里，长春铺。又十里，北度大江，即攸县之南关矣。”这段记载显示，明代州县邮驿体系完备，一般为十里一铺。

二十一日，乘舟至衡山，访南岳诸胜。二十九日到衡州。“北城外，则青草桥跨蒸水上，此桥又谓之韩桥，谓昌黎公过而始建者。”青草桥位于衡阳青草渡，俗称草桥。宋淳熙三年（1176），青草渡始建木桥；明正统三年（1438）始，历时四年多修成七孔石拱桥。

二月十一日，溯舟湘江，泊“新塘站（元代驿站，明废）上流之对涯”，夜半被江盗劫掠一空，次日返衡，筹措川资。

三月初四，复溯湘江，泊于云集潭。初五泊瓦洲夹，初六至粮船埠，初七经河州驿抵归阳驿，初八至白水驿，九日下午到达祁阳。十日，游“浯溪之胜”。

十一日，“过黄杨铺，其地有巡司。又四十里，泊于七里滩。”十二日，行二十里，过冷水滩。“聚落在江西岸，舟循东岸行。”

十三日，行四十里，至永州湘口关。“又十里为西门浮桥（即黄叶渡桥），泊舟小西门，登陆游愚溪，过柳子祠，……愚溪桥，即浮桥南畔溪上跨石者是也。”愚溪桥跨越潇水左岸支流，建于明代中期，系两孔石拱桥，是永州通全州、道州、江华等地的交通要冲。

十四日，游小石山，探朝阳岩。“仍过愚溪桥，溯潇西崖南行。一里，大道折而西南，道州道也。”

十五日，游澹岩，并与舟人约定会于双牌。“自永州至双牌，陆五十里，水倍之。双牌至道州，水陆俱由泷中行，无他道。故泷中七十里，止有顺逆分，无水陆异。出泷至道州，又陆径水曲矣。”

十六日，过零陵麻潭驿，泊将军滩。

十七日，抵道州，“西门有濂溪水，西自月岩，翼云桥跨其上。”

自道州至永明，“大道两傍俱分植乔松，如南岳道中，而此更绵密。……松之夹道者七十里，栽者之功，亦不啻甘棠矣。”

二十日，“出江华大道，遂南遵大道行，已为火烧铺矣。铺在道州南三十里而遥，江华北四十里而近。又行五里为营上，则江华、道州之中，而设营兵以守者也。”二十一日，游莲花洞，宿于江渡。

二十三日，宿宁远路亭[①]。“路亭者，王氏所建，名应丰亭。”王氏“因建亭憩行者，会发乡科中乡试，故遂以路亭为名。”

二十四日，由路亭经太平营九疑司，入九疑山，逗留山中七日，遍访舜陵、玉琯岩、紫霞洞、三分石诸胜。三十日，返宿路亭。

四月初一，经下观，过应龙桥，“宿于界头铺，是为宁远、蓝山之界。”初二，游石柱，宿蓝山雷家岭。

初三，自蓝山趋临武。“取道于中，三里一亭，可卧可憩，不知行役之苦也。……下（江山）岭，路益开整，路旁乔松合抱夹立。”

初四，游龙洞，夜宿临武。初五，游秀岩。初六，至梅田白沙巡司。初七，由司东渡武溪，入南镇关，过三星桥。“过桥，则市肆夹道，行李杂沓杂乱，盖南下广东之大道。”

九日，逾虎头岭，经良田，宿于万岁桥。这一路段，“石道修整。”十日抵郴州，“度苏仙桥”。苏仙桥始建于宋，初为石墩木梁桥。正德十年（1515），工部左侍郎崔岩捐修五孔石拱桥，正德十二年竣工，桥上有亭。1964年，郴资公路改道东门口，苏仙桥被改建成公路桥。

十一日，“由苏仙桥下，顺流西北去，六十里达郴口。”舟入耒水，行三十里，泊黄泥铺。

十二日，顺流而北，经兴宁（今资兴）、永兴、耒阳。十五日，抵衡阳前吉渡，度西岸陆行，十六日抵衡州。

二十日，自衡州冒雨登舟，仍溯湘江而上。

二十二日，过柏坊驿。二十三日，行六十里，泊河洲驿。二十四日，行六十里，泊归阳驿之下河口。二十五日，行六十里，泊白水巡司之小河口。这段记载说明，明代水驿设置间隔大致为六十里，约溯舟一日的途程。

二十六日，行三十里，泊观音滩。二十七日，入祁阳，“有石梁五拱跨祁水上，曰新桥。”二十九日，泊零陵黄杨铺。“黄杨铺……西去东安界约三十里。西北有大路通武冈州，共二百四十里。”

闰四月初一，过方激驿，抵冷水湾。初二日，泊于永州湘口关。“潇之东岸即湘口驿。”

---

① 宁远湾井镇路亭村位于九嶷山下，冷九公路旁。村原名应丰亭，其处旧名周家峒，因历代官员祭祀舜帝陵途经该地，在村北入村口的500米处的接官坪，文官下轿、武官下马，遂以“路亭”为名。

初三日，继溯湘水，“泊于军家埠、台盘子之间。”初四日，过石期驿，泊白沙洲。初五日，泊罗埠头东岸。“罗埠头……其地西北走东安大道也。”初六日，“挂帆东南行。五里，东泊于石冲湾。”

初七日，过柳浦驿，入广西境，另有《粤西游日记》记其事。

《楚游日记》显示，明代湖南已形成便捷的水陆交通网络。徐霞客自正月十一入湘，游历茶陵、攸县、衡山、衡州、常宁、祁阳、永州、道州、江华、永明（江永）、宁远、蓝山、临武、宜章、郴州、兴宁、永兴、耒阳、东安，至闰四月初七离境，涉足湘东南十九州县，历时117天，水陆兼行（图8-7）。

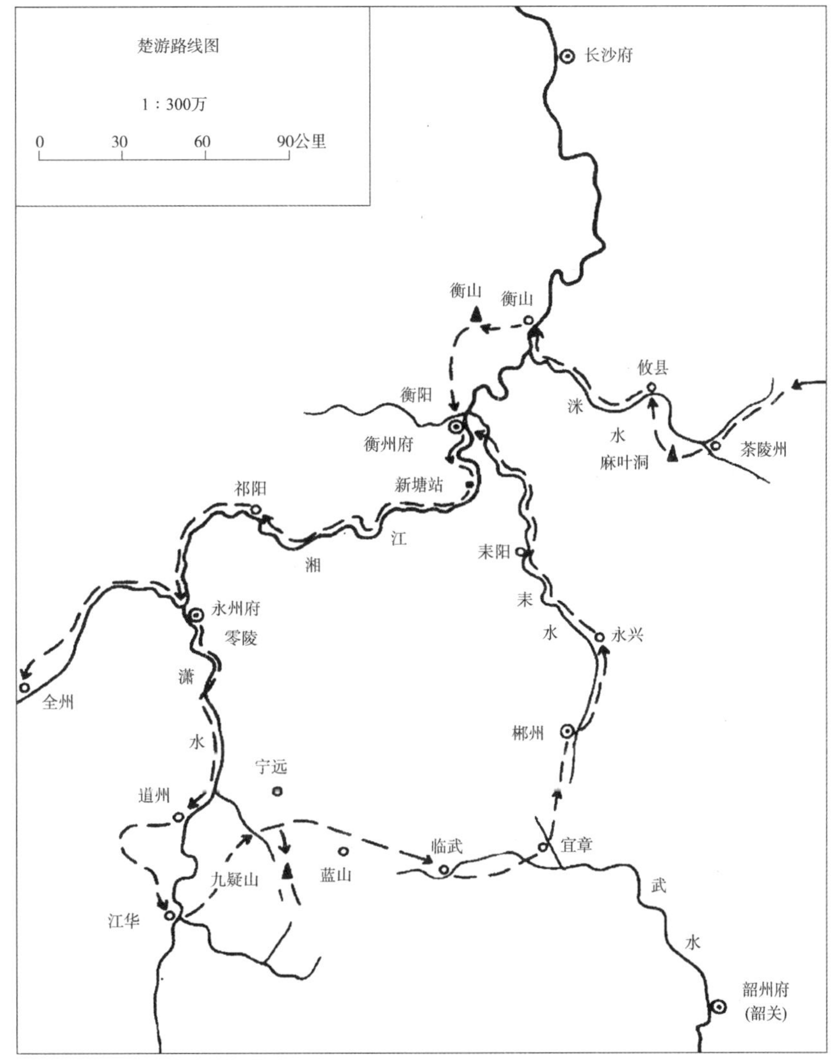

图8-7　徐霞客楚游路线图（戴顺德 绘）[①]

按徐霞客所述，省境水运发达。衡州府“三水帆樯”，永兴耒水“大舟鳞次”；茶水河“顺流飞浆，舟行甚疾”，南岭腹地“由麻江口搭筒橹舡可达锦田”（今江华码市）。又潇水（沱江）支流萌渚水（西河），“入江（沱江）之口，即积石为方堰，置中流，横遏江舟，不得上下，堰内另置小舟，外有桥，横板以渡”，如此溯流五十里，可到白马（芒）营。这段日记显示，在落差较大的溪河筑坝，以提高水位、延长通航里程的方法，亦见于南岭山区。

① 任国瑞、谢武经 著：《湖南的明朝与当代—徐霞客〈楚游日记〉考察记》，北京：方志出版社，2018年，第9页。

陆路交通亦很便捷。州县间筑有设施完备、绿化优美的驿道。如，“自（道）州至永明，松之夹道者七十里”；蓝山田心铺至朱禾铺路段，“乔松荫之，取道于中，三里一亭，可卧可憩，不知行役之苦也”；临武境内“路益开整，路旁乔松合抱夹立”；宜章至郴州“石道修整”。

第二节　商贸繁荣与水道修浚

有明一代，农业、手工业生产水平得到较大幅度提高，交通运输发展为商贸繁荣创造了条件，商运、漕运、纲运因之兴盛。

一、商贸繁荣与商运发展

明初，朝廷推行“与民休息”的经济政策。“许民垦辟为己业，免徭役三年”[①]；新垦田地，“不论多寡，俱不起科，若有司增科扰害者，罪之。”[②]与此同时，实行轻税和平抑市价。“凡商税三十而取一，过者以违令论。”“每三日校勘街市度量权衡，稽牙侩物价。”“令军民嫁聚丧祭之物，舟车丝布之类，皆勿税。”[③]

经过数十年休养生息，商品经济空前发展，各地的农村集市与区域性的中小城镇相连接，遍布全国的商业网络趋于形成。

随着玉米、土豆、红薯、花生等作物引进中国，农产品结构进一步改善，产量大幅增长，区域分工有所发展。至明中叶，长江三角洲成为全国纺织业中心，洞庭湖南北成为全国粮食基地，“湖广熟，天下足”[④]取代“苏湖熟，天下足”。

相对发达的交通运输为商业兴旺创造了条件。“燕赵、秦晋、齐梁、江淮之货，日夜商贩而南；蛮海、闽广、豫章、南楚、瓯越、新安之货，日夜商贩而北。”[⑤]南楚泛指湖南。南阳棉花，“收后载往湘、湖间货之。”[⑥]走的是荆襄道或汉水、长江、洞庭湖航道。

广东“香、糖、果、箱、铁器、藤、蜡、香椒、苏木、蒲葵诸货，北走豫章吴浙，西北走长沙汉口。”[⑦]西北线即由湘桂道。湘桂道（灵渠线）全程水运，湘粤道（武水线）水陆联运。由于武水乐昌以上河段滩多流急，“雇小船，仅装十石”，运量难与“百石船由湘、漓二河可入”的灵渠相比肩[⑧]。

云贵物产多由镇远入㵲水、沅水、洞庭湖转输各地。滇黔物产运销全国，为沅水走廊商贸发

---

① 《明太祖实录·卷三十四》。

② 《明太祖实录·卷二四三》。

③ 《明史·食货志》。

④ “湖广熟，天下足”，首见于明代李釜源的《地图综要》内卷：“楚故泽国，耕稔甚饶。一岁再获柴桑，吴越多仰给焉。谚曰‘湖广熟，天下足。’”

⑤ （明）李鼎 撰：《李长卿集·借著编》，明万历四十年刻本。

⑥ （明）张萱 撰：《西园闻见录·卷一七》，民国哈佛燕京学社印本。

⑦ （清）屈大均 撰：《广东新语·卷十四》，清康熙水天阁刻本。

⑧ （明）黄汴 撰：《一统路程图记》：“本（衡州）府六十里前溪渡；六十里马口滩，巡司；六十里新城市；百里耒阳县；六十里上堡街；六十里永兴县；六十里陈（程）江口；六十里郴江口；六十里东江市，产靛；陆路六十里到郴州。郴州陆路五十里到良田，又五十里至宜章。雇小船，仅装十石。至管铺又换桑船，装二十石。至乐昌县二百里；至韶州府入浈江，去两广。”明隆庆四年刻本。

展提供了机遇，洪江、辰州、武陵等成商贸重镇或区域商业中心。（明）王士性撰《黔志》称：

滇产铜、锡，斤止值钱三十文，外省乃二三倍值者。由滇运至镇远共二十余站，皆肩挑与马骡之负也。镇远则从舟下沅江，其至武陵又二十站，中间沅州以上、辰州以下与陆路相出入，惟自沅至辰陆止二站，水乃经盈口、竹站、黔阳、洪江、安江、同湾、江口共七站。故士大夫舟行者，多自辰溪起，若商贾货重，又不能舍舟，而溪滩乱石险阻，常畏触坏。起镇远至武陵，下水半月，上水非一月不至。

贵州楠木“大者既备官家之采，其小者士商用以开板造船，载负至吴中则拆船板，吴中拆取以为他物料。……此皆聚于辰州。”[①]

明初以来，长江三角洲纺织业高度发展，大量农田转种桑棉，粮食多赖江西、湖广，浙江、安徽商人运盐而来，贩米而去，蔚为传统。全盛时，湘江粮船“数百艘一时俱集。”[②]天启年间任绥宁知县的包汝楫著《南中纪闻》称：“楚中谷米之利……散给天下几遍。”

湘、涟二水交汇的湘潭，江湾水缓，最利泊舟。籍交通之便和“江西填湖广”时移民带来的商业意识，成为湖南主要商埠和米谷转输中心。嘉靖年间，有三街、九巷、二十六坊，码头十余处，工商业户依一至十九总次第聚居，茶叶、药材、百货汇集，谷米、蓝靛贸易大兴。

湘潭的谷米市场，形成于明代初期，明代中叶后，县城沙湾成为米谷总集之区，不仅本县，湘南、湘西南及邻近各县所产之米，皆汇聚湘潭，江浙为主的东南各省米商，常年坐庄湘潭，收购谷米，贩运至苏松等地。……随着粮食交换量的不断增大，沙湾已出现为粮食买卖双方撮合从中取得佣金的经纪人。……

明代，湘潭形成了全国最大的蓝靛贸易市场，四海客商“携万金、千金、百十金争相采购”[③]，极大地刺激了湘潭青靛的种植。[④]

长沙“百货鳞集，商贾骈联”[⑤]，为“聚四方之财，供一方之利”，陆续修缮驿码头、草码头、义码头、通货码头、德润码头、鱼码头、木码头，修建通货门和驿步门，以通商贸和驿递；成化十四年（1478），疏浚府城外西南通江港；嘉靖年间，长沙府推官瞿台特疏浚西湖桥，辟其为港口以泊舟楫，人称为“瞿公套”；万历年间，善化知县唐源“开河通商”，疏辟南湖港，“不但利民，且利商”[⑥]；天启六年（1626），长沙知府谢通祥又“登报赎银觅工”疏浚南湖港。这些举措，进一步巩固了长沙商埠重镇地位，故康熙朝御史蒋伊在《秦蜀荆楚形势议》一文中称：

蜀之馈饷难继，而长沙财赋甲天下，不虑转输也。[⑦]

---

① （明）王士性 撰：《黔志》，学海类编本。

② （明）张萱 撰：《西园闻见录·卷四一》，民国哈佛燕京学社印本。

③ （清）陈嘉榆等 修：《湘潭县志·货殖》，清光绪十五年刻本。

④ 尹铁凡 著：《湘潭经济史略》，长沙：湖南人民出版社，2003 年，第 123 页。

⑤ （明）徐一鸣 纂修：《长沙府志·风俗》，明嘉靖刻本。

⑥ （清）吴兆修等 修：《善化县志》，清光绪三年刻本。

⑦ 《皇朝经世文编·卷七八》。

二、茶叶之路

自唐以来，茶叶就是中原王朝输往西北牧区的战略贸易物资。随着岁月流逝和饮食结构改变，游牧民族对茶饮依赖远高于内地居民，茶文化也深深植根于牧人风俗中[①]。《明史·食货志》：

番人嗜乳酪，不得茶，则困以病。故唐、宋以来，行以茶易马法，用制羌戎，而明制尤密。

茶马贸易最早见于唐德宗年间，“时回纥入朝，始驱马市茶。”[②]五代时，马楚在通北方交通线上设多处回图务，专事茶马、茶丝贸易，是为“茶叶之路”雏形。北宋，茶马贸易成为边贸互市主要形式。

茶马贸易最为繁荣的历史时期出现在明代。洪武初年，“设茶马司于秦、洮、河、雅诸州，自碉门、黎、雅抵朵甘、乌思藏，行茶之地五千余里。山后归德诸州，西方诸部落，无不以马售者。”[③]洪武五年（1372），秦州（今甘肃天水）茶马司定茶马比价：“马一匹，茶千八百斤。”[④]到二十二年（1389），茶价大幅提高，“上马一匹，茶一百二十斤；中，七十斤；驹，五十斤。”[⑤]为阻私商贩茶，确保与边番茶马贸易中的垄断地位，朝廷制订了极为严酷的《茶法》：

私茶出境与关隘失察者，并凌迟处死。盖西陲藩篱，莫切于诸番。番人恃茶以生，故严法以禁之，易马以酬之，以制番人之死命，壮中国之藩篱，断匈奴之右臂，其所系诚重且大，而非可以常法论也。[⑥]

《茶法》施行后，勋戚犯法也严惩不赦。洪武三十年（1397），安庆公主驸马、都尉欧阳伦，“数遣私人贩茶出境，所至骚扰，虽大吏不敢问。有家奴周保者尤横，……帝大怒，赐伦死，保等皆伏诛。”[⑦]直到明代后期，才逐渐开放榷禁[⑧]。

与边番互市的茶叶，原出汉川。然“汉川茶少而直（值）高，湖南茶多而直下”，商人纷纷私贩湖茶牟利。“番族利私茶之贱，因不肯纳马。”湖茶严重冲击官茶，导致万历二十三年（1595）朝廷禁湖茶之议。由于“湖茶之行，无妨汉中。汉茶味甘而薄，湖茶味苦，于酥酪为宜，亦利番也”[⑨]，最终被定为官茶，纳入政府垄断的茶马贸易。以安化茶为代表的湖茶逐渐取代汉茶，成为主要的边销官茶。

事实上，宋代开始，湖茶就远销西北番族，官府在安化设立“博易场”，以盐、米交换茶叶。明初以来，茶马贸易兴盛，四方商贩纷纷赴湘购茶。黄福于永乐四年（1406）撰《奉使安南水程日记》[⑩]提及，临湘鸭栏驿侧设有茶引批验所，印证明初湖茶就被大量销往北方。“湘潭县产茶仅

---

① 明清时期，蒙古民族有在死者头下枕一块茶砖下葬的葬俗。

② 《新唐书·陆羽传》。

③ 《明史·食货志》。

④ 《明史·食货志》。

⑤ 《续文献通考·征榷五》。

⑥ 《明史·食货志》。

⑦ 《明史·安庆公主传》。

⑧ 《明史·食货志》：“万历五年，俺答款塞，请开茶市。……从之。”

⑨ 《明史·食货志》。

⑩ 参见《四库全书·集部·粤西丛载卷三》。

能自足，却是湖南茶叶外销的中心，涟水上游安化、新化、湘乡所产之茶大多汇聚于此。”[①]乾隆《湖南通志·物产》：

茶产安化者佳，充贡而外，西北各省多用此茶，而甘肃及西域外藩需之尤切。设立官商，做成茶封，取官茶以充市赏、赍请蒙古之用，每年商贾云集。

明代晚期，茶叶还是“欧洲人所完全不知道的。”[②]随着西方传教士大量来华，文化交流得以加强，饮茶风俗传播欧洲。明末清初，晋商云集安化小淹、边江、江南、鸦雀坪、黄沙坪、酉州、东坪、马辔市、烟溪等市镇办茶，销往西北、俄罗斯等地，造就出大德诚、长裕川、大德兴、大德丰、永聚祥、大盛魁、大玉川、巨盛川、宏源川、兴隆茂、诚记等一代商贾。同治《安化县志》：

晋帮茶商赴安化办茶，始于明末清初。贩夫贩妇，逐其利者常八九。远商亦日至，曰引庄，曰曲沃庄，曰滚包庄……皆西北商人也。

《祁县茶商大德诚文献》抄本，记载了安化江南镇边江村至山西祁县“茶叶之路”南段水陆途程：

边江村至益阳计水路二百五十五里，益阳至汉口计水路八百四十里，汉口至樊城（今湖北襄樊）计水路一千二百一十五里，樊城至赊旗镇（今河南社旗）计水路三百四十五里；赊旗镇至泽州（今山西晋城）计陆路七百七十五里，泽州至祁县计陆路五百八十里。[③]

以上陆路1355里、水路2655里，水陆途程合计4010里。

清初，“陕甘两省茶商，须引采办官茶，每年不下数千百万斤，皆于安化县采办，以供官民之用。”[④]鸦片战争后五口通商，红茶贸易大增，“粤商鼓帆取道湘潭，抵安化境倡制红茶。”[⑤]至咸丰初年，安化“年产红茶约十万箱（每箱30公斤），花卷三万余卷，红茶销俄约占百分之七十，英美仅占百分之三十，花卷则悉销于晋省。”[⑥]

同治十三年（1874），陕甘总督左宗棠整顿西北茶务，变原有的“官引”为“票法”，“以票代引，一票若干引，不必定以限制，惟视商人资本多寡，能认销若干，按引合算给票。”[⑦]无论何省商人均可来湘领票运销，流通渠道更为顺畅。茶商原分为“东柜”（山西汉商）和“西柜”（陕甘宁回商）。左宗棠改引为票后，有意扶持湘商，添设“南柜”，起用长沙商人朱昌琳为“南柜”总商，专营湘茶贩运[⑧]。

茶叶运销欧洲，路线主要有两条：一条向北，由陆路穿越蒙古、西伯利亚到达东欧；另一

① 尹铁凡 著：《湘潭经济史略》，长沙：湖南人民出版社，2003年，第123页。

② （意大利）利玛窦、金尼阁 著：《利玛窦中国札记》，北京：中华书局，2005年，第17页。

③ 史若民、牛白琳 著：《平祁太经济社会史资料与研究》，太原：山西古籍出版社，2002年，第483—488页。

④ （清）陈宏谋等 纂修：《湖南通志·食货六》，清乾隆二十二年刻本。

⑤ 前揭雷男等：《湖南安化茶叶调查·续言》，引自彭泽益 编：《中国近代手工业史资料》（第一卷），北京：中华书局，1962年，第481页。

⑥ 前揭雷男，等：《湖南安化茶叶调查·续言》，引自梁四宝、吴丽敏《清代晋帮茶商与湖南安化茶产业发展》，《中国经济史研究》，2005年第2期。

⑦ （清）左宗棠 撰：《左文襄公全集·札试办甘省茶务章程》，清光绪刻本。

⑧ 陈先枢、黄启昌 著：《长沙经贸史记》，长沙：湖南文艺出版社，1997年，第136页。

条东南，由上海、广州等港海运西欧[①]。

以安化为起点，穿越亚欧大陆的“茶叶之路”分为两途。一由安化、汉口、襄阳，溯汉水、丹水，经浙川、商州，运至陕西泾阳压制茶砖（即由政府统一制销的官茶）后，销往甘肃、青海、西藏、新疆，远至中亚、西亚。或由安化、汉口、襄阳，溯唐河至赊旗店，经山西走西口（杀虎口）或东口（张家口）入蒙古草原，至中俄边境口岸恰克图[②]（今俄罗斯境内，俄蒙界河北岸），穿越西伯利亚“泰加群落”[③]，抵莫斯科、圣彼得堡等地。《茶叶之路》写道：

图 8-8　行进在“茶叶之路”上的骆驼商队[⑦]

几乎所有俄国消费的名茶，都是由骆驼商队（图 8-8）从中国北部经过蒙古带来的……这些茶叶从恰克图进入俄国，然后重新被包装，用毛皮包好，用线缝好，穿越西伯利亚大约 4000 英里的路程，最后到达圣彼得堡、莫斯科。[④]

明清时期，中俄茶道的两条主线，一条从福建武夷山下梅村（崇安县境）起，陆运至江西河口镇（今铅山县城），继入信江、鄱阳湖，溯长江至汉口；另一条源于安化，经湘潭或益阳，顺湘水或资水入洞庭，循江至汉口。两条线路在汉口集合后，溯汉水至襄阳北上，纵贯河南、山西、河北、内蒙古，穿越沙漠戈壁，经乌兰巴托抵恰克图。再在俄罗斯境内延伸，经乌兰乌德、伊尔库茨克、图伦、克拉斯诺亚斯克、新西伯利亚、鄂木茨克、秋明、叶卡捷琳堡、昆古尔、喀山、下诺夫哥罗镇、莫斯科，抵达终点圣彼得堡。这条经过自然条件恶劣区域、专为茶叶贸易开辟的通道，就是享誉后世的中俄“茶叶之路”，也是继“丝绸之路”后又一横跨欧亚大陆的商贸通道。

康熙二十八年（1689），清王朝和沙俄政府签订《尼布楚条约》，“茶叶之路”作为中俄间贸易通道正式形成。康熙四十八年（1869），汉口向俄国出口砖茶 73758 担，1900 年增至 390200 担[⑤]。随着“茶叶之路”兴隆，俄罗斯一度取代英国成为中国茶叶最大的买家。

三、楠木贡输与“找厢拽运法”

西南山区是楠木主要产地，用材历史上溯先秦时期。出土三万多枚秦简牍的龙山里耶一号井，方形井圈系楠木材质。武陵山区独木舟多用楠木制作。“蛮地多楠，有极大者，刳以为船。”[⑥]六朝时，

① 2019 年 6 月 27 日，作者与恩师、清华大学张智慧教授等实地考察了被誉为“中国乃至世界交通史上活化石”的云南普洱茶马古道宁洱那柯里路段，寻觅马驮、马槽、马蹄窝遗迹，探访马帮故事和民族风情。当晚，经张智慧教授介绍，与云南著名古茶专家、普洱茶理事长何仕华先生探讨了茶马之路，确认普洱茶输京路线主要经由滇黔湘鄂道。

② 雍正六年（1728）《中俄恰克图条约》签订后，恰克图成为中俄双方互市贸易指定城市。

③ 泰加（Taiga）群落（泰加林），指西伯利亚针叶树种构成的大森林。

④ （美）艾梅霞 著：《茶叶之路》，北京：中信出版社，2007 年，第 149 页。

⑤ 中国公路交通史编审委员会 编：《中国古代道路交通史》，北京：人民交通出版社，1994 年，第 597 页。

⑥ （宋）朱辅 撰《溪蛮丛笑》引《怀太子注》，收于（明）沈瓒 编撰：《五溪蛮图志》，长沙：岳麓书社，2012 年，第 339 页。

⑦ （美）艾梅霞 著：《茶叶之路》，北京：中信出版社，2007 年，插图。

"陈文帝尝出楠材造战舰"[①]，延至明代，"楠木刳舟"仍流行沅水中上游：

以大楠木刳虚其中，棹桡行之。小者长丈五六，大者三丈余。最宜于溪河。辰人造船，亦以此为脚。[②]

宋政和四年（1114）六月，"沅陵县江涨，流出楠木二十七，可为明堂梁柱，蔡京等拜表贺。"[③]

由于南北大运河通京师，元廷始用楠木造宫殿、祭祀用具和上等家具。泰定元年（1324）七月，"作楠木殿"[④]。元人陶宗仪在《辍耕录》记："文德殿在明晖外，又曰楠木殿，皆楠木为之。"《元史·祭祀》："祝册，亲祀用之。制以竹，每副二十有四简，贯以红绒绦。面用胶粉涂饰，背饰以绛金绮。藏以楠木缕金云龙匣。"

又据《辍耕录》，王宫的御榻皆用楠木制作：

后香阁一间，……阁上御榻二，柱廊中设小山屏床，皆楠木为之，而饰以金。寝殿楠木御榻，东夹紫檀御榻，壁皆张素画，飞龙舞凤。西夹事佛像，香阁楠木寝床，金缕褥，黑貂壁幛。

明廷偏爱楠木用具，设专门机构置办，历朝采木不绝。洪武二年，因修复南京、新建中都（今安徽凤阳），"诏令自大庸县茅岗伐运香楠。"[⑤]这是湖南贡输楠木的最早记载。

永乐四年（1406）开始，至宣德、景泰、正德、嘉靖、万历、崇祯，总共有20余次大的楠木采办，以永乐、嘉靖和万历三朝最多。

永乐年间营建北京宫殿，需要大量楠木作栋梁之材。明廷遣官赴四川、湖广、江西、浙江、山西等地"督军民采木"[⑥]。《沅陵县志》记载了这一历史事件，"永乐四年，尚书侍郎师逵，来辰州征楠木，运送北京修建皇宫。"[⑦]师逵在湖广采木，经营多年，"以十万众入山辟道路，召商贾、军役得贸易，事以办。"[⑧]楠木采办过程中，武陵山区道路得以修治。

永乐十四年（1416）十一月，"因河道疏通，漕运日广，……良材巨木，已集京师。"[⑨]次年二月，北京宫殿开工建设，"命泰宁侯陈珪掌缮工事，安远侯柳升、成山侯王通副之。"永乐十八年（1420），紫禁城建成，明成祖朱棣"以迁都北京诏天下。"

宣德、正德年间，朝廷派员前往湖广等地采办楠木。"宣德元年，修南京天地山川坛、殿宇，复命侍郎黄宗载、吴廷用采木湖广。……正德时，采木湖广、川、贵，命侍郎刘丙督运。"[⑩]仅

① （明）何楷 撰：《诗经世本古义》，清文渊阁四库全书本。

② （明）沈瓒 编撰：《五溪蛮图志》，长沙：岳麓书社，2012年，第113页。

③ 《宋史·五行》。

④ 《元史·泰定帝本纪》。

⑤ 湘西土家族苗族自治州交通志编委会 编：《湘西土家族苗族自治州交通志·大事记》，长沙：湖南人民出版社，1993年，第375页。

⑥ 《明史·食货志》："采木之役，自成祖缮治北京宫殿始。永乐四年，遣尚书宋礼如四川，侍郎古朴如江西，师逵、金纯如湖广，副都御史刘观如浙江，佥都御史史仲成如山西。"

⑦ 沅陵县地方志编纂委员会：《沅陵县志·大事记》，北京：中国社会科学出版社，1993年。

⑧ 《明史·师逵传》。

⑨ 《明太宗实录·卷一百二》。

⑩ 《明史·食货志》。

宣德元年（1426），湖广一次运走“大材”七万余株，“而大材皆险远之处所产。”[①]

嘉靖十四年（1535）二月，“始分建九庙、改建世庙，遣武定侯郭勋行祭告礼。”[②]嘉靖二十年（1541）四月，太庙被烧，遣工部侍郎潘鉴、副都御史戴金至湖广、四川采办楠木。嘉靖二十六年（1547）四月，奉天等三大殿发生火灾，命工部右侍郎刘伯跃于四川、贵州、湖广采办楠木，“湖广一省费至三百三十九万余两。”[③]

万历二十四年（1596）三月，坤宁宫发生火灾，火势迅猛，延烧至乾清宫及后宫门廊。四月即遣官赴湖广、四川、贵州采办楠木[④]。

除武陵山区外，南岭亦是湖广楠木采集地。《徐霞客游记·楚游日记》：

九嶷山……此中山木甚大，有独木最贵，而楠木次之。又有寿木，叶扁如侧柏，亦柏之类也。巨者围四、五人，高数十丈。潇源水侧渡河处，倒横一楠，大齐人眉，长三十步不止。闻二十年前，有采木之命，此其遗材耶？

徐霞客这段记载，可谓九嶷山区采办皇木的佐证。

紫禁城、十三陵、天坛等重要建筑，俱用楠木建造[⑤]。规模宏大的楠木殿有奉天殿、太庙、长陵祾恩殿、天坛祈谷殿等。建成于宣德二年（1427）的祾恩殿，以60根楠木大柱形成构架，中间4根高达14.3米，直径1.17米。

楠木多在“蛮夷”地区。除官采外，土司贡献也是重要渠道。据方志载，明清时期湘西土司进献楠木十二次。乾隆《永顺府志》：

楠木有白楠、香楠，明史云永顺各宣慰历次贡木。

湘西土司常以贡木获得升官晋爵机会。正德元年（1506），永顺宣慰使彭世麒贡大木二百根；八年（1513），酉阳土司冉元献大木二十根[⑥]；十年（1515），彭世麒献大木三十根，次者二百根，亲督运至京，子明辅所进同[⑦]；十三年（1518），彭世麒进献大木四百七十根，明辅亦献楠木[⑧]。因彭氏父子贡献，彭世麒奉敕加升湖广都司都指挥使，赐大红蟒衣三袭；彭明辅授正三品散官，擢升湖广都司都指挥使，赐大红蟒衣三袭。嘉靖四十二年（1563），“以献大木功再论赏，加明辅都指挥使，赐蟒衣，其子掌宣慰司事。”[⑨]

嘉靖年间太庙被烧，朝廷遣官赴湖广、四川采办楠木。由于连年砍伐，辰州一带上好楠木已

① 《明宣宗实录·卷十九》。

② 《明世宗实录·卷一七二》。

③ 《明史·食货志》。

④ 《明史·食货志》：“万历中，三殿工兴，采楠杉诸木于湖广、四川、贵州，费银九百三十余万两，征诸民间，较嘉靖年费更倍。”

⑤ 《清圣祖实录·卷一四四》：“察前明宫殿楼亭门数，共七百八十六座，今以本朝宫殿数目较之，不及前明十分之一。至前明各宫殿，九层基址，墙垣俱用临清砖，木料俱用楠木。”

⑥ 《明史·石柱宣抚司》。

⑦ 《明史·永顺军民宣慰使司》。

⑧ 《明史·永顺军民宣慰使司》。

⑨ 《明史·永顺军民宣慰使司》。

近绝迹，辰州督木同知徐珊被派往酉水上游的卯洞（今湖北来凤百福司镇）办理木政。徐珊在卯洞驻扎两年，出入荆棘丛中，亲勘楠木规格、数量和地点，监督采伐转运。其著作《卯洞集》，为后人了解武陵山楠木采办情况，留下了珍贵史料。

楠木采伐后，先沿行进路线修路搭架，然后将巨木拽运溪沟之旁，水涨时掀木于溪流，让其漂至江河，继筏运京师。礼部尚书严嵩奏称："盖巨木产自湖广、四川穷崖绝壑，人迹罕至之地。斧斤伐之，凡几转历，而后可达水次，又溯江涛万里而后达京师，水陆运转岁月难计。"[①] 足见楠木采伐之险，转运之难。

将楠木从"绝壑之地"拽运至溪，是采办过程中最为艰难的环节。《明史·吕坤传》："以采木言之，丈八之围，非百年之物，深山穷谷，蛇虎杂居，毒雾常多，人烟绝少，寒暑饥渴，瘴疠死者无论矣。乃一木初卧，千夫难移，倘遇阻艰必成伤殒。"明人王士性亦言：

木非难而采难，伐非难而出难。木值百金，采之亦费百金；值千金，采之亦费千金。上下山阪，大涧深坑，根株既长，转动不易。遇坑坎处，必加他木搭鹰架，使与山平，然后可出。一木下山，常损数命，直至水滨，方了山中之事。[②]

在积年累月的采木过程中，武陵山木户探索出一套行之有效的楠木转运之法：找厢拽运，筑坝泄运，扎筏押运。

所谓找厢，"就是先由石匠开采巨石，形成简易的路基；架长空中地段，做好支架，然后以两列杉木平行架设在路基和支架上，形如今日的铁路。"[③] 督木官徐珊描绘了厢架的壮观景象：

木栈开重险，参差万壑长。
乍看蜈百足，忽拟雁千行。
入涧平如砥，依云势故昂。
伫观厢上者，来往若康庄。[④]

清康熙八年（1669），四川巡抚张德地在《题报采运楠木条议疏》中曾提及找厢拽运流程和斧手架长来源：

架长看路找厢，找厢者，即垫低就高，用木搭架，将木置其上，以为拽运之说也。斧手伐树取材，穿鼻找筏，人夫拽运到河。用石匠打当路石，篾匠做缆子，铁匠打斧头，与一应使用器具。一厂用斧手一百名，石匠二十名，铁匠二十名，篾匠五十名，找厢架长二十名。

楠木一株长七丈，围圆一丈二三尺者，用拽运夫五百名，其余按丈尺减用。沿路安塘，十里一塘，看路径长短安设，一塘送一塘到大江。九月起工，二月止工，三月河水泛涨，难以找

① 《明世宗实录·卷二四九》。
② （明）王士性 撰：《广志绎·卷四》，清康熙十五年刻本。
③ 谭庆虎、田赤：《明代土家族地区的皇木采办研究》，《湖北民族学院学报》（哲学社会科学版），2011年第2期。
④ （明）徐珊 撰：《卯洞集·卷一》，明嘉靖二十四年刻本。

厢施工。先于七月内动人夫五十名寻茹缆皮堆集放于厢上，取其滑，以拽其木。督木同知将放出木头赴督木道交割，八十株找一大筏。召募水手放筏，每筏用水手十名，夫四十名，差官押运到京。

……查采木旧例，斧手架长俱出湖广辰州府，其斧手砍伐穿鼻，架长寻路找厢，皆其贯习，各有定法，若不得其人，木料必致扑损……势必于辰州府招募斧手二百名，架长四十名，押送来川。①

图 8-9　永顺林场找厢拽运深山木材⑤

这份奏疏显示，四川采办大木须从辰州招募“斧手架长”，证明楠木转运以湘西木户最为熟练。“找厢拽运”亦称“拖箱”或“拉箱”，堪称武陵山区运输巨木的绝技，也是辰州、永顺木户在运输史上的一项创举（图 8-9），一直沿用到 20 世纪 60 年代。《湖南省志 · 民俗志》：

“拖箱”，也称“拉箱”，一般在深山峡谷，山路拐弯多，木材又大又长不易出山的情况下采用，利用竹木铺设箱桥，解决坡陡、弯大、路窄的问题，通常 6—8 人一组，两人为一杠，一手紧握钉牛绳，一手握紧杠端，口喊号子，脚踏箱架，一步一步从深山里将木材拖运出山。永顺县杉木河、小溪、牛路河伐木场采用拖箱运木，箱道达 10 余华里。此法拖运，箱桥耗用杉木太多，20 世纪 60 年代后，已极少采用。②

为解决小溪水浅、泄运大木艰难，武陵木户采用了筑坝拦水、适时开闸的运木之法：

筑坝之诀，旧皆椿木为之，被以枝叶，单薄陋水，为力甚难。今令仿效北江滚牛之法，编成大篓，填以土石、茆草，量其阔狭、多寡用之。中留一豁，如闸口之状，相度高下远近，亦如置闸之法。③

民国年间成文的《苗荒小纪序引》介绍了苗境搬运巨木的方法：

深谷有水者，则沿谷筑闸阻水使深，以次启闸，而流木入河。无水或有水而不通河者，则因谷架楼，层叠重累，飞虹凌空，形如栈道，使峰甲之木，经楼以越乙峰，如是而丙而丁，致之于河。抵河则舞跃欢呼，主佣相庆矣。④

① （清）蔡毓荣等 修：康熙《四川总志 · 木政 · 四川巡抚张德地题报采运楠木条议疏》，清康熙十二年刻本。
② 李跃龙 主编：《湖南省志 · 民俗志》，北京：五洲传播出版社，2005 年，第 163 页。
③ （明）徐珊 撰：《卯洞集 · 卷二》，明嘉靖二十四年刻本。
④ 刘锡蕃：《苗荒小纪序引》，收于贵州省民族研究所 编：《民国年间苗族论文集》，贵阳：贵州民族研究所，1983 年，第 10 页。
⑤ 李跃龙 主编：《湖南省志 · 民俗志》，北京：五洲传播出版社，2005 年，第 164 页。

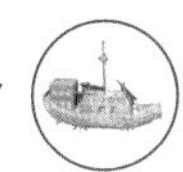

楠木从武陵山各“穷崖绝壑，人迹罕至之地”漂运酉、沅等水，交督木道验收后，便开始扎筏运输。由酉、沅等水入洞庭湖，出长江，入大运河，北输京师。自采伐至解京收储，辗转数千里，耗时数年。如《两宫鼎建记》所云：

楠杉大木产在川、贵、湖广等处，差官采办，非四五年不得到京。

四、“湖广济贵州”

明初，为强化西南地区统治，确保湖广通云南驿道安全，朝廷设立贵州都司，沿湘黔滇驿道广立卫所。其中，贵州（今贵阳）建贵州卫、贵州前卫拱卫都司；贵州以西设威清卫、平坝卫、普定卫、安庄卫、安南卫、普安卫，史称“上六卫”；贵州以东设龙里卫、新添卫、都匀卫、平越卫、兴隆卫、清平卫，称“下六卫”；湘黔边境设平溪卫、清浪卫、镇远卫、偏桥卫、铜鼓卫、五开卫，称“边六卫”（属湖广都司）；又在川黔、滇黔边境设永宁卫、赤水卫、毕节卫、乌撒卫，史称“西四卫”。以上二十四卫，将贵州纳入严密控制之中。

明代是贵州历史上承前启后的重要时期。永乐十一年（1413），明成祖以平定思州土司叛乱为契机，析湖广、四川、云南部分地，设立贵州布政使司，辖贵阳、镇远、铜仁、黎平、思南、思州、石阡、都匀八府，领州县若干及数十个土司辖地。贵州自此独立建省，为明代十三个布政使司之一。

成祖之所以在贵州设省，主要是“开一线以通云南”，确保“古苗疆走廊”（图8-10）[①]交通安全。所谓“贵州四面皆夷，中路一线，实滇南出入门户也。黔之设，专为滇设，无黔则无滇矣。”[②]

有明一代，贵州产粮不敷“军食吏廪”，战乱期间更大量从外省运输粮饷。洪武六年（1373），贵州卫岁耗军粮七万余石，本州及普定、播州等处仅征粮一万二千石；景泰元年（1450），贵州奏请朝廷济粮十七万石；万历二十七（1599）“播州之役”，户部题留“湖广本色漕粮二十一万二千二百六十五石，并耗尖米十六万一千三百余石，以充征播军饷。”[③]

万历《贵州通志》载，贵州都司所辖卫所，有“军户七万二千二百七十三户，二十六万一千八百六十九丁口”，贵州布政司所属各司府有“民户六万六千六百八十四户，二十五万四百二十丁口”，军民合计五十一万多丁口。由于“悉是蛮夷，刀耕火种，纳粮不多，军卫屯田，蓄积亦少，官仓所贮，不支半年。”每年所征军卫屯科粮及府州田赋，通共不足二十万石，所需军饷“大半仰给川、湖”“川、湖每岁定委府州县佐二官专管征解。”[④]

① “古苗疆走廊”是元明清时连接云南边陲与湖广内地的主要通道，2012年贵州大学人类学研究所所长杨志强教授等首倡这一概念，受到学术界的广泛关注。参见杨志强、赵旭东、曹端波：《重返“古苗疆走廊”》，《中国边疆史地研究》，2012年第2期；马静：《“古苗疆走廊”之内涵及特点》，《广西民族大学学报》（哲学社会科学版），2014年第3期。

② （民国）刘显世等 撰：《贵州通志·卷二》，民国三十七年铅印本。

③ 《明神宗实录·卷三四一》。

④ 《明世宗实录·卷一二五》。

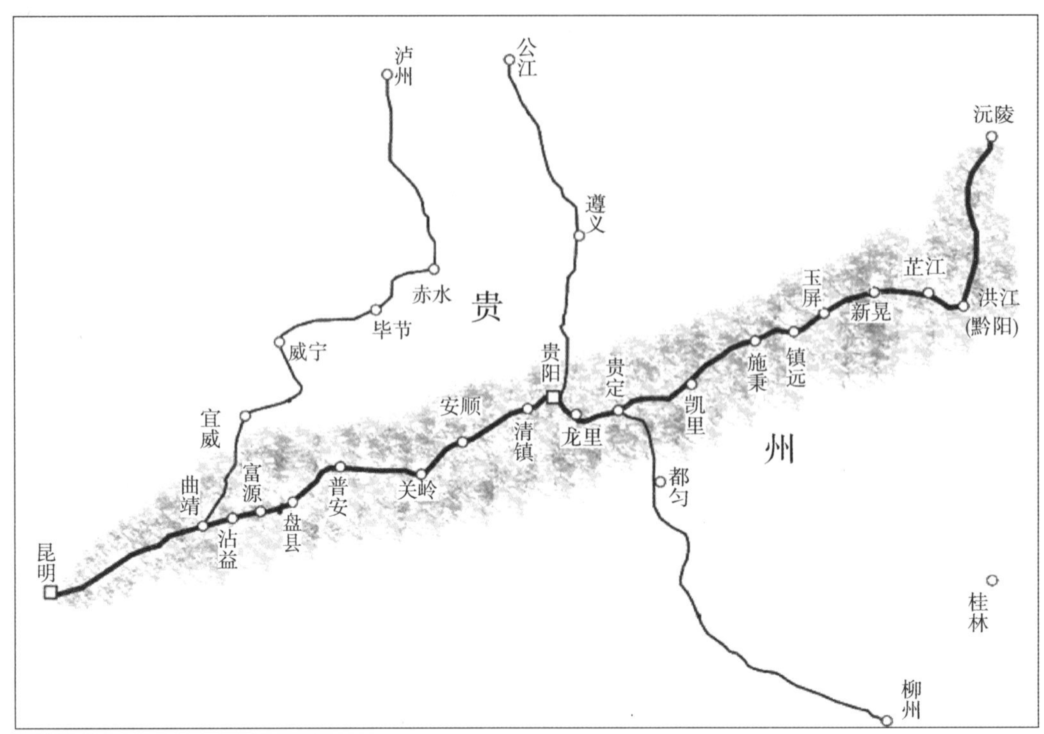

图 8-10　“古苗疆走廊”示意图[①]

为了缓贵州粮荒，明廷指定湖广、四川、云南三省“额解”粮秣济黔。其中，湖广每年解纳贵州粮米 122400 石，四川解纳 109700 石。粮秣济黔路线包括湖广四条、四川三条、云南一条[②]。

湖广济贵州粮道：

（1）湖广贵州驿道，溯舟沅水、潕水至镇远仓，陆行至兴隆卫仓（今贵州黄平）；

（2）沅辰铜仁水道，由沅州、辰州溯沅水、辰水至铜仁府（今贵州铜仁）；

（3）沅辰铜鼓水道，由湖广溯沅水、清水江达铜鼓卫仓（今贵州锦屏）；

（4）靖州铜鼓驿道，由靖州经永坪、石家、三星、江团、铁炉驿至铜鼓卫仓。

四川济贵州粮道：

（1）由重庆经遵义至贵阳丰济仓；

（2）沿长江、永宁河至永宁卫仓，继沿毕节、乌撒驿道，供应黔西北各卫所；

（3）由重庆经遵义、湄潭、白泥、黄平州至兴隆卫仓。

云南济贵州粮道：

从云南经交水至普安州普济仓，并沿贵州云南驿道转运沿途卫所。

五、洞庭湖及湘、资、沅水航道疏浚

湘、资、沅、澧及洞庭湖构成的水道是中南、西南地区往来中原的主要通道，所谓“岭表滇黔，

① 图片出自杨志强等：《重返“古苗疆走廊”》，《中国边疆史地研究》，2012 年第 2 期，张森一重描。图中粗线附阴影的条状地带，为“古苗疆走廊”交通线及周边民族 / 族群关系频繁交叉影响的地带。

② 贵州省地方志编纂委员会 编：《贵州省志 · 交通志》，贵阳：贵州人民出版社，1991 年，第 29 页。

必道湘沅。”[①]

长江自枝城至城陵矶江段别称荆江。北岸是江汉平原，南岸洞庭湖区，地势低洼，河道弯曲。“自监利至巴陵，凡八曲折始合洞庭而东北。”[②]随着湖区农垦活动加剧，植被破坏，泥沙淤积，水灾频繁。元初，因南岸大堤累筑累决，遂由堵筑转为疏导，入湖水量增加，湖面有所扩大。大德九年（1305），石首陈瓮堤决口不塞；至大元年（1308），诏令江陵、监利、石首合开六穴，以分荆江洪水[③]。其中，石首杨林穴、宋穴、调弦口“挟江而南，百里之内，皆与洞庭接壤。”[④]

景泰六年（1455），工部役民丁疏通杜预所开、自调弦口通洞庭湖的运河（即华容河），既缩短了洞庭湖西北州县通江水程，也为湘沅达荆襄、中原提供了便捷航道。《明英宗实录》：

（景泰六年二月）壬寅，湖广华容县医学训科王正中言：“本县民岁运京储皆经行洞庭湖，春夏水涨，人多被溺；秋冬水涸，舟复不通；往返搬运，劳苦万状。臣见附近有河一道，昔晋杜预所开者，但淤浅少水，乞敕有司于农闲之日，督率工役如旧疏浚，使运船悉由此达大江之京仓，实为民便。”帝命工部移文有司，……为之。[⑤]

“如旧疏浚”后的华容河，成为通江达湖的重要航道，遂于石首设调弦驿[⑥]。成书于天顺五年（1461）的《大明一统志》称：“华容河，北源于江，南达洞庭。”《明史·河渠志》：“（景泰）六年，浚华容杜预渠，通运船入江，避洞庭险。”直到清末，“湖南下荆船只，均出石首县之调弦口。”[⑦]

作为中原通岭南的主要干道，湘江—灵渠—漓江整治备受重视。

洪武四年（1371），“修陋兴安县灵渠三十六陡。”[⑧]二十九年（1396），监察御史严震直主修灵渠，砌渠堤126丈、陡岸36处，疏渠道5159丈，修斜坡、湎坡、泄水坡五处，共动用民夫9000余人，耗用石块石板28000块、桩木15500余根、石灰674900余斤。由于维修时尽行撤去鱼鳞石，“遇水患，势无所泄，冲塘决岸，”[⑨]永乐二年（1404）遂修复如旧。成化二十一年至二十三年（1485—1487），全州知府单渭大修灵渠，36陡中凡有缺坏者均修葺一新，并“用巨石以堵铧嘴，措鱼鳞，缮渠岸，构陡门。”[⑩]

衡阳城北湘江合江套附近“水流急湍，矶碍舟行”，万历九年（1581），礼部尚书曾朝节（临武人）倡议“除矶兴塔（即来雁塔），利济河道。”[⑪]

资水航道滩多水险，素有“滩河”之称。宣德六年（1431），邵阳知县何永芳以“宝庆贡赋，

① （清）陈嘉榆等 修：《湘潭县志》，清光绪十五年刻本。

② （清）齐召南 撰：《水道提纲·江水篇》，清文渊阁四库全书本。

③ 参见元人林元的《重开古穴记》。

④ （清）朱荣宝 修：《石首县志·堤防》，清同治五年刻本。

⑤ 《明英宗实录·卷二五〇》。

⑥ 《大明会典·卷一四五》。

⑦ （清）吴熊光等 纂《湖北通志》，清光绪九年刻本。

⑧ 《明太祖实录·卷一八八》。

⑨ 《明太宗实录·卷二十八》。

⑩ （明）孔镛：《重修灵渠记》。

⑪ （清）陶易 修：《衡阳县志》，清乾隆二十六年刻本。

自运至京，滩多险恶，行舟多碎”[①]，奏准改行折色，宝庆始免漕运之劳。嘉靖三十二年（1553），桃江武潭乡绅莫钱峰捐资开凿资水滩石，以利航行。

沅水“三垴九洞十八滩”多在沅陵境内，以瓮子洞一带最为险恶。传当地一寡妇，夫家世代拉纤为业，其公爹、丈夫、儿子均在拉纤时坠亡。嘉靖年间，邑人廖汉文在瓮子洞江岸绝壁修凿纤道，并在壁岩镶嵌铁链，以利纤工安全攀爬，人称“寡妇链”[②]。

第三节 驿递网络的形成与发展

明代邮驿在前朝基础上继续发展，递运所和民信局兴起[③]，是这一时期邮驿制度两大特点，也是古代交通运输一大进步。递运所设置，使递、驿、铺三套机构相对独立，各司其事；民信局是商品经济条件下，民间邮驿发展的必然产物。

一、驿递线路的完善

朱元璋视“驿递天下之血脉”[④]，在政权初定、百废待兴的情况下优先交通建设，治道置驿。洪武元年（1368）正月，“置各处水马驿站、递运所、急递铺。”[⑤]九月，“诏改各站为驿。”[⑥]湖南各主要交通干道，皆设水马驿、递运所、急递铺。

驿站“专在递送使客，飞报军务，转运军需等物。”[⑦]递运所专司军需及贡物运输，没有递运所的地区仍由驿站承担；急递铺专职公文递送，“凡十里设一铺”，县治所在地设有总铺。

洪武四年（1371）设贵州宣慰使司，即自贵州至武昌置水陆驿站。其中，“贵州由播南、思州界至沅州以达辰溪二十一驿，辰溪至湖广（武昌）一十六驿。”[⑧]十八年（1385），自靖州至五开卫[⑨]“设五开、中潮、新化、平茶、隆里、黎平等所，黄团等八驿。”[⑩]二十一年（1388），“湖广五开至靖州置驿十二，驿夫以刑徒充之，仍令屯田自给。”[⑪]

洪武十四年（1381），傅友德讨云南，“自岳州至贵州置二十五驿。”其中，“自岳州至辰

---

① （明）陆柬 纂修：《宝庆府志》，明隆庆元年刻本。

② （清）守忠等 修：《沅陵县志》：“瓮子洞，县东一百八十里，形如廪，水声如瓮响，沿江岸峭壁深潭，昔无纤路。明百岁翁廖善人汉文制铁索数百丈，凿孔系索，舟行始利。”清同治十二年刻光绪二十八年重修本。

③ 民信局系民间经营的通信服务组织，盛于晚清，主要为商业服务。其肇始年代诸说不一，有明永乐说、清嘉（庆）道（光）说等，学术界公认的看法是在明永乐年间（1402—1425），比较明确的记载来自1921年交通部邮政总局在《邮政事务总论·置邮溯源》中，提到“惟民间所用之邮递方法与官立之驿站迥不相同，民间邮递之法，有明永乐以前似未尝有也”。参见（1）北京市邮政管理局文史中心 编：《中国邮政事务总论》(上)，北京：燕山出版社，1995年；（2）史式：《从明代开始的民邮》，《集邮》，1963年第10期；（3）南华：《宁波发现清道光信寓史实记载石碑》，《人民网》，2009年12月30日。

④ （明）胡缵宗 撰：《愿学编》，收于《续修四库全书》第938册，明嘉靖刻清修本。

⑤ 《明会要·大政记》。

⑥ 《明太祖实录·卷三十五》。

⑦ 《明会要·大政记》。

⑧ 《明太祖实录·卷七十》。

⑨ 五开卫位今贵州省黎平县德凤镇，隶属湖广都司，是明朝在贵州东部设立的第一个卫，洪武十八年（1386）置。

⑩ （清）祝钟贤 修：《靖州志·职官志》，收于《中国地方志集成·湖南府县志辑》，南京：江苏古籍出版社，2002年。

⑪ 《明太祖实录·卷一九〇》。

州府凡一千八十一里，以六十里为一驿。岳州府三：巴陵县曰岳阳、曰临江，华容县曰华容。荆州府四：石首县曰通化，公安县曰民安、曰孱陵，曰孙黄。常德府八：澧州曰顺林、曰兰江、曰清化，武陵县曰大龙、曰和丰、桃源县曰桃源、曰郑家、曰新店。辰州府沅陵县三：曰界亭、曰马底、曰辰阳。"[①]次年，"遣人置邮驿通云南，宜率土人随其疆界远迩，开筑道路，其广十丈。准古法六十里为一驿。……增置湖广、四川马驿一十四。湖广九驿：卢溪县曰船溪，辰溪县曰山塘，沅州曰怀化、罗旧、冷水，曰晃州，思州宣慰使司曰平溪，思南宣慰使司曰梅溪、曰相见。四川五驿：播州宣慰使司曰柳塘、地松、上塘，贵州卫曰平坝、新溪。"[②]湘黔滇驿路全线贯通，自云南府至湖广晃州共1690里。所经驿站依次为：滇阳驿（今昆明市）、杨林驿（今嵩明杨林镇）、易龙驿（今寻甸县）、马龙驿（今马龙县城）、南宁驿（今曲靖市）、白水驿（今曲靖市）、平夷卫（今富源县）、亦资孔驿（今盘州亦资孔）、湘满驿（今盘州西北）、新兴驿（今普安县）、尾洒驿（今晴隆县境）、安南卫、查城驿（今关岭永宁）、安庄驿（今镇宁安庄坡）、普定卫（今安顺市）、平坝卫、威清卫（今清镇市）、贵州布政司、龙里卫、新添卫（今贵定县城）、平越卫（今福泉县城）、清平卫（今凯里清平）、兴隆卫、偏桥驿（今施秉县城）、镇远府、清浪卫（今岑巩）、平溪卫（今岑巩）、晃州驿[③]。

明初，以南京为中心的邮驿网络即已形成[④]。洪武二十七年（1394）编成的官撰《寰宇通衢》显示，南京至沅州（往云贵）、永州（往广西）、郴州（往广东）驿道皆有两条，分别为水驿、马驿或水马驿路。

南京至沅州

（1）水驿自南京龙江驿至沅州沅水驿，共经42处驿站，途程3975里。湘境驿站有鸭栏驿、城陵矶水马驿、明山古楼驿、武口驿、河池水马驿、府河驿（常德府）、绿萝驿、高都驿、清浪驿、北溶驿、怡容驿（辰州府）、武溪驿、辰阳驿、江口驿、铜安驿、安江驿、洪江驿、竹寨驿、盈口驿、沅水驿。

（2）马驿自京帅会同馆至沅州罗旧驿，共经55处驿站，途程3430里。湘境马驿有长安驿、云溪驿、岳阳驿、临江驿、华容驿、（经石首通化驿、公安孙黄驿至）顺林驿、兰江水马驿、清化驿、大龙驿、和丰驿、桃源驿、郑家驿、新店驿、界亭驿、马底驿、辰阳驿、船溪驿、山塘驿、怀化驿、罗旧驿。

自沅州至贵州平溪驿，湘境水驿有便溪驿、晃州驿，马驿有冷水驿。永乐二年（1404），"徙沅州卫冷水驿于便溪，避其地瘴疠。"[⑤]便溪驿遂成水马驿。

正德三年（1508），王阳明因得罪当朝权宦刘谨，被贬谪贵州龙场任驿丞，曾作《过罗旧驿》《沅水驿》等诗纪行。

嘉靖三年（1524），杨慎谪戍云南永昌，亦经湘黔滇道，著《滇程记》记述沿途见闻，并作《宿马底驿》：

戴月冲寒行路难，霜华凋尽绿水鬟。

① 《明太祖实录·卷一四〇》。又据清初地理著作《读史方舆纪要》等文献判断，岳州至辰州经由的荆州府驿站，应为石首通化驿、公安孙黄驿两处。

② 《明太祖实录·卷一四二》。

③ 杨正泰 著：《明代驿站考·一统路程图记》，上海：上海古籍出版社，1989年，第211—212页。

④ 《大明会典·驿传》："自京师达于四方设有驿传，在京曰会同馆，在外曰水马驿并递运所。"

⑤ 《明太宗实录·卷三十五》。

五更鼓角催行急，一枕乡思梦未残。

南京至永州

（1）水驿自南京龙江驿至永州湘口驿，共经45处驿站，途程3755里。湘境驿站有鸭栏驿、城陵矶水马驿、鹿角驿、磊石驿、营田驿、笙竹水马驿、彤关驿、临湘驿、湘潭驿、渌口驿、泗州驿、都石驿、皇华驿、霞流驿、七里驿、临烝驿、新塘驿、柏坊驿、河洲驿、归阳驿、三吾驿、方潊驿、湘口驿。

（2）水马驿自京师会同馆至永州湘口驿，水陆途程3560里。其中，自南京至城陵矶，陆上途程2030里，有马驿35处；自城陵矶驿至湘口驿，经21驿，水路途程1530里。

南京至郴州

（1）水驿自南京龙江驿至郴州郴江驿，共经水驿41站，途程3935里。其中，龙江驿至衡州府临蒸驿，共38驿，途程3225里；临蒸驿380里至耒江驿，180里至永兴皇华驿，150里至郴江驿。

（2）水马驿自京师会同馆至郴江驿，共经52驿，途程3740里。其中，自南京至城陵矶，陆上途程2030里，有马驿35处；自城陵矶驿至郴江驿，经17驿，水路途程1710里。

成化七年（1471），平江县设立大荆驿（今汨罗大荆乡）。为纪其事，岳州知府戴濬亲撰《大荆驿记》：

大荆驿基，今在大荆铺侧。自兵燹之后，驿废铺存。岁庚寅（1470），前巡抚繁昌吴公历平江而寓于铺，暑溽不堪。时郡守眉山吴节偕行，进曰，巴陵、湘阴相距几三百里，此地界乎其中，若建一驿甚为官民两利。吴公是其言，乃檄大参稷山宁公瑛，宪副云间郁公文博，审度其地，而核实相宜，疏于朝，报可。诠驿丞赵瑄来司驿事，隶于平江，经费区划则属于长、岳二郡，乃命长沙府经历卢炯、岳州府照磨杨信、巴陵县县丞马珍分董役事。承命惟谨。前为楼，中为厅，东西为廊，燕息有亭。彩绘焕然，不浮于度。总为屋五十楹，三月而告成。至于经制之所未备者，一委之瑄。起仓库，成桥梁，立榜屋，湫街道，而又凿井通池，垦田开圃。凡奇花异草，松柏疏草之类，靡不植之，间生瓜豆之异，人以为瑞云。[①]

《大荆驿记》显示，明代驿站设施益臻完备，“屋舍俨然，有良田美池桑竹之属。”[②]有的驿站还拥有田产、生意，如澧州清化驿“有义田四百七十亩，在黄林山”；顺林驿“有田二十余亩，在山下。”[③]衡阳新塘驿“周回皆有渠，引水养鱼，生意可嘉。”[④]这些记载，侧面反映了当时驿站运行情况。

二、邮驿体制的发展

明代邮驿掌于兵部车驾清吏司，组织机构有会同馆、水马驿、递运所、急递铺等[⑤]。

会同馆设于京师，主要接待外地王府差使、异族土官，以及藩属、四夷贡使。洪武初设南京，

① 仇润喜、刘广生 主编：《中国邮驿史料》，北京：北京航空航天大学出版社，1999年，第79—80页。

② 《桃花源记》。

③ （明）钟崇文 纂修：《岳州府志》，明隆庆刻本。

④ （明）黄福 撰：《奉使安南水程日记》，明万历四十五年刻本。

⑤ 《明史·职官志》：“凡邮传，在京师曰会同馆，在外曰驿，曰递运所，皆以符验关券行之。”

永乐初改设北京。正统六年（1441）设立南北二馆，北馆六所，南馆三所，设大使一员、副使二员，内以副使一员分管南馆。北馆与南馆职能分工：

凡各王府公差人员，及辽东建州、毛怜、海西等卫女真，朵颜三卫达子，土鲁番、撒马儿罕、哈密、赤斤、罕东等卫回回，西番法王、洮岷等处，云贵、四川、湖广土官番人等，俱于北馆安顿。

迤北瓦剌、朝鲜、日本、安南等国进贡陪臣人等，俱于南馆安顿。①

各邮驿机构配置、职能：

凡陆站（驿），六十里或八十里，专在递送使客、飞报军务、转运军需等物。应用马、驴、船、车、人夫，必因地里量宜设置。如冲要处，或设马八十匹，六十匹，三十匹。其余非重要，亦系经行道路，或设马二十匹，十匹，五匹。驴亦如之。马有上、中、下三等，验民田粮出备。大率上马一匹，粮一百石；中马，八十石；下马，六十石。如一户粮数不及百石者，许众户合粮，并为一夫，视使事缓急，给上、中、下马。

水驿，如使客通行正路，或设船二十只，十五只，十只。其分行偏路，亦设船七只，五只。船以绘饰之。每船水夫十人，于民粮五石之上、十石之下者充之。不足者，众户合粮，并为一夫。余如马站之例。

（水）递运所，置船俱饰以红。如六百料②者，每船水夫十三人；五百料者，十二人；四百料以下者十一人；三百料者，十人。皆选民粮五石以下者充之。陆递运所，如大车一辆载米十石者，夫三人，牛三头，布袋十条；小车一辆载米三石者，夫一人，牛一头。每夫一人，出牛一头，选民粮十五石者充之。如不足者，众户合粮，并为一夫。

急递铺，凡十里设一铺，每铺设铺司一人。铺兵：要路十人，僻路或五人或四人，于附近民有丁力、田粮一石五斗之上二石以下充之，必少壮正身。每铺设十二时日晷③，以验时刻。铺门置绰楔（立柱）一座，常明灯烛一副，簿历二本。铺兵各置夹板一副，铃攀一副，缨枪一把，棍一条，回历一本。

递送公文，依古法一昼夜通一百刻，每三刻行一铺，昼夜行三百里。遇公文至铺，随即递送，无分昼夜，鸣铃走递。前铺闻铃，铺司预先出铺交收，随即于封皮格眼内填写时刻、该递铺兵姓名，速令铺兵用袱及夹板裹紧，持小回历一本急递至前铺交收，于回历上附写到铺时刻，毋至迷失、停滞。若公文不即递送因而失误事机，及拆动损坏者，罪如律。各州县于司吏内选充铺长一人巡视提督，每月官置文簿一本，给各铺附焉。所递公文“时刻”“件数”，官稽考之，其无印信文字，不许入递。④

有关舟车、夫马、廪馔供应，视使客品秩、仆夫多少而定。驿站配驿卒、驿马或驿船，提供更换马匹、食宿等服务。万历《明会典》记载，全国水马驿总计1095处，湖广省有驿站109处，

① 《明会典·会同馆》。

② 料，载重量单位，1料=1石=92.5斤。

③ 日晷，按日影测定时间的仪器。

④ 《明太祖实录·卷二十九》。

其中湖南地区 53 处[①]。永州设有水驿 5 处——零陵湘口驿、方激驿，祁阳三吾驿、归阳驿（现属祁东），东安石期驿；水马驿 1 处——道州麻滩驿；马驿 1 处——祁阳排山驿。各驿设驿丞 1 人、驿吏 1 人，各水驿配站船 6 只，水夫 48 人；麻滩水马驿设站船 3 只，水夫 24 人，马 12 匹，马夫 12 人；排山马驿有马 24 匹，马夫 24 人[②]。

驿丞掌驿站夫马钱粮，其作为与邮传效率、驿政清廉有直接关系。如明代戏曲《情邮记》中驿丞所云：

> 凡驿递偏僻，使客稀疏，没有甚开销，就作不得弊。冲途虽则辛苦，钱粮广阔，每一起差使过，一张勘合牌票到，多记他几名夫，假开他几匹马，虚报上一二次中火，住餐越来得多，越好销算。[③]

递运所设大使、副使各一人，并“验夫多寡，设百夫长以领之”[④]。递运所采用定点、定线、接力运输，多为水陆联运。水递运所用船，根据载重分为六百、五百、四百、三百料四等，用红油刷饰，又称“红船”。陆递运所多用牛车，故称“牛站”，大车载米十石、需牛三头，小车载米三石、需牛一头。

成化八年（1472），“增设湖广常德府新店递运所。”[⑤] 弘治十年（1497），全国递运所总计 334 处，其中湖广 15 处、广西 13 处、广东 16 处、贵州 2 处[⑥]；万历十五年（1587）减至 139 处，其中湖广 13 处、广东 1 处、广西 2 处、贵州无。湖湘递运所设于两条过境干线，置有岳州城陵矶递运所、长沙递运所、衡州递运所、永州递运所及澧州水东递运所、常德新店递运所、辰溪递运所、安江递运所、沅陵递运所、怀化递运所等 10 处[⑦]。

这些改变，凸显了湖广驿运，尤其湖南地区的交通枢纽地位。

岳州府城陵矶递运所、各县水驿船舶及船夫配置如表 8-1。

岳州府城陵矶递运所、各县递运船舶及船夫配置表[⑧]　　表 8-1

州县	递运所驶各县船舶				各县递运船舶				水　驿　站		合　　计	
	马船（只）	夫（名）	红船（只）	夫（名）	马船（只）	夫（名）	红船（只）	夫（名）	驿船（只）	夫（名）	船舶（只）	夫（名）
巴陵	10	59	8	93	2	60	15	225	12	120	47	557
平江	2	47	7	84							9	131
澧州	3	58	10	126			1	15			14	199
安乡	1	10	7	150	1	30	3	45			12	235
石门	3	35	4	41	1	30	1	15			9	121

① 据不完全统计，明代湖南地区先后设驿站 90 处，详见《明代湘境驿站分布表》。

② （明）史朝富 纂修：《永州府志》，明隆庆五年刻本。

③ 仇润喜、刘广生 主编：《中国邮驿史料》，北京：北京航空航天大学出版社，1999 年，第 480—481 页。

④ 《明太祖实录·卷一七〇》。

⑤ 《明宪宗实录·卷一九〇》。

⑥ 《大明会典·递运所》。

⑦ 《大明会典·递运所》。

⑧ 李望生、黄绍钦 主编：《城陵矶港史》，北京：中国文史出版社，1991 年，第 24 页。

续上表

州县	递运所驶各县船舶				各县递运船舶				水驿站		合计	
	马船（只）	夫（名）	红船（只）	夫（名）	马船（只）	夫（名）	红船（只）	夫（名）	驿船（只）	夫（名）	船舶（只）	夫（名）
慈利	2	25	4	42	1	30	1	30			8	127
临湘					3	90	16	240	1	10	20	340
华容							2	35			2	35
合计	21	234	40	536	8	245	39	605	13	130	121	1740

递铺以县（州）前总铺为枢纽，向外辐射，并与水马驿相接，形成遍布全国的邮驿网络。递铺视途程远近、驿务繁简、路况难易而设，大致为“十里设一铺”。

衡州府一州八县，合计驿站 8 处、递铺 169 所[①]。

衡阳县除临蒸、七里、新塘三驿外，有铺 47 所：往祁阳者 8、往衡山者 5、往耒阳者 9、往常宁者 7、往宝庆者 12、往安仁者 6；

衡山县除皇华、霞流二驿外，有铺 8 所：往湘潭者 4、往衡阳者 4；

常宁县除柏坊、河洲二驿外，有铺 15 所：往衡阳者 4、往耒阳者 2、往酃县者 4、往安平巡检司者 1、往永兴者 2、往茶陵者 2；

耒阳县除耒江驿外，有铺 27 所：往郴州者 8、往衡阳者 5、往安仁者 8、往常宁者 6；

桂阳州无驿，有铺 34 所：往常宁者 10、往蓝山者 10、往宁远者 4、往临武者 7、往郴州者 3；

临武县无驿，有铺 14 所：往桂阳者 9、往蓝山者 4、往宜章者 1；

蓝山县无驿，有铺 6 所（均往桂阳州）；

酃县无驿，有铺 3 所（均往安仁）；

安仁县无驿，有铺 15 所。

各递铺皆有正厅、邮亭、正馆（亦称正门）、左右房、路亭、旁房，配有铺司、铺兵、铺丁。据慈利县的人员配备“司合四十三人，兵合一百八十五人”[②]，可知每铺有铺司一人，铺兵四至五人。

又如，郴州往北邮路：郴州—下湄铺—大溠铺—真陂巡检司—白芒铺—乌泥铺—山口铺—永兴县；往西邮路：郴州—骡仙铺—塘昌铺—华塘铺—招旅铺—濠村巡检司—河头铺—银岭铺—桂阳州；往东邮路：郴州—石泉铺—菱角铺—石虎铺—雅溪铺—雷溪铺—东江铺—儒岭铺—水井铺—兴宁县（今资兴市）；往南邮路：郴州—升桥铺—长山铺—良田铺—石陂巡检司—樟桥铺—野石铺—宜章县[③]。

三、湘境驿站分布

湘境驿站主要分布于北京（南京）至云南、北京（南京）至广西两条干线驿道上，参见图 8-11。

① （明）杨珮纂修：《衡州府志》，明嘉靖刻本。

② （明）钟崇文纂修：《岳州府志》，明隆庆刻本。

③ （明）胡汉纂修：《郴州志》，明万历刻本。

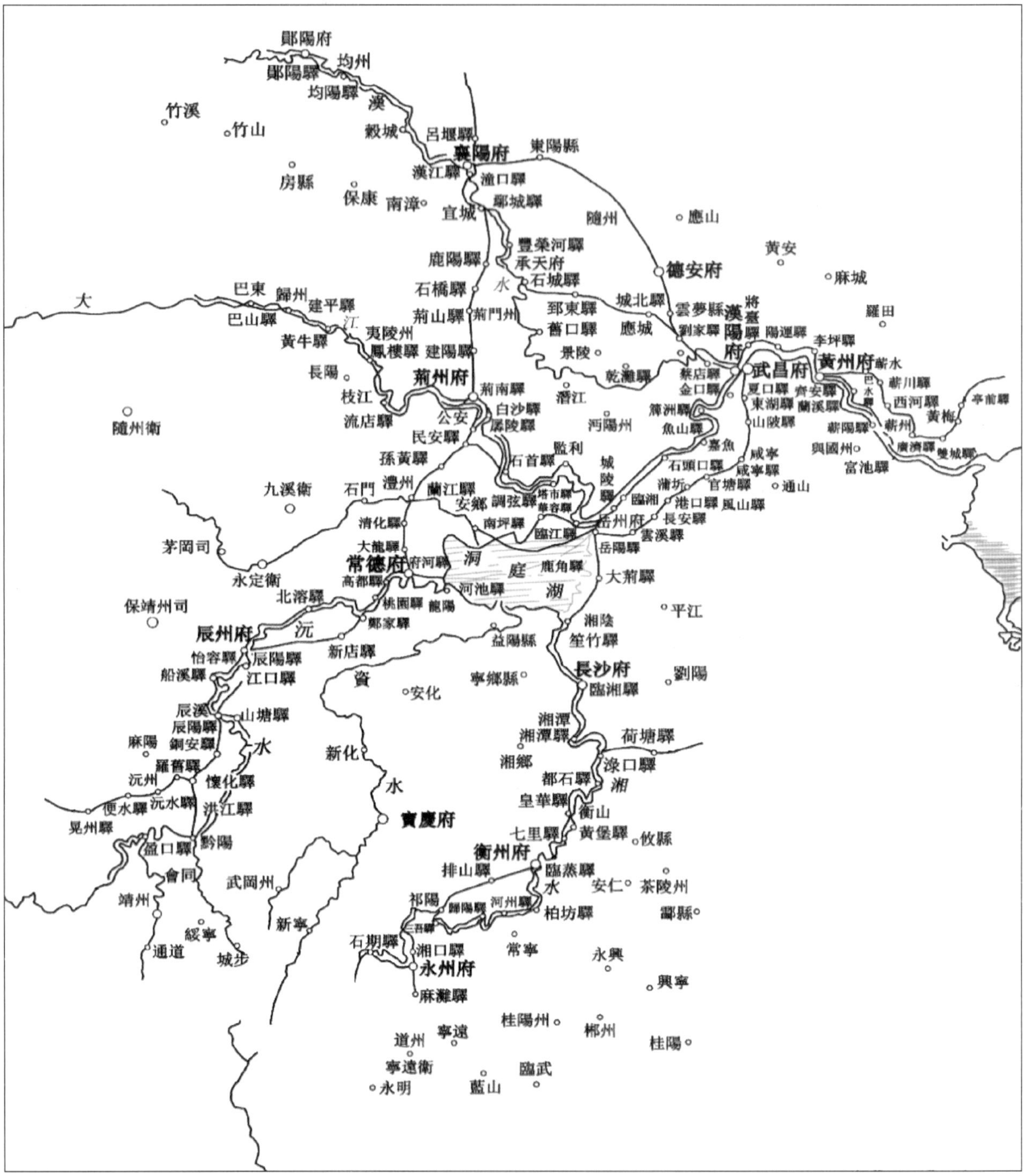

图 8-11　湖广驿路分布图（1587）[①]

明代驿传初创时，尚有部分地区未平，《洪武实录》载驿站 1147 处[②]。经过永乐、宣德两朝发展，《寰宇通志》记录驿站 1357 处。明中叶以后，几经裁革，万历十五年（1587）驿站数 1095 处，崇祯八年（1635）更降至 830 处。

---

① 杨正泰 著：《明代驿站考》，上海：上海古籍出版社，2006 年，第 117 页。张森一重绘。

② 洪武年间的全国驿站统计有较大出入，《中国古代道路交通史》（北京：人民交通出版社，1994 年）认为是 1936 处，《中国古代邮驿史》（北京：人民邮电出版社，1986 年）认为是 1147 处，本书采用后者数据。

湖广驿站变化情况亦大致相似，参见表 8-2。

明代全国及湖广驿站变化情况统计表 表 8-2

年代 驿站	洪武二十七年（1394）	景泰七年（1456）	弘治十年（1497）	嘉靖二十年（1541）	万历十五年(1587）	崇祯八年(1635)
全国驿站	1147	1357	1364	1289	1095	830
湖广驿站	106	133	146	141	109	90
资料来源	《洪武实录》	《寰宇通志》	《弘治会典》	《大明一统诸司衙门管制》	《万历会典》	《职方地图》

据不完全统计，明代湖南境内先后设驿 90 处，大都分布在湘鄂、湘黔、湘桂、湘赣等主干驿道上。参见表 8-3。

明代湘境驿站分布表 表 8-3

序号	驿站名	种类	属地（今地）	备　注
1	岳阳驿	马驿	岳州府巴陵县	洪武中置
2	鹿角驿	水驿	岳州府巴陵县	同上
3	临江驿	马驿	岳州府巴陵县	同上
4	城陵矶驿	水驿	岳州府临湘县	洪武中置
5	长安驿	马驿	岳州府临湘县	同上
6	云溪驿	马驿	岳州府临湘县	同上
7	鸭栏驿	水驿	岳州府临湘县	洪武中置
8	华容驿	马驿	岳州府华容县	嘉靖五年 (1526) 迁至北河浒
9	黄家驿	水驿	岳州府华容县	洪武中置
10	明山古楼驿	水驿	岳州府华容县	又名明山驿
11	大荆驿	马驿	岳州府平江县(今汨罗市北）	成化七年（1471）置
12	宜冲驿	马驿	岳州府慈利县	洪武中以路险革
13	兰江驿	水马驿	岳州府澧州（今澧县）	明初置
14	清化驿	水马驿	岳州府澧州（今临澧县）	洪武十五年（1382）置
15	南平驿	水马驿	岳州府澧州安乡县	洪武间改安乡驿置
16	顺林驿	马驿	岳州府澧州（今澧县）	洪武十五年（1382）置
17	归义驿	马驿	长沙府湘阴县（今汨罗境）	前身为汨罗戍
18	笙竹驿	水马驿	长沙府湘阴县	明初置
19	磊石驿	水驿	长沙府湘阴县	明初置
20	营田驿	水驿	长沙府湘阴县	明初置
21	彤关驿	水驿	长沙府长沙县	明初置，万历元年（1573）革
22	临湘驿	水驿	长沙府长沙县	明初置

续上表

序号	驿站名	种类	属地（今地）	备　注
23	湘潭驿	水驿	长沙府湘潭县	明初置
24	都石驿	水驿	长沙府湘潭县	明初置
25	荷塘驿	马驿	长沙府醴陵县	隆庆四年（1570）移改泗州驿置
26	渌口驿	水驿	长沙府醴陵县	明初置
27	伊溪驿	马驿	长沙府安化县	嘉靖二十二年（1543）置
28	桃花驿	马驿	长沙府益阳县	
29	泗州驿	水驿	长沙府醴陵县（今株洲市南）	隆庆四年（1570）移改为荷塘马驿
30	双牌驿	马驿	长沙府醴陵县	明初置
31	临蒸驿	水驿	衡州府衡阳县	洪武五年（1372）置
32	七里驿	水驿	衡州府衡阳县	洪武五年（1372）置
33	皇华驿	水驿	衡州府衡山县	洪武五年（1372）置
34	黄堡驿	水驿	衡州府衡山县	万历元年（1573）以霞流水驿改
35	河州驿	水驿	衡州府常宁县	洪武五年（1372）置
36	柏坊驿	水驿	衡州府常宁县	明初置
37	新塘驿	水驿	衡州府衡阳县（今衡南县境）	明初置
38	耒江驿	水马驿	衡州府耒阳县	明初置
39	大龙驿	马驿	常德府武陵县	洪武十五年（1382）迁置
40	府河驿	水马驿	常德府武陵县	洪武四年（1371）置
41	和丰驿	水马驿	常德府武陵县	洪武四年（1371）置，嘉靖八年（1529）并入府河水马驿
42	桃源驿	马驿	常德府桃源县	洪武四年（1371）置
43	高都驿	水驿	常德府桃源县	洪武二年（1369）迁置
44	新店驿	马驿	常德府桃源县	洪武四年（1371）置
45	郑家驿	马驿	常德府桃源县	洪武四年（1371）置
46	绿萝驿	水驿	常德府桃源县	嘉靖七年（1512）并入桃源驿
47	河池驿	水马驿	常德府龙阳县（今汉寿县北）	洪武三年（1370）置，嘉靖十年（1531）改河池驿为水马驿
48	武口驿	水驿	常德府龙阳县	成化七年（1471）改置
49	小江驿	水驿	常德府龙阳县（今汉寿县境）	置废时间不详。出处:《明宣宗实录·宣德四年六月》
50	江口驿	水驿	辰州府溆浦县	洪武四年（1371）置
51	界亭驿	马驿	辰州府沅陵县	洪武四年（1371）置
52	辰阳驿	马驿	辰州府沅陵县	洪武四年（1371）置

续上表

序号	驿站名	种类	属地（今地）	备　注
53	北溶驿	水驿	辰州府沅陵县	原名清浪驿，嘉靖四十五年（1566）迁置
54	马底驿	马驿	辰州府沅陵县	洪武四年（1371）置
55	怡容驿	水驿	辰州府沅陵县	洪武四年（1371）置
56	杨溪驿	马驿	辰州府沅陵县	洪武四年（1371）置
57	荔枝驿	马驿	辰州府沅陵县	洪武四年（1371）置
58	便水驿	水马驿	辰州府沅州（今芷江县境）	又名便溪驿，洪武十五年（1382）置。永乐二年（1404），“徒沅州卫冷水驿于便溪。”
59	船溪驿（遗址见图 8-12）	马驿	辰州府泸溪县（今辰溪县境）	洪武十五年（1382）置
60	辰阳驿	水驿	辰州府辰溪县	洪武四年（1371）置
61	山塘驿	马驿	辰州府辰溪县	洪武十五年（1382）置
62	怀化驿	马驿	辰州府沅州（今怀化市境）	洪武十五年（1382）置
63	罗旧驿	马驿	辰州府沅州	洪武十五年（1382）置
64	铜安驿	水驿	辰州府沅州（今怀化市境）	洪武四年（1371）置
65	盈口驿	水驿	辰州府沅州（今黔阳县境）	洪武四年（1371）置
66	卢黔驿	水驿	辰州府沅州（今黔阳县境）	洪武四年（1371）置
67	沅水驿	水驿	辰州府沅州（今芷江县境）	洪武四年（1371）置
68	晃州驿	马驿	辰州府沅州（今新晃县境）	洪武十五年（1382）置
69	安江驿	水驿	辰州府沅州（今黔阳县境）	嘉靖四十五年（1566）革
70	竹寨驿	水驿	辰州府沅州（今黔阳县境）	嘉靖四十五年（1566）革
71	武溪驿	水驿	辰州府泸溪县	隆庆二年（1568）革
72	湘口驿	水驿	永州府零陵县	明初置
73	归阳驿	水驿	永州府祁阳县（今祁东县境）	明初置
74	三吾驿	水驿	永州府祁阳县	明初置
75	排山驿	马驿	永州府祁阳县	原名潇南驿，嘉靖十八年（1539）迁置
76	麻滩驿	水马驿	永州府道州（今双牌县境）	明初置
77	方淑驿	水驿	永州府零陵县	万历九年（1581）革
78	石期驿	水驿	永州府东安县	万历九年（1581）革
79	望仙驿	马驿	永州府宁远县	《寰宇通志·卷五八》
80	秀峰驿	马驿	永州府宁远县（今新田县境）	《寰宇通志·卷五八》

续上表

序号	驿站名	种类	属地（今地）	备　注
81	资江驿	水驿	宝庆府（今邵阳市境）	洪武初建，宣德中以水险不便革
82	新化驿	水驿	宝庆府新化县	洪武初建，宣德中以水险不便革
83	都梁驿	水驿	宝庆府武冈州	洪武六年（1373）置，宣德中以水陆不便革
84	皇华驿	水驿	郴州永兴	又称永兴驿，洪武二十九年（1396）置
85	郴江驿	水驿	郴州	洪武二十九年（1396）置
86	洪江驿	水驿	靖州会同县（今洪江市境）	明初置
87	石家驿	马驿	靖州	洪武十八年（1385）置
88	永平驿	马驿	靖州	洪武十八年（1385）置
89	铁炉驿	马驿	靖州	洪武十八年（1385）置
90	江团驿	马驿	靖州	洪武十八年（1385）置

资料来源：综合《明会典》《明代驿站考》等。

图 8-12　辰溪县船溪驿站（明洪武年间置）遗址

四、黄福使安南水程（湖广、广西段）

黄福（1363—1440），字如锡，山东昌邑人。永乐四年（1406），朝廷平定安南叛乱后，设交趾布政司，命黄福以工部尚书兼交趾布政、按察二司。黄福掌交趾十九年，“随事制宜，咸有条理”，稳定局势，发展交通，扶持商贾①。同时，“编氓籍，定赋税，兴学校，置官师。数召父老宣谕德意，戒属吏毋苛扰。”这些举措，得到了各界拥护，以至“上下帖然”，离任时“交人扶携走送，号泣不忍别。”②

黄福撰《奉使安南水程日记》，记载了作者自永乐四年（1406）七月初一从（南京）京师会

① 《明史·黄福传》：“（黄福）循泸江北岸至钦州，设卫所，置驿站，以便往来。开中积盐，使商贾输粟，以广军储。”

② 《明史·黄福传》。

同馆出发，溯长江，入洞庭，溯湘江，过灵渠，入漓江，经桂林、阳朔、平乐，继循桂江，过昭平，抵梧州，转浔江西上，历藤县、平南、桂平进郁江，经贵县、横州、永淳、宣化，转溯左江，闰七月二十二日从大卢上岸陆行，走访驻军营堡，处理所治事务，终于十一月二十八日至凭祥的“舟车所抵，耳目所得。”

据《奉使安南水程日记》，黄福自南京登舟，浮长江、洞庭湖、湘江、漓江、桂江、浔江、郁江、左江诸水，历时50余日，经74处水驿，其中湖南境内24驿、广西境内27驿。堪称一部记述明初内河航运并涉沿途军、政、民情的珍贵文献。

日记提到临湘鸭栏驿侧的茶引批验所，印证明初湖茶就是销往北方的大宗商品；湘桂驿道上的黄沙市（今广西全州黄沙河镇）浮桥，是文献记载最早的湘水干流浮桥。

日记对沿途驿站及周边环境多有描述。如，黄州齐安驿与递运所“连枕江流”，临湘鸭栏驿与茶引批验所、巡检司“并枕江流”；长沙彤关驿“倚山枕水可纵游览”，醴陵渌口驿“驿治可观”，衡阳新塘驿“周回皆有渠引水养鱼，生意可嘉”；零陵湘口驿设潇、湘交汇，兴安白云驿则置湘、漓交接处，皆因水运之便。

《奉使安南水程日记》（湖广、广西水程）：

（七月）初九日　辰至富池驿，驿隶（武昌府）兴国州。午末至蕲阳驿，隶蕲州。

初十日　晓至兰溪驿，江岸有路，牵者得行。过赤壁，望黄州，下午末至齐安驿，驿在黄州府城外，与递运所连枕江流，舟行未十里，风雨大作，冒行不已。

十一日　卯至阳逻驿，驿隶黄岗县。过午至夏口驿，驿在武昌城外，舟次于驿前，报名于典仪所。

十二日　早入见回时将辰，遂放舟而南，午末至金口驿，驿隶江夏县，风顺帆轻，篙者咸有豫色。逮暮至簰洲驿，驿隶嘉鱼县。舟行过半夜至鱼山驿，驿亦隶嘉鱼县。自金口驿以来，湖水弥漫多与江合，吾舟悉由湖而行，帆拂芦荻花，棹穿菱芡实，水闲风顺，无汹涌之虞，亦甚乐也。

十三日　辰至石头口驿，驿亦隶嘉鱼县，舟亦从湖水径之鸭栏驿，时将交申，驿之前有石如砥柱峙于边，流转而南有鸭栏矶，又寻之白马矶，鸭栏比之白马山高水急，舟者未免用力，驿之右有茶引批验所及临湘巡检司，三衙并枕江流，俱隶临湘县，又南有杨陵及临湘一矶。暮至城陵驿，越十五里许过巴陵县，望岳阳楼，君山、褊山峙于西南，如中流砥柱焉。时风顺月明，波涛不作，湖之行如履平地。过夜半舟至鹿角驿，驿在湖山之东，以水急舟皆集于驿之南，小河之所去驿一里许，遂乘风挂席而南，斯驿隶巴陵县。

十四日　日将出至磊石驿，驿之左有观音阁，阁之左有龙神祠，祠侧营涵虚一亭，亭之壁有竹木之画，骚人咏唱笔迹率多，如骈珠迸玉，殆不可以斯须徧观也。是日出洞庭，巳时至营田驿，驿隶湘阴县。过未时至笙竹驿，驿亦隶湘阴县，县治在驿之东南，去泊舟之所不远，治县者未之见，不知其为人，舟遂行。至申末至彤关驿，驿隶长沙县，驿背小山竹木森然，驿前有楼，曰凝翠，倚山枕水可纵游览，遂挂席而南。是日夜将半，舟至临湘驿，驿在长沙府城外，驿隶长沙县。

十五日 早入见遂辞而行，至申末舟至湘潭驿，驿隶湘潭县，县治在驿之后，北去约一里许，舟行过半夜至渌口驿，驿隶长沙醴陵县，驿治可观。行三十里，空洲在湘江中流，江之两岸花木参差，禽鸟咬嘎，游子骚人吟怀旅思，于是未有确然而不动者也。

十六日 辰末至泗洲驿，驿亦隶醴陵县。暮至都石驿，驿隶湘潭县。夜半至皇华驿，驿隶衡山县，驿至县十五里，县有南岳岁时享祀。

十七日 卯末至霞流驿，驿亦隶衡山县。未时至七里驿，驿隶衡阳县，驿之北有七里滩，俗云汉严陵曾钓于此，询无遗迹。暮至临烝驿，驿隶衡阳县，衡州府治在焉。驿治在府之城外北门，放舟夜行驿之下三四里许，一水自西北来通宝庆，一水自东南来通郴州耒阳县。

十八日 辰至新塘驿，驿亦隶衡阳县，驿周回皆有渠引水养鱼，生意可嘉。已未至柏坊驿，驿隶常宁县。夜至河州驿，驿隶常宁县。

十九日 早至归阳驿，驿隶永州府祁阳县。申至三吾驿，驿亦隶祁阳县，此驿至方湬驿有九十里，夜行如前。

二十日 卯至方湬驿，驿隶永州府零陵县。是日申时至湘口驿，驿亦隶零陵县，去永州府城十里许，驿之东南一水通道州驿，之西北一水通广西，二水至驿合流而北。是夜泊舟于驿前。

二十一日 早行未未至石期驿，驿隶永州府东安县，湖广地方界分于此，南至柳浦驿以往隶广西。

二十二日 丑至柳浦驿，驿隶桂林府全州。驿西行四十余里，有黄沙市，河设浮桥，连横于水上，司桥有判官仓使老人。是日未时至山角驿，驿隶全州。

二十三日 早至城南驿，驿隶全州。是日申末至白云驿，驿隶桂林府兴安县，县去驿半里许，驿之南北设闸三十六所，驿以北闸十水流而北，驿以南闸二十六水流而南，每处设军二人守之，船过则放闸。

二十四日 五更至大龙驿，是日未初至（桂林府）东江驿馆，于紫极宫报名典仪所。

二十五日 早见免礼。

闰七月初五日 报名典仪所。

初六日 早辞免礼。是日午后遂行至南亭驿，驿至临桂七十里隶临桂县，驿之前有榕树，一本九枝，其根盘错延袤甚远，其阴婆娑殆有顷余，人云自宋有之近五百年余。

初七日 丑时至古祚驿，驿隶阳朔县，远有一百二十里。午后至昭潭驿，驿隶平乐县，远一百里有平乐府治、千户所治在焉。申时至广运驿，驿隶平乐县，远一百里。是日戌时至昭平驿，程一百二十里隶平乐县。

初八日 卯时至龙门驿，程二百四十里，隶平乐县。午时至龙江驿，程六十里。申时至府门驿，驿隶苍梧县，梧州府治、千户所治在焉，驿之程一百二十里。

初九日 巳时抵藤江驿，驿隶藤县，县之令有曰周颐者，闻有政声，驿之程百一十里。是日戌时至黄丹驿，驿隶藤县，程百二十里。

初十日 午时至乌江驿，驿隶平南县，县治去驿不远，程百二十里。

十一日　巳时至府门驿，驿隶桂平县，浔州府、卫治在焉，程百八十里。此驿西有山，曰西山，去县四十里，林崖深恶人所罕到，猺獞居多，每与大通峡獞人合力剽掠，居民受害，甚可恶也。至暮发舟。

十二日　戌时至东津驿，驿隶贵县，程八十里。

十三日　卯时至怀津驿，程百六十里，隶贵县，有县治、千户所在焉。

十四日　辰时至香江驿，驿隶贵县，程八十里，申时至乌蛮驿，驿隶横州，程八十里，香江之来，乌蛮滩水险恶有十里余，遡舟颇难，名曰乌蛮滩。

十五日　辰时至州门驿，驿隶横州，州治与驯象卫在焉，程百八十里，是日午后开船。

十六日　午后至火烟驿，驿隶横州，程八十里，驿之北十余步许有滩，曰雷霹，水甚险远，舟人每先系缆于岸之树，然后沿缆而进，已复解缆而去，继者复如之，人劳事滞计无所出，特命驿与永淳县置大缆系之，便于舟人。是日戌时至永淳驿，驿隶永淳县，程百八十里。

十七日　酉时至黄范驿，驿隶宣化县，程八十里。

十八日　午时至建武驿，驿在南宁府，城之南有卫治在焉，程百二十里，住一日半。

十九日　戌时发舟，翼日辰时之左右江水合流处。

二十一日　午时至凌山驿，驿隶宣化县，程四百里有奇。

二十二日　午时至大卢，由旱路行，夜亦行。

……（十一月）二十八日至凭祥县仍治所事。

第四节　漕运方式演变与官船修造

有明一代，为改善漕运，对南北运河进行了大规模疏浚与改造。漕运方式经历了民运、支运、兑运、改兑几个发展阶段。

“在造船方面，中国曾远远走在欧洲的前面。”[①] 明初堪称古代造船业顶峰，集造船工艺之大成的郑和宝船是史上最大木帆船。永乐后强化海禁，致明末海船“无论在数量或结构上”都被欧洲超越，尽管“船只之多可以等于世界上其余的全部加在一起。”[②] 内河船舶有所发展。湘潭杨梅洲建造的盐船大者长十二丈，载重达四千石[③]。

一、京杭大运河疏浚

永乐初年，“成祖肇建北京，转漕东南，水陆兼挽，仍元人之旧，参用海运。”[④] 粮运线路有二：一是由淮入黄，至河南阳武，陆运170里抵河南卫辉，继入卫河，经山东临清转输京师；一是循元海漕路线，由江苏太仓刘家港浮海北上。但陆运艰难，海运多险，既不经

① 张维华 著：《郑和下西洋》，北京：人民交通出版社，1985年，第64页。

② （意大利）利玛窦、金尼阁 著：《利玛窦中国札记》，北京：中华书局，2005年，第13页。

③ 湘潭市交通局 编：《湘潭市交通志》，长沙：湖南出版社，1992年，第147页。

④ 《明史·河渠志》。

济，又无保证。

南北运河又名漕河，“南极江口，北尽大通桥，运道三千余里。”[①] 自北向南分通惠河、卫河、会通河、黄淮运河、江淮运河几段。会通河于元至元二十六年（1289）开凿，“北至临清，与卫河会，南出茶城（江苏徐州北）口，与黄河会，资汶、洸、泗水及山东泉源。”[②] 这段运河地形复杂、水源短缺，又因“运河隘浅，不容大舟”[③]，一直未能充分发挥作用。洪武二十四年（1391）黄河在原武（今河南原阳县境）决口，洪水挟泥沙由安山湖东溢，淤塞会通河三分之一河段。

永乐九年（1411）二月，济宁同知潘叔正奏称：“会通河道四百五十余里，其淤塞者三分之一，浚而通之，非惟山东之民免转输之劳，实国家无穷之利。”[④] 成祖从其言，乃“命尚书宋礼、侍郎金纯、都督周长，浚会通河。”[⑤] 宋礼采用汶上老人白英献策，在堽城（今山东宁阳县境）和戴村（今山东东平县境）同时筑坝，遏汶水尽出南旺（会通河中部、山东济宁市北）分水岭，南北分流，“南流接徐（州）、邳（县）者十之四，北流达临清者十之六”[⑥]，解决了会通河水源问题。又在元代旧闸基础上“相地置闸，以时蓄泄”，自南旺北至临清建闸 17 座（后发展为 21 座），南达徐州建闸 21 座（后增加到 27 座），通过闸门节节蓄水，逐级控制水流，形成梯级航道，满足了航运需要。由于漕船通行须历多处水闸，故会通河又名“闸漕”。

会通河通后，宋礼等又在山东境内“开新河，自汶上袁家口左徙五十里至寿张之沙湾，以接旧河”，旨在裁弯取直；并且“疏东平东境沙河淤沙三里，筑堰障之，合马常泊之流入会通济运。又于汶上、东平、济宁、沛县并湖地设水柜、陡门。在漕河西者曰水柜，东者曰陡门，柜以蓄泉，门以泄涨。”[⑦] 在河南境内疏浚祥符鱼王口至中滦下二十余里黄河故道，自封丘荆隆口（金龙口）引河水“下鱼台塌场，会汶水，经徐、吕二洪南入于淮”[⑧]，以接济运河水量。“是时，会通河已开，黄河与之合，漕道大通。”[⑨] 至此，南起杭州，经由江南运河、淮扬运河、黄河、会通河、卫河、白河、大通河，北达京师以东大通桥，全长三千六百里的京杭大运河全线贯通，“遂议罢海运。”

古代淮南运河水位高于淮河，为阻运河水泄入淮，淮、运交会处曾建堰闸控制。明初，堰闸都已荡然无存。洪武元年，在淮安新城东门外建仁字坝，以资航运。成祖即位后，北运任务加重，又于永乐二年增建义、礼、智、信四坝，俗称淮安五坝。五坝坝基皆为软料树木等构成，俗称软坝。舟船过坝时，先卸下货物，用辘轳绞关挽牵而过，称为车盘或盘坝。这种方式，不但费时费力，而且舟船、货物也多有损失。

永乐十三年（1415），平江伯兼督漕陈瑄主持开凿清江浦，沿途置移风、清江、福兴、新北四闸，派专人掌管，“以时启闭”。清江浦长四十里，起自淮安城西管家湖，至鸭陈口入淮，与北岸清

---

① 《明史·河渠志》。
② 《明史·河渠志》。
③ （明）陶宗仪 撰：《南村辍耕录·卷五》，四部丛刊三编景元本。
④ 《明太宗实录·卷一一三》。
⑤ 《明史·河渠志》。
⑥ 《明史·宋礼传》。
⑦ 《明史·河渠志》。
⑧ 《明史·河渠志》。
⑨ 《明史·河渠志》。

河口即当时的运道口相对。清江浦的开凿，免除了漕船陆挽盘坝之苦。“但只许漕船、鲜船通过，一般官民舟船仍由淮安五坝车盘过坝。”[①] 其后，陈暄“疏浚仪真、瓜州河以通江湖，凿吕梁、百步二洪石以平水势，开泰州白塔河以达大江。……又设徐、沛、沽头、金沟、谷亭、鲁桥等闸。”[②] 其中，仪真运口是湖广、江西漕船北输主孔道。

二、漕运方式演变

战国以来，湖湘米谷为历朝倚重，唐时已有“三秦之人，待此而饱；六军之众，待此而强”[③] 之说。延至明代，湘米外运远超前朝。宣德四年（1429），“令江西、湖广、浙江民运粮二百二十万石于淮安仓。”成化八年（1472），全国额定输京漕粮 400 万石，江西、湖广、浙江三地“南粮”达 324 万石，占绝大部分[④]。

明初建都南京，“四方贡赋，由江以达京师，道近而易。”[⑤] 湖广漕粮顺江东下，运输便捷。迁都北京后，漕粮转循运河北上。

湖南各地漕粮，先民运城陵矶或长沙兑粮所集散，再由运军送达目的地。隆庆《岳州府志》：“户分司（在）城东七里山，即兑粮所。弘治元年，知府李镜从荆、岳诸冲运诸官兵，岁与岳、长、衡民兑易京储于此。”万历元年（1573），“湖广衡、永、荆、岳、长沙漕粮，原在城陵矶交兑者，改并汉口水次。”[⑥]

漕粮交兑、运送制度严格。《大明律·户律》规定：每年夏粮于五月十五日开仓，七月终收齐；秋粮于十月初一日开仓，十二月终收齐。交兑漕粮限指定水次（码头），江西漕粮在九江交兑，湖广漕粮则在汉口、长沙、蕲州、城陵矶四处交兑。各处均于十二月开帮，江北粮船限定十二月内过淮，五月初一前运达北京。湖广、江西、浙江粮船限定次年三月过淮，九月初一前抵京。漕司制有《水程图格》[⑦]，各船帮（一般由十到十二艘漕船组成一个船帮）运官须逐日填写航程、行止地方，连同帮票一起报户部查考。

保漕为军国大事，“舟楫、硙碾者不得与灌田争利，灌田者不得与转漕争利。”[⑧] 为保漕粮如额、如期到达北京，朝廷制定了许多规章，组织之严密、制度之完备均超前代。成化十一年（1475）施行长运法，有漕船 11770 只、运粮旗军 121711 人[⑨]。嘉靖时额定浅船 12100 只，万历间达 12200 只（包括海运漕粮的遮洋船 350 只）[⑩]。

漕船质量要求严格，正德十一年（1516），“湖广运船通改楠木打造，……七年一造，每年

① 邱树森 主编：《江苏航运史》（古代部分），北京：人民交通出版社，1989 年，第 125 页。

② 《明史·河渠志》。

③ 《旧唐书·刘晏传》。

④ 《明史·食货志》。

⑤ 《明史·食货志》。

⑥ 《大明会典·漕规》。

⑦ 《明会要·卷五六》。

⑧ 《明史·职官志》。

⑨ 罗传栋 主编：《长江航运史·古代部分》，北京：人民交通出版社，1991 年，第 319 页。

⑩ （明）李乐 撰：《见闻杂记·卷七》，明万历刻清补修本；《明会典·卷二七》。

该造若干，合用军民料银若干。”[①]

漕运有转搬和直达两种形式：转搬是从开航到终点经过转换，船只分段运输；从开航直达终点，称为直达。永乐十三年（1415），“令湖广造浅船二千只，岁于淮安仓支粮，运赴北京”[②]，即是直达。

明代漕运先后经历了民运、支运、兑运、改兑几个发展阶段。

洪武时，“江西、湖广之粟”皆由民运，循江而至南京。辽东及北元前线的数十万石粮饷，由江苏太仓浮海北上。永乐初，随着北京政治地位提升，人口迅速增加，漕粮主要馈运地渐从南京转移北京。“海运不给，于是陆运以济之。”[③]即“于淮安用船可载三百石以上者，运入淮河、沙河（鸿沟故道），至陈州颍岐口（今河南商水县境）跌坡下，用浅船可载二百石以上者，运至跌坡上。则以大船载入黄河，至八柳树（今河南阳武县境）等处。令河南车夫运赴卫河，转输北京。”[④]永乐八年，仅湖广、江西、浙江三地运往北京的米谷，就有210万石，加上海运之数，全年运输量在300万石以上。其中，海运为军运，河运、陆运皆为民运。

大运河全线疏浚贯通后，运河漕运取代“海、陆兼运”，朝廷在运河沿线的淮安、徐州、临清、德州、通州设漕粮仓库。各地漕粮，先民运至朝廷指定的粮仓，再“分遣官军就近挽运”[⑤]。其中，湖广、江西、浙江粮米运至淮安仓，再由官军分段递运至京：浙江、直隶军于淮安运粮至徐州仓收囤，京卫官军于徐州运粮至德州仓收囤，山东、河南军于德州运粮至通州仓收囤，天津并通州等卫官军于通州接运至京。“以次递运，岁凡四次，可三百万余石，名曰支运。支运之法，支者，不必出当年之民纳；纳者，不必供当年之军支。”[⑥]

仁宗继位（1424）后，听信谗言，将深得当地民心的尚书兼交趾布政使黄福自安南召回。交趾复叛，南方吃紧，“官军多所调遣，遂复民运。”[⑦]宣德二年（1427），“又令浙江、江西、湖广并直隶苏松等府起运淮安、徐州仓粮，拨民自运赴通州仓。”[⑧]由于湖广去京遥远，往返耗时长达一年，以致“比岁以来，输运转艰”[⑨]。宣德四年（1429），经平江伯兼督漕陈瑄、尚书黄福疏请，“复支运法，乃令江西、湖广、浙江民运百五十万石于淮安仓，……令官军接运入京、通二仓。”

宣德六年（1431），因“江南之民，运粮赴临清、淮安、徐州上仓，往返将近一年，有误生理。而湖广、江西、浙江及苏、松、安庆等官军，每岁以空舟至淮安载粮。”[⑩]遂改支运为兑运，即“令江南民拨粮与附近卫所，官军运载至京，量给耗米及道里费。”并制定《官军兑运民粮加耗则例》：“以地远近为差。请每石湖广八斗，江西、浙江七斗，南直隶六斗，北直隶五斗，民有运至淮安

---

① （明）席书等 辑：《漕船志》，玄览堂丛书本。
② 《明会典·卷二五》。
③ （明）王在晋 撰：《通漕类编·漕运》，明万历刻本。所谓“陆运”，是史籍中的习惯称谓，准确地讲，应名为“河、陆接运”。
④ （明）杨宏、谢纯 撰：《漕运通志·漕例略》，明嘉靖七年杨宏刻本。
⑤ （清）李瀚章 修：《湖南通志·赋役》，清光绪十一年刻本。
⑥ 《明史·食货志》。
⑦ 《明史·食货志》。
⑧ （明）杨宏、谢纯：《漕运通志·漕例略》，明嘉靖七年杨宏刻本。
⑨ 《明宣宗实录·卷五三》。
⑩ 《明宣宗实录·卷八十》。

兑与军运者止加四斗。如有兑运不尽，令民运赴原定官仓交纳，不愿兑者听自运。”[①]兑运法的实施，是漕运制度的一次重要改革。它既将运户从长途奔波中解脱出来，也增加了运军收入，可谓“彼此有益，交相称便”[②]。

此后，漕粮兑运比例不断加大。正统二年（1437）运粮450万石，内兑运280万余石，淮、徐、临、德四仓支运169万余石，兑运数约占十分之六。天顺四年（1460），运粮435万石，内兑运363万余石，各仓支运71万余石，兑运比例上升到百分之八十以上。成化十一年（1475），“乃命淮、徐、临、德四仓支运七十万石之米，悉改水次交兑。由是悉变为改兑，而官军长运遂为定制。”[③]其中，“支运”与“兑运”是军民共同完成的分段运输；“改兑”即是长运，系由官军完成的直达运输。

三、宝船、漕船、马船修造

明代造船工厂分布广泛、规模宏大、配套齐全，江苏南京、淮安、山东临清、福建福州是四大造船基地。南京设有龙江船厂、造船厂（后改为马船厂）、拨船厂（后改为快船厂）、黄船厂、宝船厂[④]，主要建造楼船、战船、战座船、战巡船、巡座船、哨船、利便船以及大黄船、小黄船、快船、三板船、浮桥船、漕船、渔船、海船等船舶。宝船厂以造大型海船著称，郑和下西洋所乘巨舟即由该厂修造。淮安清江船厂专造漕船，有4座总厂、82座分厂[⑤]，3000多工匠，年可造船500余艘。临清卫河船厂主要建造遮洋船（海运）和浅水船（内河运输），专为漕运所用。福州南台船厂主要建造远洋货船、战船和册封舟等[⑥]。《明史·职官志》：

凡舟车之制，曰黄船，以供御用；曰遮洋船，以转漕于海；曰浅船，以转漕于河；曰马船、曰风快船，以供送官物；曰备倭船、曰战船，以御寇贼。

明代所造船舶，以郑和下西洋乘坐的宝船最大[⑦]。郑和船队有宝船63艘，“大者长四十四丈四尺，阔一十八丈；中者长三十七丈，阔一十五丈。”[⑧]依明时1尺相当于31厘米换算，大宝船长、宽约为138和56米，载重约2500吨[⑨]。随郑和使西洋的巩珍在《西洋番国志》一书中，说宝船“体势巍然，巨无与敌，篷帆锚舵，非二三百人莫能举动。”如此“古所未有”的巨舶，可谓历史上

① 《明史·食货志》。

② （明）陈子龙 辑：《明经世文编·卷三九》，明崇祯平露堂刻本。

③ 《明史·食货志》。

④ 席龙飞 著：《中国造船通史》，北京：海洋出版社，2013年，第283—287页。

⑤ 为减少原料的耗费与人工的长途奔波，按《明会典》“船只，须要量度产木、水便地方差人打造”的原则，清江船厂在浙江、江西、湖广设分支机构打造船只。又《漕运通志·漕文略》记载，永乐十年，宋礼奏请“海运粮储，每年五月太仓放洋，直沽下卸，待秋回京，船只中多被损坏，亦有飘失不见下落者，俱用修理补造。分派江西、湖广、浙江等布政司并直隶、徽州等府军卫有司相兼造，俱限次年三月终完备，驾赴太仓应用。”

⑥ 专供使臣出使外国时乘坐的官船，称为册封舟。

⑦ 宝船并非郑和的专用船，凡奉皇命出使海外所乘的船皆称“宝船”。册封舟亦即宝船，明使者柴山立在琉球的碑文里有“特敕福建方伯大臣重造宝船”文字，就是明证。

⑧ （明）马欢 撰：《瀛涯胜览》，明亦政堂刻本。

⑨ 马志荣：《从辉煌到衰落的历史思考——纪念郑和下西洋600周年》，《回族研究》，2005年第2期。

木帆船规模的顶峰。1957年，南京宝船厂遗址出土长11.07米、铁力木制作的巨型舵杆。船史专家根据这一数据推测，舵叶高度为6.035米，舵杆所配合的船舶长度在四十八丈至五十三丈六尺之间[①]。这个舵杆，很可能用于郑和下西洋的大宝船。

郑和宝船代表了古代造船业最高水平。造船工匠主要来自江苏、湖广、浙江、江西、福建等地，船厂内部设有细密的专业分工和匠籍管理制度[②]。来自湖广的匠师，或由沅水流域传统造船工场选派[③]。

洪武年间，按“船只，须要量度产木、水便地方差人打造”[④]规定，内河漕船及“海运辽东以给军饷”船舶，多在湖广、四川等产木省份建造。“当时，每年会计粮运应用船只，俱派湖广、四川诸省产木近水州县，军民相兼成造，亦有造于龙江关（即龙江船厂）者。”[⑤]湖广武昌、荆州、归州、岳州、长沙、湘潭、衡州、永州、常德、辰州等地，皆设有船厂。

“国用之资莫大于漕运，漕运之器莫大于舟楫。”[⑥]永乐十二年（1414）会通河疏通后，京杭大运河成为漕运主干道，遂“令湖广造浅船二千只，岁于淮安仓支粮，运赴北京。”[⑦]十三年（1415），“罢海运粮。命平江伯陈瑄于湖广、江西造平底浅船三千艘，以从河运，岁运三百余万石。”[⑧]其中2000艘于湖广建造[⑨]。两年之内打造漕船4000艘，凸显湖广造船业发达、造船规模宏大。

宣德五年（1430），规定“运粮官军船，南京、中都留守司、直隶卫所于淮安修理，山东等都司于临清修理，湖广、江西、浙江都司皆回原卫修理，有司给与材料。”[⑩]宣德八年（1433），增造浅船3000艘，诏令“湖广、江西、浙江三布政司支官钞市木造二千艘，四川布政司产木州县造五百艘，旧海船损敝者改造五百艘。”[⑪]

浅船是在京杭运河航行的运粮船舶。《明会典》对其用料定额、式样尺寸、使用年限等，皆有详细规定：

粮船有二，曰遮洋，曰浅船。……

四百料浅船一只，合用底板楠木三根、栈板楠木三根、出脚楠木一根、梁头杂木三根、前后伏狮拏狮杂木二根、草鞋底榆木一根、封头楠木连三枋一块、封梢楠木短枋一块、挽脚梁杂木一、

① 周世德：《从宝船厂舵杆的鉴定推论郑和宝船》，《文物》，1962年第3期。

② （明）李昭祥 撰：《龙江船厂志·卷三》：“洪武、永乐时，起取浙江、江西、湖广、福建、南直隶（今江苏）滨江府县居民四百余户，来京（即南京）造船，隶属提举司，编为四厢。一厢出船木、梭、橹、索匠；二厢出船木、铁、缆匠；三厢出艌匠；四厢出棕篷匠。”清玄览堂丛书续集本。

③ 参见章斌：《湖南洪江古商城：“郑和宝船”造船技术或源于洪江》，红网，2014年6月23日。

④ 《明会典·卷二〇〇》。

⑤ （明）席书 辑：《漕船志·卷一》，玄览堂丛书本。

⑥ （明）杨宏、谢纯 撰：《漕运通志·漕船表》，明嘉靖七年杨宏刻本。

⑦ （明）杨宏、谢纯 撰：《漕运通志·漕例略》，明嘉靖七年杨宏刻本。

⑧ 《明史纪事本末·河漕转运》。

⑨ （明）席书《漕船志·卷六》：“（永乐）十二年，令湖广造浅船二千艘，岁于淮安仓支运，赴京交纳。十三年，始罢海运，增造浅船三千余艘，一年四次，悉从里河转运。是年闰九月初三日，行在户部奏准工部咨，该本部奏：节奉‘钦依。里河运粮的船，着工部去湖广上头，再造二千只来，只在淮安装运，来北京便当。’”玄览堂丛书本。

⑩ （明）杨宏、谢纯 撰：《漕运通志·漕例略》，明嘉靖七年杨宏刻本。

⑪ 《明宣宗实录·卷九十八》。

面梁楠木连二枋一块、将军柱杂木一、桅夹杂木一、大小钉锔七百斤、艌麻二百斤、油灰六百斤、桐油三十斤。船上什物：大桅一根、头桅一根、大篷一扇、头篷一扇、索三副……橹四枝、脚索二副、招头木一根、篙子十根……盖篷并衬仓芦席全。船式样：底长五丈二尺，头长九尺五寸，梢长九尺五寸；底阔九尺五寸，底头阔六尺，底梢阔五尺，头伏狮阔八尺，梢伏狮阔七尺；梁头一十四座，底板厚二寸，栈板厚一寸七分，钉一尺三钉，龙口梁阔一丈、深四尺，使风梁阔一丈四尺、深三尺八寸，后断水梁阔九尺、深四尺五寸，两廒（船舱）共阔七尺六寸。……

湖广都司每年该造船不等、用料不一。凡杉木者，十年一造，每只用银一百三两，底船准三十两。株杂木者，七年一造，每只用银九十两五钱，底船准二十七两。松木者，五年一造，每只用银七十三两九钱一分，底船准二十五两。余俱军三民七出办。

造船所用杉楠等木，“俱派四川、湖广、江西出产处所，浙江、江南直隶不出木者买办送纳。”[①]楠木是造船的上好材料，湖广施州、岳州、辰州、永州等地皆有出产。正德十一年（1516），令“湖广运船通改楠木打造，……七年一造，每年该造若干，合用军民料银若干。”[②]万历元年（1573），督漕参政潘允端以湖广漕船“深大坚固，二船可抵三船”，建议以此改造别省漕船，节省造船费用[③]。

马、快船（红船），因运输军马、辎重得名。“马、快船皆国初所设，以备水军进征之用。盖马船以载军马，而快船以载辎重。”[④]马船主要航行长江流域，在明初统一战争中发挥了很大作用。洪武十七年（1384），诏令“湖广岳州等府造马船，运送马匹。”[⑤]永乐以后，以运输官物为主，配置于各递运所、水驿站。湘水一线的递运所有广西全州及湖广永州、衡州、长沙、岳州（城陵矶）5处，其中岳州递运所配有马船21艘、红船40艘[⑥]。

《明会典·卷二百》：

国初，四川、云南市易马骡及蛮夷酋长贡马者，皆由大江以达京师，有司用民船载送。洪武十年，令武昌、岳州、荆州、归州各造马船五十只。每只定民夫三十名，以备转送。后复定江西、湖广二省并直隶安庆、宁国、太平三府，造马船共八百一十七只，佥拨水夫二万三百六十余名。

广西全州、灌阳县造马船二十一只，佥民夫五百二十五名。俱隶江淮、济川二卫。其工食料价银两，亦系原编省府征解。永乐以后，定都北京，遂专以运送官物及听候差遣。弘治十三年，免广西全州并灌阳县马船民夫。

---

① （明）席书 辑：《漕船志·卷四》，玄览堂丛书本。

② （明）席书 辑：《漕船志·卷六》，玄览堂丛书本。

③ 《明神宗实录·卷十五》。

④ （明）倪涑 撰：《船政新书·卷二》，明万历刻本。

⑤ 《明太祖实录·卷一六九》。

⑥ （明）钟崇文 纂修：《岳州府志》，明隆庆刻本。

第九章　清代湖南交通
（1644—1912）

12 世纪时，女真先祖金人覆灭北宋，并持续威胁南宋生存，直到 13 世纪被蒙元征服。明初，女真形成建州、海西、东海三部。“他们向明廷呈献马匹、皮草和人参等贡品，换取中国农产品作为赏赐。”①

17 世纪前后，一场重大社会转变降临中国。利玛窦、汤若望、南怀仁等传教士经由海路带来西方文明种子②。征服东印度群岛的荷兰人，一度占领澎湖、台湾；控制了西伯利亚的哥萨克人，则在“黑貂皮”引诱下，向黑龙江流域推进③。明朝内忧外患，步入急剧衰落阶段。万历十一年（1583），建州女真首领努尔哈赤以十三副遗甲起兵，创建军政合一的八旗制度，崛起于白山黑水之间。

万历四十四年（1616），努尔哈赤在赫图阿拉（辽宁新宾县境）称汗，建国号金，史称后金。崇祯九年（1636），皇太极在沈阳称帝，更女真名为满洲，改国号为清。清顺治元年（1644）一月，李自成在西安建立大顺政权；三月攻占北京，崇祯帝自杀，明亡；四月清军入关，打败李自成；十月，顺治帝迁都北京。顺治二年（1645）清军入湘，十五年（1658）克复湖南全境。

清朝是中国历史上第二个由少数民族建立的全国性政权，湖南地区行政建制也发生了重要变化。清代湖南交通情况见图 9-1。

清初，湖南属湖广总督和湖广布政使司，总督、布政使驻武昌。康熙三年（1664）三月，“以湖广武昌、汉阳、黄州、安陆、德州、荆州、襄阳、郧阳八府归湖广巡抚管辖；以长沙、衡州、永州、宝庆、辰州、常德、岳州七府，郴、靖二州归偏沅巡抚管辖。”④闰六月，偏沅巡抚自沅州移驻长沙。康熙六年（1667），湖广右布政使司改称“湖广湖南等处承宣布政使司”，湖南省历史上第一次正式

---

① 徐中约 著：《中国近代史（1600—2000）：中国的奋斗》，北京：世界图书出版公司，2008 年，第 15 页。

② 比如，利玛窦等人介绍到中国的欧氏几何及其演绎推论的思维方式，在中国思想史上开辟了一种崭新的方法和境界；《坤舆万国全图》则第一次使中国方面获得世界眼光，看到了整个地球。参见（意大利）利玛赛，金尼阁 著：《利玛窦中国札记》，北京：中华书局，2010 年，第 17—18 页。

③ （美）斯塔夫里阿诺斯 著：《全球通史：从史前史到 21 世纪》，北京：北京大学出版社，2015 年，第 448 页。

④ 《清圣祖实录·卷十一》。

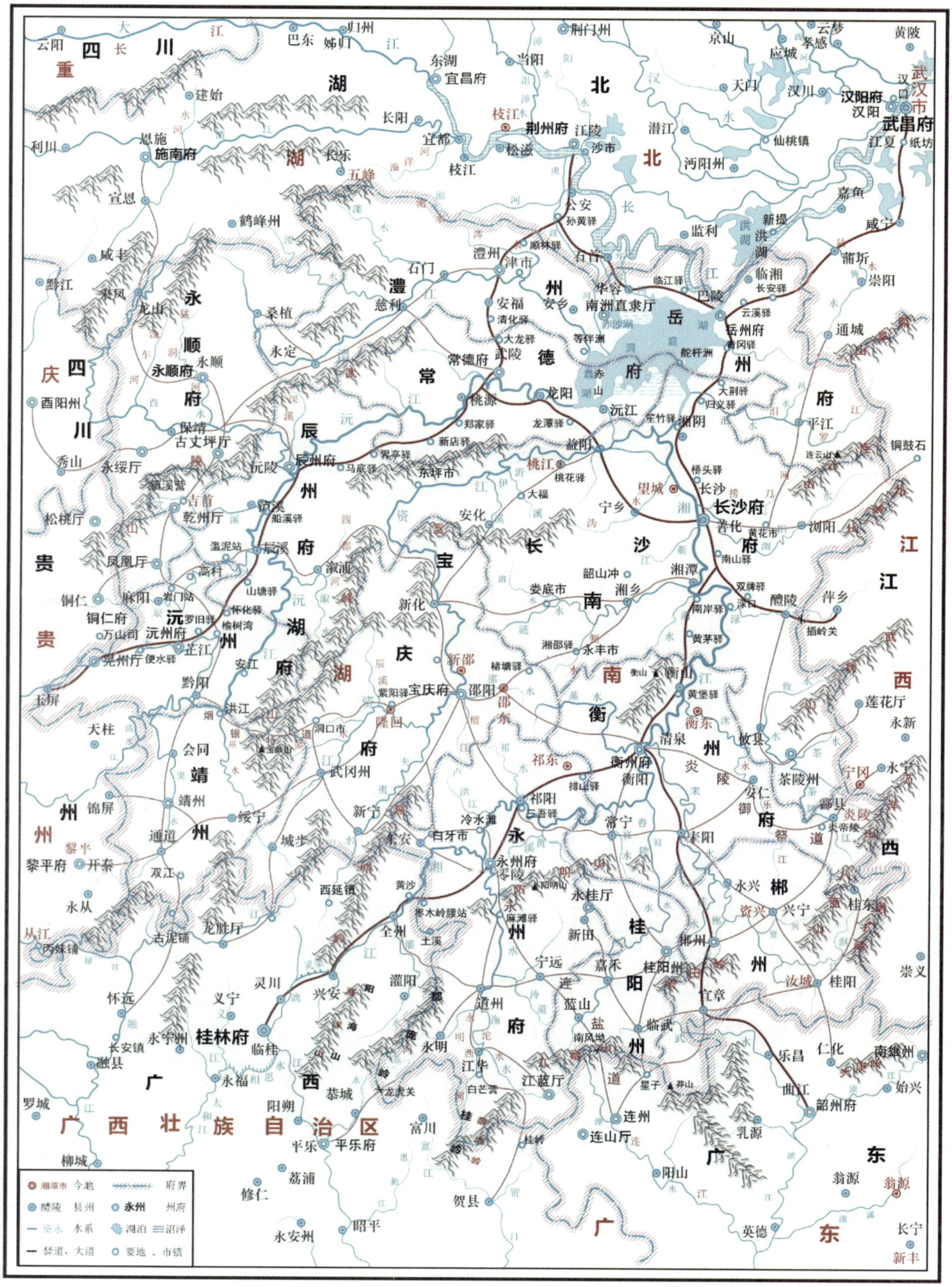

图 9-1　清代湖南交通地理图[①]

① 蒋响元、黄爱、曹航惠参考《湖南省志·地理志》《洞庭湖历史变迁地图集》《湖南省地势图》等绘制。

定名①。

雍正二年（1724），湖广分闱（指湖南和湖北两省分开举行乡试），偏沅巡抚、湖广巡抚分别改称湖南巡抚、湖北巡抚②。至此，湖南、湖北基本形成独立的省级行政建制。湖南省辖长沙、衡州、永州、岳州、常德、宝庆、辰州、沅州、永顺九府，郴州、靖州、澧州、桂阳四直隶州，凤凰、永绥、乾州、晃州四直隶厅。道光十二年（1832），为镇抚瑶民，划桂阳与新田部分地设永桂厅，划江华和蓝山部分地设江蓝厅。光绪二十一年（1895），增设南洲直隶厅。

明末清初，湘境数遭鼎革，经济凋零残破，道路多有梗塞。“三藩之乱”平定后，社会相对稳定，人口大幅增加，农业、手工业长足进步，城乡贸易兴盛，古代交通发展到封建社会鼎盛阶段——道路布局臻于完善，桥亭、港渡、驿铺等配套完备，水陆运输更胜于前。清代晚期，随着西风东渐，轮船、电报、铁路、邮政次第兴办，近代交通因之发轫。

第一节　道路交通网络的完善

乾隆二十四年（1759），清廷平定天山南路大小和卓之乱，疆域达到极盛——东北至外兴安岭、鄂霍次克海、库页岛，东临太平洋，北接西伯利亚贝加尔湖，西北达巴尔喀什湖，西跨帕米尔高原，西南至西藏、缅甸东北部，东南及台湾、琉球，南达南海诸岛，“成为中国历史上最大明确版图的一统帝国”③。

服从军事、政治及经济社会发展需要，交通道路持续拓展，逐步形成以北京为中心，以官马大道（图 9-2）为主干、府州县道为枝叶，包括御道、御祭道、民道、商道和营道、边防卡伦道等，通各省省会、府州县城、边疆要地以及商埠、港口的道路网络。

一、官马大路及出省道路

道路建设主要致力于路网完善，以及驿站、塘铺、桥梁、路亭等设施升级改造。通过雍正、乾隆两朝集中整顿，至清中期，省境纵横交错、连通各府州县的递铺网络完全形成，其与官马大道形成了以省会长沙为中心、辐射四方的驿道体系。

驿道分为官道（路）、大道（路）、小道（路）三等，自京师通达各省城的道路称为“官马大道（路）”，简称“官道（路）”；自省城通往省内重要城市或达相邻省区的官路支线称为“大道（路）”，连接府、州、县和重要村镇的铺递道路称为“小道（路）”。

① 湖南建省时间，文献记述有所不同。康熙《湖广通志·建制沿革》记载，“康熙三年，分左右布政（司）。左布政司仍驻省城，分管武、汉、黄、安、德、荆、襄、郧八府；右布政司驻长沙府，分管长、永、衡、宝、岳、常、辰七府，郴、靖二州及各卫所，又增设按察使司一员驻扎分管如之”；康熙六年，湖广左、右布政使司职衔分别改称“湖广湖北等处承宣布政使司布政使”和“湖广湖南等处承宣布政使司布政使。”乾隆《大清一统志·湖南省》记载，湖南“明属湖广布政使司。万历二十八年始置偏沅巡抚，治（贵州）偏桥镇。本朝康熙三年分置湖南布政使司为湖南省（是年移偏沅巡抚驻长沙府，雍正元年改为湖南巡抚），领府九直隶州四。”

② （清）福格 撰：《听雨丛谈·八旗直省督抚大臣考》，清乌丝栏抄本；段伟：《清代湖北、湖南两省的形成》，《清史研究》，2009 年第 2 期。

③ 周振鹤 主编：《中国行政区划通史·清代卷》，上海：复旦大学出版社，2013 年，第 2 页。

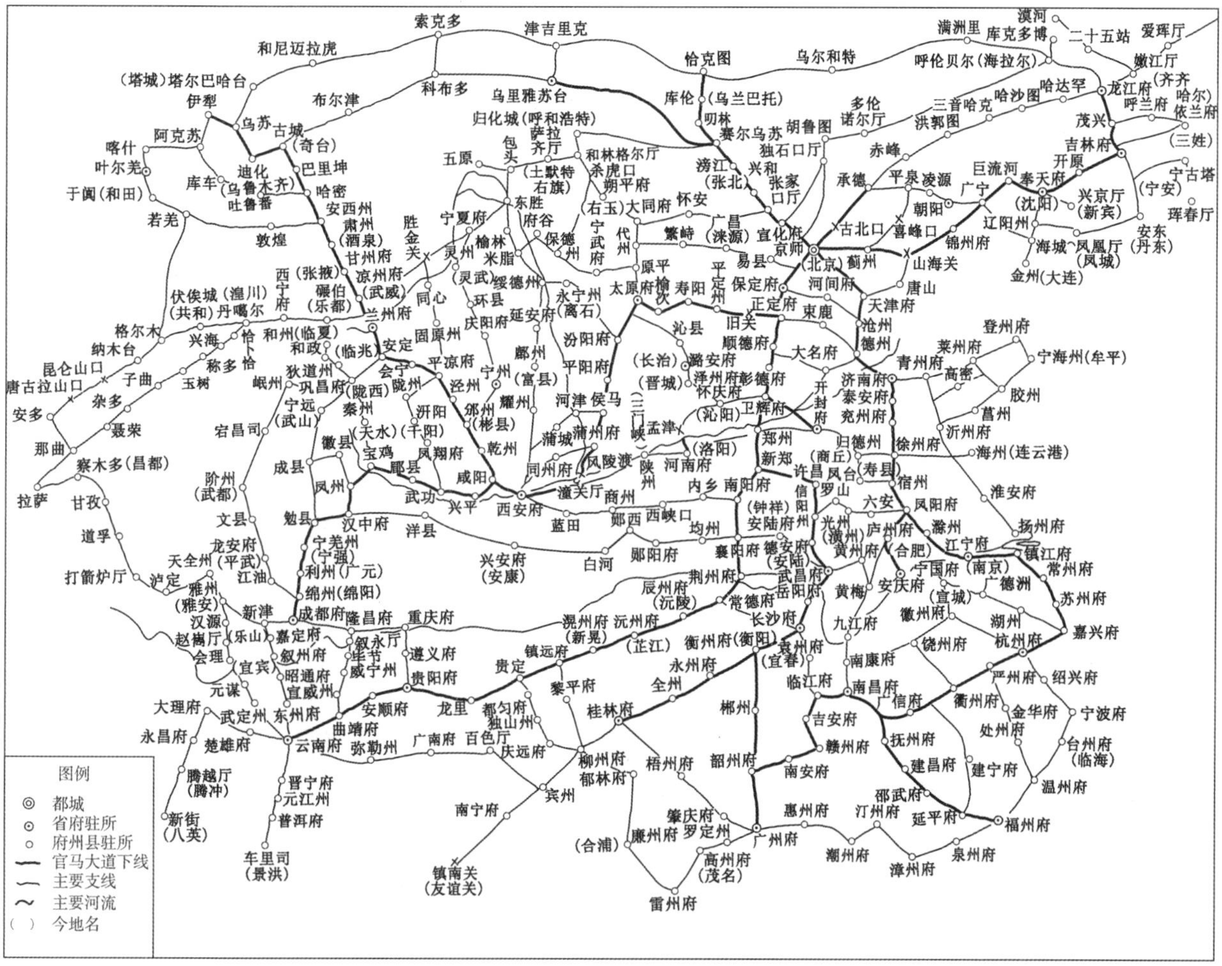

图 9-2　清代官马大道示意图[①]

官马大道是国家主干线路，由京城东华门外的皇华驿为总枢纽，按方位分官马北路、东路、西路、南路，以及横贯东西的长江官路等。

官马北路通往东北、华北及朝鲜半岛。一从北京东经山海关、锦州、奉天、吉林，分别延伸到宁古塔、漠河、瑷珲、庙屯（黑龙江入海口，1858 年割让给沙俄）、平壤；一从北京出古北口，通往承德、赤峰等地；一从北京西经宣化、张家口，分别通往库伦、恰克图、乌里雅苏台（均今蒙古境内）以及塞上的横向大通道。

官马东路即福建官路，自北京经天津、德州、济南、徐州、江宁、镇江、苏州、杭州，通往衢州、徽州、宁波、温州、福州等地。

官马西路包括兰州官路与四川官路。前者从北京经保定、太原、西安、兰州，分别到青海、西藏和新疆，并通往中亚、西亚诸国；后者取道兰州官路至西安，经咸阳、宝鸡、汉中，经巴蜀道南下成都，再由成都经雅州通往拉萨。

官马南路包括云南官路、桂林官路和广东官路，均经过湘境。

云南官路由北京经正定、顺德、卫辉、新郑、南阳、襄阳、荆州，再经常德、辰州、沅州、晃州、

① 原图出自中国公路交通史编审委员会 编：《中国古代道路交通史》，北京：人民交通出版社，1994 年，第 524—525 页。万紫薇重绘，有改动。

镇远、贵阳、曲靖，以达昆明。

桂林官路自北京南行，经正定、顺德、卫辉、新郑、许昌、武昌，再经岳州、长沙、衡州、永州，至全州、桂林。其中，北京至长沙共历60驿，途程3590里[①]。程限视驿务轻重缓急，分三百里、四百里、五百里、六百里四种；按日行三百里计算，长沙至北京限十一日十一时四刻十二分。

广东官路有两途：一自北京经济南、徐州、凤阳、安庆、九江、南昌、赣州、韶州抵广州，道光十八年（1838）林则徐奉命到广州查禁鸦片，走的就是这条路线；或自正定、顺德、卫辉、郑州、武昌，经长沙、衡州、郴州、韶州至广州。

随着商货运输繁荣，许多驿道兼具商道功能。如，湘粤驿道郴州至宜章路段既是骡马大道又是挑夫盐道，湘黔驿道雪峰山路段也称烟银特道。因此，税课关卡有的设于驿路沿线，如宝庆府硖口（洞口塘）、花桥等税口即设在铺路旁边[②]。

湘境驿道以长沙为中心，向各方辐射，形成完善稠密的交通网络。其中，干线驿道因循明制，出省支线大为增加。

官马大道包括湘鄂、湘桂、湘粤、湘黔，出省干线还有湘赣、湘川驿道。道设驿站递铺，凡官吏奉差出入、举人赴京应试，凭兵部或各省督抚发给的“符信”，可供其夫马，准其驰驿；各处公文，皆由驿铺传递。武官出行只能骑马。咸丰八年（1858），湖南巡抚骆秉章参劾永州镇总兵樊燮违例乘舆、私役兵弁等劣迹。樊燮为报复，讦控其心腹助手左宗棠。大理寺少卿潘祖荫奏称“国家不可一日无湖南，湖南不可一日无左宗棠”，为左宗棠辩护。

（一）湘鄂道

湘鄂官道东线自长沙县（治今长沙城北）至湖北港口驿，计程540里，中经桥头驿、笙竹驿、归义驿、大荆驿、青冈驿、岳阳驿、云溪驿、长安驿。按日行三百里计算，程限一日九时四刻十二分[③]。

康熙十二年（1673），吴三桂部扰湘，湘阴段驿道受阻，清廷将驿道改走湖北通城经平江、黄花至长沙。嘉庆二十二年（1817），长沙县北湘春门至平头铺间部分滨河驿路坍圮，“知县陈光诏改由铁佛寺东路通桥头驿。”[④]

西线自善化县（治今长沙城南）至湖北公安，计程745里，中经宁乡、益阳、龙阳、武陵、大龙驿、清化驿、兰江驿、顺林驿。该道是楚人南下主要路线，三国时刘备取长沙、零陵、桂阳三郡，进军路线即循此道。

另从沅陵辰阳驿，北经乌宿站（今沅陵县乌宿镇）、王村、永顺、龙山，计程490里，出湖北来凤。[⑤]

---

① 此处里程（3590）据清代悭硷山馆 编：《湖南疆域驿传总纂》，清光绪十四年刻本；据（明）黄汴《一统路程图记》途程道里数统计北京至长沙途程3510里。另据光绪年间《湖南通志·武备志》载，清光绪十一年（1885），由京都（北京）至长沙的驿站里程，陆路3670里，水路5190里；又据刘文鹏《清代驿传及其与疆域形成关系之研究》（北京：中国人民大学出版社，2004年）载，由皇华驿经水路至长沙共5081里，4321里至江夏县将台驿，220里至嘉鱼县在城驿，240里至巴陵县青冈驿，180里至湘阴县在城驿，120里至长沙县长沙驿。

② （清）不著撰者：《湖南省例成案·户律·课程》，清刻本。

③ （清）悭硷山馆 编：《湖南疆域驿传总纂》，清光绪十四年刻本。

④ （清）李瀚章 修：《湖南通志·武备志》，清光绪十一年刻本。

⑤ 湖南省交通厅 编：《湖南公路史》（第一册），北京：人民交通出版社，1988年，第20页。

（二）湘桂道

湘桂官道主线自善化县至广西全州，计程810里，中经南岸驿、黄茅驿、黄堡驿、临蒸驿、排山驿、枣木岭腰站。

另由零陵南行160里至道州。再分两路，一西南经永明，出龙虎关达广西恭城；一南经江华逾岭，出广西贺县，即潇贺道。该道北联潇水、湘水，南结贺江、桂江。宋人范之晔《秦史拾遗》：“道于潇永临封，为秦蔚屠睢督帅征络越所辟也。”

另自宝庆西行，经枫林铺、长阳铺、岩口铺、紫阳铺（顺治十二年曾设驿站），入洞口龙潭铺、黄桥铺，过荆竹铺、石羊铺至武冈州，继分二路：一路南经城步计250里，出广西龙胜；一路西行160里至绥宁，继经明口汛、甘溪塘，抵广西怀远。

（三）湘粤道

湘粤官道主线自善化县至广东乐昌，计程855里，经南岸驿、黄茅驿、黄堡驿、临蒸驿、耒阳县驿、郴州驿，出宜章县三峰堆，与广东驿道相接。

另由衡阳经常宁县站、桂阳州站，计390里达临武，出广东连州；或由耒阳东南经永兴、资兴、汝城，计350里，出广东仁化[①]。

秦平百越后，湘粤道基本成形。东汉初年，桂阳太守卫飒修治郴州经宜章至广东英德的道路，“列亭、传置邮驿”[②]。郴（州）宜（章）驿道虽开，临（武）连（州）道仍是交通湘粤的主要驿路。汉和帝时，南海“献龙眼、荔支及生鲜”，即“道经临武”[③]。

湘粤之间因南岭隔断，古代水路南下广东，到郴州后便要上岸经陆路至宜章；同样，从广东坐船北上也只能达宜章。明清以来，商贸活动大为增加，往来两地的驮运骡马常有数千匹[④]。“极盛时，骡马多至万匹。”[⑤]

宜章至郴州九十里大道上石板被长年累月践踏，形成许多马蹄窝。因此，湘粤驿道郴州段又称骡马大道。历代旅人把沿途地名编成歌谣，形成流传至今的《九十里大道歌》。

歌谣一

十里十哟是山坡；二十里在酿水窝；
三十折岭高万丈；四十里路岔平和；
五十良田不还饷；六十过后逢八角；
七十里后走马岭；八十里来八十八；
九十南街路难过；城里跑回百里多。

① 史鹏 主编：《湖南公路史》（第一册），北京：人民交通出版社，1988年，第20页。

② 《后汉书·循吏列传》。

③ （清）邹景文等 纂修《临武县志·卷四十一》，清同治六年增补嘉庆二十二年本。

④ （清）查庆绥 修：《郴州直隶州乡土志》：“郴地南通交广，北达湖湘，为往来经商拨运之所。道咸之世，海船未通，南货运北，北货往南，悉由此经过。故沿河一带，大店栈坊数十家。客货至，为拨夫，为雇骡，为卸船只，络绎不绝，诚南楚一大冲要也。”清光绪三十三年刻本。

⑤ 郴州市交通志编委会 编：《郴州市交通志》，长沙：湖南出版社，1993年，第6页。

歌谣二

十里宜章到瑶坡；二十里路起风波；
三十折岭高万丈；四十两路叉平窝；
五十良田屋还响；六十万岁封八角；
七十韩公走马岭；八十叶桥乱石窝；
九十南关回头望；折回南关三个坡。

其中，折岭是其中地势最高、地形最陡峭的路段，历朝均有修缮。嘉庆二十三年（1818）复修，“折岭路尤工大费繁”[①]，邑人碑刻“重修折岭记”纪其事。

（四）湘黔道

湘黔官道主线自善化县至贵州玉屏，计程1315里，中经宁乡、益阳、龙阳、武陵、桃源、郑家驿、新店驿、界亭驿、马底驿、辰阳驿、船溪驿、山塘驿、怀化驿、罗旧驿、芷江、便水驿、晃州驿等。

另自宝庆至武冈，西行过绥宁、靖州、通道，去贵州开泰，计程615里[②]。或由澧州经石门、慈利、大庸、古丈、乾州（今吉首）至凤凰，或自辰溪驿经麻阳高村、岩门至凤凰，接贵州铜仁。

湘黔驿道横贯湘中，辐射西南，在军事、政治、经济、外交等方面皆有重要意义。“三藩之乱”平定后，为巩固西南，康熙下旨整修湘黔滇驿道，增添步站、腰站，调整各驿站距，加强马匹与排夫、健夫配置。乾隆时，辰阳、界亭、马底、船溪、山塘、沅水、罗旧、晃州等驿各设马45匹、排夫75名，配置堪比岳州、长沙、衡州等枢纽驿站。各驿设轿夫若干，迎送过往官吏及番国使节。

元明以来，湘黔道是西南番国赴京的“贡道”。

崇祯十一年（1638）四月二十五日，徐霞客在新铺白基观（今贵州关岭县境）目睹缅甸贡象：“有象过，二大二小，停寺前久之。象奴下饮，濒去，象辄跪后二足，又跪前二足，伏而候升。”[③]

嘉庆二十四年（1819）六月十九日，赴任云南乡试主考官的林则徐“自界亭驿西行，在马鞍塘遇缅甸贡象，当晚止宿马底驿。”[④]

光绪四年（1878），镇远知府汪炳敖在舞溪桥上建状元楼，上刻楹联：“扫尽五溪烟，汉使浮槎撑斗出；劈开重夷路，缅人骑象过桥来”，反映了湘黔驿道在中外交往中的历史贡献。

（五）湘川道

主线系由湘鄂驿道西线进入湖北公安，经东湖县（今宜昌）转鄂川驿道至成都，分四段计程：自善化县至公安计程745里、自公安至东湖县计程420里、自东湖至重庆府计程1550里、自重庆府至成都计程900里，四段合计3615里[⑤]。

---

① （清）章廷相：《重修折岭记》。
② （清）悭硷山馆 编：《湖南疆域驿传总纂》，清光绪十四年刻本。
③ 《徐霞客游记·黔游日记》。
④ （清）林则徐 撰：《林文忠公集·日记》，抄本。
⑤ （清）悭硷山馆 编：《湖南疆域驿传总纂》，清光绪十四年刻本。

另自沅陵辰阳驿经王村、保靖、永绥（今花垣）出茶洞入四川（今重庆）秀山，或由武陵经慈利、大庸、永顺、永绥入秀山，永顺亦有由龙山、湖北来凤县入四川（今重庆）黔江的支线驿道。由于永顺地理位置重要，“四通五达”①，明、清设宣慰司或巡检司于此。唯道路崎岖，自永顺起，难以行车，步递为主。

（六）湘赣道

湘赣驿道始兴于唐。主线自善化县至江西萍乡，计程200里，中经南山站、双牌驿、醴陵出插岭关。另有若干支线：自长沙经永安市、浏阳至江西铜鼓；或自长沙经金井、朱砂坳、平江长寿司、土龙铺出江西修水；或自醴陵、攸县、茶陵、酃县，东出竹子溜抵江西龙泉（今遂川）；或由茶陵东渡洣水，经腰陂、高陇至江西莲花。

江西坳铺站（图9-3） 位于湘赣驿道江西坳下方湖南一侧约200米处。铺站坐北朝南，有堂屋一间，住房两间。正面、北面两侧墙体保存完好，屋顶已坍塌。整个残垣断壁遗址长12米、宽5米，正门与西侧门洞都是由三块完整的花岗岩条石镶嵌而成，做工考究。铺站西侧门外有一面积近半亩的院子，院墙由石块垒砌而成。据《酃县交通志》记载，该段驿道修建于清代，穿越湘赣边界江西坳后至江西龙泉。铺站附近路段保存完好，路面由花岗岩铺砌，宽约一米。②

图9-3 江西坳铺站遗存（张兴林 摄影）

二、府州县道

州府县道修筑时间不一，驿道路况各异。一般而言，河谷平原、丘陵地带，驿道开辟较早，南、北各县又早于东西各县。

宁乡、望城出土商周车辖，临澧、慈利、长沙、湘乡等地发掘战国车马坑或车马器，足证彼时上述地区已筑有驿路。

湘北湘阴、汨罗一带古称罗汭，春秋晚期已有通驿记载。

湘南东安，“自汉有驿，通零邵之路。”③

湘中驿道始于唐。永泰元年（765），“潭州都督翟灌自望浮驿开新道，经浮丘至湘乡。”④熙宁五年（1072），章惇“发兵开梅山道，置县，始设驿传。”⑤

① 《读史方舆纪要·卷八十二》：“永顺军民宣慰司，东抵荆湘，西通巴蜀，南近辰阳，北距归峡，四通五达之郊也。”

② 蒋响元 著：《湖南古代交通遗存》，长沙：湖南美术出版社，2013年，第39—40页。

③ （清）黄心菊等 纂修：《东安县志》，清光绪元年至二年刻本。

④ 《新唐书·地理志》。

⑤ （清）邱育泉 修：《安化县志》，清同治十年刻本。

湘东酃县，康熙年间，因“酃邑四塞，唯向西有驿道通安仁至衡州府”，沿途“路无人烟，邮传者畏虎，约数人持棍而行，以得交递为幸”；东南向，则“不干郡摄，亦乏往来，无从走递”[①]。

湘西大庸（今张家界），洪武二十三年（1390）置永定卫，“设屯戍以捍卫。”[②]又自岳州府筑路至九溪、永定诸卫所[③]。

清代前中期，府州县道路状况持续改善，驿道网络愈臻完善。

康熙元年（1662），修筑娄底至谷水全长40里驿道，全程350里的湘（乡）蓝（田）新（化）驿道自此贯通。咸丰四年（1854）太平军克常德，取澧州，前锋直抵辰龙关（今沅陵境），因常德驿道受阻，曾取此道传递辰溪、沅陵、新化、安化、湘乡一带的军书[④]。

雍正元年（1723），修建长（沙）宝（庆）驿道要冲洙津渡大桥。

乾隆三年（1738），整修平江通湖北通城驿道。

乾隆七年（1742），宁（资兴）桂（汝城）驿道八面山路段重加修砌，并建递铺及驿舍。

乾隆二十四年（1759），修筑安化通蓝田驿道要隘、安化乐安镇天光坳石壁道。石壁道长200米、宽1.5米，下临伊水，旁倚高40米的绝壁，孔道两端岩壁上分别镌有“天开孔道”“介然成路”各四字。

嘉庆年间，改造“北达京师，南通粤省”的长沙北关外驿路，整治郴州至宜章90里大道。

至此，省境辐射四方、连通各府州县的驿道网络完全形成。据光绪年间成书的《湖南疆域驿传总纂》记载，长沙府经醴陵、攸县至茶陵州，计程370里；茶陵州经安仁至衡州府，计程250里；衡州府经金兰市、余田桥、两市塘至宝庆府，驿道里程250里；宝庆府经东安至永州府320里。

各县（州、厅）至邻县（州、厅）之间，多有递铺道相连。兹据《湖南疆域驿传总纂》，以耒阳、道州为例述之。

耒阳县　通邻县道路四条：东经东塘铺、龙塘铺、通水铺、彭家铺、和水铺、牌浩铺、小塘铺、东桥铺至安仁界，计程90里；西由松林铺、防坡铺、蓝冲铺、城上铺、城下铺抵常宁，计程75里；南经赤坡铺、高背铺、肥江铺、盐沙铺、田心铺抵永兴，计程60里；北自栗塘铺、石羊铺、石塘铺、紫荆铺、春江铺抵清泉界，计程60里。

道州　通邻县境道路五条：东经两家铺、白芒铺、广文铺、把截铺抵宁远界，计程42里；西自十里铺、馒头铺、山口铺、高明铺、白鸡铺抵广西全州，计程50里；西南经华岩铺、梨子铺、午田铺、新车铺抵永明，计程40里；南由甘溪铺、岑江铺、塘头铺、祥林铺抵江华，计程35里；北自富塘铺、溪源铺、洞隐铺、文村铺、虎岩铺、木垒铺、下岭铺、濑滩铺、麻滩铺抵零陵界，计程90里。

永道驿道　修建于唐天宝初年。自永明县城东北经玉田、承车铺、三嘉铺、桐口铺进入道州境，继由新车铺、午田铺、梨子铺、华岩铺抵州城，全程70里。驿道宽约两米，多以鹅卵石或青石板铺成。

南宋咸淳年间，贺州秦孟四反叛朝廷，一度占有昭州、贺州境。咸淳七年（1271）十月，湖

---

①（清）李朝事 修：《酃县志》，清康熙刻本。

②（清）杨显德 纂：《永定卫志》，清康熙二十四年刻本。

③（明）黄汴 撰：《一统路程图记》：“慈利县，一百八十里（至）永定卫，九十里至九溪卫。”

④ 娄底地区交通志编委会 编：《娄底地区交通志》，长沙：湖南出版社，1993年，第4、57页。

南提刑文天祥致信左丞相江万里："今自湖南入昭贺，有两途，一曰全州灌阳入昭贺，一曰道县永明，自永明入昭州界。"[①]后文天祥自道县经永明入昭、贺，会广西经略安抚使督师合击，秦孟四兵败被擒[②]。

三、县乡道路

县乡道联系县城、集镇、重要村寨和商埠，其与干支驿道通联，形成四通八达的交通网络，多以商绅筹筑、里人共筑、"善人"独资修筑等方式修建。如，

永绥商绅石文魁于道光年间多次捐资修筑乾州轨者坡（今吉首矮寨）悬崖梯路、乾州德夯冲悬岩要道、凤凰梅柳坡永绥紫尔至排彼等大路，修补桥梁48座。轨者坡悬崖梯路工程浩大艰险，岩工坐在箩筐内凌空作业，有"凿出一升岩洞，付资一升铜钱"之说。

桑植"王善人"自乾隆五十七年（1792）起，历时18年，修建从南岔鱼潭口至陈家河40余里的大道。

同治元年（1862），曾国潢、程光壁等倡修双峰关口至金田石板路。曾国藩、曾国荃兄弟为方便母亲去南岳烧香拜佛，捐资修筑湘乡至衡山约15里的青石板路。

兹以祁阳为例述之[③]。

祁阳位于湘水之滨、湘桂官道旁，自古就是"楚粤之孔道，南北之通衢。"到清中期，境内有官修干、支驿道四条，以县城为枢纽的民间乡道十二条。路面皆为青石板铺砌或河卵石镶嵌，驿道宽1.5—2.5米，大道宽1—1.5米。道路每隔五里建有凉亭，内置凳椅、茶水，供行人休憩；每隔十里左右开设店铺，供行人食宿。

（一）干线驿道

东北路 自县城迎恩门出城，经枫林铺、栗木铺、熊罴铺、搭桥铺、大营铺、黄七铺、洪桥铺、东富铺、白鹤铺、排山铺，抵清泉县界，与去衡州府驿道相接。每铺间距十里，共一百里。除大营、排山二铺各置十名铺司外，其余八铺各置铺司八名。县驿站和排山驿站，共设马三十三匹，配排夫一百三十二名。

西南路 自长乐门出城，渡湘江，过孙市街，经长流铺、富里铺、昼锦铺，抵黄公岭，入零陵县界，与去永州府驿道相接。

（二）支线驿道

西北路 自朝京门出城，经石桥铺、黄冈铺、文明铺、香塘铺、罗田铺抵界牌岭，入邵阳县界，与去宝庆府驿道相接。各铺置铺司七名。每铺间距二十里，共一百三十里。

东南路 自长乐门出城，渡湘江，经孙市街，至西南路驿道上的"接官亭"分道，向东南沿湘水前行，经花山岭、凤凰滩、新铺、石坝、白水、烟塘、木梓圩，抵乐山，共九十里，抵常宁县界。

---

① （宋）文天祥 撰：《文山集·卷十二》，四部丛刊景明本。

② 蒋响元 著：《湖南交通文化遗产》，北京：人民交通出版社，2012年，第32页。

③ 蒋响元 著：《湖南交通文化遗产》，北京：人民交通出版社，2012年，第49—51页。

（三）民间乡道

1. 城东乡道

祁阳至过水坪　自寿井门出城，经甘节亭、陶家岭、桎木山、白尼庵、下马渡、团山、黄沙铺、黄板桥、牛栏头至谭家桥，右行经滴水山、风口岭、黄麻塘、牙泉、姊妹岭抵过水坪，全程六十里。

祁阳至双桥　自寿井门出城，经陶家岭、下马渡、团山至谭家桥，左行经梅子坪、枣园岭、球树脑达双桥，全程四十五里。

祁阳至归阳　自寿井门出城，经东江桥、宝塔街、黄土岭、望邑亭、七里桥、鹅井石、龙口源、吊楼湾、马颈坳、竹山口、大湾村、董家坳、马祖园、梅溪、黄袍坳、谢阿甸、菜子塘、新亭子、双把亭、高牌岭，再前行五里即达归阳，全程九十里。

2. 城北乡道

祁阳至白地市　自甘泉门出城，经赶仙坳、荷叶渡、断岐岭、汤家岭、鲢鱼塘、斋公坪、枫树岭、石湾、九龙寺、杨家岭、水仙桥、朝主山、南河岭、官山坪达白地市，全程五十五里。

祁阳至包圣殿　自朝京门出城，循驿道行至文明铺，经高码头、杉树桥、秦家岭、砖塘，过砖塘桥行六里抵包圣殿，全程八十里。

祁阳至步云桥　自朝京门出城，循驿道行至文明铺，经贺家院、石头坪、家亭、青龙庵、左家岭、茅坪、人和坪、百岁门、满姑冲、汪家坳、苞谷亭，再行数里即达步云桥，全程一百里。

祁阳至蒋家桥　自朝京门出城，循驿道至香塘铺，经两路口，沿右方大道直行，过龙家亭，达蒋家桥，全程一百里。

祁阳至紫云桥　自朝京门出城，循驿道至文明铺，经茶叶亭、汉字岭、堰脑头、沙子坪、四角丘，翻四望山的良村岭，下山后再行数里即达紫云桥，全程九十里。

3. 城西乡道

祁阳县至黄阳司　自朝京门出城，循驿道至雷塘观，经石岭、新塘、歇息岭、许家亭、华皮冲、二牌山，过花亭入零陵县境，经白谷塘，再行数里即达黄阳司，全程三十五里。其中，华皮冲至花亭段，山道崎岖，人烟稀少，时有盗匪杀人劫货。

4. 城南乡道

祁阳至东安　自驿马门出城，过望浯桥，渡湘江，经浯溪、置溪、新木头、唐家岭、道塘、茅竹山、泉塘、厂坪、十字铺、江子冲，复渡湘江，经冷水滩、井头圩抵东安，全程一百一十里。

祁阳至大忠桥　自驿马门出城，渡湘江，经孙市街、接官亭、花山岭、凤凰滩、观音滩、长塘、东泉头、七拱桥、辖人庙抵大忠桥，全程六十里。

四、营道、苗路

（一）营道

明宣德六年（1431），凤凰、乾州二厅地爆发苗民起义。官军镇压后，围绕“苗疆”立碉堡、设塘汛、安营哨，严分汉、苗界限。各塘汛间修筑道路，守望相通，是为营道之始。

康熙、雍正年间，朝廷为强化民族区域统治，实行“改土归流”。即以武力消除“化外”，

在土司地区实行统一的流官统治和赋税制度。雍正八年（1730），湘西一府（永顺）三厅（乾州、凤凰、永绥）废除土司统治，完成“归流”，同时弛“蛮不入境，汉不入峒”之禁。但“归流”之后，因外来“客民”剧增，苗民赖以为生的田土遭侵占。如，“初，永绥厅（今花垣县境）悬苗巢中，环城外寸地皆苗，不数十年，尽占为民地。兽穷则啮，于是奸苗倡言‘逐客民，复故地’，而群寨争杀，百户响应矣。”[①]加上官弁、百户、外委欺凌勒索，导致乾隆六十年（1795）永绥、乾州、凤凰和贵州松桃厅苗民起义，形成所谓“乾嘉大乱”。清廷调集贵州、云南、湖南、湖北、四川、广西、广东等七省满汉官兵“会剿”，嘉庆二年（1797）始将起义镇压下去。

征苗之役后，为缓和苗汉矛盾，清廷开始“清厘”民（汉）、苗界址，将安置“苗疆”腹地的零散塘汛撤出，任用土百户、土外委等苗官，“师苗技以制苗”[②]。同时，沿袭明“苗防”政策，重启“封疆”措施。并依“边墙”遗址，“度险扼衙，筹设屯堡，联以碉卡……遇有声息，数百里柝声相闻，咸知警备。”[③]拓展、整修营道，路南设营，路北设堡，驻兵守卫。光绪《古丈坪志》：“由治城至镇竿巡道治营路……此路自乾州以后极为崎岖，安营设汛、星罗棋布，沿途分东北为民地，西北为苗寨。”《清史稿·边防志》：

自乾州界之木林坪起，至中营之四路口，筑围墙百数十里，以杜窜扰。其险隘处增设屯堡，联以碉卡。凤凰厅境内，设堡卡碉台八百八十七座。永绥厅境内，设堡卡碉台一百三十二座。乾州厅境内，设汛碉一百二十一处。古丈坪及保县境内，设汛碉六十九处。环苗疆数百里，烽燧相望，声息相闻。

据嘉庆年间编撰的《苗防备览·道路考》记载，苗区营路有镇竿至乾州、镇竿至永绥、永绥厅至绥靖镇、永绥厅至松桃、保靖至乾州、乾州至永绥、保靖至永绥、古丈坪至永顺厅、古丈坪至乾州、古丈坪至镇竿十条，合计里程 901 里，经 101 个村寨。路以石块铺砌，幅宽 1.5—2 米。详如表 9-1。

《苗防备览·道路考》所记湘西营路表　　表 9-1

起点	走向	止点	里程（里）	经过村寨
镇竿	北	乾州	85	擂草发、四方井、奇梁桥、黄土凹、清溪哨、黄岩江、靖疆、高楼哨、得胜营、西门江、三脚岩、龙潜营、瑞安营、龙凤营、晒金塘、重郎坡、竿子哨、湾溪、三炮台
镇竿	北	永绥	134	长宁哨、潭江、四路口、长坪、糯米糖、得胜坡、马巢河、新山、苏麻坳、栗林、黑土寨、冷石岩、鸭酉寨、排打扣、董维、夯尚、补抽
永绥	西	绥靖镇	72	董马、大排吾、小排吾、鸭保汛、张坪马、龙团堡、排楼铺、摆头冲、窝郎榜
永绥	西	松桃	85	葫芦坪、竿子坳、芭茅坪、噢脑汛、盘陀营堡、马乾溪、牌山垅、平所

① 《圣武记·乾隆湖贵征苗记》。

② 《清史稿·边防志》。

③ （清）傅鼐：《修边论》。

续上表

起点	走向	止点	里程(里)	经过村寨
保靖	东	乾州	157	积谷庄、涂乍塘、鱼塘塘、葫芦汛、尖岩、乱岩溪、喜鹊营、椰木坪、马颈坳、大湾山、振武营、镇靖营、镇溪所
乾州	西	永绥	97	冲角山、寨阳、鬼板、平郎、伟者、黄腊寨、巡检坪、高岩汛、望高岭、分水坳
保靖	南	永绥	46	魏家庄、董维、新寨、古董溪、腊尔堡、河口汛、绥靖镇城
古丈坪	北	永顺府	100	龙潭坪、黑潭坪、一碗水、马路口、博古塘、小龙村、牛路河、视坪塘、别些坡、金鱼塘、永宁塘
古丈坪	南	乾州	70	白岩寨、毛坪、排已鲁、乱岩溪、龙鼻咀、荡它、喜鹊营
古丈坪	西南	镇竿	55	新寨汛、长潭、热溪、排口塘、白岩、虾公塘、排达、李家寨、吴家寨、尚寨

（二）苗路

苗寨相通之路称苗路。苗路蜿蜒山岭间，路随山势而成，人工修筑极少，大都羊肠鸟道，险峻崎岖，路侧或悬崖峭壁，或涧谷幽深。“土路多而石路少，绕溪越岭、幽深险阻，回绝人寰，登涉艰难。”[①] 每逢阴雨，满道泞泥，故“苗人出行，必着草履，而以脚马系之。脚马者，方铁一块，四角有钉，束于草履之下，行时钉齿于地，则行者不至于颠仆也。”[②]

康熙二十八年(1689)十月，偏沅巡抚丁思孔遣副将郭忠孝领军，以分巡道王舜年为监军，辰州知府刘应中为督运，率辰州、长沙、常德各协官兵及永顺、保靖两司土兵，对腊尔山“生苗”进行会剿，先后攻占火麻营、地良坡、爆木营、革多寨等苗寨，苗民退守险要的天星寨。翌年二月，刘应中前往“谕降”，最终百余寨苗民纳款归诚，“倾心向化，永为王民矣。”事后，著《平苗记》述苗路见闻：

自乾西南行十五里至箪子坪，虽亦有菑畲阡陌，然山势横恶刁狰狞，荒草凄迷，全无树木，洵为蛮瘴之乡。又东北行上麻冲、中麻冲、火麻营，计二十里而至地良坡。一路山愈高而秀，水虽浅而清，林林蓊翳，上下禽声。睍睆山腰瀑布，林下人家，亦颇有幽趣。虽山间一线，而有田有塘，如沃壤焉。将三里许，而直下无路矣，乃复折而左横，绕山腰，一线羊肠而行者，亦三里许。……天星一寨，而孤峰独耸，下石而上土……遂选各标营弁……令其乘梯上寨，探虚实，许以投诚……哨弁见有汲水者，且遥闻杼柚声，悚然咋舌也。[③]

据民国期间调查，镇竿、乾州、永绥、保靖、古丈坪等厅县主要苗路47条，总里程2306里，最长的古丈坪至桐木寨计程115里，详见表9-2。

① 石启贵 著：《湘西苗族实地调查报告》，长沙：湖南人民出版社，2008年，第6页。

② 刘锡蕃：《苗荒小纪序引》，收于贵州省民族研究所 编：《民国年间苗族论文集》，贵阳：贵州省民族研究所，1983年，第10页。

③ 刘应中：《平苗记》，收于席绍葆 修：《辰州府志·卷四十二》，清乾隆三十年刻本。

清代湘西各厅县主要苗路表[①] 表 9-2

起点	走向	止点	里程（里）	经过村寨
镇竿	西	潭江	6	黄土坳
镇竿	西	长坪	25	都营、芦塘、牛隘、扁洞
靖疆营	西北	长坪	29	倒拖、太坪关、木里汛、骆驼冲
镇竿	北	栗林	89	赤兰坪、庙坳、火略坪、万溶江、龙井山、木里汛、岩口汛、天星寨、龙角洞、牛练塘
镇竿	西南	龙蛟洞	73	序家冲、火麻营、结石罔、麻冲、地良坡、鸭保寨
镇竿	西南	郭家寨	92	龙团山、强虎哨、两岔溪、龙爪溪、岭头坡、狗峁寨、鸭保寨、只喇隆朋、沟补、栗林、卧盘寨
镇竿	北	大树皮	80	竹刷山、孤塘、火烧潭、打郎汤、猿猴上寨、梁顶
镇竿	北	吖喇营	23	拉毫、老田冲、隘门、龙鄂营
镇竿	东北	木林隘	36	教场坪、岩板坳、都里、木林隘
镇竿	东北	盛华哨	59	威运营、两岔河、坡木树、太坪、马颈潭、油麻坳、下西梁、中西梁、雷公滩
镇竿	西北	新寨	46	龙潭河、岩塘、岩坳汛、杨柳坪、仡佬寨
凤凰营	西	豹子扬	16	王会营、高云洞
乾州	南	强虎哨	20	龙团、三岔坪
乾州	西南	龙牙	81	棒凤坳、竹山坡、劳神寨、老虎寨、平陇、马头山、石隆、地母寨
乾州	西南	鸭堡寨	78	下三岔平、下三岔坪、麦地溪、劳神溪、鬼猴溪、三郎溪、万朗坡、补抽、只喇
乾州	西	龙蛟洞	52	鬼猴溪、鬼冲、小龙洞、大龙洞、郎当
乾州	东	泽溪	63	阿那、凉亭坳、芒东寨、司马溪
乾州	西北	夯沙坪	50	小溪口、穿洞、纪略、夯坨
乾州	西北	夯坨	41	溪头汛、新建营、良章营、然灼、燃烛脑
乾州	北	兔坡	18	滚马坡
乾州	北	老坪郎	24	镇靖营、木林隘
乾州	西	保靖	40	砚台寨、溪子寨
乾州	西	溪子寨	46	排壁猛、杨孟、吕洞山、排料
乾州	西北	排补美	20	排彼
永绥	东	伟者	36	黄脑寨、大新寨、桃枝寨
永绥	东北	溪头寨	60	翁坪塘、广盂、排不美、岩落寨、排料
永绥	东	茄树坪	70	长潭、掇马卡、掇水、龙家寨、吴家寨
永绥	东	杨孟	55	马骑落、乾塘、夯都、尖岩汛、排补美
永绥	东	谷坡东	28	把略、老铁坪

① 湖南省地方志编纂委员会 编：《湖南省志·交通志·公路》，长沙：湖南出版社，1996 年，第 53—55 页。

续上表

起点	走向	止点	里程（里）	经过村寨
永绥	南	已东坡	16	风火场
永绥	西南	茶洞汛	39	排楼、李梅塘、老旺寨、倒马坎、茶洞汛
永绥	西	潮水溪	44	三桥坪、竿子坪、铅厂、洞乍
永绥	西北	米糯汛	30	刚溪汛
永绥	东	杨孟	36	巴皮寨、黄土坪、广车
永绥	西	木树汛	60	蓑衣寨、望分台、土空、水回溪、下碗寨、白果坪、米糯
永绥	西	隆团	50	瀑木磴、雷溪坪、滚牛坡、鸡爪溪
永绥	东	龙蛟洞	22	郎当山、米坨、只喇
保靖	南	夯沙	92	格手塘、塔普汛、中坝、排大方、空坪、阿果塘、格若两
保靖	南	两岔河	90	鼻子岩、卡大让、夯略、夯己、夯不吾
古丈坪	西	渔塘	52	新寨西土民村、上洗溪、排若塘、渔塘
古丈坪	东南	山枣溪	87	高梁洞、且武营、下河蓬、床机坡、桑木洞
古丈坪	南	平扒	32	对冲溪、上窝喇、土蛮坡
古丈坪	西南	桐木寨	115	白岩、上茅坪、桐木寨、已着、龙鼻岩
龙鼻岩	东	泥溪	40	老寨、上坎、中坎、下坎、土蛮坡
镇溪	东北	古丈	105	尚第、葛藤寨、平拨
桐木寨	西	保靖	5	葫芦汛
桐木寨	南	乾州	35	已着、龙鼻岩与乾州喜鹊营路会

五、炎陵御祭道

炎陵御祭道，为唐代以来诣祭炎帝陵的专用道。

有关炎帝归葬地记载，最早见于《帝王世纪》：“炎帝在位百二十年，崩葬长沙。”《路史》称神农氏“崩葬长沙茶乡之尾，是曰茶陵”，具体位今炎陵（原称酃县）鹿原陂。《酃县志》记，唐代就有路通炎帝陵，以奉祭祀。

宋太祖乾德五年（967），在鹿原陂炎帝陵侧建庙，州官县府“遵朝廷令典，每岁春秋两祀。”嘉定四年（1211），析茶陵军的康乐、霞阳、常平三乡置酃县。此后，“天子有大庆（如即位、立储、寿辰及军事告捷诸事），必钦派在京大臣诣陵致祭。”[①] 至于邻近州县，每逢春秋二祭和年节佳日，并皆诣陵奉祀，络绎不绝，祭道因之拓展。

元、明、清朝，御祭官皆自京师抵衡州府，在州府官吏陪同下往炎陵祭祀。祭祀官不能乘马、坐轿，一般步行四到五日抵炎帝陵，祭祀礼毕，则由斜濑渡乘舟，顺洣水、湘江而下，北返京师。

据《炎陵霍氏五修族谱》，元至治元年（1321），元英宗派学士阿沙石花诣陵致祭。又据《炎陵志》，明代遣使祭祀炎陵15次，其中告即位13次，告其他2次。明宣德元年（1426），明宣宗遣翰林

① （清）王开琸等编：《炎陵志·重修炎陵奉圣寺序》，清道光十八年刻本。

院学士、奉训大夫曾鹤龄为御祭官，诣陵“行祀告之礼”。曾鹤龄撰有《祀神农陵记》纪其事：

神农氏……开万世衣食相生相养之源，故凡后世有天下者皆祀之，而新即位者则告焉，示不忘本也。

今年今上即位，实遣臣鹤龄赍香帛祀文求其陵，行祀告之礼。而陵在衡州之酃县，酃县深僻，若猿洞然，故自衡舍舟陆行，越峻坂，涉深堑，五宿始至之。后又三宿始将事皆如仪奠献。[①]

清代御祭更加频繁，告祭名目日益增多，《炎陵志》中有碑文可查的38次。其中，告即位、亲政致祭9次，告靖边军功致祭6次，告万寿致祭12次，告复储致祭1次。康熙三十六年（1697），御祭官巢可托奉旨赴炎帝陵，告漠北靖边大捷致祭。衡州府通判谢允文陪同诣陵，后撰《陪祀炎陵记略》，述及御祭路线、行程：

出衡州府朝阳门，东渡湘江，过酃湖，经泉溪，是夜宿接官亭；次晨度九冈岭至安仁县城；第三日逾大石岭至张家坪；自登程四日，由穿山徐步大风岭，旋而至峤头岭（即今之桥头岭）入酃县境；下山至斜濑渡行馆歇息，随后过斜濑渡抵康乐乡，溯江而上，经陈家湾、潘家圩至东渡，再横渡河漠水，沿斜濑水过台山，经谙礼、枧田洲、金家、霞桥，至下马桥，步入炎陵墓道；路颇宽阔，卵石镶铺，天使馆至陵寝一段，古木参天，绿海松风，令人心旷神怡。[②]

御祭道自衡州府城清泉总铺至炎帝陵，全程276里。其中酃县境内自桥头岭至炎陵31里，道宽6尺有余，平坦地段以鹅卵石铺砌，斜坡处则凿条石垒级，牢固坚实。自宋以来，炎陵御祭道“凡遇钦差告祭之期”，即由官府“雇募夫役”[③]整修，平时则主要由民间修缮。炎陵霞阳镇桥头岭下官垄口石壁上，镌刻“邑有圣陵”四字，为乾隆十六年（1751）衡州知府黄牧所书。

六、宝安益道

宝安益道自宝庆经安化抵益阳。宋熙宁五年（1072），蔡煜、章惇开梅山，置新化、安化县后，宝庆、新化、安化、益阳间驿道沿资水流向联成一线，改变了梅山土著“旧不与中国通”的状况。

明时复修宝庆通蓝田（今涟源）、梅城至益阳的第二条宝安益道，其走向为宝庆至蓝田140里，蓝田至梅城120里，梅城至大福90里，大福至桃江90里，桃江至益阳60里，总长500里，与资水构成“水弓陆弦”之势。该道宝庆至梅城段峰回路转，崎岖难行，且受山洪冲刷，常有坍圮之患。

清代为确保大道通畅，设有由宝、安、益三地商绅组成的“宝安益路会”，集资置产，专司此道维护、管理。乾隆十五年（1750）、道光十六年（1836）、同治五年（1866）、光绪十一年（1885）整修时，皆勒石镌碑为记。光绪后期，邵阳、新化、安化等县毛板船商、木材商、茶商集资新筑

① 收于《钦定四库全书·卷三百六十》。

② 邹绍龙 主编：《酃县交通志》，长沙：湖南出版社，1992年，第22页。

③ （清）王开琸等 编：《炎陵志》，清道光十八年刻本。

宝安益大道——由宝庆府城北出，经长冲、新田、巨口、冷水等铺至新化，再北折塔山湾、曹家坪、乐安桥至梅城，循前道至益阳，全长430里。

七、烟银特道

清至民国，洪江—硖口（今洞口）—宝庆驿道成为“特货（鸦片、银洋）”运道，被称为“烟银特道”。烟银特道翻越雪峰天险，沿途山高林密，道路崎岖，大部铺砌3—4尺宽青石板。

鸦片在明朝为藩属贡品，清初逐渐传至民间吸食。云贵旧产罂粟，熬制成鸦片烟土销往各地。其入湘路线有二：一是从贵州天柱经白岩塘入湘境，经漠坪、托口、黔城、新店、王家亭子至洪江，省境路程138里；一是从贵州锦屏经星子界入湘境，再走大堡子、堡家脚、岩脚、萧家、王家亭子至洪江，省境路程154里，输湘烟土多走此线。

云贵鸦片在洪江集散后，走长寨，穿龙船塘，过田心坪、熟坪，出罗翁，越八面山，出板栗湾，经岩鹰界入洞口境；再经仙人桥、宝瑶，过凉山界、丝茅界、搡木隘，走苦楝树，穿丝茅塘、古楼，越狗爬岩至硖口，途程305里。继经高沙、黄桥铺，沿驿道至宝庆，然后分流：小部转运湘潭、长沙及湘北地区；大部由两市塘间道，经衡州、耒阳至汝城大汶圩场（湘、赣、粤三省烟土交易中心）[①]。安顺和贵阳是云贵鸦片集散中心，商人由衡州府一带携来洋货及银子，运回去鸦片作为交易[②]。

鸦片从洪江转运硖口，银洋从硖口发往洪江，途经雪峰山，需武装护运，这种护运武装称为“解帮”。烟土价格昂贵，贩运获利甚丰，故由官府垄断专营，以抵兵饷或财收，其转运以“特货”名义由官兵分段护送。洪江驻军护运鸦片至硖口，再将银洋从硖口接运洪江；宝庆驻军则将银洋护运至硖口，再接运鸦片返回宝庆。武装护运一次数千担（定银洋一千二百两、烟土约七十五斤为一担），少则几百担，来回有货。运送鸦片的叫“烟帮”，运送银洋的称“银帮”。洪江、宝庆的“烟帮”“银帮”均在硖口交接，故官府在硖口置关驻兵，设巡检司、厘金局等机构[③]，当地仍有“衙门前”“税门前”之旧名。

往返硖口、洪江间的还有以运送山货或毛货作掩护、偷贩鸦片的“烟客”。虑及沿途山高林密路远，为防盗匪劫掠，这些人皆三五成群、结伙而行，时称“溜帮”或“包袱客”。为避“烟帮”“银帮”，烟客多取间道通行，择小伙铺食宿，桐子山、平溪江、盐井、司马界、白羊坪等地客店因之兴旺一时。

1932年12月，湖南特税处及四路军总部监护处在洪江、宝庆两地成立转运所，派士兵护送银洋、烟土，每担每次收银洋30元。洪江驻军护送至硖口止，硖口至宝庆由宝庆驻军接运。

据1930—1933年统计，云贵每年向洪江输出鸦片3万担以上，湖南征收的鸦片特税每年约二三百万元。洪江一处的特税几乎等于宝庆、常德、津市、汝城、绥宁等处税收总额，约占全省

① 湖南省地方志编纂委员会 编：《湖南省志·交通志·公路》，长沙：湖南出版社，1996年，第59页。

② 肖良武：《近代云贵区域棉纱市场分析》，《贵阳学院学报》（社会科学版），2007年第2期。

③ 《清史稿·地理志》载宝庆府武冈州：“硖口、石门司二巡司”。

特税收入的 45%，成为何键部队重要军饷来源[①]。

八、湘川盐道

巴蜀盐泉众多，产盐历史悠久。虞夏时期，巴人首领廪君带领部族控制了清江鱼盐资源，并在此建立巴人政权[②]。《华阳国志》：“禹会诸侯于会稽，执玉帛者万国，巴、蜀与焉”。

延至商周，巴人成为势力强大的部落方国，周边部族食盐皆赖巴人供给，“盐巴”即源于此。巴族藉鱼盐之利，富甲一方，堪称“不绩不经，服也；不稼不穑，食也。”[③]

战国中晚期，“楚子灭巴”[④]后，部分巴人流徙武陵山区，巴盐随之进入当地，是为湘川盐道雏形。岳麓书院藏秦简，有“输巴县盐”内容[⑤]。里耶秦简 J1（8）650+1462，则是一份迁陵县府派员去涪陵买盐的记录：

涪陵来以买盐急，却即道下，以券与却，靡千钱。除少内，□却、道下操养钱来视。华购而出之。[⑥]

湖南“例食淮盐”[⑦]。或因战乱，或遇水阻，“江路梗塞，淮引不到南省”[⑧]时，湘西北商民就往返川东、鄂西一带贩运川盐，湘川盐道由此形成。乾隆《岳州府志》：

兵事起，岳阳设水卡，多榷茶盐。盐自川来，而茶出湖南也。

川盐开发历史悠久，临江县（今重庆忠县）“有盐官，在监、涂二溪，一郡所仰。其豪门也家有盐井”[⑨]。近现代影响较大的盐运，当属咸丰年间和抗战时的两次“川盐济楚”，湘川盐道由此拓展。

咸丰三年（1853），太平军占领长江一线，切断了淮盐运道，朝廷遂命“川盐济楚”。这一期间，四川外输食盐达 80 亿斤以上，上缴朝廷各种课税约合白银 6 亿 7000 万两。抗战爆发后，沿海盐区相继沦陷，华中食盐告急，政府复命“川盐济楚”。据统计，1944 年盐税收入约占全国国税收入的 25%，川盐成为国家经济支柱[⑩]。

湘川盐道水路自长江放舟东下，至岳阳入湘境；陆路分为西、北二线，西线自湘西、张家界等地入川、鄂，北线以湘北往鄂西三斗坪为主要线路（图 9-4）。

---

① 见《银行周报》，第十九卷第十期，1935 年 3 月；王家烈遗稿：《回忆我军驻湘西主黔政及后与何健关系》。原稿存贵州省政协文史资料委员会。

② 《后汉书·南蛮西南夷列传》：“廪君乃乘土船，从夷水至盐阳。……此地广大，鱼盐所出，……廪君于是君乎夷城，四姓皆臣之。”

③ 《山海经·大荒南经》。

④ （唐）梁载言 撰：《十道志》，汉唐地理书钞存本。

⑤ 陈松长 主编：《岳麓书院藏秦简》（伍），上海：上海辞书出版社，2017 年，第 219 页。

⑥ 陈伟 主编：《里耶秦简牍校释》（第一卷），武汉：武汉大学出版社，2012 年，第 191 页。

⑦ 《宋史·蹇周辅传》。

⑧ （清）李瀚章 修：《湖南通志·食货志》，清光绪十一年刻本。

⑨ 《华阳国志·巴志》。

⑩ 赵逵：《川盐古道上的传统聚落与建筑研究》，博士学位论文，武汉：华中科技大学，2007 年；韩政、李舒：《巴盐古道延续三千年 西沱古镇是它的起点》，《重庆晨报》，2019 年 07 月 12 日。

图 9-4　川湘盐道示意图[①]

西线　分南北二路。

南路盐道径入四川（今重庆）。即由今凤凰、吉首、保靖、王村等地，经永绥、吉峒坪、峨溶，过里耶入川境；继越龙潭至龚滩（皆今重庆酉阳县境）挑运“锅巴盐”。吉峒坪营盘城设有“湘西川盐榷运局”，征收盐税。

北路盐道经由鄂西入川，主要有三条。一是“从（重庆石柱）西沱古镇—利川—咸丰—来凤—龙山—花垣—吉首—凤凰的这条路线，‘川盐入楚’的主要路线也是基于此，再以此辐射延伸。”[②]另自重庆彭水郁山盐场，经黔江，过湖北咸丰、来凤，入龙山、大庸、永顺、桑植等地；还有一条经湖北建始入湘西北盐道：一由建始、恩施、宣恩、来凤往龙山，或经建始、恩施、鹤峰抵桑植。龙山设有“川盐济湘营业处”，征收盐税，并为挑盐者颁发证照。

北线　川盐由长江船运鄂西夷陵三斗坪，继由三斗坪挑运湘西北。

抗战时期，国民政府西迁重庆。1940 年 6 月宜昌沦陷后，长江上游江防司令部由宜昌撤至三斗坪，第六战区司令长官部一度设于三斗坪。三斗坪江段江面较宽，利于轮船停靠，江北太平溪、乐天溪等地也可泊船，且敌机难以轰炸，因此成为川、鄂、湘、豫等省物资集散地，“川盐济楚”转运中心。

湘北至三斗坪盐道有三：一自津市经澧县、王家厂、宜都至三斗坪，计程 500 里；二自常

① 原图出自赵逵、桂宇晖、杜海：《试论川盐古道》，《盐业史研究》，2014 年第 3 期，蒋响元、尹子豪改绘。

② 陆邹、杨亭：《巴盐古道在“国家化”进程中的历史地位》，《成都大学学报》（社会科学版），2014 年第 5 期。

德经临澧、澧县至三斗坪，计程660里；三自石门经子良坪、杨家坪至三斗坪，计程400里。①

另据王国顺先生回忆，“津市—西斋—余家桥—胡家河—乾溪沟—蚂蚁山—母猪峡—三斗坪，行程四百余里，需时五、六天，这里多是山区小路，高山峻岭，蚂蚁山和母猪峡，上下六十里，要踏五、六百多岩磴。”②

石门、临澧、澧县、常德等地挑盐民众最多达四千余人，每日运送三千余挑，时称“跑三斗坪”。去三斗坪的盐道最险处为蚂蚁山，上十五里，下三十里，路窄而陡，上如登梯，山路有一段“百步磴”，上山时，挑盐民前后头脚相连，如长蛇蠕动。挑盐者，既有箩、轿业工人，商行挑夫，也有湘西北各县农民（图9-5）。

图9-5 盐夫背盐图③

抗战胜利后，淮盐、粤盐运路恢复，湘川盐道渐废。

道路是人与自然长期融合、互相适应的结果，人类文明活化石，具有强烈的承继性。古驿道与现代公路渊源深厚，可谓一脉相承。

纵观湖南道路发展史，可以看出，古驿道走向与今国省道走向基本相似。由驿道、大道、便道构成的古代道路网，演变为国道、省道、县道构成的现代公路网。如，纵贯南北的107国道，

① 据《石门盐业志》记载，石门至三斗坪的挑盐路有四条：
（1）石门燕子山起，经澧县冷水街、湖北松滋茶园寺、松滋界岭、五峰县锚家头、长阳县孙家坪、偏岩、车溪、蚂蚁山、母猪峡、苗竹河、茅坪到三斗坪，共315公里。
（2）石门白云桥起，经九渡河、二方坪、北界、湖北麒麟观、渔洋关、北大路、鸭子口、母猪峡、十二花（下坡）至三斗坪。去七天，返八天，每天步行60里。此段路十分险要，特别在十二花到母猪峡之间的独木桥尤为艰险。
（3）石门子良坪起，经松树垭、湖北五峰界牌、羊母洞、渔洋关、杨家坪、水田子、九里坪、罗家坳、五板桥、大马宗岭、瓦屋坪、白洋渡、高梁坪、界岭、猫沟至三斗坪。
（4）石门南坪河起，经清水湾、旱阳沟、鸭子口、马崇岭、桥梁坪、北大路、羊角店、猫沟至三斗坪。

② 王国顺：《回忆抗战时期我在三斗坪搞盐运》，收于湖南津市市民建、工商联工商史料工作委员会 编印：《津市工商史料》，内部印刷，1985年。

③ （清）多寿 修：《恩施县志》，民国二十六年铅印本。

大致沿湖广官道岳州—潭州—衡州—桂阳—广州走向。207国道北段由鄂入湘，经临澧、常德至益阳，秦汉以来一直为中原通岭南干道；自桃江经安化、涟源、新邵，是辟于宋代的宝安益道走向；自永州经双牌、道县至江华白芒营，越萌诸岭通广西贺州，循湘桂驿道西线（潇贺道）走向。320国道自江西萍乡入醴陵至株洲，系湘赣驿道走向；由湘潭、湘乡、双峰至邵阳，是潭宝驿道走向；自邵阳经隆回、洞口、溆浦、怀化、新晃、芷江往贵州玉屏，大致循湘黔驿道走向。其他过境国道如319、322等，亦多沿干支驿道展线。公路沿途，驿铺痕迹俯拾皆是，如沅陵马底驿、湘潭板塘铺、零陵黄田铺等。

第二节　商货运输的空前繁荣

“三藩之乱”平定后，经过百余年休养生息，湖南地区农工商业由复苏趋为兴旺，粮食、竹木、苎麻、茶叶、油桐等产量显著提高，鞭炮、细瓷、湘绣、棉布、生铁等制品出口大增，城市商业和墟场、市镇空前繁荣。随着交通发展和全国统一市场形成，苏杭丝绸、江南杂货、粤桂海产、川滇盐烟、云贵铜铅等商货大量运销（或过境）湖南，各行业帮会及同乡会馆等商会组织渐成体系。

清代前中期施行“一口通商”，湖南成为中外贸易重要转口地，车、船、马、轿、箩等运输行业因之兴盛。“五口通商”后，随着汉口、长沙相继开埠，以湘潭为中心的湖南商业格局“为之一变”，内陆至广州转口的传统商路逐渐衰落[①]。

一、墟场和市镇发展

清代中期开始，以墟场和市镇为节点、道路和水系为纽带的乡村集市贸易网络逐步形成。

“墟”是乡村定期集市俗称，“四乡贸易之处，统名曰墟。”[②]墟场即分布乡村的集贸市场，交易品种多为当地出产。如郴州墟场，“六、七月间收烟，九、十月间收茶、桐油。”[③]

桂阳有土桥墟、濠头墟、大坪墟、马桥墟、田庄墟、益将墟、龙归墟、泰来墟、井坡墟、南洞墟、延寿墟、白泉墟、集龙墟、热水墟、文明墟等墟场。商民“于各墟定期携货交易，晨往晚归已耳。”[④]

辰溪“邑中墟场，每期场期，远近商贩，搬运粮食、衣布、牲畜集货，俱于日中辏集该处交易，谓之赶场。其场分较大者，于场期次日尚有买卖，谓之赶冷场。”[⑤]县境14处墟场，均为五日一场：

十里铺场、石马湾场、锄头坪场，以上一六日；
大洑潭场、王家坪场、黄溪口场，以上二七日；
藕塘铺场、水沙溪场、龙头庵场，以上三八日；

① （清）查庆绥 修：《郴州直隶州乡土志·贸易》：“道（光）咸（丰）之世，海舶未通，南货运北，北货运南，悉由此过。故沿河一带，大店、栈房数十家。客货至，为拨夫，为雇骡，为写船只，络绎不绝。诚南楚一大要冲也。……今昔比较，十一悬殊，河街店栈，落落晨星，仅存数家，且有不能持久之势。”清光绪三十三年刻本。

② （清）郭树馨 修：《兴宁县志·风俗》，清光绪元年刻本。

③ （清）朱偓等 修：《郴州总志·风俗》，清嘉庆二十五年刻本。

④ （清）常庆 纂修：《桂阳县志·风俗》，清嘉庆二十二年刻本。

⑤ （清）徐会云等 修：《辰溪县志·风俗志·墟期》，清道光三年刻本。

三塘驿场、中河铺场、铜湾场，以上四九日；

小龙门场、仙李湾场，以上五十日。[①]

永绥厅有下五里弭诺场、下五里猫儿寨场、上六里龙潭场、下六里茶洞客场、下六里茶洞汛客场、上七里排大鲁场、下八里鸭保场、上九里夯土场、上九里排打扣场、下九里卫城场、上十里排碧料场等11处墟场。由于“苗瑶自耕而食，自织而衣，……商情世故，举皆茫然”[②]“猺民入市，惟将畜牛马羊豕鸡犬之属售以获利”[③]，墟场规模不大，每场交易总额在数百到数千串钱之间。其中：

下五里猫儿寨场，逢四逢九，每月六场，一场能出一千余钱，青蓝布匹、南杂货、猪、屠案、桐茶油、巴盐、羊；

下六里茶洞汛客场，逢四逢九，每月六场，一场能出三四千钱，南货、杂货、屠案、六四五十只八百余串文、猪、川巴盐、米包谷；

上九里排打扣场，逢二逢七、每月六场，一场能出二三百余串钱，猪、屠案、米、巴盐、杂货。[④]

各墟场墟期均匀相隔，商民可籍其交错开市之机，往返多个墟市交易。如，宁远盘石、天堂“墟期一四七日”，禾亭、下队“墟期二五八日”，火烧、上泥、广缘“墟期三六九日”[⑤]。以上墟场月开市九次，频率高于辰溪、永绥，说明湘南商贸发展水平高于湘西。

这些具备交通、物产优势的墟场遍布省境，形成辐射四方、满足民众日常生活需求的乡村贸易体系。

市镇位于交通要冲，一般在墟场基础上发展而来，具有一定规模的商业街区，交易主要在店铺进行。会同洪江镇，“纳清水、芷水、若水，合流于此，上通滇黔粤蜀，下达荆扬，舟楫往来，商贾辐辏，百物共集，询边邑之货薮，四达之通衢也。”[⑥]

据统计，湘江及其支流在湖南境内流经市镇共36个：绿埠市、大江口、石期市、高溪市、黄阳司、石硃岭市、白水市、归阳市、河洲市、粮船埠、江口市、柏坊、松柏市、车江市、樟木市、大堡市、雷家市、乌石铺、淦田市、昭陵市、三门市、渌口市、新市镇、株洲市、郭家桥市、下滠司镇、易俗河市、易家港市、靳江市、渁湾镇、新康市、靖港镇、乔口镇、河塘市、南阳市、营田镇。

资水系市镇19个：油溪市、白溪市、苏溪镇、澧溪市、渠江市、探溪市、淹溪市、毗溪市、马髻市、东平市、桥口市、酉州市、江南市、边江市、小淹市、敷溪市、金鸡市、鲊浦市、舒塘市。

沅水系省境市镇25个：榆树湾市、龙溪口市、洪江市、托口市、安江镇、岩门市、石羊市、沙湾市、湾溪市、新路市、龙头庵市、黄溪市、渡口镇、浦市、荔溪市、王村市、龙潭市、贵堂坝市、高都镇、耶溪市、河洑市、夹街市、德山市、沧港市、牛鼻滩镇。

---

① （清）徐会云等 修：《辰溪县志·风俗志·墟期》，清道光三年刻本。

② 刘锡蕃：《苗荒小纪序引》，收于贵州省民族研究所 编：《民国年间苗族论文集》，贵阳：贵州省民族研究所，1983年。

③ （清）席绍葆 修：《辰州府志·风俗考》，清乾隆三十年刻本。

④ （清）董鸿勋 纂修：《永绥厅志·物产》，清宣统元年铅印本。

⑤ （清）曾钰 纂修：《宁远县志·墟市》，清嘉庆十七年刻同治增刻本。

⑥ （清）孙炳煜等 修：《会同县志·市镇》，清光绪二年刻本。

澧水系市镇6个：溪口市、新安市、合口市、津市镇、嘉山镇、汇口镇[①]。

同治《沅州府志》对辖区市镇的描述，再现了市镇繁华景象，详见表9-3。

沅州府市镇一览表[②]　　表9-3

县	市、镇	区位、交通、物产、商贸
芷江	公坪市	驿舍所在，烟户集焉。往来行旅，歇店称便
	榆树湾市	凡油、豆、米、谷、煤、铁之属，皆集于此。路为滇黔所必经，行客信宿
	怀化市	驿路迢递，离城绝远，故多贩鬻，以供乡村市物者
	兴隆市	与便水驿隔江，井庐、聚落杂货罗市，附近乡村所产米粟亦集于此
	新店市	去晃州驿甚远，凡市货易、钱、行旅、餐宿亦群集焉
	龙溪口市	沅水之北，临水架楼列肆……市五谷俱集，贩豆尤多……至于江浙、闽粤之货，亦毕集于此。盖西来廛閈之盛区也
黔阳	托口市	渠水入沅之地，上通贵竹苗峒，巨木异材，凑集于此，官之采办与商之贸贩者，皆就此估直（值）以售，编筏东下
	新路市	为宝庆便道，故设市于此，货物日以繁富，贸迁者多就焉
	富顺市	康熙六年，洪江客民迁市于此，迨洪江市行肆转剧，而此市渐废
	安江镇	去县太远，控驭不及，择安江为适中处，设巡检司。烟火近千家，栉比鳞次，为区落之胜
麻阳	江口市	界域上下各里，兼倚（依）水次，鱼稻杂货于此居奇
	滥泥市	为境中要道，近亦置（驿）站……而旅店、村沽食用之物颇便往来及近乡贸易
	岩门市	旧为营哨之冲，故设巡检司于此……邸舍市廛皆称繁盛
	石羊哨市	距镇竿城二十里。凡营屯、饷粮、商贾货物，沿西溪而上者，至此僱夫陆运，以达镇城，贮卸最为多，故人烟稠密，市店相望
	高村市	当水陆之冲要，为行旅必所经，烟户繁多，商贾辐辏

凭借交通和物产之便发展起来的市镇，与府州县城相联系，构成覆盖省境、辐射全国的商贸网络。兹举几例：

位居湘、涓二水之交的湘潭易俗河市，“西南各乡稻米、柴炭、纸笋及衡阳衡山纸笋，各处枯饼、煤炭均聚于此。”[③]

麻阳石羊哨市，扼交通凤凰苗区要冲，水道达辰、沅，明代立哨驻军以来，遂成“舳舻相衔，人烟稠密，商业繁盛的大市镇。”[④]

泸溪浦市，“水陆之会，百货所集，四方商贾辐辏焉。”[⑤]乾嘉时，建有48家会馆、20多个码头。

① 方志远著：《明清湘鄂赣地区的人口流动与城乡商品经济》，北京：人民出版社，2001年，第543—545页；张滋润：《清代前期湖南商业研究》，硕士学位论文，长沙：湖南师范大学，2011年。

② （清）张官五等纂修：《沅州府志·市镇》，清同治十二年增刻本；张衢：《湘西沅水流域城市起源与发展研究》，硕士学位论文，长沙：湖南师范大学，2003年。

③ （清）张云璈修：《湘潭县志·城池》，清嘉庆二十三年刻本。

④ （清）姜钟琇等修：《麻阳县志·市镇》，清同治十二年刻本。

⑤ （清）朱崧修：《泸溪县志·坊市》，清乾隆十六年刻本。

“辰邑……所出生铁，俱装运浦市，出售于炒铁厂，炒成熟铁，然后转运湖北汉口镇等销售。”[①]镇竿镇和辰沅永靖兵备道驻军，每三个月要到省城领取14万两饷银，皆水运浦市，再经陆路至驻地[②]。

洪江市素称“滇黔门户，南楚咽喉”。以犁头嘴为中心的沅水南岸和巫水西岸一带建有司门口、一甲港、塘坨、犁头嘴、松林、大神巷、赵家港、廖家港、炮铺桥、三家洪、鼓楼脚、陆家、申家、左家等商货码头，以及青山脚、大湾塘、萝卜湾、滩头、岩山脚、月亮湾、蛤蟆岩、马羊山、草鞋塘等竹木坞址，共有码头、坞址40多处[③]。全国18省、24州府、80多县商贾云集洪江，设有会馆30多处，另有油、盐、木、布、烟、酒、瓷、铁、南杂、首饰、金号等行帮。康熙二十六年（1687），王炯在《滇行日记》中谓其“商贾骈集，货财辐辏，万屋鳞次，帆樯云聚，烟火万家，称为巨镇。”

二、城市商贸的繁荣

清初，朝廷“恤商”“扶商”，“凡市粜皆因商民所便，时地所宜，度物货平市价，劝商贾，敦节俭，抑豪强，禁科派。”[④]雍正六年（1728），“行文各省总督巡抚，凡有米商出境，任便放行，使湖广、江西、安庆等处米船直抵苏州，苏州米船直抵浙江，毋得阻挠。”[⑤]当时，两湖地区每年经长江航道向江、浙运销的米谷不下一千万石。

乾隆时，湖南布政使周人骥统计境内水次情形：可通水者13州县；逆水挽运者12州县；虽通水道，但一线溪河不能挽运者27州县，不通水道者12州厅县；向邻邑采买者5厅县。耒阳“城市百姓所食米粮，皆系小贩从衡阳小河处所或数十石，或十余石逆流装运而上；”新田僻处山中，“惟赖本处乡民肩挑背负，入城粜米，以供朝夕。”[⑥]这些通水运的州县市镇，一般是商埠所在、商贩云集之地。

随着市场规模、数量增长，长沙、湘潭、衡州、岳州、常德、郴州、永州、辰州等城，发展为区域商贸中心。津市、洪江、渌口、浦市等市，虽非府州县治，借由交通、物产之便，亦成远近闻名的商埠。乾隆《湖南通志·风俗》：

楚南民朴，所需者日用之常资，故富商大贾亦不出其间。惟米谷所聚，商贩通焉，其余则小肆店而已。盐集于长（沙），徽商也。湘潭，则衡、永、郴、桂、茶、攸二十余州县之食货，皆于是乎取给，故江苏客商最多；又地宜泊舟，秋冬之交，米谷骈至，樯帆所舣，独盛于他邑焉。衡州以上，商多豫章，以地近而贸易易至也。岳州地处省北，货载取给一郡，即商船之停泊亦少。惟常德为黔、蜀之通衢，辰州居辰、沅之总汇，舟车担负必集于常，而松杉、桐油、盐米之类必

① （清）徐会云等 修：《辰溪县志·矿厂》，清道光元年刻本。

② 罗运胜 著：《明清时期沅水流域经济开发与社会变迁》，北京：社会科学文献出版社，2016年，第226页。

③ 杨载田：《湘西洪江古商城的历史地理研究》，《衡阳师范学院学报》，2004年第5期。

④ 《清文献通考·卷三十二》，清文渊阁四库全书。

⑤ 《清世宗实录·卷十二》。

⑥ （清）不著撰者：《湖南省例成案·户律》，清刻本。

集于澧之津市，洞庭以西市镇之殷繁无过于此。

长沙“扼湖湘之险，当水陆之冲”[①]，是湘茶外销、淮盐转输口岸，江南“四大米市”之一。外地商贾辐辏，贩运贸易繁荣，每逢“秋冬之交，淮商载盐而来，载米而去，其贩卖皮币金玉玩好，列肆盈廛，则皆江苏、山陕、豫章、粤省之客商也。”[②]乾隆年间，长沙城外各市镇共有各类摊铺189家，包括米谷摊、土果铺、靛纸铺、香饼货铺、姜瓜货摊、杉木货摊、铁锅钉货摊等[③]。

随着贩运贸易发展，为采购、销售、储存商品服务的牙行勃兴。雍正四年（1726），长沙城外有米谷、鱼、煤炭、白炭等牙行35家，嘉庆二十二年（1817）增至95家，涉及茶麻行、靛行、纸行、盐行、铁行、帽行、牛行、枯饼行等领域。许多牙行由城外市集移至城内，如土果行汇聚下河街一带，粮行集于草潮门一带。

为方便靠泊，继乾隆十一年（1746）湖南巡抚杨锡绂浚修长沙南湖港后，二十一年（1756）巡抚陈宏谋再次疏浚南湖港，筑分水坝以刷泥沙，开月形渠以畅水势；四十年（1775）又修建草潮门以北泊岸80丈，沿江码头的商货装卸更加快捷。

乾隆二十二年（1757）施行广州“一口通商”，湖南以其交通优势在中外贸易中的地位骤升，湘潭成为转口贸易中心。来自赣、苏、浙、粤、闽、川以及北五省（晋、陕、鲁、豫、甘）七大商帮中，赣商主营锡箔、瓷器、铜铅、蜡丝、药材及钱庄，苏浙帮擅营绸布酒酱，粤商经营海味、葵扇、槟榔，福建帮擅烟丝，蜀商擅丹漆，北五省擅旃裘、汾酒、关角、潞参、甘草。道光二十年（1840），县城成立合谊堂统辖箩行，为境内搬运组织之始。易俗河成为“百谷总集之区”“粮仓相比，米袋塞途，年贸易额达二百余万担”[④]，城西沙湾亦有50万担之多。各商帮、行栈的通商码头云集湘潭江岸，商货码头由明末10余处增至嘉庆年间的37处。

鸦片战争以后，五口（广州、上海、宁波、厦门、福州）通商，上海取代广州成为进出口中心，湖南贸易转运站作用下降，湘潭繁华景象不再，商业中心地位渐由长沙取代。

衡州承接岭表、辐射中原。“长沙未设巡抚时，商贾必主衡州，以通广西。”“山西、陕西大贾以烟草为货者有九堂十三号，每堂出入资本岁十余万金，号大于堂，兼通岭外，为飞钞交子，皆总于衡阳。”[⑤]乾隆初，衡州成为湘南粮油集散地，粮油商贩纷至沓来，“衡湘河下，奸商牙侩，跳船接买米谷。”[⑥]

常德是湘西北交通枢纽，商货集散中心。“黔、蜀、闽、广、江、浙、陕、豫之商毕集，茶商通于安化，木贩集于河洑。”[⑦]沅水及其支流两岸，分布王村、洪江、榆树湾、浦市、辰州等

① （清）勒德洪 撰：《平定三逆方略·卷三》，清文渊阁四库全书本。

② （清）赵文在等 修：《长沙县志·风土·百工》，清嘉庆十五年刻本。

③ （清）赵文在等 修：《长沙县志·风土·百工》，清嘉庆十五年刻本。

④ （清）陈嘉榆等 修：《湘潭县志》，清光绪十五年刻本。

⑤ （清）罗庆芗等 修：《衡阳县志·货殖》，清同治十三年刻本。

⑥ （清）不著撰者：《湖南省例成案·户律·把持行市》，清刻本。

⑦ （清）应先烈 修：《常德府志·风俗考》，清嘉庆十八年刻本。

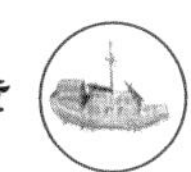

著名商镇。王村“上通川、黔，下通辰、常诸处。”[①]洪江“洵边邑之货薮，四达之通衢也。”[②]榆树湾“为滇黔所必经行。”[③]辰州商货，“白蜡为最，铁与桐油次之，煤与谷皮纸又次之。”[④]

《沅水谣》囊括了湘黔水道主要港埠：

常德、河洑、桃源县，剪市、界首、清浪滩。

北溶、辰州、芦溪县，浦市、江口、到铜湾。

安江、洪江、黔阳县，四十八站到镇远。

郴州矿业发达，货物辐辏。郴州、桂阳铅锌运京鼓铸，兴宁生铁“贩通芜湖、南京。”[⑤]明清时期，往来湖广商路郴州段的骡马日以千计，挑夫不下万人。嘉庆《郴州总志》：

郴地南通交广，北达湖湘，为往来经商拨运之所。沿河一带设立大店栈房十数间，客货自北至者，为拨夫为雇骡；由南至者，为雇舡；他如盐贩，运盐而来，广客买麻而去。六、七月间收烟，九、十月间收茶桐油，行旅客商络绎不绝，诚楚南一大冲会也。

靖州地接湘桂黔，水陆之便促进了商业繁盛。光绪《靖州乡土志·商务》对商货的种类、数量、贩运路线，有详细描述：

稻谷，每岁所产四十万石有奇，……皆系水运，惟运广西，（水）路至坪坦，改陆运，三十里至林溪，仍由水运；

杉木，由水路运出本境，在常德及湖北各处销行，每岁运出之数约值五万两，其由贵州、广西及通道运过本境之木值银十余万两；

五倍子，每岁出产约二百石，由水路运出本境，在会同之洪江销行，其由广西及通道运过本境者约二千石；

牛，由陆路运至广西之郁林销行，每岁运出之数约二百头，其由武冈、绥宁运过本境者约八百头；

犁，每岁产出约四千石，本境约销一千石，其运出本境由水路运至会同之洪江销行约三千石；

杨梅，每岁产出约一千石，本境约销四百石，其运出本境由陆路运至会同之洪江销行约六百石；

桐油，每岁所制约二千石，本境灯用并杂用约销一千石，其由水路运出本境者在会同之洪江销行约一千石；

白蜡，每岁所制约一百石，本境约销五十石，其余由陆路运至黔粤境内销行，其由沅州运过本境者约二百石；

皮箱，每岁所制约二千口，多由远客零买运出本境；

① （清）黄德基 修：《永顺县志·市村》，清乾隆五十八年刻本。

② （清）陈鸿作等 修：《黔阳县志·市镇》，清同治十三年刻本。

③ （清）盛庆绂 纂：《芷江县志·市集》，清同治九年刻本。

④ （清）席绍葆等 修：《辰州府志·物产考》，清乾隆三十年刻本。

⑤ （清）杨桑阿 修：《郴州总志·物产》，清乾隆三十五年刻本。

牛皮，由贵州之黎平各处陆运至本境，每岁销数约二百余石，其运过本境之会同之洪江及宝庆等处销行者约二千石；

樟脑，光绪三十二年创制，由水路运至湘潭销行，是年运出之数约一千石；

盐，由广西之长安水运至林溪，改陆运三十里至坪坦，仍由水运至本境，亦有由林溪全行陆运者，每岁约销八千石，其转运至会同者约三千石；

糖，本境仅制米糖，其白糖、片糖、冰糖由广西之长安水运至林溪，改陆运三十里至坪坦，仍由水运至本境，每岁销数约五千石，其转运至会同、洪江、武冈及黎平销行者约五千石；

酒，本境仅制米酒，其苏酒、汾酒、糟烧酒、蜜酒皆由会同之洪江水运至本境，每岁销数约值银四千两，其转运至黔粤境内销行者约值一千两。

这些记载显示，靖州通过渠水、沅水、洞庭湖、长江等水道以及多条陆上交通线路，与洪江、武冈、宝庆、常德、湘潭以及湖北汉口、广西长安（融安）、贵州黎平等地建立稳定的贸易联系。

随着运输发展和商贸繁荣，长沙茶盐米谷、湘潭百货药材以及衡阳烟草、常德木材、巴陵土布、宝庆皮毛、益阳竹器、安化茶叶、洪江桐油等，成为享誉一时、四方辐辏的专业市场。

“官路与民路，共同组成了清代前期商品流通的运道。”①官府在驿路、铺路及水陆要津设置税关，收取商税。例如，“自贵州镇远府至滇计程仅二十七站，而设立税课七所。”②宝庆府设有苏溪口、蓼溪口、硖口、巨口、山口、花桥口等税关，皆设于铺路要隘。辰州府在沅水、西水水道分设南、北二关，对过往货船和木材征税，并另立盐关收取盐税，皆为水关③。

三、“一口通商”与湖南商运鼎盛

明嘉靖二年（1523），因“争贡之役”，废罢泉州、宁波两处海关，外商来华贸易“俱在广州”④，即所谓“一口通商”。清初，为防范台湾郑氏反清势力，在东南沿海“围海迁界”⑤，广州为惟一外贸口岸。康熙二十四年（1685）指定广州、漳州、宁波、云台山四处对外口岸，乾隆二十二年（1757）复行广州一口通商。鸦片战争后，开放广州、厦门、福州、宁波、上海五处为通商口岸，史称“五口通商”。

一口通商制度施行，对明清经济社会发展和流通体系变迁产生了深远影响。“岭表滇黔，必道湘沅。”永州、郴州、衡州、湘潭、长沙、岳州以及洪江、浦市、辰州、常德等中转贸易因之兴旺，湖南交通南北、联结东西的枢纽地位凸现。清代留美学者容闳，在《西学东渐记》中记录了湘潭考察观感：

① 邓亦兵：《清代前期商品流通的运道》，《文献》，1998年第1期。

② 《雍正四年七月二十六日云南布政使常德寿奏》，收于“国立故宫博物院”编《宫中档雍正朝奏折》（第六辑），台北：“国立故宫博物院”，1977年。

③ （清）不著撰者：《湖南省例成案·户律·课程》，清刻本。

④ 《明史·佛郎机传》。

⑤ 顺治十八年（1661），清政府为隔绝沿海人民与南明抗清将领郑成功的联系，实行围海迁界的海禁政策。以福州闽安镇为中心，北至闽浙交界福鼎沙埕670里，南到广东分水关1150里，皆退离海边30里，被废弃土地共有21871顷。迁界期间，令海边居民尽移内地，潘其舍宅，荒其土地，数百万家颠沛流离，严重破坏了社会安定与经济发展。至康熙二十三年（1684）才明令停止迁界，让离界人民还籍招垦，恢复家业。

湘潭亦中国内地商埠之巨者。凡外国运来货物，至广东上岸后，必先集于湘潭，由湘潭再分运至内地，又非独进口货为然，中国丝茶之运往外国者，必先在湘潭装箱，然后再运广东放洋，以故湘潭及广州间，商务异常繁盛。交通皆以陆（运），劳动工人肩货往来于南风岭者，不下十万人，南风岭地处湘潭与广州之中央，为往来必经之孔道。道旁居民，咸藉肩挑背负以为生。

南风岭位于蓝山境内、九嶷山东麓，与连州接壤，古为南北交通要隘。相传，舜帝南巡此岭，“作五弦之琴，以歌南风”①，因有“南风之薰兮，可以解吾民之愠兮；南风之时兮，可以阜吾民之财兮”等句，故名②。岭上南风坳建有薰风亭，供往来客商歇息。沟通南北的道路穿越坳口，连接湘江支流舂陵水与北江支流连江。

从乐昌溯武水至宜章，经“骡马大道”陆行郴州，顺耒水、湘江至衡阳、长沙等地。唯因宜章“南门外一线溪河，不通本省直达粤东”，“凡广货运往楚、蜀、滇、黔等省，俱船载宜邑城外落行，雇夫挑运来郴。其本省长衡等府货物运广者，亦船载郴州城外落行，雇夫挑运宜邑，往来如织，昼夜不息。”③

清代商人吴中孚在《商贾便览》中称，由襄阳顺汉水，“直达安陆府潜江县属之大泽口，计水程六百一十里，为商舶往来通津。其自大泽口迤南有支河一道直抵荆州府江陵县属之丫角庙，计水程一百十五里，河面尚宽，虽间有淤浅一二处，亦可行舟。其自丫角庙盘过荆堤起旱一站，计程一百里，渡荆江而南，进虎渡口支河直达湖南澧州属之观音港，计程二百二十里，亦属内河平水。”④

元明清时，中原入滇主要经由湖广。民国《新纂云南通志》：“以汉口为起点，经过洞庭湖边之岳州，穿湘、黔而入滇，全部系陆路运输，自汉口至昆明，约需时四十日。商品多由牲口付驮。”自汉口至贵阳、昆明，陆路由岳州、常德、沅陵一线西进，水路则浮长江、洞庭、沅水趋黔。“由上海经汉口输入的商品，则逆沅江经镇远、贵阳等地销往黔、滇，大宗货物有洋纱、洋布和掺用洋纱织成的土布。”⑤

相对发达的交通网络为物货贸易提供了条件，使得远距离、跨省区、大规模商品流通成为可能。湖广船商“或自船自本，贩米苏卖；或揽与各载运货来苏……苏省之流通，全赖楚船之转运。”⑥粤货“涉湘江、浮江淮，走齐鲁……或往吴越，或入楚蜀，或客滇黔。”⑦南京丝绸循沅、湘水道“西南道巴蜀、抵滇黔，南泛湖湘、越五岭。”⑧苏杭所产绸缎，相当部分经由长江西上，通过洞庭湖、

① 《礼记·乐记》。

② 《孔子家语·辩乐解》。南风坳地名所指，有不同观点，一说在山西运城盐池附近。经清华张智慧教授提示，笔者于2018年6月实地考察，认为运城说更接近史实。

③ （清）不著撰者：《湖南省例成案·户律·市廛》，清刻本。

④ 《乾隆三十三年六月初十、十六日成额、定长奏》，收于“国立故宫博物院”编：《宫中档乾隆朝奏折》（第三十一辑），台北：“国立故宫博物院”，1984年。

⑤ 《英国布莱克本商会访华团报告书（1896—1897）》，收于姚贤镐 编：《中国近代对外贸易史资料》，北京：中华书局，1962年，第1429页。

⑥ 《元长吴三县永禁诈索商船碑》，收于南京大学等 编：《明清苏州工商业碑刻集》，南京：江苏人民出版社，1981年。

⑦ （清）温汝能 纂：《龙山乡志》，清嘉庆十年紫金阁刻本。

⑧ （清）陈作霖 撰：《金陵物产风土志》，金陵琐志五种本。

湘江这条商道远销东南亚以及欧洲各地的[①]。

岭南、西南商货，多由湘沅入洞庭，越江抵汉口，继由汉口分路北上。其中，西路经丹江、白河至“南船北马，总汇百货”的南阳赊旗店，“北走汴、洛”[②]，东路由黄安、光山、周家口抵开封，汇集商业名镇——开封朱仙镇。从开封渡黄河、入卫河，经卫辉、内黄抵山东临清，在临清入京杭大运河，经通州至京师[③]。

清廷实行“有田功者升，无田功者默”，刺激了耕地面积增长。康熙二十四年（1685）湖南耕田1389万亩，乾隆三十一年（1766）增长到3439万亩[④]。“湖广熟，天下足”一度传为“湖南熟，天下足”[⑤]。《雍正朱批奏折》：“广东之米取给于广西、江西、湖广，而江浙之米皆取给于江西、湖广。”[⑥]

省境粮食运销岭南、贵州、长江下游及西北地区，运输路线主要有以下几条。

或南由灵渠入粤桂。如清代《修复（灵渠）陡河碑》记：“长沙、衡、永数郡盛产谷米，连樯衔尾，浮苍梧，直下羊城。”

康熙五十七年（1718），广州总督杨琳奏称：“粤东之米籍粤西，粤西之米又资籍湖南，湖南贩米至粤，必由永州府经过。”[⑦]

乾隆七年（1742），“粤东告籴，请于近粤省之永州、衡州、长沙等三府，及所属长沙、善化、湘阴、湘潭、衡阳、衡山、零陵、祁阳等八县，加贮谷内，酌拨八万石，以供买运。如有不敷，再于稍远之岳州、常德各仓，拨二万石接济。”[⑧]次年，乾隆降旨：“湖南与广西接壤，一水可通，着将截留之漕米，酌拨四万石运往广西，以备明春粜济，似为有益。”[⑨]二十年（1755），又拨湖南米谷三十万石运补广东缺额。五十年（1785），湘抚浦霖奏称“两粤官、商连樯贩运，毫无阻滞。”[⑩]

或溯耒水至郴州，骡马陆运宜章，水运广东，此为湘米输粤辅道。宜章西门外有米码头，“米贩泊船之所，朝夕给应，郴人赖之。”[⑪]

或北出洞庭达江汉，经由汉口转销江浙、福建或西北地区。

或溯沅水济黔地。乾隆二年（1737）统计，“自贵州用兵以来，楚省运黔军粮，前后共计四十余万（石）。”[⑫]米谷一般自常德装船，溯沅水入黔。

① 尹红群 著：《湖南传统商路》，长沙：湖南师范大学出版社，2010年，第252页。

② （清）潘守廉 修：《南阳县志·建置》，清光绪三十年刻本。

③ 刘秀生：《清代国内商业交通考略》，收于本书编委会 编：《清史论丛》，沈阳：辽宁人民出版社，1992年。

④ 《清朝文献通考·田赋考》。

⑤ 《清高宗实录》记载，乾隆二年（1737），当湖南奏报粮食丰收时，乾隆欣然批曰：“语云：‘湖南熟，天下足。’朕惟有额手称庆耳。”

⑥ 谭天星：《简论清前期两湖地区的粮食商品化》，《中国农史》，1988年第4期。

⑦ 《清圣祖实录·卷二七八》。

⑧ 《清高宗实录·卷一六七》。

⑨ 《清高宗实录·卷一七二》。

⑩ （清）不著撰者：《湖南省例成案·户律卷》，清刻本。

⑪ （清）嘉庆《郴州总志·风俗》。

⑫ 《清高宗实录·卷三十九》。

或溯沅水、资水支流入桂境。光绪十一年（1885）义江大水，沿岸被淹之房屋十之五六。次年四月，湖南通道、武冈两县运来五通圩（义宁县府，今广西临桂）的救灾米谷，就达三万余石①。

汉口成为长江中游商贸中心，粮食、茶叶、棉布、食油、药材、生铁、竹木、纸张、广货等经此转销，或北走汴洛，或西上陕甘，或东下江浙。湘汉航线粮食、棉布、食盐、茶叶等运输空前活跃。“湖南相距江浙甚远，本处所产之米，运下江浙者居多……且江浙买米商贩多在汉口购买，而直抵湖南者无几，是湖北转运江浙之米，即系湖南运下汉口之米。”②雍正年间自汉口运往江浙的粮食约一千万石，嘉庆年间汉口存米达两千万石，大部来自湖南。

乾隆以降，省境棉花产量大增，织布业随之兴盛，机杼之声家户相闻。道光《遵义府志》：“东乡以织布为业，盖其棉花由湖南常德府贩买。”常德土布、浏阳夏布、巴陵都布、津市青布、高沙土布等享誉一时。其中，巴陵都布质糙，主要销往广西、江苏、浙江，江浙客商又以“南京布”品牌转销西欧，“吴客在长沙、湘潭、益阳者，来鹿角市之。鹿角、童桥、孙鸠皆有庄。庄皆吴客，早起收之，饭而止，岁会钱可二十万缗，盖巴陵之布盛矣。”③

四、滇铜运输路线

“滇产五金，而铜尤为盛。”④云南金属矿产资源丰富，采冶历史悠久，汉时就有贲古锡、朱提银、堂狼铜的记载⑤。

清初，铸币所用铜料主要购自日本，由江、浙二省负责买办运京，谓之“洋铜”。康熙末年，日本控制铜料出口，洋铜来源日趋减少，出现了“银贱钱贵”的“铜荒”现象。雍正五年（1727），朝廷指令湖南、湖北、广东三省采办滇铜运京，自云南东川府采买，由四川永宁一路解京，每年输京铜料 166 万余斤，为“滇铜京运”之始。

雍正十一年（1733），朝廷将滇钱济桂扩大为铸钱输京⑥。雍正十二年至乾隆四年（1739），由湖南、湖北、广东三省采买的滇铜先在广西州（治今云南泸西）铸成钱币，再解送至京。铜钱输京路线：自铸局广西府由广南剥隘（云南富宁县境）至广西百色下水，取道右江、浔江、桂江、湘江、洞庭湖、长江、大运河北上京师钱局。全程一万多里，历时 17 个月。这一期间，每年运京钱文 258 万余斤⑦。

乾隆四年（1739）始，复改铸钱为铜料运京，云南为京局和外省铸币铜料主要来源地，运京线路由剥隘道改走永宁道，道光《云南通志·食货志》记有滇铜输京数额和线路：

云南每岁京运正铜五百七十四万斤，又按九五成色每百斤加耗铜八斤，再依运输损耗每百斤

① 张恒俊、谢日升：《明清时期湘桂的交通与商业》，《经济与社会发展》，2009 年第 8 期。

② （清）赵申乔 撰：《赵恭毅公自治官书类集·卷六·折湖南运米买卖人姓名数目稿》，收于《续修四库全书》，上海：上海古籍出版社，1995 年。

③ （清）吴敏树 撰：《柈湖文集·巴陵土产说》，清光绪十九年思贤讲舍刻本。

④ （清）阮元 修：《云南通志·食货志》，清道光十五年刻本。

⑤ 贲古，今蒙自、个旧；朱提，今昭通；堂狼，今巧家、会泽、东川。参见朱熙人、袁见齐、郭令智 著：《云南矿产志略》，昆明：国立云南大学，1940 年。

⑥ 《清世宗实录·卷一三七》。

⑦ 王德泰：《乾隆初年滇省代京铸钱失败原因探悉》，《故宫博物院院刊》，2003 年第 3 期。

加余铜三斤，因之每年京运额铜六百三十三万一千四百四十斤。……

铜斤分两路，办运京局俱系汤丹等厂铜，产在深山，由厂运至水次，计陆路约有二十三站。查自厂至东川，山路崎岖，难于多运。而威宁以下，又当滇、黔、蜀三省冲衢，不能多顾驮脚。今应将铜斤分两道各二百万斤，半自厂由寻甸经贵州之威宁转运至永宁，半自厂由东川经昭通、镇雄转运至永宁，然后从水路接运到京。

运京铜料自产地分别由寻甸、东川抵永宁集散，从泸州顺江而下扬州，转大运河至通州，再陆运北京宝泉、宝源二局。乾隆六年，为维持滇铜京运畅通，云南巡抚张允随“请浚金沙江。”[①] 乾隆十四年，由金沙江运抵泸州的铜达到 158 万余斤，额定运船 452 只；采买兵米及客商空船，亦参与装运铜斤[②]，缓解了寻甸、东川二路运铜压力。据《清代云南铜政考》计算，滇铜运京陆程 2200 余里、水程 8200 余里[③]，水陆途程在万里之上。

“滇省各厂产铜旺盛，供铸京局外，尚有余铜一千八九百万之多。”[④] 余铜大量库存，为各省赴滇买铜创造了条件。惟滇东北运力不敷，京运之外无法兼顾，原运京钱的滇桂湘线转为外省（贵州除外）采买滇铜使用，剥隘成为运输外省的滇铜集散中心（图 9-6）[⑤]。

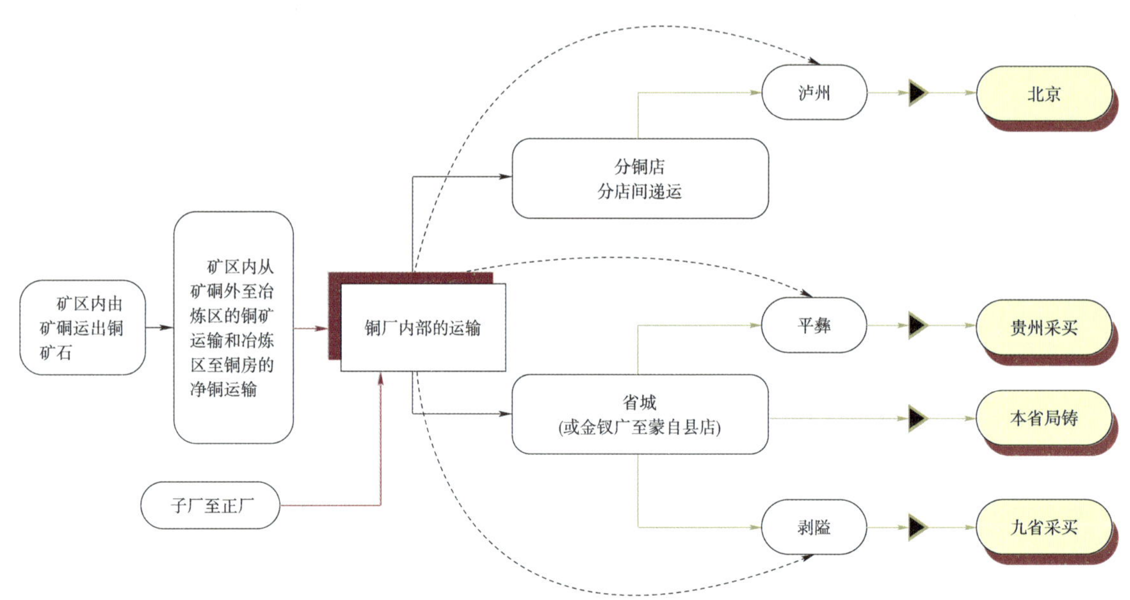

图 9-6 清代云南铸币铜矿的运输组织示意图[⑥]

《铜政便览》记录了外省办铜在云南省内的运输站程：

凡九省（江苏、浙江、广西、广东、江西、陕西、福建、湖南、湖北）委员领运上游各厂铜

① 《清史稿·张允随传》。

② 《清高宗实录·卷三三九》；陈海连：《清代云南铸币铜矿运输体系研究——文献考证与实地调查》，硕士学位论文，北京：清华大学，2008 年。

③ 清人吴其濬编《滇南矿厂舆程图略·运第八》统计，铜料从四川泸州起运至北京通州，水程 7724 里。

④ （清）方桂 修：《东川府志·鼓铸》，清乾隆二十六年刻光绪三十四年印本。

⑤ 孙光圻、张后铨等编著的《中国古代航运史》（大连：大连海事大学出版社，2015 年，第 807 页）认为，江苏、浙江、湖北、湖南等省采购的滇铜，亦由泸州集散，循长江外运。该说法与事实不符。

⑥ 陈海连：《清代云南铸币铜矿运输体系研究——文献考证与实地调查》，硕士学位论文，北京：清华大学，2008 年。

斤由省城转运剥隘，计二十四站。自省城至竹园村计八站，马运由竹园村至剥隘计十六站半。[①]

其中，自省城至竹园村计八站系由马运，由竹园村至剥隘十六站，采用牛运。

滇铜运输线路，与清代驿道分布有直接联系。东川路、寻甸路这两条京铜运输通道，就是在滇黔川交通干道的基础上演变而来。乾隆《毕节县志》载有威宁至永宁驿道路线：

（毕节）城东十里至观音桥，十里至迎宾铺，十里至木稀铺，十里至梅子沟，十里至层台汛，二十里至孙家铺，十里至小哨沟，五里至大哨沟，十里至小铺塘，十里至环秀桥，十里至岩铺，十里至石蒙堡，十里至清水铺，十里至高山铺，十里至赤水汛，过河即四川永宁界。……城西十里至撒喇溪，十里至周泥站，十里至七星关汛，十里至七里沟，五里至平山铺，五里至平山哨，与威宁交界。

由昆明至剥隘、百色的外省运铜线路，素为云南通广西捷径，全线设站25处，贯通滇中、滇南地区。自广西经由湘江、长江转输各省的路线，更是内地通岭南的传统商道。

滇铜运输组织严密，“运员历万里之远，水陆转输。”[②]为保证按时办回滇铜，运输期限有严格规定。“自省城至剥隘，用牛马运，按站应限四十日。惟所雇牛马，不能常运，须往返轮流，应加展四十日。沿途或有阻滞，再展限十日，统计九十日，可运铜十万斤。”[③]自剥隘至各省局期限：陕西293日、湖北185日、浙江240日、江西141日、福建245日、广东82日、湖南145日、广西105日、贵州19日[④]。

运铜船只从剥隘起运后，沿途官府须负监控、催趱、稽查之责，直至目的地。各省要将铜船出入境日期和有无守风、守水、船损耽延等情况奏报，还要将船只编号、乘员、铜斤数等详细写明，通知下站验收。“凡遇邻省采办铜铅经过，饬各州县一体实力稽查，如有偷盗沉溺情弊，随时具折专奏。若查明并无事故者，只令于岁底将某省办运铜铅若干，并入境出境日期汇奏。”[⑤]

采办滇铜的外省包括湖南、湖北、广东、广西、江西、福建、江苏、浙江、贵州、陕西等十个，其中湖南、湖北、江苏、浙江、陕西、福建采买的滇铜道经湘江。如，乾隆三十一年（1766），江苏巡抚奏报采办滇铜限期：“自江苏至云南省城，定限一百八十二日，及领运铜舶自广西全州以下至苏州，应行九十六日。”[⑥]

乾隆三十八年（1773），湖南巡抚梁国治《奏湖北委员采办滇铜过境折》：“湖北委员施南府通判李国囗办运滇铜十万四千斤，于乾隆三十八年五月一日，由广西全州入湖南东安县境……交替出湖南境。”[⑦]

---

① （清）王文韶修：《续云南通志稿·艺文志》，清光绪二十四年刻本。

② （清）王文韶修：《续云南通志稿·艺文志·铜政便览》，清光绪二十四年刻本。

③ 《清高宗实录·卷七七四》。

④ 自剥隘至各省局期限引自马琦：《清代各省采买滇铜的运输问题》，《学术探索》，2010年第4期。其中，剥隘至江苏期限225日，与《清高宗实录》江苏巡抚奏报的182日数字不符，有待确认，故不在正文列出。

⑤ 《清高宗实录·卷八九四》。

⑥ 《清高宗实录·卷七七一》。

⑦ 《清高宗实录·卷九三九》。

乾隆三十九年（1774），湖南巡抚布政使觉罗敦《奏各省运销铅斤采办滇铜过境折》："福建委员汀州府同知刘长松，办运滇铜二十二万三千二百斤，内除沿途磕折铜一千八百斤外，实运铜二十二万一千四百斤。于乾隆三十九年九月十六日，由广西全州入湖南东安县境。"[①]就路程而言，运往福建的滇铜应顺郁江、西江下广州，继沿海路北上福州最近，如乾隆五年张允随奏："由粤西水路至粤东，可以直达福建。"[②]滇铜输闽舍近求远，取道一度"阻滞三十五日"的"全州陡河（即灵渠）"[③]，主要因铜铅为贵重物品，走内河航道可保万无一失。

乾隆四十一年（1776），广西巡抚吴虎炳《奏陕西委员第六次采运滇铜过境折》："陕西委员叶世勋领运滇铜二十万两千斤，于乾隆四十年闰十月二十八日，自云南剥隘陆续发运，十一月二十九日运抵广西百色。十二月八日自百色开行。于乾隆四十一年四月初三日出广西全州境，运抵湖南东安县交替。"[④]

乾隆四十八年（1783），闽督富勒浑在奏报运员逾限缘由时称："今朱国垣于乾隆四十七年八月二十五日由剥隘起运，至四十八年八月初五日运竣交局，扣小建五日，计逾限三个月零一日，系在广西、湖南、湖北、江西四省阻风守水以及赴关纳料，节次稽滞，并非无故逗留。"[⑤]

乾隆五十五年（1790），广西巡抚印务英善《奏报江苏委员运铜过境日期折》："江苏委员王锦钦运滇省正余铜五十四万四百四十七斤，于乾隆五十五年三月初四日，自云南剥隘扫帮出境，三月初十日全数运抵广西百色。三月三十六日申时自百色开行。至七月初六日酉时出广西全州境，入湖南东安县交替。"[⑥]

乾隆五十六年（1791），湖南巡抚姜晟奏："浙江委员领运采办滇铜，由广西全州入湖南东安县境，经永州知府王辰、衡州知府余延良、长沙知府潘成栋并岳州府，各按境地押护出境，各该运员均系依限趱行。"[⑦]

乾隆五十七年（1792），广西巡抚陈用敷《奏报浙江委员采办滇铜过境日期折》："浙江委员彭载赓领运滇省正耗余铜三十二万一千一百二十五斤，于乾隆五十七年正月二十七日，自云南剥隘扫帮出境，三月初二日全数运抵广西百色。三月十二日申时自百色开行。至五月二十四日申时出广西全州境，入湖南东安县交替。"[⑧]

湖南、湖北、江苏、浙江、陕西、福建、江西等省的滇铜运输路线：经剥隘水陆运输百色后，换装大船统一起运[⑨]，顺右江、邕江、郁江、浔江到梧州，从梧州逆桂江到桂林，继溯漓江，越灵渠，

---

① 《清高宗实录·卷九六九》。

② 《清高宗实录·卷一一九》。

③ 吏部《为闽督奏刘玉泉运铜迟延事》，乾隆三十八年三月，《内阁大库档案》，编号：000036986。

④ 《清高宗实录·卷一〇〇三》。

⑤ 《清高宗实录·卷一一八七》。

⑥ 《清高宗实录·卷一三六〇》。

⑦ 工部《奏为湖南巡抚姜晟奏折除知照户部外仍移会稽察房》，乾隆五十六年九月，《内阁大库档案》，编号：000148457。

⑧ 《清高宗实录·卷一四〇六》。

⑨ 百色至桂林交通，雍正八年（1730）鄂尔泰在《奏为奏明微臣入粤情形事》中称："自百色抵南宁，由浔梧、平乐以至省城（桂林），俱可行大船。"引自《朱批谕旨》卷一二五，雍正八年正月十三日。

下湘江，经长江水系转运各地。

由于“京铜逾越蜀江，危矶湍水，沉溺屡见，……查各省采买之铜，由粤西滩河水运，曾不闻沉覆之事。夫由省运至剥隘、百色，再至汉口，较由寻甸、泸州至汉口者，每铜百斤多用运费银才四分耳。”而道经广西、湖南入江，“既分寻甸拥挤之势，可速运期，又免威宁、镇雄铜多限急之时，派累民夫背运，而免两起加运京铜毕蜀江盛涨之险，可免沉失。”[①] 因此，滇桂湘线一度为滇铜京运所用。

五、黔铅运输路线

清代铅锌统称为铅，白铅系锌，黑铅即铅，南方产铅省份有黔、湘、桂、滇、川等。铜、铅等是铸币生产不可或缺的贵重金属，其产、运、销主要由官府控制。

官府课铅及所购余铅统称官铅，供应京师及各省钱局鼓铸。按其运销渠道，主要分为京运、楚运两种。京运自产地贵州、湖南采运京师宝泉、宝源二局鼓铸；楚运自贵州运往汉口设局销售，江苏、浙江、福建、江西、湖北、直隶、陕西、山西、湖南、广西、广东等省委员购回省局。楚运铅觔由官府销售，黔省官员从铅厂以每百斤一两三钱至一两五钱收买余铅，运抵汉口后常以五两的高价出售[②]。

康熙年间，铅锌主要产自湖南，京局鼓铸所需多由湖南运输。如康熙五十二年（1713），郴州九架夹及桂阳州大凑山、黄沙坪等处矿厂交纳税铅 36.21 万斤，按矿课“二八抽取”[③] 计算，铅锌产量超过 180 万斤[④]。

雍正初，湖南铅厂“出产渐微”[⑤]，贵州则由康熙时“不产铜铅……难以开炉鼓铸”[⑥] 崛起为铅锌主产区。雍正八年（1730），贵州“所有各厂”产铅达 400 余万斤，“运往永宁、汉口销售”[⑦]。雍正十三年，“京局鼓铸，全用黔铅（白铅）”[⑧]“每年额办铅（白铅）三百六十六万余斤。”[⑨]

黔铅大规模输京鼓铸，刺激了贵州铅锌矿开发。乾隆十四年（1749），贵州“运供京局及川黔两省鼓铸，并运汉销售，共铅九百万斤，现各厂岁出铅一千四百余万斤。”[⑩]

贵州主要铅厂均位于大定（今贵州大方）府境内，大定府与四川永宁接界。运京黔铅由威宁、水城（今贵州六盘水）等地铅厂，经毕节抵四川永宁，与滇铜京运路线汇合。乾隆十四年，户部《议

① （清）王昶 撰：《云南铜政全书・筹改寻甸运道移于剥隘议》，清末抄本。

② 马琦：《清代黔铅运输路线考》，《中国社会经济史研究》，2010 年第 4 期。

③ 《皇朝文献通考・征榷考》，清文渊阁四库全书本。

④ （乾隆朝）《钦定大清会典则例・户部・杂赋》，铜铁铅锡矿条。

⑤ 《清高宗实录・卷五八五》，乾隆二十四年四月，湖南巡抚冯钤奏；据考证，乾隆五十年（1785）湖南产铅合计 64 万余斤，其中桂阳州产白铅 10 万余斤、黑铅 27.8 万余斤，郴州产白铅 1.8 万余斤、黑铅 14 万余斤；嘉庆十七年（1812），湖南产铅减至 23.6 万斤。参见（清）翁元圻等 修：《湖南通志・矿厂》，清嘉庆二十五年刻本。

⑥ （清）杨雍建 撰：《抚黔奏疏・题为铜斤无可采买等事》，清康熙刻本。

⑦ 贵州巡抚张广泗《奏报地方政务折》，雍正八年三月二十七日，收于“国立故宫博物院”编辑：《宫中档雍正朝奏折》（第十六辑），台北：“国立故宫博物院”，1979 年。

⑧ 《皇朝文献通考・钱币考》，清文渊阁四库全书本。

⑨ （乾隆朝）《钦定大清会典则例・户部・钱法》。

⑩ 《清高宗实录・卷三四二》，乾隆十四年六月，户部议覆贵州巡抚爱必达奏。

奏酌定铜运各款》中言："办解铅锡，与运铜事同一例，应均照例办理。"[①]可见，黔铅京运与滇铜在运输方式、路线、管理等方面并无二致。

永宁设有铅局，负责黔铅收储、供兑京运等事项。乾隆后期，"自毕节至四川永宁今已为通衢，运铅往来皆由此道。"[②]

嘉庆《大清会典》记有黔铅自厂运抵京局详情：

贵州京铅由厂运至永宁，运官兑领上船，至泸州易船，至重庆铜铅皆起载，东川道督同过秤、雇船换载，并行文夔关查验，至汉口易船，至仪征又易船，由湖北、江南护送之员盘查过秤。……由南北运河至天津……车户由朝阳门陆运赴局，钱法堂侍郎验包兑收。[③]

黔铅京运、楚运除威宁道外，还有贵阳沅水、赤水河两条铺道[④]。赤水河道在金沙江疏浚、运京滇铜分流后基本弃置不用[⑤]，沅水道几乎贯穿黔铅外运之始终。乾隆三年，户部议复贵州总督张广泗奏称：

黔省办运铅觔，部议停运一年。未奉部文之先，已将己未年正耗铅觔改由贵阳直运楚省，请仍照旧解。查威宁一路，有江、安、浙、闽四省承办铜觔人员，并商驮货物均于此处雇运，马匹无多，脚价必贵，是以议令停运一年。该抚既称改由贵阳，并无拥挤，应准照旧解部。[⑥]

所谓"改由贵阳直运楚省"，即由贵阳水陆兼程，由㵲水或清水江入沅水、洞庭湖，越江抵汉口。元代以来，㵲水道成为沟通湘黔滇的主要干道。明人称："滇产如铜、锡，斤止值钱三十文，外省乃二三倍其值者。由滇运至镇远，共二十余站，皆肩挑与马骡之负也。镇远则从舟下沅江，其至武陵又二十站。"[⑦]

威宁、毕节一线，滇铜、黔铅毕集于道。"人夫背负，牛马装驼，终岁络绎于途。"[⑧]加之川滇商货路经此地，人夫、马匹征雇艰难。乾隆九年，为"分东（川）、威（宁）铜铅并运之劳"，再次由贵阳道转运部分京、汉铅觔。户部覆云南总督张允随奏称：

滇黔两省办理京铜，皆由滇省之威宁州转运。嗣经将东川至永宁道路开修，两路分运铜觔，每年四百四十余万斤，后又加运一百八十九万斤，威宁一路实运三百一十六万余斤。加以办运黔省黑白铅四百七十余万斤，雇运艰难，日见迟误。……应如所请，将（黔省）月亮岩铅觔概归官买，

① 《清高宗实录·卷三四一》，乾隆十四年五月，户部议奏酌定铜运各款。

② （清）洪亮吉 撰：《晓读书斋杂录·黔中录》，道光二十二年刻本。

③ （嘉庆朝）《大清会典·户部·广西清吏司》。

④ （清）董朱英 撰：《毕节县志》："毕邑设局在厂收铅，每年奉拨运京一百五十万斤，自厂起运，由赤水渔塘河转运至重庆府兑交委员接收，熔化运赴京局供铸。"清刻本。

⑤ 据马琦先生考证，乾隆二十年之后，随着云南金沙江、盐井渡、罗星渡三条运道相继开通，赤水河道铅运基本停止。参见马琦《清代黔铅运输路线考》，《中国社会经济史研究》，2010 年第 4 期。

⑥ 《清高宗实录·卷八十二》，乾隆三年十二月，户部覆议贵州总督兼管巡抚事张广泗疏报。

⑦ （明）王士性 撰：《广志绎·西南诸省》，清康熙十五年刻本。

⑧ （清）罗绕典 撰：《黔南职方纪略·大定府》，清道光二十七年刻本。

全由贵阳转运，以分东、威铜铅并运之劳。[①]

乾隆十四年（1749），广西宝桂局增铸，“添铸所需白铅，委员前赴常德截买黔铅。”[②]广西委员赴常德截买的，即由贵阳转输的楚运黔铅。其回桂路线应自沅水、洞庭湖转溯湘江，过灵渠至桂林，与各省采买滇铜路线相逆。乾隆二十四年（1759），贵州巡抚周人骥奏：

窃臣前闻黔省积铅甚多，又恳帑本，川运险远，办理维艰，爰特川黔道里相较，可以节缩运费，开通本省下游河道，俾利疏销。……睹自省城南明河起，至瓮城河口水路二百余里，一面办理外，其瓮城河口以下，陆路原有南北两途，一由平越府之平寨经两岔河入清江而东，一由黄平旧州经诸葛洞入镇远府之镇阳江（潕水）而东，总归于湖南黔阳之洪江，始合为一。……其黄平旧州陆路本系小贩经行捷径，稍为陡窄，亦易开修。兹该地民苗闻知运铅运货，可广营生，踊跃争先。睹自瓮城河至旧州陆路一百二十里于三日内自行辟治宽平。[③]

即自贵阳附近之南明河水运至瓮城河口（今贵定盘江镇），或转平越府（今福泉）之平寨经两岔河入清水江，或陆运至黄平旧州入潕水，继循沅水、洞庭湖、长江水道，运往汉口。乾隆二十六年，贵阳沅水道修治完毕。云贵总督爱必达奏：

河道现无阻滞，须岁修可久。至黔省各处河道，均一线溪流，今由新河运铅，实较川江为稳，惟远雇水手，未悉路径，不免浅阻耽延。[④]

可见，此条线路不但可以分流威宁道运输压力，还可避长江航运之险。道光年间，吴其濬路由湖南至贵州，过洪江时作诗云：“千家阛阓镇烟鬟，初见碉楼踞半山，罂子桐多商舶集，竹舟河水似眉湾。”并注曰：“余既溯潕上至镇远，渡黄平上游。考清江之源，为运铅、运木开凿之孔道。”[⑤]

郴州、桂阳等处铅厂因“峒老砂竭”，出产白铅已不敷本省鼓铸所需，每年须采买黔铅20万斤。乾隆二十四年（1759），湖南巡抚冯钤奏：

郴、桂两厂，向计产铅十六万斤，近年出产渐微，倘黔省所带铅，不能如期运到，即缺鼓铸。请于例买黔省白铅二十万斤外，增带二十万斤，并耗铅统交巴陵秤收，转解供铸，需费如例于地丁动用。此次加买黔铅，所以留备缺乏，嗣后仍抵运常例之铅，毋庸格外加带。[⑥]

其后，广西产铅旺盛，湖南改买桂铅。不数年，调任广西巡抚的冯钤奏请：“粤西干、卢二厂，开采年久，出铅渐少，请令湖南仍买黔铅，不必赴粤西购运。至粤东一省需铅无几，仍令赴买。”[⑦]

广东鼓铸所需白铅原在广西采买。乾隆五十一年（1786），“今以（广西）产铅不敷，请于

① 《清高宗皇帝·卷二二一》，乾隆九年七月，户部覆云南总督张允随奏称。

② 《清高宗皇帝·卷三四七》，乾隆十四年八月，大学士等议准广西巡抚舒辂奏添铸钱各事宜。

③ 工部《奏为黔省开修运铅河道事》，乾隆二十四年十月二十九日，《内阁大库档案》，编号：000034271。

④ 《清高宗实录·卷六四八》，乾隆二十六年十一月，上谕军机大臣等。

⑤ （清）吴其浚 撰：《滇行纪程集·临湘县至镇宁州》，清刻本。

⑥ 《清高宗实录·卷五八五》，乾隆二十四年四月。

⑦ 《清高宗实录·卷六八四》，乾隆二十八年四月，上谕军机大臣等。

广西、汉口各采买铅一十四万四千二百余斤，间年采买一次以供配铸，……自汉口运至广东省城，每一百斤给水脚银五钱四分三厘，其自广东至桂林，自桂林至长沙，自长沙至汉口，每处雇船一只，给船价银二十一两九钱八分七厘。”[①]黔铅运输广东路线：自汉口溯江，由城陵矶入洞庭湖，继溯湘江，越灵渠，顺漓江、桂江、西江以至广州。

除贵州外，湖南也产黑铅解京鼓铸。《钦定大清会典·钱法》：

凡白铅、黑铅，产于湖南、贵州，亦召商开采。岁输京师白铅三百八十四万千九百十有四斤、黑铅七十万五百七十一斤，分为上下二运：上运起自四月，至十月抵京；下运起自十月，至次年三月抵京。

乾隆八年（1743），京局额定黑铅70万斤，其中湖南承办30万斤、贵州40万斤。到十三年（1748），京运黑铅全归湖南郴州、桂阳州二地办解。二十九年，湖南巡抚乔光烈奏称郴厂“硐老矿竭”，于是贵州又额办黑铅35万斤。四十年（1775）复归湖南全数承办。四十九年（1784）始，贵州再次承担一半黑铅京运任务[②]。嘉庆八年（1803），因郴、桂二州铅锌“递形短缩”，贵州京运黑铅额数增加到47万余斤[③]，余额仍由湖南铅厂解京。湘铅京运路线：自郴州入耒水，或自桂阳州入舂陵水，继由湘江、洞庭湖入长江，合于黔铅京运路线。

六、竹木排运

竹木是建筑、造船、家具等行业主要原料，应用范围广泛。清代规定，湖南每年额办皇木为“桅木二十根，断木三百八十根，架木一千四百根，铜皮槁木二百根。共需木价银三千九百五十二两零，从正项钱粮（即‘帑’）中支付。”[④]这些木材全部排运京师。

康乾以来，社会稳定，人口增长，对竹木的需求更趋旺盛，木商集团乘势崛起。民国学者徐珂称：“运盐者曰盐商，开质库者曰当商，售木材者曰木商，此三者之在闭关时代，皆为大商。”[⑤]

省境竹木，大多分布湘、资、沅、澧中上游的崇山峻岭中。竹木砍伐后，顺溪流“放羊”至大河，再编扎成排，运往各集散市场，远销长江中下游、南北大运河沿岸地区。

外运木材，按地域、运输路线，有东湖木、西湖木之分。牙行兴起后，本地山客和外地水客多在木业牙行交易。各地木牙向买卖双方抽取佣金的比例不一，东湖木抽2.1%，西湖木抽3%。[⑥]

东湖木产于湘、资中上游地区，皆由东洞庭湖出江汉。

永州“木材之利多在猺峒深山”，所产杉木称“瑶杉”，“祁邑（祁阳）……所恃者杉木一种，

① （嘉庆）《钦定大清会典则例·户部·钱法》，直省办铜铅锡条。

② 《皇朝文献通考·钱币考》，清文渊阁四库全书本。

③ 中国第一历史档案馆藏，嘉庆朝军机处录副奏折，福庆，《查明黔省铅厂情形》。

④ 故宫博物院编：《钦定工部则例三种》（第一册），海口：海南出版社，2000年，第106页。

⑤ 《清稗类钞·农商类》。

⑥ （民国）朱羲农、朱保训编纂：《湖南实业志》，长沙：湖南人民出版社，2008年，第634页。

岁可得数金。”[①] 邵阳“县地如东乡龙山、中乡西乡滩头、隆回产竹最繁。”[②] 益阳则“惟材木鱼米，旧称饶足。”[③] 茶陵所产松树也非常有名，称之为“茶松”。

湘水流域外销木材，由其上游兴安、灌阳、全州（以上属广西）、东安及江华、永明、道县、宁远等地排运，至衡阳汇集舂陵水两岸之新田、蓝山、嘉禾、桂阳州及耒水一线的郴州、永兴、桂阳、桂东、兴宁、耒阳等地林产，顺流而下，再汇入洣水、渌水、涓水、涟水、浏阳河木植，抵长沙竹木市场集散，经洞庭湖东入长江，运往汉阳鹦鹉洲、江宁上新河等沿江商埠。据道光《永州府志》，“零、祁之木，多出于白水（湘水支流），然后扎簰达江汉。”[④] 又据光绪三十二年（1906）《商务官报》，“产于衡州上游之木材，年约六百万两。经衡运在湘潭、长沙、汉口等地。”

武冈、新宁、邵阳、新化、安化等地外销竹木，则取道资水至益阳集散，继入洞庭，转输江汉。民国《益阳县志稿》：“本县输出之货，以竹木为第一。每年落地竹木约值二百万元，出境竹木约值二百五十万元。竹木商人，分五埠、四溪，均以湖北鹦鹉洲为集中销售地。”

西湖木产于沅、澧中上游地区，皆循西洞庭湖运往江汉。

沅水上游清水江，发源于贵州都匀，至托口纳渠水后始称沅水，继与㵲水汇于黔阳，合巫水于洪江，再而下，溆水、辰水、武水、酉水汇入。流域所产木植，皆由沅水、洞庭，运销江汉。

沅水中上游“皆产杉木，不独辰州也。其木棰岩石间，心有红晕而锯屑甚香，谓之‘油杉’，最能经久不坏，产苗峒者为之苗木。”[⑤] “黎郡产木极多。若檀、梓、樟、楠之类供本郡使用，惟杉则遍湖广及三江等省。远商来此购买，数十年前，每岁可卖二、三百万金。今虽盗伐者甚多，亦可卖百余万。”[⑥] 靖州、会同的“洪竹”和辰州、桃源的“溪竹”负有盛名。永顺府“物产之著者……香楠、红杉。”[⑦]

永定、慈利、石门以及桑植、湖北鹤峰等地运销外省的木材，则由溇水、渫水等入澧水，汇集津市后改扎大排，涉历洞庭、长江。

湘、资、沅、澧四水中，沅水流域竹木运销居多。湘西辰州、沅州、靖州、永顺以及贵州都匀、黎平、镇远、湖北施南、四川酉阳、广西怀远等府州的广袤区域，盛产优质木材。北宋时期开始，沅水中上游地区即有“皇木”采办事务。官木外运时停泊地，至今还保留“皇排港”“皇木关”等名称[⑧]。

木材生产、贩运集中地区，都有形成规模的木材集市。如黔阳托口市，“巨木异材，凑集于此。

① （清）吕恩湛 修：《永州府志·风俗志》，清道光八年刻本。
② （清）陈吴萃等 修：《邵阳县乡土志·商务》，清光绪三十三年刻本。
③ （清）方为霖 修：《益阳县志·物产》，清嘉庆二十五年刻本。
④ （清）吕恩湛 修：《永州府志·风俗志》，清道光八年刻本。
⑤ （清）王锡祺 辑：《小方壶斋舆地丛钞十二帙》，清光绪十七年著易堂铅印本。
⑥ （清）刘宇昌等 修：《黎平府志》，清道光二十五年刻本。
⑦ （清）辜天祐 编：《湖南乡土地理教科书》，长沙：湖南教育出版社，2009年，第38页。
⑧ 常德地区交通局 编：《常德地区交通志》，长沙：湖南出版社，1992年，第92页。

官之采办与商之贸贩者，多就此编筏东下。”[①] 蓝山毛俊堡墟，“场市材用竹木器具甚盛，估客趋集。”[②] 客商辐辏的大型木市，沅水集中在托口、洪江、辰州、陬溪、河洑、德山，湘水分布于零陵、祁阳、衡阳、湘潭、长沙，资水有武冈、邵阳、新化、益阳，澧水则以永定、慈利、石门、津市为盛。其中，长沙灵官渡、靖港码头汇集零陵、衡阳、茶陵、湘潭等上游木材，大部放运汉阳鹦鹉洲、江宁上新河等地木市；木码头停放浏阳、益阳、常德等地竹木，主要供应省城消费。

清中叶以来，洪江木市发展迅速。至清晚期，沅水南岸及巫水西岸一带，建有回龙寺、青山脚、大湾瑭、萝卜湾、滩头、岩山脚、月亮湾、蛤蟆岩、马羊山、草鞋瑭等木码头 20 余座（图 9-7），有木商 200 余家，木牙 15—25 户，从业者数千人，年木材运销量达 40—80 万两码[③]。

图 9-7 洪江古商城木码头一角（李物华 绘）[④]

辰州扼五溪水路之要津，是沅水中上游竹木集散地，“辰杉”因之著名。工部在此设木、盐税关，木关分设府城南北，征自沅、酉而下的木税；盐关置于城东，收自下游转输的盐税。咸丰十一年（1861）增设常德河洑木税分关，征收辰州以下木税[⑤]。

从洪江、永顺等地下运的木材，经辰关纳税后，抵桃源陬溪、常德河洑、德山集散。咸丰时，

① （清）陈鸿作等 修：《黔阳县志·市镇》，清同治十三年刻本。

② 雷飞鹏 纂：《蓝山县图志·山川》，民国二十一年刻本。

③ （1）洪江市志编撰委员会 编：《洪江市志》，北京：三联书店，1994 年，第 129 页。
（2）两码系旧时木材计量单位，约合 1.5 立方米。参见《怀化地区交通志》（郑州：中州古籍出版社，1991 年，第 241 页）。
（3）民国三十五年（1946），周维梁在《湖南经济》第一期之《湖南木材产销概述》一文中写道：“黔东清水江之黎平、锦屏、茅坪、天柱等地所产杉木，不但产量丰富，品质尤优良，其产量在洪江木材输出总量中常占首位，约占沅水流域木材输出总量的十分之四。通道、靖县、会同，崇山峻岭，亦盛产杉木，虽长大不及苗木，但纤维细密，质量仅次于苗木；巫水流域之城步、绥宁，在巫水两岸，森林密布不见天日，多千年古木……木材品质虽不及苗木及渠水所产，但数量尚相当可观，在洪江木材输出量中居第二位，约占十分之三。”

④ 张克义、刘武全 主编：《美在怀化》，北京：中央民族大学出版社，2007 年，第 66—67 页。

⑤ （清）骆秉章 撰：《骆文忠公奏议·卷十四》：“凡贵州及本省沅州、永顺一带贩运木植出江皆经此地……历来木商惟徽客资本丰厚，江西次之，本省又次之，而木排则以杉木为大宗，其余杉仿杉板及杂木税亦甚微。至于贩运来源以沅水上游为最旺，向于交界之蛇口集扎成木排，经辰州南关纳税。永顺一带多产杂木，经辰州北关纳税。”清光绪四年刻本。

“河洑及德山一带，实辰、常各属下游总汇之区，木簰均于此停泊。”[①]常德渐成省内最大木材市场，“不特湘西沅水流域之各路木材集中于此，澧水流域由津市出口之木材亦由此转口。”[②]

“商人由沅、澧二水运出，有远至湖北鹦鹉洲者。”[③]由于洞庭湖风高浪大，水运凶险，上游木材须在滨湖港口改扎大排。光绪二十五年（1899）岳州关报告称，“木料系贵州自沅江两旁山岭出产，运至常德河洑码头，报完厘金，由河洑分排，绕道至湘阴之林子口（临资口）再成大排过洞庭湖，出大江，每年价值可六百万两。”[④]

德山地处沅水南岸，“婺邑木商往来必经其地，簰夫不下数千人。”婺源商人程义昂创造了以竹缆捆扎木排的新方法：“业木造簰，以竹制缆，创自巧思，牢固异常，人利赖之。”[⑤]采用竹缆捆扎木排，不仅牢固，而且不易腐烂，减少了木商运输风险。

道光年间，有宝庆、安化、益阳商人，开始将木排流放至汉阳鹦鹉洲，随着经营规模扩展，鹦鹉洲形成长达数里的大型竹木集散市场。洲上经营竹木生意的湖南人总称南帮，以长沙、衡州、宝庆、常德、辰州五府为主。他们在鹦鹉洲上割据地盘，开辟码头，建立会馆，又以四水地域分成十八个帮口，形成所谓的“五府十八帮”。

太平天国战事平息之后，汉阳木材市场重新开放，鹦鹉洲上湖南帮势力迅速崛起。同治四年（1865），以“东湖”“西湖”两派木商联合建立鹦鹉洲“两湖会馆”为标志，湘商完全垄断了该市场的竹木贸易。数年后，江汉流域木商组成的汉帮不甘受排挤，向汉阳府衙门控告湖南人垄断武汉最大的鹦鹉洲木材市场。经曾国藩和左宗棠居中协调，湖北巡抚作出折衷裁决：因为大量木材从湖南水域采运而来，木材经营和运输权仍归南帮；同时，汉阳是东道主所在地，所以木牙行交由汉帮经营。曾国藩和左宗棠还提出让汉帮商人加入“两湖会馆”的办法，使其真正变成湘、鄂两省的贸易联合组织，而非狭义的“东湖”“西湖”二帮。此后，两湖会馆成为武汉木材市场第一个包括不同地方来源的商业组织，两湖木商联盟虽然也经历了一段动摇时期，但一直维持到清末[⑥]。

竹木排运历史悠久，曾是独木舟出现之前人类最主要的渡河工具，延至近代，仍是竹木运输主要手段。唐末，黄巢起义军自桂州编大木排沿湘水而下，直趋潭州，为排筏军运。宋时，湖南商人贩运木材至建康出售，属排筏商运。明初，“诏逵至湖湘，以十万众入山采大木，供北京殿工”[⑦]，系皇木贡运。

竹木水运，主要有赶羊和放排两种形式。赶羊又称“放漂”“流单漂”，即将山中砍伐的竹木，用“洪道”或“厢运”[⑧]以及肩扛人抬等方式运至溪沟，在瀑布、险滩、陂坝处搭架漂木水箱（木

① （清）左宗棠 撰：《左宗棠文集·奏稿九》，清光绪十八年刻本。

② （民国）朱羲农、朱保训 编纂：《湖南实业志》，长沙：湖南人民出版社，2008年，第647页。

③ （民国）胡履新 修：《永顺县志·食货志》，民国十九年铅印本。

④ 上海通商海关造册处 编译：《光绪二十五年通商各关华洋贸易总册·岳州口华洋贸易情形略论》，清光绪二十六年铅印本。

⑤ （清）吴鹗 修：《婺源县志·人物》，清光绪八年刻本。

⑥ （美）罗威廉 著：《汉口：一个中国城市的商业与社会》（1796—1889），北京：中国人民大学出版社，2005年。转引自张少庚：《清代长江流域竹木商业研究》硕士学位论文，武汉：武汉大学，2004年。

⑦ 《明史·师逵传》。

⑧ “洪道”是在山梁间挖修的滑漕，“厢运”系用木材架设的“溜子”。清人严如煜撰《三省边防备览》记有做溜子的方法：“截小圆木长丈许，横垫枕木铺成顺势，如铺楼板状，宽七、八尺圆木相接，后木之头即接前木之尾，沟内地势凹凸不齐，凸处砌石板，凹处下木桩，上承枕木以平为度。……直至水次。作法同栈阁，望之如桥梁。”

槽），在终点架设临时档架，趁山洪暴发时放漂，竹木被赶羊似的赶出深山，在山口河边起堆扎排。

放排也称“撑排”，即将销往外地的竹木扎成排状水运，由排工撑到目的地。放排一般分为两个步骤：

第一步，扎小排。根据小河宽窄、水流大小等情况，将竹木用篾缆扎成前尖后宽的“单猪嘴”或“双猪嘴”小排，俗名“山簰”。春雨水涨时，从小河放运至干流岸边集中，改扎大排。

第二步，改大排。在汇入更大的水道，如白水入湘水，湘水入洞庭、长江时，都需要“改排”，即将小排改扎大排，再将大排联垛、加超，以抵御更大的水流冲击。一般用将数十根竹木扎成一层，再视竹木运量多层堆叠，组成100—500多立方米一块的“垛子排”。数节垛子排相连，称为“联垛”，再行加排谓之“加超”。竹木排运江汉时，湘水中上游一般在零陵改排、衡阳联垛、长沙靖港加超，沅水中上游一般在洪江改排、桃源陬溪联垛、常德牛鼻滩加超，资水上游一般在邵阳改排、益阳联垛、湘阴林子口加超。

扎排有技巧，放排也有讲究。放运大排一般需要40—50人，放排、驾排之人须识水性，熟悉不同水域的水文、水道。大型木排上为首的称“打鼓佬”，因其负责放排时，以击鼓施发号令。打鼓佬以外的放排人，统称“排古佬”。江湖行排过程中，排古佬听鼓声调度，操纵木排转弯、进退、靠泊。

湘境放排以沅水流域为多，也最有代表性。如由洪江下运木排，“须添购蔑缆，牢系紧扎，改成宽二丈、长九丈之大簰，每簰有二三百两至五六百两码，名曰洪簰。”如要涉洞庭、长江，须在滨湖港口改排。“其为开槽者则又须添置缆索，重重牢系，示不可动，使涉洞庭，历大江，虽经惊涛骇浪，而坚不可解，以达预定之销地。”[①]

七、箩业的兴盛

自清中期至20世纪中叶，随着商贸繁荣，箩业“在社会经济生活中举足轻重”[②]。

搬运与商贸和运输发展息息相关。箩行之设，始于商贾在搬运货物时所雇的挑夫。官府或私商差请人夫转运货物，称为“脚役”“漕佣”或“脚佣”，《旧唐书·食货志》说“（刘）晏始以盐利为漕佣。”

湖南箩业远溯战国时期，鄂君启的庞大船队曾航行湘资沅澧，从事商业贩运。唐代以来，随着商业和交通发展，长沙、岳阳、湘潭、衡阳、零陵、常德、益阳等港埠搬运量扩大，米谷、茶叶、陶瓷、盐铁、棉布、矿产、竹木等大宗，或进口，或外运，或转销，或就地互市，各商户临时雇请的“脚佣”，逐渐演变为专业“运夫”。因主要以箩筐扁担挑运物资，按担数计价，故俗称“箩夫”。官府设有“长夫”应付诸项公物搬运，如泸溪船溪驿在唐代设有长夫80名[③]。

康熙年间，长沙小西门创设箩埠码头，为省内首家箩行。雍正初，长沙成为湖南省会，物货流通增加，又在大西门再辟箩埠码头。

因搬运场地主要在码头，箩业人员组成的“箩行”又称“箩码头”，沅水流域称“脚板行”“扁

---

① （民国）朱羲农、朱保训 编纂：《湖南实业志》，长沙：湖南人民出版社，2008年，第413—414页。

② 湖南省地方志编纂委员会 编：《湖南省志·交通志·公路》，长沙：湖南出版社，1996年，第528页。

③ 本书编委会 编：《湘西土家族苗族自治州交通志》，长沙：湖南人民出版社，1993年，第241页。

担行”或“夫行”。由官府核定箩位（定额担数，每担一人），分配码头，推举“箩头”，统一管理。乾隆二十一年（1756），长沙设五埠箩行，官定额箩50担。嘉庆时，长沙箩码头增至六埠，额箩100担，作业码头扩展到27座。湘潭、岳阳、衡阳、耒阳、郴州、永州、湘乡、益阳、沅江等地陆续组建萝行，萝夫数以百计。嘉庆十六年（1811），祁阳驿马门有上箩行，迎秀门有下箩行[①]。道光二十年（1840），湘潭成立合谊堂，统辖潭城箩行[②]。

鸦片战争后，“以商业的高度发展为其特点，货物和商人在全国广泛地流动。”[③] 咸丰元年（1851），长沙额箩增至200担。咸丰九年，长沙城河、长西、碧湾、草潮门、冯家、西湖、晏公、小西门、善新等埠箩码头成立箩业公所，议定《合约十二条》，规定：“凡遇大小或长短差遣，听头人、值年派拨。”“违者三日不准挑箩，然后议罚。”[④]

光绪三十年（1904）长沙开埠后，轮船通行长沙、常德、益阳、津市、湘潭、衡阳、岳阳、湘阴、沅江等港，“华洋商贾争先麕至，以图贸迁”，“洋货洋布随各国轮船所及深入湘省腹地。”[⑤] 光绪末，长沙箩码头虽仍保持九埠之数，但官定额箩达600余担，加上租箩散夫，从业箩工近千人。沅江嘉庆时设有2家箩行，光绪末增至4家[⑥]。

由于箩行“力役有征”，以役代税，官府核定的箩夫有在码头挑运的专利权，商家不得自行雇工运货，无牌者更不得在码头参运。同治十二年（1873），长（沙）善（化）两县联合《告示》：“各埠码头凡遇客商，无论何样货物泊岸或发行、起栈，概归码头箩夫搬运，毋得自雇私挑。”即使是石灰行、砖瓦行、煤炭铺雇工，也“只准挑头尾担，违者查实，共同据罚”。

箩业行会性强，设行之初即开堂、立会或组帮。如，长沙有“六合堂”，湘潭有“合谊堂”“渭贤堂”，宁乡有“博古堂”，湘阴有“金兰堂”“提兰堂”，湘潭县易家湾有“上元堂”“白箩会”，新化有“太阳会”，茶陵有“苦力会”，衡山、安化有“脚帮”，宜章、资兴有“肩帮”，常德、益阳有“箩帮”，湘西一带有“扛帮”“扁担会”。

箩行辖有一定地域、水域和专用码头，箩行的主人为箩主。箩主下有“箩头”，管理箩夫，箩头下有“排头”，负责排班作业。大箩行有箩业工人数百名，“箩头”有多至十余人者，分三等：一等头人交涉差务、商务，权势最大；二等头人管理账务，三等头人管作业派班。

箩夫挑运有“长运”“短运”之分，商货、漕粮、黄泥、砂石、灰粪、竹木等业务之别。箩夫工具简单，只一条扁担两只箩筐，外加一块“搭肩布”。箩有二种，一为丝篾箩，用窄青篾条编织而成，筐口略小，制作轻便，用于挑运细货，称“细货箩”；一为板篾箩，以薄板篾条编织而成，筐大而扎实，用于挑运煤、石灰、砖瓦等粗货，谓“粗货箩”。船到码头、车到站时，箩夫用“搭肩布”往货上一围，表示该批次即有主挑者。

---

① 黄启圣 主编：《祁阳县交通志》，长沙：湖南出版社，1994年，第89页。

② 湘潭县地方志编纂委会员 编：《湘潭县志》，长沙：湖南出版社，1995年，第124页。

③ （美）费正清、刘广京 著：《剑桥中国晚清史》（下卷），北京：中国社会科学院出版社，2007年，第39页。

④ 湖南省地方志编纂委员会 编：《湖南省志·交通志·公路》，长沙：湖南出版社，1996年，第533页。

⑤ 光绪三十年（1904）六月九日长沙海关监督朱延熙《开关告示》。刘世超 著：《湖南之海关贸易》，长沙：湖南经济调查所，1934年。

⑥ 湖南省地方志编纂委员会 编：《湖南省志·交通志·公路》，长沙：湖南出版社，1996年，第531页。

箩夫分“官箩”和“商箩”。官箩佩有镌刻“官箩箩夫”字样和牌号的铜质腰牌，任务包括抬官轿、解饷银、应军需、服杂役等，无役时可上码头挑运商货，力役有功者优先挑运价高细货。商箩又称“货箩”，佩带烙有箩夫姓名的木质或竹质腰牌，专为商贾挑运货物。

萝夫须具资购买“箩契”，方可获得箩位（挑箩权）。箩契可遗传承袭，亦可转卖、租佃，但不准典当、私押。箩契转售由人顶替的称“顶箩”，租佃与人为“租箩”，均须立以字凭。

箩契价格因商埠不同而异，并随水运业务的日趋兴旺而逐年见长。道光初，长沙大西门码头箩契不过制钱数串，到光绪三十二年（1906）增至平银十数两；乾隆初，湘潭箩契只制钱200文，民国时已涨到银洋200元。箩契价格还与搬运力资有关，“千里船钱，寸步脚力”也。

各地箩业皆有条规，以省城长沙较为完备，所定条规，皆勒石立碑于各商埠码头。光绪三十年（1904），小西门码头《新旧章程碑记》：

力役有征，由来已古；熙攘无兢，防范斯真。

我省城小西门码头箩埠，创自国朝康熙，上供文武衙门奔走差徭，下为出入客商挑运货物，凡制度规模之悉臻妥善与箩额二百之相沿不改，固已历雍、乾、嘉、道而无变更矣。乃自咸丰兵燹以还，箩埠多故，讼衅肇开，箩数愈增乃至六百另一担，每年额纳箩租三千九百六十文，每年遇节送交，历年无异。

近因生意愈落，散夫租挑，工食难敷，只得爰请于街邻团保，向箩主再三商斟，每年每担减租钱八百六十文，按三节送交，定以先年腊月送交钱一千一百文，当年端节、秋节各送钱一千文，由租挑之人送交箩主。将箩变卖，受主持契到埠，备给茶钱四百，声明更牌，头人、散夫毋许阻拦卡索。至于额箩数目，日后只许设法减少，毋增。以上各项，经此次凭众商酌议定，箩埠永不得再向箩主减额租，亦不得再有拖搁，谨勒贞珉，以资信守。

本埠额箩之外，头人不得再蹈凭空典卖故辙，败坏码头。

租金逾期，箩主到埠，头人如数垫交，不得任意展缓。

分挑差货，头人秉公轮派，箩夫不得临时推诿。

箩夫在外，毋得行凶斗狠。如违，小则公同议罚，大则革退。

大清光绪三十年元月吉日

长沙箩业公所每岁重整规章，报官府核准后实行。光绪三十二年（1906），各箩行经公议官批，修订规章如下：

一、各码头箩行确定额箩，不准随意增开箩位。

二、箩位不准重行典当、私押箩契；倘有重典、私押钱文，众人查实，革出重罚。

三、箩位每担每年额纳箩租三千一百文，按“三节”送交，先年腊月送交钱一千一百文；端节、秋节各送钱一千文，由租挑人送交箩主；倘逾期未交，管牌人如数垫交，再着挑夫归款，并罚钱四百文。

四、租挑箩如系闰月，加纳租金一百六十文。

五、箩头由箩夫选择，挑夫由箩头招募；每招一名，必报箩主，以便认识，收取箩租。

六、箩担归箩主立契，流买流卖；如有买卖，只准照契书价，不得私添价值，动辄败坏码头。

七、凡迎接上谕、火牌摺差、京饷京贡、军粮月饷、各处善仓出进谷石，以及春秋二案囚笼、各项设厂发赈、各项差遣，预先分派夫役，临时夫头督率散夫，听候差遣，不准彼此推诿，途中亦不准争前落后，倘有违误损失等情，许夫头指名禀究，如有隐瞒，一律治罪。

八、凡公文、告示等件，各宪到任卸任，邻县客官过境，各宪下乡查团、催征、勘察，以及衙署修理所需小工，并每日应用小工、晚工，亦宜预先派夫役，听候吩咐差遣，倘敢玩延及中途走失、损坏等情，许箩头指名禀究。

九、凡洋人、洋货到埠，必须加意小心保护：至散夫挑运货物，路途不得有抽掣、遗失、损坏等弊，如有违者，立即照赔革退，重则禀究。

十、城厢内外出进货物，长归长埠，善归善埠。不准闲杂人等从中混挑；如违，小则议罚，大则禀究。

十一、城厢内外各行店铺户居民，凡上坡货物雇箩夫挑运者，每年除年例每担加力资二文外，于正、五、八三月每担加力资二文，余月均照旧章，永不加增；倘箩夫有意留难阻滞、格外卡索等情弊，听各行户另雇随箩挑运，箩夫不得把持阻挠，如违，公同禀究。

十二、挑运谷米粮食，由大街小巷转弯抹角，须防撞泼；凡粮食务须扫干搬净，倘有不扫，提箩重罚。

十三、运货至某处，按程限立有章程，货到听受货之家照章开给，不得争多道寡。

十四、煤箩容量，均在公屋校量定准，盖印挑运，宜大不宜小；倘有小箩下河挑运，经众查实，任值年焚毁。

十五、散夫在外，不得行凶斗狠；如违，小则公同议罚，大则革退。

大清光绪三十二年八月吉日①

第三节　漕运演变与造船业的发展

随着漕运、纲运和贩运发展，以洞庭湖为枢纽、湘资沅澧为主干的湖南水路更为繁忙。鸦片战争前，全国内河船型达2000余种、总数约20万只，其中长江流域17万只左右，湖南约3万只。

咸丰八年（1858）《中英天津条约》签订后，外轮获准进入长江。咸丰十一年（1861），英舰队司令何伯率两艘火轮，自汉口上行，侦测长江中游航道，并于当年出版《中国扬子江汉口至岳州府航道图》；同治八年（1869），又测绘并出版《中国扬子江岳州府至夔州府航道图》。光绪二十九年（1903），日本海军勘测长沙至岳州航道，绘制《湘江水道图》。至此，长江中游主要水系航行数据，悉被外夷窃取。

光绪二十三年（1897）七月，官督商办的“鄂湘善后轮船局”成立。九月，火轮试航长沙至湘潭、长沙至常德、长沙至岳州取得成功。次年四月二十八日，湘汉线正式开航，结束了湖湘单一木帆

① 湖南省地方志编纂委员会 编：《湖南省志·交通志·公路》，长沙：湖南出版社，1996年，第538—541页。

船运输方式。

一、洞庭湖演变

康熙十五年（1676），吴三桂撤除虎渡口石矶，以扩大河口、固守沿湖一带。“三藩之乱”平定后，朝廷推行围垦扩耕政策，“许民各就荒滩筑围垦田”“乾嘉盛时，濒湖开垦无虚土”[①]，湖泊日趋萎缩，湖面零乱分割。

道光年间，洞庭湖水域面积逾6000平方公里，为中国第一大淡水湖[②]。咸丰二年（1852），长江藕池口溃决，江水夺华容河故道入湖，流量“几分荆江之半”，湖面随之扩大。同治十二年（1873），淞滋口堤溃决而成淞滋河，加上康熙年间溃决的太平口、调弦口，形成长江四口（太平、调弦、藕池、淞滋）分泄江流入湖的格局。随着江水入湖，与之俱来的大量泥沙淤积于湖内，湖泊又转入萎缩的演变过程，江湖顶托作用形成的南洲、白蚌、草尾、北大市等沙洲迅速扩延，其中最大的南洲（今南县）纵横百几十里，乃于光绪二十一年（1895）置南洲直隶厅。此时，东、南、西洞庭仍然相通，“宽四至五丈、长数十丈至里许，吃水近丈的竹木联垛排亦能在丰水期由长沙、常德下放至汉阳鹦鹉洲。”[③]

二、漕运演变

清代漕运在前朝基础上发展，管理制度、漕运组织更趋严密。

“国之大事，惟兵与漕。”[④]康熙亲政之初，便“以三藩及河务、漕运为三大事，夙夜廑念，曾书之宫中柱上。”[⑤]

清代有漕省份包括江苏、浙江、安徽、江西、湖北、湖南、河南、山东。清初，年征收漕粮总额为400万石，各府州县承担数额基本固定。湖南长沙、衡州、岳州三府之长沙、善化、湘阴、浏阳、醴陵、湘潭、宁乡、益阳、湘乡、攸县、茶陵州、衡阳、清泉（今衡南）、衡山、耒阳、常宁、安仁、岳州、平江[⑥]、临湘、华容、澧州、安福（今临澧）等23个州县为纳漕地区，其余府州县施行折色（即将征收的漕粮或其他实物折作白银解京）。康熙七年（1668），开始征解湖广漕米。“除折色并荒米，湖北实征正耗米一十二万七千九十八石，湖南实征正耗米十万三千九百石。”[⑦]乾隆十八年（1753），年征收漕粮增至435万余石，湖南实征漕米277671石[⑧]。

---

① （清）郭嵩焘 纂修：《湘阴县图志·物产》，清光绪六年。

② （清）万年淳 撰：《洞庭湖志》载其范围：“东北属巴陵，西北跨华容、石首、安乡，西连武陵、龙阳、沅江，南带益阳而襄湘阴，凡四府一州，界分九邑，横亘八九百里，日月若出没其中。”清道光刻本。

③ 李跃龙 主编：《洞庭湖志》（下册），长沙：湖南人民出版社，2016年，第615页。

④ （清）福祉 纂：《钦定户部漕运全书·兑运额数》，清光绪二年刻本。

⑤ 《清圣祖实录·卷一五四》。

⑥ 平江县的漕粮原定征收本色。因距离兑漕水次较远，官府、百姓供办漕粮艰难，乾隆三年后改征折色。具体办法是：每石漕粮折银七钱七分三厘，将银分拨衡阳、湘潭二县各半，由此二县买米运赴水次。参见福祉 纂《钦定户部漕运全书·改折抵兑》，清光绪二年刻本。

⑦ （清）潘世恩 纂：《钦定户部漕运全书·交兑漕粮》，清道光二十四年刻本。

⑧ （清）潘世恩 纂：《钦定户部漕运全书·兑运额数》，清道光二十四年刻本。

嘉庆十七年（1812），湖南定正兑（即正供）漕米95550石，在有漕省份中居第五位。正兑外尚有“四耗米”（途耗、水耗、转耗、漕工食耗）38185石，其额制为每正兑一石加征耗米四斗；“二耗米”（仓耗、规耗）19090石，其额制为每正兑一石加征耗米两斗；实际所征漕米共152825石[①]。各有漕州县，如遇水旱大灾，经巡抚查明实奏清廷，可蠲免或缓征。

漕粮运输由卫所旗丁承担，采用长运直达。每艘漕船配运粮旗丁十人，水手由旗丁雇募。承运湖南漕粮的有荆州卫、荆州左卫、荆州右卫、沔阳卫与岳州卫。漕船以帮的形式组成船队，“每帮以卫所千总一人或二人领运，武举一人随帮效力。”[②]

雍正四年（1726），漕船总数7120艘，其中湖广410艘（湖南182、湖北228艘）。乾隆二十九年（1764），湖南额定漕船178艘，分为三帮兑运。其中，头帮由湖北荆州卫和荆州左卫组建，配漕船67艘，兑运湘阴、醴陵、宁乡、茶陵、湘乡、常宁、华容、澧州、安福、长沙十州县水次；二帮由湖北荆州右卫和沔阳卫组建，配漕船63艘，兑运善化、攸县、浏阳、益阳、临湘、巴陵、衡山七县水次；三帮由岳州卫组建，配漕船48艘，兑运湘潭、衡阳、清泉、耒阳、安仁、平江六县水次[③]。

湖南漕船在岳州兑齐漕粮后，由城陵矶入长江，经武昌、九江、安庆、江宁，至仪征（仪河水小时，改由瓜洲进口）[④]转大运河。船至淮安，经漕运总督查验无误后继续北上，经山东临清、直隶天津，入北运河，抵通州。道光五年（1825）十月十七日，湖南漕船尾帮驶入直隶安陵汛境[⑤]。十一月初气温骤降，南运河结冻，湖南、江西回空各帮“自天津关迤南起至景州安陵汛止，共守冻军船二百三十一只，分泊九段。”[⑥]这段记载显示，道光时湖南漕粮采用直达运输。

漕粮分帮起运，每帮有千总，限期运到，如有失误需受革职处分。湖南漕粮须于当年十一月内运送岳州仓收贮，次年正月内扫帮前进。各省漕船抵达潞河（也称白河、北运河，在北京通州境内）期限：山东、河南船队三月初一，江北船队四月初一，江南船队五月初一，江西、浙江及湖广漕船六月初一。各地漕粮到通州交兑后，粮船限十日内返航，以按时返归，兑运新粮[⑦]。道光二十六年（1846），湖南漕船延宕，头帮运千总吴权、二帮运千总谢德润、三帮运千总谢范伦皆“摘去顶戴，以观后效”。咸丰二年（1852），同样原因，头帮运千总邓声南、二帮运千总许瑞城、三帮运千总宝善均革职，湖南督粮道龚绶、通判恩绶“下部严处”[⑧]。

漕粮有时被朝廷截留，救济缺粮地区，或拨作军粮。乾隆八年（1743），诏令“江苏、安徽、浙江、江西、湖北、湖南等省，各截漕粮十万石，存贮本省，以备一时缺乏之用。今闻湖南地方，本年雨水调匀，中晚二稻收成丰稔，民食有赖。广西今秋收成稍薄，恐将来不无需米之处。湖南与广西接壤，一水可通。着将截留之漕米，酌拨四万石运往广西，以备明春粜济，似为有益。着该部

---

① 此处引用的是湖南人民出版社2001年出版的《湖南省志·交通志·水运》数据，道光二十四年刊刻的《钦定户部漕运全书·兑运额数》记载湖南地区正四耗漕米总数152889石有奇，两者数字略有区别。

② 《清史稿·食货志》。

③ 道光二十四年刊刻版《钦定户部漕运全书》水次派运及帮船额数条。

④ （清）董恂 辑：《楚漕江程·卷一四》，清光绪二年至三年刻本。

⑤ 《清宣宗实录·卷九十一》。

⑥ （清）潘世恩 纂：《钦定户部漕运全书·沿途冻阻》，清道光二十四年刻本。

⑦ （清）潘世恩 纂：《钦定户部漕运全书·例限》，清道光二十四年刻本。

⑧ （清）福祉 纂：《钦定户部漕运全书·例限》，清光绪二年刻本。

即行文湖南、广西巡抚，遵旨会商速办。”①漕米入桂线路即由湘江、灵渠入桂江。嘉庆七年（1802），“湖南省漕粮内截拨陕西兵粮米八万石。”②咸丰二年（1852），朝廷截留湖南漕米126400石，作为江南赈济之需。

漕船底平舱阔，称为平底浅船。清初，漕船长不过九丈，载米五百石，加上运丁携带的私货，载重量约六百石，吃水不过三尺（称作六捺）。雍正二年（1724），鉴于“江西、湖广粮船，远涉长江，造船以十丈为率，载米一千石有余，入水八捺。”③乾隆五十年（1785），再次议定“江浙漕船长八丈，深六尺，入水三尺四寸为度；江（西）、（湖）广漕船长九丈五尺，深六尺九寸，入水以三尺九寸为度。”④

为防盗匪劫掠漕粮，湘境漕船入江前由洞庭水师、入江后由长江水师护卫⑤。惟因“失风漂没”“雷火击沉”等“非人力所能救护”的“风火事故”，时有发生。如，乾隆五十八年（1793），“湖南帮船二只遭风漂没”；嘉庆二十二年（1817），城陵矶陡起风暴，沉溺漕船十七只，淹死运丁、水手数百人；道光六年（1826），漕船在长江遭遇风暴，漂失漕米五千六百余石⑥。

清承明制，允许运丁携带一定数量私货往返贸易，并免征商税，以补贴船丁、水手生活开支。“各丁开运时多带南物，至通州售卖，复以北货沿途销售。即水手人等携带梨、枣、蔬菜之类，亦为归帮时糊口之用。”⑦康熙时，每艘漕船允带货物六十石⑧。嘉庆以后，“重运粮船每船准带土产一百石，舵工、水手二十六石。至回空时，每船准带梨、枣、瓜、豆等四项食品六十石。”⑨漕运成为南货北输重要形式，“若停运一年，将南方之货物不至，北方之枣、豆难消，物情殊多不便。”⑩沿线商业活动因此兴盛。“湖广、江西、安徽各省漕船，每于回空之时，在于天津一带收买贱盐，一入山东境内即行随路售卖。”⑪

咸丰元年（1851），太平天国起义爆发。次年太平军兵出广西，相继占领道州、郴州、益阳、岳州，并在岳州建立水军，“悉掠两岸人、船，寇势自此盛矣。”⑫当年十二月攻破武昌，随即顺江东进，连克九江、安庆、南京、镇江、扬州等地，切断了长江下游及部分运河漕路，湘汉航道也被阻碍。湖南巡抚骆秉章奏称：

从前无事之时，商民贩运谷米、煤炭、桐茶油、竹木、纸、铁及各土产运赴汉口销售，易盐而归。……自江淮道梗，淮南片引不到，两粤多故，粤引亦不时至，而盐价亦昂，四民重困。湖

① 《清高宗实录·卷十一》。
② （清）潘世恩 纂：《钦定户部漕运全书·随漕竹木》，清道光二十四年刻本。
③ 《清高宗实录·卷五十一》。
④ （清）阿桂：《申明粮船定式疏》，收于《皇朝经世文编·卷四七》，清光绪二十四年铅印本。
⑤ 湖南省地方志编纂委员会 编：《湖南省志·交通志·水运》，长沙：湖南人民出版社，2001年，第561页。
⑥ （清）潘世恩 纂：《钦定户部漕运全书·风火事故》，清道光二十四年刻本。
⑦ （清）姚文田：《论漕弊疏》，《皇朝经世文编·卷四六》，清光绪二十四年铅印本。
⑧ 《清圣祖实录·卷九》。
⑨ （清）高培源：《海运论》，收于《皇朝经世文编·卷四六》，清光绪二十四年铅印本。
⑩ （清）陶澍：《复奏海河并运疏》，收于《皇朝经世文编·卷四八》，清光绪二十四年铅印本。
⑪ 中国第一历史档案馆：《嘉庆后期两淮盐务史料》，《历史档案》，1994年第1期。
⑫ （清）王闿运 撰：《湘军志·湖南防守篇》，清刻本。

南为产米之乡，近年稍称丰稔，谷贱如泥；又武汉叠陷，米粮无路行销，农民卖谷一石，买盐不能十斤，终岁勤动，求免茹淡之苦而不得，于是而农困。商贩贸迁阻滞，生计萧条，向之商贾今变而为穷民，向之小贩今变为乞丐，于是而商困。[①]

咸丰三年（1853），骆秉章奏准清廷，改征漕米为折银，每漕米一石，折库银一两三钱，带助饷银七钱，又征平水、折耗、办公等银八钱，合为二两八钱。江苏、浙江两省漕粮，则由上海沙船承雇装载，海运天津，转输北京。

先是，道光六年（1826），在湘人魏源筹划、江苏巡抚陶澍支持下，苏州、松江、常州、镇江、太仓四府一州漕粮，首次经由招商海运天津。此次漕粮海运，陶澍"亲赴上海筹募商船"[②]，雇用沙船、蛋船及三不像船 1562 艘，共运漕粮 163 万余石，节省银、米运费各 10 万（两、石）[③]。此后，江苏漕粮主要海运北上，"安徽、江西、湖广离海口较远，浙江乍浦、宁波海口或不能停泊，或盘剥费钜，仍由河运。"[④]

漕粮海运始于元，明成祖疏通大运河后复行河漕，漕粮海运皆为官军运输。清代后期兴起的官督商运海漕，一改过去官府包揽、军队承运为主的传统模式。正如魏源所言："（商运海漕）优于元代海运者有三因，曰因海用海、因商用商、因舟用舟；其优于河运者有四利，利国、利民、利官、利商。"[⑤]

同治十二年（1873），中国第一家近代航运企业——轮船招商局在上海投入运营，轮船装运成为漕粮海运的主要形式[⑥]。光绪元年（1875），"湖南漕粮采办正耗米二万三百四十五石，湖北采办三万石，均交招商局由海运津。"光绪十年，中法战争延至东南沿海，"法人构衅，海运梗阻"，一度恢复湖广漕粮河运。后因上海—武汉间通行轮船，乃由武汉轮运上海，海运天津输京。光绪二十七年（1898）开始，"河运海运，一律改征折色。"[⑦]至此，延续两千多年的漕运制度终于寿终正寝。

三、淮盐运销

"盐者，食之急也。"[⑧]民以食为天，食又离不开盐，盐利是国家重要财源。汉武帝以来，食盐产销多由朝廷垄断，称为榷盐。官盐价格是其成本的数十倍、甚至上百倍之多。《新唐书·食货志》记载，未实施榷盐制以前，一斗盐（五斤）价十钱；乾元元年（758），盐铁、铸钱使第五琦初变盐法，"尽榷天下盐，斗加时价百钱而出之，为钱一百一十"；贞元四年（788），更暴涨

① （清）骆秉章 撰：《骆文忠公奏议·卷五》，清光绪四年刻本。

② 《清史稿·陶澍传》。

③ （清）魏源 撰：《道光丙戌海运记》，清道光六年刻本；邱树森 主编：《江苏航运史·古代部分》，北京：人民交通出版社，1989 年，第 183 页。

④ 《清史稿·食货志》。

⑤ （清）魏源 撰：《道光丙戌海运记》，清道光六年刻本。

⑥ （清）何璟等：《督抚札行明年海运粮米酌拨招商局轮船装运》，收于王毓藻 纂辑：《重订江苏海运全案续编·卷八》，清光绪十一年刻本。

⑦ 《清史稿·食货志》。

⑧ 《晋书·食货志》："尚书张林言……盐者食之急也，县官可自卖盐。"

至310钱，“天下之赋，盐利居半。”元时，“国家经费，盐利居十之八。”[①]延至明清，盐课收入仍居“赋税之半”[②]。

自唐至清，湖南地区行销的官盐以淮盐为主，粤、川盐次之，太平天国运动期间一度行销浙盐。

清代中期以前，官盐销售沿袭明万历时施行的“引岸制”。引即“引票”，是商人出钱向官府购买的运销食盐凭证；岸又叫“销岸”“行盐地”“引界”或“引窝”，是盐商垄断的销盐地区。引岸制，也叫纲法，即将专商所买盐引，编设纲册，分为十纲，每年以一纲行积引，九纲行现引。依照册上窝数，按引派行，凡纲册有名者据为窝本[③]，册上无名者没有领取盐引的资格。以若干斤为一“引”，销盐区口岸经官府核定销引数，按引纳税。明时，每引盐重1750斤，纳税银六两。清代引票由户部印发，又叫“户引”，每引运盐斤数多则800斤（两浙），少则225斤（山东），湖广为每引600斤[④]。

《清史稿·食货志》：

其行盐法有七：曰官督商销，曰官运商销，曰商运商销，曰商运民销，曰民运民销，曰官督民销，惟官督商销行之为广且久 凡商有二：曰场商，主收盐；曰运商，主行盐。其总揽之者曰总商，主散商纳课。

清初至道光期间，湖广盐政主要行官督商销之制。场商交纳盐税后，才能向“灶户”（食盐生产者）收购盐斤；运商须先缴课，领取盐引，方可到指定地点向场商买盐，运到指定地区发卖。商贩运盐须有“水程（运单）”，经过沿途关津时都要查验。康熙四十四年（1705）湖南巡抚赵申乔批允，“凡商贩投缴水程，随令善化、湘潭、衡山三邑设关盘验盐包数目及填注发卖州县印戳放行。即行，知会前途经过地方所往发卖州县稽查，俟该商贩投缴水程验明，方许发卖。”[⑤]

清初，湖南人丁稀少，年销淮盐数万引。乾嘉时人口大增，年运销淮盐达20余万引。淮盐由盐场水运泰坝（今江苏泰州境）汇集、过坝掣验后，“商贩自泰坝买盐至仪征批验所，自仪征出发，……一千六百六十里至汉口。”[⑥]运盐船户及船只需分类编号造册，组成船纲，限定运期。乾隆十二年（1747），规定淮盐从仪征运抵汉口期限：四、五、六、七百引的小船为一个月，八、九百引至千二百引的中船为四十天，一千三百引至二千四五百引的大船为两个月。如果船只途中遇险延误，要报当地官府，再由地方官转报行销地区督抚盐道稽查，无故延误要受处罚[⑦]。

据嘉庆《两淮盐法志》统计，湖南地区行销淮盐约22万引、13200万斤，参见表9-4（郴州、桂阳州例食粤盐，不含在内）。

---

① 《元史·郝彬传》。

② （清）王世球 纂修：《两淮盐法志》序：“盐筴之为额供也，居赋税之半，而两淮又居天下之半。两淮之盐法定，而天下之盐法准此矣。”清乾隆刻本。

③ “纲册有名者”，即为专售食盐的大商人；“据为窝本”，即垄断食盐的销售地。

④ 罗威、贺双非：《湖南古代盐制浅析》，《盐业史研究》，2004年第3期。

⑤ （清）江恂等 纂修：《清泉县志·食货志》，清乾隆二十八年刻本。

⑥ （清）周庆云 纂：《盐法通志·疆域门·运道二》，上海：文明书局，1914年。

⑦ （清）张茂炯等 撰：《清盐法志·运道·卷一二八》，民国九年铅印本；（日）佐伯富 著，顾南、顾学稼 译：《清代盐政之研究（续）》，《盐业史研究》，1994年第2期。

清代淮盐行销湖南详情表[①] 表 9-4

府州名	所辖州县	行盐量（引）
长沙府	长沙、善化、湘潭、湘阴、宁乡、浏阳、醴陵、益阳、安化、湘乡、茶陵、攸县	32270
岳州府	巴陵、临湘、华容、平江	25110
宝庆府	邵阳、新化、城步、新宁、武冈	29560
衡州府	衡阳、清泉、衡山、耒阳、常宁、安仁	24026
常德府	武陵、桃源、龙阳、沅江	38680
辰州府	沅陵、泸溪、辰溪、溆浦、永绥厅	14410
沅州府	芷江、麻阳	640
永顺府	永顺、龙山、保靖、桑植	2721
靖州	靖州、会同、通道、绥宁	1600
永州府	零陵、祁阳、东安、宁远、永明、江华、新田、道州	28120
澧州	澧州、石门、安乡、慈利、安福、永定	23179
合计		220316

引岸制使得官盐运销被少数盐商垄断，导致官盐价格高昂，私盐泛滥。两淮盐引“归商人十数家承办，……场价斤止十文，加课银三厘有奇，不过七文，而转运至汉口以上，需价五六十不等”[②]。有日本学者认为，“私盐比官盐基本上便宜一半，而且无论何时何处，都能买到需购的数量，于是人民大部分依赖于私盐。”[③] 由于私盐大行其道，造成“淮引滞销，以致课迟运绌”[④]。嘉庆二十五年（1820）湖广、江西滞销淮盐 25 万引，占原额四分之一，道光九年（1829）淮盐滞销更达三分之一以上，引岸制已难以为继。道光十年，两江总督兼管两淮盐政陶澍奏称：“自道光元年辛巳纲起，至十年庚寅纲止，十纲之中，淮南商办课运止有五纲七分。”是年底，汉口盐岸滞留之盐不下 2000 万斤，两淮壅积引数几至半数，积欠银更达 6300 万两[⑤]。

清代私盐走私方式，主要有灶私、商私、漕私、船私、官私、邻私等[⑥]。其中，漕私数额巨大，“几及淮引全纲之数”[⑦]，严重影响了两淮盐政。“讲求盐政者，莫不以禁私为首务。”[⑧] 因此，陶澍主持两淮盐政改革时，数度上书道光皇帝，命直隶总督、山东巡抚、长芦盐政、天津镇总兵等配合，严管营汛州县，协调“禁私”行动，堵截装载私盐的漕船。陶澍奏称：“私盐侵占淮纲最甚。而为害尤深者，莫如粮私。粮船收买芦盐，以及高宝、兴化，地棍屯积私盐，每船约计千

① （清）佶山 纂修：《两淮盐法志·六省行盐表》，清嘉庆十一年刻本；吴海波：《清中叶湖广私盐量化分析》，《盐业史研究》，2011 年第 2 期。

② （清）黄钧宰 撰：《金壶浪墨·盐商》，清光绪二十一年上海文明书局石印本。

③ （日）佐伯富 著，顾南、顾学稼 译：《清代盐政之研究》，《盐业史研究》，1993 年第 2 期。

④ 《朱批奏折·财政类·盐务项》，道光元年八月二十一日，户部尚书英和等折。

⑤ （清）陶澍：《缕陈八年来办理两淮盐务并报完银数比较在前情形附片》，收于《陶文毅公全集·卷一八》，清道光八年刻本。

⑥ 从盐场灶户手中流出的私盐称为灶私；商私即夹带私盐的盐商；利用回空漕船夹带私盐，称为漕私，也称粮私；船私即运盐的船户行私；官员凭借手中权力参与走私，称为官私；邻私指其他盐区的食盐走私进入本地行销。

⑦ （清）陶澍：《筹议稽查粮船夹带私盐折子》，收于《陶文毅公全集·卷一三》，清道光八年刻本。

⑧ （清）贺长龄 辑：《皇朝经世文编·卷四九》，清道光刻本。

余石。沿途售卖，各岸均被占销。”[①] 又称：“各省军船回空，向自天津至江南一带，沿途装载私盐，侵销引地，最为淮纲之害。而安徽、江西、湖北、湖南等帮，为害尤甚。”[②] 关于粮船私盐，陶澍也有陈述：“粮船装私，均用小船载送。天津河下，私船如织。围绕粮艘，白画上载。地方文武，熟视无睹。”[③]

道光十二年（1832），在魏源倡导和筹划下，陶澍率先在淮北施行“废引改票”的票法。即废除纲引垄断，商贩只要缴纳盐课，就可领取官票贩运。实行票法后，“盐价骤贱，农民欢声雷动”[④]，官盐销售大增。

道光三十年（1850），“废引改票”推广其他地区。盐政新规包括：

行销不分纲食，只分四路：湖广为一路，江西为一路，江苏为一路，安徽为一路。凡请运湖广盐者，准在湖北、湖南所属各府州县，凡系淮南行销引地境内城乡市镇水陆随商发卖，惟不准越出湖广淮引界处，如旁侵他省及西、粤、闽、浙、川、潞引地，逾境盐以私论。……商盐运到指销之省，或赴栈店卖，或在船零售，听商自行办理，各省地方文武衙门，既无督销考核，不准藉稽查而滋需索。[⑤]

票法施行后，纲法中的诸多弊病得到较为彻底的改变，“票盐售价，不及纲盐之半”[⑥]，两淮盐政再度呈现生机。陶澎也因此被誉为“自唐末以来，历时千百余年的中国盐法史之最后润色者。”[⑦]

道光三十年（1850），行湘淮盐引额年定412票，每票500引，共20.6万引、12360万斤。“每引六百斤，出场至仪征，改为六十斤子包，一引十包。”[⑧] 无论官绅商民，只要纳税领票，都可承运，并能销界内转卖流通。于是运盐船商兴起，不少富商争造大船领票运盐。咸丰初，湖南巡抚骆秉章奏称：“计淮南之盐，销数多者，惟湖南为最。每年正引之外，尚融销湖北之盐十余万引。论者每谓淮南引盐行销西岸、汉岸，而其实湖南从汉岸分销，几敌淮纲之半。”[⑨]

咸丰初，太平军占据长江中下游，江路一度梗塞，运道不通，淮盐片引不到湖广岸地。清廷改以粤盐、川盐、浙盐济湘。

咸丰二年（1852），湘抚张亮基奏请借销粤盐获准[⑩]。次年，清廷决定川盐运销湖北的同时，“顺

① （清）陶澍：《严查回空粮船夹带私盐折子》，收于《陶文毅公全集·卷一一》，清道光八年刻本。

② （清）陶澍：《回空军船夹带私盐请照上年章程严行查禁并饬堵川私潞私折子》，收于《陶文毅公全集·卷一三》，清道光八年刻本。

③ （清）陶澍：《筹议稽查粮船夹带私盐折子》，收于《陶文毅公全集·卷一三》，清道光八年刻本。

④ 《清史稿·食货志》。

⑤ （清）张茂炯 撰：《清盐法志·运销门·商运》，民国九年铅印本。

⑥ （清）魏源 撰：《古微堂集·外集卷七》，清宣统元年国学扶轮社本。

⑦ （日）宫崎市定：《清代盐政之研究序》，《盐业史研究》，1993年第2期。

⑧ 《清史稿·食货志》。

⑨ （清）葛士浚 辑：《皇朝经世文续编·户政》，清末铅印本。

⑩ （清）张亮基：《恳请借销粤盐折》，《张惠肃公（亮基）奏稿》，收于沈云龙主编：《近代中国史料丛刊》（第三编），台北：文海出版社，1988年，第422页。

流而下并及岳州、常德、澧州。”[①] 并许可商民贩盐入楚，通过抽收厘课，筹措“军兴之经费”[②]。此后，“凡川、粤盐斤入楚，无论商民，均许自行贩鬻，不必由官借运。惟择堵私隘口抽税，一税之后，给照放行。”[③]

咸丰五年（1855）四月，曾国藩请拨浙盐三万引，由湘军监运赣、湘销售，“以盐抵饷”[④]。稍后，骆秉章奏称“以浙省所产之盐，断不足敷江楚民食，而于军饷裨益无多，不若采买淮盐。……淮盐由浙河转运湖南，经过江西，亦系淮盐引地，原无虑其浸灌。惟由苏过浙，必经浙河，系浙盐引地，然程途仅止三百余里。责成领运之商，督运之官，限以程期，亦无难杜其浸灌。”[⑤] 户部会同军机大臣复议后，建议由浙省运盐十万引，赴湖南易茶十万道，两省茶盐互运。“楚省得盐，既无虞之缺乏；浙省得茶，亦无虑茶之难销。”[⑥] 光绪《湖南通志》载，咸丰五年（1855），“江路梗阻，只得从浙河运至湖南。”

咸丰末，随着太平天国运动走向失败，长江航道重新畅通，湘岸复为淮引。同治二年（1863），两江总督、盐督院曾国藩主持订立《淮盐运楚章程》规定，盐政实行“官督、商运、保价、整轮（按顺序轮流发销）”[⑦] 办法。次年，曾国藩采纳两淮盐运使郭嵩焘建议，在长沙设立湖南盐务督销总局，下设二十个分销局、一个子店、七个缉私卡所，负责淮盐销售、定价、扣厘、缉私等事务。同治六年，湖广总督李鸿章为筹措“剿捻”款项，准令票商以白银30万两买得专利，垄断运销，盐商可据盐票为永业，且可买卖、转让。光绪三十二年（1906）京汉铁路通车，天津芦盐始由汉口水运入湘，淮盐销量渐减。

这一时期，运盐业务多由各大船行承揽，如交货时验出少包亏斤，则由船户承担。宣统元年（1909），长沙刘人和船行承运湘顺兴盐号20引，点包封舱发航，抵港后查验包数不符，船行即行封船，扣押船户“具限勒缴”。

民国三年（1914），改用司马秤（司马秤100斤合127市斤），以100斤为1担，8担为1引，500引为1票。此时，湖南有淮盐运商二三十家，分为5帮，大户首推长沙朱冒霖开设的乾顺泰盐号，自有盐票34张，租用盐票45张，约占全省盐票的五分之一。民国四年至二十年（1915—1931），每年船运入湘的淮盐平均为133.4万余担[⑧]。

四、战船、漕船修造

清初，湖南是清朝与南明拉锯争夺的战略要地。驻节长沙的五省经略洪承畴督征滇黔时，一次造官船八百余艘。“署理长沙府事”的张道澄“赴永州打造扒杆粮船三百只”，转运广西前线

① （清）丁宝桢 纂修：《四川盐法志》，清光绪八年刻本。
② （清）王庆云 撰：《王文勤公奏稿·户部议令楚西两岸借运邻盐抽税折》，清末民国初誊清稿本。
③ （清）骆秉章：《酌议抽收盐税章程折》，收于《骆文忠公奏议》，清光绪四年刻本。
④ 王静雅：《清代咸同时期战时筹饷与淮盐湘岸旧制规复》，《学术月刊》，2015年第3期。
⑤ （清）葛士浚 辑：《皇朝经世文续编·户政》，清末铅印本。
⑥ 《军机处录副奏折·咸丰朝·盐务项》，咸丰五年十月初九日，大学士户部尚书贾桢等折，中国第一历史档案馆藏。
⑦ （清）吕调元等 修：《湖北通志·卷五一》，民国七年刻本。
⑧ 湖南省地方志编纂委员会 编：《湖南省志·交通志·水运》，长沙：湖南人民出版社，2001年，第564页。

粮饷；任常德通判后又造战舰和运船，其中四百只专运输往云贵前线粮饷[①]。

雍正元年（1723），设可容甲士500余人的“天字一号”战舰于沅江，用于洞庭协讯[②]。

咸丰二年（1852）十月，太平军将在益阳、岳州缴获的数千民船改造成战船，组建水营，封“素为木客，兼贩商米”的新参军船主唐正财（祁阳人）为典水匠（水营统帅），职同将军。水营船只“不分炮船、战船、坐船、辎重船，所有船只，皆载贼军，皆载粮粮，皆载器械炮火；凡有船皆战船，凡接仗，皆出队。”在攻克武汉的战役中，唐正财造舟为梁，“搭浮桥数座，直贯武昌城下。”

湘军统帅曾国藩初时未设水师，随着战事发展，深感“非舟楫无与争利”，乃上《请置战舰练水师疏》：“早备战船，多安炮位，使水陆兵勇，声势联络，以扼其分窜之路……断彼接济之途。”[③]咸丰三年冬（1853），曾国藩以军饷8万两与部分商绅捐款为经费，在衡阳筷子洲、湘潭杨梅洲两处设厂，制造战船，训练水师[④]。

在快蟹、长龙两种战船即将赶造完工时，曾国藩接纳黄冕建议，大量添造船身短浅、运行灵活的舢板船。为加强水师火力，除截留广西解鄂大炮200尊外，又从广东购回洋庄炮1000余尊[⑤]。

咸丰四年（1854）二月，湘军水师舰队初具规模，计有战船361艘（其中拖罟1、快蟹40、长龙50、舢板150、辎重炮船120），运输船舶100艘，战炮570门，“水军五千，分十营，设粮台舟中，器物食用工匠毕备，合陆军五千，发衡州，浮湘东下，军容甚壮。”[⑥]这支水师数量虽不及太平军水营，但在质量、装备上均优于对方。同年，太平军船只“焚于湘潭约二千艘，再焚于岳州约数百艘，再焚于城陵矶约数百艘，再焚于汉阳小河约四千艘，再焚于田家镇约三千艘。”[⑦]至此，湘军水师基本控制了长江中游及洞庭湖水域。其后，“江西亦造战船，颇用湖南船制。”[⑧]

湘军各型战船形制如下：

长龙船，长4丈1尺，底中宽5尺4寸，船头装炮2门，炮重800至100斤；船两侧共装炮4门，炮重700斤，船尾装炮1门，炮重700斤；船上装有固定的窗槅，可供居住；每艘长龙船设管驾（即哨官）1人，水兵24人。

舢板船，底长2丈9尺，底中宽3尺2寸，督阵军官的大舢板尺寸略大；舢板船头装炮1门，炮重700至800斤，船尾装炮1门，炮重600至700斤，两侧共装炮2门（腰炮），炮重40至50

① 杨海英：《洪承畴长沙幕府与西南战局》，《燕京学报》新7期（1999年）、新8期（2000年）。

② 湖南省地方志编纂委员会 编：《湖南省志·交通志·水运》，长沙：湖南人民出版社，2001年，第527页。

③ （清）曾国藩 撰：《曾文正公全集·书札·卷三》，清光绪三年刻本。

④ 清人王闿运著《湘军志》：“始编木为筏，宽七尺，长丈有五，刻其两头以冲敌，试之不济，益专意造炮船，而苦不知其制，自运精思，改商舟为之，仿端阳竞渡船，短桡长桨，如蛇足鸟翼，逆水斗风不能阻，然皆用己意缔造，无成法可循，其制屡更未定。会守备成名标（岳州水师守备）自长沙来，言广东快蟹三板船式；同知褚汝航（广西同知）自桂林来，言长龙船式，国藩令仿造之，试炮果不震，乃令成名标董其役，设总厂于衡州（筷子洲），褚汝航领分厂于湘潭（杨梅洲），奏留大营。以粤饷八万办水师，成快蟹四十、长龙四十。”

⑤ 方之光、王建科：《曾国藩战略思想述论》，《安徽史学》，1992年第4期。

⑥ （清）王闿运 撰：《湘军志》，光绪二十八年湖南书局刊本。

⑦ （清）张德坚 撰：《贼情汇纂》，收于中国史学会 主编：《太平天国》（第三册），上海：上海人民出版社，1957年，第142页。

⑧ （清）王闿运 撰：《湘军志》，光绪二十八年湖南书局刊本。

斤；舢板露载无篷，只在停泊时才支起夹帐，供水兵住宿，行船前拆除。每艘舢板船设管驾 1 人，水兵 14 人。

每个水师营设快蟹船 1 艘，作为营官的指挥船，与长龙船一样，装有固定的窗槅可供居住。船上设舱长 1 人，桨手、橹工、头篙、舵手、炮手等共 44 人。[①]

咸丰五年湖口之战后，曾国藩发现快蟹、长龙笨拙不堪用，乃大量裁减，以舢板为主力战舰。《湘军志评议》：

今水师但用舢板，每营惟长龙一二，号备扎营壮声势而已，快蟹（营官指挥船）、拖罟（主帅指挥船）悉废不用。[②]

漕船涂红漆，又名“红船”。主管漕船修造的最高长官是漕运总督。衡阳、湘潭、醴陵、沅江、岳阳设有红船埠或红船厂。嘉庆十五年，为防漕船过大产生事故，江西巡抚先福奏请将漕船原制长九丈五尺改为九丈，底长七丈二尺改为七丈。次年，湖南巡抚朱绍曾奏准，仿照江西新定丈尺一律改小。

舟船检验更趋规范，漕船修造竣工后需经九验，合格方可出厂。“一曰验木；二曰验板；三曰验底；四曰验梁；五曰验栈；六曰验钉；七曰验缝；八曰验舱；九曰验头、艄。”[③] 验木是检验船只是否用规定的木料建造；验板、验梁是检验船用板材、横梁是否符合规定；验栈是检验甲板质量；验钉一是船钉自身材质，二是防止“钉稀”现象；“头艄坚实，船自经久”，因此头、艄检验特别严格；窒舱须处处完全。“十年限满，由总漕亲验，实系不堪出运，方得改造。”[④]

五、民间造船业的发展

清中叶以来，民间造船业进入鼎盛时期。道光年间，湖南民船总数约 3 万只，平均每只载重约 400 石，总吨位达 1200 万石。咸丰二年（1852）太平军取益阳后，数日之内便获大小民船千余只[⑤]。

民船由私营造船厂、柠橹坊制造，一般要由邻佑里甲具保，呈报官府核准，营运中接受各塘汛、协汛及水卫官稽查。

由于水系航道及船只结构、功能、用材、特性等方面差异，民船种类繁多、名称各异：

以鳅船为例，有长沙鳅、浏阳鳅、龙阳鳅、石门鳅、新化鳅、邵阳鳅、武冈鳅等。

以拨船为例，有长沙拨、衡州拨、澧州拨、宝庆拨、洞口拨、清泉拨、浏阳拨、慈利拨、沅江拨等，而长沙拨又有平板、岩板、拖板、挂板之分，衡州拨有大河、草河之别，浏阳拨有大板、小板之属。

以巴杆为例，有耒阳巴杆、安仁巴杆、郴州巴杆、永州巴杆、常宁巴杆、永兴巴杆、道州巴杆、

① 本书编委会 编：《衡阳水路交通史》，长沙：湖南人民出版社，2014 年，第 52 页。
② （清）郭嵩焘、郭崑焘 撰，郭振墉 校：《湘军志评议》，民国五年湘阴郭氏清闻山馆刻本。
③ 《清史稿·食货志》。
④ 《清史稿·食货志》。
⑤ 阙子城 主编：《益阳地区交通志》，长沙：湖南出版社，1992 年，第 227 页。

新宁巴杆、祁阳巴杆、桂阳巴杆等。

以乌舡为例，有宁乡乌舡、郴州乌舡、麻阳乌舡、衡山乌舡、益阳乌舡等。

以倒扒为例，有湘乡倒扒、湘阴倒扒、宁乡倒扒、常德倒扒、湘潭倒扒、安化倒扒、沅江倒扒、衡山倒扒等。

以艖为例，有洋溪艖、烟溪艖、蛤蟆艖等。

至于艫子、七板子、麻雀尾、渠江舶、调羹拨、芦壳拨、外跳、艄窝、开梢、中盘、毛板、鹭鸶、桐子壳、鳅头、锅边子、五板筏、箕箕头、撮箕头、溪舶子、艕子、猫子、敞壳、一字艇、飞外跳、长雀尾、鸦艄、撇子、大力子、辰条子、满江红、苗船、半篷、毛篷、满篷、红绣鞋、小三舱、双飞燕等船，出于祁阳、靖州、邵阳、宜章、洪江、安江、辰溪、永绥、嘉禾、宁远、泸溪、通道等县市。[①]

此外，湘水系还有长沙倒扒、长沙板船、祁阳坝船、道州船、永明船、茶陵壳子、攸县平头船、湘乡驳子、枣毛头、麻雀尾、舴艋、小拨、湘窝子、平江铲子、湘潭半蓬子、捞河撇子、道林撇子、云湖撇子等。茶陵壳子用樟木制成，形似梭子，船身轻，实载率高（3—20 吨）；撇子船体狭长，钉锔密，吃水浅，工艺精巧，行驶灵活，俗称"撇子两头尖，有水上得天。"

资水系有益阳长船、益阳七板子、舟驳子、瓦船、安化条船、渠江驳、羊七牯、新化麻雀尾、槽船板脑壳、洞拨子、洋溪古洞拨子等，其中益阳七板子载重量较大（100 吨）。

沅水系有上河船、辰溪广梭子、麻阳船、白河（酉水别名）船、洪江油船、桃源别子、沅陵船、溆浦船、武水船、草鞋板、晃州苗船、通道燕子尾等。上河船首尾较窄，底部园阔，吃水浅，一般航行于沅水上游滩河；洪江油船又名鳅鱼头，结构坚实、载重量大（40—110 吨），沈从文先生曾著文描述[②]。

图 9-8　洞庭湖大型四桅帆船[③]

澧水系有九澧驳船、津市船、临澧岩板船、山驳船、大庸船等。九澧驳船头尾平阔、稳定性好、载重量大（20 —100 吨），多航行于四水干流及洞庭湖、长江水域。

洞庭湖区有岳阳铲子、平江铲子、汉寿铲子、汉寿长杆船、安乡鸦艄船、沅江封艄、风纲船、渔肚船、翻水板船及艑舸等大型帆船（图 9-8）。岳阳铲子船身短，吃水深，抗风性好，适宜滨湖地区航行。

① 湖南省地方志编纂委员会 编：《湖南省志·交通志·水运》，长沙：湖南人民出版社，2001 年，第 533 页。

② 沈从文先生在散文《常德的船》中写道："在沅水流域行驶，表现得富丽堂皇，气象不凡，可称为巨无霸的船只，应当数'洪江油船'。这种船多方头高尾，颜色鲜明，间或且有一点金漆装饰，尾梢有舵楼，可以安置家眷。大船下行可载三四千桶桐油，上行可载两千件棉花，或一票食盐。用橹手二十六人到四十人，用纤手三十人到六七十人，必待春水发后方上下行驶，路线系往返常德和洪江。每年水大至多上下三五回，其余大多时节都在休息中，成排结队停泊河面。"

③ 席龙飞 著：《中国造船通史》，北京：海洋出版社，2013 年，第 381 页。

外省流入湖南的船只，有贵州苗船、铜仁船、玉屏船、湖北鸦沙船、下江斗子船、四川白木船、江西干扳子船等。同治十年（1871），黔东南苗民起义进入尾声，太平军余部将领李文彩面对“知难复振”的严重局势，建议义军领袖张秀眉“广采苗船，乘春水涨发，引众浮清水江东走，径指洪江，下趋常德，以扰湖南腹地。”[①]

下面，择要介绍几种代表性船型[②]：

湘舸 大型帆船，俗称“桐子壳”，喻其形为油桐之壳。船首方正微耸，船尾略收缩而翘，身板、底板、船舷皆为弧线型；钉密缝紧，舱分大、中、小三等，大舱二，每舱容可千余担；载重量百余吨至数百吨不等。湘南山区多大樟，衡祁一带的造船工坊常造此种船，用于运输湘粮淮盐，每船造价费银万两以上，非富商大贾不能为。

湘艑 大型帆船，因船形似鳊鱼而名。船首菱角形，利于分水破浪；船身上宽下窄，自上而下缓斜；船艄收束而翘；船桅一般有三，乘风而驶甚速；船底有三板、五板、七板之分。湘艑始于南朝。《荆州记》：“湘州七郡，大艑皆受万斛。”民国时省境有湘艑百余艘，抗日战争中悉毁。

湘鳅 小型帆船，以船形似鳅而名，遍及省境各干支水系。湘水有长沙鳅、浏阳鳅、醴陵鳅、平江鳅、耒阳鳅等，资水有武冈鳅、宝庆鳅、新化鳅、安化鳅、益阳鳅等，沅水有洪江鳅、辰溪鳅、沅陵鳅、桃源鳅、常德鳅等，澧水有大庸鳅、慈利鳅、石门鳅、澧阳鳅、津市鳅等，湖区有湘阴鳅、岳阳鳅、龙阳鳅、安乡鳅等，均以船籍港命名。各地鳅船大同小异，船首尾尖秃而翘，底平，隔舱多，结构坚固，吃水浅，稳定性好，载重5—30吨不等。

毛板 始于嘉庆四年（1799），新化船商杨海龙发明。为邵阳、新化直放长沙、武汉的运煤特种船。全船皆以八分（合2.67厘米）松木板钉成，板子毛糙，未经刨光，故称毛板船。其船头、船尾皆尖翘，船身一般长24—30米，宽3—4米，深2—3米，按载重量分大码子（2000担）、中码子（1400担）、小码子（400担）。船舷、底板、身板以榫接，并用方寸钉锲紧，竹麻绒与桐油石灰捻缝。船造好后，留专用船工看守，谓之“长守”。春夏水涨，装好煤，由“舵师”主操，配篙手6—8名；由邵阳、新化顺流而下，抵目的港后连船带煤一起卖掉，或先卖煤再用退钉脱榫法卸船卖材木。清末，仅新化、冷水江一带，每年就要放出毛板船1000余艘。

毛板船航程分为两段，由邵阳到益阳为山河段，益阳以下为外河段，每段聘请不同的船工。此种船制造成本低，每艘用银不过千两，然获利2—3倍以上，故毛板船商皆富。清代拓辟的“宝安益路”，主要由毛板船商集资修筑，以利船工由益返邵。

第四节 港埠发展与航道整治

湖南航运网络由洞庭湖和湘、资、沅、澧四水，松滋、虎渡、藕池、调弦四口，以及汨罗江、新墙河等中小河流组成。港埠盛衰演变，与各地军事、政治及经济社会发展息息相关。乾嘉时期，

① （清）徐家干著：《苗疆闻见录》，贵阳：贵州人民出版社，1997年，第33页。

② 船型资料源于《湖南省志·交通志·水运》，湖南人民出版社，2001年，第534—538页。

以水系为纽带的船帮勃兴，标志独立的水上运输业形成。

一、港埠发展与变迁

乾嘉年间，商品流通大增，港埠发展迎来难得的历史机遇。湘水沿岸的长沙、湘潭、衡阳、永州，资水一线的益阳、邵阳，沅水流域的常德、辰州、洪江，澧水流域的慈利、津市以及洞庭湖区的巴陵、城陵矶等港，发展成为重要商埠，箩行、栈行、牙行因之兴盛。

长沙港 安史之乱后，湖南所征漕粮较唐初大幅增加，“三秦之人待此而饱”[①]。开始出现“脚佣”和“递夫”等专业搬运人夫。晚唐五代，长沙窑瓷成为国内最大宗出口商品，远销朝鲜、日本以及东南亚、西亚、东非等地，起锚地为铜官码头。

五代时，马楚大力发展商业贸易，以致“四方商旅闻风辐辏”[②]。这一时期的长沙，除宫殿园苑大兴土木外，城区基本还是隋唐规模，沿江设有济州、清泰两座城门。

宋朝增修长沙城，沿江建三座城门，南为步驿门主供驿运、漕运、渡运；中为通货门，主供商货运输；北为草市门，主供农产品等。其时，“巨舰漕米，一载万石”号为“长沙三绝”之一[③]。

明初，长沙守御使邱广重建长沙，“城墙广二丈，高二丈四尺，周二千六百三十九丈五尺，计十四里有奇，女墙四，六百七十九堞。”城设九门，沿湘江有四门，“曰临湘、德润、潮宗、通货。”[④]

顺治十一年（1654），驻节长沙的五省经略洪承畴拆运明藩王府砖石修筑城墙。府城布局沿袭明代，环城仍设九门，东为小吴门、浏阳门，南为黄道门，西有德润门、驿步门、潮宗门、通货门，北为湘春门、新开门。

随着“五口通商”，长沙取代湘潭成为湖南地区商业中心。外国棉纱、棉布、煤油、食糖等自汉口运来长沙，转销省内；米谷、茶叶、桐油、鞭炮等物产则在长沙集散，运往汉口。光绪三十年（1904）长沙开埠，港埠生意进一步兴旺，码头增至28座，计有大码头、新码头、义渡码头、金家码头、小肌码头、水港码头、杨家码头、湘乡码头、永州码头、衡山码头、烂码头、西湖码头、竹码头、柴码头、鱼码头、盐码头、老煤码头、新煤码头、粪码头、晏公码头、麓胜码头、灵官渡码头、苏州码头、王爷殿码头、蒋家码头、太平码头、南湖港码头、朱张渡码头等。宣统元年（1909），益阳、安化士绅在西湖桥修建益安码头，“自是两邑之船到省始有埠可泊。”[⑤]1935年，长沙港码头增至44座，其中轮船码头5座、义渡码头1座、砂石粪便码头6座、竹木码头2座、其他码头30座。

湘潭港 唐天宝八年（749），徙湘潭县治于洛口（今易俗河镇）。宋时，县治迁徙今址，“历元、明、清无复更张。”[⑥] 万历初，商业趋旺，县令吴仲于城东辟四门通湘江码头。

乾隆间，湘潭知事秦铩请得帑金二万四千余两修筑新城，增建码头。随着商贸复趋繁荣，

① 《旧唐书·刘晏传》。
② 《十国春秋·楚世家》。
③ 参见北宋元丰元年（1078）张师正的《倦游杂录》。
④ （明）雷起龙 修：《长沙府志》，明崇祯刻本。
⑤ 阙子城 主编：《益阳地区交通志·大事记》，长沙：湖南出版社，1992年。
⑥ （民国）朱羲农、朱保训 编纂：《湖南实业志》，长沙：湖南人民出版社，2008年，第357页。

“各方商贾相率而来，……粤之海味、葵扇、槟榔等食用品，亦以湘潭为一大销场，每年销售不下三百万担，而银硃、玳瑁、珠矶、翡翠，以及化皮、安桂之属，尤为珍贵，必逾岭峤由郴县、零陵直下抵潭。”此外，涟水、涓水流域谷米，“衡阳之煤，攸县之铁，湘乡、邵阳之纸，郴州、零陵之烟叶、钢铁、连锡、硫磺、土红、茜席、土果等类，皆荟萃于斯。”[①]商务较长沙尤有过之。

“一口通商”期间，“凡外国运来货物，至广东上岸后，必先集于湘潭，由湘潭再分运至内地……中国丝茶之运往外国者，必先在湘潭装箱，然后再运广东放洋；故湘潭及广州间，商务异常繁盛。”[②]港口“自杨梅洲至小东门岸，帆樯集连二十里”[③]。码头增至37座，船行、牙行、栈行、箩行业务昌盛，仅船行船户就有九帮（浏阳、醴陵、峋嵝、衡祁、湘乡、宝庆、安化、长善、郴永）。水运成就了湘潭历史上“米市”“药都”盛名，“岁入甲全省，凡摊捐皆倍他县。”

“五口通商”后，部分经由湘水的南北商货改走长江航道。光绪三十年长沙开埠，次年株萍铁路通车，赣货弃水（萍水—渌水—湘水）依陆（铁路），不再取道湘潭。未久，米市又由易俗河改迁长沙靖港，湘潭港“湖南第一码头”地位渐失。

衡阳港 唐至德二年（757）设衡州防御史，领衡、郴、永、道等州军事，渐成湘南政治军事中心。康熙十七年（1678），吴三桂建都衡阳，城池、码头随即修缮。雍正年间，计有太子码头、大码头、铁炉门码头、柴埠门码头、潇湘门码头、北门码头、南渡码头、丁家码头、粟家码头、高家码头、谭家码头、余家码头等12座[④]。道光二十六年（1846）扩建港城，“周凡二千二百五十五步，东西最远四百步，南北八百五十步；设城门七，南曰阅江，东曰宾日，亦曰柴埠，东北曰潇湘，西曰安西，西北曰望乡，北曰瞻岳。”[⑤]阅江、柴埠、潇湘、安西等城门外即为港埠码头。咸丰三年，曾国藩于筷子洲设厂，造战舰，练水师，相应修缮港岸与城墙。

据光绪三十二年（1906）《商务官报》，衡州每年进口竹布1000余箱、洋布2000余捆以及日本、印度出产的棉丝若干；输出物产，每年约有烟草4.4万余担、茶油12—13万担、大米7—8万担、木材约600万方，茶、靛、纸、豆、麦等亦为数不少。宣统三年（1911），衡阳富商杨逊等人集资购置小火轮2艘，开办轮船运输。

益阳港 同治时，沿港十余里，“车船辐辏，物阜人夥”，“金湘潭、银益阳”美称流传。“贸易则谷米竹木纸笋之属，本地所产，外客集焉，故多开充牙行……其余诸货，则皆苏杭闽广豫章诸省客商营运居奇于此。”[⑥]宣统三年（1911），有笋、棕、石灰、枯饼、膏矾、南竹、瓷器及油、盐、茶、酒、蛋、鱼、烟、水果、猪、铁、纸、大布、绸缎、米谷、苏浙、广货、洋货、煤炭等25行，交易30余类商品，尤以竹木、米谷、鱼虾、皮蛋为盛。

1941年，港区有码头46座，其中轮船码头3座、竹木码头12座、汽车码头2座、渡划码头8座、生活日用小码头21座。登记益阳港籍民船1760艘，“若以县别而言，当以衡阳之船居首位，

① （民国）朱羲农、朱保训 编纂：《湖南实业志》，长沙：湖南人民出版社，2008年，第357页。
② （清）容闳 著：《西学东渐记》，郑州：中州古籍出版社，1998年。
③ （清）陈嘉榆等 修：《湘潭县志·货殖》，光绪十五年刻本。
④ （清）杨纯 修：《衡阳县志·津渡》，清雍正十二年刻本。
⑤ （民国）朱羲农、朱保训 编纂：《湖南实业志》，长沙：湖南人民出版社，2008年，第444页。
⑥ （清）姚念洋 修：《益阳县志》，清同治十三年刻本。

湘乡、益阳二县次之。”[①]

邵阳港 “春秋时白公善筑城于今县治。”[②]三国吴置昭陵郡，郡治依江而建。唐置邵州，又迁州治与邵阳县治于资江南岸，自此，州（府）县同城而治。马楚治湘，邵州“所产之铁、煤、茶运销四方”[③]。宋宝庆元年（1225），理宗赵昀登极，用年号命名曾领防御使的封地，升邵州为宝庆府，宝庆之名始于此，元、明、清因之。

道光年间，宝庆有城门5座、炮台12座、层楼7座，城墙周长1311丈。“有大街二，曰城街、县街，商业繁盛。”[④]港区码头7座，其中渡运码头2座，盐码头、柴码头各1座，箩夫700余人。物产主要有竹木、纸张、烟叶、茶、铁、煤炭、蓝靛等类，输出以竹木、煤炭为大宗。武冈、洞口、新宁等地木材在这里集散，或排运江汉，或制作毛板船运煤、一并售卖下游商埠，晚清盛时每年达两千余艘。

常德港 宋政和七年（1117），置常德军节度，常德之名由此始。元初，常德路引种木棉、棉花。大德年间，常德输出的方物包括粮食、茶叶、竹木、木棉、布、绢、丝、麻、棉等项，“所输之物，各随时值之高下以为值。”[⑤]

嘉庆年间，常德港区形成湖南最大的木材市场。同治时，“城周九里十三步，计一千七百三十三丈，高三丈口尺，垛口一千三百六十三座。门六，东曰永安，下南曰临沅，上南曰神鼎，西曰清平，西北曰常武，北曰拱辰。东、北二门有月城。”[⑥]

常德是沅水流域粮食、棉花、桐油、生漆、木材、药材、水银、丹砂、土靛等方物集散地，也是铁器、大布、绸缎、广货、洋货等商货转输港。“盖滇、黔百货输委中原，由沅水经流以达长江流域，无不以常德为停储改运之区。”[⑦]光绪二十三年（1897），岳州关进出口贸易额为1354000关平银，其中常德进出口贸易为617000关平银，占岳州关进出口贸易额的近半数[⑧]。光绪三十一年，常德辟为寄港地。到1917年，英、德、美、日、法等国在常德开设洋行19家，内地商家（含牙行）500余户，“滇、黔、川、赣、江、广、闽、豫商贾悉出其间”，“沿港十数里舟筏若云，东南相望，目不可极。”[⑨]

洪江港 清初，湘西、黔东各县“劝民植桐”，使“妇孺皆知其利”，以至“各乡遍植”[⑩]。洪江因“毗连粤桂，接邻鄂蜀，上通滇黔，下达泸汉”[⑪]，成为“上河油商囤积之地”，号称“洪

① 湖南省建设厅 编：《湖南省建设汇编》，耒阳：耒阳印务馆，1941年。

② （清）黄宅中等 修：《宝庆府志》，清道光二十九年刻本。

③ （民国）曾继梧等 编：《湖南各县调查笔记·邵阳县》，民国二十年铅印本。

④ （清）黄宅中等 修：《宝庆府志》，清道光二十九年刻本。

⑤ 《元史·食货志》。

⑥ （清）孙翘泽等 修：《武陵县志·城池》，清同治二年刻本。

⑦ 《湘抚端方自开商埠筹办情形折》，收于《湖南历史资料》编辑室 编：《湖南历史资料》（第1辑），长沙：湖南人民出版社，1980年，第211—212页。

⑧ 曹先辉：《常德外国租界事件始末》，《常德日报》，2016年4月23日。

⑨ （民国）曾继梧等 编：《湖南各县情况调查笔记·常德》，国民二十年铅印本。

⑩ 怀化地区林业局 编：《怀化地区林业志》，怀化：怀化地区林业局，1998年，第8页。

⑪ （民国）朱羲农、朱保训 编纂：《湖南实业志》，长沙：湖南人民出版社，2008年，第396页。

油”[①]。同治五年（1866），“有美船主某，偶携少许返回（价值仅 62 美元，为桐油出口之始），经该国工业界试用获效，于是继续贩运，进口量逐增。”[②] 湖南桐油自此走向国际市场，最高年份达 426945 担，占全国桐油出口总额的 38.86%[③]。洪油产销两旺，“鼎盛时期，同业有十六七家之多，输出桐油达二十万担以上。”[④]

此外，沅水上游出产“苗木”皆聚洪江。港岸延长十数里，大小码头数十座，从事搬运装卸与竹木编扎的人夫近千。

清末民初，油业有庆元丰、徐荣昌、杨恒源、张吉昌、高灿顺、朱志大、刘同庆、大昌丰八大号，木业有花（湖北大冶）、汉（口）、黄（州）、益（阳）、常（德）、长（沙）、黔（阳）、天（贵州天柱）八大帮。油业、木业鼎盛，带动了当地商业、金融、绸布、粮食、土洋百货等行业发展，以致“百工毕集，商贾辐辏，凡湘西金融之汇拨，百货之转运，无不以此为中心，遂成湘西唯一之商埠。”[⑤]

津市港 居澧水尾闾，素为九澧门户。明正德时，因旁水津而列市肆，始称“津市”。嘉靖间，形成津市渡、窑坡渡、车渚渡（今新洲）三大码头，汇集澧水及外埠商货，往来港口的民船络绎不绝。所产青布畅销内外，列为“方物”[⑥]。同治十二年（1873）松滋河形成后，津市商货可由该河直通长江，港城商业更盛于前，滨澧水“街长七里零”，“舢舻蚁集，商贾云辏”[⑦]。清末民初，津市成为湘鄂边境和澧水流域中心商埠，与长沙、湘潭、衡州、常德、益阳、岳州、洪江并称省内八大商埠，有大小码头十数座，额定官箩 34 担，作业人数却常在百人左右。

巴陵港 巴陵北通巫峡，南极潇湘，“五岭三湘水陆会合之地。”[⑧] 唐朝“漕引潇湘、洞庭”[⑨]，巴陵是主要中转港，建有容量数万担的转搬仓。五代时，马楚于巴陵“置邸务以卖茶，其利十倍”[⑩]。

宋庆历四年（1044），滕子京谪守巴陵郡时，修筑偃虹堤，以泊舟船，改变了“昔舟之往来湖中者，至无所寓，则皆泊南津，其有事于州者远且劳”[⑪] 的面貌。南宋初，杨么义军在洞庭湖区“壅遏漕运”，岳飞攻破后，置军护漕。

明万历三十六年（1608），城北青泥湾设衡、长、岳、荆四府漕粮兑运所。至清晚期，形成“三街六市”[⑫]，红船厂、街河口、岳阳楼下、韩家湾、南岳坡等处皆建码头。光绪二十五年（1899）岳州开埠，港区业务更趋兴旺。“经过岳州门户者，每年上下水之民船各有二三万只……进口，

① （清）黄本骥 辑：《湖南方物志》，清道光二十六年刻本。

② 黄其慧：《湖南桐油产销概述》，《湖南经济》，1946 年第 1 期。

③ （民国）李石锋 编：《湖南之桐油与桐油业》，长沙：湖南经济调查所，1935 年版。

④ （民国）朱羲农、朱保训 编纂：《湖南实业志》，长沙：湖南人民出版社，2008 年，第 405 页。

⑤ （民国）朱羲农、朱保训 编纂：《湖南实业志》，长沙：湖南人民出版社，2008 年，第 394 页。

⑥ （明）钟崇文 纂修：《岳州府志·食货》，明隆庆刻本。

⑦ （清）何玉棻 修：《直隶澧州志·舆地志·市镇》，清同治十三年刻本。

⑧ 《旧五代史·梁书·太祖本纪》。

⑨ 《旧唐书·刘晏传》。

⑩ 《新五代史·楚世家》。

⑪ （宋）欧阳修：《偃虹堤记》。

⑫ （清）姚诗德 修：《巴陵县志·舆地志》，清光绪十七年刻本。

出口之民船各能载货七八十万吨。”[①] 二十九年（1903），“洋纱一宗，在本埠销售约九千担，往内地行销者二千三百担。此数内日本纱一千六百四十四担，印度纱六百六十三担，本埠销者日本纱约居二分，印度纱约一分。”[②] 华容、南县、平江、湘阴、汉寿、常德等地商货，概以此为门户，“遂为湘北经济重心所系。”[③]

城陵矶港　位于岳州府城东北，长江中游南岸，是湖湘浮舟江汉的咽喉。五代时，马楚在城陵矶设“批验茶所”[④]。宋初，城陵矶置“巡检”，元明清因之。元时，城陵矶是洞庭湖—湘水—桂江和洞庭湖—沅水—潕水两条水驿起点站，“蛮官进贡物货”[⑤] 靠泊的重要港口。

明初，岳州设递运所和城陵矶水驿站，并于城陵矶设兑粮所，兑运岳、长、衡三府漕粮。弘治起，兑粮所粮仓、官廨、水驿码头与馆舍次第兴建，“自此，官民便焉。”[⑥] 嘉庆间，城陵矶义渡设立，“西渡荆河脑，通荆州路。”[⑦] 咸丰时，岳州厘金局在此设卡，征收过往商船厘金。咸同年间淮盐不继，城陵矶设立盐栈，中转川盐。长江水师于城陵矶设千总一员，课税一员扩大为课税司。光绪二年（1876），外轮由汉口经城陵矶行驶沙市，城陵矶始成外轮过境港口。

光绪二十四年（1898），通过由总税务司赫德（英人）拟订的《内港行轮章程》，允准岳州开埠，海关设于城陵矶。海关码头、货栈、办公楼、巡捕房、官舍等建筑次第建设。“虽其规模宏敞不逮申江，然坐落高埠，滨临大江，进出口船了如指掌，诚一绝妙码头也。”[⑧]

按《内港行轮章程》，使用“港照”（内港航行执照）轮船不能入江，只能在城陵矶报关，完纳客货出口税，再转江轮接运，货物加收转口税；江轮使用“江照”（长江航行执照），所运入湘客货亦及岳而止，在城陵矶报关，完纳客货进口税，再由省内航轮接运，货物加收转口税，城陵矶港因此成为过往轮船必停之所和物资转运中心。

光绪二十七年（1901），允准领有江照的内港轮船，可由省内各港直航汉口，由汉入湘的华轮亦然。由于条件较前宽松，城陵矶轮航班次增多。光绪二十九年（1903）与二十六年（1900）相比，进出口贸易总额（关平银两）增长20倍。其中，“洋纱一宗，在本埠（岳州）销售约九千担，往内地行销者二千三百担。此数内日本纱一千六百四十四担，印度纱六百六十三担，本埠销者日本纱约居二分，印度纱约一分。”[⑨]《湖南官报》第409期《城陵矶近讯》记载，“自近年设立洋船税关，生意顿盛。洋纱一宗，尤为畅销。业此者现有四十五家，而每日所获，各不下三四百金。惟本地所产之棉花，其价日贱，且无人问津。”

光绪三十年（1904）长沙开埠，商货进出口重点转向长沙港。城陵矶因位于湘汉航路中腰，

① （清）通商海关造册处 编：《通商各关华洋贸易总册·光绪二十五年岳州口华洋贸易情形论略》，清光绪二十六年铅印本。
② （清）通商海关造册处 编：《通商各关华洋贸易总册·光绪二十九年岳州口华洋贸易情形论略》，清光绪三十年铅印本。
③ （民国）朱羲农 朱保训 编纂：《湖南实业志》，长沙：湖南人民出版社，2008年，第353页。
④ （明）钟崇文 纂修《岳州府志》，明隆庆刻本。
⑤ 《元经世大典·六条政类·镇远至岳州立水站条》。
⑥ （明）钟崇文 纂修：《岳州府志》，明隆庆刻本。
⑦ （清）陈玉垣等 纂：《巴陵县志》，清嘉庆九年刻本。
⑧ （清）通商海关造册处：《光绪二十七年通商各关华洋贸易总册·岳州口华洋贸易情形略论》，清光绪二十八年至二十九年上海通商海关造册处铅印本。
⑨ （清）《光绪二十九年通商各关华洋贸易总册·岳州口华洋贸易情形论略》，清光绪三十年铅印本。

是船舶理想补给站，也是枯水季节江轮不能直航时的轮帆联运港。宣统三年（1911），城陵矶海关进出船只：英国轮船880艘次、701426吨，日本轮船753艘次、624562吨，德国轮船92艘次、54660吨，中国轮船976艘次、163827吨，中国篷船536艘次、22632吨；同年长沙海关进出船只：英国轮船332艘次、192546吨，日本轮船208艘次、131544吨，中国轮船415艘次、41671吨，中国篷船139艘次、3674吨[①]。城陵矶外贸货物量，远高于长沙港。

1926年，美孚公司在港区建成两个油库，“大的容纳3142000加仑，小的容纳91410加仑。”同年，英轮“印度之箭（Indian Arrow）号”一次载运235万加仑油到城陵矶港区，成为第一艘进入省境的特大型油轮。1920年成稿的《支那省别全志》称：“现在的城陵矶是岳州外港，又叫作大型轮船停泊的岳州港。”[②]

二、航道疏凿与整治

明清时期，随着水运繁荣，航道整治较前朝为多。一般由官绅或“善人”捐资，或船帮集资，重要航道则由官府出资，包括凿除险滩礁石、清理碍航沉木杂物、整修纤道、设置航标等。如，光绪九年（1883），湖南巡抚卞宝弟向商绅集资，整修洞庭舵杆洲石港；光绪二十六年（1900），南洲厅（今南县）业户集资设“疏河局”，疏浚湖区航道。

湘水 长期处于天然河流状态，只对某些险滩进行过局部整治。

乾隆二年（1737）昭陵滩航段“凿石，放洪口铸铁桅导舟”[③]；十一年（1746），祁阳县令觉罗卓尔布捐资雇匠，凿除观音滩航段数处险礁[④]。

咸丰二年（1852），太平军攻长沙不克，遂由宁乡、益阳趋岳州。十一月初，在湘阴土星港撤除巴陵绅士用以堵塞湘水航道、防太平军北上的大量桩卡[⑤]。

位于长沙城北、连通湘水与浏阳河的运河——新河的开凿与疏浚，是清代长沙最重要的水运工程。康熙二十五年（1686），偏沅巡抚王艮在长沙北门外开凿月形港湾泊船，是为新河雏形。雍正六年（1728）和乾隆二十一年（1756）有过两次疏浚。光绪三十四年（1908），湖南巡抚岑春煊耗资十九万两白银，动用民工近万，疏浚、拓展新河。疏浚后的新河，长六百六十三丈，河面宽二十二丈至八十一二丈不等，底宽十四丈至六十三丈不等，深二丈一尺七寸[⑥]。

耒水“惟撞排东有香炉石横亘中流，潭深莫测；西有黄泥浦，水流奔急，船行至此，撞之则破。”光绪年间，邑人“刘正诚募置救生船，用人凿其浦口以便舟行；自此北流至大河边，船行皆无碍。”[⑦]

资水 “石屹中流，水恶滩险”。上水以绳牵缆，下水招竿拨之，旋转石间，“操舟者戒为畏途。”

① （民国）刘世超 编：《湖南之海关贸易》，长沙：湖南经济调查所编印，1934年。

② （日）东亚同文书院 编：《中国省别全志》，北京：国家图书馆出版社，2015年。

③ （民国）陈鲲 修：《醴陵县志》，民国三十七年铅印本。

④ 黄启圣 主编：《祁阳县交通志》，长沙：湖南出版社，1994年，第108页。

⑤ 《清史稿·常大淳传》：“巴陵绅士吴士迈练渔勇防水路，扼土星港设栅，千人守之，商贾民船万馀，皆阻栅不得行。及贼至，渔勇溃，船悉为贼有，水陆并下。提督博勒恭武守岳州，不战而走，城遂陷。”

⑥ 陈先枢：《长沙记忆：新河从来是先河》，长沙图书馆《橘洲讲坛》，2018年4月22日。

⑦ （清）李师濂 修：《耒阳县志》，清光绪十一年刻本。

安化大汴滩立《奉宪永定》碑云：

资水一带，上通宝庆，下抵益阳，千余里，统计恶滩五十有三。安邑之尤险者，惟沂滩、洛滩、瓦滩、猪屎滩、大柳杨滩、曲尺滩、宾王滩、黄固滩、杉树滩、小汴滩、大汴滩。

资水航道鲜有官府出资疏浚，唯乡绅、“善人”捐资治滩。清初，桃江武秀才汪公诲每年冬枯时，雇工开凿龙洞滩，持续30年，耗银3000多两。同治六年（1867），安化贡生丁义溥邀集同人，雇匠开凿沂滩、洛滩、瓦滩、猪屎滩、大柳杨滩、曲尺滩、宾王滩、黄固滩、杉树滩、小汴滩、大汴滩等处，并设救生船于大汴滩。

据同治《安化县志》，沂滩“左岸突峙横岩，阻截河流者数十丈；右岸盘踞石洲如月形，俗以其嶙峋历碌，呼为满天星”“仅一线容舟，迂回难通，舟触辄沉。”康乾间，有邵阳人曾将横岩凿去三、四丈，拟再续凿，“说者谓伤地脉，触雷威，事遂中止”。咸丰七年（1857），新化刘洪泽等人出资整治，“坚不可破者，烧以松火；软而可攻者，施以斧锤，掘其旁而掩之使低；小而可移者，迁其处而驱之使远；筑堤以防其决，砌墩以示其准。其近正洪大石，亦尽削平，水势稍刹。虽不能履险如夷，然非复昔之阻碍矣。”又“于满天星另开一泓”，并用余资补葺“江神庙”，修整猪屎、大柳杨各滩[①]。

大汴滩位于安化东坪下游。滩段水流湍急，势如瀑布，危岩中梗，行舟多碎。嘉庆四年（1799），陶澍赴省应试时乘舟过此，曾赋诗曰：

茱萸江水天边落，五十三滩此最奇。
怪石当流蹲虎豹，乱峰趋岸下蛟螭。
险争一橹雷同迅，浪舞三篙雪欲吹。
为语春风挂帆客，回头记起上滩时。

大汴滩历次治理，皆刻石立碑，“以昭法戒”。今存者，尚有乾隆四十三年（1778）《救助成规》、同治六年（1867）《沿河章程》、同治十一年《树之风声》、光绪十四年（1888）《永定滩河救货章程》等碑。这些成规章程，对于守望、救助和奖罚都有具体规定。如《树之风声》碑刻：“有误驾救生船捡货者，凭公议处。除水力充公外，罚钱二千四百，罚碑一座，罚酒一席。”[②]

沅水 长期处于天然河流状态，明代始有整治[③]。康熙九年（1670），许缵曾赴任云南按察司，在《滇行纪程》中写道：

由常德水路至镇远者，于西门觅舟，大者曰“辰船”，容二十余人，舟至辰沅而上；小者曰“鳅船”，容三、四人，可泝五溪直达。沅水逆流，牵挽层累而上，计程仅一千二百余里，然滩多石险，一月方达。且辰沅一路不设递运，故乘传之便，从陆路者多焉。

---

① （清）邱青泉 修：《安化县志》，清同治十年刻本。

② 阙子城 主编：《益阳地区交通志》，长沙：湖南出版社，1992年，第110页。

③ （清）陈辉壁 修：《麻阳县志》：“辰水岩屋滩在县东伏波庙下，均石如刓，舟航畏阻。明嘉靖知县朱瓒凿之，舟行稍便，……大波滩在县西南四十里，急峡狂怒，涛声震撼，舟行出此，辄有戒心。……万历中，知县蔡心蘩于右通道中开一港。凡长五十步，阔二丈许，是为高溶，群舟尾进，人称便云。”清康熙三十三年刻本。

雍正七年（1729），“鄂文端与巡抚张公广泗请开濬（清水江），自都匀府起至楚之黔阳县止，凡一千二十余里，于是复有舟楫之利。”[①]这是有史以来，沅水规模最大的航道整治工程。

乾隆初，武陵县丞王源洙凿修清浪滩，险去三分之一。乾隆二十一年（1756），黔阳县府督令渔户拆除鸬鹚滩渔梁，以利行舟[②]。

康熙初，整修瓮子洞纤路，重制铁索以利拉纤。道光年间，“铁索俱折毁，（辰州）知府方傅穆出里人黄风善前捐铁二千余斤并捐廪若干，谕庠生许文耀董其事，重制铁索数百丈，雇石工凿纤路，较旧倍宽，越数月工始竣，行者称便。”[③]

光绪十一年（1886），谭宗浚出任云南粮储道、按察使。他于八月初二自京师起程，陆行至通州，乘漕船抵天津，坐海船到上海，然后逆江而上，九月廿五日抵岳州，十月初七至常德，溯舟沅水，经辰州（十六日）、沅州（二十八日），十一月初八抵贵州镇远府登陆，继走滇黔官道，十八日抵贵阳，终于十二月初十入昆明。在《于滇日记》中，谭宗浚记录了沅水大小险滩115个，依次如下：

光绪十一年十月十二日　孟慈滩、暇蟆滩、来子滩；

十月十三日　望山滩、子高滩、瓮子洞滩、诗游滩，鹭尾滩；

十月十四日　清浪滩；

十月十五日　结滩、褚滩、马踉滩、滚龙滩、回则滩；

十六日　横石滩、九溪滩、连州滩、白滩；

十七日　土地滩、沙金滩、三州滩、五里滩；

十八日　白沙滩、马子滩、鱼滩；

十九日　三高滩、虎耳滩；

二十日　扬桥滩、茶湾滩、小虎滩、辰州滩、鹭鸶滩；末崖滩、铜鼓滩、狮子崖滩；

二十一日　石榴滩、卧龙滩、小奇滩、大奇滩、上河滩；

二十二日　黄丝滚滩、艾云滩、三角滩、六奇滩、宁波滩；

二十三日　太平溪滩、大服司滩、小服司滩；

二十四日　大鹭丝滩、狗拉岸滩、新店滩、自马阁滩；

二十五日　白米滩、长滩；

二十六日　顺风滩、油箩滩；

二十七日　鱼梁滩、猪肘滩、鹅娘滩、道人滩；

二十八日　磨房滩；

二十九日　北门滩、螺丝滩、马王滩、长滩、石庆滩、小贯洞滩、大贯洞滩、小恶滩；

十一月一日　大亚滩、乌龟滩、王八滩、打卦摊、白猫洞滩、晒谷滩、黄花楼滩、满天星滩、黄石滩、小兹滩；

二日　大兹滩、铁研滩、白水滩、暇子滩、三名滩、磨狗滩；

---

① （清）吴振棫：《黔语》，收于罗书勤等点校：《黔书·续黔书·黔记·黔语》，贵阳：贵州人民出版社，1992年，第333页。

② 黔阳县交通局编：《黔阳县交通志》，内部印刷，1988年，第52页。

③ （清）守忠等修：《沅陵县志》，清同治十二年刻本。

三日 铜板滩、分州滩、观音滩、磨州滩;

四日 青鱼滩、三汉滩、二汉滩、狗仔滩、北门滩、流莺觜滩;

五日 头露滩、越家塘滩,乡水滩、补仙当滩、老弗滩、问道滩、桥口滩;

六日 下横梁阎王滩、上横梁敲梆滩、蒲田滩、几老滩;

七日 大金瓶滩、小金瓶滩、罗汉溪滩、杨柳溪滩、稿花滩、八流滩、二王滩,龙抱滩、三名滩;

八日 老王洞板洞……[①]

这份纪录,为研究沅水航道提供了珍贵的文献资料。当时,沅水著名各滩设有滩头,“督率民划为失事者之救护。”但历久弊生,小者勒索,大者拦抢,致“此二百数十里之水路胥视为畏途。”同治五年(1866),“(辰州)知府事阳湖刘曾撰悯客商濒于危,而思以拯之,爰因士绅之请,径详各宪,于城东郊设救生总局一,谕首事唐正延、陈湘皋等照厘务抽捐十分之一为救生船经费,于下游之横石、清浪、瓮子洞设分局三,上游之岔设分局一;谕首事修增祜、石光锜、廖日恒、周昌湘等督率水保,分带救生船只,镇日梭巡,遇有失事,即驶往救护。向日之敝端于是乎尽矣。每居冬季,水落石出,复谕首事督率石工择滩石之碍舟行者尽数凿之,其抉害之根尤为利济要着。”[②]

酉水又名北河,为沅水第一大支流。乾隆年间,沅陵善人潘正琥出资疏导北河险滩至酉阳州,流程600里,计工4年。又修整沅陵县城至清浪滩段,计程180里,费工6年,其间架桥26座,疏滩72处,“改鬼门关为太平滩”[③]。

酉水流域为楠木出产地,多次向朝廷贡输。楠木扎筏流放至凤滩时,有排翻散,巨楠沉于水,其险更甚于前。同治《沅陵县志》:

凤滩距县西北百里,向有大楠木三株斜埋滩口,舟过鲜有不覆者,谓之鬼门滩,乾隆二十六年,始由潘善人正琥督率工匠凿去之。

沅水支流巫水响水洞江段,“两岸坠石积塞,巉岩乱石,阻隔江流,舟楫不通。”明万历间绥宁县令元宗孔、清雍正时知县陈采都曾捐资募工,疏治碍航礁石、沉木、杂物等[④]。

明清时期,苗疆起义不断,征苗军运繁忙,运往乾州、凤凰、永绥三厅的后勤补给皆溯熊溪(武水,又称洞河)而上。康熙四十五年(1706),泸溪知县王光燮修浚洞河,并在洞河滩开新溶一道,以避险恶河段。咸丰元年(1851),凤凰厅同知洪庆华募捐开挖熊溪支流沱水下游之上河口航道。同治八年(1869),辰沅永靖分巡道为疏通镇竿(凤凰)至辰州水路,派民工整修沱水狗爬岩河段。光绪元年(1875)辰沅道陈宝箴拨款,继续治理狗爬岩河段。

澧水 弯曲百折,两岸山岳起伏,岩石壁立,桑植至津市江段有险滩237处,密度居湘、

① 侯峰:《从谭宗浚〈于滇日记〉看辰沅水道》,《云南师范大学学报》,2000年第5期。

② (清)守忠等修:《沅陵县志》,清同治十二年刻本。

③ (清)守忠等修:《沅陵县志》:“清浪,沅水第一险滩也。县东一百二十里,滩上水际有七星岩,滩口有三门滩、闪电洲,又称敬畏滩,怪石横涌,白浪拍天者三十里,上建伏波祠。乾隆二十四年,潘善人正琥督工凿险阻,十去其八。”清同治十二年刻本。

④ (清)黄宅中等修:《宝庆府志》,清道光二十九年刻本。

资、沅、澧四水之首。同治《桑植县志》称澧水“十里逢九滩，船石日击撞”，足见行船之难。

澧水为桑植、永定、慈利、石门、澧州、津市一线水路交通命脉。乾隆五十一年（1786）六月，澧水茅岩滩河段因暴雨发生山体滑坡，巨石壅塞河道。船行至此，须卸载上岸，雇请人夫肩挑数里，易船再运。桑植士绅商民曾多次捐资疏凿，或因工料不齐、或因资金不足，均“力绌中止，迄无所成。”光绪十七年（1891），桑植县令龙起涛商议炸石疏凿，着邑人、前澧州训导郑燮文主其事，“先筹公项之无碍者贰百串，集石工数十人分段包干，各定工值。”工程于当年十一月动工，“使匠人凿石成孔置火药于其中，慎封其口，以线燃之，巨石始彻底拆裂，计一月而平川顺流，舟得安行。”①

除茅岩滩外，牛矢滩也在光绪年间一并疏凿②。

三、助航设施的发展

清代以前，航行湘资沅澧及湖区水道的船只，常利用岛洲、岸坡及建筑物等作为导航标志，以避险阻。如雄视洞庭的岳州慈氏塔，唐代建成以来一直被过往船舶当作识辨物。

清初以来，地方官府或船民人等常于水道险要处设立标志，或插竿立桩，或筑台悬灯，引导船只行驶，尤其在夜间、雾天或险恶天气下的安全航行，这些显而易见的导航标志即为航标。

《岳州府堤防考略》称：“洞庭八百里，茫无际崖，行舟湖中，陡然风发，若无泊处，倾舟沉轮祸事累累发生。”③

南县南洲镇西18公里的等伴洲，古为洞庭湖西南航线要冲，通岳、常、澧水道必经之地。雍正二年（1724），官府耗银2647两，在等伴洲上垒造石台船坞，为过往船只提供避风之所，引导航行④。石台长八丈（26.4米）、宽六丈（19.8米）、高一丈八尺（5.94米）。石台之上建有“仙官祠”，祠顶安插桅杆，日悬旗，夜张灯，“是长江中游第一座人工航标。”⑤

雍正九年（1731），清廷拨银20万两，在洞庭湖东南航线要冲、南县南洲镇东45公里的舵杆洲建造石台船坞。石台南北两堤各长九十六丈（316.8米）、宽三十丈（99米，一说二十丈）、高六丈（19.8米），上建庙宇⑥。乾隆元年（1736）完工后，又设救生船12只。顶桅日悬旗，夜

① （清）周来贺 修：《桑植县志》，清同治十二年刻光绪十九年增刻本。

② （清）吴恭亨 纂修：《慈利县志》：“有滩曰牛矢，碎石蟠结，横波若轮，百斛经张，动遭摧损。自吴道轩来此，……出金凿之，舟行相庆，迄成利涉。”清光绪二十二年。

③ 《天下郡国利病书·三江总会堤防考略》。

④ 光绪初年，因淤积增大，遂挽洲成垸，即现在的华美垸。见《益阳地区交通志》（1992年版），第322页。

⑤ 徐瀚 主编：《长江中游航道史》，武汉：长江航运史编写委员会，1989年，第58页。

⑥ 据中国第一历史档案馆藏《朱批奏折》之《奏报洞庭湖舵桿洲建筑石台增减工程事》所述，石台砌筑之法：水底用木椿流栅打成基脚，出水面后砌以石条，从水底基脚计算，共四十层，高五丈。于两堤中心四十丈填土三丈五尺，庙宇建立其上，周围有石十层，庙宇尽盖铁瓦。南北两堤各长九十六丈，宽二十丈，中实以土。于堤之中心四十丈，东西增砌横堤二条，牵制南北二堤，连成一片；南北二堤砌石四十层，于南堤外中四十丈增砌三十三层月台拥护，又增砌石墩四个，两个拥护于外，两个牵制在土内，堤外中四十丈增砌方石台三个拥护于外，堤外又填以土拥护。建成后的石台，“周围二百五十七丈二尺，袤九十六丈，高六丈，址广三十丈，顶二十丈。”

张灯，雾则灯、旗、鼓并举，导引船只避风泊岸。道光年间石台坍废。光绪九年（1883），湖南巡抚卞宝第募资重修[①]。

道光元年（1821），湘阴河市（今汨罗市境）黄方村父子捐款于磊石山顶建筑瓦房，悬置铁钟、大灯。每至黄昏，守亭人燃灯撞钟，引导上下船只航行。

道光十二年（1832），岳阳楼开始悬灯，为过往船只引航。岳阳楼成为继等伴洲、舵杆洲之后洞庭湖区第三座人工航标。

同治四年（1865），岳州重开救生总局，着候选训导任鹗主掌局事。任鹗在《石矶图说自序》云，“每遇石尤肆虐，必深究其致溺之由。凡矶石、沙洪、地形、水性，无不重为留意，详其险要。”在此期间，任鹗编写了《石矶图说》《行舟要览》等交通地理著作。其中，《石矶图说》记述：

光绪八年清明节，岳州游府邹官印德泰，偕从事诸君登艑山，遍阅全湖形势，谓山僧曰，‘艑山为洞庭出入之口，……既宜于山巅立天灯，并宜双灯，庶与他处天灯有别。’时湖中夜行多误事，故邹公言及之。自后，艑山立天灯自此始。……

万石湖口，有淤沙一障，横梗于外，惟稍南有一线泓路，急难寻探；设当夏初秋末，水浸沙坪，深只二、三尺时，远客不熟，避暴奔港，亦多误搁沙坪，风簸浪打，顷刻破碎。鹿角救生局届时于进口处插标引泓。

此外，芦林潭下60里处肖公滩，枯水碍航，由南嘴救生局插标引泓。磊石山西南的小河口（又名平江河口），滩阔口窄，“重载进口，苦难寻探”，由磊石救生局插标引泓。

岳州开埠后，岳常、岳长航线始设指引夜航的灯塔和可显示水深的标桩，合称灯桩。光绪三十三年（1907），岳州海关在洞庭湖沅江口设置灯桩，引导船只自洞庭湖经大安岛南端驶入沅水水道，时称“白沙塘灯桩”，是长江中游支流航道第一座近代航标。

宣统元年（1909）十月，拟于岳常线设灯塔12座、岳潭线设浮桩灯塔7处，共需银7300两。长岳两关已估购备料，划拨银两，但未完全实施，仅在长沙以北之黄猫滩、乔口滩各设灯塔1座，夜悬白灯，水浅则以红光灯为号；泥鳅滩设白色标柱，水浅为短柱，水深则为长柱；霞凝、金山寺2处设浮动航标；汉寿周家港航道设“立路灯”（水道两岸灯标），所有灯塔、标柱等均设专人日夜看守。

湘水昭陵滩河段，滩险水急潭深[②]。乾隆二年（1737），衡山人茹崧鉴于昭陵滩“怪石岌立，水势汹涌，舟多覆溺”，乃“捐资凿石于洪口，铸铁桅，导舟行，行旅便之”[③]。昭陵滩铁桅，当为设于四水干流的第一处导航设施。

咸丰四年（1854），宝庆毛板船商集资在资水安化洛滩、喳哩滩、大汴滩等处建墩为标。墩长九尺，宽四尺五、高七尺五，首尾呈尖形，以取分水之势，船排可傍墩安全而下，船民排工称之为“马脑”

① 阙子城 主编：《益阳地区交通志》，长沙：湖南出版社，1992年，第10、323页。

② 《读史方舆纪要·渌江》：“醴陵西南至渌口九十里，长沙、衡州、袁州三郡往来之要路。又县西百里有昭陵滩，怪石屹立，水势汹涌，舟行而惮其险，即渌水合湘江处也。”

③ （清）陈宏谋等 修：《湖南通志》，清乾隆二十二年刻本。

（含唯马首是瞻之义）。

四、船帮的兴衰[①]

明清时期，船户为维护自身利益，多按船籍组成船帮。船户各为其帮，船帮公推有声望、谙航务、具武技船民为“帮代表”（或称会总、船总），主港埠寄泊、承揽商货、业务交涉、纠纷处理等船户诸事，议订本帮《条规》。

嘉庆时，行驶湘汉江淮（外江）间的湘境船舶组有十三帮，湘水有长沙帮、湘潭帮、衡阳帮、永州帮、祁阳帮，资水有宝庆帮、新化帮、安化帮、益阳帮，沅水有辰州帮、常德帮，澧水有澧州帮，湖区有岳州帮；内河通航州县组有四十八帮，大致每州县自成一帮。一县船帮又有若干小帮，如宁乡有乌江帮、道林帮，湘乡有永丰帮、潭市帮、城关帮，安化更有“二十一帮”之多。

清末，行驶外江与内河的船帮合并重组，形成势力更大的帮会。如，长沙、善化、湘潭、浏阳、湘阴五县船帮合为“五邑帮”，衡阳、耒阳、常宁、永兴船帮合组为“衡郡帮”，零陵、祁阳、道县、江华、永明船帮组成“祁永帮”，宝庆、新化、安化、益阳船帮组成“宝安益帮”，沅水上游船帮合组为“沅辰帮”，常德、桃源两县船帮合组为“常桃帮”，澧水流域的船帮合组为“九澧帮”。

各大船帮在省城一般设有会馆或驻点。祁永帮设永州会馆，五邑船有洞庭宫；衡郡帮在长沙初无会馆，及彭玉麟领湘军水师后，始在南门外煤炭码头购地，建“南岳行宫”会所。

湘籍船帮在武汉鹦鹉洲置有“湖南船商总会”会馆，入汉船只多泊碇于鹦鹉洲，如益阳帮在鹦鹉洲专泊益阳歧埠码头，宝庆帮则在汉口汉水北岸建有宝庆码头。

帮有帮规，入帮要缴帮金，小船几斗米，大船几担米。船帮有祀神之俗，多数敬奉“杨泗将军”，衡州船帮敬奉“南岳圣帝”，辰沅船帮敬奉“伏波将军”；湖区船帮敬奉“洞庭王爷”。

宝庆、新化毛板船兴起后，专组毛板船帮，订有《毛板帮条规》二，一为毛板船商所议，一为毛板船舵工所议，均勒石立碑于邵阳、新化、安化、益阳各埠河岸，以昭公鉴。兹附纪之。

（一）毛板帮条规

我毛板帮先年间经董事议定章程，洵为美举。兹因年久日远，规条废弛，致令帮中工人等幻生弊窦，若不乘时整顿，将见觊觎成风。是以公同商议，复整前规，所议各项事宜，于宝郡、新安二化、益阳等埠刊石立碑，以垂久远，以戒将来。所议各条开列于左：

一议　船拢益阳，舵工、水手不许需索盐米等项，如违公同议罚议革。

一议　外河舵工、水手等，务以船本为重，毋得擅行夜放、偷漏走关，违者禀究。

一议　船经岳阳，完纳厘金，钱必预备，以免水急船奔，以延误走关之虞贻船主，违者公同禀究。

一议　船拢益阳，开给水手身价，即在益阳交给，钱以通用为度，毋得斟换争闹，如违大则禀究，小则议罚。

① 参见湖南省地方志编纂委员会编：《湖南省志·交通志·水运》，长沙：湖南人民出版社，2001年，第542—548页。

一议　炭（即煤）戽向经较准公戽，以火印为凭。近以私行制戽，假盖火印，哄骗客商，如再擅用者，公同禀究。

一议　船工人等，毋得呼朋引类，在船开场聚赌，致干法究，包月水手务须管束。

一议　船工人等，倘有船失事，有命被溺毙者，或有病亡者，赏给收敛费，照依旧章，此系关乎天定，毋得借端生枝，违者公同禀究。

一议　舵司领放客船（客船系指毛板船客商所有的船，非运客的船），资本为重，务须送至边鱼山靠稳交接，方可起坡；倘有妄行之徒，不惜客船，在桃花港起坡，将船嘱交水手送益，只图赶快，后有蹈前辙者，查出除无舵司钱给外另行重罚。

一议　毛板船原为运炭，毋得夹带杂货，近有贪利之徒每多夹带，嗣后如有此弊，议究。

以上各条，船工舵司人等，务须遵依，如违公同禀究，决不徇情。

光绪二十一年二月　宝庆府毛板阖帮 刊石特白

（二）毛板帮条规

盖闻章程不严，则废弛难张；客商资本为重，兼我等性命攸关，岂可玩忽。近来人心不一，诈虞成风，去岁因何晚秀、周吉祥抢放互争，经控劝息，旋我郡五属郑绍仰等会议曾以恳赏示禁，计粘原定条规核批在案，卷稽不琐，合行出示我郡船户舵工知悉，嗣后各宜遵照定章，毋得抢夺，整顿划一，以免觊觎，如有违规抢夺争闹起衅者，许该船户人等，指名具禀，惩究不徇。谨遵。特此规列于后，计开：

一　放船即以捆舵为定，又撑架上船为定，如有恃强讵放者，议罚钱八千演戏不贷。

一　船至益阳如有失误发漏，此系包月（即长守）怠忽之咎，不与舵工相涉。

一　桨手（即水手）在府，凭客面定身价若干，到益阳如数交给，不得争多论少。

一　号客请舵工放船者，不论长短水，面议为定，如违罚钱六千演戏不贷。

一　在府开头，倘遇风失、浅船，船工均要尽力救整，俟毕，恐日久难俟，需请老成船工护送至妥靠地，救整需费均归号客承用无违。

一　大小船只恐在沿河带浅失漏，有上雇舵工乘逃者，罚更加倍。

一　舵工在号，须支定多少钱文，倘遇水发，号客另请他人放舵者，其兑领之钱无退。

光绪二十一年二月　宝庆五属舵工 立

为利帮船聚碇，船帮在各大港埠几皆租有寄泊码头，有的船帮甚至建有专用码头，外帮船不能随意进止。如，长沙港孙家码头例泊湘阴船，浏阳码头专泊浏阳船，碧湾码头专泊益阳船，新码头例泊盐船，金家码头例泊宁乡船，麻阳码头专泊麻阳船，永州码头专泊永州船，湘乡码头专泊湘乡船，衡山码头专泊衡山巴杆，煤码头专泊衡阳、耒阳煤船，义渡码头泊渡船，鱼码头泊渔船，鹿胜码头泊荒货船、灵官码头泊银沙船，九如码头泊灰粪船，水码头与小码头泊杂色船等。

抗日战争期间，鄂、苏、浙、皖、川、广等省帆船相继入湘，结合为帮，主要有五省帮（苏浙皖鄂赣）、两广帮、湖北帮、四川帮、苏浙皖帮、贵州帮等，详见表9-5。

民国省境船帮统计表 表 9-5

水系	帮别	辖区与主要行驶水域
湘水	五邑帮	长沙、善化、湘潭、浏阳、湘阴等水域
	湘乡帮	湘乡县境及涟水流域
	宁乡帮	宁乡县境及沩水、靳江河流域
	萍澧帮	江西萍乡与醴陵，以渌江为主要水域
	祁永帮	永州、祁阳、道县、江华、永明
	衡州帮	衡阳、衡山
	耒常帮	耒阳、常宁、永兴
	平江帮	平江县境及汨罗河流域
资水	宝庆帮	资水流域
	武冈帮	武冈、隆回、新宁、洞口水域
	新化帮	新化县境及资水干流
	安益帮	安化、益阳县境，资水尾闾及偏溪河一线
沅水	辰州帮	辰溪、黔阳、芷江、晃县及沅水上游
	沅州帮	沅陵、泸溪及酉水流域
	常德帮	常德、桃源及沅水尾闾与湖区
澧水	九澧帮	桑植、石门、临澧、慈利、大庸等县
洞庭湖	岳州帮	岳阳、临湘辖区水域
	南华安帮	南县、华容、安乡辖区水域
	汉沅帮	汉寿、沅江辖区水域
旅省客帮	五省帮（苏浙皖鄂赣）	多活动于湘、资、洞庭湖区域
	两广帮	活动区域无定
	湖北帮	活动区域无定
	四川帮	多活动于酉水流域
	苏浙皖帮	多活动于湘、资、洞庭湖区域
	贵州帮	多活动于渠水、溆水间

中华人民共和国成立后，鉴于船帮中存在青帮、洪帮及“兰谱兄弟”“十人团”“三十六友”“二十四孝”“五虎将”“十八罗汉”“四大金刚”“洞庭八仙”“马家四龙”“永和社”“礼义社”“西城社”“永庆社”“乐善社”“江平社”“义友社”“建平社”“九成社”“复兴社”“成武公”“社义公”“集义公”“流教神打”等会道门组织，乃行取缔，代之以“民船联合运输社”，各地船帮始渐消亡。

第五节 邮驿体系的鼎盛

清代邮驿经过恢复和调整，乾隆年间达到史上巅峰鼎盛阶段。驿、站、塘、台、所、铺等组成的递运体系，在疆域开拓、国家治理及经济社会发展等方面发挥了重要作用。

鸦片战争后，在魏源“师夷长技以制夷”思想影响下，轮船、铁路、电报、邮政等新的交通、通讯方式进入中国。光绪六年（1880），李鸿章奏设“自北洋以至南洋”电报[①]；光绪二十二年（1896），

① 刘文鹏：《清代驿传体系的近代转型》，《清史研究》，2003 年第 4 期。

设“大清邮政”；二十五年（1899），京师设文报总局，省会设分局。湖南邮政由此发轫，传统驿递渐入历史。

一、邮驿体系的进一步发展

康熙十二年（1673）春，朝廷决定撤藩。十一月，户部员外郎萨穆哈偕兵部郎中党务礼、席兰泰以及主事辛珠、笔帖式萨尔图等奉旨抵贵州，准备迁移藩王吴三桂回还辽东所需舟船、粮草等物。“既至，三桂谋反，提督李本深与谋，书招贵州巡抚曹申吉，总督甘文焜得之，告萨穆哈等，趣诣京师告变，并请兵赴援。萨穆哈与党务礼、席兰泰行至镇远，三桂已举兵，镇远将吏得三桂檄，不给驿马，萨穆哈、党务礼得马二，驰至沅州乃乘驿，十一昼夜至京师，诣兵部，下马喘急，抱柱不能言，久之始苏，上三桂反状。席兰泰自镇远乘小舟至常德，乃乘驿，后七日至。辛珠、萨尔图不及行，死之。”[①] 故此，康熙称：

> 我朝驿递之设最善，自西边五千余里，九日可到。荆州、西安五日可到，浙江四日可到。三藩叛逆吴三桂，轻朕乳臭未退，及闻驿报神速，机谋远略，乃仰天叹服曰，休矣，未可与争也。[②]

朝廷致力于邮驿机构的设立和完善，“凡置邮，曰驿，曰站，曰塘，曰台，曰所，曰铺，各量其地之冲僻而设焉。”[③]

驿集官员、使节、士子接待和紧要文书传递、官物运输于一体。京师皇华驿为全国驿传总枢纽，隶属兵部会同馆。有的地方在两驿之间设“腰站”，以更换马匹，如零陵枣木岭腰站、龙阳龙潭桥腰站等。

站以传递军情为主，多设于京师通往东北和蒙古、新疆驿路，如直隶张家口、山西杀虎口外通蒙古各站。湖南“叛服无常”的苗瑶地区也设站，湘西凤凰、永绥、永顺、保靖、麻阳、沅陵等厅县设驿站，湘南江蓝、永桂两厅[④] 则设铺站，每站配健夫数名。

台又称军台，设于东北、西北等沿边要隘，分派弁兵巡守控制险要，侦报情况，如阿尔泰军台。

塘主要递送治安讯息，兼具巡逻、防守、侦查等职能，其驿卒称塘兵或军塘夫。

所即递运所，用于运送官府和军队物资，康熙以后裁并归驿[⑤]。如永州递运所设“红船两只”，“水夫十名，工食连闰六两一钱。编派宁远一名，东安一名，祁阳二名，零陵六名，奉准兼摄递运。红船内跟官水夫二名，在道抬箱。”[⑥]

铺即递铺，靠人力步行接递文书，布于府州县驿路。

顺治八年（1651），大西军余部在孙可望、李定国、刘文秀等率领下，在云、贵归附南明政权。

---

① 《清史稿·萨穆哈传》。

② 中国第一历史档案馆 编：《康熙起居注》，北京：中华书局，1984 年，第 2459 页。

③ （嘉庆）《大清会典·兵部》。

④ 道光十二年，清廷镇压以江华赵金龙为首的瑶民起义后，为防瑶民再度举事，于江华县锦田（今码市镇）设江蓝理瑶厅，又于新田上流洞（今金陵镇）设立永桂理瑶厅，署理湘南地区瑶务。

⑤ 在康熙朝《大清会典》中，递运所仍然存在，并归入邮政之中，显然清初继承了明代驿递制度。康熙以后的清会典中，递运所不再出现，官物皆由驿站转运，说明递运所已并入驿站。

⑥ （清）姜承基 修：《永州府志》，清康熙三十三年刻本。

次年初，“可望承制命定国、文秀经略楚蜀。”[①]三月，李定国等率步骑8万和战象50头东征。五月，南明军出镇远，下偏桥，攻沅州、靖州，破武冈、宝庆，七月占桂林，清定南王孔有德不敌自焚。其后，李定国率师北上，连取全州、永州、衡州、长沙、常德、岳州，又在衡州击毙清定远大将军敬谨亲王尼堪，“余军舆尸归，上下忧虑，不遑他事。”[②]十一月，孙可望攻入辰州，斩杀清辰常总兵徐勇。东征不到一年，南明军收复湘、桂，进兵粤、赣，一度扭转军事上的被动局面。“清廷内部甚至出现弃楚、粤、桂、赣、川、滇、黔七省而与南明媾和的主张。”[③]朝鲜认为清朝“危亡之兆已见”，日本原对南明乞兵态度冷淡，“近来其议稍变，或有欲救之议。”[④]

为应对这一局面，清廷加授洪承畴为太保兼太子太师，经略湖广、广东、广西、云南、贵州五省，总督军务兼理粮饷。洪氏以恢复交通、完善驿递为要务，“裒多益寡，驿站渐有起色。”[⑤]顺治十二年（1655），“经略洪承畴驻长沙，见驿冲繁，请增马一十二匹，后偏沅移驻沅州，差使从宝庆、靖州往来，以至湘乡邵阳二县详请适中地方公设腰站，名湘邵驿，将本县额内站马共拨一十八匹，协济湘邵腰站。”[⑥]由于往来差使频繁，转运络绎不绝，又于宝庆楮塘（今邵东廉桥镇）、武冈紫阳（今隆回桃洪镇）设驿站，直到康熙二十四年（1685）撤销。

康熙二十三年（1684），重建益阳桃花驿，岁编马63匹、排夫100名。乾隆元年（1736）置龙潭驿，为龙阳（今汉寿）至益阳之腰站。

全国形势稳定后，陆续裁驿增铺、驿递合并。康熙时，先后裁撤道州麻滩驿、宝庆湘邵驿、楮塘驿、紫阳驿、澧州远天河驿、南平驿（即安乡驿）、焦圻驿及常德燕庄驿。雍正七年（1729），依“部议，附近城郭驿丞均行裁汰”[⑦]，驿务改由地方官兼管。乾隆年间，桥头、云溪、新店、大龙、郑家、船溪、怀化、便水、清化、石期、顺林等驿裁改巡检司，或以邻近巡检司移此，兼管驿务。嘉庆时，撤黄家驿、鹿角驿、鼓楼驿、柏坊驿、大营驿等。

道光十六年（1836）初，新宁瑶族庠生蓝正樽聚众起义，首战击败前来进剿的3000清兵，二月一度攻入武冈。为传递紧急军情，湘乡至宝庆一线侧水铺、永丰铺、武障铺、界岭铺等处增设腰站，其中永丰铺设马递。同年四月事平，腰站、马递裁撤。

咸丰四年（1854）六月，太平军攻克常德，辰溪、沅陵一带文报改由溆浦、新化送往湘乡、长沙，新化、花桥关、关王桥、娄底设腰站，每站健夫3名，事平后腰站裁撤[⑧]。

驿站备有马匹，配设马夫、排夫、兽医，排夫一般招募年轻力壮者担任。马匹、排夫配备视驿运线路不同而异。道光时，北京—昆明官道湖南段，除常德府河驿设驿马57匹、排夫93名外，其他各驿一般设驿马45匹、排夫75名；湘桂官道各驿，一般设驿马17匹，排夫43名；湘鄂官

---

① （清）邵廷采 撰：《西南纪事·李定国传》，清光绪十年邵武徐氏刊本。

② 吴晗 编：《朝鲜李朝实录中的中国史料·孝宗实录》，北京：中华书局，1980年，第3835页。

③ 杨海英：《洪承畴长沙幕府与西南战局》，《燕京学报》新7期（1999年）、新8期（2000年）。

④ 吴晗：《朝鲜李朝实录中的中国史料·孝宗实录》，北京：中华书局，1980年，第3837、第3842页。

⑤ （民国）中央研究院历史语言研究所：《明清史料丙编》，上海：商务印书馆，1936年，顺治十二年二月十九日《经略洪承畴揭帖》。

⑥ （清）赵文在等 纂修：《长沙县志》，清嘉庆十五年刻本。

⑦ （清）盛庆绂 纂：《芷江县志》，清同治八年刻本。

⑧ 娄底地区交通志编委会 编：《娄底地区交通志》，长沙：湖南出版社，1993年，第57页。

道岳阳驿置马 42 匹、排夫 65 名，湘阴驿置马 42 匹、排夫 63 名[1]。

以永州府为例，境内驿站配置、变化情况：

湘口驿　明隆庆年间设府城北门外的湘口关（即潇湘合流处东岸），初为水驿，置驿丞一员，设站船 6 艘，水夫 60 人，驿司馆夫 15 人，明末裁水驿为陆驿。清初，设驿马 50 匹，马夫 25 人，排夫 104 人（后裁定为 70 人）。康熙三十九年，移驿站于府城内。并裁革驿丞。康熙四十七年，抽马 7 匹，马夫 2 名半，添设至湘潭黄茅驿。雍正七年，又抽马 4 匹，马夫 2 名，添设至长沙桥头驿。

乾隆二年抽马 4 匹，马夫 2 名，拨充武陵县。乾隆十五年，裁马 15 匹，马夫 7 名半，拨赴陕甘。乾隆五十年，裁马 3 匹，马夫 1 名半，拨充耒阳、清泉 2 县。至道光 8 年，该站设驿马 17 匹，马夫 8 名半，兽医 1 名，排夫 43 名，每年支付驿马草料银及马夫、兽医工食银合 389 两 9 钱 5 分，排夫工食银 309 两 6 钱。

三吾驿　明隆庆时，祁阳县城驿马门内设三吾水驿，置驿丞，设站船 6 艘，水夫 60 人，驿司馆夫 8 人。明末，裁三吾水驿，置三吾陆驿于县城驿马门外。清初，设驿丞一员，驿马 50 匹，马夫 25 名，排夫 70 人。康熙三十九年裁驿丞。至道光八年，该驿有站房及棚厂 10 间，设驿马 17 匹，马夫 8 名半，兽医 1 名，排夫 43 名，每年支付驿马草料、马夫、排夫、兽医等工食银合 693 两 8 钱，其驿舍棚厂修理、驿马买补、鞍屉购置等项均申报钦领于布政司。

排山驿　设祁阳县东北边境的排山（今祁东白鹤镇排山村），距县城 103 里，建于明嘉靖十八年。清初，此驿置驿马 50 匹，马夫 25 名，排夫 50 名，扛夫 45 名，后经康熙、雍正、乾隆历年抽拨裁减。至道光 8 年，此驿计有站房、棚厂 10 间，设驿马 17 匹，马夫 8 名半，兽医 1 名，排夫 43 名。每年支付驿马草料及马夫、兽医、排夫等工食银合 693 两 8 钱，其修理驿舍号房、驿马买补（岁限例马不过 7 匹）、制补鞍履等，皆申报钦领于布政司。

枣木岭腰站　清初调整驿站递铺，于零陵县西南湘桂边境的枣木岭设驿站，地处永州至全州途中，置站房、棚厂 3 间，初设驿马 8 匹，马夫 4 名。乾隆间，裁减驿马 3 匹，马夫 1 名半。到道光八年，设驿马 5 匹，马夫 2 名半，年支付驿马草料及马夫工食银合 112 两 9 钱 9 分 7 厘。[2]

为节省经费，朝廷逐渐裁减水驿站船。康熙时，改永州湘口驿、桃源水驿为马驿。乾隆二十八年（1763），裁汰红船、宣楼船 12 只，仅留 12 只以供差使。嘉庆六年（1801），复裁湖南站船 12 只，拨归湖北编制。至此，省境驿站全部调整为马驿。

平衡驿站距离。明代罗旧驿设于芷江罗旧镇，东距怀化驿 80 里，西距沅水驿 40 里，距离不等，应差不便。清初东移至芷江公坪镇，距怀化驿、沅水驿各为 60 里，故又称公平驿。

驿站主要传递紧急公文，“寻常文移”使用递铺[3]。

驿递公文，根据内容缓急，程限分日行 300、400、500、600 里四等；“无驿之区，凡限行公

① （清）李瀚章 修：《湖南通志·武备志》，清光绪二十一年刻本。

② 零陵地区交通志编纂办公室 编：《零陵地区交通志》，长沙：湖南出版社，1993 年，第 50—51 页。

③ （光绪）《大清会典》：“各省行文各府州县及各府州县公文到省，并各省各府州县互相往来，均发铺司递送，不得擅用驿马。”

文概由塘、铺耑足飞递。”[①] 程限分日行200、240里两等，依路况平险定限。

铺递程限，视路况平险分120、90里两等，日夜兼程。夏秋（四至九月）日行70里，冬春（十月至次年三月）日行60里，限时交换。

嘉庆开始，紧急公文封套粘附排单，逐程记录驿站收发文日期、时刻。如，光绪三年（1877）六月，广西巡抚部院发金陵军需总局公文排单（图9-9），记录了经由沿途29处驿站的日期和时刻：

六月十七日临桂驿、六月十八日灵川驿、六月十九日辰时兴安县驿、六月二十日申时全州驿、六月廿一日亥时湘口驿、六月廿二日亥时三吾驿、六月廿三日亥时排山驿、六月廿四日亥时衡阳驿、六月廿五日亥时衡山驿、六月廿六日亥时黄茅驿、六月廿七日亥时南岸驿、六月廿八日午时善化驿、六月廿八日未时长沙驿、六月廿八日戌时桥头驿、六月廿九日子时湘阴驿、六月廿九日寅时归义驿、六月廿九日辰时大荆驿、六月廿九日申时青岗驿、七月初一日子时岳阳驿、七月初二日辰时云溪驿、七月初二日申时长安驿、七月初三日子时港口驿、七月初三日寅时凤山驿、七月初三日巳时官塘驿、七月初四日丑时咸宁驿、七月初四日巳时山陂驿、七月初四日申时东湖驿、七月十六日寅时江宁驿、七月十六日酉时金陵驿。

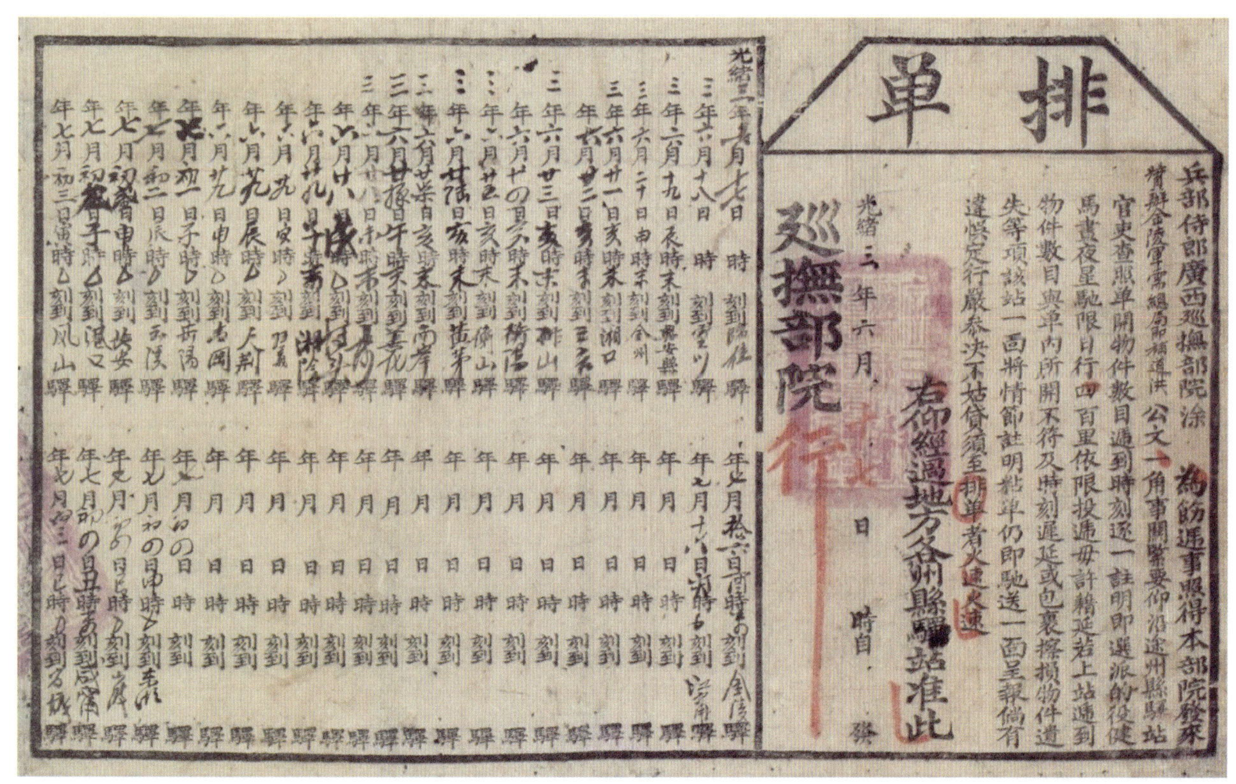

排單

兵部侍郎廣西巡撫部院塗 為飭遞事照得本部院發來
賫與金陵軍需總局稿道洪 公文一角事關緊要仰沿途州縣驛站
官吏查照單開物件數目遞到時刻逐一註明即選派的役健
馬晝夜星馳限日行四百里依限投遞毋許稽延若上站遞到
物件數目與單內所開不符及時刻遲延或包裹擦損物件遺
失等項該站一面將情節註明粘單仍即馳送一面呈報倘有
違悞定行嚴參決不姑貸須至排單者 火速火速

右仰經過地方各州縣驛站准此

光緒三年六月 日 時自 發

巡撫部院 行

图9-9 兵部侍郎广西巡抚部院发金陵军需总局公文排单

邮符是给驿凭证，因使用人员不同分为“堪合”和“火牌”。“官驰驿者给以勘合”“兵役驰驿者给以火牌”“凡差过境护以兵者，则验以兵牌”“凡驿递，验以火票。”邮符之上，“书

① （清）悭硷山馆 编：《湖南疆域驿传总纂》，清光绪十四年刻本。

奉使所由及应得夫马、舟车、廪给、口粮，系其官职、姓名，司驿官验符廼应，防诈伪，严驿扰，滥支滥给者皆论。”[①] 使节乘驿往返。如，安南使节乘驿路线：“广西巡抚给予勘合，由广西、湖南、湖北、江西、江南、山东、直隶，水路行，回日由部照原勘合换给，仍由水路归国。”[②]

光绪年间，全国驿站1972处，驿夫74859名[③]。湖南驿站里程4605里，设驿72处，驿夫1926人，健夫若干，驿马1100匹，递铺1268所，另有负责道路治安的塘（汛）1157所[④]。其中，长沙、善化驿站里程420里，挑夫173人，马112匹，另有递铺32所，铺司（兵）256人，详见表9-6。

清光绪年间湖南地区驿站分布表[⑤] 表9-6

府（州、厅）	数量	驿 站 名
长沙府	13	长沙县长沙驿、桥头驿 善化县驿、南山驿 湘阴县驿、归义驿、大荆驿 醴陵县驿、双牌驿 湘潭县南岸驿、黄茅驿 宁乡县驿 益阳县驿
岳州府	4	巴陵县岳阳驿、青冈驿 临湘县长安驿、云溪驿
澧州	3	兰江驿、清化驿、顺林驿
衡州府	4	衡阳县驿 清泉县廖田站 衡山县驿 耒阳县驿
常德府	7	武陵县府河驿、大龙驿 桃源县驿、郑家驿、新店驿 龙阳县驿、龙潭桥腰站
辰州府[⑥]	9	沅陵县辰阳驿、马底驿、界亭驿、船溪驿、乌宿站、枫香塘站、葛竹溪站 辰溪县山塘驿、辰溪站
沅州府	7	芷江县沅水驿、罗旧驿、怀化驿、便水驿 晃州驿 麻阳县岩门站、滥泥站
永州府	4	零陵驿（湘口驿）、枣木岭腰站 祁阳县三吾驿、排山驿
郴州	3	郴州驿 永兴县驿 宜章县驿
永顺府[⑦]	5	永顺县高望界站、毛坪站、王村站 保靖县站、白楼关站
永绥厅[⑧]	1	花园站
凤凰厅	1	五寨站
江蓝厅[⑨]	11	江蓝站 山门站 羊角龙站 水口站 湾冲站 下雾江站 东田站 长平站 大桥站 林溪站 岭脚站
合计	72	

二、递铺

县际、重要市镇之间皆有递铺道。县（州、厅）治所在设总铺，铺设铺司、号书、铺丁。铺司为司事人员，号书为收发文报人员，多由铺司兼任。各铺铺丁，清初系募铺兵充之，乾隆时始有“永充”（固定在册的铺丁）和“徭编”（定期轮换服役的百姓）之分。一般每铺有永充1人（间有2人，亦有不设永充者），徭编3—5人不等。

① （乾隆）《钦定大清会典·邮政》。

② （光绪）《清会典事例·兵部·邮政·给驿》。

③ 刘拳：《清朝的驿递与铺递》，《中国邮政》，1987年第1期。

④ 光绪版《湖南通志·武备志》统计全省驿站61处、递铺1277所、塘（汛）1056所。经笔者核实，修正为驿站72处、递铺1268所、塘（汛）1157所。

⑤ 据光绪版《湖南疆域驿传总纂》等资料统计。

⑥ 枫香塘站、葛竹溪站设于嘉庆四年、乾嘉苗民起义平息后，系健夫接递的步站。

⑦ 高望界站、毛坪站、王村站、保靖县站、白楼关站设于嘉庆四年，系健夫接递的步站。

⑧ 花园站设于嘉庆四年（1799），系健夫接递的步站。

⑨ 江蓝站、山门站、羊角龙站、水口站、湾冲站、下雾江站、东田站、长平站、大桥站、林溪站、岭脚站设于道光十二年（1832）、湘南瑶民起义平息后，系健夫接递的步站。

总铺铺司（兵）人数视业务多少而定，少则1名（如乾州厅），多达15名以上（如善化县总铺16名、长沙县总铺17名）；各铺铺司（兵），少则1名（如晃州厅凉伞司前铺），多则10余名（多在湖广官道北线各铺）。江蓝厅地处瑶山，境内道路崎岖，轿马难行，设置步站，配健夫若干。又《大清律例·兵律·邮驿》：

急递铺，每一十五里设铺一所，每铺设铺兵四名，铺司一名，于附近有丁力，粮近一石之上二石之下者点充，须要少壮正身，与免杂泛差役……铺兵由递铺附近有丁力，税粮一石以上，二石以下的农户中征派，须要少壮正身，并免去杂项差役。

清代株洲驿道驿铺见图9-10。

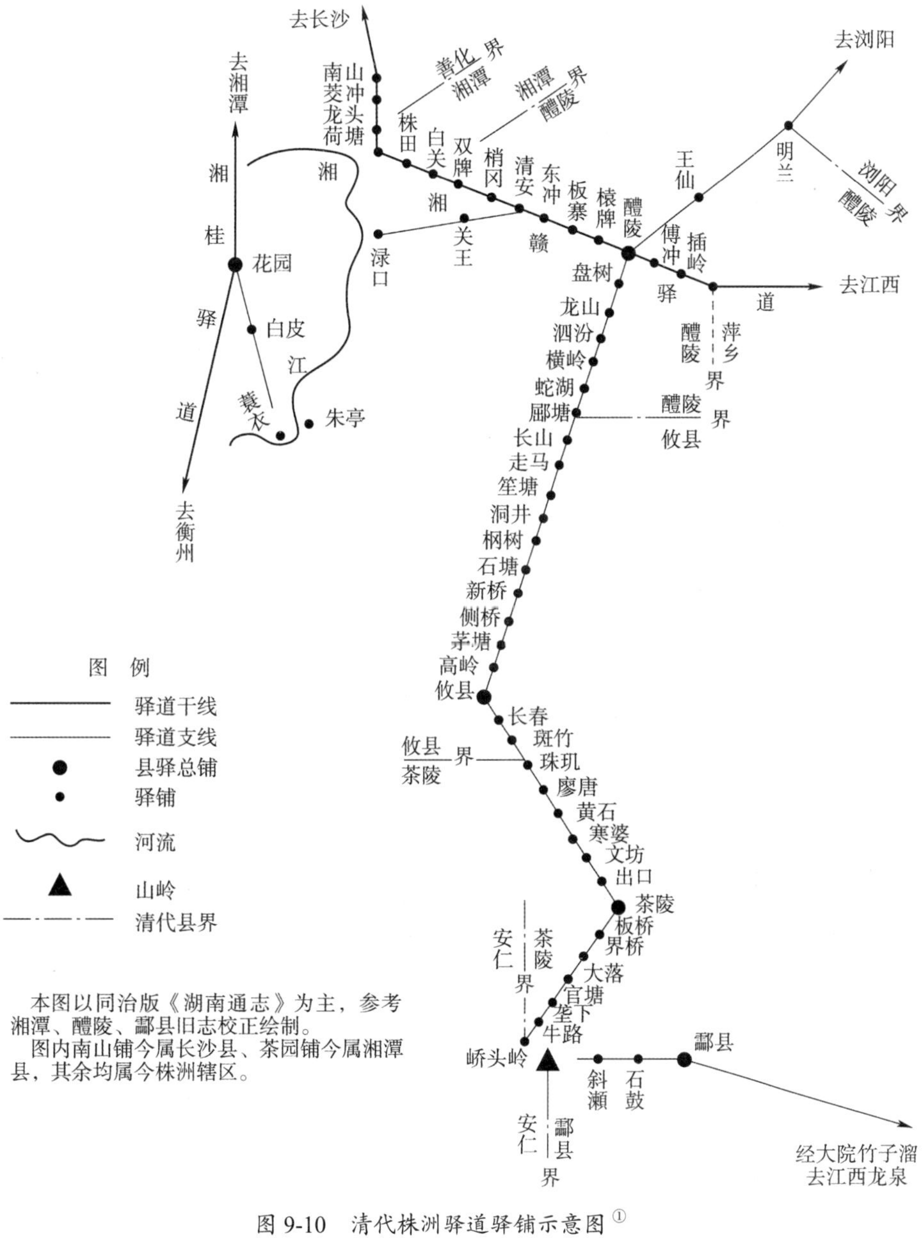

图9-10 清代株洲驿道驿铺示意图①

① 株洲市地方志编纂委员会 编：《株洲市志·交通·邮电》，长沙：湖南出版社，1994年，第104页。

光绪年间，湖南部分县（州、厅）递铺数量、开支等情况[①]：

长沙县（含总铺，下同）有铺12所。东至浏阳县界55里，设铺5所；北至湘阴界90里，6铺；西至宁乡县118里，无铺。“共设铺司一百一十六名，每年额支工食银三百五十一两九钱九分二厘、补荒银一百零二两四钱五分五厘，共银四百五十四两四钱四分七厘。”

武陵县有铺21所，铺司105名，每年共额支工食银615两9钱2分。东至安乡界140里，6铺；南至龙阳县界50里，4铺；西至桃源县界30里，2铺；北至澧州界90里，8铺。

耒阳县有铺25所，铺司100名，每年共额支工食银483两6钱8厘。东至安仁县界90里，8铺；南至永兴县界60里，5铺；西至常宁县界75里，6铺；北至清泉县界40里，3铺。

零陵县有铺24所，铺司125名，每年共额支工食银570两3钱9分6厘。北抵祁阳县界70里，6铺；西抵广西全州界90里，8铺；南抵道州界70里，6铺；西北抵东安县界40里，3铺。

郴州有铺17所，铺司（兵）76名，每年共额支工食银377两1钱8分3厘。东至兴宁县界50里，设铺4所；西至桂阳州界50里，4铺；南至宜章县界50里，4铺；北至永兴县界50里，4铺。

靖州有铺16所，铺司82名，每年共额支工食银416两8钱2分。东至绥宁县界60里，设铺5所；西无往来官路；南至通道县界60里，4铺；北至会同县界70里，6铺。

澧州有铺29所，铺司192名，每年共额支工食银890两8钱2分4厘。东至安乡县界100里，设铺5所；南至武陵县界120里，10铺；西至石门县界60里，5铺；北至湖北公安县界90里，8铺。

晃州厅有铺12所，铺司51名，每年共额支工食银236两8钱2分2厘。东至芷江县界30里，设铺2所；西至贵州玉屏县界60里，5铺；西南由贵州玉屏县小路至凉伞司60里，4铺，其中玉屏铺设于玉屏县城，凉伞司前铺仅设铺司1名；“南至贵州天柱县一百四十里，并无额铺；北至贵州思州府一百五十里，并无额铺。”

永桂厅有铺4所，健夫10名，“每名日支工食银五分”，每年共额支工食银180两。

乾州厅有递铺8所，铺司15名，每年共额支工食银90两。东至泸溪县120里，设铺2所；南至凤凰厅90里，1铺；北至古丈坪厅120里，4铺；西至永绥厅120里，无铺。

湘鄂、湘桂、湘粤、湘黔等干线驿道多为10里一铺。如永州府至衡州府，由永州城北经零陵县永泉铺、烟竹铺、画眉铺、梁木铺、冻青铺、大桥铺、至黄公略入祁阳县境；继经画锦铺、富里铺、长流铺、白沙铺、三吾驿、枫林铺、栗木铺、熊罴铺、荟桥铺、大营铺、黄土铺、洪桥铺、东富铺、白鹤铺至排山驿，抵衡州府清泉县界，计程203里，设递铺20处。由衡州府衡阳县治至长沙府善化县治，计程400里，设递铺40处[②]。

支线驿道递铺间距长短不等。如嘉禾西至蓝山2铺间距5里，永绥厅东至保靖5铺间距5—8里，湘潭南至朱亭2铺铺程均为30里，溆浦西至龙潭司2铺铺程均为60里。

光绪年间，全国有铺13935处，铺兵44643人。光绪十一年（1885），湘境设有递铺1268所，各州县厅置铺数（含总铺）如表9-7所示。

---

① （清）悭硂山馆 编：《湖南疆域驿传总纂·卷九》，清光绪十四年刻本。

② （清）悭硂山馆 编：《湖南疆域驿传总纂·卷九》，清光绪十四年刻本。

光绪年间湖南地区递铺分布表[①] 表 9-7

府（州、厅）	数量	各县（州、厅）数
长沙府	183	长沙 12、善化 20、浏阳 14、宁乡 21、醴陵 19、攸县 13、茶陵（州）13、湘潭 30、湘乡 20、益阳 12、安化 9
岳州府	93	巴陵 24、临湘 16、华容 14、湘阴 17、平江 22
衡州府	147	衡阳 18、清泉 36、衡山 8、常宁 12、耒阳 25、酃县 3、安仁 15、临武 13、嘉禾 6、蓝山 11
常德府	63	武陵 21、桃源 24、龙阳 14、沅江 4
辰州府	70	泸溪 7、沅陵 39、辰溪 16、溆浦 8
沅州府	60	芷江 26、黔阳 15、麻阳 19
永州府	129	零陵 24、祁阳 19、宁远 10、东安 17、道州 25、江华 5、永明 12、新田 5、江蓝厅 12
宝庆府	180	邵阳 57、武冈 26、新宁 29、城步 24、绥宁 33、新化 11
永顺府	70	桑植 7、永顺 37、保靖 8、龙山 18
郴州	81	郴州 18、永兴 15、宜章 12、兴宁 13、桂东 12、汝城 11
澧州	95	澧州 29、慈利 32、安乡 8、石门 9、安福 8、永定 9
靖州	21	靖州 6、会同 10、通道 5
桂阳州	24	桂阳 20、永桂厅 4
永绥厅	15	永绥厅 15
乾州厅	8	乾州厅 8
凤凰厅	16	凤凰厅 16
晃州厅	13	晃州厅 13
合计	1268	

三、塘讯

清军分八旗兵和绿营兵，屯戍湖南的为绿营兵，建制依次为标、镇、协、营、讯、塘，各级分区驻防。驻湖南最高一级称“标”，长官为提督，抚标驻长沙，提标驻常德；标下设“镇”，长官为总兵，包括永州镇、镇筸镇、绥靖镇等；镇下设“协”，长官为副将，如长沙协、衡州协、宝庆协、沅州协等；协下设“营”，长官为参将、游击、都司、守备，如岳州营、武冈营、九溪营（今慈利九溪）、长安营（今城步长安坪）、岭东营（今东安县）、洞庭水师营（驻龙阳）。

各协、营于驿道或要隘设“汛、塘”，以千总、把总或外委领绿营兵把守，其驻防巡逻地区称汛地。康熙七年，谕令“各省孔道均设墩台营房，拨兵看守，如有紧急军机，接递传报。”[②]

塘汛兵员配备不一，最少者三名，最多者五六十名，兵种有战兵、守兵、马兵、弓兵之分。

① （清）悭硷山馆 编：《湖南疆域驿传总纂·卷九》，清光绪十四年刻本。

② （光绪）《钦定大清会典事例·墩台营房》。

光绪年间驻防湖南的绿营兵总计马步1260名，战兵7823名，守兵13415名[①]。

塘汛兼职防守地方、维护治安和文书传递。光绪《清会典》：“直省驿道通衢设立塘汛，亭墩相望，即间有盗贼伏伺，而兵役巡逻，声气联络，不难立时擒捕，规制最为周密。”驿道所经，“或为商旅辐辏，或属荒野无人”，为策安全，各县衙“相其地利，分设塘汛，鳞次棋布，以时巡瞭”，以求“奸宄无所容其迹，而严檄之飞驰，亦藉以无滞”[②]。文书传递方面，既有传递军情讯息之军塘、营塘，又有传递朝廷邸抄之塘。

塘有水塘与旱塘之分，据水路为水塘，把旱路称旱塘。作为基层治安机构，县（州、厅）旱塘（汛）皆沿铺设立，设有“望楼”，立有“烟墩”，以利随时“报警、防卫”[③]。铺房多置于塘房之旁侧，亦有地方不专设铺房，而将铺司置于塘房之内。“比汛狭小曰塘，比塘狭小曰铺。”[④]《娄底地区交通志》记：

塘介于驿与铺之间，设置于水与官道相接处，分为军塘、营塘，军塘为给出入边关军站传递文报，营塘则为传递普通文报。道光年间纂修的《湘乡县志》载“官道（潭宝道）上下塘汛11处，每处按兵3名，营房一所，墩石5座。”[⑤]

又光绪《零陵县志》：“零邑界连祁、东、道、宁暨广西之全州，俱系十余里一塘，分布兵丁防守，铺司递送公文。水陆塘汛共三十九处。”其中，旱塘27所与县境递铺数同，水讯12所，老埠头汛“移设县丞及外委各一员。”

永绥厅有递铺15所，讯亦有登高坡汛、凉水井汛、三角岩汛、依栖汛、河口汛、洞溪坪汛、蜡耳堡汛、导祃汛、狮子桥汛、得胜坡汛、望城坡汛、跃马卡汛、八排汛、老石山汛、小寨汛等15所[⑥]。

清泉县湘水沿线设有黄潮塘、茅叶滩、车江、新塘站、月堡、新塘埠、焦源河、大鱼湾8所水塘，“每塘兵三名共二十四名”；清泉至祁阳，沿湖广官道设有旱塘、递铺各8处，“八塘每塘兵四名共三十二名”[⑦]，每铺铺司则6—7名不等[⑧]。

也有二铺间以至数铺间设一旱塘的。如长沙县有递铺12所，旱塘有总铺塘、王永铺塘、坪头铺塘、清水铺塘、桥头铺塘、谷潔铺塘、任家铺塘7所，水塘有新河塘、下泥港塘、金子湾塘、新康塘、靖港塘5所。有的县有铺无塘（讯），如攸县有递铺13所、酃县3所、安仁15所、安化9所，皆无一塘讯。清代湘潭驿站塘铺分布见图9-11。

---

① 伍新福 主编：《湖南通史·古代卷》，长沙：湖南出版社，1994年，第599页。

② （清）何璘 修：《直隶澧州志·塘汛》，清乾隆十七年刻本。

③ （民国）辜天佑 纂：《长沙县乡土志·道路》，民国三十八年稿本。

④ 《六部成语·兵部·塘兵》。

⑤ 娄底地区交通志编委会 编：《娄底地区交通志》，长沙：湖南出版社，1993年，第58页。

⑥ 伍新福 主编：《湖南通史·古代卷》，长沙：湖南出版社，1994年，第599页。

⑦ （清）江恂等 纂：《清泉县志》，清乾隆二十八年刻本。

⑧ （清）悭硷山馆 编：《湖南疆域驿传总纂·卷九》，清光绪十四年刻本。

图 9-11 清代湘潭驿站塘铺分布图[①]

光绪年间，湘境共有塘（汛）1157 所，湘西南少数民族聚居地区分布居多。详见表 9-8。

清光绪年间湖南地区塘（汛）分布表 表 9-8

府（州、厅）	数量	各县（州、厅）数
长沙府	60	长沙 7、善化 9、浏阳 1、宁乡 3、醴陵 1、茶陵 1、湘潭 21、湘乡 11、益阳 6
岳州府	39	巴陵 11、临湘 10、华容 7、湘阴 9、平江 2

① 易端章 主编：《湘潭市交通志》，长沙：湖南出版社，1992 年，第 29 页。

续上表

府（州、厅）	数量	各县（州、厅）数
衡州府	80	衡阳 17（其一为水旱塘）、清泉 8、衡山 9、常宁 1、耒阳 3、临武 19、嘉禾 6、蓝山 17
常德府	29	武陵 12（其一为水旱塘）、桃源 10、龙阳 7
辰州府	71	泸溪 14（8 塘 6 汛）、沅陵 45（42 塘 3 汛）、辰溪 9（8 塘 1 汛）、溆浦 3
沅州府	71	芷江 35（31 塘 4 汛）、黔阳 11（9 塘 2 汛）、麻阳 25（21 塘 4 汛）
永州府	181	零陵 27、祁阳 19、宁远 23（22 塘 1 汛）、东安 18、道州 29（28 塘 1 汛）、江华 23（11 塘 12 汛）、永明 25（24 塘 1 汛）、新田 17
宝庆府	197	邵阳 59、武冈 37、新宁 18、城步 22、绥宁 50、新化 11
永顺府	142	桑植 24、永顺 53（40 塘 13 汛）、保靖 42（16 塘 26 汛）、龙山 23（20 塘 3 汛）
郴州	56	郴州 5、永兴 4、兴宁 10、宜章 20、桂东 17
澧州	90	澧州 16、安乡 11、安福 2、石门 3、永定 31、慈利 27
靖州	38	靖州 22（18 塘 4 汛）、会同 10、通道 6（4 塘 2 汛）
桂阳州	18	桂阳 18
永绥厅	26	永绥 26（均为汛）
乾州厅	19	乾州 19（有汛有卡）
凤凰厅	40	凤凰 40（均为汛）
合计	1157	

四、驿传线路调整

为保证邮驿高效，清廷根据交通状况，适时调整驿传路线。乾隆四十年（1775），对全国文报路线进行了重新规划，酌改捷径以便邮递，提高效率。与湖南相关的邮路包括：

浙江移咨广西公文，向由江西玉山至进贤，绕南昌、高安而达清江，出萍乡，由湖南转递，应改由进贤径递丰城达清江转递，可近一百二十里。

浙江咨湖南公文，向由江苏等省递送，计程三千九百三十里，若由江西递至湖南醴陵转递，计程二千二百六十五里，可近一千六百余里。但系山径步送，较之马力迟速不同。嗣后如系紧要限行六百里公文，大路虽纡，而马递较快，可先到一日有余，应仍其旧；其限行三百里者，步递程站较近，可早到六日，应改由此路递送。

江西咨贵州公文，向由湖北过湖南而达贵州，计程三千四百三十五里，应自江西径递至湖南醴陵等县，至贵州可近六百十五里。

湖南咨江西公文，向由湖北转递，计程一千八百三十里，应改由醴陵、萍乡一带驰递，可近四百六十里。湖南咨福建公文，向由湖北、江西省城转递，应改由醴陵从江西丰城一路递送，可近一千一百里。

湖南咨江苏、浙江公文，向由湖北、江西、安徽等省转递，若改从醴陵一路转递，至浙江可近一千二百里，至江苏可近二百四十里，但限行六百里公文，江西境内，向例每日止限四百里，浙江境内，每日止限行三百里，按程核计，转致耽延，应仍照原路驰递。其三百里公文，程途既近，

较之大路，浙江减省四日，江苏减省一日四时，应改由醴陵一带接递。

广东咨四川公文，向由乐昌出境，历湖南、湖北转递，计程六千四百零五里，应改由封川出境，历广西、贵州转递，可近一千五百八十八里。

广西咨福建公文，向由苍梧出境，至广东转递，计程三千九百四十二里，应改由全州历湖南、江西转递入福建，计程三千二百十九里，可近七百二十三里。

又广西怀远与贵州永从交界，由此至贵州省城，计程一千六百七十五里，水程三站，较由全州大道，可近九百八十九里；又由怀远出境，历贵州入四川赤水，计程三千一百八十里，水程三站，较由全州大道，可近一千一百九十里，俱应改从径捷。

云南咨陕西，及由陕西转递甘肃公文，向由贵州、湖南、湖北、河南递送，计程五千四百七十五里，应改由宣威州出境，从贵州威宁州入四川转递，计程四千三百四十五里，可近一千余里。①

嘉庆初，苗民起义失败后，为“防苗”“治苗”，“筑乾、凤、永、保各厅碉卡”1177座，②修筑“墙壕”百数十里。③同时，开辟沅陵县乌宿经永顺、保靖至永绥厅驿路，增设枫香塘、葛竹溪、高望界、毛坪、王村、白楼关、保靖、花园8站，配置“健夫”传递军情。

清末湖南驿道铺递程途详情见附录。

五、民信局与信脚的盛衰

民信局属于民间通信机构，是商品经济发展的产物。明永乐年间，宁波帮商人首创民信局，后从沿海逐步向内地扩展。

随着“五口通商”，民信局业务进入全盛时期，发展至数千家，分布大小商埠。光绪六年（1880），湖南人曾云程于汉口设立曾森昌民信总局，在湖北、湖南、四川各府州县，广设分局和分号。长沙至汉口、湘潭、浏阳、耒阳等地每天都有脚夫来往，至湘乡、娄底、新化、津市等地保持每3—4天一班。

民信局业务，以寄递信件、物品为主，同时经办汇兑，代销报纸、杂志。收寄信件分普通信、快信（又叫火烧信或羽毛信）、幺帮信（即保险信）、挂号信四种。信资分酒资（力资）与号金（保险费）两种。其纳费方法，或由寄件人预付，或由收件人补缴，或各付半资。如系向来主顾，则可记账，且有折扣等优惠办法。汇兑费率一般为千分之十二，若寄现金，则加两倍收费。寄包裹，省内每斤60文，省外200文。所有信、物，如有遗失，照价赔偿，但如系盗匪劫走，只赔一半，若脚夫被杀，则不予赔偿。

湖南民间还有一种业务与民信局相同、经营规模较小、收费低廉的私邮组织，叫“信脚”。1922年7月，湖南邮务管理局巡员查报：

① （光绪）《清会典事例·卷七〇二》。

② （清）李瀚章 修：《湖南通志·苗防五》，清光绪十一年刻本。

③ 《清史稿·食货志》：“民人无故擅入苗地，及苗人无故擅入民地，均照例治罪。若往来贸易，必取具行户邻右保结，报官给照，令塘汛验放始往。”

浏阳东门市信脚廖才忠等五名，每三日一班，由白沙途经东门市、达浒、官渡、永和、古港、浏阳等处直奔长沙，揽收沿途各埠商民信件，全月约三千余件，收费低廉，商民相习已久。[①]

光绪二十二年（1896）"大清邮政"创设后，采取了一系列措施，限制民信局与信脚业务。民信局须向邮局登记挂号，同时颁布邮件过磅条例，规定已挂号民信局的邮件，一律封成总包，送交邮局发运（包内信件由接受之民信局自行分送）。总包根据过磅重量，按信函减半收费。光绪二十九年（1903），大清邮政与铁路当局拟订章程，规定铁路只允中国邮政官局运送邮件。据《中国邮政事务总论》[②]统计，宣统元年（1909），"湖南之长沙、岳州共有民信局六家"；次年，"长沙民信局四家，常德三家。"宣统三年（1911），邮传部更订新章，规定各省民信局总包一律缴纳全费，以致"信局家数及其营业，显著减少。"[③]全国民信局由咸同年间的4000多家锐减至300多家。长沙曾森昌、全泰盛、李永隆、裕兴康4家民信局职员，由宣统元年的148人减至32人[④]。

1928年，交通部决议："所有各处之民信局，应于民国十九年（1930）内一律取消应一律取消。"[⑤] 1933年，交通部又饬令邮政总局："凡国内民局，应严令逐渐停止营业，至二十三年年底为止，"[⑥]并通令各省市军政机关，协助取缔民信局。经严厉查禁，至1934年12月民信局全部停业，具有500多年历史的民信业被完全取缔。

---

① 湖南省地方志编纂委员会 编：《湖南省志·邮电志·民信局》，长沙：湖南出版社，1995年。

② 《邮政事务总论》是年鉴性邮政史料，由清代海关邮政总署始编于1904年，继由邮传部邮政总局和民国交通部邮政总局逐年续编，终止于1943年。燕山出版社于1995年出版的《中国邮政事务总论》，系集《邮政事务总论》之大成著作。

③ 沈阳市邮政局 编：《中国邮电史料》（第二辑），沈阳：沈阳市邮政局，1986年，第64页。

④ （民国）俞飞鹏 著：《交通史·邮政篇》（第一册），南京：交通部内刊，1930年。

⑤ 楼祖诒 著：《中国邮驿发达史》，上海：上海书店，1991年，第348页。

⑥ 秦孝仪 编：《抗战前国家建设史料（交通建设）革命文献》（第七十八辑），台北：中国国民党中央委员会党史委员会，1979年。

附录　清末湖南驿道铺递程途表[①]

<table>
<tr><th>府州</th><th>县厅</th><th>走向</th><th>邻县州厅界</th><th>距离（里）</th><th>沿途驿铺及区间里程（里）</th></tr>
<tr><td rowspan="21">长沙府</td><td rowspan="5">长沙县</td><td>东</td><td>浏阳</td><td>55</td><td>县前总铺10、东屯铺10、杨林铺10、丁家铺10、黄花铺10、张家铺5</td></tr>
<tr><td>西</td><td>宁乡</td><td>118</td><td>无铺</td></tr>
<tr><td>南</td><td>善化</td><td>2</td><td>无铺</td></tr>
<tr><td>北</td><td>湘阴</td><td>90</td><td>县前总铺10、陈家铺10、平头铺10、清水铺30、桥头铺10、谷漯铺10、任家铺10</td></tr>
<tr><td colspan="4">县境共设12铺，额定铺司116名，每年支银约454两</td></tr>
<tr><td rowspan="5">善化县</td><td>东</td><td>湘潭醴陵二县交界</td><td>90</td><td>县前总铺10、石马铺10、洞底铺10、白田铺10、石燕铺10、关头铺10、南山铺10、茭冲铺10、龙头铺10、湘潭醴陵二县交界之河塘铺出境</td></tr>
<tr><td>西</td><td>宁乡</td><td>70</td><td>县前总铺10、瓦店铺10、山枣铺10、赤竹铺10、枫树铺10、白箬铺10、黄泥铺10</td></tr>
<tr><td>南</td><td>湘潭</td><td>60</td><td>县前总铺10、新开铺10、黑石铺10、下托铺10、廻龙铺10、暮云铺10</td></tr>
<tr><td>北</td><td>长沙县</td><td>接壤</td><td></td></tr>
<tr><td colspan="4">县境共设20铺，额定铺司140名，每年支银约478两</td></tr>
<tr><td rowspan="5">湘阴县</td><td>东</td><td>平江</td><td>接壤</td><td>无铺</td></tr>
<tr><td>西</td><td>沅江</td><td>接壤</td><td>无铺</td></tr>
<tr><td>南</td><td>长沙</td><td>50</td><td>县前总铺10、涝溪铺10、袁家铺10、文家铺10、界头铺10</td></tr>
<tr><td>北</td><td>巴陵</td><td>130</td><td>县前总铺10、长命铺10、五命铺10、陆塘铺10、杨梅铺10、大塘铺10、归义铺10、石头铺10、黄谷铺10、太平铺10、关山铺10、新塘铺10、大荆铺10</td></tr>
<tr><td colspan="4">县境共设17铺，额定铺司194名，每年支银约683两</td></tr>
<tr><td rowspan="6">浏阳县</td><td>东</td><td>义宁州</td><td></td><td>无铺</td></tr>
<tr><td>西</td><td></td><td></td><td>无往来驿路</td></tr>
<tr><td>南</td><td>醴陵</td><td>144</td><td>县前总铺26、聂桥铺26、枫林铺26、灌江铺66</td></tr>
<tr><td>北</td><td>长沙</td><td>80</td><td>县前总铺10、太和铺10、余家铺10、焦溪铺10、长冲铺10、洞阳铺10、枫浆铺10、潦浒铺10</td></tr>
<tr><td>北</td><td>平江</td><td>98</td><td>县前总铺27、辰口铺27、石牛铺27、新安17</td></tr>
<tr><td colspan="4">县境共设14铺，额定铺司78名，每年支银约232两</td></tr>
</table>

① 根据清光绪刊《湖南疆域驿传总纂》内容整理。

续上表

府州	县厅	走向	邻县州厅界	距离（里）	沿途驿铺及区间里程（里）
长沙府	醴陵县	东	浏阳	100	县前总铺30、王仙铺30、明兰铺40
		东南	江西萍乡	30	县前总铺15、傅冲铺15
		南	攸县	70	县前总铺10、盘树铺10、龙山铺10、泗汾铺10、横岭铺10、蛇湖铺10、屈塘铺10
		西			无来往官路
		北	湘潭	70	县前总铺10、辕牌铺10、板寨铺10、东冲铺10、清安铺10、稍岗铺10、双牌铺10至湘潭县境，又自县前总铺10、关王铺10、渌口铺10至湘潭县界
		县境共设18铺，额定铺司92名，每年支银约339两			
	湘潭县	东	醴陵	50	县前总铺10、板塘铺10、白观铺10、荷塘铺10、朱田铺10
		西	湘乡	70	县前总铺10、石牛铺10、鸭头铺10、黄泥铺10、戚里铺10、石井铺10、柘木铺10
		南	衡山朱亭	140	县前总铺10、新造铺10、飞洋铺10、冷水铺10、谷塘铺10、茶园铺10、长岭铺10、柱塘铺10、中路铺10、黄茅铺10、白石铺10、西冲铺10、青石铺10、南冲铺10至衡山县境，又自县前总铺30、白皮铺30、朱亭铺10至朱亭县衔
		北	善化	50	县前总铺10、团山铺10、嵩塘铺10、昭霞铺10、蓑衣铺10
		县境共设30铺，额定铺司271名，每年支银约798两			
	宁乡县	东	善化	40	县前总铺10、经历铺10、夏洛铺10、油草铺10
		西	安化	170	县前总铺10、冷水铺10、赤土铺10、回龙铺10、寻峰铺10、玉堂铺10、石子铺10、双凫铺10、茅栗铺10、长桥铺10、土岗铺10、黄村铺10、芭蕉铺10、迎水铺10、新街铺10、西陆铺10、横冲铺10
		北	益阳	20	县前总铺10、河斗铺10
		县境共设21铺，额定铺司107名，每年支银约341两			
	益阳县	东	湘阴	120	无铺
		西	安化	80	无铺
		南	宁乡	80	县前总铺10、石头铺10、宁家铺10、山青铺10、沧水铺10、浮云铺10、衡龙铺10、青华铺10
		北	龙阳	55	县前总铺13、白鹿铺10、鹿平铺12、迎风铺10、牛鼻铺10
		县境共设12铺，额定铺司77名，每年支银约222两			

续上表

府州	县厅	走向	邻县州厅界	距离（里）	沿途驿铺及区间里程（里）
长沙府	湘乡县	东			无来往驿路
		西	宁乡	140	无铺
		南	邵阳	170	县前总铺 10、洙洋铺 10、石子铺 10、城江
					铺 10、塔泥铺 10、瓦石铺 10、牌头铺 10、测水铺 10、青石铺 10、响水铺 10、永丰铺 10、茅栗铺 10、虞湾铺 10、黄田铺 10、武障铺 10、油榨铺 10、界牌铺 10
		北	湘潭	40	县前总铺 10、望仙铺 10、新研铺 10、马托铺 10
		县境共设 20 铺，额定铺司 119 名，每年支银约 396 两			
	攸县	东	茶陵	30	县前总铺 10、长春铺 10、班竹铺 10
		西	衡山	140	无铺
		南			无往来驿路
		北	醴陵	110	县前总铺 10、高岭铺 10、茅塘铺 10、测桥铺 10、新塘铺 10、石桥铺 10、桐树铺 10、洞井铺 10、笙塘铺 10、走马铺 10、长山铺 10
		县境共设 13 铺，额定铺司 53 名，每年支银约 224 两			
	安化县	东	宁乡	90	县前总铺 10、茅田铺 10、山溪铺 10、石凳铺 10、清塘铺 10、小桥铺 10、驿头铺 10、高坪铺 10、司徒铺 10
		西			无往来驿路
		南			无往来驿路
		北			无往来驿路
		县境共设 9 铺，额定铺司 45 名，每年支银约 121 两			
	茶陵州	东			无往来驿路
		西	攸县	70	州前总铺 10、山口铺 10、文坊铺 10、寒婆铺 10、黄石铺 10、廖塘铺 10、珠玑铺 5、牛路铺 5
		南	安仁	60	州前总铺 10、板桥铺 10、界桥铺 10、大落铺 10、管塘铺 10、陇下铺 10
		北			无往来驿路
		州境共设 12 铺，额定铺司 48 名，每年支银约 188 两			

续上表

府州	县厅	走向	邻县州厅界	距离（里）	沿途驿铺及区间里程（里）
衡州府	衡阳县	东	清泉	接壤	
		西	邵阳	130	县前总铺10、柘里铺10、溪田铺10、大桥铺10、仓库铺10、临瑞铺10、赤水铺10、雷忠铺10、演陂铺10、白佛铺10、金华铺10、云山铺10、磨石铺10
		南	清泉	接壤	
		北	衡山	60	县前总铺10、梅田铺10、楚塘铺10、横江铺10、迎水铺10、九渡铺10
		县境共设18铺，额定铺司100名，每年支银约534两			
	清泉县	东	耒阳	100	县前总铺10、小塘铺10、桐桥铺10、东阳铺10、栗田铺10、赤水铺10、白阳铺10、界牌铺10、廖田铺10、郭门铺10
		东	安仁	120	县前总铺10、路口铺10、斗岭铺10、泉溪铺10、石塘铺10、五塘铺10、上溪铺10、东郊铺10、竹桥铺10、黄田铺10、梅塘铺10、九江铺10
		西	衡阳	接壤	
		南	祁阳	90	县前总铺10、上育铺10、市江铺10、烟竹铺10、大石铺10、路口铺10、白芍铺10、易头铺10、白阳铺10
		南	常宁	80	县前总铺10、畔沙铺10、东阳铺10、魏家铺10、云集铺10、侍郎铺10、平阳铺10、栗江铺10
		北	衡阳	接壤	
		县境共设36铺，额定铺司188名，每年支银约964两			
	衡山县	东	攸县	140	无铺
		西	湘乡	140	无铺
		南	衡阳	50	县前总铺10、乌石铺10、马岭铺10、依田铺10、萱州10铺
		北	湘潭	40	县前总铺10、板桥铺10、石桥铺10、柘塘铺10
		县境共设8铺，额定铺司50名，每年支银约255两			
	常宁县	东	耒阳	60	县前总铺10、金塘铺15、东沙铺15、沙江铺15
		西	祁阳	140	无铺
		南	桂阳州	60	县前总铺10、大坡铺10、长冲铺10、黄茅铺10、石盘铺10、弥勒铺10
		北	清泉	40	县前总铺10、玉水铺10、兰田铺10、柏枋铺10
		县境共设12铺，额定铺司47名，每年支银约215两			

续上表

府州	县厅	走向	邻县州厅界	距离（里）	沿途驿铺及区间里程（里）
衡州府	耒阳县	东	安仁	90	县前总铺10、东塘铺10、龙塘铺10、通水铺10、彭家铺10、和水铺10、牌浩铺10、小塘铺10、东桥铺10
		西	常宁	75	县前总铺10、松林铺10、繁冲铺10、防陂铺10、蓝冲铺10、城上铺10、城下铺15
		南	永兴	60	县前总铺10、赤坡铺10、高背铺10、肥江铺10、盐沙铺10、田心铺10
		北	清泉	60	县前总铺10、栗塘铺10、石羊铺10、石塘铺10、紫荆铺10、春江铺10
					县境共设25铺，额定铺司100名，每年支银约484两
	安仁县	东	茶陵州	30	县前总铺10、大田铺10、黄茅铺10
		西	耒阳	30	县前总铺10、青路铺10、彭蠡铺10
		南	酃县	80	县前总铺10、大石铺10、山口铺10、梅桥铺10、江东铺10、赤塘铺10、太平铺10、大塘铺10
		北	清泉	40	县前总铺10、新渡铺10、穆梅铺10、潭湖铺10
					县境共设15铺，额定铺司50名，每年支银约259两
	酃县	东	江西永宁		无铺
		西	安仁	30	县前总铺10、石鼓铺10、斜濑铺10
		南	桂东	75	无铺
		北	茶陵州	30	无铺
					县境共设3铺，额定铺司10名，每年支银约37两
永州府	零陵县	东	宁远	120	无铺
		西	广西全州	90	县前总铺10、枫水铺10、茅栗铺10、黄田铺10、双牌铺10、磨车铺10、石溪铺10、土马铺10、独田铺10
		南	道州	70	县前总铺10、范家铺10、大罡铺10、大步铺10、神皮铺10、泷泊铺10、单江铺10
		北	祁阳	70	县前总铺10、永泉铺10、烟竹铺10、画眉铺10、梁木铺10、冻青铺10、大桥铺10
		西北	东安	40	县前总铺10、荆家铺10、龙塘铺10、磨头铺10
					县境共设24铺，额定铺司125名，每年支银约570两
	祁阳县	东			无往来驿路
		西	邵阳	120	县前总铺20、石桥铺20、黄冈铺20、文明铺20、香塘铺20、罗田铺20
		南	零陵	40	县前总铺10、长流铺10、富里铺10、画锦铺10
		北	清泉	110	县前总铺10、枫林铺10、栗木铺10、熊罴铺10、荟桥铺10、大营铺10、黄土铺10、洪桥铺10、东富铺10、白鹤铺10、排山铺10
					县境共设19铺，额定铺司152名，每年支银约429两

续上表

府州	县厅	走向	邻县州厅界	距离（里）	沿途驿铺及区间里程（里）
永州府	东安县	东	零陵	60	县前总铺10、永安铺10、大塘铺10、湖口铺10、狮子铺10、石期铺10
		西			无来往驿路
		南	广西全州	30	县前总铺10、曲溪铺20
		北	新宁	50	县前总铺10、柳溪铺20、青井铺20
		北	邵阳	170	县前总铺10、柳溪铺20、都塘铺20、石板铺20、端桥铺15、西江15、芦洪铺15、长冲铺15、花桥铺20、周家铺20
		县境共设17铺，额定铺司44名，每年支银约228两			
	道州	东	宁远	50	州前总铺10、两家铺10、白茫铺10、广文铺10、把截铺10
		西	广西灌阳	60	州前总铺10、十里铺10、馒头铺10、山口铺10、高明铺10、白鸡铺10
		南	江华	40	州前总铺10、甘溪铺10、岑江铺10、祥霖铺10
		西南	永明	40	州前总铺10、大冈铺10、午田铺10、新车铺10
		北	零陵	100	州前总铺10、富塘铺10、溪源铺10、洞隐铺10、文村铺10、石岩铺10、木垒铺10、懒滩铺10、下岭铺10、麻滩铺10
		州境共设25铺，额定铺司127名，每年支银约400两			
	宁远县	东	蓝山	40	县前总铺10、白沙铺10、两路铺10、沙洞铺10
		西			无往来驿路
		南	道州	30	县前总铺10、十里铺10、梧溪铺10
		北	新田	50	县前总铺10、新宁铺10、和停铺10、官田铺10、界头铺10
		县境共设11铺，额定铺司47名，每年支银约350两			
	永明县	东	道州	40	县前总铺10、承车铺10、三嘉铺10、桐口铺10
		西	广西恭城	60	县前总铺10、大桥铺10、夏层铺10、冷水铺10、司前铺20
		西	广西富川	55	县前总铺10、十字铺10、坪梨铺10、新造铺10、所前铺15
		南			无往来驿路
		北			无往来驿路
		县境共设12铺，额定铺司33名，每年支银约130两			
	江华县	东			无往来驿路
		西			无往来驿路
		南			无往来驿路
		北	道州	40	县前总铺10、佑家铺10、水岩铺10、高桥铺10至道州界，又自高桥经山艾铺10里至县属锦岗、锦田二巡检衙门
		县境共设5铺，额定铺司14名，每年支银约60两			

续上表

府州	县厅	走向	邻县州厅界	距离（里）	沿途驿铺及区间里程（里）
永州府	新田县	东			无往来驿路
		西			无往来驿路
		南	宁远	50	县前总铺10、塘家铺10、云溪铺10、花塘铺10、界头铺10
					无往来驿路
		县境共设5铺，额定铺司20名，每年支银约144两			
宝庆府	邵阳县	东	湘乡	130	县前总铺10、石井铺10、兰江铺10、鹊塘铺10、洪桥铺10、山塘铺10、双泉铺10、黑田铺10、白马铺10、褚塘铺10、长塘铺10、金仙铺10、邻湘铺10
		东南	衡阳	130	县前总铺10、石桥铺10、云水铺10、甘棠铺10、官桥铺10、南市铺10、皂塘铺10、山洲铺10、檀木铺10、黄桐铺10、佘旧铺10、浆山铺10、石湾铺10
		西南	东安县	120	县前总铺20、山口铺20、谷州铺20、花桥铺20、石脚铺20、田心铺20
		南	祁阳	90	县前总铺10、枫木铺10、檀江铺10、岩岭铺10、锡岭铺10、塔岭铺10、泉口铺10、吊井铺10、洞田铺10
		西南	新宁	60	县前总铺20、锣山铺20、木兜铺20
		西	武冈	120	县前总铺10、富盛铺10、枫林铺10、长烟铺10、板桥铺10、岩口铺10、车塘铺10、高田铺10、女山铺10、蓝桥铺10、双井铺10、土桥铺10
		北	新化	70	县前总铺10、玉桥铺10、长冲铺10、石马铺10、新田铺10、白云铺10、巨口铺10
		县境共设57铺，额定铺司211名，每年支银约1067两			
	新化县				东西北向均无往来驿路
		南	邵阳	110	县前总铺10、冷水铺10、石笋铺10、南烟铺10、湘水铺10、木山铺10、石砖铺10、中源铺10、潮源铺10、龙溪铺10、牛山铺10
		县境共设11铺，额定铺司34名，每年支银约207两			
	武冈州	东	邵阳	160	州前总铺10、赤土铺10、赤溪铺10、石羊铺10、双井铺10、斗溪铺10、荆竹铺10、大塘铺10、山塘铺10、西桥铺10、车林铺10、黄桥铺10、龙潭铺10、古塘铺10、长水铺10、紫阳铺10
		南	新宁	50	州前总铺10、大坪铺10、歧塘铺10、船田铺10、新安铺10
		西南	邵阳	70	州前总铺10、塘田铺20、屯田铺20、欧坡铺20
		西	绥宁城步	40	州前总铺10、惟塘铺10、独力铺10、浪石铺10左至绥宁高坪铺，右至城步西岩铺
		北			无往来驿路
		州境共设26铺，额定铺司117名，每年支银约674两			

续上表

府州	县厅	走向	邻县州厅界	距离（里）	沿途驿铺及区间里程（里）
宝庆府	新宁县	东	武冈	110	县前总铺10、杨溪铺10、白沙铺10、黄龙铺10、檀山铺10、赤木铺10、香溪铺10、油头铺10、木山铺10、铁山铺、杨田铺10
		东	东安	150	县前总铺10、杨溪铺10、白沙铺10、黄龙铺10、檀山铺10、赤木铺10、香溪铺10、油头铺10、山石铺10、西猴铺10、梅田铺10、坦源铺10、锁石铺10、赤竹坪铺10、三山铺5、墨岭5
		北	武冈	50	县前总铺10、石山铺10、高坪铺10、蒋家铺10、赤竹铺5、壶口山5
					西南无往来驿路
		县境共设22铺，额定铺司68名，每年支银约247两			
	城步县	东南	绥宁	180	县前总铺15、沉江渡铺15、毛田铺15、应声岩铺15、风界铺15、蓑衣铺15、老寨铺20、栏头铺10、长安营铺20、地闷铺20、界菁铺20
		南	广西芙蓉三寨界	125	县前总铺15、沉江渡铺15、毛田铺15、蒋坛头铺20、门楼铺20、江头铺40
		北	武冈	90	县前总铺20、太平铺20京凉铺20、水车铺20、西岩铺10里自武冈州交界，又自西岩铺50、山口铺15、九溪铺15里至绥宁县境
					西无往来驿路
		县境共设20铺，额定铺司60名，每年支银约322两			
岳州府	巴陵县	东			无往来驿路
		西	华容	120	县前总铺10、大江铺10、穆湖铺10、牛台铺10、三家铺10、马家铺10、陈家铺10、茅筛铺10、芡港铺10、乌沙铺10、仰山铺10、楚云铺10
		南	湘阴	125	县前总铺2、府前铺13、花板铺15、新墙铺15、茅栗铺10、双峰铺10、迎瑞铺15、新路铺15、西菽铺10、均埠铺10、荷盘铺10
		北	临湘	33	县前总铺13、新塘铺10、冷水铺10
		县境共设24铺，额定铺司183名，每年支银约618两			
	平江县	东	江西宁州	160	县前总铺20、横槎铺20、燕岩铺20、杏树铺25、长寿铺25、杨坪铺25、土龙铺25
		西	湘阴	120	县前总铺10、澄清铺10、大塘铺10、肃整铺10、瓮江铺10、咸华铺10、黄棠铺10、滩头铺10、时丰铺10、长乐铺10、仰山铺10、山峡铺10里至湘阴县界，又自山峡铺10、余家铺10至伍公市
		南	浏阳	65	县前总铺25、江口铺40
		北	湖北通城	120	县前总铺40、梅源铺45、广福35
		县境共设24铺，额定铺司109名，每年支银约338两			

续上表

府州	县厅	走向	邻县州厅界	距离（里）	沿途驿铺及区间里程（里）
岳州府	临湘县	东西			均无往来驿路
		南	巴陵	90	县前总铺15、城山铺15、坪田铺10、桃同铺10、浆坑铺10、樟坪铺10、南村铺10、西坪铺10
		北	湖北蒲圻	110	县前总铺由城山铺40、路口铺10、双路铺10、长安铺10、泉塘铺10、坪水铺10、梧桐铺10、官庄铺10
		县境共设15铺，额定铺司125名，每年支银约371两			
	华容县	东	巴陵	50	县前总铺10、石嘴铺10、板桥铺10、新石铺10、墨山铺10
		西	安乡	60	县前总铺10、中邱铺10、蔡田铺10、黄洋铺10、新兴铺10、新堰铺10
		南			无往来驿路
		北	湖北石首	50	县前总铺10、石砚铺10、万庚铺10、石桥铺10、哲台铺10
		县境共设14铺，额定铺司83名，每年支银约339两			
常德府	武陵县	东	安乡	140	县前总铺20、长坡铺20、中向铺20、贾家铺20、新村铺20、浆堰铺20、新建铺20
		西	桃源	30	县前总铺10、佛子铺10、湖南铺10
		南	龙阳	50	县前总铺10、毛公铺10、马步铺10、杜木铺10、白沙铺10
		北	澧州	90	县前总铺10、石桥铺10、清泉铺10、梁山铺10、韩僧铺10、折桥铺10、大龙铺10、马鞍铺10、狮子铺10
		县境共设21铺，额定铺司105名，每年支银约616两			
	桃源县	东	武陵	60	县前总铺10、古师铺10、延泉铺10、吕镇铺10、邹溪铺10、高吴铺10
		南	沅陵	190	县前总铺10、菉萝铺10、白马铺10、桃川铺10、鸟头铺10、店林铺10、沉溪铺10、竹瓦铺10、结阳铺10、燕庄铺10、长板铺10、竹老铺10、唐池铺10、新店铺10、太平铺10、苏黄铺10、宁乡铺10、杨家铺10、沐浊铺10
					西北无往来驿路
		县境共设24铺，额定铺司124名，每年支银约617两			
	龙阳县	东	益阳	90	县前总铺10、押车铺10、望城铺10、小塘铺10、东仓铺10、毓德铺10、长岭铺10、澄清铺10、军山铺10
		西	武陵	40	县前总铺10、沧口铺10、黄镇铺10、宣布铺10
		南	沅江	110	县前总铺由军山铺10、张家铺10、南疆铺10
		北			无往来官路
		县境共设14铺，额定铺司65名，每年支银约330两			

续上表

府州	县厅	走向	邻县州厅界	距离（里）	沿途驿铺及区间里程（里）
常德府	沅江县	东	湘阴	120	无铺
		西	益阳	110	无铺
					南北无往来官路
		西	龙阳	40	县前总铺 10、马公铺 10、河渡铺 10、白庄铺 10
		县境共设 4 铺，额定铺司 10 名，每年支银约 37 两			
辰州府	沅陵县	东	桃源	150	县前总铺 10、长田铺 10、新安铺 10、陶饭铺 10、松溪铺 10、白雾铺 10、马底铺 10、杨步铺 10、楠木铺 10、狮子铺 10、马鞍铺 10、潘乡铺 10、亲捷铺 10、界亭铺 10 官庄铺 10
		西	永顺	100	县前总铺 10、罗仙铺 10、榆溪铺 10、乌宿铺 10、施溪铺 10、李子铺 10、枫香铺 10、桃子铺 10、石板铺 10、葛竹溪铺 10
		南	辰溪	110	县前总铺 10、苦藤铺 10、清水铺 10、仰溪铺 10、麻溪铺 10、杨溪铺 10、狗尾铺 10、板桥铺 10、散水铺 10、向家团铺 10、乾溪铺 10
		北	永定	240	无铺
		县境共设 35 铺，额定铺司 159 名，每年支银约 816 两			
	泸溪县	东	沅陵	30	县前总铺 15、沙坪洞铺 15
		西	乾州	80	县前总铺 30、洞底铺 20、鸾团湾铺 10、潭溪铺 20
		南	辰溪	40	县前总铺 10、桐木铺 15、船溪铺 15
		北			无往来驿路
		县境共设 7 铺，额定铺司 13 名，每年支银约 57 两			
	辰溪县	东	溆浦	50	县前总铺 10、石牌铺 10、寒岗铺 10、山塘铺 10、蒿溪铺 10
		西	麻阳	30	县前总铺 20、桥头铺 10
		南	芷江	90	县前总铺 40、寺前铺 10、小龙铺 10、中河铺 10、近前铺 10、大山铺 10
		北	沅陵	20	县前总铺 10、十里铺 10
		县境共设 12 铺，额定铺司 45 名，每年支银约 401 两			
	溆浦县	东	新化	320	无铺
		西	辰溪	70	县前总铺 10、龙池铺 10、南水铺 10、小江铺 10、大江铺 10、葛坪铺 10、沙堆铺 10 里至辰溪县界，又自县前总铺 60、小横屯铺 60 里至龙潭司
		南			无往来官路
		北			无往来官路
		县境共设 8 铺，额定铺司 24 名，每年支银约 77 两			

续上表

府州	县厅	走向	邻县州厅界	距离（里）	沿途驿铺及区间里程（里）
沅州府	芷江县	东	辰溪	140	县前总铺10、大桥铺10、十八铺10、八州铺10、罗旧铺10、石桥铺10、石凹铺10、廻溪铺10、包家铺10、乾溪铺10、石门铺10、小田铺10、杨桥铺10、白牛铺10
		西	贵州玉屏	176	县前总铺18、竹步铺10、岩田铺15、冷水铺15、栗子铺10、便水铺18、对火铺10、波州铺10、山门铺10、晃州铺10、围滩铺10、平稿铺10、鲇鱼铺10、瓦西铺10、陈二铺10
		南	黔阳	50	县前总铺10、董家铺10、桃符铺10、板山铺10、凉伞铺10
		北	麻阳	70	县前总铺10、冷水铺10、唐家铺10、山溪铺10、尚溪铺10、崇溪铺10、蛇板铺10
		添设：凉山司署前总铺20、八江铺20、偏洞铺20、玉屏铺20里至贵州玉屏界			
		县境共设42铺，额定铺司214名，每年支银约958两			
	黔阳县	东	靖州	120	县前总铺15、双溪铺15龙井铺15、黄松铺15、湾潭铺15、竹站铺15、安江司铺15、渡头铺15
		西	芷江	50	县前总铺10、朝天铺10、赤土铺10、竹坪铺10、楠模铺10
		南	会同	40	县前总铺10、田溪铺10、竹滩铺10、板溪铺10
		北			无往来官路
		县境共设15铺，额定铺司53名，每年支银约228两			
	麻阳县	东	辰溪	125	县前总铺15、蓬溪铺15、谭家寨铺10、白泥铺10、岩门铺15、高村铺10、袁坪铺15、滥泥铺10、桑林铺15、九溪湾铺10
		西	贵州施溪司界	40	无铺
		南	芷江	50	县前总铺10、南村铺10、石蒽铺10、粪溪铺10、齐天铺10
		东北	凤凰	85	县前总铺由蓬溪、潭家寨、白泥、岩门等铺70里至石羊哨15
		县境共设15铺，额定铺司29名，每年支银约147两			
永顺府	永顺县	东	沅陵	185	县前总铺10、撒树坪铺10、他砂铺15、岩弄巳铺15、倚窝坪铺15、小龙村铺10、枫香铺15、王村铺15、榆树铺15、茅坪铺20、铁匠铺15、高望水井铺15、焦坪铺15
		西	保靖	135	县前总铺自撒树坪、他砂等铺由王村105至王家洞铺10、田家洞10
		南	保靖	75	县前总铺15、时铁湖铺15、七溪铺15、夹树坪铺15、惹毛铺15
		西	龙山县	70	县前总铺10、户坪铺10、匀哈铺20、农夕客铺15、伴胡铺15
		北	桑植	140	县前总铺30、钓矾岩铺15、颗砂铺15、砞坪铺15、马洛坪铺15、九道水铺15、排柴凹铺15、岩屋口铺20
		县境共设30铺，额定铺司67名，每年支银约402两			

续上表

府州	县厅	走向	邻县州厅界	距离（里）	沿途驿铺及区间里程（里）
永顺府	保靖县	东	永顺	37	县前总铺5、大水田铺10、榣洞铺12、白楼关10
		西	永绥	40	县前总铺10、马世溪铺10、新寨铺10、古钢溪铺10
		南			无来往官路
		北	永顺	35	县前总铺20、农溪铺15
		县境共设8铺，额定铺司17名，每年支银约102两			
	龙山县	东	永顺	155	县前总铺15、偏岩铺15、官桥铺15、茨岩铺15、马食铺15、散卡铺15、红岩铺10、铁炉铺10、新家铺15、革车铺15、农车铺15
		西	四川酉阳州	150	无铺
		南	保靖	240	县前总铺30、欧席铺30、干比铺30、桃坪铺30、万家铺30、杂果铺30、腊竹铺30、龙头铺30至隆头巡检衙门入保靖县境
		北	湖北宣恩	80	无铺
		县境共设18铺，额定铺司37名，每年支银约222两			
	桑植县	东	慈利	75	县前总铺15、余家铺10、水獭铺15、闹口铺20、沿古15
		西	永顺	40	县前总铺10、杨公潭铺10、桐油关铺20
		南	永定	120	无铺
		北	湖北鹤峰	240	无铺
		西北	龙山	250	无铺
		县境共设7铺，额定铺司16名，每年支银约83两			
郴州	郴州	东	兴宁	50	州前总铺10、石泉铺10、茭角铺10、石虎铺10、牙溪铺10
		西	桂阳	50	州前总铺10、罗仙铺10、塘昌铺10、华塘铺10、招旅铺10
		南	宜章	50	州前总铺10、升桥铺10、长山铺10、良田铺10、两路铺10
		北	永兴	60	州前总铺10、下湄铺10、长充铺10、大茳铺10、真陂铺10、白茳铺10
		州境共设18铺，额定铺司76名，每年支银约377两			
	永兴县	东	兴宁	50	县前总铺15、注江铺15、东塘铺20
		西	耒阳	50	县前总铺10、小陂铺10、猿山铺10、上源铺10、田心铺10
		南	郴州	30	县前总铺10、山口铺10、乌泥铺10
		北	安仁	70	县前总铺10、沥泉铺10、高亭铺10、草田铺10、长桥铺10、栗上铺10、鸦鹊铺10
		县境共设15铺，额定铺司50名，每年支银约300两			

续上表

府州	县厅	走向	邻县州厅界	距离（里）	沿途驿铺及区间里程（里）
郴州	兴宁县	东	桂东	100	县前总铺 10、坪石铺 15、平田铺 15、青要 15、赤竹铺 15、横山铺 15、玛瑙铺 15
		西	郴州	50	县前总铺 10、长冲铺 10、鱼岭铺 10、东江铺 10、雷溪铺 10
		南			无往来官路
		北	永兴	50	县前总铺 15、观泉铺 15、东塘 20
		县境共设 13 铺，额定铺司 33 名，每年支银约 191 两			
	宜章县	东	广东乐昌	60	县前总铺 20、白石铺 20、敦义铺 20
		南	临武	45	县前总铺 15、高明铺 15、梅田铺 15
		东北	桂阳	85	县前总铺 15、木岭铺 10、平和铺 15、高粱铺 15、赤石铺 20、里田铺 10
		北	郴州	40	县前总铺 15、野石铺 15、樟桥铺 10
		县境共设 12 铺，额定铺司 40 名，每年支银约 238 两			
	桂东县	东	兴宁	100	县前总铺 10、侃太铺 15、上贡铺 10、荒村铺 15、中洞铺 15、军营铺 20、马脑铺 15
		西南	桂阳	100	县前总铺 25、上畝铺 25、东坡铺 20、高峰铺 30
		东南	江西上犹	75	自县前总铺由上畝等铺 60、何家地铺 15
		北	酃县	75	无铺
		县境共设 11 铺，额定铺司 25 名，每年支银约 153 两			
	桂阳县	东	桂东	60	县前总铺 10、银岭铺 10、碣头铺 10、开山铺 30
		西	宜章	85	县前总铺 10、荷塘铺 10、番溪铺 10、山店铺 15、小浙铺 10、驴鞍 10、大旺铺 10、山田铺 10
		南			无来往官路
		北			无来往官路
		县境共设 11 铺，额定铺司 31 名，每年支银约 189 两			
靖州	靖州	东	绥宁	60	州前总铺 10、新乐铺 10、城墙铺 10、青靛铺 10、江口铺 10、杨柳铺 10
		西			无往来官路
		南	通道	60	州前总铺 15、姚营铺 15、横江铺 10、沙堆铺 10、岭板铺 10
		北	会同	70	州前总铺 10、飞山铺 10、金袍铺 10、城田铺 10、火甲铺 10、沙溪铺 10、土溪铺 10
		州境共设 16 铺，额定铺司 82 名，每年支银约 417 两			

续上表

府州	县厅	走向	邻县州厅界	距离（里）	沿途驿铺及区间里程（里）
靖州	绥宁县	东	城步	120	县前总铺10、木椽铺15、山水铺15、黄石铺15、双溪铺15、关砄铺15、会哨铺15、高坪铺20
		西	靖州	60	县前总铺10、大冻铺10、莲荷铺10、天堂铺10、乐安铺10、界排铺10
		西	临口州判暨双江巡司并宝庆理瑶同知衙门	170	县前总铺10、大冻铺20、多龙铺20、驾马铺20、中团铺20、临口铺20、硬头铺20、镇彝铺20、陟包铺20
		南	绥宁长安营	100	县前总铺15、犁子坳铺15、黄桑铺20、赤板铺15、箪子隘铺15、路坡铺20
		东北	青坡巡司锡坡哨汛	180	县前总铺、黄石铺50、阳武铺20、蓝溪口铺20、青坡司30、塘家坊铺60
		乾隆九年（1744）遵旨在该县东、西南、南路合计新设十六铺，增铺司三十二名			
		县境共设29铺，额定铺司90名，每年支银约542两			
	会同县	东	黔阳	80	县前总铺10、清溪铺10、水臻铺10、楼罗铺10、埠间铺10、新路铺10、相见铺10、永乐铺10
		西			无往来官路
		南	靖州	30	县前总铺10、双岩铺10、连山铺10
		北			无往来官路
		县境共设10铺，额定铺司52名，每年支银约263两			
	通道县	东			无往来官路
		西			无往来官路
		南	绥宁	45	县前总铺15、平湖铺15、瓜坪铺15
		北	靖州	40	县前总铺15、水涌铺10、岩门铺15
		县境共设5铺，额定铺司7名			
澧州	澧州	东	安乡	100	州前总铺10、仁和铺10、津市铺20、嘉山铺20、张师铺20、汇口铺20
		南	武陵	120	州前总铺10、上观铺15、新渡铺10、东山铺10、五泉铺10、新添铺15、清化铺10、八里铺10、畲溪铺10、虎踏铺10 鳌山铺10
		西	石门	60	州前总铺10、高路铺10、五马铺10、停弦铺10、合口铺10、新兴铺10
		北	湖北公安	90	州前总铺10、锁石铺10、新店铺10、湖堰铺10、合同铺10、涔河铺10、顺林铺10、杉林铺10、观山铺10
		州境共设29铺，额定铺司192名，每年支银约891两			

续上表

府州	县厅	走向	邻县州厅界	距离（里）	沿途驿铺及区间里程（里）
澧州	安乡县	东	华容	40	县前总铺10、白堤铺10、石桥铺10、景港铺10
		西	武陵	60	县前总铺15、江西铺15、羌口铺10（渡河）、麻河铺20
		南			无往来官路
		北	澧州	40	县前总铺20、窑澥铺20
		县境共设8铺，额定铺司42名，每年支银约177两			
	石门县	东	澧州	40	县前总铺10、华林铺10、川店铺10、马鞍铺10
		西	湖北鹤峰	297	无铺
		南	慈利	30	县前总铺10、花山铺10、新店铺10
		北	水南渡巡检衙门	210	县前总铺70、夜香铺70、水南铺70（注：3铺铺司共3名，由安乡县拨设）
		县境共设8铺，额定铺司27名，每年支银约89两			
	慈利县	东	石门	70	县前总铺10、迎议铺10、水滂铺10、茶林铺10、高桥铺10、嘉山铺10、忠义铺10
		西	永定	140	县前总铺10、三义铺10、行溪铺10、灞头铺10、见田铺10、寔力铺10、朝市铺10、黄玉铺10、川石铺10、白羊铺15、天马铺15、招市铺10、狮头铺10
		南			无往来官路
		北	桑植	145	县前总铺10、麻痨铺10、澧阳铺10、长路铺10、通济铺10、赵家铺10、仁和铺10、羊楼铺10、卫前铺10、翼了铺10、万家铺10、所前铺10、开天铺10、当地铺15
		县境共设32铺，额定铺司96名，每年支银约301两			
	安福县	东			无往来官路
		西			无往来官路
		南	澧州	45	县前总铺15、马溪铺10、脚迹铺10、陈堰铺10
		北	澧州	55	县前总铺15、澄区铺20、途溪铺20里
		县境共设6铺，额定铺司22名，每年支银约122两			
	永定县	东	慈利	50	县前总铺10、社溪铺10、杨林铺10、鸡公铺10、潭头铺10
		西	永顺	50	县前总铺10、大庸铺10、黄土铺10、桑溪铺10、太平铺10
		南			无往来官路
		北			无往来官路
		县境共设9铺，额定铺司25名，每年支银约92两			

续上表

<table>
<tr><th>府州</th><th>县厅</th><th>走向</th><th>邻县州厅界</th><th>距离（里）</th><th>沿途驿铺及区间里程（里）</th></tr>
<tr><td rowspan="30">桂阳州</td><td rowspan="5">桂阳州</td><td>东</td><td>郴州</td><td>30</td><td>州前总铺10、长塘铺10、丰泉铺10</td></tr>
<tr><td>西</td><td>嘉禾</td><td>60</td><td>州前总铺10、十里铺10、横塘铺10、锦里铺10、丰岗铺10、冷水铺10</td></tr>
<tr><td>南</td><td>临武</td><td>40</td><td>州前总铺10、樟溪铺10、带下铺10、长汾铺10</td></tr>
<tr><td>北</td><td>常宁</td><td>100</td><td>州前总铺10、乌桐铺10、东岗铺10、安村铺10、斗下铺10、边畔铺10、大富铺10、黄桥铺10、杆壕铺10、香枫铺10</td></tr>
<tr><td colspan="4">州境共设20铺，额定铺司96名，每年支银约554两</td></tr>
<tr><td rowspan="5">临武县</td><td>东</td><td>宜章</td><td>50</td><td>县前总铺20、文化铺10、捧接铺20</td></tr>
<tr><td>西</td><td>蓝山</td><td>45</td><td>县前总铺20、朱禾铺15、连塘铺10</td></tr>
<tr><td>南</td><td>广东连州</td><td>30</td><td>无铺</td></tr>
<tr><td>北</td><td>桂阳</td><td>90</td><td>县前总铺10、万石铺10、西塘铺10、桂香铺10、塘渣铺10、正南铺10、佛祖铺10、桃林铺10、月华铺10</td></tr>
<tr><td colspan="4">县境共设12铺，额定铺司47名，每年支银约217两</td></tr>
<tr><td rowspan="5">蓝山县</td><td>东</td><td>临武</td><td>55</td><td>县前总铺20、排下铺15、田心铺20</td></tr>
<tr><td>西</td><td>宁远</td><td>50</td><td>县前总铺13、枫木铺17、梓木铺10、藕塘铺10</td></tr>
<tr><td>南</td><td>广东连州</td><td>50</td><td>无铺</td></tr>
<tr><td>北</td><td>嘉禾</td><td>65</td><td>县前总铺15、福星铺10、山塘铺10、黄泥铺10、麓下铺10、马袅铺10</td></tr>
<tr><td colspan="4">县境共设11铺，额定铺司36名，每年支银约199两</td></tr>
<tr><td rowspan="5">嘉禾县</td><td>东</td><td>桂阳</td><td>40</td><td>县前总铺10、西车铺10、浦溪铺10、桐梁铺10</td></tr>
<tr><td>西</td><td>蓝山</td><td>15</td><td>县前总铺10、击马铺5</td></tr>
<tr><td>南</td><td></td><td></td><td>无往来官路</td></tr>
<tr><td>北</td><td></td><td></td><td>无往来官路</td></tr>
<tr><td colspan="4">县境共设5铺，额定铺司22名，每年支银约168两</td></tr>
<tr><td rowspan="5">乾州厅</td><td>东</td><td>泸溪</td><td>120</td><td>厅前总铺20、大庄铺20、上车机铺1</td></tr>
<tr><td>西</td><td>永绥</td><td>120</td><td>无铺</td></tr>
<tr><td>南</td><td>凤凰</td><td>90</td><td>厅前总铺15、湾溪铺2</td></tr>
<tr><td>北</td><td>古丈坪</td><td>120</td><td>厅前总铺15、镇溪铺7、溪头营铺7、良章汛铺10、喜鹊营铺1</td></tr>
<tr><td colspan="4">厅境共设8铺，额定铺司15名，每年支银约90两</td></tr>
<tr><td rowspan="5">凤凰厅</td><td>东南</td><td>麻阳</td><td>40</td><td>厅前总铺10、十里牌铺10、石羊哨铺20</td></tr>
<tr><td>东北</td><td>乾州</td><td>100</td><td>厅前总铺20、奇梁桥铺10、清溪哨铺10、靖疆营铺10、得胜营铺10、清田铺10、红树坡铺10、箪子坪铺10、湾溪铺10</td></tr>
<tr><td>西南</td><td>贵州正大营</td><td>50</td><td>厅前总铺10、菖蒲塘铺10、永兴坪铺10、苜蓿冲铺10、凤凰营铺10</td></tr>
<tr><td>西北</td><td>永绥</td><td>80</td><td>无铺</td></tr>
<tr><td colspan="4">厅境共设15铺，额定铺司33名，每年支银约198两</td></tr>
</table>

续上表

府州	县厅	走向	邻县州厅界	距离（里）	沿途驿铺及区间里程（里）
桂阳州	永绥厅	东	保靖	50	厅城绥靖铺7、洞溪坪铺5、望城坡铺8、导马汛铺8、得胜坡铺7、跃马卡铺
		西	四川秀山	70	厅城绥靖铺10、三角岩铺5、凉水井铺8、老鸦塘铺6、坳口铺7、岩坳铺7、踏沙铺8、小寨铺8、老石山铺8、茶洞铺3
		南	凤凰	120	无铺
		北			无往来官路
		厅境共设15铺，额定铺司47名，每年支银约282两			
	晃州厅	东	芷江	120	厅前总铺10、山门铺10、波州铺10
		西	贵州玉屏	60	厅前总铺10、团滩铺10、平稿铺10、鲇鱼铺10、瓮西铺10、陈二铺10
		西南	凉伞司	60	玉屏铺20、偏洞铺20、八江铺20
		南	贵州天柱	140	无铺
		北	贵州思州	150	无铺
		厅境共设11铺，额定铺司51名，每年支银约237两			
	江蓝厅	东	广东连州	120	无步站
		西	江华	180	厅城站30、山门站30、羊角龙站30、水口站30、湾冲站30、下雾江站30、东田站30
		南	广西贺县	240	无步站
		北	蓝山	120	长坪站30、大桥站30、林溪所站30、岭脚站30
		厅境共设11站，额定健夫31名，每年支银约558两			
	永桂厅	东	桂阳	60	厅城杨家铺30、桂阳州境板桥铺15、桂阳州境枫树湾铺15里至桂阳州香风铺（该铺由桂阳州设立铺司）
		西			无往来官路
		南	新田	30	厅城杨家铺18、新田县境田家岭12
		北			无往来官路
		厅境共设4铺，额定健夫10名，每年支银约180两